2016

廣東地稅年鑑

广东省地方税务局　编

中国税务出版社

图书在版编目(CIP)数据

广东地税年鉴.2016/广东省地方税务局编.
--北京:中国税务出版社,2016.12
ISBN 978-7-5678-0507-1

Ⅰ.①广… Ⅱ.①广… Ⅲ.①地方税收-广东省-2016-年鉴
Ⅳ.①F812.765.042-54

中国版本图书馆CIP数据核字(2016)第287202号

书　　名:广东地税年鉴(2016)
编　　者:广东省地方税务局　编
责任编辑:陈金艳　杨　鹤
责任校对:于　玲
技术设计:刘冬珂
出版发行:中国税务出版社
北京市丰台区广安路9号国投财富广场1号楼11层
邮政编码:100055
http://www.taxation.cn
E-mail:swcb@taxation.cn
发行中心电话:(010)83362083/86/89
传真:(010)83362046/47/48/49
经　　销:各地新华书店
印　　刷:广州市快美印务有限公司
规　　格:787毫米×1092毫米　1/16
印　　张:59.5
字　　数:1820000字
版　　次:2016年12月第1版　2016年12月第1次印刷
书　　号:ISBN 978-7-5678-0507-1
定　　价:300.00元

《广东地税年鉴（2016）》编辑委员会

《广东地税年鉴（2016）》编辑人员

《广东地税年鉴(2016)》
编写负责人及特约撰稿人

（按姓氏笔画排序）

一、省局

王秀婷　邓晓炜　叶友法　付海涛　汤丹丹
阮华燕　孙　婷　李　婷　李兴达　李兴蕊
杨　皓　张　敏　张雪莹　吴　澜　吴晨曦
陈　莹　陈壮练　陈欣亮　林炜霞　罗奇星
周忠清　郑　珩　胡　振　胡东胜　黄小菁
符建红　梁婷婷　詹锦松　廖婉娜　潘雪平

二、各市(区)局

王雄武　朱小文　许少明　苏长华　李阳才
杨科辉　利晓舒　何盛邦　何智锋　张　雄
陈　远　陈美燕　范丽华　林　淳　招金雄
郑　翔　周勇杰　姚友谊　黄俊杰　梁燕波
覃小明　黎雪波　潘　强　潘献文

编　辑　说　明

《广东地税年鉴》是广东省地方税务局主办的地方税务综合性年鉴，2002 年创刊。本期为 2016 年刊。年鉴的编辑出版事务由广东地方税收科学研究所负责。

年鉴的编辑出版宗旨是：全面系统准确地记述上一年度广东省地方税收的基本情况和发生的大事要事，为社会各界了解、研究广东地税提供参考资料，为广东省社会经济建设服务。

《广东地税年鉴（2016）》载录 2015 年广东地方税收的基本资料，全书 182 万字，设八个篇目：

第一篇　图说地税。用图片和图表反映 2015 年广东省地税系统主要工作、重要活动及税费收入概况。

第二篇　年度关注。以专题形式反映 2015 年广东省地税系统重大、突出、具有影响力的若干事件。

第三篇　全省地方税收工作。综述广东省地税局各部门的工作情况，由省局各处（室）、直属单位供稿。

第四篇　各市（区）地方税收工作。内容包括各市（区）经济概况、税收概况、各项工作的开展情况，由各市（区）地税局供稿。

第五篇　大事记。记载广东省地税局大事要事，由广东省地税局办公室供稿。

第六篇　机构与人员。内容包括广东省地税局处级以上干部和各市（区）地税局领导班子成员名单，全省地税系统机构设置及人员构成等情况，由广东省地税局人事处供稿。

第七篇　税费统计。内容包括 2015 年广东省地税局及各市（区）地税部门税费收入，分企业类型、相关税种分项目、全省地税纳税登记户数等统计资料，由广东省地税局规划核算处供稿。

第八篇　附录。收录广东省地税系统 2015 年受表彰的各类先进集体与个人名单及简要事迹等。

本年鉴提供的统计数字均经供稿单位确认，资料准确、可靠。年鉴的资料与数据起止时间：2015 年 1 月 1 日至 2015 年 12 月 31 日。

本年鉴的出版得到广东省地税系统各级领导以及有关部门的鼎力支持，中国税务出版社在编审出版过程中给予了指导与协助，在此一并表示衷心的感谢！

本书疏漏之处，敬请批评指正。

编　者

2016 年 10 月

目　　录

第一篇　图说地税

第二篇　年度关注

第三篇　全省地方税收工作

第四篇　各市(区)地方税收工作

第五篇　大 事 记

第六篇　机构与人员

第七篇　税费统计

第八篇　附　　录

第一篇

图说地税

“三严三实”专题教育

2015年5月22日，广东省地税系统“三严三实”专题教育工作会议在广东省地税局召开。

2015年5月26日，广州市地税系统“三严三实”专题教育工作会议在广州市地税局召开。

2015年8月27日，广州市地税局党组中心组学习暨“三严三实”专题讲座举行。

2015年11月3-4日，广东省地税局党组成员、副局长，广州市地税局党组书记、局长揭晔（左五）带领广州市地税局办公室、人事处、基层工作处等部门负责人深入白云区地税局、从化区地税局的边远税务所（税务分局）开展“三严三实”专题教育工作调研。

2015年10月10日，深圳市地税局开展“三严三实”第三专题学习研讨和专题座谈。

2015年6月2日，珠海市地税局党组书记、局长严贵杨以《以严为标准 向实处着力 树过硬作风》为题讲党课。

2015年11月25日，珠海市地税局“三严三实”专题教育学习会议召开。

2015年6月1日，汕头市地税局“三严三实”专题教育动员大会召开，汕头市地税局党组书记、局长张振宇（主席台左四）为党员干部职工上专题党课。

2015年8月14日，汕头市地税局召开党组中心组学习扩大会议，专题讨论研究落实“三严三实”专题教育征询的群众意见和建议。

2015年9月8日，广东省地税局党组成员、副局长宋爱勤（正排中）参加汕头市地税局“三严三实”之“严以律己”专题学习研讨会。

2015年9月8日，韶关市地税局召开“三严三实”教育第二专题研讨学习暨党组中心组扩大会议。

2015年11月12日，韶关市地税局党组成员、纪检组长陈红光（左排左三）到乳源县地税局开展“三严三实”专题调研。

2015 年 6 月 4 日，河源市地税局党组书记、局长刘通天在河源市地税系统“三严三实”专题教育工作会议上讲党课。

2015 年 8 月 12 日，河源市地税局举办“河源市政风行风热线·地税之声”专场活动。

2015 年 9 月 6 日，河源市地税局举办“三严三实”专题学习研讨暨“三纪”教育培训班。

2015年6月25日，梅州市地税局举办"三严三实"专题辅导课。

2015年7月3日，梅州市地税局组织讲授"三严三实"专题党课。

2015年9月10日，广东省地税局党组成员、总经济师苏振钿（正排右一）给梅州市地税局党组成员上"三严三实"专题党课。

2015 年 6 月 2 日，惠州市地税局开展“三严三实”教育暨专题党课学习会。

2015 年 9 月 24 日，惠州市地税局干部职工参观廉政教育基地。

2015 年 6 月 11 日，汕尾市地税局召开全市地税系统“三严三实”专题教育动员会。汕尾市地税局党组书记、局长曾军（正排中）作动员讲话。

2015年9月1日，汕尾市地税局召开全市地税系统“三严三实”第二专题辅导报告会。汕尾市地税局党组书记、局长曾军（左一）致词，汕尾市纪委副书记、监察局局长、预防腐败局局长庄伟（右一）作专题辅导报告。

2015年6月8日，东莞市地税局召开全市地税系统“三严三实”专题教育工作会议。

2015年10月20日，东莞市地税局召开“三严三实”专题学习辅导会。

2015年11月13日，东莞市地税局召开“三严三实”第三专题研讨会。

2015年6月5日，中山市地税局召开“三严三实”专题教育工作会议，中山市地税局主要领导讲“三严三实”专题党课，部署开展全市地税系统“三严三实”专题教育。

2015年8月27日，广东省地税局党组成员、副局长李华东（正排中）到中山市地税局指导“三严三实”专题教育学习活动，参加中山市地税局“三严三实”专题学习研讨会。

2015年6月1日，江门市地税局召开全市地税系统“三严三实”专题教育工作会议。

2015年8月26日，江门市地税局干部职工到包公文化园接受警示教育。

2015年12月17日，江门市地税局邀请广东省纪委派驻省地税局副厅级纪检监察专员朱汉锋（主席台左一）为干部职工讲授《准则》《条例》知识。

2015 年 7 月 15 日，阳江市地税局党组中心组“三严三实”第一专题学习组到阳江市反腐倡廉历史教育基地——阳江市冼夫人冯盎将军文化公园参观学习。

2015 年 10 月 27 日，阳江市地税局党组书记、局长蒋安平(左排左二)深入阳东北惯、合山、新洲和东平等基层税务分局开展工作调研，进一步践行“三严三实”。

2015 年 9 月 8 日，广东省地税局党组成员，省纪委、省监察厅派驻省地税局纪检组长、监察专员叶秀佑（左二）参加湛江市地税局党组中心组“三严三实”第二专题学习研讨会。

2015年10月10日，湛江市地税局党组书记、局长李漫天在市局党组中心组“三严三实”第一专题学习研讨会上讲话。

2015年6月10日，茂名市地税局召开党组中心组“三严三实”专题学习扩大会议。

2015年7月7日，茂名市地税局召开党组中心组“三严三实”学习研讨活动第二专题讲座。

2015年9月10日，茂名市地税局召开党组中心组“三严三实”学习研讨活动第三专题讲座。

2015年7月8日，肇庆市地税局党组副书记、调研员何蜀（正排中）到肇庆鼎湖区地税局开展“三严三实”专题教育座谈会。

2015年6月2日，清远市地税局召开全市地税系统“三严三实“专题教育工作视频会议。

2015年6月2日，清远市地税局党组书记、局长徐杰讲授“三严三实”专题党课。

2015年6月23日，潮州市饶平县地税局召开党组中心组学习扩大会议，组织“三严三实”专题辅导学习。

2015年7月2日，潮州市地税局开发区分局组织领导干部到饶平县预防职务犯罪警示教育基地观摩学习。

2015年7月3日，潮州市地税局邀请潮州市直工委书记魏界亮(左一)作题为“严修身、正党风、树形象”的专题辅导报告。

2015年12月11日，潮州市潮安区地税局召开领导班子“三严三实”专题民主生活会。

2015年3月8日，揭阳市委党校教师张双喜作“三严三实”专题教育辅导。

2015年6月24日，揭阳市地税局党组成员、总经济师黄建明（正排中）在蓝城区地税局磐东分局讲授“三严三实”专题党课。

2015年5月19日，云浮市地税局召开“三严三实“专题教育工作会议。

2015年8月26日，云浮市地税局召开处级干部“三严三实”专题教育学习研讨会，邀请云浮市委讲师团团长黄小捷（左排位置）作专题报告。

2015 年 5 月 29 日，横琴新区地税局召开“三严三实”专题教育学习会，区局全体党员、入党积极分子及发展对象参加学习并重温了入党誓词。

2015 年 6 月 30 日，横琴新区地税局召开党组中心组理论学习扩大会议，开展“三严三实”专题学习，邀请珠海市委党校常务副校长蔡新华以“自觉践行‘三严三实’永葆共产党人政治本色”为专题授课。

2015 年 8 月 19 日，横琴新区地税局召开党组中心组扩大会议，以“严以律己，严守党的政治纪律和政治规矩，自觉做政治上的‘明白人’”为主题，开展专题学习研讨。

2015年12月28日，深汕合作区地税局召开“三严三实”专题教育学习会。

2015年6月16日，顺德区地税局局长关世良（主席台位置）为党员干部讲授“三严三实”专题党课。

2015年8月12日，顺德区地税局举行广东“廉洁火炬杯”党规党纪知识竞赛初选赛。

2015年8月14日，顺德区地税局举办“风正好扬帆”廉洁文化大讲堂。

领导调研

2015 年 1 月 20 日，国家税务总局党组书记、局长王军（右排右四）到广东视察调研。

2015 年 6 月 1 日，广东省委常委、常务副省长徐少华（前排左三）到广东省地税局调研，考察广东省地税局直属分局（大企业局）。

2015 年 3 月 11 日，广东省地税局党组书记、局长王南健（右三）到广州市白云区地税局三元里（嘉禾）税务所调研，省局党组成员、副局长，广州市地税局党组书记、局长揭晔（前排左四）等陪同。

2015 年 7 月 14 日，广东省地税局局长王南健（正排左一）、党组书记吴紫骊（正排右一）到广州市地税局调研。

2015 年 9 月 17 日，广东省地税局党组书记吴紫骊（前排左三）到广州市南沙区地税局考察调研，省局党组成员、副局长，广州市地税局党组书记、局长揭晔等陪同。

2015 年 11 月 2 日，广东省地税局党组成员、副局长，广州市地税局党组书记、局长揭晔（前排左三）到白云区地税局江高所调研。

2015 年 1 月 21 日，国家税务总局党组书记、局长王军（右排右一）到深圳市地税局调研慰问。

2015 年 10 月 14 日，广东省地税局党组书记吴紫骊（前排左一），省局党组成员、副局长杨朝峰到深圳市地税局调研。

2015 年 7 月 17 日，广东省地税局党组成员、副局长揭晔（右三）到珠海市地税局高新区分局一体化办税厅实地了解国地税联合办税情况。

2015年8月13日－14日，广东省地税局党组书记吴紫骊（前排右二）、省局副局长欧卫东（前排左二）到珠海市地税局高新区分局调研。

2015年10月28日，广东省地税局副局长欧卫东（左排左三）到珠海市地税局开展破解“关键一公里”调研。

2015年12月18日，广东省地税局党组成员、总会计师苏振钿（左四）到珠海市地税局调研。

2015年1月29日，广东省地税局党组成员、副局长宋爱勤（中）出席汕头市地税局领导班子年度考核考评大会，省纪委派驻省地税局副厅级纪检员、监察专员朱汉锋（右一）到会并作廉政教育讲话。

2015年2月4日，广东省地税局党组成员、副局长杨朝峰（左四）深入汕头市地税局基层一线开展金税三期上线工作调研。

2015年8月27日—28日，广东省地税局党组书记吴紫骊（前排右二）率省局调研组到汕头市地税局调研。

2015年12月18日，广东省地税局副局长欧卫东到汕头市地税局调研，并为汕头地税系统干部职工作以“新常态——当前和今后中国经济发展的大逻辑”为题的学习辅导讲座。

2015年7月16日，广东省地税局党组书记吴紫骊（正排左三），省局党组副书记、巡视员杨楚潮（正排左四）到佛山市地税局调研。

2015年7月16日，广东省地税局党组书记吴紫骊（左二）到佛山市南海区地税局桂城分局调研。

2015 年 10 月 28 日，广东省地税局党组副书记、巡视员杨楚潮（正排左二）到佛山市三水区地税局西南分局开展破解“关键一公里”调研。

2015 年 12 月 31 日，佛山市委常委、常务副市长黄志豪（左一）到佛山市地税局开展 2015 年财税年终结算工作慰问调研。

2015 年 3 月 3 日，韶关市委常委、常务副市长陈波（前排左二）到韶关市地税局调研。

2015年3月23日，广东省地税局党组成员、副局长杨朝峰（右一）到韶关市地税局调研。

2015年8月10日，广东省地税局局长王南健（左二）到韶关市曲江区地税局调研。

2015年8月23日，广东省地税局党组书记吴紫骊（右三），省局党组成员、副局长杨荣华（右一）到韶关市地税局调研。

2015 年 1 月 29 日，广东省地税局党组成员、总会计师苏振钿（右一）到河源市源城区地税局开展春节前调研慰问，并参观书画展。

2015 年 6 月 4 日，广东省地税局副局长欧卫东（右中）到河源市地税局调研行政复议应诉工作。

2015 年 8 月 10 日，广东省地税局党组书记吴紫骊（前排左二）到河源市高新区地税局调研，深入办税服务厅了解一线工作情况。

2015年11月4日，广东省地税局党组副书记、巡视员杨楚潮（右四）到河源市源城区地税局源南分局调研，认真听取基层税务干部的意见和建议。

2015年12月2日，广东省地税局党组成员、总经济师罗达佳（左排左三）到河源市源城区地税局开展破解“关键一公里”调研体验。

2015年2月26日，梅州市市委常委、常务副市长丁文（前排左一）到梅州市地税局看望慰问干部职工。

2015 年 8 月 25 日，广东省地税局党组书记吴紫骊（前排左一）到梅州市地税局调研。

2015 年 9 月 10 日，梅州市市长谭君铁（前排左二）到梅州市地税局调研税收工作。

2015 年 11 月 3 日，广东省地税局党组成员、总经济师苏振钿（正排中）到梅州市地税局调研。

2015 年 1 月 7 日，惠州市人大常委会委员一行到惠州市地税局调研。

2015 年 4 月 27 日，中央文明办“全国文明城市测评体系”调研组一行到惠州市地税局考察调研。

2015 年 8 月 11 日，广东省地税局党组书记吴紫骊（左排左五），省局党组成员、总经济师苏振钿（左排左六）到惠州市地税局调研。

2015 年 9 月 7 日，广东省地税局局长王南建（正排中），汕尾市委副书记、代市长杨绪松（正排右二），汕尾市委常委、副市长魏友庄（正排左三）到汕尾市地税局调研。

2015 年 12 月 10 日，广东省地税局党组书记、局长吴紫骊（左排左二），省局党组成员、总会计师苏振钿（左排左三）带领相关处室负责人到汕尾市地税局调研。

2015 年 3 月 23 日，东莞市委书记徐建华（右排右三）、市长袁宝成（右排右二）到东莞市地税局调研。

2015 年 7 月 16 日，广东省地税局党组书记吴紫骊（左八），省局党组成员、总经济师罗达佳（左九）到东莞市地税局调研。

2015 年 8 月 6 日，广东省地税局党组书记吴紫骊（前排左二）到中山市地税局城区地税分局指导工作。

2015 年 11 月 11 日，广东省地税局党组成员、副局长李华东（中）到中山市地税局调研。

2015 年 9 月 1 日，广东省地税局党组书记吴紫骊（前排中），省局党组成员、副局长宋爱勤（前排右一），省局党组成员、省纪委、省监察厅派驻省局纪检组组长、监察专员叶秀佑（前排左一）到江门市地税局调研。

2015 年 3 月 17 日，阳江市委常委、宣传部长袁古洁（中）到阳江市地税局调研，参观市局文化长廊、廉政教育基地、江城服务大厅，市地税局党组书记、局长蒋安平（左一）等陪同。

2015 年 7 月 29 日，广东省地税局党组书记吴紫骊（左三），省局党组成员、副局长杨朝峰（左一），省纪委、省监察厅派驻省局纪检组组长、监察专员叶秀佑（左四）到阳江市地税局调研。

2015年10月23日，广东省纪委、省监察厅派驻省局纪检组组长、监察专员叶秀估（主席台左一）到阳江市地税局调研。

2015年12月4日，阳江市委常委、市委秘书长林锐熙（左二）到阳江市地税局督查“工作落实年”工作台账完成情况。

2015年7月28日，广东省地税局党组书记吴紫骊（右五），省局党组成员，省纪委、省监察厅派驻省局纪检组组长、监察专员叶秀估（右三）到湛江市地税局调研。

2015年8月13日，广东省地税局党组成员、副局长，广州市地税局党组书记、局长揭晔（左一）到湛江市遂溪县地税局、廉江市地税局调研。

2015年9月9日，广东省地税局党组成员，省纪委、省监察厅派驻省地税局纪检组组长、监察专员叶秀佑（左排左三）到雷州市地税局附城税务分局调研。

2015年11月26日，湛江市委常委、常务副市长赵志辉（左排左四）到湛江市地税局调研。

2015年1月16日，广东省地税局党组成员、副局长杨朝峰（右一）到茂名市地税局调研指导金税三期系统上线工作。

2015年7月28日，广东省地税局党组书记吴紫骊（中）到茂名市地税局调研。

2015年11月6日，广东省地税局党组成员，省纪委、省监察厅派驻省地税局纪检组组长、监察专员叶秀佑（中）到茂名市地税局开展破解“关键一公里”调研。

2015 年 12 月 7 日，茂名市委常委、常务副市长、市委秘书长吴刚强（右二）到茂名市地税局调研指导工作。

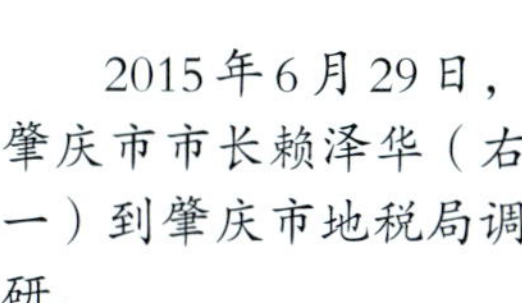
2015 年 6 月 29 日，肇庆市市长赖泽华（右一）到肇庆市地税局调研。

2015 年 7 月 22 日，广东省地税局党组书记吴紫骊（前排右三），省局党组成员、总经济师罗达佳（前排左一）到肇庆市端州区地税局办税大厅调研。

2015 年 11 月 11 日，广东省地税局党组成员、总经济师罗达佳（正排右五）到肇庆市地税局开展落实“最后一公里”调研。

2015 年 12 月 17 日，广东省地税局党组成员，省纪委、省监察厅派驻省地税局纪检组组长、监察专员叶秀佑(左排左三)到肇庆市地税局调研。

2015 年 8 月 17 日，广东省地税局党组书记吴紫骊（右二）到清远市地税局开发区分局调研。

2015 年 11 月 6 日，广东省地税局党组成员、副局长，广州市地税局党组书记、局长揭晔（左二）到清远市地税局基层指导工作。

2015 年 11 月 17 日，广东省地税局党组成员、副局长杨荣华（右三）到清远市地税局开发区局开展破解“关键一公里”调研。

2015 年 8 月 26 日，广东省地税局党组书记吴紫骊（前排中），省局党组成员、副局长宋爱勤（后排中）到潮州市地税局调研。

2015年9月9日，潮州市委书记李水华（右二），市委常委、常务副市长张帆（左二）到潮州市湘桥区地税局办税服务厅调研。

2015年1月30日，广东省地税局党组成员、副局长宋爱勤（主席台左二）到揭阳市地税局开展揭阳地税局领导班子年度考核活动。

2015年2月5日，广东省地税局党组成员、副局长杨朝峰（右三）到揭阳市地税局调研指导揭阳地税金税三期工程系统上线工作。

2015 年 12 月 11 日，广东省地税局党组书记、局长吴紫骊（前排左四）到普宁市地税局调研。

2015 年 7 月 23 日，广东省地税局党组书记吴紫骊（中），省局党组成员、总经济师罗达佳（右二）到云浮市地税局调研。

2015 年 10 月 14 日，广东省地税局党组成员、副局长，广州市地税局党组书记、局长揭晔（左二）到云浮市地税局调研。

2015年12月18日，广东省地税局党组成员，省纪委、省监察厅派驻省地税局纪检组组长、监察专员叶秀佑（右二）到云浮市地税局调研。

2015年5月14日，广东省地税局党组书记、局长王南健（右排右三）到横琴新区地税局调研。

2015年7月17日，广东省地税局党组成员、副局长，广州市地税局党组书记、局长揭晔（左二）到横琴新区地税局调研，深入横琴自贸片区综合服务厅实地了解"一照一码"实施情况。

2015 年 8 月 14 日，广东省地税局党组书记吴紫骊（左二）在珠海市委常委、横琴新区党委书记刘佳（左一）、省局副局长欧卫东（左三）等陪同下，到横琴新区地税局调研。

2015 年 12 月 10 日，广东省地税局党组书记、局长吴紫骊（右三），省局党组成员、总会计师苏振钿（右二），汕尾市委常委、副市长、深汕合作区管委会主任何学文（左四）到深汕特别合作区地税局调研。

2015年1月8日，国家税务总局征管科技司司长任荣发（右一），广东省地税局党组成员、副局长杨朝峰（右二）到顺德区地税局伦教分局了解金税三期工程优化系统运行情况。

2015年9月1日，广东省地税局党组书记吴紫骊（前排左一），省局党组成员、副局长宋爱勤，省局党组成员，省纪委、省监察厅派驻省地税局纪检组组长、监察专员叶秀佑到顺德区地税局调研。

大事要闻

2015年1月8日，金税三期工程应用系统优化版上线启动仪式在国家税务总局数据中心（南海）和广东南海税务信息处理中心数据楼举行。国家税务总局征管科技司司长任荣发（中）宣布金税三期工程应用系统优化版正式启用。

2015年1月28日，全省地方税务工作会议在广东省地税局召开。

2015年3月4日，全省地税系统党风廉政建设工作会议在广东省地税局召开。

2015年4月23日，广东省地税局正处级领导干部依法行政研修班在国家税务总局税务干部进修学院举办开班仪式。国家税务总局税务干部进修学院党委书记顾小波致辞，广东省地税局党组书记、局长王南健（前排右五）作动员讲话，省局党组成员、副局长宋爱勤（前排左四）主持开班仪式。

2015年8月21日，广东省地税局举办全省地税系统党员干部“三纪”教育培训班。

2015年10月16日，广东省地税局召开专题会议学习中央全面深化改革领导小组第17次会议精神，研究贯彻落实《深化国税、地税征管体制改革方案》措施。

2015年11月29日，粤港澳大学生税收辩论赛决赛在广州举行，广东省委常委、常务副省长徐少华（左二）出席比赛并为获奖队伍和获奖选手颁奖。

2015年12月4日，广东省地税局召开特邀监察员座谈会，省地税局党组书记、局长吴紫骊（正排右四）出席会议并讲话，省局党组成员，省纪委、省监察厅派驻省局纪检组组长、监察专员叶秀佑主持座谈会。

2015年12月18日，广东省委常委、常务副省长徐少华（左二）在省地税局党组书记、局长吴紫骊（左一）陪同下，参观广东地税南海税务信息处理中心。

2015年6月9日，广州市依法治市领导小组一行到广州市地税局检查法治广州建设工作。

2015年9月17日，广东省地税局党组书记吴紫骊（右二）与广州市南沙区委书记丁红都（右一）会谈，交流自贸区建设工作。

2015年11月5日，广东省地税局党组书记、局长吴紫骊（前排中）到广州市越秀区地税局新办税服务厅、天河区地税局珠江新城办税服务厅、规费服务中心开展实地调研。

2015年12月27日，广州市地税局召开工作会议，传达全省地税工作务虚会和中央《深化国税、地税征管体制改革方案》相关精神。

2015年6月26日，莱尔德集团双边预约定价安排执行协议签字仪式在深圳市地税局举行。

2015年8月27日，深圳市地税局党组成员、副局长杨龙（正排左一）参加市政府门户网站“深圳政府在线”“政企通”栏目网上对话直播活动。

2015年8月28日，深圳市地税局、国税局分别与腾讯公司签署微信缴税协议。

2015年12月29日，深圳市地税局召开全市地方税收工作会议。

2015年1月5日，珠海市香洲区地税局香洲办税厅在金税三期单轨生产环境下成功开出全省首张税票。

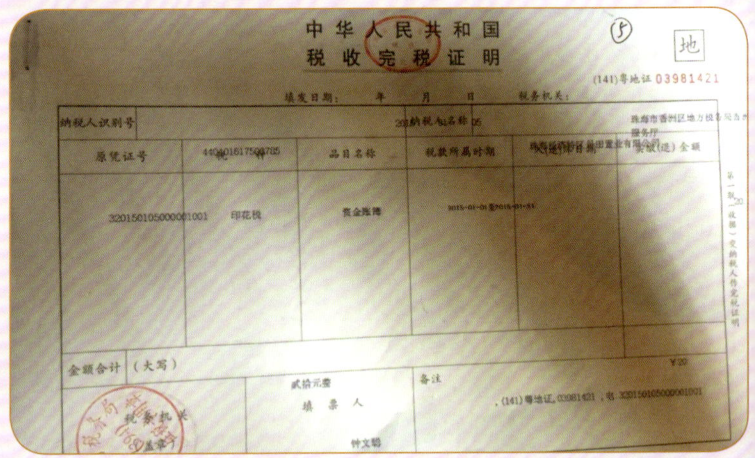
中华人民共和国
税收完税证明

地

(141)粤地证 03981421

填发日期：　年　月　日　税务机关：珠海市香洲区地方税务局香洲服务厅

纳税人识别号　纳税人名称

原凭证号	税种	品目名称	税款所属时期	入(退)库日期	实缴(退)金额
320150105000001001	印花税	资金账簿	2015-01-01至2015-01-31		

金额合计　(大写)　贰拾元整　¥20

税务机关（盖章）　填票人　钟文聪　备注　(141)粤地证 03981421，电 320150105000001001

第一联（收据）交纳税人作完税证明

2015 年 9 月 28 日，珠海市地税局党组书记、局长严贵杨（右二）参加珠海电台 2015 年第二季度“行风热线”直播节目。

2015 年 2 月 5 日，汕头市地税局召开全市地方税务工作会议，贯彻全省地税工作会议精神，部署全年地方税收工作。

2015 年，汕头市地税局圆满完成对潮阳区金灶镇东仓村的扶贫“双到”工作，被评为广东省 2013-2015 年扶贫开发“双到”优秀单位。图为 2015 年 2 月 10 日，汕头市地税局党组书记、局长张振宇(前排右二）带队到东仓村开展调研及慰问贫困户工作。

2015年3月12日，汕头市地税局召开全市地税系统党风廉政建设工作会议，部署反腐倡廉工作。

2015年7月21日，财政部驻广东专员办副专员陈红雄带队到汕头市地税局开展调查，对汕头市地税局相关工作给予充分肯定。

2015年1月8日，佛山市地税局南海桂城分局成功办理金税三期工程优化版系统单轨上线首日第一笔纳税申报业务，开出全省地税系统金税三期优化版首张税收完税凭证。

2015 年 2 月 3 日，2015 年佛山市地方税务工作会议召开。

2015 年 6 月 8 日，广东省地税局督查组赴佛山市地税局督查落实国务院重要政策措施落实情况。

2015 年 10 月 22 日，佛山市地税系统专题工作会议召开。

2015年4月3日，韶关市地税局举行纳税人权益保护座谈会。

2015年5月27日，韶关市地税局举行机关党委换届选举。

2015年8月25日，韶关市地税局举行工会换届选举。

2015年12月24日，国家税务总局财产和行为税司资源税处调研员袁泽军率调研组到韶关市地税局开展资源税从价计征改革调研。

2015年5月28日，河源市地税局党组书记、局长刘通天在全国税务系统绩效管理工作视频会议上作经验交流。

2015年9月29日，河源市地税局正式启动市区稽查管理体制改革工作，广东省地税局党组成员、总会计师苏振钿（右三）参加启动仪式。

2015年11月2日，河源市地税局召开全市地税系统试点推行基层税务分局职能调整改革动员会，试点工作在连平县地税局启动。

2015年11月4日，全省地税系统推进“连心桥”工作座谈会在河源市召开，河源市地税局在会上作经验介绍。

2015年1月7日，金税三期工程系统在梅州地税局成功上线运行。

2015 年 3 月 11 日，梅州市地税局召开全市税务工作会议，部署全年税收工作。

2015 年 5 月 25 日，梅州市地税局聘请舆情监督员提升涉税舆情应对水平。

2015 年 7 月 6 日，《中国税务报》对梅州市地税局着力提升数据应用水平进行报道，梅州市地税局党组书记、局长魏少波（左一）接受该报记者采访。

2015年1月5日，惠州市地税局召开金税三期工程系统单轨上线部署工作会议。

2015年2月10日，惠州市地税局召开全市地方税务工作会议，惠州市委常委、常务副市长邓庆忠出席会议并讲话。

2015年3月10日，惠州市地方税务局召开党风廉政建设工作会。

2015 年 4 月 6 日，惠州市地税局举办"便民春风行之科技进税宣"活动。

2015 年 1 月 9 日，广东省地税局党组成员、副局长宋爱勤（右一）率领工作组到汕尾市地税局，开展深汕特别合作区地税局局长选拔工作。

2015 年 1 月 30 日，汕尾市地税局召开全市地方税务工作会议，市局党组书记、局长曾军（主席台左四）作工作报告。

2015年8月11日，汕尾市地税局举办全市地税系统纪检监察干部培训班，市局党组书记、局长曾军以“做党的忠诚卫士、做纪律的维护者”为题，给全体纪检干部作辅导。

2015年11月10日，广东地税廉政文艺轻骑队应邀到汕尾市地税局开展反腐倡廉专题教育活动，汕尾市纪委副书记陈波及市财政局、市国税局和深汕合作区地税局相关领导出席，全市地税系统干部职工共400余人参加活动。

2015年1月，东莞市地税局党组书记、局长钟毅民到东莞市地税局莞城税务分局调研金税三期工程系统上线情况。

2015年2月6日，东莞市地税局召开全市地方税务工作会议。

2015年11月，东莞市国税局、地税局O2O涉税事项集中处理中心成立。

2015年3月12日，中山市地税局局长罗镜文与中国银行中山分行代表在“银税互动”守信激励措施的签约仪式上签字。

2015 年 4 月 28 日，中山市行政服务中心国税、地税两个窗口正式推出税务登记“两证联办”，中山市欣粤信息科技有限公司顺利拿到了中山市首个新版税务登记证。

2015 年 10 月 12 日，在中山市社会征信和金融服务一体化系统 2.0 版上线暨中山市税银数据交换公约签署会议上，中山市局与全市 27 家银行机构代表共同签署《“地税－银行”数据交换共享公约》。

2015 年 1 月 8 日，江门市地税局党组书记、局长王毅（右二）到办税大厅指导金税三期工程上线工作。

2015 年 4 月 22 日，江门市地税局党组书记、局长王毅（右一）到电视台录制访谈节目，解答税收热点问题。

2015 年 5 月 18 日，江门地税移动纳税服务平台上线暨官方微博开通启动仪式在江门市地税局举行。

2015 年 7 月 9 日，江门市地税局举办建筑业“营改增”税改影响及应对专题讲座。

2015年1月8日，金税三期系统优化版在阳江市地税局成功上线，阳江市地税局党组书记、局长蒋安平（前排左一）在现场指挥上线工作。

2015年6月30日，阳江市国地税联合办证工作在阳江市行政管理服务中心正式启动，成功联合受理了税务登记业务，并即时给办理登记的纳税人发放一套印阳江市国家税务局、阳江市地方税务局印章的税务登记证件。

2015年3月25日，湛江市地税局党组书记、局长李漫天在湛江市人大会议上作述职报告。

2015 年 4 月 17 日，湛江市国税局、地税局联合在广东海洋大学开展“大众创新　万众创业”税收优惠政策宣讲会。

2015 年 11 月 24 日，广东省地税局文艺轻骑队到湛江市地税局演出廉政文化短剧。

2015 年 1 月 5 日，茂名市滨海新区地税局成立揭牌仪式举行。

2015年3月24日，茂名市地税局召开2014年度守法纳税大户会议。

2015年3月25日，茂名市地税局党组书记、局长吴锡昌（左三）做客《民声热线》电台直播节目。

2015年6月19日，茂名市电白区地税局举行第四届“全国文明单位”揭牌仪式。

2015年6月16日，肇庆市地税局车船税联网征收系统成功上线。

2015年11月6日，肇庆市地税局、肇庆市国税局与中国建设银行肇庆市分行联合举行“税易贷”税银互动服务项目签约仪式。

2015年12月30日，肇庆市地税局召开特邀监察员座谈会。

2015年2月5日，清远市地税局召开2015年全市地方税务工作会议。

2015年9月22日，清远市委副书记黄兆芬为清远市地税局全国文明单位揭牌。

2015年10月9日，清远市委常委、常务副市长曾贤林莅临见证清远市地税局在全省率先实现“全市通办”跨区域汇缴直解国库。

2015 年 12 月 28 日，清远市地方税务局稽查管理体制改革正式启动。

2015 年 3 月 11 日，潮州市地税局召开全市地方系统党风廉政建设工作会议。

2015年11月6日，广东省地税局工作组到潮州市地税局检查“四风”整改落实情况。

2015年12月23日，潮州市地税局邀请潮州市委宣讲团讲师作党的十八届五中全会精神宣讲报告。

2015年2月4日，揭阳市地税局局长郑杰鹏（主席台左三）主持召开全市地方税务工作会议，总结2014年主要工作，部署2015年重点工作。

2015年1月8日，云浮市地税局党组书记、局长陈伟（主席台左二）在全市地税系统金税三期工程上线动员大会上讲话。

2015 年 11 月 3 日，广东省地税局廉政文艺轻骑队到云浮演出廉政情景剧《我们永远在路上》，云浮市地税局全体干部，各县（市、区）地税局股级以上干部观看了演出。

2015 年 11 月 26 日，云浮市地税局举行税费业务“全市通办”上线启动仪式。市局党组书记、局长陈伟在启动仪式上讲话。

2015 年 12 月 2 日，云浮市地税局组织开展全市地税系统办税服务厅评议活动，组织考评组对全市办税服务厅进行评议。

2015年4月23日，中国（广东）自由贸易试验区珠海横琴新区片区正式挂牌，横琴新区地税局联合工商、质监、国税部门，顺利发出“一照三号”执照。

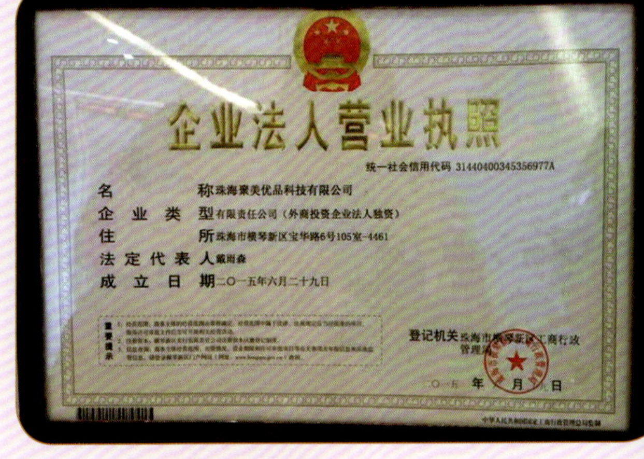

企业法人营业执照

统一社会信用代码 31440400345356977A

名　　称 珠海聚美优品科技有限公司

企业类型 有限责任公司（外商投资企业法人独资）

住　　所 珠海市横琴新区宝华路6号105室-4461

法定代表人 戴雨森

成立日期 二〇一五年六月二十九日

登记机关 珠海市横琴新区工商行政管理局

2015年6月29日，横琴自贸片区地税、国税、工商、质监综合办事窗口向珠海聚美优品科技有限公司等9家企业发出首批“一照一码”营业执照。

2015年10月23日，横琴新区国税局、地税局与中国银行横琴自由贸易区分行签订“税融通”项目合作意向书，标志着横琴自贸区税银合作开启了新时代。

2015 年 11 月 26 日，横琴新区纳税信用 A 级纳税人（2014 年）授匾暨税收遵从合作协议签订仪式在横琴规划展览厅举行。

2015 年 1 月 8 日，金税三期优化系统在广东省顺利上线，顺德区地税局发出金税三期工程上线后首张税务登记证。

2015 年 7 月 13 日，顺德区地税局数据分析科揭牌成立，成为全省地税系统首个专职涉税数据分析工作的内设机构。

2015 年 11 月 16 日，顺德区国税局、地税局代开发票“一窗联办”业务在大良街道试点启动。

2015 年 12 月 18 日，顺德区国税局、地税局联合推出的“税企 E 家”自助办税终端进驻美的集团，是全省首台大企业“定制版”自助办税设备。

合作交流

2015 年 4 月 1 日，广东省国税局、广东省地税局在广州联合举办小微企业税收优惠政策座谈会。

2015 年 5 月 19 日，广东省国税局、广东省地税局在广州联合举办服务“走出去”企业，支持“一带一路”战略税收协定宣讲会。

2015 年 6 月 29 日，广东省国税局、广东省地税局召开国地税第十次联席会议。

2015 年 12 月 16 日，广东省国税局、广东省地税局与广东中烟工业责任有限公司联合签署《税收遵从合作协议》。

2015 年 2 月 5 日，江苏省苏州市地税局局长唐晓鹰一行到广州市地税局开展工作交流。

2015 年 2 月 28 日，香港税务学会会长邱贤君（左一）一行到广州市地税局开展工作交流。

2015 年 3 月 25 日，广州市地税局与中国欧盟商会华南分会举行座谈交流。

2015 年 9 月 29 日，2015 年第二次广州市国地税联席会议在广州市地税局召开。

2015 年 10 月 30 日，广州市地税局常年税收法律顾问聘请仪式暨案说税法活动在广州市地税局举行。

深圳市地税局认真开展对口帮扶工作。2015 年 2 月 4 日，深圳市地税局党组书记、局长钱勇到陆丰市湖东镇后林村调研对口帮扶工作。

2015 年 7 月 16 日，珠海市香洲区委书记闫昊波、区长陈广俊一行到珠海市地税局开展工作交流。

2015 年 9 月 15 日，珠海市地税局党组书记、局长严贵杨到河源市地税局开展全面合作共建结对帮扶工作。

2015年11月9日，中山市地税局党组书记、局长罗镜文一行到珠海市地税局交流工作。

2015年3月27日，汕头市国税局、地税局联合与银行部门举行"银税互动"合作签约仪式。

2015年4月10日，汕头市国税局、地税局召开国税、地税机构分设以来的第一次联席会议，研究出台了两局《合作意见》和《联席会议制度》，建立起国地税合作常态化工作机制、领导机制和协调制度。

2015年11月25日汕头市澄海区国税局、地税局召开联席会议，研究深化国地税合作相关事宜。

2015年3月13日，佛山市社保费扩面征缴工作联席会议召开。

2015年3月17日乐昌市国税局、地税局举行2015年"银税互动"签约仪式。

2015 年 4 月 17 日，韶关市地税局、国税局联合"送税法进莞韶园区"税企座谈会召开。

2015 年 5 月 12 日，佛山市地税局对口帮扶韶关市武江区地税局交流座谈会召开。

2015 年 9 月 9 日，韶关市地税局、国税局召开第二次联席会议。

2015年6月17日，河源市地税局与河北省地税局人员交流学习绩效管理工作。

2015年6月29日–30日，河源市地税局与珠海市地税局、横琴新区地税局分别签订全面合作共建三年规划框架协议。图为广东省地税局副局长欧卫东（左二）、省局基层工作处处长钟文锋（左三）、珠海市地税局党组书记、局长严贵杨（左一）、河源市地税局党组书记、局长刘通天（左四）出席珠海市地税局与河源市地税局全面合作共建启动仪式。

2015年1月5日，梅州市地税局、河源市地税局在梅州召开文化建设与后勤管理工作交流会。

2015年10月10日，梅州市国税局、地税局召开联席会议。

2015年9月9日，惠州市地税局与云浮市新兴县地税局结对帮扶。

2015年8月26日，汕尾市国税局、地税局第一次工作联席会议在尾市国税局举行。市国税局党组书记、局长吴德主持，汕尾市国税局、尾市地税局领导班子和相关科室负责人参加会议。

2015年9月16日，珠海市地税局党组书记、局长严贵杨（左一）到汕尾市地税局开展工作交流，就对口帮扶与汕尾市地税局达成协议，并签订合作共建三年规划框架协议。

2015年2月14日，东莞市地税局党组书记、局长钟毅民（中）参加2015年阳光热线直播。

2015年2月27日，东莞市地税局与香港税务学会有关人员进行交流座谈。

2015 年 4 月 13 日，珠海市地税局有关人员到中山市地税局开展工作交流。

2015 年 6 月 26 日，中山市地税局党组成员、副局长张政鸿带队到东莞市地税局学习交流。

2015 年 10 月 26 日，中山市地税局联合市国税局召集近百家“走出去”企业举办税收政策宣讲会。

2015年3月24日，江门市统计局、人社局有关人员到江门市地税局开展工作调研。

2015年6月18日，江门市地税局与市金融工作局进行工作交流。

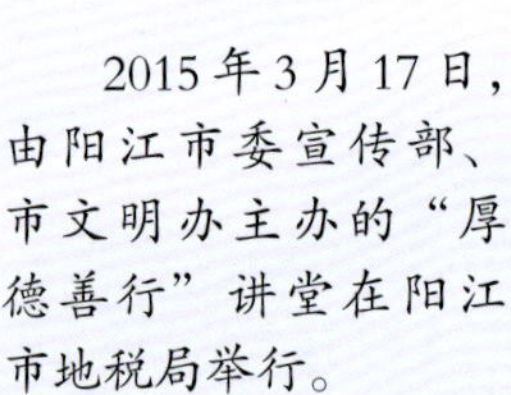

2015年3月17日，由阳江市委宣传部、市文明办主办的“厚德善行”讲堂在阳江市地税局举行。

2015 年 4 月 7 日，湛江市国税局、地税局紧密合作，认真开展纳税信用评价工作。

2015 年 8 月 13 日，中山市地税局党组书记、局长罗镜文（左三）在湛江市地税局党组书记、局长李漫天（左四）等陪同下到廉江市地税局开展“帮扶对子”调研。

2015 年 11 月 13 日，湛江市地税局、国税局召开国地税合作工作联席会议。

2015 年 12 月 4 日，湛江市地税局、国税局联合参加全国法制宣传日普法宣传活动。

2015 年 6 月 12 日，茂名市地税局联合市国税局、建设银行茂名市分
举办茂名市“税银通”纳税信用项目签约暨启动仪式。

2015 年 8 月 5 日
茂名市地税局和东
市地税局开展工作
流。

2015 年 8 月 13 日，茂名市地税局、国税局召开国地税合作工作推进会。

2015 年 4 月 14 日，肇庆市地税局到封开县开展捐赠书法字帖活动。

2015 年 4 月 23 日，肇庆市国税局、地税局、教育局开展"税收知识进校园"捐书活动。

2015年8月31日，中山市地税局到肇庆市怀集县地税局开展扶贫工作。

2015年12月24日，肇庆市地税局党组书记、局长林兆华参加“道德春联”进万家书法家迎春挥毫志愿服务活动。

2015年1月7日，清远市检察院、地税局联合召开争创预防职务犯罪先进单位工作座谈会。

2015 年 1 月 9 日，清远市地税局联合市企业家协会举办首次“税企”沟通座谈会。

2015 年 11 月 26 日，潮州市地税局、国税局与众多银行机构举办“银税互动”合作协议签约仪式。

2015 年 12 月 11 日，潮州市湘桥区地税局举办“税收遵从与服务协议”签订仪式。

2015 年 11 月 13 日，广东地税廉政文艺轻骑队在揭阳市地税局演出廉政教育情景剧——《我们永远在路上》。

2015 年 4 月 22 日，云浮市国税局、地税局、邮政储蓄银行共同举办“税贷通”银税合作签约仪式。

2015 年 7 月 6 日，云浮市国税局、地税局召开 2015 年首次联席会议。

2015 年 4 月，横琴新区地税局领导班子带队前往上海自贸区、福建平潭综合实验区等地，学习考察自贸区发展建设、制度创新成果、税收政策和征管服务措施等。

2015 年 6 月 30 日，河源市地税局党组书记、局长刘通天一行到横琴新区地税局座谈交流，研究新一轮“一帮一”对口帮扶工作，正式签订了全面合作共建三年规划框架协议。

2015 年 6 月 30 日，陕西省榆林市地税局到顺德区地税局开展大企业征管交流活动。

2015 年 9 月 28 日，顺德区国税局、地税局涉税业务联合上线佛山“市民之窗”。

基层风采

2015 年 4 月 25 日，广州市地税局稽查局与市公安局经济犯罪侦查支队联合在英雄广场开展“打击整治发票违法犯罪”专题税宣活动，图为参加此次活动的公安及地税部门的部分领导合影。

2015 年 7 月 3 日，广州市地税局第二稽查局全体党员干部在纪念建党 94 周年暨“四重温四增强”活动中重温入党誓词。

2015 年 9 月 23 日，广州市地税局领导、赛事组委会领导与 2015 年广州地税系统职工业余篮球、羽毛球、乒乓球比赛获奖代表合影留念。

2015 年 9 月 25 日，由广州市地税局主办的“广州地税杯”2015 年大学生税收演讲比赛在广东电视台演播厅举行。广东省地税局党组成员、副局长、广州市局党组书记、局长揭晔（前排左五），省局党组成员、副局长杨荣华（前排左六），以及共青团广东省委、共青团广州市委等领导出席并观看比赛。

深圳市地税局创新税收宣传方式方法，开发上线针对青少年的税收知识游戏《直冲云霄》。

2015 年 6 月 29 日，珠海市地税局举办“永远跟党走 共筑中国梦”党建知识竞赛活动。

2015 年 12 月 29 日，珠海市地税系统迎新年第三届趣味运动会在市警官活动中心体育场举行。

2015 年 4 月 17 日，汕头市龙湖区地税局联合区国税局在卜蜂莲花购物广场举办 2015 年税收宣传月小微企业税收优惠政策宣传暨发票抽奖活动。

2015 年 6 月 24 日，汕头市澄海区地税局参加澄海区纪念建党 94 周年“学党章 守纪律 讲规矩”知识竞赛，澄海区地税局代表队以总分第一名荣获比赛一等奖。

2015年8月25日，汕头市地税局组队参加汕头市“勿忘国耻 圆梦中华”纪念抗日战争胜利70周年合唱比赛，并获得优秀奖及优秀组织奖。

2015年10月，广东地税系统篮球比赛(粤东赛区)在汕头市举办，汕头市地税局男子、女子篮球队双双获得粤东赛区比赛第一名。图为汕头市地税局与揭阳市地税局的两支男子篮球队进行比赛。

2015年5月22日，佛山市三水区地税局团委与三水区国税局、公安局、移动公司三水分公司、中医院三水分院团组织联合开展“五月花海 乐跑青春”五四主题活动。

2015年10月15日，广东地税篮球比赛（珠三角赛区）在佛山市体育馆闭幕。

2015年4月3日，韶关市武江区地税局举办“办税服务厅开放日”活动。

2015年4月29日，韶关市仁化县地税局、国税局联合开展“税法知识进校园”活动。

2015年6月9日，韶关市翁源县地税局举行全国文明单位挂牌仪式。

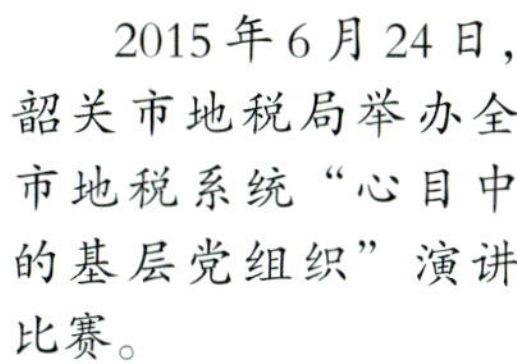
2015年6月24日，韶关市地税局举办全市地税系统“心目中的基层党组织”演讲比赛。

2015年5月，河源市和平县地税局城区分局办税服务厅被共青团广东省委、广东省地税局命名为省级“青年文明号”称号，图为授牌仪式后城区分局办税服务厅人员合影留念。

2015 年 12 月 12 日，河源市各县区地税局健美操运动员在全市地税系统第四届体育运动会上合影。

2015 年 5 月 27 日，梅州市摄影家协会地税分会成立。

2015 年 5 月 28 日梅州市作协地税分会举办文学沙龙活动。

2015年9月25日，梅州市地税局举办全市地税系统职工趣味运动会。

2015年4月17日，惠州市地税局举办“首届税风和畅——构建和谐惠州”书画摄影大赛获奖作品展览活动。

2015年6月30日，惠州市地税局举办纪念建党94周年暨“道德讲堂”宣讲大会。

2015年1月，汕尾市海丰县地税局深化国地税文化交流，开展国地税足球友谊赛。图为海丰县国税局、地税局足球队员合影。

2015年4月1日，汕尾市城区地税局协调国税及相关部门联合举办纳税人咨询服务活动。

2015年4月，汕尾市海丰县地税局深入开展“道德讲堂”活动，并将其打造成为地税文化建设新品牌。图为汕尾市海丰县地税局第一期“道德讲堂”。

2015年5月4日，共青团汕尾市城区地税局支部联合市局税宣志愿者分队开展低碳骑行税宣活动，以新时代地税青年风貌庆祝五四青年节。

2015年1月19日，东莞市地税局松山湖分局人员加强学习交流。

2015年4月23日，东莞市济川中学师生代表走进东莞市地税局南城税务分局零距离体验地税服务。

2015 年 8-9 月，东莞市地税局举行全市地税系统篮球赛。

2015 年 12 月 17 日，东莞市地税局举行第一届歌唱比赛。

2015 年 5 月 20 日，中山市地税局以“世界咖啡馆”的形式组织开展“我心目中的党组织”大讨论，市局机关党委各支部、各基层分局党支部的委员和党员参加讨论。

2015年4月18日，江门市蓬江区地税局举办税企网球联谊赛。

2015年4月29日，江门台山市地税局在台山市庆五一国际劳动节“税杯”职工文艺汇演中获金奖。

2015年6月3日，江门开平市地税局举办“小记者走进税务局”宣传活动。

2015年7月，江门恩平市地税局举办“道德讲堂”活动。

2015年9月24日，江门市新会区地税局在新会区庆祝中华人民共和国成立66周年、纪念中国人民抗日战争胜利70周年歌唱大赛中获金奖。

2015年5月8日，阳江市地税局团委组织市局机关青年干部职工，联合海陵区地税局团委开展“热爱海岛，关注环保”活动。

2015 年 5 月 13 日，阳江市地税局在共青团阳江市委员会与阳江市文明办联合举办的“激扬青春志 践行价值观”演讲比赛中，荣获成人组一等奖。

2015 年 6 月 30 日，阳江市地税局开展 2015 年“广东扶贫济困日”捐款活动。

2015 年 10 月 23 日，2015 年广东省地税系统篮球比赛（粤西赛区）在阳江市体育馆闭幕，省局党组成员，省纪委、省监察厅派驻省局纪检组长、监察专员叶秀佑（前排中）为获男子组、女子组第一名的阳江市地税局队颁奖。

2015 年 7 月 8 日，湛江市地税局举办“迎省运 庆七一”乒乓球赛。

2015 年 7 月 13 日，湛江吴川市地税局举办“齐参与 迎省运”篮球赛。

2015 年 4 月 17 日湛江市坡头区地税局联合区国税局开展“税法进企业”活动，与粤海饲料有限公司开展税企篮球互动，宣传税收法律知识。

2015 年 4 月，茂名市滨海新区地税局开展税企交流互动活动。

2015 年 4 月 25 日，茂名化州市地税局开展骑自行车宣传税法活动。

2015 年 4 月 30 日，茂名高州市地税局联合国税局开展税法宣传进校园活动。

2015 年 12 月 4 日，茂名市地税局开展国家宪法日暨“法治茂名宣传教育周”活动。

2015 年 5 月 4 日，肇庆市高新区地税局组织五四青年活动。

2015 年 10 月 10 日，肇庆市地税系统举办“身边地税人”宣讲活动。

2015 年 4 月 22 日，清远市开发区地税局开展税收宣传活动。

2015 年 9 月 17 日，清远市地税局举办 2015 年全市地税系统廉政辩论赛。

2015 年 10 月 8 日，全省首个少数民族地区国税、地税联合办税服务点在清远市连南县成立。

2015 年 10 月 1
日，全省地税系统篮
球赛（粤北赛区）在
清远市开幕。

215 年 4 月 15 日，潮州市地税局深入松发陶瓷有限公司开展税法宣传。

2015 年 6 月 25 日，
潮州市地税局举办“传帮
带”岗位技能考试。

2015 年 7 月 6 日，潮州市地税局聘请专业培训机构为全系统兼职教师及后备师资举办培训。

2015 年 12 月 5 日，潮州市地税局在潮州市高级技工学校开设纳税人学堂。

2016 年 3 月 25 日，揭阳市地税系统法治税务示范基地创建工作经验推广现场会在揭阳市揭东区地税局召开。

2015年4月15日，揭阳普宁市地税局联合普宁市国税局、共青团普宁市委在普宁国际服装城电子商务园举办大规模税收咨询活动。

2015年8月21日，揭阳市蓝城区地税局组织全体干部职工参观揭阳反腐倡廉警示教育展厅。

2015年10月23日，揭阳市蓝城区地税局为小微企业举办税收优惠政策专题培训讲座。

2015年3月5日，共青团云浮市地税局团委组织举办元宵灯会。

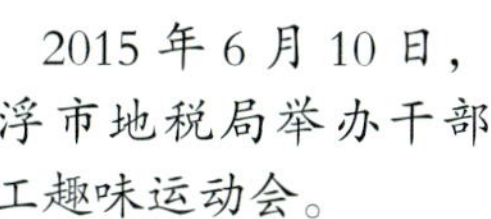

2015年6月10日，浮市地税局举办干部工趣味运动会。

2015年7月1日—10日，云浮市地税系统组织男子篮球赛，市局机关、各县（市、区）局组成6支队伍参加。

2015年11月18日，云浮市地税局党组书记、局长陈伟做客云浮广播电台“行风热线”，与听众、网友在线互动交流。

2015年1月21日，中铁建南方投资公司财务总监专程为横琴新区地税局送来“心系企业，竭诚服务”的锦旗，对横琴新区地税局税务工作人员热情、优质、高效的服务表示感谢。

2015年4月29日横琴新区地税局、国税局联合开展“税法知识进贸区”活动。

2015 年 7 月 1 日，中央电视台《新闻联播》栏目专程采访了横琴新区地税局推进“一照一码”登记制度、服务自贸区新办企业的新举措。

2015 年 11 月 19 日，横琴新区地税局、国税局联合到横琴“珠澳青年创业谷”开展专题培训，助力澳门青年创业。

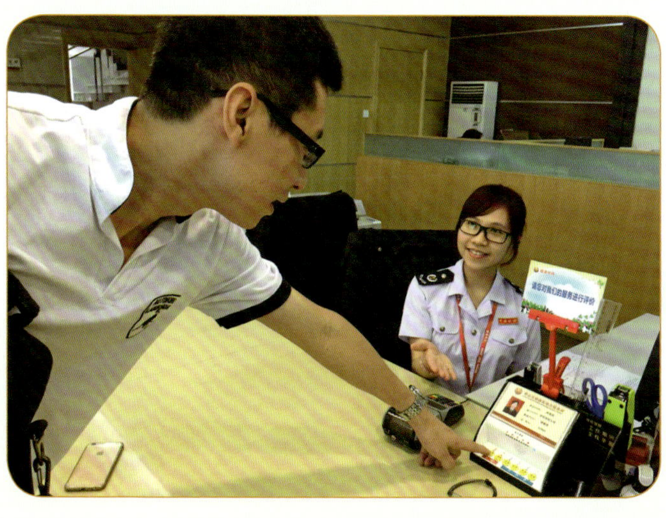

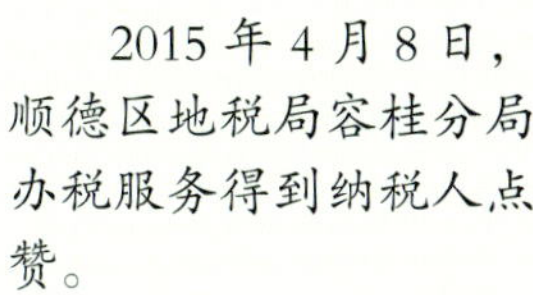

2015 年 4 月 8 日，顺德区地税局容桂分局办税服务得到纳税人点赞。

2015 年 8 月 25 日，顺德区地税局组队参加佛山市“廉洁火炬杯”党规党纪知识竞赛，荣获一等奖。

2015 年 10 月 9 日
顺德区地税局乐从
局第一时间帮助台
受灾企业开展抗灾
灾和灾后复产工作。

2015 年 10 月 21 日，顺德区地税局召开税务工作协同共治座谈会，并举行纳税人学堂揭牌仪式。

数字地税

1994—2015年广东省地方税务局税收收入和增长情况

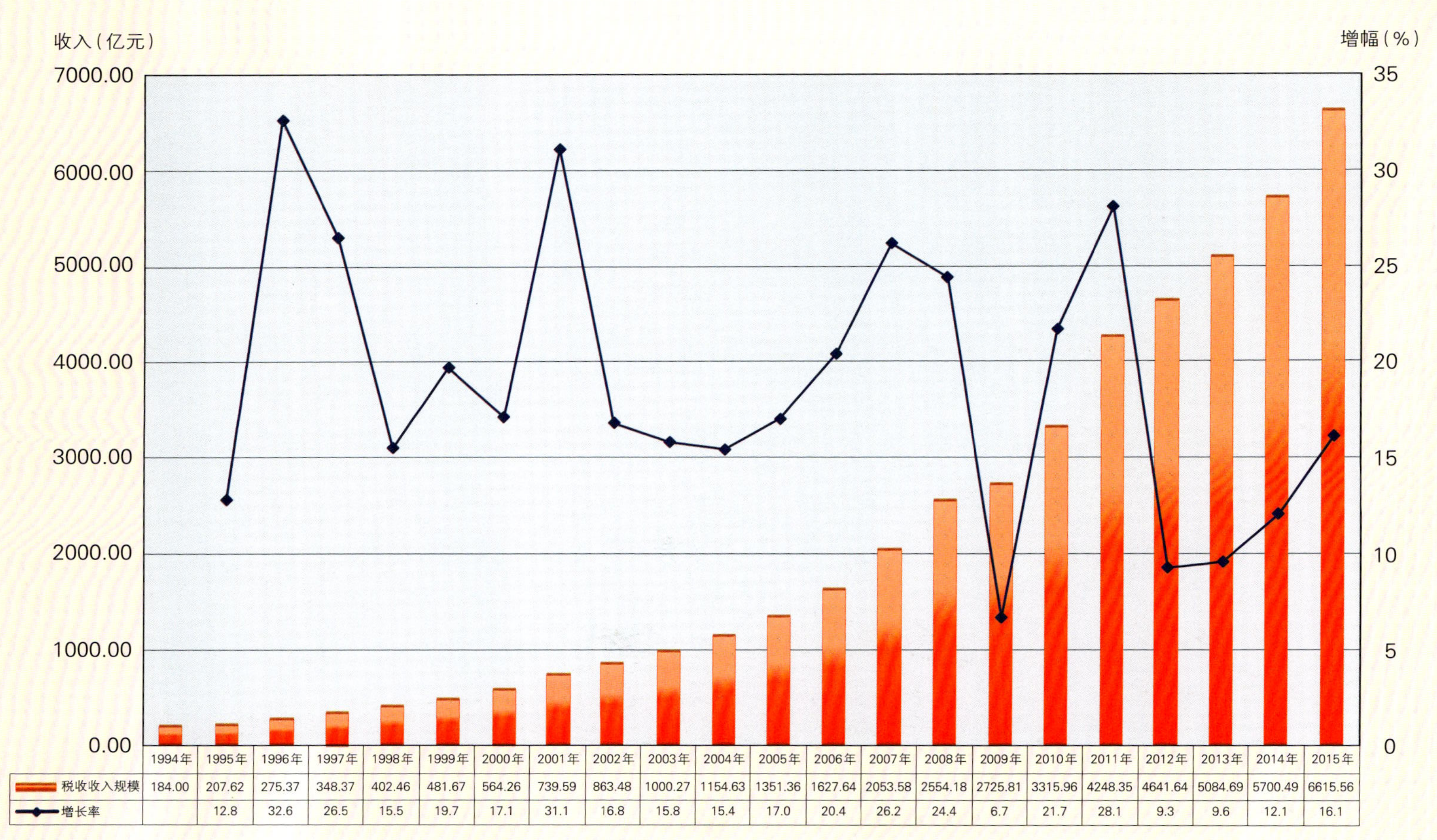

	1994年	1995年	1996年	1997年	1998年	1999年	2000年	2001年	2002年	2003年	2004年	2005年	2006年	2007年	2008年	2009年	2010年	2011年	2012年	2013年	2014年	2015年
税收收入规模	184.00	207.62	275.37	348.37	402.46	481.67	564.26	739.59	863.48	1000.27	1154.63	1351.36	1627.64	2053.58	2554.18	2725.81	3315.96	4248.35	4641.64	5084.69	5700.49	6615.56
增长率		12.8	32.6	26.5	15.5	19.7	17.1	31.1	16.8	15.8	15.4	17.0	20.4	26.2	24.4	6.7	21.7	28.1	9.3	9.6	12.1	16.1

1994—2015 年广东地方税务局税收收入（不含契税、耕地占用税）和增长情况

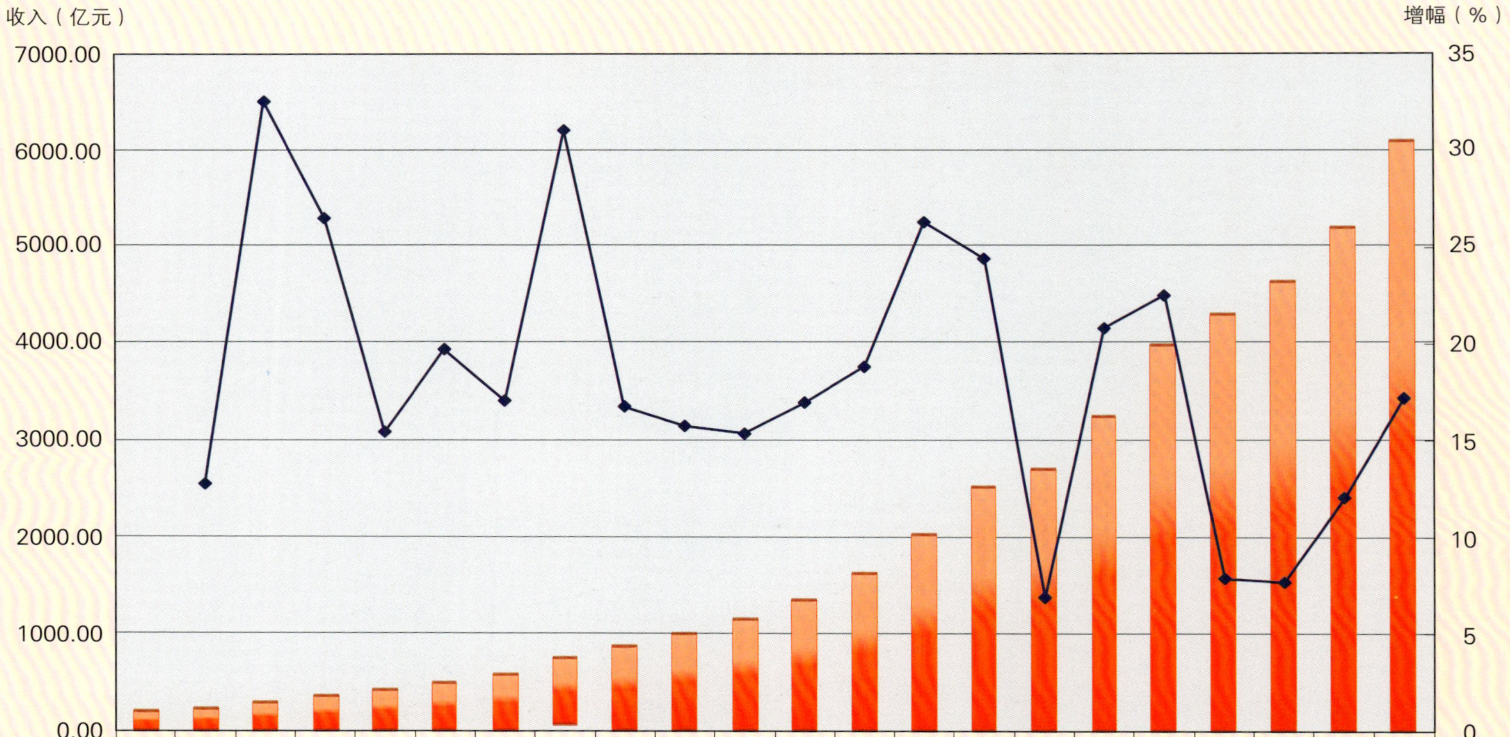

	1994年	1995年	1996年	1997年	1998年	1999年	2000年	2001年	2002年	2003年	2004年	2005年	2006年	2007年	2008年	2009年	2010年	2011年	2012年	2013年	2014年	2015年
税收收入规模	184.00	207.62	275.37	348.37	402.46	481.67	564.26	739.59	863.48	1000.27	1154.63	1351.36	1604.98	2026.38	2521.33	2695.55	3256.17	3987.64	4302.89	4634.33	5197.16	6092.98
增长率		12.8	32.6	26.5	15.5	19.7	17.1	31.1	16.8	15.8	15.4	17.0	18.8	26.3	24.4	6.9	20.8	22.5	7.9	7.7	12.1	17.2

2000—2015年广东省地方税务局社会保险基金收入和增长情况

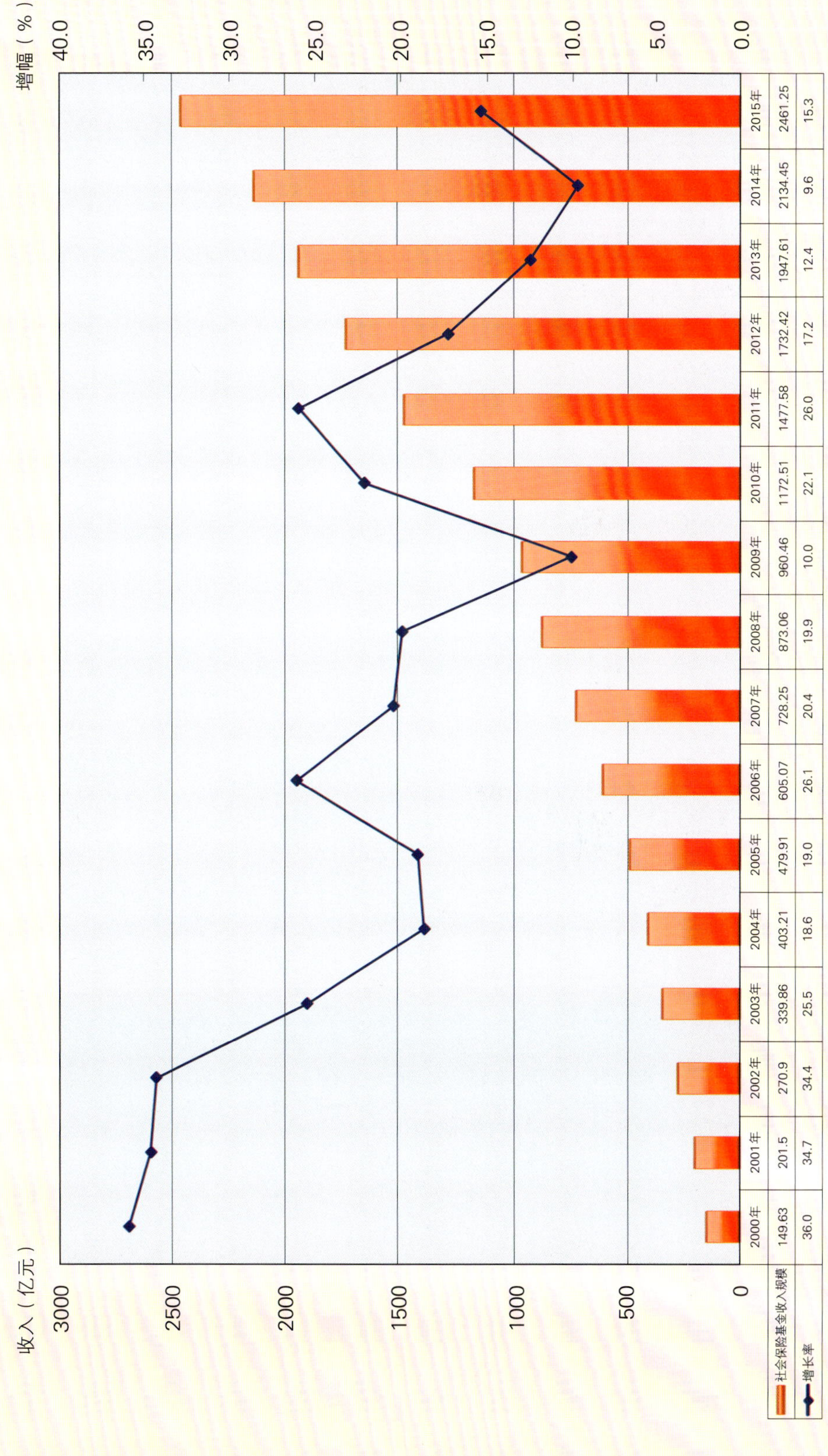

	2000年	2001年	2002年	2003年	2004年	2005年	2006年	2007年	2008年	2009年	2010年	2011年	2012年	2013年	2014年	2015年
社会保险基金收入规模	149.63	201.5	270.9	339.86	403.21	479.91	605.07	728.25	873.06	960.46	1172.51	1477.58	1732.42	1947.61	2134.45	2461.25
增长率	36.0	34.7	34.4	25.5	18.6	19.0	26.1	20.4	19.9	10.0	22.1	26.0	17.2	12.4	9.6	15.3

2015 年广东省地方税务局分单位税收收入情况

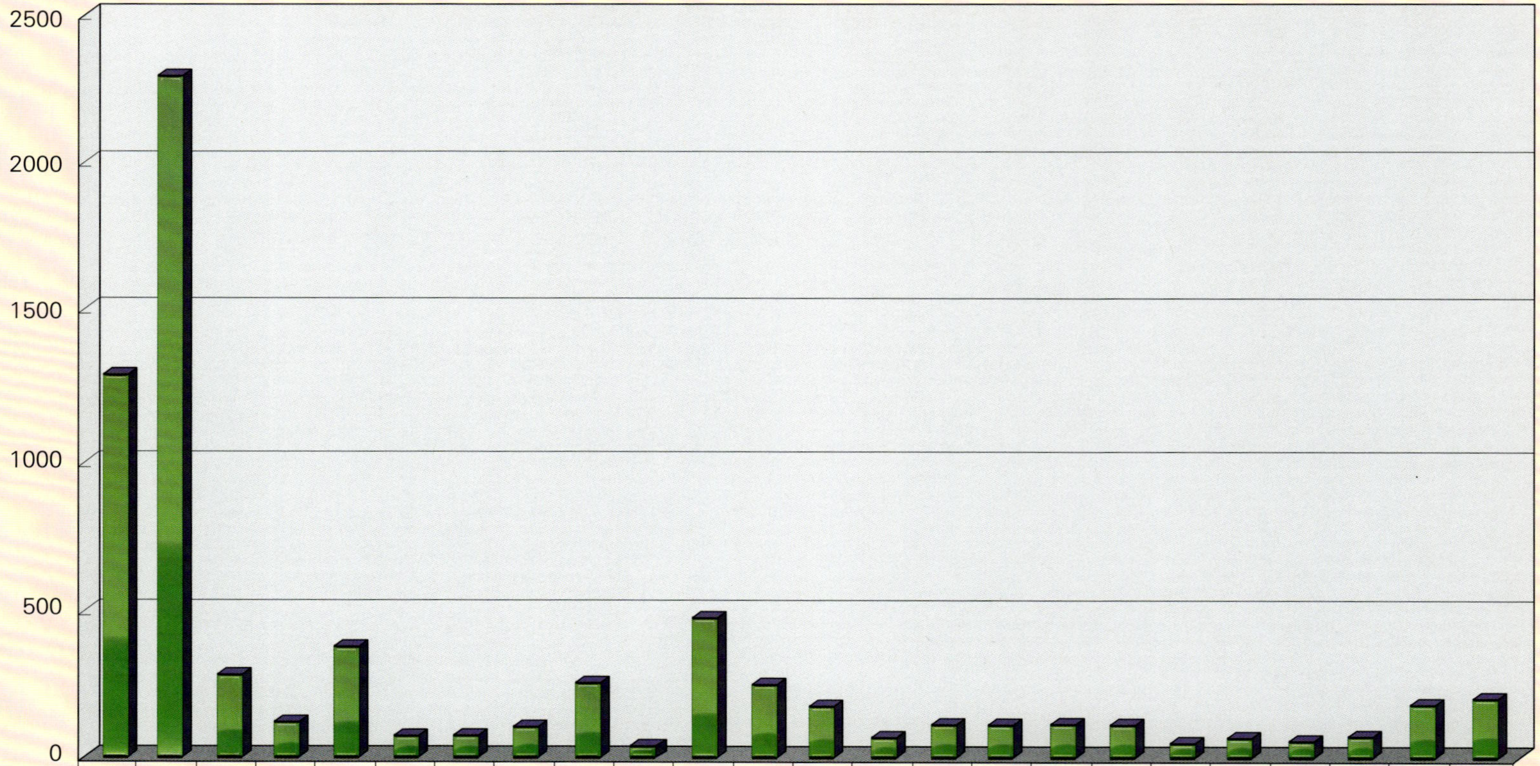

收入（亿元）

	广州	深圳	珠海	汕头	佛山	韶关	河源	梅州	惠州	汕尾	东莞	中山	江门	阳江	湛江	茂名	肇庆	清远	潮州	揭阳	云浮	横琴新区	顺德区	省局直属分局
税收收入规模	1277.7	2276.1	266.23	111.72	355.73	62.95	57.25	98.36	237.1	26.52	457.85	225.57	165.54	50.71	91.93	101.22	96.18	94.12	36.79	59.78	45.37	60.28	168.68	191.74

2015 年广东省地方税务局税收收入占全省 GDP 比重情况

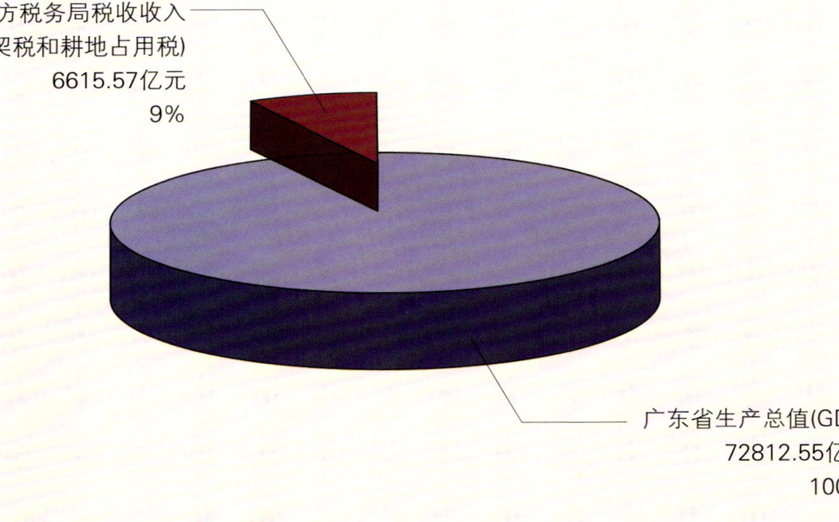

单位：亿元

项目	金额
广东省生产总值（GDP）	72812.55
广东省地方税务局税收收入（含契税和耕地占用税）	6615.57

2015 年广东省地方税务局税收收入分级次结构

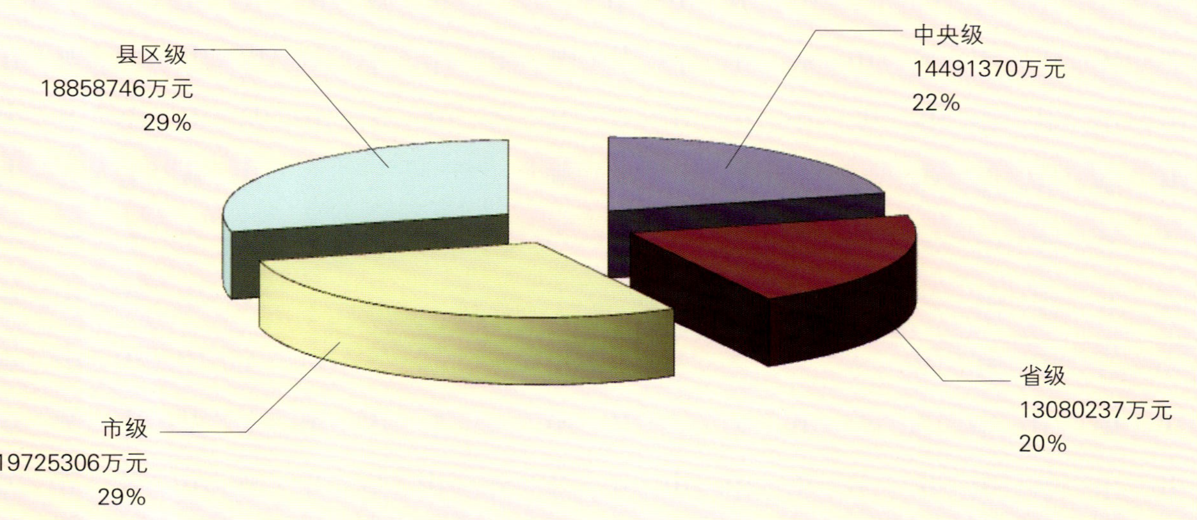

单位：万元

合 计	中 央	省 级	市 级	县区级
66155659	14491370	13080237	19725306	18858746

2015 年广东省地方税务局税收收入分税种情况

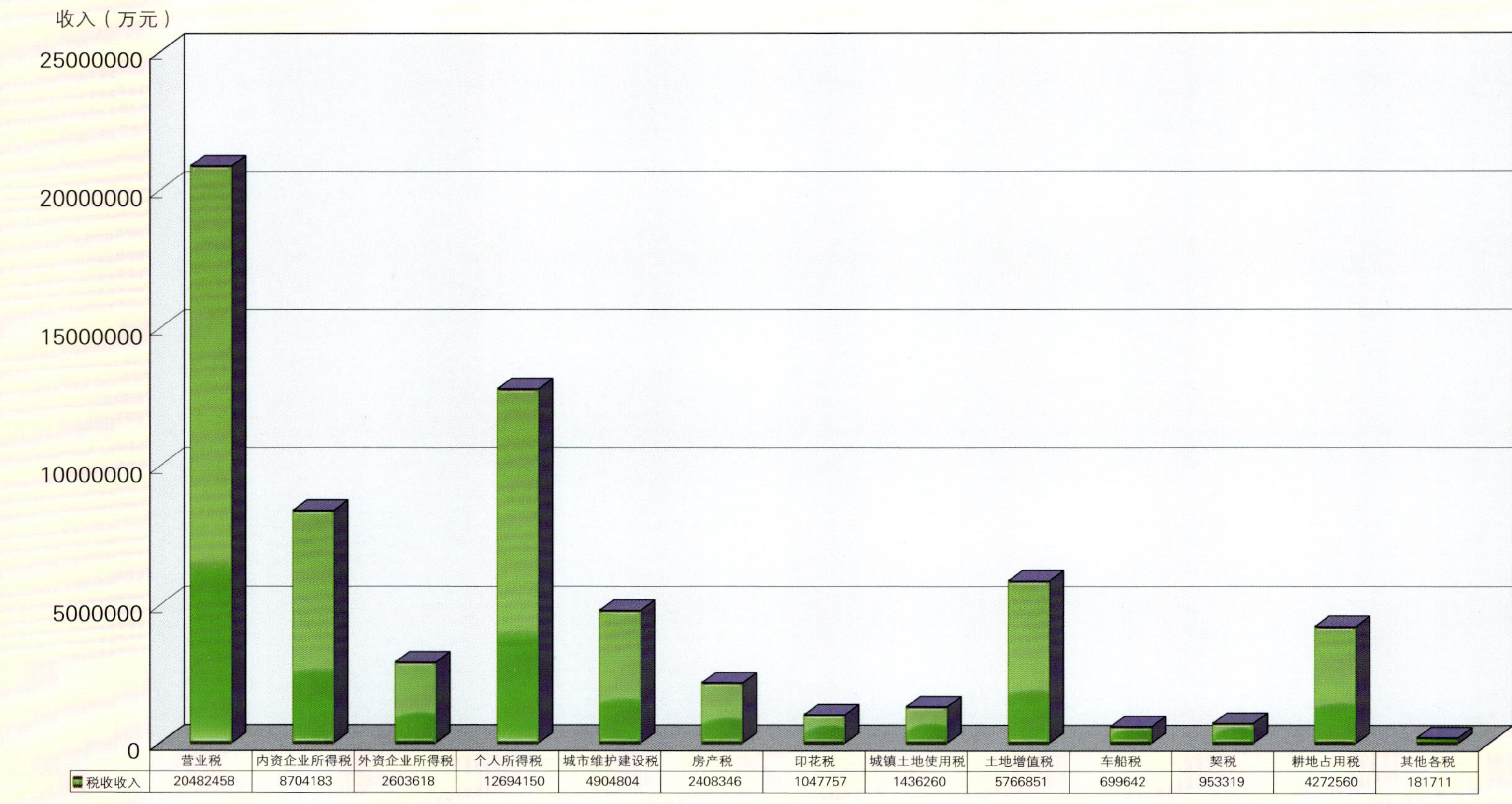

	营业税	内资企业所得税	外资企业所得税	个人所得税	城市维护建设税	房产税	印花税	城镇土地使用税	土地增值税	车船税	契税	耕地占用税	其他各税
税收收入	20482458	8704183	2603618	12694150	4904804	2408346	1047757	1436260	5766851	699642	953319	4272560	181711

2015 年广东省地方税务局税收收入分税种结构

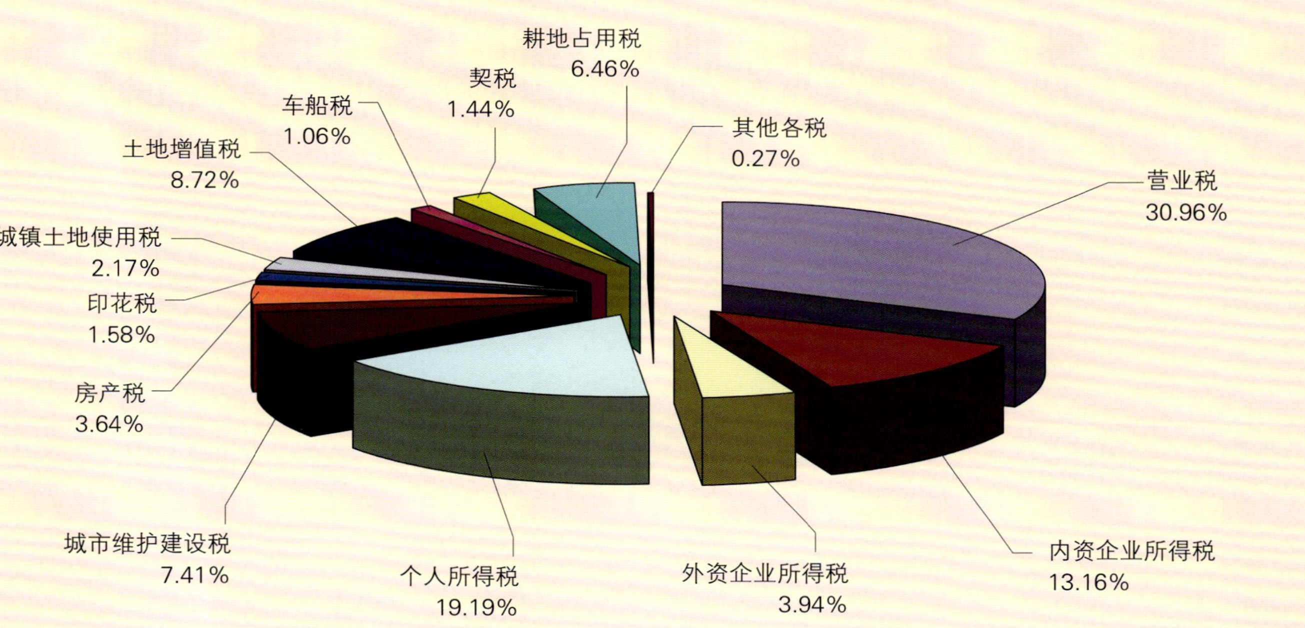

单位：万元

总计	营业税	内资企业所得税	外资企业所得税	个人所得税	城市维护建设税	房产税	印花税	城镇土地使用税	土地增值税	车船税	契税	耕地占用税	其他各税
66155659	20482458	8704183	2603618	12694150	4904804	2408346	1047757	1436260	5766851	699642	953319	4272560	181711

2015 年广东省地方税务局税收收入分区域结构

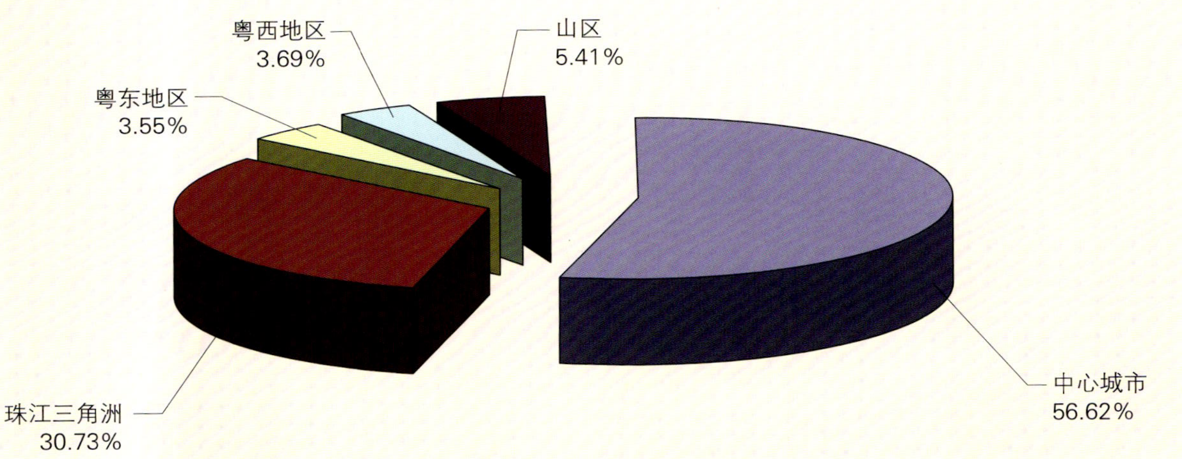

单位：万元

全省税收收入	中心城市	珠江三角洲	粤东地区	粤西地区	山区
66155659	37456763	20331599	2348072	2438581	3580644

分区域说明：中心城市为广州（含省局直属分局）、深圳；
珠江三角洲为珠海、中山、江门、佛山、东莞、惠州、肇庆、横琴、顺德；
粤东地区包括汕头、汕尾、潮州、揭阳；
粤西地区包括湛江、茂名、阳江；
山区包括韶关、河源、梅州、清远、云浮。

2015 年广东省地方税务局税收收入分产业结构

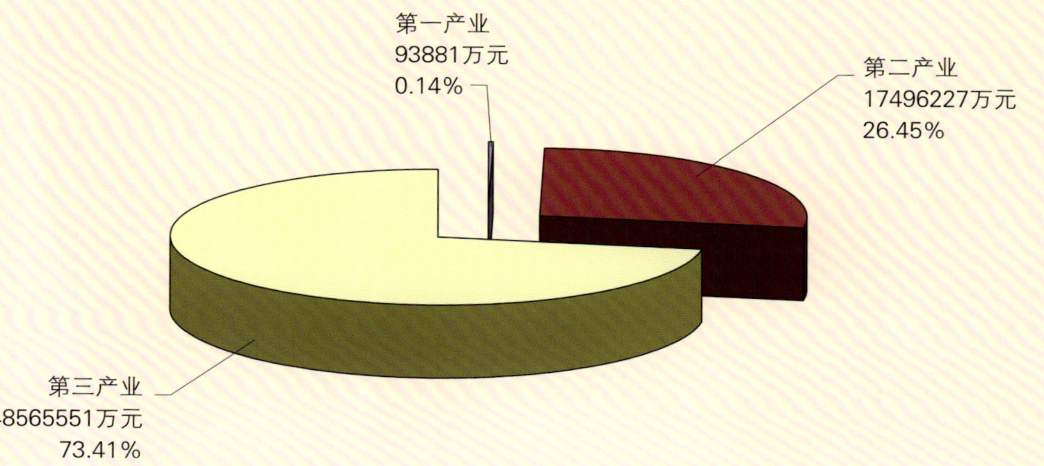

单位：万元

税收收入合计	第一产业	第二产业	第三产业
66155659	93881	17496227	48565551

2015 年广东省地方税务局税收收入分企业类型结构

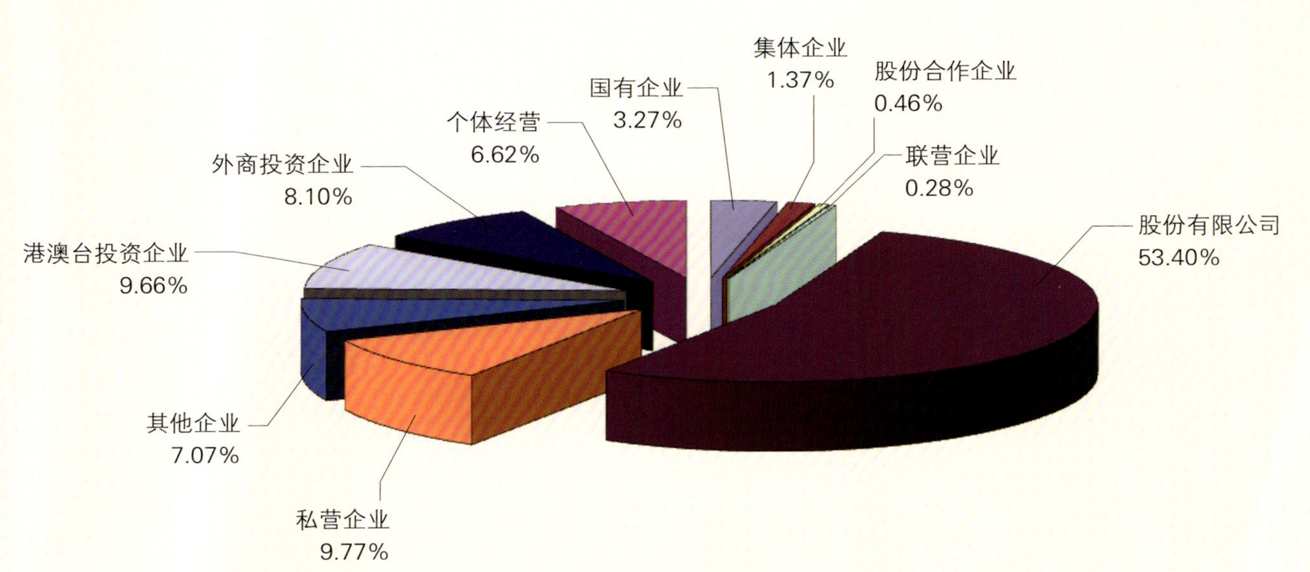

单位：万元

税收收入总计	国有企业	集体企业	股份合作企业	联营企业	股份有限公司	私营企业	其他企业	港澳台投资企业	外商投资企业	个体经营
66155659	2163802	907115	301345	184147	35327653	6460115	4678992	6392217	5360703	4379570

2015 年广东省地方税务局分单位营业税收入情况

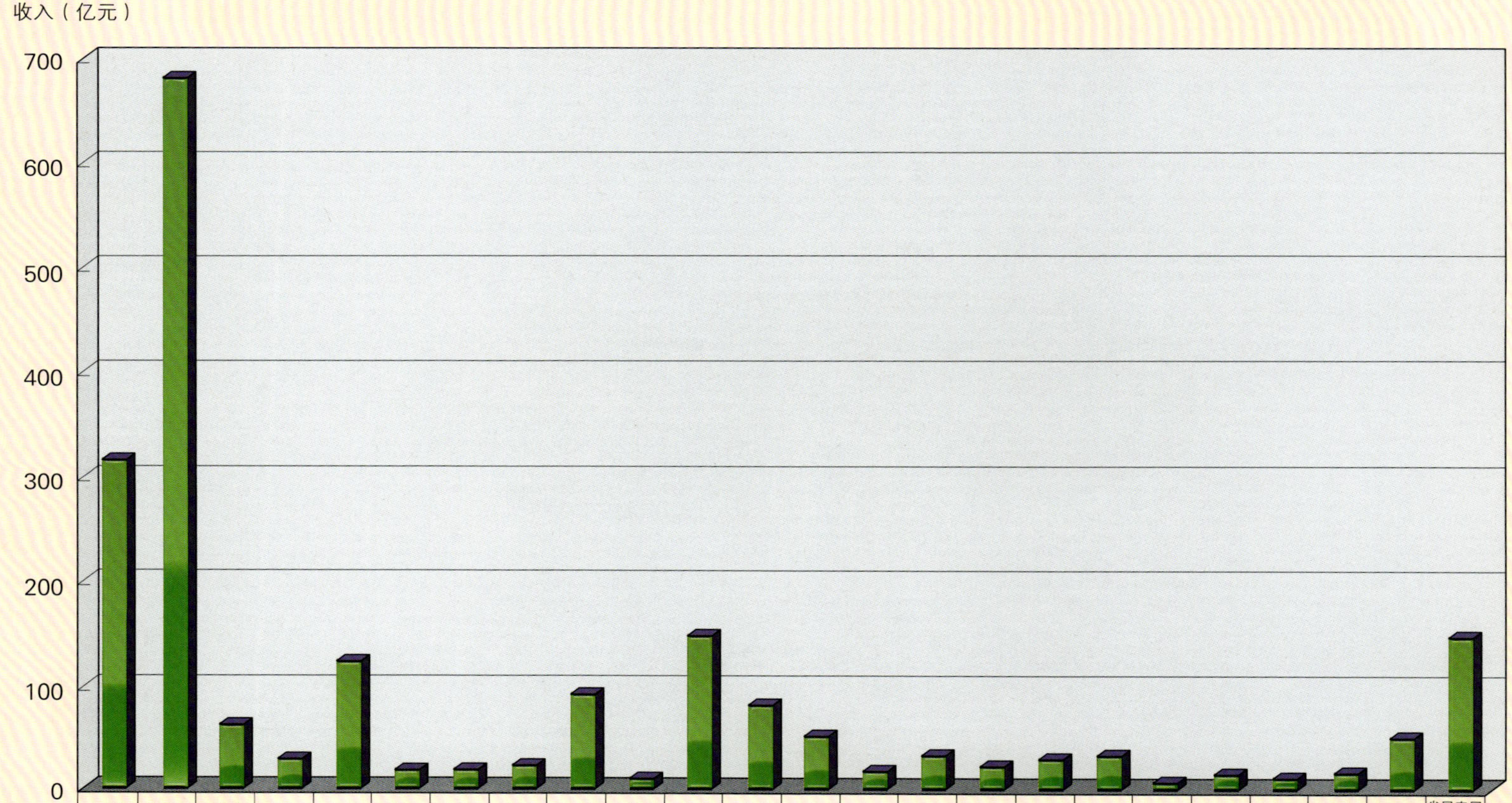

收入（亿元）

700
600
500
400
300
200
100
0

	广州	深圳	珠海	汕头	佛山	韶关	河源	梅州	惠州	汕尾	东莞	中山	江门	阳江	湛江	茂名	肇庆	清远	潮州	揭阳	云浮	横琴新区	顺德区	省局直属分局
营业税收入	314.05	681.76	63.09	29.78	121.67	20.76	19.36	24.3	90.86	11.06	145.63	81.96	51.72	17.61	35.01	22.64	30.36	34.89	8.87	17.37	13.32	17.56	50.22	144.4

2015年广东省地方税务局分单位企业所得税收入情况

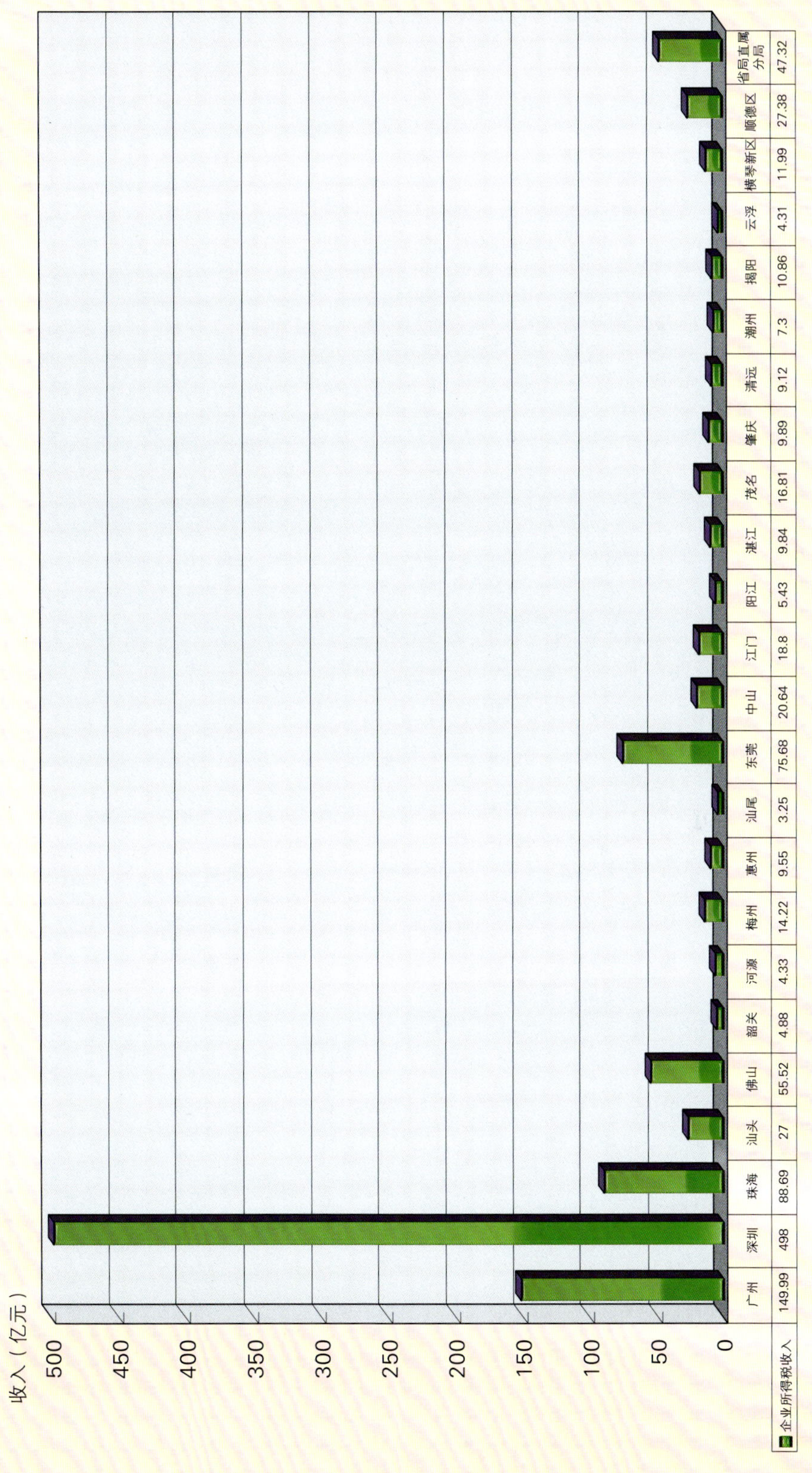

	广州	深圳	珠海	汕头	佛山	韶关	河源	梅州	惠州	汕尾	东莞	中山	江门	阳江	湛江	茂名	肇庆	清远	潮州	揭阳	云浮	横琴新区	顺德区	省局直属分局
■企业所得税收入	149.99	498	88.69	27	55.52	4.88	4.33	14.22	9.55	3.25	75.68	20.64	18.8	5.43	9.84	16.81	9.89	9.12	7.3	10.86	4.31	11.99	27.38	47.32

2015年广东省地方税务局分单位个人所得税收入情况

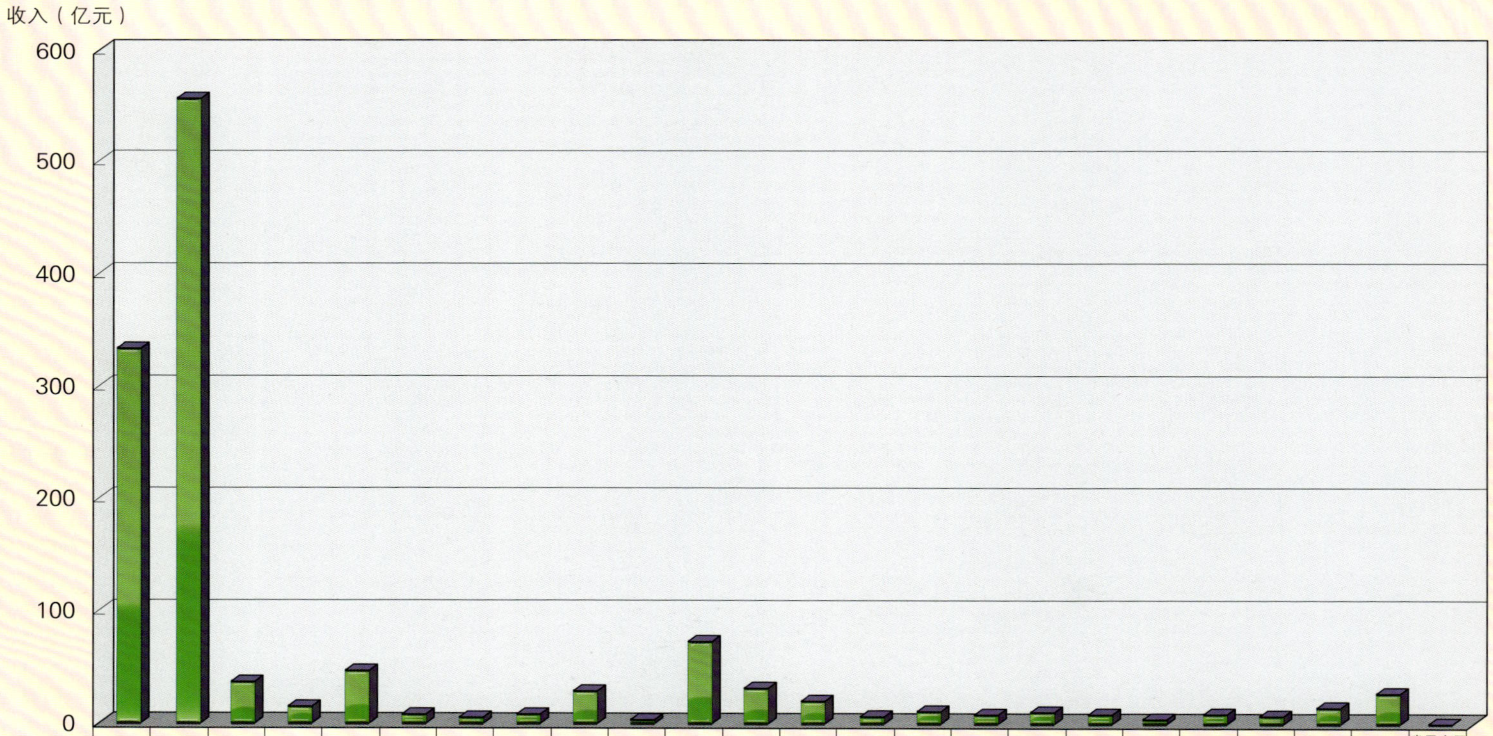

收入（亿元）

	广州	深圳	珠海	汕头	佛山	韶关	河源	梅州	惠州	汕尾	东莞	中山	江门	阳江	湛江	茂名	肇庆	清远	潮州	揭阳	云浮	横琴新区	顺德区	省局直属分局
个人所得税收入	333.25	556.18	37	15.23	46.48	7.49	4.49	8.76	29.03	2.8	72.41	31.19	20.66	5.1	11.19	7.19	9.03	9.44	5.26	8.34	6.69	14.39	27.8	0

2015年广东省地方税务局分单位涉外税收收入情况

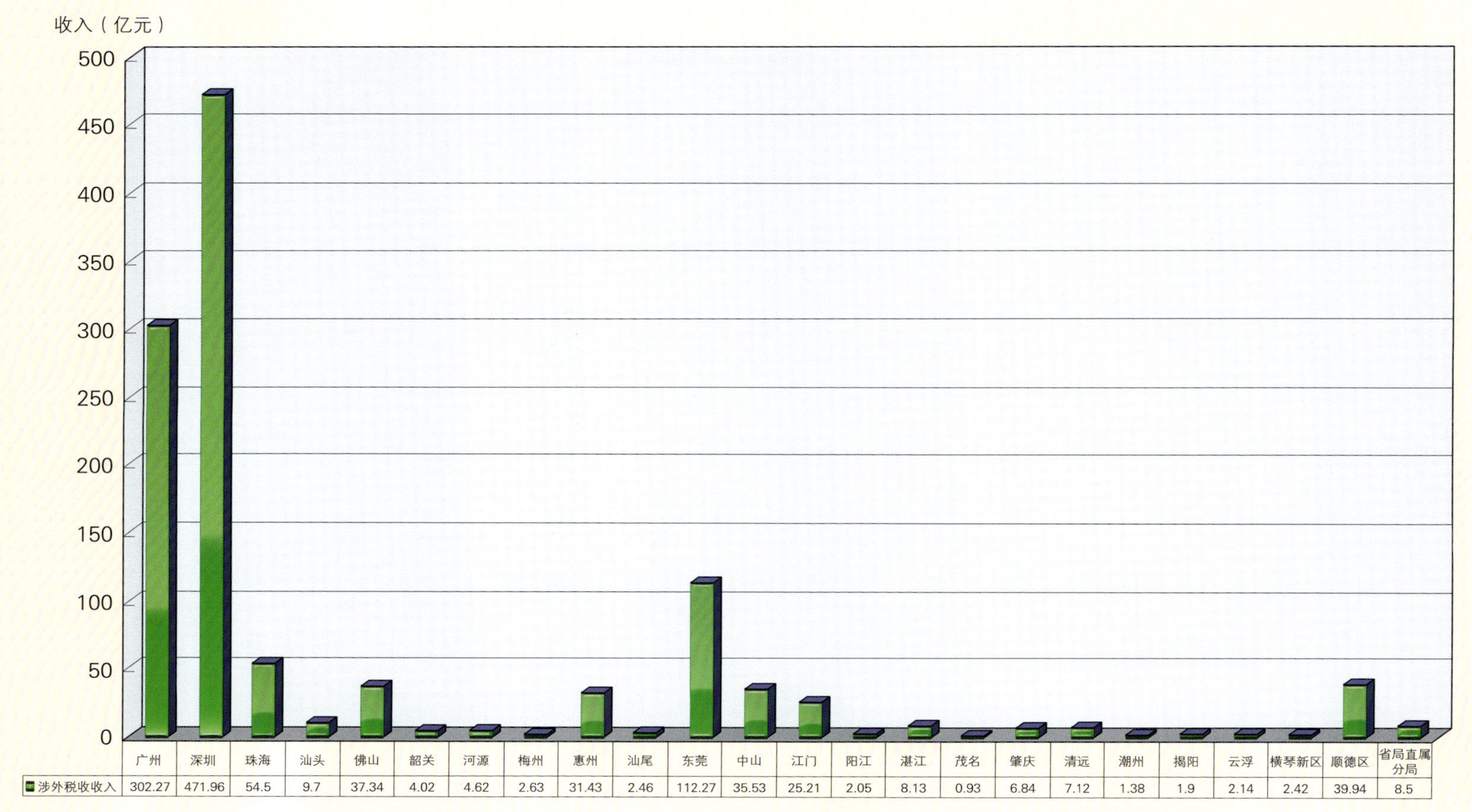

	广州	深圳	珠海	汕头	佛山	韶关	河源	梅州	惠州	汕尾	东莞	中山	江门	阳江	湛江	茂名	肇庆	清远	潮州	揭阳	云浮	横琴新区	顺德区	省局直属分局
涉外税收收入	302.27	471.96	54.5	9.7	37.34	4.02	4.62	2.63	31.43	2.46	112.27	35.53	25.21	2.05	8.13	0.93	6.84	7.12	1.38	1.9	2.14	2.42	39.94	8.5

2015 年广东省地方税务局分单位资源税收入情况

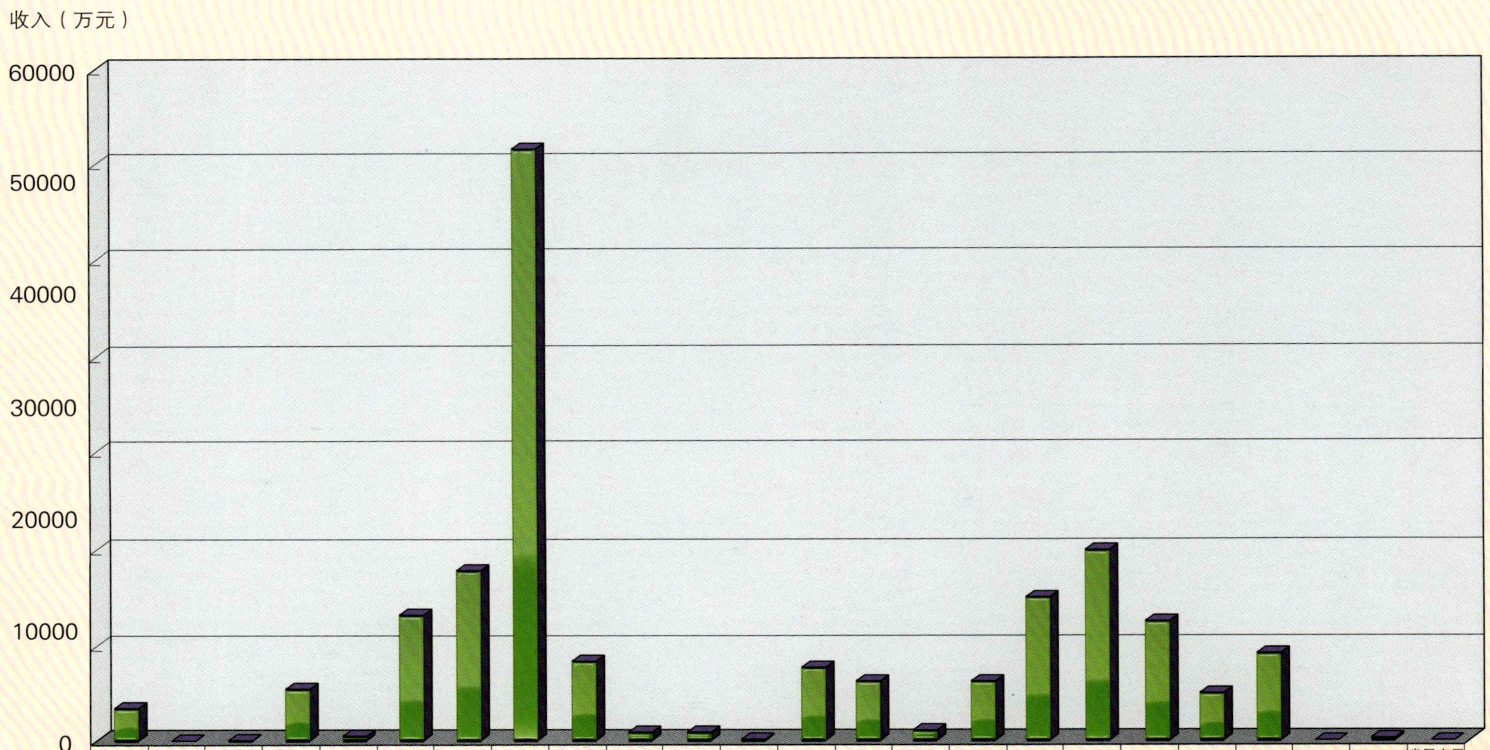

	广州	深圳	珠海	汕头	佛山	韶关	河源	梅州	惠州	汕尾	东莞	中山	江门	阳江	湛江	茂名	肇庆	清远	潮州	揭阳	云浮	横琴新区	顺德区	省局直属分局
资源税收入	2889	0	20	4637	365	11245	15096	52532	7047	571	534	10	6446	5233	934	5382	12929	16876	10596	4234	7867	0	51	0

2015年广东省地方税务局分单位社会保险基金收入情况

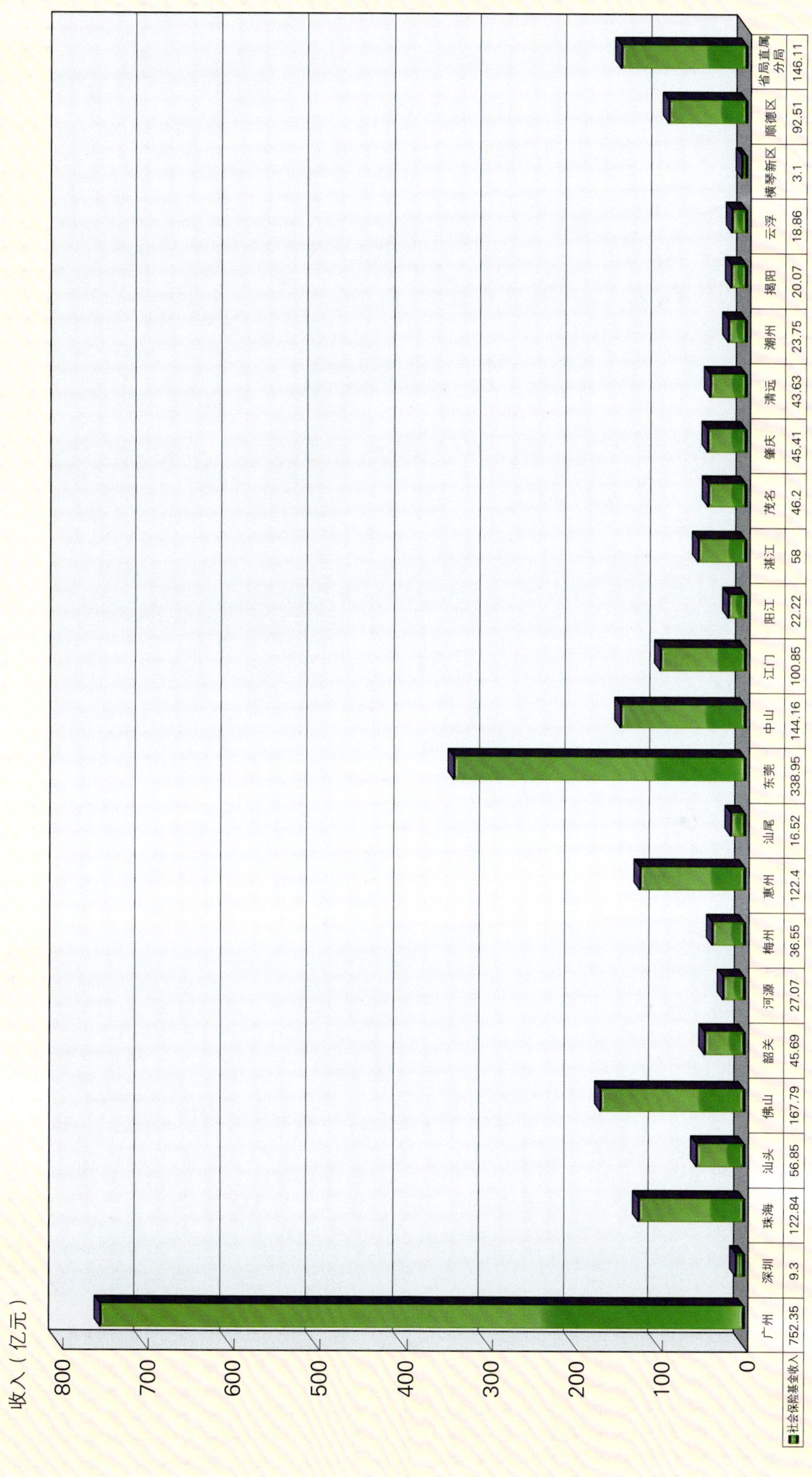

	广州	深圳	珠海	汕头	佛山	韶关	河源	梅州	惠州	汕尾	东莞	中山	江门	阳江	湛江	茂名	肇庆	清远	潮州	揭阳	云浮	横琴新区	顺德区	省局直属分局
社会保险基金收入	752.35	9.3	122.84	56.85	167.79	45.69	27.07	36.55	122.4	16.52	338.95	144.16	100.85	22.22	58	46.2	45.41	43.63	23.75	20.07	18.86	3.1	92.51	146.11

2015 年广东省地方税务局社会保险基金收入结构

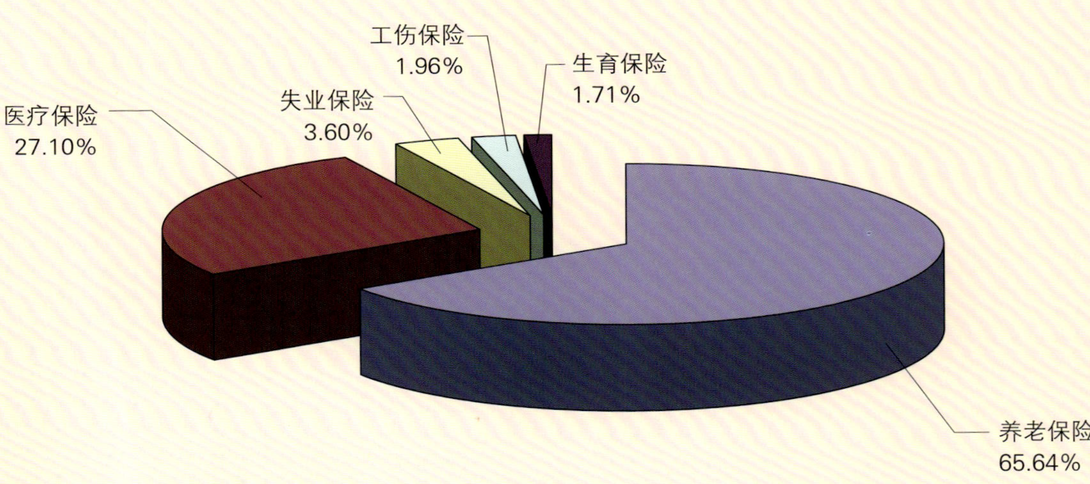

单位：万元

合计	养老保险	医疗保险	失业保险	工伤保险	生育保险
24611812	16154186	6670024	884939	482725	419938

2013—2015年广东省地方税务局分月税收收入情况

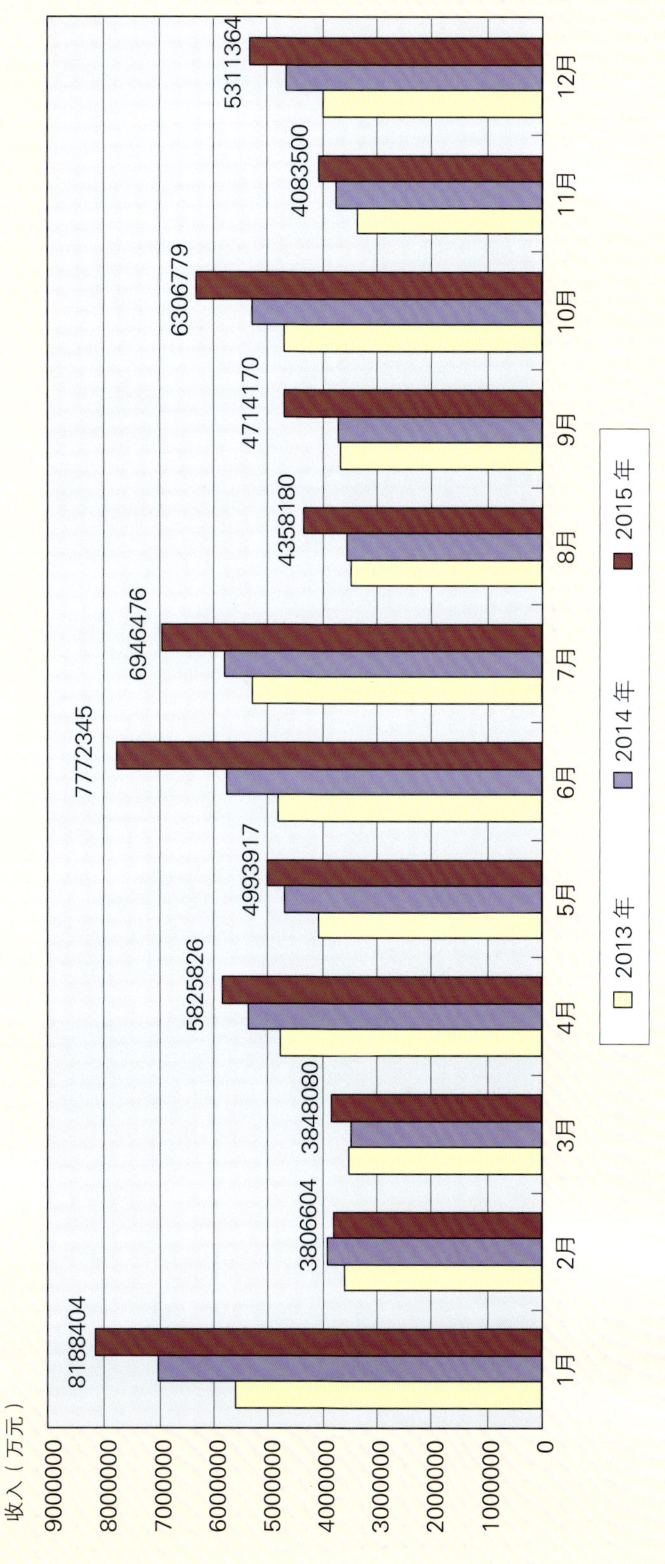

2013—2015 年广东省地方税务局分月税收收入（不含契税、耕地占用税）情况

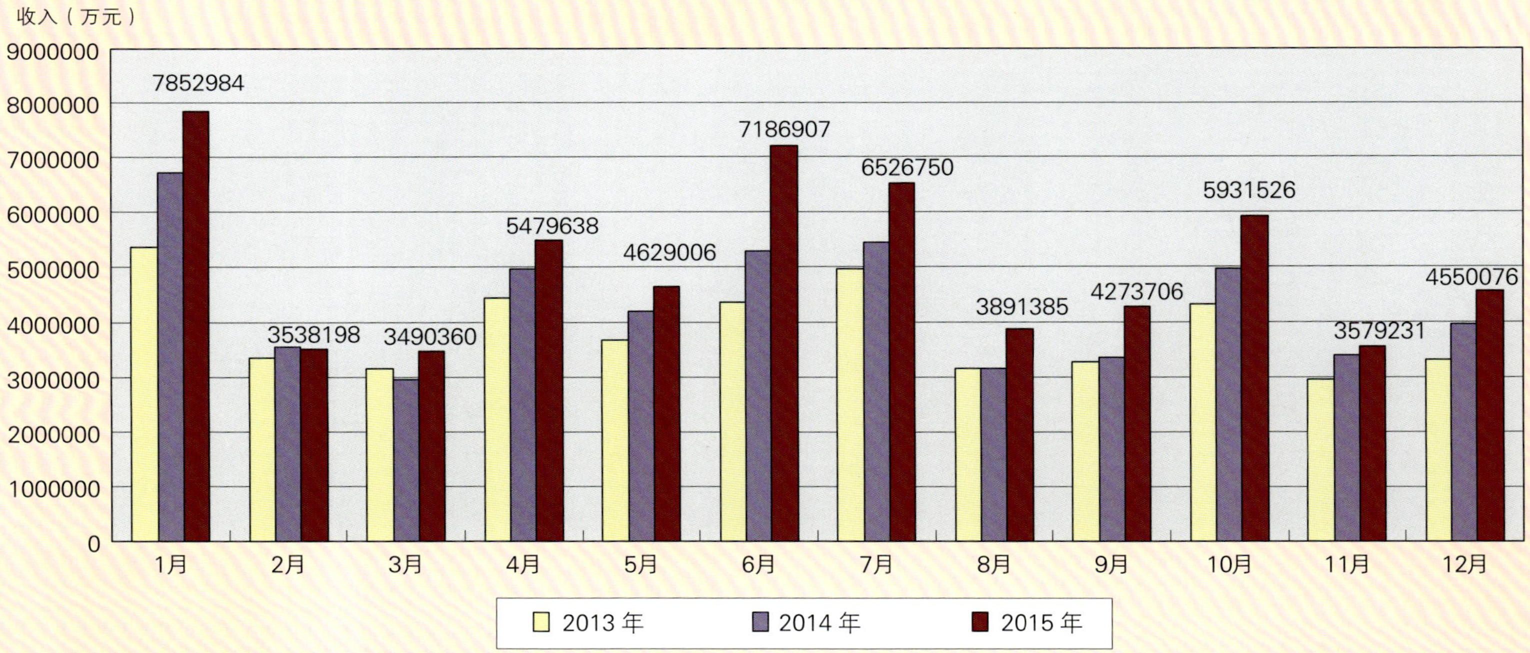

2012—2015年广东省地方税务局税收收入分月增幅情况

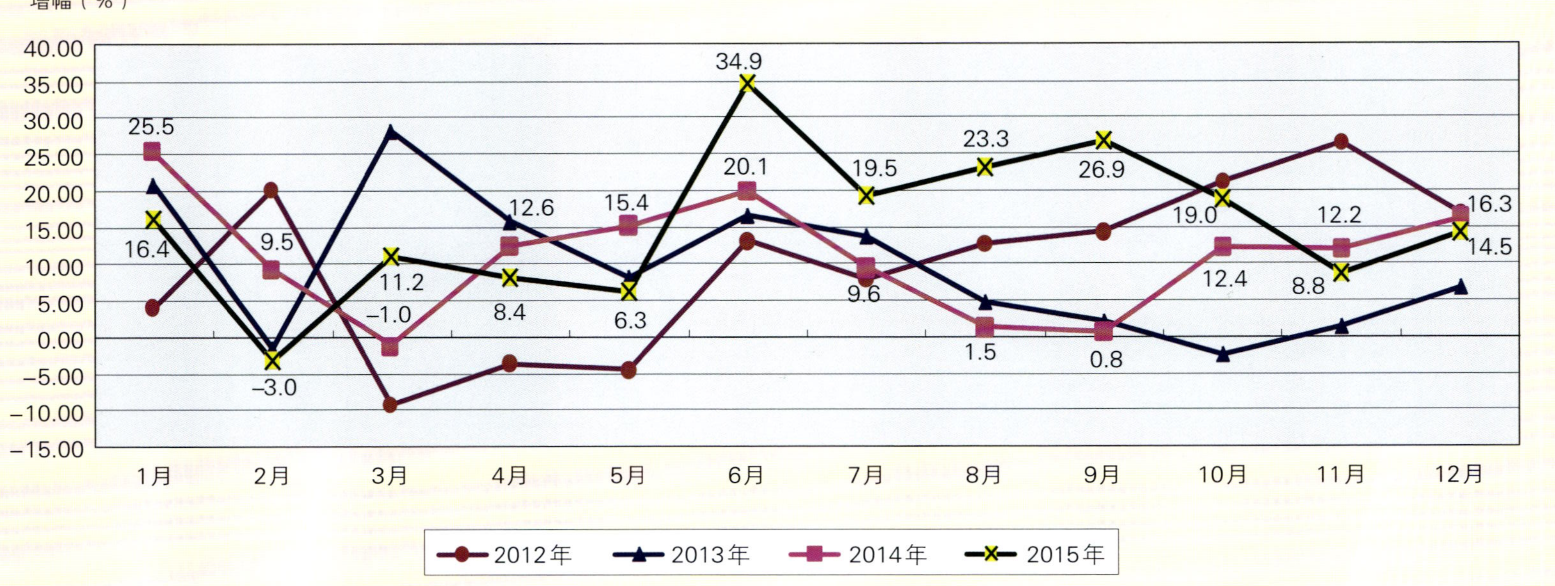

2012—2015年广东省地方税务局税收收入（不含契税、耕地占用税）分月增幅情况

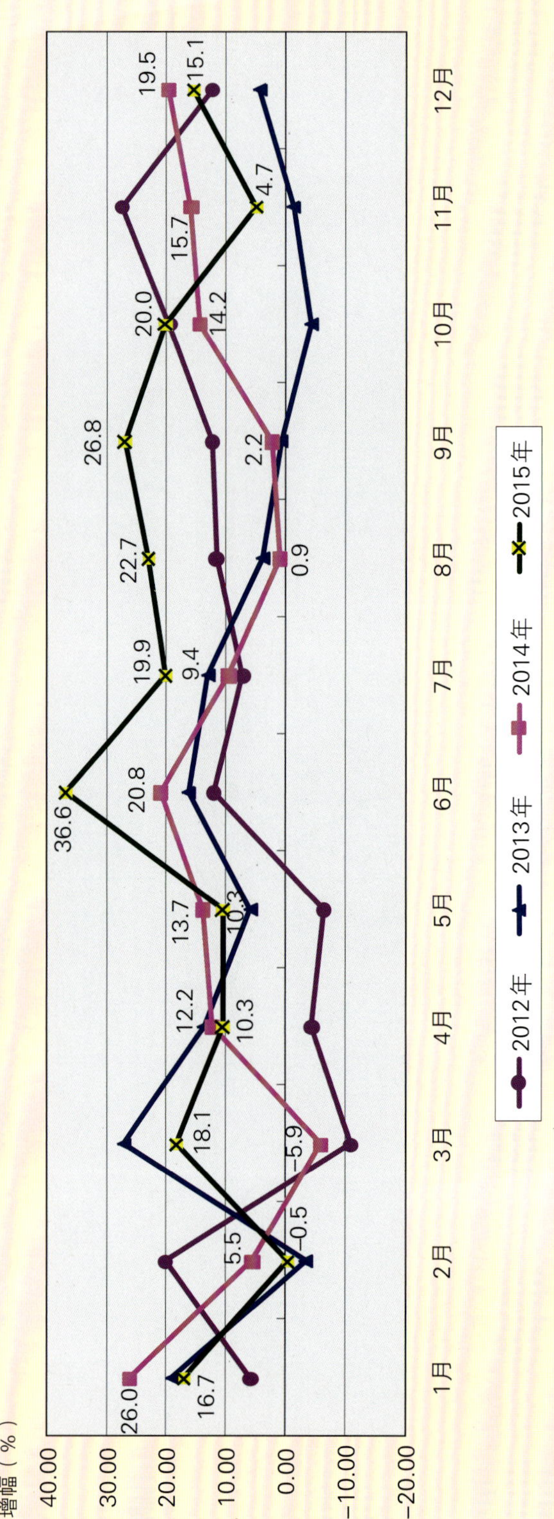

2012—2015 年广东省地方税务局（不含深圳）税收收入分月增幅情况

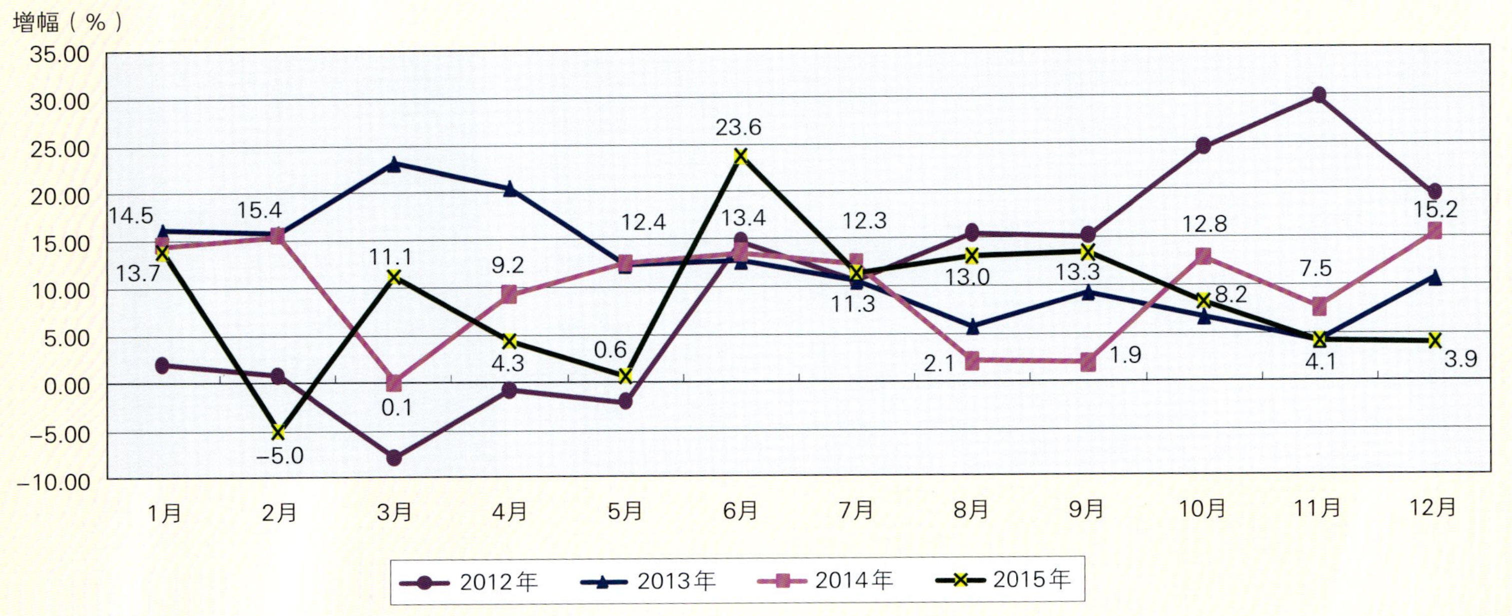

2012—2015 年广东省地方税务局（不含深圳）税收收入（不含契税、耕地占用税）分月增幅情况

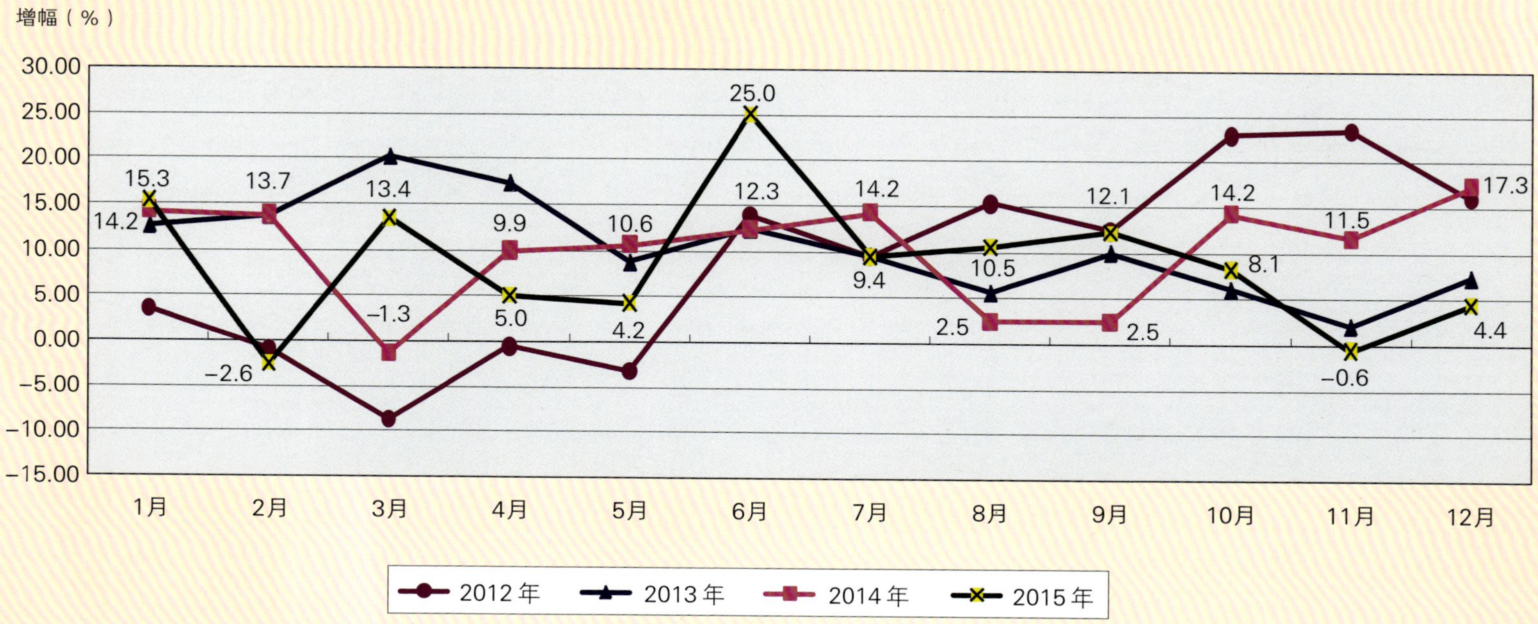

增幅（%）

30.00
25.00
20.00
15.00
10.00
5.00
0.00
−5.00
−10.00
−15.00

1月 2月 3月 4月 5月 6月 7月 8月 9月 10月 11月 12月

15.3 14.2 13.7 −2.6 13.4 −1.3 9.9 5.0 10.6 4.2 25.0 12.3 14.2 9.4 10.5 2.5 12.1 2.5 14.2 8.1 11.5 −0.6 17.3 4.4

2012 年 2013 年 2014 年 2015 年

2012—2015年广东省地方税务局省级税收收入分月增幅情况

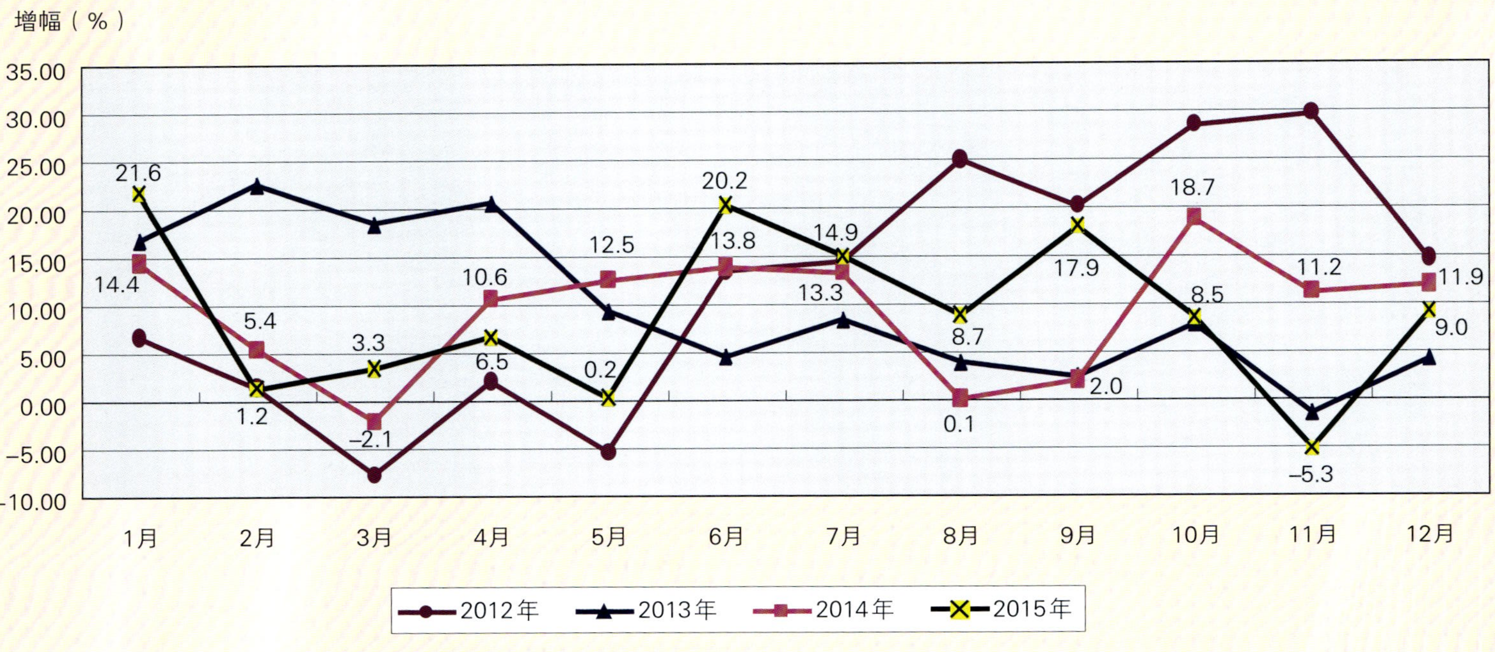

2012—2015年广东省地方税务局营业税收入分月增幅情况

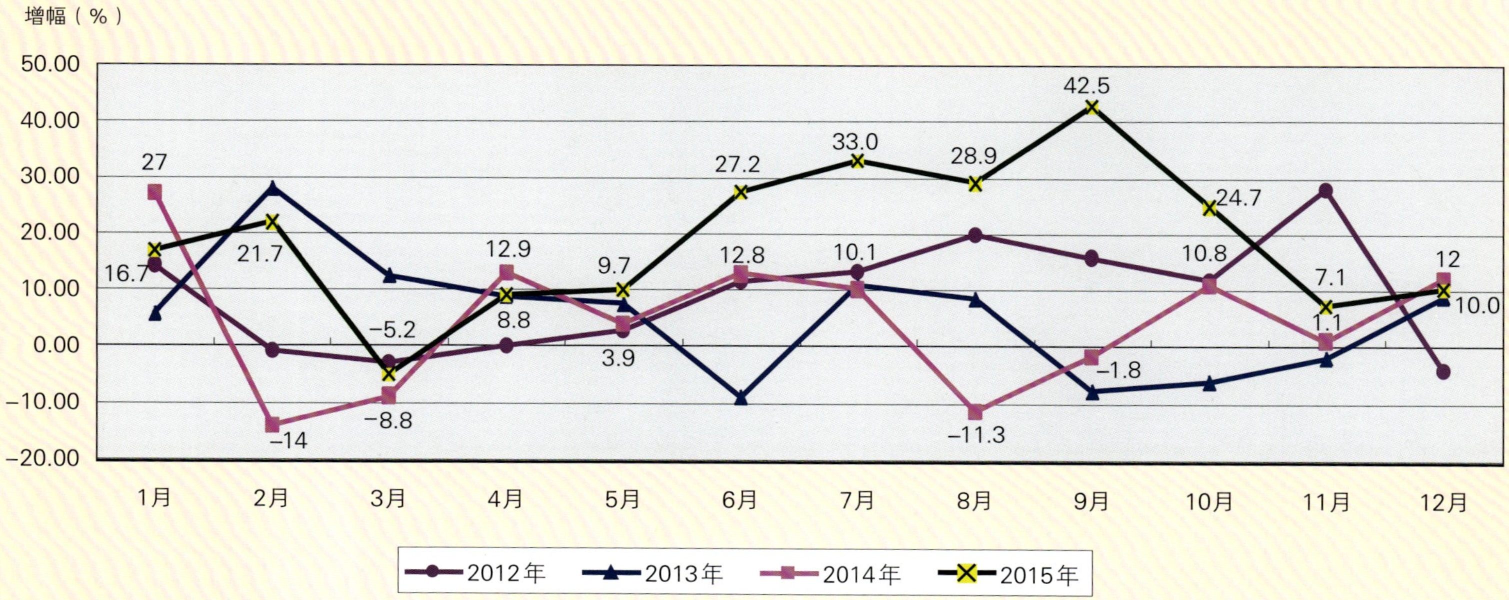

2012—2015年广东省地方税务局企业所得税收入分月增幅情况

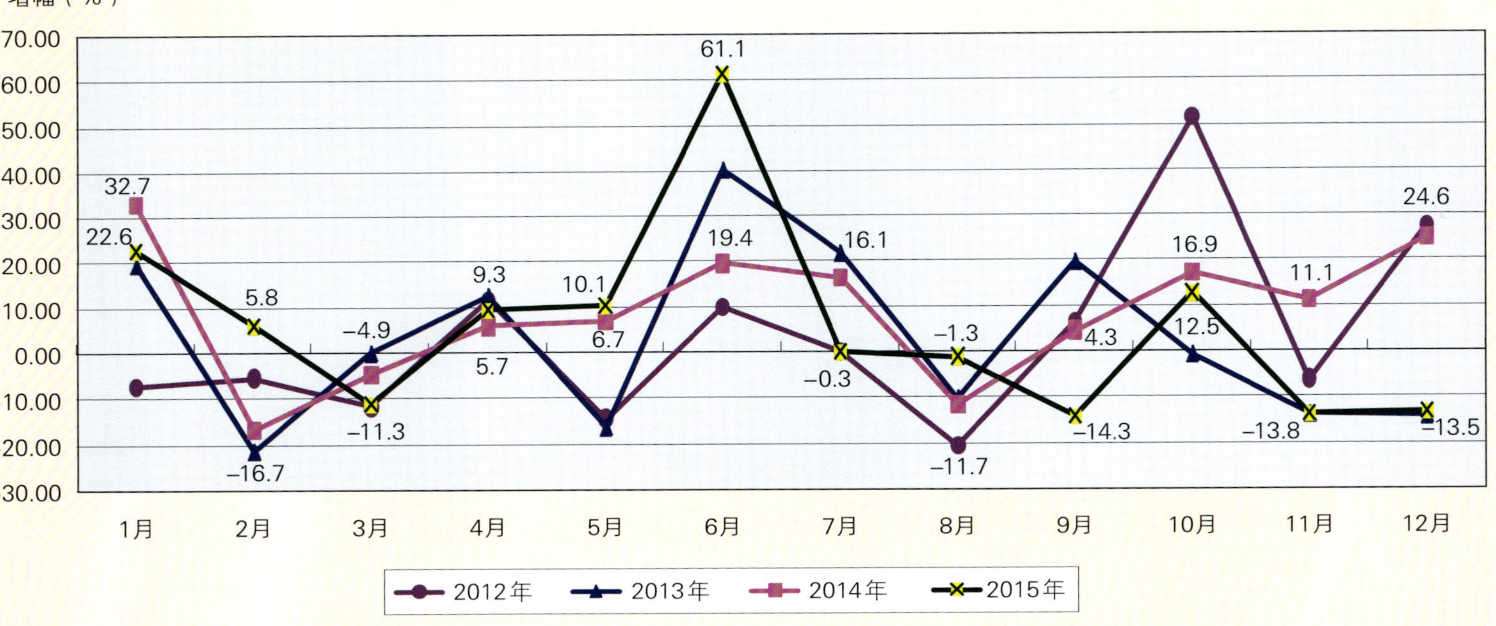

2012—2015年广东省地方税务局个人所得税收入分月增幅情况

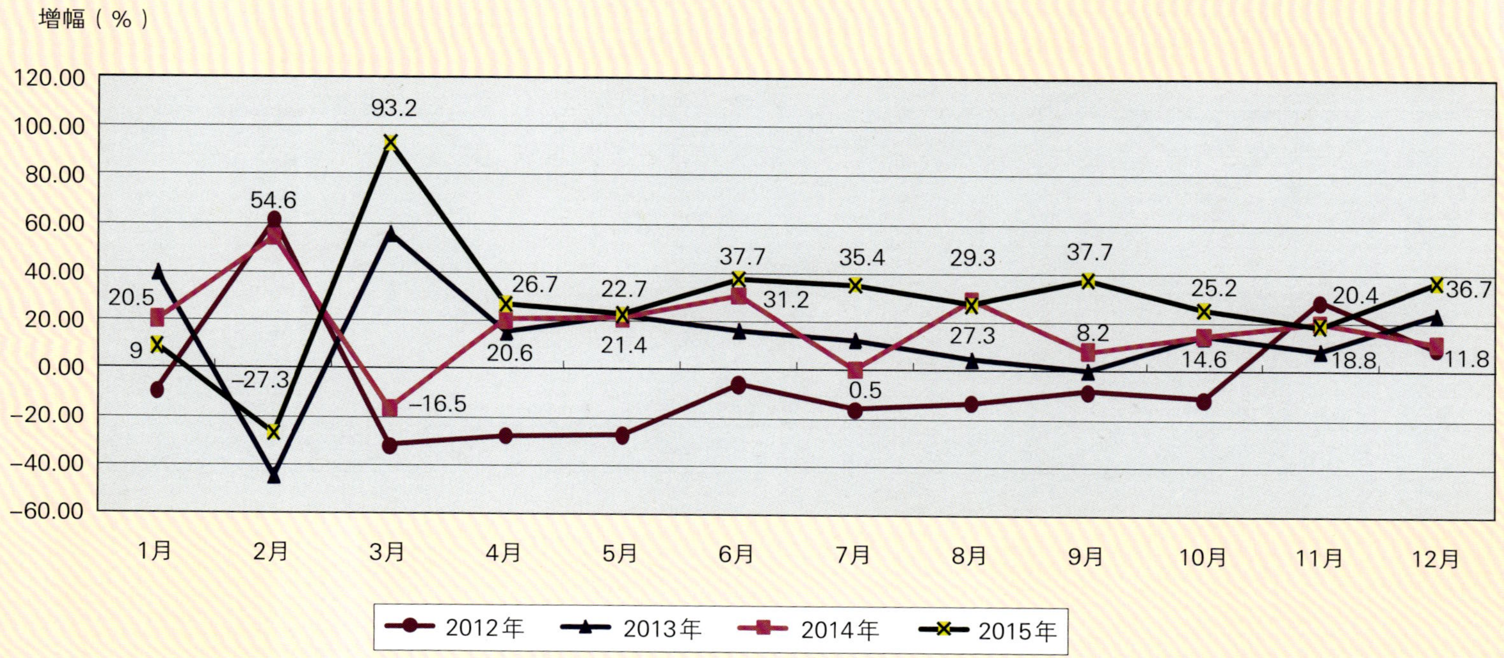

增幅（%）

120.00
100.00
80.00
60.00
40.00
20.00
0.00
-20.00
-40.00
-60.00

1月 2月 3月 4月 5月 6月 7月 8月 9月 10月 11月 12月

20.5 9 54.6 -27.3 93.2 -16.5 26.7 20.6 22.7 21.4 37.7 31.2 35.4 0.5 29.3 27.3 37.7 8.2 25.2 14.6 20.4 18.8 36.7 11.8

2012年 2013年 2014年 2015年

2012—2015年广东省地方税务局财产行为税（含契税、耕地占用税）收入分月增幅情况

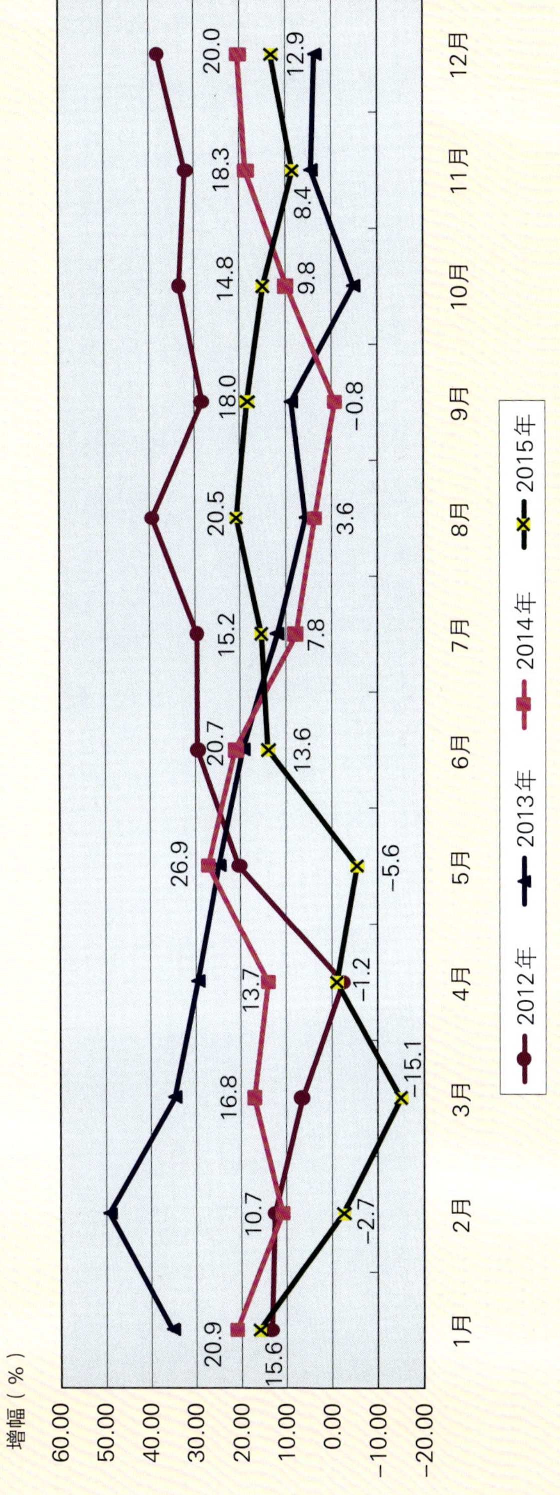

2012—2015年广东省地方税务局财产行为税（不含契税、耕地占用税）收入分月增幅情况

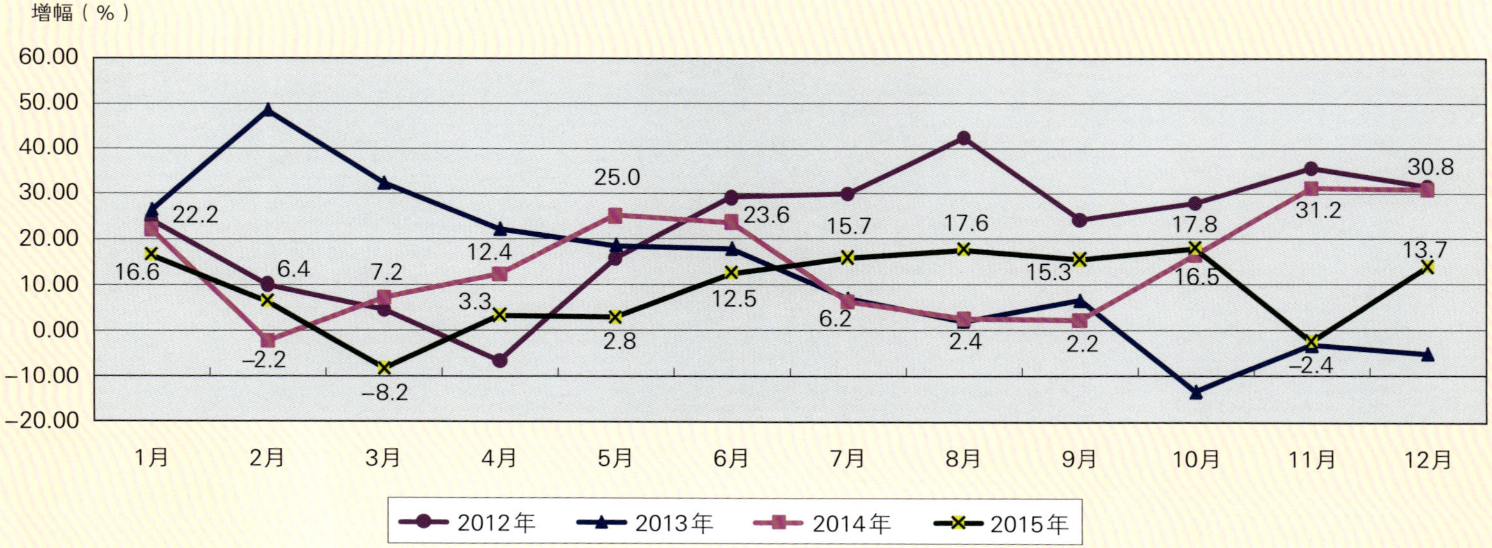

第二篇

年度关注

广东地税2015年税费规模突破9000亿元 收入规模连续22年位居全国地税系统首位

2015年，广东地税系统组织税费收入9629亿元，突破9000亿元，同比增长15.2%，其中：组织税收收入6616亿元，同比增长16.1%（剔除电信“营改增”因素，增长16.7%），比2014年高4.0个百分点；省级收入1308亿元，占省级公共预算收入的比重超过7成，同比增长9.1%（剔除电信“营改增”因素，增长10.0%）；中央级收入和市县级收入分别增长21.4%和16.7%；组织社保费等规费收入3013亿元，增长13.3%。

2015年，广东地税税收收入规模连续22年居全国地税首位，占全国地税系统税收收入的12.1%，比排名第二的江苏地税多864亿元（2014年比江苏多530亿元）；广东地税税收增速比全国地税平均增速高9.2个百分点，增速位居全国地税系统第2位，低于上海（18.8%），高于江苏（11.3%）、浙江（8.4%）、山东（8.7%）、北京（12.9%）等主要发达省市。

2015年，广东地税税收收入较快增长主要有三方面原因。一是转型升级、创新驱动和稳增长政策成效显现。从行业看，全省高技术制造业税收同比增长18.9%，增速比传统制造业高18.8个百分点，其中电子及通信设备制造业税收增长22.0%；生产性服务业税收增长21.8%，增速比其他服务业高6.4个百分点，其中商务服务业税收增长24.6%。从地区看，珠三角地区转型升级和创新驱动起步早、发展快、成效大，总部效应显著，税收增速（17.5%）比粤东西北地区高10.4个百分点，特别是深圳、广州、佛山、珠海等市均实现较快增长。二是重点行业对税收增长拉动作用明显。金融和房地产两大地税重点行业同时处于周期性波峰，税收分别快速增长35.7%和21.2%，合计占全省地税税收增量近2/3；若剔除金融和房地产业税收，全省税收增长9.5%。三是依法组织税收收入措施有力有效。面对“营改增”扩围、优惠政策减收效应更加明显、经济增长放缓等突出困难，全省地税系统始终牢牢抓住组织收入中心工作不动摇，强化组织收入主动性、目标管理引导性和收入措施针对性，确保税费收入实现了持续较快增长。

（周忠清）

广东地税以电子税务局为支撑 打造电子办税新体系

广东省地税局坚持规范发展、差异发展、融合发展和创新发展理念，积极运用“互联网＋”思维和技术，大力推进和完善电子税务局。目前已基本构建完成传统互联网、移动、自助“三位一体”的电子办税格局。电子办税厅全部611项依申请业务中可在网上办理的达94.4%，2015年全年电子办税渠道业务量占全省业务总量的78%。

坚持业务主导，基本建成“虚实同质”。一是使用同一套规程。线上线下均已实现业务描述、办理流程、操作标准、文书资料、办理时限“五统一”。二是提供同一种服务。除注销登记、发票退回等34项不宜在网上办理的事项外，其余575项涉税事项办理、116项信息主动推送、27项查验查询以及8项行政审批已实现全流程网上办结。三是建立规范、制度、信息化“三同步”机制。从制度出台到形成规范，从政策解读到需求确认，从系统开发到推广应用，均列入同步机制规范范围，推动业务和技术深度融合。

坚持整体优化，加快实现“优势互补”。一是开发策略上，注重发挥信息化手段优势。实现了登记、申报缴款、审批备案、发票、财务报表报送等全业务的无纸化办理，通过电子数字认证的用户可以实现相关资料的一次提交、多次使用。纳税人还可以享受税收自动优惠及自动备案等精简流程服务。二是优化策略上，注重发挥基层实践优势。以微信缴纳车船税为例，顺德区地税局在全省率先推出微信缴纳车船税服务，该经验升级优化后已进入全省推广阶段。三是渠道策略上，注重发挥不同渠道优势。面向自然人纳税人和单位纳税人，丰富个人税费申报、企业税务管家等专属功能；针对不同纳税人所属行业、规模及自身特点，丰富电子证明、政策以及风险信息主动定向推送等定制服务；打造PC端、自助端、移动端三大类电子办税服务。

坚持科技引领，大力打造“互联网+”。一是推动网上办税和移动办税的竞合。上线广东地税微信服务号和手机APP，涵盖48项涉税服务，已吸引102万微信用户在线处理有关涉税费事项，业务服务量超过152万次。二是推动前台服务和后台管理的整合。依托金税三期工程，丰富电子办税服务厅和税源管理平台（简称“一厅一台”）的连轴驱动应用，实现了业务流与信息流的整合。三是推动线上服务和线下服务的融合。将优化服务触角从线上的网上办税和移动办税延伸至线下的自助办税和实体办税，抓住线上和线下的服务和自助业务对接，推出发票线上开具和查验、线下配送等渠道对接服务措施，自助终端可办理业务共14项，其中税费缴纳等10项业务已实现全省通办。

坚持数据驱动，探索构建“大数据运营”。一是探索责任税务。创新数据本地管理，为纳税人提供覆盖7大类487项凭证管理功能，纳税人通过客户端即可查询所有涉税资料。创新个性化税收风险提醒服务，向纳税人主动推送纳税风险提示等116项个性化信息。创新数据决策支持，向纳税人推送企业涉税风险及纳税遵从评价等，使企业管理层对企业的涉税状态有整体掌控。二是探索信用税务。强化纳税信用评价，通过对纳税人税务登记、行政违法情况等评价指标的涉税数据分析，科学评定纳税人信用等级。强化纳税信用披露和公开，推行税收违法“黑名单”制度。强化纳税信用应用，落实纳税信用分类服务和管理。三是探索开放税务。推动数据综合治理，基于全省地税数据现状和应用需求，大力构建数据治理标准和机制。推动第三方数据交换共享，与28个省级部门建立了数据共享交换机制。2011—2015年，累计获取第三方涉税信息6亿条，对外交换涉税信息773.7万条，通过利用信息利用，补缴税款313亿元。推动国地税联合网上办税，国地税加大合作力度。推动经济税源分析，数据分析结果借助动态仪表盘、多维报表等软件展示，为当地党政提供决策支持。

（周忠清）

广东地税依法行政考评再获优秀在省直单位中排名第一

广东省地税局坚持从实际出发推进依法治税建设，将依法行政工作覆盖到决策出台、政策落实、税费征管、涉税争议防范化解、内部管理等各个领域和全部环节，取得良好成效。继被省政府授予首批法治文化建设示范点并荣获2013年度依法行政考评“优秀”等次后，广东省地税局在2014年度依法行政考评中，再次被评为“优秀”等次，在全省52个被考评单位中排名第一，是省直单位中唯一得分超过90分的单位。

一是强化组织领导，全面推进依法行政。印发《广东省地方税务局关于全面加强依法行政工作的意见》，成立依法行政工作领导小组，由省局“一把手”任组长，明确全省地税系统依法行政的总体要求、主要任务，将税务机关所有行政行为都纳入法治轨道。印发依法行政工作要点，建立健全依法行政考核机制，对照省依法行政考评各项指标，制定具体工作方案，将依法行政各项工作任务责任明确到岗到人，并纳入绩效管理考评范畴。

二是突出规范性文件管理，严格规范税收执法。修订出台《广东省地方税务局税收规范性文件制定管理办法》，对税收规范性文件制定和管理各个环节的程序进行严格规定。依托办公自动化系统设立“规范性文件管理”模块，逐级审核把关，力求文件合法性方面零瑕疵。全面推行向社会公开征求意见制度和有效期制度。定期开展文件集中清理工作并公布清理结果。

三是规范执法程序，切实防范执法风险。与广东省国税局联合制定《广东省税务系统规范税务行政处罚裁量权实施办法》，统一全省税务系统行政处罚裁量基准。全面推行权力清单制度，开展税收优惠政策集中清理，出台《税务行政强制程序指引》，确保行政强制法与税收征管法有效衔接。规范进户执法管理，取消4项进户检查项目并强化后续管理，切实减轻纳税人税务检查负担，有效解决了"多头执法""重复检查"等纳税人反映突出的办税负担重问题。加强执法监督和责任倒查，充分发挥内部纪检监察、干部巡视检查、执法督查、内部审计等综合监督合力，开展税收执法督察和责任倒查，依法查处并纠正违法或不当的行政行为，严格落实行政问责。

四是坚持公正公开，强化行政权力监督。对外：完善信息公开机制，按照政府信息公开相关规定和工作规程处理答复信息公开申请。建立健全新闻媒体以及社会公众的监督投诉处理机制，公布办理监督投诉事项的责任部门及其联络方式。完善信访制度，保障纳税人的建议权和申述权。对内：不断完善决策机制和程序，重新修订《广东省地税局党组会议事规则》和《广东省地方税务局工作规则》，强化决策实施过程管理，并将相关内容向全体干部职工公开。建立申诉公正委员会，保障公务员合法权益。

五是预防化解涉税争议，维护征纳关系和谐。在新《行政诉讼法》出台的大背景下，面对复议诉讼案件数量持续增加、案件由珠三角向各地扩展、案件主体多元化目的复杂化以及被撤销或认定违法案件逐渐增加的发展态势，注重从保障相对人合法权益、及时解决税费行政争议出发，建立争议化解前置机制，加强复议应诉工作，提高复议诉讼案件办理质量。积极推动行政机关负责人出庭应诉，2015年，全省地税系统从省局到市、县、区局及稽查局都有行政机关负责人出庭应诉的案例。争取省司法厅支持，积极推进全系统公职律师团队建设。推动全系统建立法律顾问制度，全部地级以上市（区）局均聘请法律顾问。

六是健全干部学法，提升依法行政意识能力。出台《广东省地方税务局领导干部学法制度》，制定年度学法计划，分对象分专题实施依法行政培训，2015年，省局组织了处级干部、科级干部等多个依法行政培训班，并将依法行政列为党组中心组学习的重要内容，在全省地税系统组织依法行政知识网络考试，推动领导干部特别是各部门"一把手"带头尊法学法懂法守法用法，营造浓厚的办事依法、遇事找法、解决问题用法、化解矛盾靠法的法治环境。

（周忠清）

广东地税积极创新税收管理和服务助力自贸区建设

广东自贸区获批以来，广东地税部门充分依托"双区"叠加战略优势，在行政审批、市场准入、税收监管等方面不断加大改革创新力度，推动建立与自贸区发展相适应的现代化、法治化、国际化的税收服务与管理体制，促进了地方经济与税收协调发展。

强化"五项支持"，举全局之力支持南沙自贸区创新发展。省局成立主要领导挂帅的支持自贸区创新发展领导小组，研究出台了《广东省地税局关于支持南沙自贸区创新发展的若干意见》（粤地税发〔2015〕100号），共8条16项，重点从五方面支持南沙地税部门开展改革创新：体制机制方面，按照"能放尽放、放管结合"原则，省局原则上可授权的管理事项都依法授权给南沙区地税局；对法律、法规和规章规定不得委托或下放的省级管理事项，南沙区地税局与省局建立直接请批关系，向广州市局报备；南沙区地税局在相应税收减免管理、延期纳税审批方面获得更大权限。税收政策方面，积极开展离岸金融业务、跨境电商等新业态方面的税收政策研究，争取有关政策在南沙先行先试。税收征管方面，支持南沙区地税局探索"先办理、后监管""互联网+税务"税收征管新方式，同时在发票管理、系统管理上赋予南沙区地税局更大权限。纳税服务方面，支持南沙区地税局全面落实"办税一网通10+10"创新税收服务措施，并逐步将创新措施从自贸区向全省推广复制。保障支持方面，调整公文管理方式，省局正式下发的相关文件直接主送至南沙区地税局，南沙区地税局可根据工作需要径向省局行文，省局可直接批复；调整绩效考核内容，对南沙区地税局重点考核改革创新工作。

创新税收政策推送方式，推行全过程个性化服务。主动推送政策指引服务,"零距离"解答纳税人税收疑难问题。广州南沙区地税局分类梳理金融保险、装备制造、高新技术等行业和粤港澳合作、创业投资等6个专题的现行有效地方税收优惠政策,印制政策指引、宣传手册,方便纳税人取阅。同时运用电子办税服务厅,为纳税人提供税收优惠政策、审批备案等142项主动推送和个性化订阅服务。珠海横琴新区地税局则争取香港注册税务师横琴执业,直接为区域内的纳税人提供涉税鉴证、税务咨询、税务筹划、涉税培训等涉税服务。推行税收事先裁定服务,"零死角"帮助纳税人排查税务风险。主动走访重点科技园区、物流区、工业园区及重点税源企业,跟踪了解重点项目投资建设情况,为相关纳税人的投资项目提供全程政策支持服务。对纳税人所提交的特定复杂涉税事项适用税法问题进行事先研究处理,及时与上级沟通,减少纳税人因涉税事项存在不确定性可能带来的税务风险。将自贸区税收政策研究列为重点研究课题,加强与同行及相关单位的业务交流,积极配合政府部门提出政策建议,挖掘优惠政策效能。

创新税务行政审批方式,实现全业务电子化办税。推行电子税务登记证,实现税务登记"网上办理"。在企业登记"一口受理""四证一章"联办的基础上,应用二维码、数字证书、电子签章等数字安全技术。广州南沙区地税局发放电子税务登记证,推行税务登记网上申请办理,实现国地税电子税务登记"双证合一",推动全区营业执照注册号、组织机构代码和税务登记号的"一照三号"改革加快。推行全业务电子办税,实现7×24小时自助办税。广州南沙区地税局已实现358项涉税(费)业务全流程网上办理。设立24小时自助办税厅纳税人可自助办理小额发票开具、车船税缴纳、个人完税证明和社保费清单打印等9类涉税(费)事项。珠海横琴新区地税局积极争取"办税一网通"等10项措施,使企业全业务凭证实现电子化,办理过程实时跟踪,真正实现纳税人足不出户,轻松办税。全面简化涉税办理流程,实现即时和限时服务常态化。广州南沙区地税局推进简政放权,率先构建"先办理、后监管"的税收管理新方式,九成以上税费业务实现即时办结。珠海横琴新区地税局全面推行"法无禁止皆可为"的负面清单、"法无授权不可为"的权力清单、"法有规定必须为"的责任清单等三项清单,为市场主体搭建便捷、优质、高效的现代化税收服务"通道"。推行税务电子档案管理,实现基础资料一次采集终身使用。广州南沙区地税局通过建立自然人纳税数据库和纳税人电子档案,将纳税人和自然人的各项收入、申报纳税情况纳入其中,实现视图式、动态式、一户式管理。对首次办理涉税事项的纳税人基础信息,采取"一次采集、终身可用"方式,今后办理涉税(费)事项时,不再重复提供。

创新纳税服务方式,提供全方位便利化体验。推行税收宣传"微服务"。运用官方微信、微博、微电影等载体,打造"指尖上的税收宣传平台"。实行纳税信用动态管理,建立纳税信用"黑名单",推广信用等级电子证书应用。依法处理偷逃税款等税收违法行为,制作税收违法宣传册,定期通过网站等渠道向社会公布,扩大打击税收违法行为的震慑力和影响力。拓宽与其他金融机构合作,优化"税融通"服务方式,为纳税信用良好的纳税人争取更优的金融产品服务。拓展"便民办税春风行动"。广州南沙、珠海横琴地税局深度整合国地税资源,实现涉税业务一厅联办、一窗通办、一号受理,服务标准一把尺子,让纳税人"走进一个厅、只取一个号、来到一个窗、办完两家事",节省办税时间50%以上。

(周忠清)

广东国地税深化合作　联手打造"六个品牌"

广东省地税局、国税局通过召开联席会议专题研究部署《国家税务局、地方税务局合作工作规范(1.0版)》(以下简称《合作规范》)实施工作,确立打造"六个品牌"的合作框架,力推广东国地税合作升级。

分类指导,务实推进《合作规范》落地。国家税务总局印发《合作规范》后,广东省地税局联合国税局迅速行动,对照《合作规范》5大类32项合作事项进行全面梳理,分类推进:对已经全面实施的合作事项,总结经验、完善措施、巩固提高,在常态化上下功夫。对条件已经具备、需要加大力度推进的合作事项，制订时间表、路线图，明确责任部门，纳入督办和绩效考核，确保11项合作事项在2015年底前实施。对条件尚不完全成熟的合作事项，积极稳妥开展试点，“以点带面”推进；努力创造条件，一旦条件具备，立即推进。

突出常态化，健全“三项机制”。一是领导责任机制。全省各级地税局、国税局均成立由“一把手”挂帅的国地税合作工作领导小组，统筹规划、协调推进国地税合作事宜，共同制定年度合作计划，部署年度重点合作事项。二是联席会议机制。联席会议至少每半年召开一次，由双方轮流主办，如遇特殊或紧急情况，可随时召集会议，主要任务是通报交流双方共同关切的问题，提议磋商需要协调解决的工作，研究制定解决问题的具体措施并协调落实，推进双方税收征管、纳税服务等方面信息共享。三是督查考核机制。国地税合作事项及落实《合作规范》，纳入双方重点工作督办事项和绩效考核内容，以督办、考核倒逼合作事项的落实。

拓展合作领域，打造“六个品牌”。按照《合作规范》的要求，结合广东实际，重点打造六方面的工作品牌：一是特色服务品牌。联合开展税收宣传，加强纳税咨询合作，开展纳税辅导合作，拓展联合办税服务，联合提供法律援助，联合开展纳税信用等级评价，联合开展纳税人满意度调查。二是税收征管品牌。联合办理税务登记，联合办理申报征收，协同开展定期定额户的定额核定工作，联合开展风险管理。三是规范执法品牌。规范税务行政处罚裁量权，开展专项检查和专项整治，打击涉税违法行为。四是信息共享品牌。共建国地税信息共享机制，明确信息共享范围，深化共享信息的应用。五是大企业税收管理和服务品牌。引导企业制定内控机制，谈签遵从合作协议，联合大企业风险管理，联合开展案头审计。六是国际税收管理品牌。联合开展税收情报交换、跨国交易避税行为审计、“走出去”企业服务和管理、反避税合作。

（周忠清）

广东地税深化“税银互动”助力小微企业发展成效显著

融资难、担保难、抵押难是许多小微企业普遍面临的突出问题，而银行机构因缺少企业信用信息，对小微企业放贷存在诸多风险顾虑。广东地税部门找准企业和银行机构的需求结合点，在涉税信息共享的良好基础上，积极推出一系列“税银互动”服务项目，以企业纳税信用等级评定结果作为银行信贷担保，银行机构根据企业纳税信用以及缴纳税款情况向诚信纳税的企业提供相关的融资产品及金融服务，无须小微企业提供其他抵押和担保，为小微企业融资开辟了新的渠道。

搭建税银互动平台，帮助企业以“信”换“贷”。找准企业和银行机构的需求结合点，在涉税信息共享的良好基础上，以企业纳税信用等级评定结果作为银行信贷担保，银行机构根据企业纳税信用以及缴纳税款情况向诚信纳税的企业提供相关的融资产品及金融服务，无须中小企业提供其他抵押和担保，为企业开辟了融资新渠道。在省局统筹指导下，各市（区）局立足实际，推动“税银互动”系列项目成功落地。据统计，2014年，广州市“税融通”项目共给予全市376家中小企业及个人核定授信额度15.5亿元，累计贷款金额9.34亿元；珠海横琴新区“税融通”惠及横琴自贸片区约2900多家纳税信用A、B级企业，2015年约为超万户企业发放超5亿元融资贷款额度；汕头市银税互动合作项目为167家企业提供免抵押信贷资金2.15亿元，解决就业8310人；东莞市通过“税银通”申请贷款的企业已突破1.2万户，申请成功的1090户企业已获得贷款1.68亿元。

创新“以信养信”模式，力促社会诚信体系构建。一方面，“税银互动”系列项目让纳税信用良好的中小企业在无抵押物的情况下有机会获得贷款，激发了企业诚信纳税的积极性，有助于社会信用体系建设。通过将纳税信用与信贷信用捆绑，有效发挥纳税信用等级评定的内在价值，进而带动全社会税收遵从度提高。另一方面，“税银互动”的信贷理念既使涉税违法者难以从银行获得授信，又为银行评估小微企业信用风险提供了数据支撑，有效帮助银行防范信贷风险，优化了融资秩序。“守信激励、失信惩戒”的纳税信用价值导向,实现了银税企三方共赢,诚信纳税企业获得信贷发展壮大的同时也培育了优良税源,纳税信用等级评定的社会效益和经济效益进一步放大。

拓展税银合作深广度,加快推进综合治税体系建设。省政府出台《涉税信息交换与共享规定》以来,广东省地税局已与包括人民银行在内的28个单位建立常态化涉税信息交换共享机制。部分市局与银行间进一步合作,探索综合治税新模式,如中山市地税局与全市27家银行机构签署了《“地税—银行”数据交换共享公约》,以制度的形式规范了地税部门与银行机构之间数据交换的内容、反馈时间、数据应用与保密原则等,建立企业银行账户和纳税信息共享快速通道,在全省地税系统内率先将税务机关查询纳税人银行账户情况通过社会征信和金融服务一体化系统实现完全信息化。

“税银互动”的积极探索,有利于进一步深化和拓展广东省综合治税体系建设成果,有利于税务部门通过获取银行机构关键涉税信息,及时掌握税源动态情况,有针对性地实施税收监管,进一步提高征管质效。

(周忠清)

第三篇

全省地方税收工作

经济概况

2015年,广东实现地区生产总值72812.55亿元,比上年增长8.0%,增速比全国高1.1个百分点。规模以上工业增长7.2%,增速比全国高1.1个百分点;固定资产投资增长15.8%,比全国高5.8个百分点;进出口同比下降3.9%,降幅比全国小3.1个百分点;一般公共预算收入同比增长12.0%,增幅比全国高出5个百分点以上。经济结构持续调整优化,主要结构性指标均有不同程度的提升,为全国经济结构优化提供重要支撑。2015年,广东经济总量中服务业比重达到50.8%,同比提高1.8个百分点;现代服务业比重达到60.4%,同比提高1.4个百分点;先进制造业比重达到48.5%,同比提高0.9个百分点;高技术制造业比重达到27.0%,同比提高1.9个百分点;一般贸易出口比重达到42.9%,同比提高4.2个百分点。

政务管理

［政务管理］　一是综合文稿"谋大局"。深入研究上级精神和基层实际,紧扣省局党组决策和中心工作,站在全局的高度,积极协助领导研究各项税收重点工作,形成了一批符合实际、领导满意、文风朴实、基层认可的高质量文稿,较好地促进了省局党组重要决策部署的形成与贯彻。一年来省局办公室累计起草领导讲话、工作报告、重要税收文件等各类综合材料90余篇,近60万字。二是政务信息"重质量"。坚持问题导向,增强主动性与敏锐性,注重收集基层问题类建议信息,密切关注省局党组重大决策贯彻落实,报送信息数量质量都有新提高。在各地的配合下,省局共编发《信息专报》122期,《广东地税简报》137期,其中,被省政府上报国务院办公厅7条,被税务总局上报国务院办公厅1条,获得国务院领导批示1条、省委领导批示2条。2014年,省局被评为全省党委系统信息工作先进单位。三是税收调研"助决策"。围绕税收改革、纳税服务、税收征管、广东自贸区建设、"互联网+税务"等热点、焦点,深入开展调研,为领导决策提供了重要参考。省局办公室牵头研究制定各级领导班子常态化、制度化专题调研的工作办法,一批调研成果被转化为工作举措。

［税收宣传］　一是推进宣传手段创新。深化税收宣传国地税合作,启动"新常态　新税风"税收微视频大赛和粤港澳大学生税收辩论赛活动,辩论赛吸引了中山大学、香港中文大学、澳门科技大学等8所粤港澳高校参加,广东省常务副省长徐少华亲自出席辩论赛决赛,也得到税务总局局长王军的批示表扬。此外,省局还荣获第一届全国大学生税收辩论赛总决赛最佳组织奖。继续利用知名动漫形象开展税收宣传,《喜羊羊系列》《熊出没》等作品分获第九届全国税收动漫大赛系列剧和公益短片三等奖。二是紧扣热点开展常态化宣传。依托传统媒体,展开全方位、立体式、集群式宣传,在《南方日报》《羊城晚报》、香港《大公报》《香港商报》等报刊开设宣传专版,针对小微企业税收优惠、电子办税服务厅、自贸区建设等热点开展专题报道,省局全年开展专版宣传共60余次。加大重点工作同步宣传力度,除专版宣传外,还在《经济日报》《中国税务报》等中央及省级主流媒体刊登新闻报道共计40余篇,引起社会广泛反响。省局联合省国税局举办小微企业税收优惠政策座谈会,开展"税法进校园"活动,举办"一带一路"税收协定政策宣讲会等。三是拓展新媒体宣传。省局成立官方微博微信维护团队,制定《官方微博微信运行管理办法》,积极打造"指尖上的微服务",广东地税微信号吸引超过4.25万名用户关注,在全国各省(市)地税微信公众号排行榜中居前列。四是扎实做好涉税舆情管理。健全舆情应对机制,在全系统推广舆情管理软件,建立全系统舆情监测队伍并开展针对性培训。省局妥善处理

舆情事件50余起,均未造成重大负面影响。各地能够严格执行紧急重大情况报告制度,发现问题及时报告,妥善处理,营造了和谐稳定的税收工作环境。

[综合运转] 一是提升办文质效。制定《公文质量考核评分标准》,规范公文质量考评工作,定期通报公文办理情况;优化公文处理工作流程,进一步规范程序,对不规范公文实行退文处理;公文办结平均时间进一步压缩。二是提升办会质效。重点对全省性会议计划进行审核把关,从严控制会议规模、会期、经费预算,会议数量及经费得到有效压缩;狠抓会风,从参会要求、会场纪律、会议通报等方面对重点会议进行全方位跟踪管理。圆满完成税务总局局长王军到广东地税调研、常务副省长徐少华到省局调研、省委第十三巡视组进驻省局巡视等重要会务安排,得到省局领导高度评价。三是提升办事质效。牢固树立担当意识,对突发事件或职责交叉的工作,义不容辞地承担起"不管部"职责,做到工作不留空档,确保了机关正常运转。着力加强对全系统办公室工作的指导,汇编《广东省地税局办公室工作指引》,不少外省市国地税兄弟单位专程前来交流学习。

[督查督办] 一是完善督办工作机制。建立台账管理、跟踪督办、对账销号、按月通报的督办制度,做到件件有部门承办、事事有专人负责,推动各项工作落实到位。2015年省局共编发《督办通报》12期,所有重点工作按期完成。二是把握重点抓督办。根据税务总局要求和全省地税工作实际,将小微企业税收优惠政策落实列为2015年省局"一号专项督办",认真开展全系统自查、交叉督查与重点督查,采取问题核实、落实责任单位、确定整改时间表、组织"回头看"等一系列措施,确保重要政策落实到位。坚持立行立改,强化系统督查,切实抓好省委第十三巡视组反馈情况整改落实。三是依托电子化抓督办。完善OA系统督办工作模块,加大基层请示等事项的督办力度,做到日常工作定期督办,专项工作跟踪督办。

[绩效管理] 一是完善相关制度办法。结合2014年绩效考评过程中发现的问题,省局对《省局机关部门、岗位人员和系统绩效管理办法》及其实施细则进行了修订完善,制定《市局领导班子成员个人绩效管理实施细则》,绩效管理体系覆盖市局领导班子成员。二是优化考评规则。通过引入工作质量指标分档考评,形成全局主动提升工作质量的倒逼机制,较好解决了个别单位"老好人"的问题。同时,配合考评规则的变化,不断优化绩效管理平台,完善了强制分档考评、逾期自动扣分和加分实时统计等功能。三是强化结果运用。认真研究制定省局绩效考评奖实施方案,实现了组织和个人绩效"双轮驱动",绩效管理"紧箍咒"和"催化剂"作用逐步显现。省局绩效管理工作多次在全国税务系统会议上受到税务总局局长王军、副局长丘小雄的点名表扬,省局作为地税系统代表,在全国税务系统视频会上作经验发言。广东地税绩效管理经验受到新华社《内部参考》、新华社《国内动态清样》,《中国改革报》《中国税务报》等媒体关注报道。

(周忠清)

税收法治

[依法行政] 落实《国家税务总局关于全面推进依法治税的指导意见》,制发2015年依法行政工作要点,对重点任务专项督办、责任到人。拟定方案,查漏补缺,沟通解释,统筹协调做好省政府依法行政考评迎评工作,广东省地税局再次被考核为优秀,在省直单位中得分最高。首次组织开展全系统年度依法行政考评。将依法行政指标融入对市局的绩效管理,增加比重,细化评分标准。落实《广东省地方税务系统法律顾问管理暂行办法》,推动全系统建立法律顾问制度。制发工作方案和评价指标,确定22个试点单位,深入基层调研指导,统一标准、双人交叉审核开展综合评审,扎实推动法治税务示范基地建设。

[规制权力运行] 编制、细化审批事项通用目录子项,动态更新有关内容;编制省局行政许可类办事指南和业务手册,指导各地开展编制工作。开展审批目录清单专项检查,清理废止《广东省地方税务系统税收优惠管理办法(试行)》等3份规范性文件。稳步推进税费执法权责清单制度工作。联合省国税局发布第一批行政处罚权力清单。组织编写《广东地税系统税费执法权责清单(参考版)》,加强对基层推行税费执法权责清单制度的指导。

［税收法律救济］　加强办案指导，专题研讨典型案例，提高基层人员办案能力。争取省司法厅支持，推进全系统公职律师团队建设，2015 年 8 月，已审核通过第一批岗位公职律师实习人员。制定《广东省地方税务局行政复议委员会工作规则》，完善行政复议工作制度。组织办理复议案件 10 件、诉讼案件 2 件。

［重大案件审理］　按照《重大税务案件审理办法》，结合实际，明确全省重大税务行政处罚案件金额标准。

［规范性文件管理］　加强规范性文件合法性审查，全年审查 7 份省局规范性文件。全面落实规范性文件公开征求意见和有效期制度，有效期一般不超过 5 年（试行的不超过 3 年）。制定工作方案，集中清理 2015 年 3 月 31 日前的规范性文件，8 月已公布省局清理结果。按照上级要求集中清理税收优惠政策，废止 5 份文件。牵头完成省政府涉税规章的初步清理，对税务总局文件提出清理建议。

［税政综合管理］　统筹协调南沙、横琴地税局开展有关工作，服务广东自贸区发展；结合两个片区的经济结构和产业布局，向税务总局反映税收政策诉求；统筹协调广东省全面创新改革试验有关税收政策需求，积极与总局沟通联系。落实政策执行情况反馈机制，向总局报送民办教育税收政策问题等 4 篇专题报告、反馈意见。积极做好支持和促进就业相关税收政策的落实、分析反馈工作。按照总局部署，组织完成涉税反补贴应对。

［税收重点执法督察］　2015 年 3 月始，经过方案征求意见、疑点指标适用性分析、专项培训、疑点数据集中筛选、下发督察指引和疑点取数路径等查前准备，省局于 7—8 月组织督察组对 4 个市局开展实地重点督察。9—10 月，分析汇总重点督察发现问题及反馈意见，制发执法督察处理意见书。11 月，按时按质将 2015 年税收执法督察工作报告、报表、重点督察工作底稿、处理意见书、案例报送总局。同时，多次与总局沟通协调，落实 2014 年总局首次对省局督察发现问题的整改。

［税务行政处罚裁量权］　主动发起，多方沟通协调，与省国税局联合出台《广东省税务系统规范税务行政处罚裁量权实施办法》及其裁量基准，统一规范处罚尺度。

［法制队伍建设］　首次将市局法规部门专业人员配备纳入对市局的分档绩效考核，效果良好。指导、推动基层税收法制员队伍建设。适应新行政诉讼法要求，及早谋划、组织新法专题培训研讨，邀请资深法官主讲。邀请总局督察内审司两位处领导来省局开展地税执法督察工作专项培训，提升干部核心业务能力。夯实法治工作基础，注重理论与实务相结合，举办有各市局法规部门负责人、业务骨干以及全省法治税务示范基地建设试点单位代表参加的综合培训，邀请总局政策法规司、省高院、省府法制办、省司法厅等有关司处领导和专业人士授课，推动税收执法理念转变、工作规范。

（张　敏）

营业税与财产行为税管理

［税收收入］　2015 年，全省（不含深圳，下同）营业税、财产行为税收入共 2993.38 亿元，占全省税收收入 4339.38 亿元的 69%。其中营业税 1366.49 亿元，同比增长 9.5%，可比增长 11.4%。财产行为税十个税种收入共 1627.71 亿元，同比增长 3.7%，其中车船税（14.3%）、耕地占用税（13.5%）实现快速增长。

［依法治税］　房地产开发企业违规代办契税清理成效明显。针对个别地方出现的房地产开发企业违规代办契税业务，甚至出现的房地产企业携代办契税款潜逃现象，开展房地产企业违规代办清查工作。据统计，全省共排查房地产企业 8692 户，其中存在违规代办契税的企业 417 户，占比 4.8%，涉及款项金额 7.78 亿元，已追缴入库 6.6 亿元，退回购房者 1.18 亿元。

营业税风险排查顺利完成。在全省布置开展营业税风险排查，将房地产业和建筑安装业列为排查的重点行业。据统计，全省共查补营业税 3.92 亿元，其中已经入库 3.26 亿元，未入库 0.66 亿元。

房产税、城镇土地使用税风险排查有成效。按照开展财产行为税风险管理的要求，各地分析征管系统中房产、土地登记、申报数据差异，并充分利用契税、企业所得税等相关税种的关联信息以及从国土、房管部门等第三方获取的土地、房产信息与征管数据进行比对,排查税收风险。据统计,全省共查补房产税3.37亿元,城镇土地使用税6.3亿元。

认真开展存量房风险排查。针对存量房征管工作存在的薄弱点,设计排查方向,对有无设置票号回填功能、有无建立价格争议机制、有无定期更新基础数据等主要风险点展开排查,向排查中发现问题的地市发出限期整改通知,目前相关地市已经全部整改完毕。

[**服务大局**] 落实房产税、城镇土地使用税困难减免税政策。为支持企业转型升级,省局依法落实房产税、城镇土地使用税困难减免税政策。2015年,共为纳税人减免城镇土地使用税1.74亿元,房产税5.18亿元。其中,对省政府重点扶持项目广州地铁减免城镇土地使用税2232万元;为遭受“彩虹”特大风灾纳税人减免房产税532万元,城镇土地使用税3564万元。

确保小微企业暂免征收营业税政策执行无“死角”。采取有效措施,确保符合条件的小微企业享受免征营业税优惠。据统计,2015年(税款所属期)全省共为76.61万户次小微企业免征营业税5.27亿元;为372.35万户次个人(包括个体工商户)免征营业税13.95亿元。

主动、迅速落实各项税收优惠政策。一是获取可能符合优惠政策条件纳税人信息,主动服务纳税人。如向省住建部门、民政部门取得了全省保障性工程建设项目名单、养老福利机构名单,发各地逐一核对名单信息,做好税收服务。二是确保政策及时落地。如国家调整个人住房转让营业税政策,发布与执行时间仅间隔一晚。省局在政策发布当晚即紧急处理系统修改事宜,第二天及时发布系统调整通告,确保纳税人顺利办理减免税手续。

[**优化服务**] 优化房地产交易环节契税征管。省局牵头省财政厅、省住建厅联合出台优化房地产交易环节契税征管工作的公告,规定纳税人购买家庭唯一住房,只需要提供个人承诺书即可办理免征契税优惠,不再需要提供户籍地及购房地房管部门开具的唯一住房证明,办税流程得到简化,提高了纳税人满意度。

认真回应基层诉求,减轻基层负担。一是解决基层反映的上级部门要求报送的材料数据过多的问题。为减轻基层负担,减少要求报送的材料数量,对省局可以在征管系统中提取的数据、非必要的数据等,不再要求基层报送。二是逐项解决基层调研中反映的问题。如在“关键一公里”调研中,基层反映的一年期以上返还性人身保险免征营业税办理备案问题、整理所有税种小微企业优惠政策问题,都得到及时回应。

[**建章立制**] 全面落实车船税保险代收,切实强化征管服务纳税人。与广东保监局联合制定《广东省车船税联网征收工作方案》《广东省机动车车船税代收代缴管理办法》及解读,对启动全省车船税保险机构代收代缴工作的内容、职责、时间进度要求进行部署,完成确定数据迁移方案、举办全省税务、保险人员培训、统一应急措施和业务规范等多项任务。车船税联网征收系统于2015年6月16日正式施行,实现了“全省通办、先税后险”,极大地方便了纳税人缴税,强化了税种源泉控管。实行联网征收后,全省车船税收入同比增长从6月的-15.8%扭转为12月的28%,全年累计增长14.3%。

开展税收政策差异分析。组织对所管税种政策执行差异情况开展排查。共梳理营业税差异1个,财行税差异13个,逐项分析产生差异原因、对全省的影响,提出解决意见建议。

规范特殊情形的耕地占用税税收管理。针对利用临时占用耕地和未经批准占用耕地进行空转的情况,在调查了解、广泛征求意见的基础上,制定相关征管指引,增加内控审核,统一规范各地做法。

成功举办全省税政会商会。归纳、整理了九个基层征管中遇到的普遍问题,先后两次组织召开全省税政问题会商会。通过集中会商,充分研讨问题,形成基本统一意见,为解决政策难题、统一执行口径提供了平台。

[**数据管税**] 深化以地控税、以税节地试点。按照国家税务总局、国土资源部部署,与省国土资源厅联合指导广东省深化以地控税、以税节地试点工作,制定全省实施方案。除上级规定必须纳入试点的省会城市——广州外,还将珠海(横琴)、韶关、江门纳入试点范围,目前有关地区已顺利开展试点。

积极推动税务总局财行税新申报表上线。积极参与总局对财行税新申报表开发业务的讨论和研究,组织全省统一开展上线测试应用工作。

推进土地增值税管理信息化建设。为加强土地增值税清算审核水平,有效化解执法风险,编写了土地增值税管理信息化建设需求,并通过评审进入招投标工作,系统开发工作已经完成,2016年正式上线运行。

[**税政研究**] 及时部署落实资源税改革。按国家部署,逐步落实资源税改革任务。一是落实稀土、钨、钼改为从价定率计征资源税,以及降低铁矿石资源税单位税额政策。各地对照国土部门提供的

稀土、钨、钼、铁矿石的矿山名单等信息,逐户开展纳税辅导。二是配合税务总局实地开展对金矿、铅锌矿等矿产品改为从价定率征收资源税政策调研,提出合理化建议。

开展印花税实施情况调查。按照税务总局部署,组织省发改委等相关部门和系统内各级地税部门召开了8场印花税实施情况调查座谈会,在全省发放调查问卷1433份,有效访谈610份。访谈覆盖面包括省直单位11个相关部门,省内22个地市级税务机关,各地各行业的纳税人,以及律师、注税、注会、高校等相关领域专家。通过调查,向税务总局提出加强印花税征管、改革印花税制建议。

配合税务总局开展调研。就税务总局起草的《城镇土地使用税征管规程(征求意见稿)》《耕地占用税征管规程(征求意见稿)》《财政部　国家税务总局关于继续支持企业事业单位改制重组契税政策的通知(征求意见稿)》《关于矿产品和盐资源税改革若干征管事项的通知(征求意见稿)》等开展调研,配合总局开展土地增值税政策执行情况调研,为总局制定政策建言献策。

针对热点问题开展调研。就各方关注的热点政策问题开展调研,力求解决实际问题。如就人大代表、政协委员提出的建议、议案反映的税收问题实地调研(酬金制物业管理企业营业税、餐饮企业营业税、农村返拨地城镇土地使用税问题等);对基层反映的农村返拨国有土地使用权转让土地增值税调研;配合省财政厅开展耕地占用税立法调研、体育场馆房产税、城镇土地使用税优惠政策调研等。

2015年,财行税纳税申报表推广应用,土地增值税管理、耕地占用税管理,房产税、城镇土地使用税困难减免税以及国地税合作工作等5项工作得到税务总局的表扬与肯定。

(杨　皓)

所得税管理

[服务基层、服务纳税人]　明确税收政策问题,加强对基层的指导。针对税收政策执行中基层和纳税人存在政策理解不一、政策适用模糊等实际问题,与税政一处共同制定《广东省地方税务局税收政策专家会商规则》,定期召开全省税收政策会商会,集中各市共同会商,规范一些政策执行口径问题,2015年通过会商会议统一明确了4个所得税政策问题,解决了长期困扰基层的政策难点。同时,紧密联系基层,通过邮件、电话、“群言堂—税政直通车”等平台及时给予基层政策回复意见。

利用信息化手段共享全省数据,减轻基层统计负担。针对当前向税务总局定期报送数据统计报表数量多、报表复杂,基层手工填报工作量奇大且影响统计效率和质量的问题,为减轻基层负担,主动适应金税三期工程系统,在金税三期工程先后实现小型微型企业所得税优惠、固定资产加速折旧、企业所得税汇算清缴统计、年所得12万元以上申报清册、扣缴数据清册、汇算清缴工作进度等定期统计功能,方便基层及时统计各类数据。

实行事后备案,凸显对纳税人的减负。2015年5月,联合省国税根据《纳税服务规范》制定了《关于企业所得税优惠备案办理流程的公告》(广东省国家税务局公告2015年第8号),将企业所得税25个优惠项目从事前备案改为自行对照政策享受优惠,事后再报送资料,按项目明确应报送资料,简化办税手续,进一步减轻纳税人办税负担。

及时解读政策、编制指引,指导基层实施。编写研发费加计扣除、固定资产加速折旧、年所得12万元以上自行申报、金税三期工程个人所得税客户端操作指引、企业所得税年度申报规则解读和操作指引,通过报纸、网站、电子办税服务厅等渠道广泛向纳税人宣传,使基层和纳税人执行政策和具体操作遇到问题有明确指引和指导,易于纳税人和税务机关理解遵从。

配合做好税制改革工作。积极参与税务总局有关个人所得税制改革的制度设计工作。按照总局要求,充分结合广东实际提出制度设计思路,完成了征管组、税率组等部分的相关制度设计及起草说明撰写工作,在政策建议中体现了广东诉求。

优化企业所得税申报表校验提示功能,提高数据质量。2015年企业所得税年度申报表和预缴申报表均做了大幅度修改,针对报表体量大、填报复杂特点,为最大限度降低纳税人填报错误几率,克服从发布到上线应用时间紧、任务重的困难,组织基层有经验的业务骨干编写业务需求和开展测试，实现纳税人在填报报表时实时提示错误点和正确规则，使年度申报差错率控制在0.2%以下，保持了往年申报数据质量水平。同时编写了申报操作指引，通过开展内部培训和纳税人培训，帮助基层掌握申报表要求，确保了年度申报的顺利完成，汇算清缴面达到了99.98%，进一步提升了2014年99.3%汇缴面水平。

［**防范、规范基层执法风险**］ 全面开展非本地户籍人员门前申报补缴个人所得税及存量房评估系统风险的排查及整改工作。紧扣“重调查、重落实、重整改”，通过部门协作、上下联动，以整改促规范，取得一定效果，有效降低了税务机关执法风险。

统一预缴方式，规范企业所得税管理。基层单位在所得税预缴问题上长期存在预缴方式不一甚至变相核定造成亏损企业也要缴税的问题，针对这一问题，依据企业所得税法精神，专门下文明确原则上按照实际利润额预缴，采取其他方式预缴的，必须履行行政许可程序，并要求全省进行核查整改，有力地扭转了所得税预缴不规范的局面。

开展亏损企业与重点税源检查，加强企业所得税管理。亏损面过高是企业所得税长期存在的问题，为此2015年专门开展亏损企业核查工作，对连年亏损企业部署自查，对重点亏损企业进行核查，与此同时按照税务总局部署，以广州、东莞为试点开展企业所得税风险管理，组织高风险事项管理团队对重点税源企业和高风险事项进行重点核查，其他各市对部分重点税源企业进行核查。据统计，全省调增应纳税所得额总计134亿元，其中，对近5000户亏损企业进行了纳税调整，共调增应纳税所得额105亿元。广州、东莞市局通过开展企业所得税重点税源管理和高风险事项管理团队试点工作，共设置涉税疑点指标53个，对应重点税源企业风险事项5项，对应高风险事项9项。识别风险纳税人户数合计1.16万户，查补税款及滞纳金合计1.5亿元。

［**建章立制**］ 为解决各级税务机关、各部门落实税收优惠政策存在认识不到位、职责不分明、衡量工作缺乏标准等问题，在全面梳理落实税收优惠政策各项职责的基础上，广泛听取基层意见，与省局相关部门充分协商沟通，会同税政一处制定了《广东省地方税务局系统落实税收优惠政策工作制度》和《广东省地方税务局机关落实税收优惠政策工作规范》。首次明确了主管税务机关是落实税收优惠政策的主体责任单位，系统梳理全省地税执行的285项优惠政策，确定了省局各部门工作职责，明确文件分办、宣传辅导、教育培训、信息化应用、台账制度、监督检查各环节工作要求，制定了各级地税机关落实税收优惠政策工作标准，实现了统一规范全省各级地税机关落实税收优惠政策工作基本规范。

［**税收优惠政策**］ 认真做好省委督办事项。根据广东省委书记胡春华关于加强对广州高层次人才的税收扶持的批示，全面收集、梳理现行有关人才方面的个人所得税优惠政策，其中包括普适性优惠政策以及区域性优惠政策（如前海、珠海横琴等），并作政策分析研究，同时向国家税务总局沟通反映，并召集省委组织部、省财政厅、省人社厅、省科技厅、广州市委办公厅等协办单位座谈，认真研究落实“在广州对优秀科技、管理人才给予个人所得税优惠”事项的意见和措施。提出可行性政策建议，为省领导决策提供参考。

全力贯彻落实小型微利企业优惠政策。小型微利企业优惠政策是2015年1号督办工作，切实转变观念，突破原来仅就面上部署的做法，对各项工作明确具体责任部门并进行重点督办，对主管税务机关全面实行台账记录，制定一个主台账和四个子台账，即享受优惠企业的主台账，宣传到户、跟踪服务、投诉办理、享受其他优惠四个子台账，全程记录落实小微企业所得税优惠工作开展情况。同时为减轻企业办税负担、便捷享受优惠，全面实行在申报同时完成备案，并由系统根据企业情况自动判别条件、自动计算填报减免税额，符合条件的小微企业全年每季度100%享受优惠。

大力争取民族自治区优惠政策，促进少数民族地区经济发展。为用足税法赋予广东省可实施税收优惠的权限，主动向省政府提出给予乳源、连南瑶族自治县税收优惠政策，经省政府批准，给予乳源和连南瑶族自治县地方收入部分免征企业所得税，实际减免40%的企业所得税，助力当地经济发展。

及时部署珠江西岸先进装备制造业税收支持工作。联合省国税对落实税收优惠政策对全省进行部署，要求相关基层单位对先进装备制造业企业调查核实后实施“点对点”政策宣传辅导服务。2015年前三季度，珠江西岸先进装备制造企业减免税8086.76万元，惠及23户企业。

高度重视高新技术企业、研发费加计扣除等优惠工作落实，推动创新转型。将高新技术企业、研发费加计扣除、固定资产加速折旧作为落实全省创新驱动发展战略的重要工作来抓，部署全省对高新技术企业、研发投入企业、六大行业企业进行政策宣传辅导，对提出需要的企业进行到户辅导，全面推动税收优惠政策的落实，2014 年度汇算清缴中，研发费加计扣除户数为 777 户，加计扣除金额 48.25 亿元，同比增长 27%，高新技术企业户数为 866 户，减免 55.52 亿元，增长 12.23%。针对上半年落实情况，为进一步改进工作方法，联合省国税广泛听取省发改委、省科技厅，省经信委、省财政厅等部门以及行业协会、企业意见和建议，制定措施进一步加大年落实研发费加计扣除、固定资产加速折旧政策工作力度。

［工作创新］　搭建"智能管税"平台，建设高收入个人所得税管理系统。牵头组织开发全省高收入者个人所得税管理系统。在归集个人申报纳税数据基础上，通过建模、抓取互联网数据等手段，分析评估个人所得税疑点数据，尝试智能筛选并推送核查任务。目前已在广州开发区和海珠区试点上线。该系统将实现由上至下、由海量数据到疑点定位、由互联网数据到税务管理、由任务推送到工作监控的功能集成，在数据治税、智能管税上作有益尝试，将对全省调节居民收入分配，缩小贫富差距发挥积极作用。

迎难而上，个人涉税信息交换初见成效。"税源不明"是个人所得税管理的最大难点，获取第三方涉税信息，是加强个人所得税管理重要手段。《关于印发广东省涉税信息交换与共享规定（试行）的通知》（粤府办〔2010〕69 号）的规定中，除企业股权结构信息中涉及个人信息交换外，其他部门交换信息均不涉及自然人信息交换内容。由于缺乏有力的制度支撑，个人所得税管理所需的第三方数据信息交换工作难度极大。积极加强与省人社厅、省注税协会、省注会协会、省国资委、省司法厅、省文联等单位的沟通联系，通过走访、发函、电话沟通等多种形式，积极争取各单位对个人所得税工作的理解和支持，全力获取各类高收入人群名单数据，拓宽高收入者涉税信息获取渠道。目前省注会协会、省注税协会、省国资委已经提供相关数据，该部分数据将率先运用在高收入者个人所得税管理系统，实现靶向管理。

（孙　婷　林炜霞）

国际税收管理

［税收收入］　2015 年，全省地税部门共组织国际税收收入（不含深圳）703.33 亿元，同比增长 2.28%。其中，营业税 139.67 亿元，增长 3.17%；企业所得税 92.57 亿元，增长 9.44%；个人所得税 155.09 亿元，增长 13.07%。

［反避税工作］　2015 年，全省反避税监控管理 76 户，立案调查 3 户，结案 3 户，在执行预约定价协议 3 份，参与全国案件会审 3 宗，双边磋商 1 宗。共调整增加企业所得税 16.32 亿元。其中，管理环节 10.91 亿元，服务环节 3.63 亿元，调查环节 1.78 亿元。加大打击逃避税力度，查处了一些大要案件，取得了一些新突破。成功办结了全省地税系统有史以来最大的转让定价案件，调整增加企业所得税约 1.2 亿元，这也是广东省首例转让定价调整增加税款过亿元的案件。支持全省各主要地区在反避税调查和案件磋商审核中积极探索，开拓创新，在案源筛选、调查措施、调查领域，调整方法等方面取得了新突破。通过下户进行纳税辅导方式，积极做好预约定价安排的执行工作，取得较好的执行效果。继续加强跨国企业利润水平监控，定期开展行业和企业排查，及时发现避税嫌疑企业。通过关联申报审核、同期资料管理、特别纳税调整前期监控和对已调查企业的跟踪管理等手段加强监控管理。2015 年全省通过监控管理手段共贡献税款 14.54 亿元。

［非居民税收管理］　做好非居民税收收入统计分析，按季度统计本地区非居民企业税收收入完成情况、所得类型和协定执行情况等数据，结合国际国内经济形势和当地经济发展状况，对收入增减变化情况、主要影响等因素进行宏观分析；结合税源变化特点，对不同税种、重点行业以及收入占比较高的所得类型进行重点分析。根据分析情况，预测收入变化趋势，努力把握非居民税源分布和变化规律，挖掘潜在税源，识别和防范税收流失风险，及时发现非居民企业税收管理中存在的主要问题，找准应对措施。开拓信息来源渠道，加强跨境税源管理。在取消和放松行政审批的同时，积极研究加强事后管理工作，改变惯性思维和管理模式。开展国际税收风险分析、政策效应分析和经济效应分析，选择重点行业或事项开展风险识别，通过风险提示和风险管控，提高风险管理能力，挖掘增收潜力，提高纳税遵

从度。

[境外税收管理与服务] 落实税务总局“便民办税春风行动”、开展以服务“走出去”企业,支持“一带一路”战略为主题的税收协定宣传活动。2015年,联合省国税局举办“一带一路”税收协定政策宣讲会,邀请广州市60家“走出去”企业代表和个人以及部分税务中介机构代表参加了宣讲会。宣讲会以服务“走出去”企业、支持“一带一路”战略为主题,向与会企业介绍了“一带一路”战略背景、我国对外签署税收协定情况、境外税务风险应对等内容。宣讲会邀请了广东电视台、中央人民广播电台、新华社广东分社、《南方日报》《广州日报》《大公报》及《香港商报》等新闻媒体参加,取得了良好的宣传效果,并得到税务总局局长王军的批示表扬。此外,到珠海、东莞等地区开展税收协定执行情况调研,并深入基层开展实地指导,收集有关情况,完成调研报告。

[情报交换工作] 2015年,依法查补一宗家族企业通过亲属间的借贷、信托关系瞒报并转移海外资产和收入、逃避税收义务行为的典型案例,入库个人所得税3474.37万元,创我国情报交换核查工作最高单案个人所得税补征金额,在2015年全国国际税收工作会议上获通报表扬。并对案件核查过程进行了后续梳理和总结,重点突出税收情报信息、金融账户信息等数据利用对案件核查的关键作用,将工作成果转化为经验总结材料,编写成专项案例上报国家税务总局进行汇编。利用外来税收情报提高征管绩效。通过一份外来税收情报信息获取纳税人取得的由境外企业支付的工资薪金,对纳税人的申报纳税情况进行比对校验,依法查补3名在我国境内工作的日籍人员的个人所得税共计149.21万元。

[港澳台工作] 认真履行粤港合作联席会议专责小组成员单位职责,参与省政府组织的粤港澳台四地跨境税收征管研讨会和对台港澳政策宣讲会。继续做好税收宣传工作,与香港《大公报》合作,在“南粤税讯”专栏定期刊登国际税收政策热点解读和管理措施系列文章,为粤港企业答疑解惑,服务港人港企。加强与香港会计师公会的定期交流。2015年,两次接待香港会计师公会一行到广东省地税局进行访问,双方就赴港培训项目及税收服务“一带一路”建设等如何进一步加强合作进行了商讨。同时,省局派人出席了2015年香港会计师公会在香港举办的“中国税务研讨会”,并以“‘一带一路’的税收服务”为主题进行了开场演讲,向香港会计界人士宣传了“执行协定维权益、改善服务谋发展、规范管理促遵从”三个方面的税收服务内容,并在《香港商报》刊登了相关报道,取得了预期的宣传效果。对横琴新区港澳居民实行个人所得税税负差额补贴管理。配合省财政厅出台具体实施办法的同时,积极协助有关部门做好港澳地区居民个人所得税政策宣讲及数据审核等工作,保证数据的准确性和真实性,确保港澳地区居民享受到应有的税收待遇。2015年,共有59位港澳地区永久居民办理了2014年度港澳地区居民个人所得税税负差额补贴领取手续,合计发放补贴1047.36万元。其中受理香港地区永久居民个人所得税补贴申请51宗,发放补贴金额合计1009.29万元;受理澳门地区永久居民个人所得税补贴申请8宗,发放补贴金额合计38.07万元。

[国际税收协定] 认真贯彻落实外籍个人享受税收协定待遇管理办法,着力提高审批和备案效率,并注重加强后续监管,推动建设法治化国际化的营商环境。2015年,办理税收协定待遇审批及备案手续共102件,减免税额1.9亿元。

(汤丹丹)

规费管理

[规费收入] 2015年,广东省地税系统共组织规费收入3013.22亿元,同比增收354.14亿元,增长13.3%。其中,社保费收入2461.45亿元,增长15.3%;其他规费(教育费附加、文化事业建设费、地方教育附加、堤围防护费、价格调节基金、残疾人就业保障金、工会经费)收入551.77亿元,增长5.3%。养老保险月平均缴费人数1997万人,增长4.0%,2015年12月达到2036万人。

[规费收入分析] 养老保险方面,缴费工资基数下限的提升推动养老保险收入增速。2015年,全省统一了企业职工养老保险缴费工资下限,从1月1日起由月2139元调整为月2408元,增幅为12.6%,全省按缴费工资下限缴费的1419万人受此政策影响而提升了缴费额度。12月,全省养老保险

人均缴费工资3124元，同比增长13.4%。缴费比例方面，全省2015年统一企业职工养老保险单位缴费比例为13%～15%，影响养老保险收入降低约2个百分点。养老保险扩面增长4.0%。其他收入变动因素在于政策性补缴入库和欠费追缴等。失业、医疗、工伤、生育保险方面，2015年全省各地均上调了各险种的缴费工资下限，同时，因缴费人数维持稳定增长及职工工资收入水平增长，各险种收入保持增长态势。除此之外，全省新修订的失业保险条例自2014年7月1日起施行，原参加农民工失业保险的参保人，增加缴纳个人部分的失业保险费，缴费范围扩大，且部分地区随之较大比率调高失业保险费率，使全省失业保险收入大幅增加；工伤保险陆续在各地市按浮动费率征收，企业费率整体向下浮动，导致全省工伤保险增长较慢；省直单位生育保险实行属地征收，部分地市提高了生育保险费率，推动生育保险收入大幅增加。其他规费方面，工会经费增长受益于经济和职工工资水平的增长。文化事业建设费受“营改增”、优惠政策实行，以及行业大环境等因素影响继续走低。堤围防护费收入大幅下降，主要原因是自2014年5月起在原有征收标准上免征10%的省级收入，同时，广州市和惠州市自2015年1月1日起停征堤围防护费。受经济环境影响，房地产、采矿、汽车等行业的价格调节基金收入下降，且全国自2014年12月1日起停止征收煤炭、原油、天然气价格调节基金，全省价格调节基金收入大幅下降。

［社保费管理］　不折不扣落实各项规费优惠政策，严格执行取消、停征部分政府性基金，以及扩大免征范围，提升缴费服务，简化办事流程，切实为企业减负。主动牵头向省政府请示，争取到暂不执行上调2015社保年度全省社保费缴费工资基数水平，为参保单位减负57.41亿元；严格按照规定下调失业保险费率和生育保险费率；下调堤围防护费征收标准以及免征堤围防护费的省级收入，全年共减免堤围防护费27.58亿元；按规定减免教育费附加、地方教育附加和文化事业建设费等。全省地税系统进一步深化“税费同管”机制，建立健全各项规费征收管理制度，大力推进综合治费，提升征管质效。加大清欠力度，确保依法征收，全年累计清理欠费入库50.09亿元。全省各地在完成社保费三方协同平台建设的基础上，优化拓展平台的应用，不断完善部门协作新机制，实现了部门间信息共享和业务协作，从根本上解决了对账不一致、数据不同步、业务不统一、征管效率低的问题，提升了缴费服务水平，保障了社保基金安全。在2015年全国社会保险费征管工作会议上，广东省地税、社保、财政三方协同办公平台建设经验得到了税务总局及兄弟省市局的高度评价。全省各地进一步完善社会保险费预警、管控、处置制度。以深化地税系统内控机制建设为契机，找准社保费征管过程存在的风险隐患，加强风险预警和跟踪管控，有效堵塞征管漏洞，防止社保违法案件发生。建立社保费信息数据异常预防和处理制度，联合财政、社保、银行建立征管系统日常信息交流制度，有效降低信息数据异常造成的不良影响。建立了有效的基金安全和风险防控机制，依托信息技术加强征管风险、基金安全入库的管理，有效防止了违规批准延缴、擅自核销欠费、积压、挪用、截留社保费等现象发生，保证了社保费及时收缴和划解财政专户。立项建设规费监控分析平台，强化数据分析利用，推动征管监控服务水平提升。全省地税部门以参保缴费人的需求为导向，开发完善了地税门户网站、微信、微博等电子交互平台的规费办理功能，拓宽社保费业务办理渠道，提升业务办理的便利性。建设办费服务综合管理系统，覆盖全省地税所有办税服务厅，开通电子网上办费服务厅、24小时自助办费终端为参保缴费人提供简便优质高效的服务。进一步创新宣传方式，普及社保政策法规，提升全社会参保意识，为社保费征缴营造良好的社会氛围。通过“民生热线”“在线访谈”等栏目直接为缴费人提供专题咨询服务；组织社保法律法规知识宣传进企业、进街道、进社区、进公共场所；通过地税12366服务热线、短信平台为缴费人提供咨询服务、政策解释、缴费指引。

（黄小青）

税收规划核算

［**税费收入**］ 2015年，全省地税系统组织税费收入9629亿元，同比增长15.2%，收入规模连续22年居全国地税首位。其中，组织税收收入6616亿元，增长16.1%；省级收入1308亿元，占省级公共预算收入的比重超过7成，增长9.1%；中央级收入和市县级收入分别增长21.4%和16.7%；组织社保费等规费收入3013亿元，增长13.3%。

强化收入监控分析。一是强化税源形势分析。持续开展经济税源和税收形势分析，密切跟踪经济税收形势发展变化情况，强化组织收入监控分析，准确预判税收走势。二是强化收入进度监控。实施灵活的税收预期动态管理，全面开展分地区、分税种、分级次的收入预期测算和分析，积极落实税务总局对中央级收入预期调整，根据收入形势和要求变化适时调整各地收入预期和下达奋斗目标，把握组织收入主动权。三是适时制定针对性措施。在分析全省各地税收预期执行情况基础上，及时掌握各地税源税收变动情况，准确定位组织收入薄弱环节，制定有针对性的组织收入工作措施。

加大税收分析预测力度。一是按季召开纵向和横向的经济税收分析会，及时掌握各地税源税收变动情况，研究税收政策和征管因素对税收收入影响情况，适时提交有分量的经济税收形势分析及工作建议，为组织收入决策提供有力支持。二是努力克服金税三期工程系统上线初期收入数据不完整、功能未完善造成的监控难度大等困难，做好预测外重大收入变动情况的跟踪查实，为组织收入决策提供准确依据。三是完善金税三期工程决策一包功能，在金税三期工程决策一包中定制符合广东省工作实际的税收分析包，完成统计报表、分类查询、实时监控功能、一局式和一户式查询等模块的上线工作，有效解决收入实时监控和异动情况筛查手段缺失的问题，提升监控时效和质量。

［**收入核算管理**］ 强化会统管理，夯实核算基础。一是及时完成税收会统报表报送工作。2015年省局每月需向税务总局报送的税收月（季）固定报表87张。为最大限度减轻基层负担，将基层报送的报表数量压缩为38张，过半数报表由省局统一加工生成，受到基层好评。二是妥善解决金税三期工程上线初期报表问题。2015年初金税三期工程上线后，征收前端出现的问题也集中反映到后期的报表中，同时受原大集中系统税收数据差异、迁移等问题影响，税收会统报表问题较多。经与各市计财部门、金税三期工程项目组密切配合，分析查找问题，及时解决。2015年中，税务总局进行了两次报表格式的调整，通过积极跟进、明确业务内容，有力保障金税三期工程报表应用。三是高质量完成2014年年度报表。2014年年报包含了14种会计表、26种统计表、7种税政表及全省2014年146个县区的会计统计报表。通过反复审核、细化比对，保证了上报资料及时、准确、完整。最终广东地税系统以"零差错"的优异成绩，被税务总局评为2014年度税收报表综合考评优秀等级单位。

完善全面反映优惠政策落实情况的核算体系。一是制定《规范减免税核算管理实施方案》。结合新形势、新情况、新要求，对减免税核算范围、减免税核算方法、减免税基础管理等为重点的减免税核算内容重新进行了统一梳理、全面分析并一一明确；同时，确定规范减免税核算管理工作推进时间节点，进一步规范并完善减免税核算管理，夯实减免税核算工作基础。二是建立减免税政策明细分类信息库。以税务总局《减免税政策库》为基础，结合实际，按照三个优惠政策类别（可确定对象类、可确定对象范围类、暂未确定范围类），建立减免税政策明细分类信息库，并将信息库纳入税源管理平台管理。同时，进一步规范减免税核算方法，统一减免性质代码进行核算，实现了减免税分政策条款、分纳税户的精细核算。三是建立纳税人减免税标识。对减免税标识功能进行开发测试，对征管系统中已有减免税备案或核准信息、已申报有减免税额信息的企业设置"确认享受减免税"标识，对无相关信息记录但属于可确定优惠项目对象类、可确定优惠项目对象范围类的企业设置"或可享受减免税"标识，从而有针对性地提供减免税信息推送、政策提醒等服务，解决数据采集渠道问题。

［**重点税源监控**］ 一是按月开展对省局监控的1650重点企业和150个重点建设项目纳税和相关财务数据的对催报、审核、汇总、上报等日常工作；

及时审核和反馈税务总局下发的异常企业纳税数据;及时编纂每月《重点税源监控企业数据汇总表》《全省排名前位大户企业纳税情况调查表》和《重点建设项目纳税情况调查表》。二是按月收集新建商品房投资和销售数据,并编写全省月度商品房销售和投资情况及房地产相关税收情况图表,为领导决策服务。三是召开部分地区重点税源工作座谈会,通过与管理员和基层一线工作人员座谈,深入了解全省部分重点企业的情况。

[税收调研分析]　一是出台税收分析制度。切实落实税务总局税收分析工作机制,结合全省税收分析的实践,及时出台《关于进一步加强税收分析工作方案》,明确收入形势分析、税收风险分析、政策效应分析、经济运行分析、税收收入质量分析与预警等五类税收分析的具体内容,明确各成员单位的分工和职责。结合实际,明确全省地税系统2015年税收分析相关事项,充分调动各级地税规划核算部门的税收分析积极性。二是加强对重点行业、重点企业的税收分析。完成《我省税收政策执行区域性差异调研报告》《从税收看全省现代服务业、高技术制造业和先进制造业发展》《2015年广州汽车制造业税收收入预计将呈现止跌回升走势》等税收分析报告。三是开展联合税收分析工作。与省国税局联合出台《联合开展税收分析与税收调查工作方案》,联合调研,完成《关于2015年1—7月广东省税收收入较快增长的分析报告》并获得广东省常务副省长徐少华批示表扬。

[税收收入风险预警]　一是充分运用广东地税税收收入风险预警系统,对9个高风险单位下达预警,防范税收执法风险,提高税收收入质量。二是组织开展对全省虚增税收、提前征收税款、混淆预算级次等的排查工作。在总结风险预警实践和经验基础上,首次明确界定6项虚增税收的标准,进一步督促了基层地税部门提高税收收入质量,坚决遏制虚收空转和混库行为。三是组织开展上半年疑点数据筛查工作。为加强对全省基层单位重要时间节点、异常数据的监控分析,组织税政、征管、规核等业务骨干对全省20个地市上半年入库数据进行专项筛查,及时发现有关数据疑点,并做好核实工作。四是优化完善税收收入风险预警系统。完成税收收入风险预警平台金税三期工程系统衔接,保障预警平台数据的完整性和准确性;更新经济及税收数据,并根据历年预警核查结果调整有关参数,夯实风险系统应用基础。“广东省地方税收计划指标风险预警研究”获得“广东省哲学社会科学优秀成果奖”一等奖。该奖项由广东省人民政府于2004年设立,评审奖励每两年举办一次,是全省哲学社会科学领域的最高奖项。这是广东省地税局自1994年成立以来在科研领域获得的最高奖项。

[税库银业务]　一是拓展横向联网电子缴库系统业务功能应用。加强组织协调以及纵向与横向部门沟通,完成珠海社保费银行卡刷卡通过TIPS系统直缴地税费金专户以及TIPS电子退库试点工作,完成珠海、河源、清远等地银行端查询缴税试点上线工作。二是全面深化银行卡刷卡缴税直解国库工作。通过全省部署、明确时间节点和工作要求,加强业务指导与统筹协调,全省地税系统全部地市均完成银行卡刷卡税款直解国库工作。POS机刷卡税款直解入库,解决了过去POS机刷卡手工输入金额差错率高、资金在途时间长、划解工作量大、操作风险高、手工对账难等问题,实现了税款清缴准确简单、税款入库安全高效、基层工作减负提速、岗位风险防控升级的优点。通过深化横向联网系统应用,进一步方便纳税人,提高了税款缴库退库效率,提升了税费资金安全性。

[税收调查]　一是开展年度纳税百强调查统计。对国地税分别筛选出的前200名企业数据进行核实、相互补充,完成企业登记信息的比对,对两家数据进行合并甄别,最终形成省纳税百强榜名单。二是开展全省税收资料调查。贯彻财政部和国家税务总局对全国税收调查工作的要求,完成8314户重点调查企业、70户企业集团数据的采集、整理和审核。强化数据应用,完成《加强小微企业房产税、城镇土地使用税税收优惠必要性的探讨》《广东产业转移工业园的发展状况及建议》2篇税收调查分析报告。

(叶友法)

纳税服务

[“便民办税春风行动”] 全省协同落实“便民办税春风行动”。根据税务总局统一部署要求，制定下发了《广东省地方税务局关于印发〈2015年“便民办税春风行动”实施方案〉的通知》（粤地税发〔2015〕20号），明确全省地税部门要围绕“简政放权、服务发展、国际协作以及提效减负”等4大类工作，全年“春风行动”收到了较好效果：全面推行权责清单制度及开展推行税（费）执法权责清单工作，建立办税清单和社保清单动态维护机制，进一步统一规范涉税（费）事项660项；明确落实税收优惠政策工作，累计为58.64万户次小微企业减免营业税4.03亿元，符合条件的小微企业营业税实际受惠面达100%；推出设立税务登记、变更税务登记、契税申报、耕地占用税申报、代开发票五大类事项免填单服务以及办税（费）事项“同城通办”，珠海、清远等市已实现部分区域“全城通办”，揭阳和广州市还实现了“全市通办”。

统筹推进纳税服务规范。按照税务总局的统一部署，统筹兼顾《征管规范》提出的新要求，形成了《纳服规范》《征管规范》、金税三期工程系统三位一体，深度融合，有机协同的工作思路，在《纳服规范》的落实上走出了一条具有广东特色，并对后金税三期工程时代全国税务系统规范化、信息化工作方式转变有重要参考意义的发展新路。全省全年共举办《纳服规范》专题培训会累计763期，税务人员4.39万人次参加；省局网站更新办税指引133条，涉税表格278张；各基层办税服务厅在显眼位置放置《纳服规范》相关宣传资料供纳税人取阅，并利用电子触屏等设置发布《纳税服务规范》电子版，供纳税人按需查阅打印。同时，按税务总局要求，对办税服务厅及纸质版纳服规范的配置使用进行检查和监督，拾遗补漏、统一规范。

国地税合作取得实质性进展。协同省国税部门，按照《国地税合作规范（1.0版）》的要求，创新服务举措，切实方便纳税人办税。一是联合开展办税服务厅标准化建设，打造了国地税联合办税新模式，做到“进一家门，办两家事”。如珠海建立了首个国地税一体化联合办税厅，推出“七个一”联合办税服务，实现国地税纳税申报、税款征收、社保费收缴等业务一窗办理；佛山推出全国第一台国地税联合自助办税终端“国地通”；东莞开展国地税“网厅共建”工程，全国率先实现国地税联合网上办税。二是推行首问责任制、首办责任制，及时解决纳税人咨询问题，做到两局税收宣传同步发声，紧贴纳税人需求、税收工作实际和社会关注热点，让社会了解税收，走进税务，营造了良好的税收氛围，全年两局联合开展税收宣传490次。三是依托纳税信用等级评价结果与银监局和与30家金融机构合作，向诚信纳税人提供融资产品及金融服务。

[服务平台] 推广应用税务总局12366知识库系统，加强话务质量检查。2015年5月，广东地税热线与税务总局12366知识库系统实现对接。组织人员筛选录入省级知识833条，与广东省12366系统各市自行维护的知识互为补充，形成国家、省、市三级结构，使12366纳税服务热线的知识储备自成体验。上半年，继续开展全省12366纳税服务热线质量抽测工作，通过选取实际发生的咨询录音文件，请热线专家围绕“接通情况”“答复准确性”“服务规范”“沟通技巧”等方面进行评判，持续掌握12366纳税服务热线质量真实状况，进一步明晰提升质效的目标、路径；同时，响应税务总局号召，开设“小微企业政策落实情况投诉”及“走出去企业政策咨询”专席，进一步做好小微企业税收优惠政策贯彻落实和“走出去”企业政策咨询工作。据统计，2015年全省12366纳税服务热线总话务量399.8万宗，其中自动语音130万宗（人工话务214万宗），比上年增长27.6%，平均接通率为89.6%。

做好全国政府网站普查工作，推动省网上办事大厅建设。一是在2014年省局主站升级改版的基础上，立项实施网站群分站改版项目，优化搜索引擎并扩面至全省范围，开发建设统一的新分站及移动版本，建设各市网上纳税人学校。二是落实全国政府网站普查要求，迅速研究制定网站普查工作方案并通告全省，明确局内各部门分工，及时报送网站栏目信息。关停、整合缺乏工作必要性或内容支撑的栏目，加强内容更新；委托第三方专业机构对网站群各站实行全时动态监控，并以“工单”推送的形式，完善网站全局共建的机制，确保网站群各站在普查中全部达标。三是及时组织局内相关部门重新梳理规范全省行政审批和社会事务服务事项，依托纳服规范、征管规范、金税三期工程系统和电子办税服务厅项目建设，按网厅要求确定事项办事指南，及时下发全省进驻网厅，明确全省下一步网厅工作方向。2015 年，省局门户网站群总访问量 7743 万人次，日均访问量超过 22.2 万人次，成为全国同业访问量最大平台。门户网站建设与管理方式得到主管部门和业界的关注和赞许，相关经验第一次被中央人民政府网站刊登推介。

探索构建广东地税纳税服务能力模型，建设全省办税服务综合管理系统。由纳服处牵头，信息中心等部门配合，建设广东地税办税服务综合管理系统。该系统规划包括服务功能提供、资源管控和能力分析 3 个子系统，涵盖省、市、办税厅三级部门，联通实体办税厅和金税三期工程、电子办税厅、自助终端、门户网站、12366 等多个办税服务渠道。新系统可以数据分析为核心，运用“互联网 +”的大数据分析思维、方法和工具，对来自多个办税渠道的数据进行综合分析，深挖数据背后隐藏的信息，为调配资源、改进管理、引导服务提供决策支持。以江门市地税局为试点单位，截至 2015 年底，已在全省近 200 个较大规模办税厅上线，基本构建起服务资源管控框架，奠定纳服大数据分析基础。

［纳税人合法权益维护］　认真做好省局网站“局长信箱”及“服务投诉”栏目来件处理工作，进一步完善统筹协同服务工作机制，在做好来件转办、跟进、回复、归档等日常性工作的基础上，定期汇总整理两栏目来件处理情况材料，以便省局领导真实掌握基层和纳税人办税诉求，切实维护纳税人的合法权益。2015 年，省局网站“局长信箱”和“服务投诉”两个栏目共收到 233 封来件，比上年减少 247 封，减少 51%。其中，纳服处自行处理 136 件，需转省局其他部门或市局处理 97 件，办结率 100%。

积极开展税法宣传辅导培训活动。编印电子办税服务厅、金税三期工程系统介绍、纳税服务规范及小微企业税收优惠政策解读等相关宣传资料逾 92 万份；为帮助小微企业掌握税收优惠政策及办理流程，组织举办“小微企业税收优惠政策”专题在线访谈活动；落实《纳服规范》有关要求，大力开展纳税人宣传培训辅导，截至 12 月底，全省依托实体和网络纳税人学校（堂），累计组织纳税人税法宣传培训 4188 场次，逾 43.55 万人次参加，收到了增进税企交流的良好成效。建立全省统一网上纳税人学校平台，省局及佛山、东莞“网校”率先上线，累计制作上传电子课件 143 个，点击量 17.9 万人次，高质效扩大了税法宣传辅导面。

圆满完成 2014 年纳税信用等级评定及开展“银税互动”项目。2015 年全省国地税系统按照税务总局新评价办法，经初评和复评调整，全省共对 813216 户符合参评条件的纳税人进行了评价，其中，A 级纳税人 50868 户、B 级纳税人 700123 户、C 级纳税人 37214 户、D 级纳税人 25011 户，充分体现了广东地税纳税信用建设成果。与省国税局、省银监分局三方联动，共同制定了全省“银税互动”活动方案，与全省 30 家省级商业银行共同签订《“银税互动”助力小微企业发展活动战略合作框架协议》，建立起税银服务战略伙伴关系，共同致力于为纳税信用级别高的企业提供金融服务，帮助小微企业凭借优良的纳税信用，破解企业规模小、融资进度慢、审核时间长、证明材料繁杂的问题，轻松获得金融机构的贷款授信。2015 年全省“银税互动”服务发放贷款突破百亿元，惠及企业 5406 户，解决就业人数 65533 人，有效地褒奖纳税诚信企业，破解小微企业融资困难问题，得到广东省省长朱小丹等领导批示肯定。

认真抓好注册税务师行业监管工作。从 2015 年 2 月起，税务总局连发 6 份文件要求各地自查清理违规插手涉税中介经营活动。按照《国家税务总局关于严禁违规插手涉税中介经营活动的通知》（税总发〔2015〕75 号）和《国家税务总局纳税服务司关于严禁违规插手涉税中介经营活动自查工作情况的通报》（税总纳便函〔2015〕159 号）的要求，迅速落实和开展违规插手涉税中介经营活动的自查抽查工作。5 月，会同省国税局组织广东省注册税务师协会第四届换届，促进行业依靠行业协会等社会组织进行自律发展。9 月，会同省国税局下发《广东省国家税务局　广东省地方税务局关于开展注册税务师行业 2014 年度检查工作的通知》，开展全省税务师事务所执业资格与执业质量年度检查，以促进注税行业健康发展。按照上级的要求，会同省国税局积极构建全省税务机关、涉税中介机构、纳税人三方沟通机制，共同做好对注册税务师行业的日常监管监控工作。

（郑　珩）

税收征管科技

[金税三期工程系统上线] 2015年1月8日，金税三期工程在广东地税成功上线。省局通过采取"先集中后分散分级测试、先试点后扩面分批推广、先核心业务后全量业务分步覆盖、先双轨后单轨分段上线"的策略，调动全省地税各层级各部门参与度和积极性，确保了金税三期工程平稳上线。2015年全年，全省(不含深圳，下同)地税系统通过金税三期工程组织税收收入累计4339.38亿元。

建立问题解决机制。建立了一线全省上线支持团队、二线省局平台服务团队、三线税务总局运维团队层层推进的运维团队，实现了问题故障的层层过滤，及时解决。各地市基层及时将使用系统时发生的问题以事件单的形式提交省局IT运维平台，省局抽调各市骨干组成运维团队积解决各类问题，确保常规问题不过夜、疑难问题早解决。

开展系统优化工作。广泛征集优化建议，面向全省各地市、省局各业务部门以及金税三期工程办各业务组，广泛征集对金税三期工程系统的优化建议，共征集优化建议1554条，经过滤，共向税务总局提交优化建议704条，其中442条纳入总局的整体优化计划，41条列入广东地税自行优化完善计划。突出重点优化事项，省局下发《关于上报金税三期工程系统办税效率情况的通知》，共征集影响办税效率的事项318项，回流前台、增大前台业务量的事项36项，经层层筛选、核实、验证，最终向总局提交了9项上线后严重影响办税效率的涉税事项。重点事项的优化实现，大大缓解了门前办税压力，提高了纳税人对金税三期工程系统的满意程度，为提升纳税服务质量提供了有力保障。进行自我完善，推进特色软件的功能升级，提升特色软件与金税三期工程系统的兼容性，减轻核心系统的运行压力。清理系统数据，提升数据的质量和可用性。参与税务总局工作，派出10名业务骨干加入总局优化实施工作组，从业务和技术两个方面推动金税三期工程系统优化工作。

建立业务保障机制。制订并出台《广东省地方税务局税收信息系统业务保障管理办法(试行)》，建立健全信息系统业务保障长效机制。

[税收征管规范化建设] 落实全国税收征管规范。省局印发了关于全面试行《全国税收征管规范(1.0版)》的实施方案，明确工作任务及时间安排。大力开展培训学习，全省地税共计28084人次参加培训，18592名干部参加了征管规范网络考试，优秀率达到95%。

依托金税三期工程固化规范。严格按照金税三期工程系统设置的流程环节、表证单书、报送资料、办理时限实现，将征管规范固化于金税三期工程系统，确保税收管理服务的规矩不走样、标准不变形。

打造办税指南、业务指引细化规范。组织编写《广东省地方税务局办税指南》和《广东省地方税务局税收征管业务指引》。实现各项涉税工作有据可依，有章可循，有力推动了信息透明化和征纳平等化。

推进业务通办、免填单等服务升级规范。推出了多项服务性管理创新措施。如推出了覆盖设立税务登记、变更税务登记等五大类事项在内的"免填单"服务；推出了实现跨区业务办理的全市通办。

强化后续管理。组织编写《依申请业务后续管理规范》，对184项依申请业务的后续管理风险点、风险等级、管理流程、岗位设置等做出明确的划分和规范。

[多元电子办税渠道] 在"全省一个税务局"的建设中，充分发挥不同渠道优势，实现多渠道互补发展。2015年，全省通过电子办税渠道办理的总业务量达55409万笔，其中电子办税主渠道(含网上办税和移动办税)业务量占比87%，线上线下融合的自助终端业务量占比为2.8%，实体办税渠道业务量占比为10.2%。

电子办税服务厅方面：一是完善业务办理功能。截至2015年底，网上全流程可办业务726项，基本实现业务办理线上线下同质化。二是创新数据本地利用、风险信息主动推送服务。为纳税人提供覆盖7大类487项凭证管理功能，向纳税人主动推送纳税风险提示、税收优惠提示及审批备案情况等115项个性化信息。

移动办税方面：抓住用户网民化、终端移动化、需求多样化等新趋势，按先自然人后企业、先微信后手机APP、短期出成效、长期广覆盖的总体思路，大力打造“微办税”。手机 APP 和微信办税向纳税人提供业务办理事项共 71 项。微信办税自 2015 年 8 月上线至年底,吸引 137 万微信用户在线处理有关涉税费事项,总业务服务量超过 228 万次。

自助税终端方面:不断加大国地税互设终端力度,继续推进自助办税 7×24 小时服务和自助办税服务“走出去”。截至 2015 年 12 月,全省累计建成服务厅 806 个,其中国地税互设厅数 36 个(包括国税在地税设立厅数 10 个,地税在国税设立厅数 26 个),7×24 小时服务厅 192 个,与外部门合作建设服务厅数 142 个。2015 年新建服务厅 114 个,其中 7×24 小时服务厅 54 个,与外部门合作建设服务厅数 42 个,其他服务厅 18 个。

税源管理平台方面:顺利完成了与金税三期工程系统的对接,重新定位了平台作为一个内渠道系统的角色,逐步梳理与金税三期工程系统决策一、二包的关系。结合各地实际需要,完成了一户式查询、税企互动等相关需求的编写工作。

[数据治税]　开展优秀纳税评估模型评选。以“实战验证,学评结合”为指导,在全省开展优秀纳税评估模型评选工作。通过模型评选,收集优秀评估模型共 66 个,推动了全省纳税评估工作开展,提升了全省纳税评估工作成效,2015 年实现评估收入 194.26 亿元。

加强征管状况监控分析。发布《2014 年全省征管状况监控分析情况通报》和《2015 年上半年全省征管状况监控分析情况通报》,揭示税收征管风险点,督促各地进行整改落实,提升了全省征管质量。

加强税收风险管理。编制了《广东省地方税务局税收风险管理战略规划》和《2015 年税收风险管理年度工作计划》,明确了开展风险管理的工作思路和安排。2015 年,全省共推送风险纳税人总户数 27.12 万户,已采取应对措施的户数 27.12 万户。通过风险应对查补入库的税款 118.84 亿元。

深化第三方涉税信息共享。以落实国地税合作规范为契机,联合进行第三方涉税信息的采集,加强了国地税内部涉税信息共享。2015 年,全省地税部门共获取 2.93 亿条第三方涉税信息,通过信息利用补缴税款 77 亿元;其中,从国税部门获取信息 2.12 亿条,通过国税信息补缴税款 2.34 亿元;从地税部门交换出去数据 326 万条,为国税、工商、统计等部门的业务办理提供了数据支撑。

开展数据综合治理规划咨询。启动了数据综合治理咨询项目,通过与基层业务骨干交流座谈及与各处室访谈等形式进行调研,从政策、组织、流程和技术四个方面,对数据标准管理、数据质量管理、数据生命周期、数据安全等数据治理各领域进行分析和评估,并给出工作建议。

[税收征管基础]　全面推行“三证合一”“一照一码”登记制度改革。不断加强与工商、国税、质监等部门的外部协作,于 9 月 1 日起,在全省范围内推行“三证合一、一照一码”商事登记制度改革,较全国推行时间提早一个月。同时,协作建立了“一照一码”信息化保障机制,保证部门间信息实时共享传递。2015 年共接收工商登记机关传输的“一照一码”数据 324981 条(不含深圳),其中,新登记企业 114653 条,变更登记企业 210328 条。

推动税收专业化管理改革。开展全省地税税收专业化管理情况专题调研,形成《关于税收专业化管理情况的调研报告》。指导广州、佛山、阳江、揭阳市局开展税收专业化管理工作,加快其管理模式从“管户”向“管事”转变,管理重心从一般性管理向风险管理转变,管理方式从前置审核向后续管理转变。

探索建立面向自然人的税收征管体系。在开展全省自然人税收征管情况专题调研的基础上,形成《关于建立自然人税收征管体系的调研报告》,对自然人纳税人的主要类型、自然人税收征管的基本状况及存在问题进行全面分析,并提出完善自然人税收征管体系的建议。

深化国地税合作。贯彻落实《国地税合作规范(1.0 版)》,与省国税征科部门共同拟定《国地税加强合作税收征管专项工作方案》,就国地税专项合作方案中国地税信息共享、联合委托代征等热点问题达成共识。

规范进户执法行为。发布了《广东省地方税务局关于发布取消进户执法项目清单的公告》(广东省地方税务局公告 2015 年第 3 号),取消了“核实税务登记信息”等 4 个进户执法项目,规范了税务机关进户执法工作。

督查新双定办法落实情况。下发《广东省地方税务局关于个体工商户生产经营所得个人所得税核定情况的通报》(粤地税函〔2015〕155 号),对各地贯彻落实新双定办法(全称为个体工商户定期定额征收管理实施办法)的情况进行通报,要求落实不到位的单位采取有效措施抓紧整改,2015 年新双定办法已经基本落实到位。

信息化建设项目管理和需求审核工作。根据《广东省地方税务局信息化项目管理办法(试行)》和《广东省地方税务局信息化项目业务需求管理办法(试行)》要求,对信息化项目的建设予以严格把关,确保每个项目立项和需求制订的合理性和公正性。2015年共审核立项申请37项,项目执行申请196项,项目验收42项,共275项。

[**其他日常工作**] 完成"南粤金税"发票抽奖组织工作,全年组织落实6期发票抽奖,登记抽奖发票共3221万张,实现查验发票7396万次,占同期电子发票总量的41%,切实促进了发票闭环管理。通过省局门户网站对外发布两期《走逃、失踪纳税户欠税公告》,共公告企业(单位)5550户,个体工商户10775户,个人纳税人59人。协助外单位严格做好纳税核查工作,2015年以来共向有关单位反馈11份相关核查情况,涉及2991户纳税人。继续落实省委省政府建设法治化国际化营商环境建设要求,定期报送工作要点和工作进展情况。

(陈欣亮)

财务装备管理

[**经费保障**] 随着新《预算法》的实施,征收经费与税费收入挂钩的现行经费体制将面临重大调整,为确保全系统基本运作及税费征管需要,财务装备处将新经费体制的确立作为2015年的头等大事抓紧抓好。一是加强与省财政厅的沟通,多次就经费保障及部门预、决算等关键问题争取财政部门的理解和支持。二是开展经费调研工作,全面把握系统近3年地税经费管理办法落实情况,以及经费收支规模、构成等数据;赴四川、陕西等省调研,借鉴外省经费保障经验。三是召开研讨、座谈会,归纳总结各市对新经费管理办法意见。四是开展科学、合理测算,结合新预算法、国家及省有关存量资金管理规定,拟定2016年度税收征收经费意见。经过努力,省财政厅同意了省局提出的经费调整方案,并同意将省地税局作为最后一批零基预算试点单位,既为全系统稳妥推进经费保障改革和零基预算争取了时间,也使2016年经费来源得到有力保障。

切实落实资金分配"三个倾斜"。向征管一线倾斜,重点支持征管配套业务、金税三期工程配套建设、办税服务厅综合管理系统建设和社保费三方协同平台建设等征管一线业务;向经费困难地区倾斜,重点支持人均单地经费在全系统平均线以下市县区局和受灾单位的灾后建设;向基层单位倾斜,重点支持基层分局视频会议系统建设、危旧办税办公用房租凭修缮,以及消防系统和机房改造等项目,改善了基层办税办公环境,有力地提高了经费使用的效益性。

[**预算管理**] 一是强化学习和宣传。2015年是新《预算法》实施的第一年,为全面贯彻落实新预算法,认真组织学习、讨论,深刻理解其内涵,对照条文,结合现行地税经费体制、系统预算管理现状,找差距,想问题,研究完善地税经费管理办法意见、改进提高系统预算管理工作的措施。无论是在局机关开展财务工作,还是下基层调研、检查,均不遗余力地向各级地税领导宣传新预算法。二是圆满完成中期财政规划和年度财政预算。2015年预算改革要求编制中期财政规划,建立项目库,进行绩效管理,强化预算执行,没有预算不得支出。召开预算布置会,宣传有关政策要求,加强与预算单位,特别是办公室、征科处、培训处和信息中心的沟通协调,统筹确定财务开支总盘子,明确具体项目、绩效目标、评价指标和开支科目。在各单位的共同努力下,财务规划和预算顺利通过审核,为系统各项工作开展提供了强有力的经费保障。

[**存量资金清理**] 2015年以来,按照广东省委省政府要求,从严从实抓好存量资金清理工作,取得显著成效,得到了省委常委、常务副省长徐少华和省纪委书记黄先耀的充分肯定。一是高度重视,迅速推进。认真研究、制定工作方案,通过约谈、督导、与绩效考核挂钩等多种切实有效的措施,确保清理工作到位。二是全面清理,分类处理。对属于上缴范围的资金,确保应缴尽缴;对可留用的资金,要求各市完备手续,纳入预算编制,逐步予以消化,确保合法合规。三是主动上缴,压缩规模。严格按"两个确保"原则落实存量资金清理上缴工作,2015年各市地税局存量资金决算数均在控制目标内。四是规范管理,防范风险。下发《关于加强我省地税系统财政存量资金使用和管理有关事项的通知》,采取动态分析、定期清理、绩效跟踪、银行账户监管、检查监督等多项措施防范风险。五是引导消化,依法盘活。引导基层优先消化存量资金,在严格执行财经纪律前提下,加大对信息化建设、税费宣传、办税

(费)服务厅改造等重点项目的投入。

［**制度建设**］　针对2014年财务专项检查发现的问题和财务工作的新常态,完善了全系统预算编制执行、财务分析和监控,以及存量资金管理,建立了预算执行通报机制;印发了《关于进一步加强地税系统财务管理工作的意见》,对系统财务队伍及制度建设、基础性工作规范提出了具体要求,建立健全了基础制度,堵塞漏洞,从源头上防范财务风险。

［**会计决算**］　2015年,全省地税系统决算报表共计3大类,49份报表,基层编报单位170个,在每年决算工作期间,需对总计8330份报表进行审核、汇总,工作相当繁重。为提高决算质量,不断总结经验,从狠抓数据基础管理,严格数据审核,细化数据说明,深化数据分析等多方面入手,稳步提高会计决算工作水平。2015年3月,苦战1个月,圆满完成2014年全省地税系统会计决算工作,并在省财政厅举办的评比活动中获"优秀"等次,省局局长王南健在《关于2014年度广东省会计决算工作情况的通报》上批示"成绩可嘉,瞄准问题,着眼今后,再上台阶"。

［**资产管理**］　根据各市资产清理进展情况制定了周密的上线推广计划,上线过程中及时提供指导和帮助;将上线工作纳入系统绩效考核,充分吸纳各市提出的合理化意见及建议,对国有资产管理系统绩效考核指标及评分标准进行了适当调整,有效调动了各市上线积极性。在各市局密切配合下,提前2个月完成全系统上线推广工作,借助信息化管理系统,有效提升全省地税系统固定资产管理水平。

［**配合审计及巡视工作**］　2015年上半年,2014年度财政收支审计、省局局长经济责任审计,特派办的存量资金后续审计以及省委巡视组同时进驻,工作压力特别大。工作人员克服困难,认真、及时回复审计、巡视组各类口头和书面查询,通过主动、有效的沟通,绝大部分的审计反馈意见得到审计组和巡视组的理解和采纳。下半年,完成了省审计厅财政联网专项核查工作;牵头主办了相关审计和巡视报告提出的14类问题21个事项的整改工作。针对新规新政和审计部门提出的问题,把灵活性和规范性结合起来,把好会计凭证关,指导有关部门完善凭据资料,用足用好经费,保障工作开展。在2015年审计中,经费开支未发现重大问题,得到了审计部门的认可。

［**财务队伍建设**］　2015年9月,召开了全省地税系统财务工作视频会议,全面分析了当前形势,提出贯彻落实新《预算法》具体要求,积极灌输"无预算不可支出""预算编制主体是各资金使用部门"等观念。此外,还举办培训班,全系统近1800名财务人员参加了培训,就新《预算法》实施对地税部门影响和应对、防范财务风险、部门预算编制方法等专题进行了深入浅出的讲解,获得基层普遍好评。

开展了全系统财务人员基本情况调研,建立了财务系统人员通讯录,创立了系统财务人员微信群,强化了系统财务人员的相互交流,进行互联网答疑指导,提高了工作效率。

［**其他工作**］　严格执行各项财经纪律,坚持按季通报"六项费用"预算执行情况,省局机关厉行节约考核评比再获"良好"等次。在省局信息公开领导小组的领导下,顺利完成了2015年部门预算和2014年部门决算信息公开工作,社会反映良好。

(邓晓炜)

内审管理

［**经济责任审计**］　2015年,省局全面贯彻"逢离必审"的原则,采取每5个审计项目"统一集中审前数据筛查、统一进点开展审计、统一审计工作标准"的方式,对珠海、汕头、清远、潮州、揭阳、河源、梅州、阳江、湛江、茂名等10个市局原局长开展离任审计。通过审计,共发现问题315个,提出审计建议58条,问题主要涉及税收征管、财务、固定资产管理以及内控等方面。

［**专项审计与自查**］　2015年,省局组织开展专项审计2项,专项自查1项。一是对德庆县地方税务局和鹤山市地方税务局开展财务和税收征管专项审计项目,通过审计,进一步摸清了全省地税系统基层单位财务和税收管理的有关情况,共发现问题14个,提出审计建议9条。二是开展专项自查。按照税务总局的要求,在全省地税系统开展"过头税"自查工作,坚决制止收"过头税",坚决防止采取空转、转引税款等非法手段虚增收入的行为。从系统内自查情况看,未发现《审计署发现违规征收"过头税"

类型情况统计表》五大类型问题，但在地税系统7种疑点核查发现违规类型方面，还存在个别营业税起征点政策执行错误、对“营改增”项目代开发票征收税款的情况。其中，对61户(次)未达营业税起征点的业户征收税款，征收营业税及附加3.36万元，已整改0.55万元；对6户(次)“营改增”项目代开发票，征收营业税及附加1.49万元，已整改0.03万元。

［**外部审计监督**］ 外部审计协调工作项目多、范围广、被查内容细致且项目开展间隔时间短，任务重，配合协调难度大。加强统筹协调，全力做好与外部审计单位之间、单位内部各部门之间以及系统内上下级之间的沟通、协调，确保资料提供和意见反馈及时、准确、全面。2015年，共完成以下三类19项外部审计协调、配合工作任务。一是积极配合推动审计署、财专办、省审计厅关于预算执行与其他财政收支、省级社保基金、税收征管质量和税收政策执行情况调查等方面9个审计项目开展的进点审计、送达审计和延伸审计工作的完成，共召开审计进点会、协调会等15次，提供资料超过1400份，大部分源于项目涉及的186份查询函和5份征求意见稿的回复。二是着力抓好对省审计厅省级预算执行和其他财政收支、省局局长王南健任期经济责任审计、房产税与城镇土地使用税审计等5个审计工作报告反映问题整改落实工作。其中，王南健局长任期经济责任审计项目涉及面广，提出的问题比较复杂，内审处进行了大量艰苦的协调工作，有效圆满地完成了协调任务。三是加强沟通协调，协助省审计厅完成了韶关市曲江至南雄公路工程竣工决算审计等5个延伸审计项目工作。

［**审计整改**］ 省局将审计整改作为2015年的重点工作来抓，对2014年内部审计发现问题进行全面梳理，通过重点检查和全面自查有机结合，自上而下查找风险漏洞，进一步提高了税收征管和内部管理的规范化、制度化水平。具体措施如下：一是开展2014年度内部审计发现问题整改落实情况专项检查，对省局6个内部审计项目269个发现问题的整改落实情况开展专项检查，确保审计发现问题整改到位，并对下一步审计工作提出了意见和建议。二是开展2014年内部审计发现问题自查自纠和落实整改工作。对2014年省局内部审计发现问题进行了归类分析，找出税收征管和财务管理两个类别共10个方面的主要问题，在全系统全面开展自查自纠，举一反三促进发现问题落实整改，进一步扩大审计成果。据统计，系统内共自查发现存在问题42406条，通过整改查补入库税费约2.2亿元，以问题为导向，促进修订、完善92项制度及管理办法，其中税收征管24项，财务管理66项，有效扩大了审计成果。

［**业务培训**］ 2015年8月26—28日，省局举办全省地税系统内审业务培训班，省局总审计师赵平出席开班仪式并讲话。培训班主要特点：一是精选师资课程，加强内外审计业务交流。授课教师既有税务总局督察内审专业人才、基层内审业务骨干，也邀请了省审计厅师资；授课内容囊括数据分析审计方法、审计组织方法、业务情景应对等。二是注重授课形式，拓宽内审工作思路。采用启发式的授课形式，设计不同工作场景，引导学员思考处理具体问题的方法；通过分析大集中与金税三期工程系统差异，帮助学员及时更新审计实务要点；结合工作案例，启发学员思考信息化手段在内部审计中的作用。三是顺应形势要求，增强内审人员工作信心。设置数据分析、风险防范等课程，突出内部审计“防范风险、堵塞漏洞、促进管理、服务大局”作用，使学员增强适应新形势及外部审计监督的能力。

（吴晨曦）

人事管理

［**干部选拔任用**］ 认真贯彻《干部任用条例》，在干部选任工作中强调对干部队伍的分析研判，注意增强干部选任工作的科学性。省局机关共选拔9名主任科员，选聘5名事业单位中层管理人员；完成系统21名处级领导干部岗位调整和21名副调研员的选拔工作，并在清远、汕头、揭阳、韶关等市局选拔稽查局长异地交流任职；对各市局上报拟任免的47名人教科长、监察室主任以及县(区)局“一把手”，严格按照要求整理、审核材料，及时提交党组会讨论研究。此外，积极配合省委组织部完成2012年以来广东地税系统检查组选人用人专项检查工作。

［**干部交流轮岗**］ 按照上级部署和干部轮岗

交流挂职暂行办法，继续加大干部交流轮岗力度，2015年省局安排3名处级干部、8名科级干部到基层挂职锻炼，并按税务总局要求做好5名领军人才挂职锻炼安排工作，办理系统调转任43人次，根据省局处室需要办理借调干部108人次。此外，组织了两次省局机关遴选公务员工作，经报名、笔试、面试、考察、体检等环节，从广州市局及全系统遴选了24名公务员到省局机关工作。

［公务员录用］　根据考试录用公务员相关规定，结合各市局报送的招录需求，2015年全省地税系统共计划招录公务员618名。其中，超过2万名考生报名参加考试，1820人入围参加面试，617人进入体检环节。在招录各环节工作中，人事处坚持公开、平等、竞争、择优的原则，在省人社厅的统一部署下，严格按照程序办事，圆满完成了各项工作。

［制度建设］　为切实做好省局管理的处级干部选拔任用工作，进一步贯彻落实《党政领导干部选拔任用工作条例》，结合省地税系统实际，制定了《省局管理的处级干部选拔任用工作规程（试行）》。在制定过程中，省局主要领导和分管人事工作的局领导先后多次召集有关人员开会专门研究讨论，对《工作规程》的框架和细节问题提出了具体修改意见。《工作规程》初稿完成后，省局主要领导又召集11个地市局的主要领导、分管人事局领导及人事部门主要负责人开会征求修改意见，并通过OA邮件向局内各单位及各市局人事部门征求意见和建议，还专门征求了省委组织部相关处室意见，然后经反复讨论和修改完善后印发全系统施行。

［机构调整优化］　根据省局党组的决策部署，持续做好省局及系统的机构调整优化工作，先后就市县局部分机构调整，省局增加编制，省局直属局、大企业局机构整合等事项，向省编办提出在不突破机构限额和领导职数的基础上，建议将省地税局直属税务分局（与大企业税收管理局合署办公）改设为直属税务分局（加挂大企业税收管理局牌子），同时设立数据应用管理处，与征管和科技发展处合署办公，相应将原大企业税收管理局局长职数调整到数据应用管理处使用。省编办批复同意了省局增加编制、阳江阳东的机构调整等事项。

［两税职能及人员编制划转］　根据两税征管职能划转有关文件的要求，全系统共下达市县行政编制66名，增加市县规费服务中心事业编制254名，按规定圆满完成编制划转工作。与此同时，结合成品油税费改革以及纳服改制待统筹安排的事业编制情况，拟定了全系统规费服务中心编制和职数方案。

［深化编制实名制管理］　依托实名制系统，进一步完善编制管理。认真做好2014年机构编制统计数据与财政决算有关数据核对工作，理顺并规范机构编制的基础管理，并指导全系统的机构编制统计数据与财政决算有关数据核对工作。

［开展党的群众路线教育实践活动］　根据省委组织部《关于在全省组织系统开展“落实总书记要求　建设模范部门”教育实践活动的方案》精神，人事处制定并印发全省地税系统人事部门党的群众路线教育实践活动方案，在全省地税系统人事部门全面开展党的群众路线教育实践活动。各级人事部门积极组织讲党课，抓好人事干部“双核查”，全面铺开研读原著、梳理业务流程、制定风险防控措施等活动，以各种形式开展业务培训，既加强了各级人事干部的党性修养，又提升了业务技能，取得了较好的实际效果。

［人事档案核查］　2015年3月，开始对局机关在职干部及系统处级干部人事档案开展专项审核工作。经过近4个月审核，省局共初审、复审干部人事档案485本。按照“分批进行、先易后难、区别对待、严格程序”原则，对档案信息记载准确的，予以确认；对档案信息记载不一致、缺少一般性材料等情况较为简单且政策明确的，尽快认定处理；对档案存在缺少重要材料、重要信息有涂改、真实性存疑等问题，经调查核实后进行认定处理。

［领导干部报告个人有关事项的汇总综合和抽查核实］　组织省局、广州市局管理的549名处级干部填报《领导干部个人有关事项报告表》，按要求对《报告表》进行审核录入。全年共完成48名拟提拔为副处级及以上干部、列为副厅级以上后备干部人选的干部开展个人有关事项抽查核实工作。

［其他各项日常工作］　老干部管理方面。按规定改选退休人员党支部、退休人员委员会，积极组织开展每月一次的老干组织生活会和例会，定期向老同志通报省局的大事、要事；积极做好节日上门慰问探望工作，共上门走访慰问离退休人员19人，前往各医院探视患病老干13人；关心老同志健康，组织退休女同志开展体检，为6人办理医疗审批手续，为20位复退军人发放八一慰问金，按省委要求按时足额发放一次性慰问金和中国人民抗日战胜利70周年纪念章有关工作。

劳资福利工作方面。根据中共广东省委办公厅《关于县以下机关建立公务员职务与职级并行制度的实施意见》，认真指导各市地税局开展县以下机关建立公务员职务与职级并行制度工作;翻印广东省人民政府办公厅有关文件,完成省局机关及直属单位403名在职及68名离退休人员基本工资标准调整和增加离退休人员离退休费工作。

信访工作和外事管理方面。从讲政治和维护大局稳定的高度,认真抓好全系统人事信访工作,及时妥善解决信访人的实际问题,认真指导全系统人事部门做好人事信访相关工作。严格按照规定履行出国(境)审批程序和证照管理,批复系统处级干部出国(境)60余人次;积极开展外事专项整治工作,集中保管机关干部职工因私证件200件。

计生工作方面。不断加强《广东省人口与计划生育条例》《广州市人口与计划生育管理办法》和实施"单独两孩"的宣传力度,完成了省局108人计生函调工作,为70人办理了计生函调的回函工作,办理3位同志计生档案的移交手续。此外,对省局126人已婚育龄男干部职工的配偶单位函调2次,为3人办理独生子女父母光荣证,按规定落实单位对独生子女父母的奖励和独生子女保健费;为28人出具了计生证明、续办家属统筹医疗等各种证明。

(符建红)

教育培训

[**干部培训**] 2015年,全省地税系统各级教育培训部门按照工作部署和绩效考评指标要求,以分级分类为原则,以绩效管理为抓手,大力推进干部教育培训。截至12月,全省地税系统举办脱产培训班共2129期,147758人次参加,合计169341人天,其中省局举办主体培训班共17期,1285人次参加,16715人天;省局其他部门组织举办培训班(含二级单位)共49期,3298人次参加,15102人天。全系统干部完成脱产培训3490294学时(学分),人均年均脱产培训166学时(学分)。一是举办3期处级干部培训班,培训129人次,培训规模1319人天。提高领导干部履职能力。二是举办2期科级干部任职和知识更新班,培训204人次,培训规模2904人天。三是举办了1期正科级中青年领导干部培训班,52名干部参加了为期12天的培训。四是举办了1期军转干部培训班和4期初任公务员培训班,培训480人次,培训规模9600人天,为新进人员构建了应有的知识和技能体系。五是组织15名考生参加全国税务系统第三批领军人才培养考试,4人进入面试,1人入选。六是组织第15期共9名赴港培训人员到香港的四大会计师事务所开展为期半年的业务锻炼,开展了第16期赴港培训人员的选拔考试。七是组织省地税626人参加"全国税收执法资格考试",全省设置9个考点,省局派出9个巡考组严格巡查,周密组织,严格监考。八是按照省人力资源和社会保障厅要求,做好公务员依法行政培训与法治思维专题培训和考试工作。各级分类培训有序开展,进一步加强了地税干部人才队伍建设,培训效果良好。

[**网络教育建设**] 加强地税网络学院的建设,截至2015年底,网络学院共有学员2.6万人,网络课程1200余门,习题7万道;组织网络培训班11期。一是结合需求,丰富网络培训学习内容。一方面向专业化课件销售公司购买时效性较强的培训课程,2015年省局购置各类新增课程124门并全部上线使用,有效支撑了网络培训工作开展;另一方面向有关处室征集课程,收到税政二处、征科处、信息中心等处室提供的业务实操性较强的课程78门,提高了培训的实效性。二是服务大局,强化网络平台管理使用。围绕中心工作,教育处联合有关处室,以网络学习和考试相结合的形式,开展了9次专题网络学习考试,很好地完成了以教育培训服务中心工作的辅助支撑作用。各市、县(区)局自行组织考试197次,取得了较好的专题培训效果。三是推广应用,专门针对网络学院的操作使用开设课程,强化对网络学院管理员的操作培训,为各地自行开展网络培训提供支持。四是根据税务总局工作部署,全省地税系统于2015年9月上线使用税务干部培训管理软件,到年底全省机构及人员的初始化工作已基本完成。五是加强学分管理,2015年录入学分申请124班次。网络学院为缓解工学矛盾,满足干部学习需求,管理干部培训学分,发挥了十分重要的作用,成为地税干部学习培训的"第二平台"。

[**智力援基援疆**] 一是智力援基。2015年在湛江、潮州、河源举办了3期智力援基培训班,共523人参加了培训。同时,省局牵头各地,由教育资

源相对发达的市局对教育资源相对欠缺的市局进行"一对一"帮扶,如广州市局对清远市局进行帮扶。各市(区)局也参照省局的做法,对所属县区局开展了援基工作。如梅州市局为五华县局举办了税收管理岗位业务培训班;湛江市局为各县区局举办了会计真账培训班;珠海市局为基层单位举办了建筑安装业税收管理培训班、高新技术企业税收管理培训班等,受到了基层欢迎和好评。二是智力援疆。按照税务总局和省局工作部署,2015 年以"送教上门"的方式为新疆地税举办了 1 期国际税收专题业务培训,培训 60 人次,培训规模 600 人天。智力援疆工作受到了税务总局的肯定和新疆地税的好评。

[师资课程建设]　全省地税系统共有兼职教师 612 人,其中省局 106 人,各市(区)局 506 人。为更好地发挥兼职教师在教学科研的优势和引领作用,省局高度重视兼职教师队伍建设。一是强化兼职师资培训。2015 年举办了 2 期兼职教师培训班,培训 137 人次,培训规模 685 人天。二是创造授课机会。2015 年省局主体培训班由省局兼职教师主讲的课程达到 85% 以上;推荐 1 名兼职教师在税务总局党校挂教;1 名兼职教师获聘中山大学客座教授;多名兼职教师在税务总局、兄弟省市举办的培训班授课。三是创新教学方式。组织纳服岗兼职教师进行"微电影案列教学"课程开发和拍摄,突出了培训的实效性、互动性和趣味性。四是组织选聘工作。按照《广东省地税系统兼职教师管理暂行办法》规定,启动了第四批兼职教师选聘工作,并于年底前圆满完成。

[岗位练兵常态化]　继续推进岗位练兵常态化工作。一是省局下发"岗位大练兵、业务大比武"活动的实施意见,加强岗位练兵比武活动的组织领导和工作部署。二是在全省地税 OA 系统模块,对各地岗位练兵常态化工作亮点和经验做法分期总结推送各地交流学习,截至 12 月已编辑 100 多期。三是以网络培训形式开展岗位练兵,目前网络培训平台的岗位练兵习题专区已搭建完成,录入征管评估、税务稽查、信息技术等岗位的练习题 5000 余道。四是建立广东地税岗位练兵绩效考评机制,以考评促落实,以落实促成效。五是省局积极推动各地结合实际,综合运用知识讲座、讨论交流、模拟操作、案例评析、测试考评、专题研讨等形式进行练兵比武活动,以点带面扩大练兵辐射区域,探索推广"聚能营学习练兵新模式""政校合作模式""创新会计培训模式""师徒结对模式"等行之有效的岗位练兵模式。六是着力挖掘打造纳税服务、征收管理、税务稽查、信息技术等方面尖兵和专业化人才。目前,广东省地税系统有 8 人入选税务总局领军人才库;34 人入选税务总局专业人才库。在 2012 年"大练兵、大比武"活动中产生的 400 名能手标兵,112 人得到提拔任用,164 人交流轮岗到相匹配的新岗位。

(阮华燕)

机关党建和基层工作

[党建工作]　省局党组抓党建工作主体责任进一步落实。一是强化责任落实。省局机关党建工作,在思想上高度重视,行动上严格落实主体责任,对党建工作做到年初有部署、年中有检查、年末有考核,对抓党建不力、措施不到位的单位"一把手"采取"一票否决制",督促各级地税部门强化从严治党责任的贯彻落实。二是强化制度机制建设。完善全系统基层党建工作制度机制,根据《中国共产党党和国家机关基层组织工作条例》,制定了《省地税局机关党委工作规则》,促进了省局机关基层党组织建设制度化、规范化。省局机关党委专职副书记和机关党办主任列席党组会议,机关党委参与机关干部选拔任用工作。省局党组出台了《关于加强全省地税系统基层党组织建设指导意见》,对学习教育、岗位职责、组织生活、党员管理、队伍建设、创新方法等各项工作提出了明确要求。三是严格落实党内政治生活制度。省局机关各支部认真落实"三会一课"制度,省局领导积极参加支部组织生活,为党员干部讲党课。同时,进一步规范各级地税机关党支部设置。

党建工作与税收工作实现了有机融合。主要是围绕"服务中心、建设队伍"两大核心任务,坚持党建工作与税收工作"三结合"的原则:一是把机关党建与全系统党建工作相结合。在谋划省局机关党建工作的同时,进一步加强对全省地税系统各级地税部门的党建工作,充分发挥干群"连心桥"、各市局之间"一帮一"结对帮扶等制度机制的优势,以机关党建带动基层党建,以省局机关党建带动全系统党建工作上新台阶。二是把党建工作与税收工作相融合。紧紧围绕省局党组工作部署,把党建工作与税收中心工作放在同等重要的位置,同谋划、同部署、同考核,各级各部门准确把握党建工作与业务工作的有机结合点,充分发挥基层党组织的战斗堡垒和优秀共产党员的先锋模范作用,通过"岗位大练兵、业务大比武"与党建工作的有机结合,充分发挥业务能手和岗位标兵在工作中的典型示范和模范引领作用,实现了党建工作与业务工作的良性互动、有机融合。三是把政治学习与业务学习相融合。全系统各级党支部、党小组,结合本职岗位、立足工作需求,将党的路线、方针、政策在具体业务实践中,内化于心、外化于行,转化为争创"青年文明岗"、打造"行业标兵和业务能手"的具体行动。

[“三严三实”专题教育] 省局领导率先垂范,党组书记带头讲党课开局起步,党组成员认真讲党课持续推动,党课普遍质量较高、效果较好;省局组织4期"三严三实"专题培训班,对全省地税系统530多名处级干部进行集中培训。完成了三个专题学习研讨,省局机关35名处级以上领导干部作了交流发言。省局组织开展"完善绩效管理,整治为官不为、为官慢为""大力减轻基层报表资料负担""完善金税三期工程系统""改进作风善待队伍"等4个专项整治,各市(区)地税局开展专项整治共30多个;全省地税系统已完成边学边改项目180个,建立完善制度234项,出台强化内部管理措施247条、规范税收执法措施102条、优化纳税服务措施120条。利用办公自动化统一平台开展了两次整改成效群众满意度测评,全省地税系统共24547条问题整改实现完全销号,完全销号率达97.3%。

[党组织建设] 一是找准服务大局的切入点。全系统各级党组织积极学习省委省政府的创新驱动发展战略、粤东西北振兴发展等事关经济社会发展大局的决策部署、政策取向和工作重点等,增强政治敏感性,找准党建工作和税收业务工作的切入点,充分发挥税收职能作用,提升服务地方经济社会发展的水平。二是提升服务中心工作的能力。省局机关各支部紧紧围绕省局中心工作,结合本部门业务实际,以问题为导向,密切联系服务基层和干部群众(纳税人),不断强化服务改革意识,提升攻坚克难能力。同时,深化行政审批改革,2015年,省局行政审批事项仅3项,均可在网上办理。纳税服务处等4个党支部积极开展服务创新驱动发展战略"共产党员先锋岗"创建活动。三是提升依法治税与服务纳税人的能力。全系统广大党员干部始终绷紧法治这根弦,提高运用法治思维和法治方式的工作能力,大力推行税收执法权力清单和责任清单制度,规范税务行政处罚裁量基准,健全税收执法程序的有关制度,强化权力制约和监督,自觉接受社会各界的监督,正确把握税收执法和纳税服务的关系,营造公平税收法治环境。

[基层党建工作] 2015年,省局党组印发了《关于建立省、市、县地税局党组成员基层党建联系点制度的意见》,明确规定省局及各级地税局党组成员选择一个基层单位建立党建联系点,指导推进基层党建工作。6月,成立了省局党建工作领导小组及办公室,加强对全省地税系统党建工作的领导,各市(区)局均成立了相应的党建工作领导小组及常设机构,进一步创新基层党建工作新举措。一是在全省地税系统以党支部为单位,组织开展"我心目中的党组织"大讨论,查找支部建设存在的问题,制定整改措施,加强支部建设。二是组织开展"党员与群众结对子"活动,基层工作处以广州市荔湾区局纳税服务分局党支部为联系点,指导建立了"结对子"工作制度并印发全省,推动活动广泛开展。三是在《广东地方税务》杂志开设"党建工作"专栏,加强对基层党建工作的宣传报道,营造抓党建工作的浓厚氛围。

[思想政治工作] 一是深入推进"连心桥"行动。"连心桥"行动密切了干群关系,成为各级领导干部做好思想政治工作的重要抓手。2015年11月,省局召开推进"连心桥"工作座谈会,提出深化"连心桥"工作"十个必谈必访"的要求,形成了《广东地税"连心桥"工作制度》。全省地税系统以党支部为单位,组织党员与群众进行"1+1"或"1+N""结对子",发挥党员先锋模范作用,增强基层党组织战斗力、凝聚力。省局机关党办建立活动示范点,制定了"结对子"工作制度,以点带面,示范推动。二是大力开展文明创建活动。2015年与团省委联合评选"省青年文明号"14个。在第二批党的群众路线教育实践活动中,省局宣传先进党支部和优秀共产党员共13个,各地树立为民务实清廉典型151个。三是积极活跃群团组织工作。举办首届全省地税系统工会主席和团委书记培训班;修订完善《省局机关救急济难互助金管理办法》;组织团员青年干部到省局扶贫点进行捐书助学送医上门等志愿服务。四是加强队伍人文关怀。牵头制定《关于女职工在孕产及哺乳期间临时调整工作单位的试行意

见》。积极组织开展有益的文体活动，成功举办部分地税局网球比赛和全省地税系统篮球比赛（分片）；省局机关成立13个文体兴趣小组，全年共开展活动382次，参加人员283人；加强广东省作家协会地税分会建设，举办首届文学创作培训班和“微小说”创作比赛，已出版分会作品集《珠江潮》及个人作品集10部。

［扶贫工作］　一是罗城村扶贫工作成效明显。在重点完成“贫困户脱贫”和“村集体经济增强”两大硬性目标任务的同时，创新帮扶方式，强化村党组织建设，举办党员培训班，实施大桥建设、自来水改造、村道硬底化、小学基础设施和信息化建设等一系列民生项目，促使罗城村发生了巨大变化，受到村民高度肯定。二是全省地税系统对口帮扶工作富有生机。2015年7月，省局确定2015—2018年新一轮对口帮扶“结对子”单位，珠三角地区8个市局和省局直属分局、稽查局对口帮扶29个县（市、区）局，积极做好对接和项目跟进落实，有效推动全省地税系统均衡科学发展。

（胡　振）

税务纪检监察

［党风廉政建设制度落实］　省地税局党组坚持站在全面从严治党的高度，把落实党风廉政建设主体责任和监督责任作为分内之事、应尽之责，采取有力措施推动贯彻落实。一是强化责任担当。省局党组紧紧抓住落实党风廉政建设主体责任“牛鼻子”，旗帜鲜明、立场坚定、勇于担当、以上率下，示范引领和强力带动各级党组一级抓一级，层层抓落实。驻省局纪检组聚焦中心任务，强化监督执纪问责，深入推进党风廉政建设和反腐败工作。二是抓好责任落实。组织召开全省地税系统党风廉政建设工作会议部署全年工作，通过狠抓责任分解、检查考核、倒查追责三个重要环节，层层传导压力。制定下发各级党组、纪检组落实党风廉政建设主体责任和监督责任实施办法以及职责清单，明确了各级党组领导班子、主要负责人、班子成员和各部门履行主体责任的具体内容以及责任追究的情形，并健全党风廉政建设责任制考核办法，实施量化考核并融入绩效考评管理，有效促进“两个责任”制度化、规范化和科学化，实现由“软约束”向“硬约束”转变。三是严格问责追究。严格落实“一案双查”、倒查追责和“一票否决”，对党风廉政建设工作落实不力、疏于管理导致发生重大腐败案件和不正之风长期滋生蔓延的，严肃追究主体责任和监督责任。2015年初，追究了9个市局领导班子、12名处级干部的责任，作出降低责任制考核等次、取消年度评先评优资格等处理，有力倒逼“两个责任”落实。

［内控机制建设］　坚持“制度＋科技”，深入推进内控机制建设。省地税局党组坚持把加强内控机制建设作为反腐倡廉的一项重点工作，深入开展廉政风险排查，坚持“制度＋科技”的思路，做到内控机制建设与税收业务、绩效管理、信息化建设“三个融入”。在金税三期工程的统一规划下，积极推进内控机制信息化升级版建设，共收集整理对相关业务信息化软件系统的升级需求130多条，并进行汇总梳理和深入论证，进一步完善相关信息系统的内控功能，强化科技防腐屏障，加强对“两权”运作的监督制约。

［强化监督］　坚决贯彻落实全面从严治党要求，紧密围绕“两权”运行全过程，积极探索加强对领导干部监督的新途径、新方法，下大力气解决好监督管理上失之于宽、失之于软的问题。一是拓宽监督渠道，加强对各级“一把手”的监督管理。严格落实国家税务总局《税务系统领导班子和领导干部监督管理办法》及省局党组《关于加强对“一把手”监督管理的若干规定》监管措施，综合运用提醒、函询、诫勉等措施，强化对下级领导班子成员特别是“一把手”的日常监管。实行上级“一把手”每年对1/3下级“一把手”的廉洁自律及日常表现等情况多维度、多渠道掌握实情，其余2/3下级“一把手”由上级挂片联系的局领导负责了解并形成书面报告的制度。建立人事、监察、审计、党办等部门定期收集研判下级“一把手”选人用人和纪律作风等情况，并向党组作专题汇报的制度，加强上级领导和相关职能部门对下级“一把手”的监督。二是拓展监管范围，强化群众监督。按照省纪委部署要求，认真开展党员领导干部“八小时以外”活动监督管理工作试点，充分发挥干部群众和社会各界的监督作用。全面推行各市、县（区）局“一把手”年底在本单位公开

“三述”活动,并对其选人用人、民主作风、廉洁自律和落实中央八项规定精神等情况进行专项测评,测评结果纳入领导干部年度考核、绩效考评和党风廉政建设责任制考核的重要内容,切实增强各级“一把手”自觉接受监督意识。

［**信访举报**］ 规范信访举报核查,严格落实上级“一把手”对下级“一把手”的信访核查情况报告签字背书制度。驻省局纪检组全年直接受理信访举报件76件,办理上级交转办件54件,立案查处14件14人(其中处级干部10件10人),给予党纪政纪处分12人,移送司法机关处理1人,排在省纪委派驻纪检组的前列,受到省纪委领导的充分肯定。全省地税各级纪检监察部门直接受理信访举报件139件,办理上级交转办件135件,立案查处48件48人,给予党纪政纪处分36人,立案数和处分人数同比均有较大幅度增长,形成有力震慑。

［**违纪违法案件查处**］ 省地税局党组对惩治腐败的态度鲜明、决心坚定,坚持有腐必反、有贪必肃,以零容忍态度惩治腐败,坚决遏制腐败蔓延势头。一是加大纪律审查力度。研究出台《关于加强纪律审查工作的意见》,严格纪律审查程序,做到快查快办快结,办案数量和质量明显提升。加强办案工作督促考核,发挥全系统办案积极性和合力,年内各市地税局均有自办案件。二是坚持抓早抓小。正确把握和运用好监督执纪的“四种形态”,对经查实有苗头性违纪倾向的干部,尽管够不上党纪政纪处分,也进行适当的组织处理,严防“小病成大患”。驻省局纪检组全年共约谈、函询处科级干部14人;全省系统共约谈、函询416人次,给予党内警告等轻处分32人,给予撤销党内职务或开除党籍等重处分6人,移送司法机关2人。完善内部网站“曝光台”管理制度和典型案件通报制度,通过“曝光台”先后曝光8宗违纪违法案件,并发文通报3批典型案件,充分发挥警示教育作用。三是严格“一案双查”。制定《内控倒查实施办法》,明确要求在执法监察、审计监督等发现问题的,特别是发生违纪违法案件的单位,必须从内控方面倒查原因,并举一反三,落实整改。严格“一案双查”,坚持既查干部违纪违法问题,又追究所在单位领导的失职失察责任。对发案多的单位“一把手”和纪检组组长进行约谈诫勉,并实行责任制考核“一票否决”,先后对发生违纪违法案件单位的17名责任人,实施了问责追究并通报全系统。四是落实“以案治本”。召开全省地税系统案件剖析会,对2014年发案多的4个市局“一把手”进行约谈,督促发案单位以案为鉴,针对案件暴露的问题,深入剖析原因,举一反三,健全制度,堵塞漏洞,达到查处一个案件、教育一批干部、健全一套制度、规范一项工作的目的。

［**政风行风**］ 严格贯彻落实中央八项规定精神,突出重点领域、看住重要节点、盯紧关键少数,持续发力,久久为功,坚定不移地把纠“四风”工作引向深入。一是把纪律和规矩挺在前面。制定印发《关于进一步落实中央八项规定精神 坚决防止“四风”问题反弹的通知》《关于收送“红包”等五种违纪情形一律先免职再处理的规定》《关于进一步加强和规范机关饭堂公务接待管理的意见》和五一、端午及中秋、国庆期间严格落实中央八项规定精神等通知要求,划定纪律“红线”,明确对违规收送“红包”礼金、设立“小金库”、违规经商、组织参与赌博,以及公款吃喝、公款旅游等五种违纪情形,一律先免职再处理,以严明的纪律确保中央八项规定精神落到实处。二是从严从实开展专项整治。坚持问题导向,在全省地税系统深入开展违规收送“红包”礼金问题专项整治行动,全省系统有300多人次主动向纪委廉政账户上缴“红包”礼金,使广大地税干部普遍受到了一次触及灵魂的“底线通高压电”纪律作风教育。围绕省委第十三巡视组巡视反馈意见整改和国家税务总局作风专项整治工作的部署要求,结合实际在全省地税系统部署开展了12项作风专项整治,共排查出相关问题309项并完成整改,同时重新修订财务管理、公务接待、公车管理、政府采购、内部审计等制度135项,完善风险防控措施782条。三是持续强化政风行风建设。建立健全省、市、县(区)局三级暗访、查处、追责、曝光“四管齐下”工作机制。聘请第三方机构,采取不打招呼、随机暗访的方式,深入全省地税系统各基层单位、纳税服务窗口等进行暗访,并拍摄作风暗访专题片,对各种不正之风和腐败问题,一律先曝光再查处,进一步营造“知耻”和“不敢”的氛围。同时,通过健全行政效能投诉、省局领导班子成员接访日和省局“一把手”定期约谈征求特邀监察员意见制度等,畅通群众投诉举报渠道,积极参加省直窗口单位政风行风评议手机短信测评活动,大力推进地税部门政风行风建设,办事群众满意率达100%。

［**廉政教育**］ 坚持从严教育,围绕强化廉政教育的有效性和针对性,不断擦亮老品牌、打造新品牌,着力推动党员干部从思想深处转变,营造风清气正的政治生态。一是抓纪律教育学习,增强党员干部廉洁从税意识。举办以“守纪律、讲规矩、作表率”为主题的全省地税系统党员领导干部“三纪”教

育培训班，由省局主要负责同志亲自授课，并邀请省纪委领导作专题辅导。举办全省地税系统专题辅导视频报告会，邀请省纪委领导为全省地税系统党员干部作《中国共产党廉洁自律准则》和《中国共产党纪律处分条例》专题学习辅导报告。充分发挥网络教育学院、"清风城"廉政教育网站等平台作用，积极开展网上廉政知识自学和考试。二是及时曝光反面典型案例，以身边事警示教育身边人。坚持以案说法、以案说纪，收集近年来全省地税系统发生的违纪违法典型案件，拍摄制作廉政警示教育片《沉痛的代价》，编印《全省地税系统纪律教育学习读本》和《廉政制度汇编》，增强广大党员干部依法治税、廉洁从税的意识。在内部网站设立"曝光台"，对违纪违法案件点名道姓通报曝光，强化警示教育。三是加强廉政文化建设，打造广东地税特色品牌。组织广东地税廉政文艺轻骑队创作廉政音乐舞台剧《我们永远在路上》，到全省各地巡演 32 场次，观众近 2 万人次。以广大地税干部喜闻乐见的形式，开展纪律作风教育，在全省地税系统产生较大反响，进一步增强廉政教育的针对性和有效性。

[**深入推进"三转"**] 严格按照"打铁还需自身硬"的要求，进一步加强纪检监察队伍自身建设。一是深入落实"三转"。省地税局党组大力支持纪检监察部门深化"三转"，召开党组会议进行专题研究；驻省局纪检组以创建省纪委"三转"示范点为契机，认真厘清全省地税纪检监察部门的职责清单，积极推动业务"瘦身"，同时明确各级纪检组长不分管税收业务工作，集中精力抓好主业。二是强化队伍建设。在省纪委干部教育培训基地举办全省地税纪检监察业务培训班，紧紧围绕提高履行监督执纪问责能力，先后安排作风建设、信访举报、办案调查取证技巧、案件审理等课程，突出培训的针对性，取得良好效果。通过与地方纪委联合办案、请省纪委有关负责同志指导审理案件等"派出去、请进来"的方式，加强工作实践锻炼，进一步提高纪检监察干部的实际能力和业务水平。三是严格管理监督。健全各级纪检监察部门学习制度，坚持每两周组织一次政治和业务学习，积极培养严、细、深、实的工作作风。制定派驻省地税局纪检组规范化建设工作制度，严格执行《广东省纪检监察干部行为规范》，坚决防止跑风漏气、以案谋私和"灯下黑"现象，坚持用铁的纪律打造一支忠诚、干净、担当的纪检监察干部队伍。

（李兴达）

税务稽查

[**稽查体制机制改革**] 2015 年，广东省地税局稽查局稳步推进以集约化、扁平化、专业化为导向的稽查管理体制改革，研究在全省地税实行市一级稽查，探索在市级稽查局设立跨区域稽查机构。经过深入研究形成《关于推进我省地税稽查管理体制改革的意见》和《广东省地税稽查管理体制改革工作方案》，鼓励全省有条件的市局先行先试。全省已选取河源、清远、汕头等市局作为广东省地税稽查体制改革试点单位，构建市一级稽查体制，调整优化县级稽查局职能。

[**稽查查补收入及分析**] 2015 年，全省各级地税稽查部门（按税务总局统计口径，不含深圳，下同）共立案检查纳税户 1019 户，查结 834 户；查补收入 56.73 亿元，入库 52.63 亿元，入库率 92.76%，超出税务总局绩效指标 2.76 个百分点；稽查查补收入占全省地税收入的 1.31%。

[**重大案件查处**] 全省各级地税稽查部门查补税款 100 万元以上的案件 90 宗，查补税款共计 67882 万元，同比增长 37.27%，查补金额 110260 万元，占立案查补总额的 87.17%。其中：查补税款 100 万～1000 万元案件 78 宗；查补税款 1000 万～5000 万元案件 10 宗；查补税款 1 亿元以上有 2 宗，查补金额高达 4.17 亿元，占立案查补金额 32.93%。

[**税收专项检查**] 全省各级地税稽查部门以资本交易为指令性项目，房地产及建筑安装业、高收入者个人所得税、营利性教育培训机构、劳务派遣为指导性项目，开展了地方税收专项检查。各地严肃查处了一批涉税违法行为，专项检查工作取得明显成效，各方面数据与上年同期相比，均呈现大幅增长：2015 年全省组织企业自查查补收入 21.53 亿元，同比增长 85.42%；立案检查与自查合计收入 24.79 亿元，同比增长 89.77%。

[**重点税源企业检查**] 全省各级地税稽查部门结合工作实际，组织开展了重点税源企业的税收

抽查工作,全省查补税款9941.54万元,罚款368.24万元,加收滞纳金713.35万元,查补收入合计1.1亿元,已入库9987.75万元;组织企业自查查补收入4.39亿元,已入库4.16亿元;检查与自查合计收入5.49亿元,已入库5.16亿元。

[资本交易检查] 全省各级地税稽查部门开展资本交易专项检查,共检查纳税户77户,已查结28户;发现有问题业户35户,查补税款11475.84万元,罚款83.19万元,加收滞纳金5267.77万元,查补收入合计16826.8万元,已入库11921.9万元;组织3201户企业开展自查,有问题业户807户,自查查补收入5657.15万元,已入库5412.14万元。

[房地产及建筑安装业检查] 全省各级地税稽查部门开展房地产及建筑安装业检查,共检查纳税户239户,已查结75户;发现有问题业户80户,查补税款4214.85万元,罚款698.48万元,加收滞纳金262.63万元,查补收入合计5175.96万元,已入库4771.76万元;组织3564户企业开展自查,有问题业户1510户,自查查补收入160686.2万元,已入库153589.19万元。

[高收入者个人所得税检查] 全省各级地税稽查部门抓好高收入者个人所得税检查,共检查纳税户19户,已查结5户;发现有问题户数7户,查补税款95.34万元,罚款42.53万元,加收滞纳金8.21万元,查补收入合计146.08万元,已入库143.68万元;组织1310户企业开展自查,自查查补收入3577.24万元,已入库2254.53万元。

[营利性教育培训机构检查] 全省各级地税稽查部门认真开展营利性教育培训机构检查,共检查纳税户3户,已查结1户;发现有问题户数1户,查补税款0.16万元,罚款0.08万元,加收滞纳金0.07万元,查补收入合计0.31万元,已入库0.31万元;组织1247户纳税户开展自查,自查查补收入232.97万元,已入库232.71万元。

[打击发票违法犯罪活动] 全省统一组织开展打击发票违法犯罪活动。全省各级地税稽查部门共检查企业5923户,查处发票违法企业815户,超额完成国家税务总局下达600户的检查任务,完成任务率达136%。查处非法发票401670份,涉及金额25425万元,查补税款5582万元,加收滞纳金859万元,处以罚款2274万元,查补税费、罚款收入合计8715万元。此外,广东地税局稽查局与公安部门密切联合,形成对制售假发票犯罪活动打击的高压态势。2015年共同捣毁涉嫌发票违法犯罪团伙窝点6个,查获犯罪嫌疑人25名,缴获作案设备5台、假发票99万份。

[税收“黑名单”制度] 全省各级地税稽查部门认真落实税务总局重大税收违法案件“黑名单”公布办法,按季对外公布重大税收违法案件信息,借助新闻媒体定期曝光税收违法典型案例,同时根据国家发改委和税务总局等21个部门联合签署的《关于对重大税收违法案件当事人实施联合惩戒措施的合作备忘录》的精神,加强与省发改委、省国税局、省公安厅等部门的沟通协调,紧紧依托省公安与地税联合执法办公室,加强行政执法与刑事司法衔接,推进社会信用体系平台的互联互通和交换互换、信息记录动态更新和实时查询,对重大税收违法案件当事人实施18项惩戒措施,扩大税收“黑名单”制度的社会影响力和震慑力。将4宗偷税数额达到500万元以上的案件重大税收违法案件信息在省局门户网站公告,将5宗重大涉税违法案件在省级电台和省局门户网站公开曝光,各市局公开曝光了20多宗大要案,较好地发挥了税务稽查震慑作用。

[涉税违法案件检举] 全省地税系统(不含深圳市,下同)共受理检举案件1056件,其中省级直接受理71件,地市级受理865件,县级受理120件;共查处案件694件,查补金额8756.65万元,其中税款6780.80万元、滞纳金700.66万元、罚款1275.19万元;执行入库金额7378.07万元。2015年共向公安机关移送案件2件。

[案件协查] 2015年,广东省地方税务局稽查局共办理协查事项17件。

[稽查业务培训] 广东省地税局稽查局举办了全省稽查局长电子取证工具专题培训班、全省稽查专业队员电子取证工具专题培训班等专题培训班。从全省范围内选派了百余名业务骨干参加税务总局举办的各类业务培训班和专题研修班。

[稽查信息化建设] 以广东省大集中系统、金税三期工程、发票在线系统等核心业务系统为依托,全面推进查账软件、数据分析平台、电子取证工具相互融合、功能衔接的“三位一体”信息化建设整体工程。继续扩大税务稽查电子取证系统项目试点范围,进一步发挥电子取证工具的作用,全力推进取证工具本地化改造工作。继续深入推进征管稽查联动工作,有效促进部门成果转化。

[征稽联动] 2015年,广东省地税局将征稽联动工作列入全省绩效考核项目,并列入省局重点督办任务事项,加强监督考核。参照“两法衔接”工作平台,着手开发征管稽查联动工作电子平台,对全省征稽联动工作实施信息化、标准化管理,通过电子化

技术和手段，全面规范和监督全省征管与稽查之间的涉税信息传递与反馈流程。全省地税局各级征管部门共向稽查部门移交案件信息252件，稽查部门根据移交的线索共立案94件，查补金额4.92亿元；稽查部门向征管部门提出个案建议书和综合类建议报告245份，征管部门依据稽查建议组织检查纳税人5777户（含自查），查补金额达7.49亿元，共挽回税收损失12.41亿元。

（胡东胜　张雯莹）

省级税收（大企业税收）

［税收收入］　省局直属分局（大企业局）着力抓好组织收入工作，确保税收收入平稳增长。全省省级税收收入累计1308.0亿元，其中直属分局（大企业局）征管的省级税收收入332.4亿元，占全省省级税收收入25.4%，增收25.7亿元，同比增长8.4%。省级固定税收收入328.7亿元，增收25.3亿元，同比增长8.3%；省级共享税收收入3.7亿元。

［社保费征收］　通过深化省直社保费“五同”管理，落实8户省直参保单位的下户调查工作；积极推动“省直社保费多方协同办公系统”的上线工作；落实整改广东省审计厅审计报告提出的省直社保费征管数据问题；认真梳理业务，重新编排业务指引及门户网站宣传内容等措施，全年组织省直社保费184.6亿元。

［价格调节基金］　积极配合物价部门做好征管工作，全年征收省级价格调节基金8.37亿元，征缴率达到100%。

［税源管理］　圆满完成2014年度企业所得税汇算清缴，应参加汇算清缴企业1208户，补缴税款20.76亿元。从应纳所得税额前30名的企业中确定10户作为重点税源企业进行核查；对600多户亏损企业开展自查，在自查的基础上，确定50户连续三年亏损企业为重点核查对象，开展检查。落实固定资产加速折旧优惠政策，加速折旧额约9032.81万元，落实支持文化企业发展有关税收优惠政策涉税额约1.65亿元，完成金融保险营业税和企业所得税退税审批近15亿元。

［大企业税收风险管理］　先后分4批开展对中石油、中移动、中海油、省机场集团等22户大型企业的全流程风险管理工作，共累计确认风险点375个，中石油等8户税务总局定点联系企业已全面完成；中移动等3户省局定点联系企业已基本完成；中海油等6户总局定点联系企业已完成168户成员企业的分类应对工作，合计确认应补缴税款5.37亿元，核实个人所得税应补申报所得额15.48亿元。另外，机场集团等5户案头审计后待核实税款5.75亿元，待核实应调增企业所得税所得额4.93亿元，待核实个人所得税应补申报所得额16.14亿元。与省国税局联合共同完成税务总局推送千户集团名册核实确认工作，并从中选取中国南方电网有限责任公司、广东省农村信用社联合社、易方达基金管理有限公司、广东韶能集团股份有限公司、东莞银行股份有限公司等6户企业集团作为总局运用大数据开展大企业税收服务与监管试点工作试点企业。

［个性化服务］　通过税企高层对话、“三个一培训”等渠道，推动大企业高层积极参与税收治理，建立大企业涉税诉求快速响应机制、协调机制，强化对大企业的个性化服务。多形式沟通，加强对大企业风险内控工作的指引。组织召开税企座谈会；到粤财控股、广东电视台和广业集团进行高层走访；设立定点联系企业纳税服务室；先后邀请广州铁路集团、广东省有线广播电视网络股份有限公司等26户定点联系企业负责人进行“茶叙”活动；举办定点联系企业参加的2015年“税企杯”网球赛。开展“三个一”培训，组织不定期的专题培训，财务负责人风险管理培训班和分管财务老总风险管理研修班。采用邀请或送税法上门的形式，结合各项风险管理任务开展多次专题培训：在广东税务干部学院阳江分院组织大企业集团的近80名财务负责人参加“大企业纳税人学校”风险管理培训班；在扬州税务干部进修学院组织大企业集团60位分管财务老总和财务负责人参加“广东地税定点联系企业税务风险管理高级研修班”。加强风险管理工作的制度指引，制订并发布《大企业个性化服务指南》及《大企业风险管理指南》，明确个性化服务和税务风险管理工作流程、工作任务、工作要求等内容，指导大企业正确开展税收风险管理工作，防范税务违法行为，依法

履行纳税义务。

[**风险管理团队建设**] 对2013年出台的《专业化团队管理办法》进行完善和优化,明确专业化管理团队的发展目标。在省局层面成立5个风险管理科,3~5年内实现“三个一”,即每个风险科至少配有一名业务骨干、一名计算机专业人才,一名注册会计师为目标,使省局层面的专业化管理团队成为全省大企业风险管理团队素质上的“标杆”,业务上的“带头人”。在市级层面采取“各地推荐,省局择优选拔”的方式,对专业化管理团队进行调整,从全省选拔出来的业务骨干加入团队。同时,强化团队合力,采用短期集中办公或分派任务分散各地的方式开展工作。根据风险评估、税务审计等特定阶段的工作需要,根据个人特长,将团队成员按行业分组,分阶段分别采取集中办公或分派任务单独完成等形式,实现整体力量均衡、成员优势互补。

[**信息化建设**] 搭建大企业风险管理全流程业务和集团数据仓库,完成“广东地税定点联系企业专业化管理系统”三期建设。成立数据分析科,探索推进数据分析助力风险管理的模式:一方面在“8+3”和“6+5”风险管理工作中,通过对涉税数据和多方数据进行归集、整理、加工,将涉税信息按行业特征进行分析利用,为风险管理部门提供了五大行业风险特征库,归纳行业特定风险点94个。把行业风险特征和行业税收政策相结合,编写了行业风险特征库和涉税要点分析报告,为做好风险管理工作提供有益指向;另一方面,结合税务总局运用大数据开展大企业税收服务与监管试点工作,进一步强化数据分析能力。

[**“三严三实”专题教育**] 制定“三严三实”学习计划,深入查找“不严不实”问题,认真梳理整改措施,并结合“党风廉政教育月”和“学雷锋”等活动推进党风廉政建设,组织开展党员座谈,深入进行思想分析;组织团总支党团骨干到偏远山区乐昌市沙坪镇中心小学开展捐书活动;开展对潮州市饶平县地税局、汕头市南澳县地税局“一帮一”对口帮扶活动。

(李　婷)

机 关 服 务

[**公车改革**] 公车改革是2015年省直单位工作的重中之重,根据上级部门规定,成立了省局公务用车改革工作领导小组,负责局机关公务用车改革工作的统筹组织协调。根据相关规定,保留15辆公务用车,其余62辆公务用车(其中办理过户省纪委6辆)纳入车改范围,并于2015年6月26日全部封存停驶,11月5日移交拍卖机构,按时完成公车改革,确保了局内266名在编在岗公务员公务交通补贴的准时发放;妥善安置司乘人员,与15名非在册正式司勤人员解除劳动关系,经济补偿约45.37万元。制定了《广东省地方税务局公务用车制度改革实施方案》《广东省地方税务局公务用车制度改革非在册正式司勤人员安置实施办法》《广东省地方税务局定向化保障车辆管理办法》等制度,强化改革前后各种制度的有机衔接,保障日常公务活动正常开展。

[**后勤队伍建设**] 通过民主推荐方式,选聘管理岗七级2人、管理岗八级2人,以调动后勤管理人员的积极性和创造性,拓展干部职工成长空间;规范用工,加强编外合同工管理,完成在职编外合同工以往年度欠缴住房公积金的测算和补缴申请工作,依法保障员工权益,避免造成法律纠纷。

[**清理超标办公用房**] 截至2015年6月30日,共清理腾退办公用房1460.46平方米,其中正厅级81.09平方米,副厅级474.29平方米,正处级314.24平方米,副处级590.84平方米,清理腾退出来的办公用房大部分用作资料室、会议室、设备用房等公共用途。机关服务中心已将清退的办公用房进行登记造册,建立了办公用房整改台账。

[**清理整治省局周转房**] 规范机关公有周转房管理,清理不符合周转房入住条件人员17人,清理出房源19间,原帝景苑13套周转房已全部停租,106人统一安排入住广州大道中周转房。

[**财务管理**] 精心编制服务中心年度预算收支计划,并严格执行;配合内审处和财务装备处完成了省审计厅对省局2014年度预算执行情况的审计工作;聘请广东正中珠江会计师事务所对桃源楼、招待所进行了2014年度财务审计工作;配合完成对省局局长王南健任期期间经济责任的审计工作。

[**固定资产管理**] 完成固定资产实物账的登

记,更新至2014年12月31日;配合省审计厅审计整改意见,完成票证中心遗留的固定资产问题(废弃电脑及入墙柜)的报废及整理工作和账务调整工作;补充两辆公务车(粤A-14570、粤A-4A363)的报废资料并提交财务处,作为资金账的调整依据;联系社会评估机构开展省局38间员工宿舍评估工作;完成省局二级单位固定资产调拨工作、新增固定资产盘点工作;完善省局各处室固定资产使用人员信息表及修改申购、转移、报废固定资产流程表。

[**廉洁采购**] 按照"依法采购,阳光采购"的目标,完善操作规程,规范采购行为,完成大宗政府采购项目54项,采购预算17912.8万元,实际采购金额16319.39万元,节约资金1593.4万元,节资率达9.7%;完成各类中小采购项目279宗。

[**公务接待**] 完成公务接待86批次,接待人数约368人次,顺利完成了省政府在广东地税南海税务信息处理中心召开全省推进"一门式""一网式"政府服务和网上办事大厅建设现场会、全省地税系统党风廉政建设会议、全省地方税务工作会议等大型会议;做好税务总局在南海信息中心的金税三期工程项目的后勤保障,接待会议团队57批次,接待人数3122人次。

[**车辆保障**] 提供安全准点的用车服务,不断完善车辆使用和维护登记制度,每周一坚持召开安全例会,举办干部职工交通安全培训。2015年,车队安全行驶140万公里。

[**医疗保障**] 积极开展健康宣传教育工作,发布"健康快递"24期,邀请省中医专家上门坐诊46次,组织干部职工约460人年度体检,组织38人参加无偿献血。

[**安全管理**] 开展"安全隐患排查整治"专项工作1次,重大节日安全检查2次,消防安全回头看检查1次;组织消防技能培训2次;保安员上岗1100个班次;巡楼2080次,查岗1000余次,处理消防故障报警50余次,排除安全隐患6起。

[**物业管理**] 全年完成省局大楼水电维修2500多次;完成工程维修项目35项,清理办公大楼化油池18次,疏通污水池6次,疏通排油管道6次。

[**基建工程**] 开展了南海税务信息处理中心设备设施维修、桃源楼维修和桃源楼更换新家具三大基建项目,通过抓落实,抓安全,抓监督,确保了项目按时按质完成竣工验收以及项目支付。

(潘雪平)

税务信息化管理

[**信息技术服务**] 积极配合业务部门做好业务需要的调整。推进办税服务综合管理系统、土地增值税管理系统、规费监控分析管理平台、高收入者个人所得税管理系统、电子文档管理系统等项目的建设。实施金税三期工程系统数据回放,完成金税三期工程数据和社保费数据的下发工作。落实各业务部门对信息系统的内控优化需求34项。推进POS机直解推广工作的开展,完成全省车船税保险机构代征模式的车船税子系统上线。电子办税服务厅二期中实现微信身份认证、税务管家、办税预约等十几项应用,并通过挂接到政府、社会服务(如网上办事大厅移动版和腾讯资讯APP等)渠道。

[**金税三期工程**] 参与税务总局金税三期工程优化实施及全国推广支持工作,以集中办公形式深度参与总局金税三期工程优化实施组,工作包括落实优化建议、把关技术方案、环境保障工作、组织和支援各省金税三期工程上线等方面,有效推动总局落实金税三期工程优化建议1279个,并成功在宁夏、河北、西藏、云南、贵州、广西等省单轨上线。

[**信息安全管理**] 实施对门户网站群和互联网重要业务应用系统不间断监测,开展应用系统安全定期扫描,建立了闭环式问题处理应急响应机制。组织开展全省年度网络安全自查工作,完成税务总局、省公安厅等保办的现场抽查。部署终端安全管理系统和防病毒软件,实现全省所有计算机终端的全覆盖管理。实现重要信息系统等级保护工作常态化。实施全省网络优化升级,将市局到县(区)间的带宽由34M扩容到100M,市局到分局带宽由10M扩容到50M。实施省局及市局视频会议系统升级改造工作,实现全省视频会议系统的省市县(区)三级高清全覆盖,制定基层(市局到分局)视频会议系统建设参考标准。

[**系统运行维护**] 实施运维监控系统建设,实现核心基础设施、关键业务系统和重要系统组件的

全覆盖。完成对金税三期工程系统运维问题的“总局、省局、市局、基层分局”四级一体化管理。完成金税三期工程核心数据库的存储系统迁移工作,及时处理金税三期工程系统严重性能问题,有效预防了系统故障的发生。全年省局监控服务台共接收受理事件报告单49996个,解决事件报告单48091个,解决率为96.2%。其中属于金税三期工程核心征管系统的有27167个。接听用户电话共1931个,其中咨询类840个、催办类1091个。监控服务台处理监控系统告警共6815个,其中业务类告警3686个、服务器类告警890个。

[**数据处理应用**] 强化数据质量管控,推进数据管税理念有效落实。提供数据查询服务,提高业务数据查询与利用的效率与准确性,协助业务处室做好税收执法检查、营业税减免税政策落实情况、年度审计数据等信息的提供。开展数据综合治理咨询规划项目,强化对数据质量的管控。完成“南粤金税”全省电子发票抽奖的现场技术支持工作。

[**信息化项目建设**] 整合信息资源,积极构建新一代电子税务局。完成电子办税服务厅二期项目既定目标,主要包括:完善电子办税服务厅功能建设、搭建文书发放查验平台、建设电子办税服务厅移动版,推行电子办税服务厅纯CA版本,开发税务管家、财务报表报送校验。完成税源平台系统二期项目企业所得税监控分析模块需求分析、设计和开发工作,完成减免税标识管理模块开发,完成集智众创模块的需求分析和设计。完成高收入者个人所得税管理项目系统管理目标认定、比对分析、多维统计等模块的开发和用户测试工作。完成土地增值税清算项目、社保费监控平台项目和数据综合治理咨询规划项目系统需求分析工作。完成纳税服务综合系统子模块办税服务厅子系统的开发,并且在全省共200个大厅的上线。完成电子文档管理系统前期的需求调研以及立项工作。

(梁婷婷)

税收科研与刊物编办

[**税收科研**] 围绕税收中心工作、服务税制改革、服务领导决策方针,开展税收课题调研。牵头开展了“新一轮税制改革与国地税征管范围研究”、深化研究“新一轮税制改革对税收征纳关系影响研究”等税制改革系列调研课题。同时联合天津地税局、牵头承担了税务总局“经济增速换挡对税收增速影响的国际经验借鉴研究”课题,并积极参与税务总局“‘互联网+’税收治理影响研究”和“2015年上半年县级税收收入情况分析研究”两项课题。其中,“新一轮税制改革与国地税征管范围研究”成果被中国税务学会全文转载,并被税务总局《研究报告》2015年第40期刊发。科研所参与的《2015年1—6月全国县级税收增长情况分析》获税务总局局长王军肯定性批示,参与的《拉美和东亚国家中等收入阶段宏观税负、税收制度和政策比较研究》获得税务总局副局长张志勇肯定性批示。主动对接省委省政府以及省局重点工作,通过竞标方式,独自承担省政府重点课题“经济新常态、财税增速及其税源结构优化研究”。主动开展的《中国(广东)自由贸易试验区税收领域改革创新研究》,获广东省委常委、常务副省长徐少华圈阅、副省长招玉芳批示,部分意见建议被省经信委、省地税局和省自贸区办采纳,直接转化为服务广州南沙、珠海横琴自贸实验片区的政策举措;《广东税务营商环境监测系列专题调研》形成的关于减轻社保费负的政策建议被省直相关部门采纳,转化为政策举措。《智利跨越中等收入陷阱的税收政策举措分析》《广东地方税种成长性或将呈现新常态》等多篇调研报告发表在《税务研究》《国际税收》《广东经济》等经济专业期刊。在国家税务总局评选的2013—2014年全国税务系统优秀科研成果中,科研成果荣获一、二、三等奖各一项。

[**内刊编办**] 以传播地税文化、凝练地税精神为重点,坚持“三贴近”原则(贴近税收中心工作、贴近基层、贴近实际),借鉴现代主流媒体的传播方式,紧跟时代热点,勇于创新,发挥特有的宣传手段。持续优化杂志编办方法和宣传方式,精心策划专题与组稿,新开设“珠江笔谈”“名家访谈”“聚焦”等栏目,提炼广东地税创新经验,不断赋予地税文化新的内涵和时代特色。广西、贵州、大连等地税兄弟单位前来交流办刊经验。利用内刊平台,公开出版《口述税史》,编印《连心桥》等系列丛书,开展“税收

微小说”征文活动。尝试建立南粤地税公众号，通过网络更好地传播广东地税文化。

［**年鉴编辑出版**］　2015 年《广东地税年鉴》编校达 180 万字，图片 500 多幅。年鉴编辑坚持需求导向、以用定编，不断健全完善“三审三校”制度，存史资政的税收工具书定位逐渐形成。主要做法：3 月 31 日前，参照《中国税务年鉴》当年大纲新要求和省局年度新情况编写当年大纲并拟定年报资料征集纲目；8 月 31 日前，按照征集纲目，及时核收、催报图片、文字、统计报表以及供稿单位领导签字、盖章等程序；以政治正确、数据精确、文字准确为标准完成初稿汇编和撰写并填报《年报资料报送表》；9 月30 日前，按照齐、清、准的标准完成一、二、三次校对，并完成送审稿的工作。积极承担向中国税务出版社《中国税务年鉴》以及省地方志办《广东年鉴》广东地税资料的供稿工作。年鉴编纂工作多次获得全国年鉴编纂表彰及奖励。

［**《广东志·财税卷》编辑报送**］　高标准严要求，严格执行“三审三校”制度，做到意识形态与中央保持高度一致，编校发行与中国税务出版社、省地方志办保持高度一致。供稿 130 万字，编校差错率显著低于 3‰的行业标准。地方志编纂工作多次获得省地方志办的发文表扬。

（陈　莹）

税务票证印刷

［**票证印制**］　2015 年，票证中心下达票证印制任务共 10 次，其中发票印制任务计划 6 次；税票印制任务计划 4 次。下达印制计划中包括：电子类发票 18700. 40 万份，通用定额发票 35880 万份；税票 1699. 77 万份；上述印制产品数量共 56280. 17 万份。

［**防伪专用纸管理**］　加强日常对防伪专用纸张的管理工作，切实做到定期巡检，保障防伪专用纸张仓库的消防安全，避免自然灾害所带来的危害。2015 年，票证中心下达防伪纸张需求计划 73 次，共购进防伪纸张 921 吨。同时，为全省 12 家定点发票印刷企业提供防伪纸张共 1059 吨。

［**党风廉政建设**］　认真学习党的十八大和十八届五中全会精神，进一步加强政治理论学习和党风党纪教育。参加省局组织的反腐倡廉、纪律教育等各种形式的学习活动，并进行交流和总结。切实加强自身的廉洁自律意识，使思想认识与中央精神保持高度一致。不断加大防治力度，扎实推进票证中心全体干部的思想、政治和作风建设，着力解决工作中存在的薄弱环节。切实加强民主集中制建设，坚持重大事项由省局领导决定，在原则问题上不乱开口子，不讲情面，严格按照政策办事，未发现利用工作之便吃拿卡要等行为。加强内控机制建设，强化制度落实。对本部门权力事项再次进行全面梳理，根据对票证中心重点业务、重点权力、重点岗位及有关风险点防范要求，修改票证中心内控文本汇编，部门职责和岗位职责、工作流程及风险备忘录、重点权力运行流程图和跨部门权力、业务节点及防控重点四个部分，实现源头防控。贯彻落实中央八项规定和省局“十项意见”，进一步推进票证中心作风建设。多次组织全体人员集中学习，并结合票证中心工作实际，切实做到精简各类会议，尽量开小会，简化会议程序，缩短会议时间。严控公务接待费用支出，杜绝同城接待、私人宴请、迎宾送礼等各类接待工作，严格按照相关规定执行。深入落实财务管理相关规定，严格执行部门预算，强化财务管理。

（梁婷婷）

干部进修培训

[教育培训] 2015年,广东省地税干部进修学校共承办101期培训,培训5947人次,36357人天,共3716课时,培训工作不断迈上新台阶。除公务员初任班、科级处级班、党支部书记班及中青班等主体培训班外,学校自身还承办了省内各市(区)县局培训班70期,圆满完成了全年教育培训工作任务,培训量创历史新高。进一步优化培训内容,丰富课程选择,建立起"动态培训菜单",方便各培训单位按需培训。开发世界咖啡馆、六顶思考帽、行动学习法、微电影案例讲授等创新性课程,打破了传统枯燥的讲授式教学模式,实现"教师与学员""学员与学员"之间的双重互动。初步构建起专题精品课程体系,开发了8个精品专题培训模块,广受学员欢迎。采用"请进来"的做法,在系统内部推选优秀干部成为兼职教师,不断挖掘高校、大型企业讲师到校授课,引进优秀教师并纳入学校师资库,现已有系统内兼职教师115名,系统外兼职教授50多名。完善提升学校的"名师库"和"金讲台",开展打造星级讲师计划,改进教学评估方法,对兼职教师进行绩效考核,根据教师授课课时及评估反馈结果,将课程评价优秀的教师评为星级讲师,打造学校"星级师资库"。"走出去"送教上门,与基层工作处合作,到全省各基层单位开展"我心目中的党组织"培训大讨论;与省局纳税服务处合作,推行现代化纳服案例教学,通过案例反映工作问题,共同研讨解决;与征科处合作,着手纳税评估模型综合培训项目,有效破解税收工作中亟须解决的问题。利用微信等新兴网络载体,鼓励学员参与到课程设计、学校管理、校园文化建设和学风建设中,创新课程提需方式,建立课堂答疑机制,提高培训质量和服务水平;推选学员纪律委员,以"学员管理学员",增强学员纪律意识;开展各类文体活动,编写培训刊物,丰富学校文化底蕴。

[后勤保障] 加强员工标准服务培训,派遣新员工到托管酒店进行岗前培训;利用培训班间隙,对不同部门员工开展分批分期培训,提高员工岗位任职能力和服务意识。严格按照星级酒店的服务标准,明确规定服务流程,设置房间温馨提示卡,提前准备好日常生活必需品;修订《客房服务指南》,设置VIP服务接待流程。从"便利学员、快捷服务"的角度出发,设置"万能前台"服务,让学员"有事找前台",做到有问必答,有事必帮,有求必应。受到各地的表扬,省局领导对学校工作给予高度评价和充分肯定。注重树立学校优质服务的形象,让学校工作以学员的口碑取胜。针对学员反馈的问题,善于接纳和改进。针对上课设施不够完善的问题,学校添置了投影机、电动投影幕等设施设备,打造了一个现代化的多媒体教室,集上课、自习、拓展活动及观看电影功能一体;针对菜式不够丰富的问题,学校引进了北方菜品,增加了早点种类,保证荤素搭配,膳食平衡;针对客房配套设施不够完善的问题,学校更换了窗帘、窗纱布和床上用品,准备了各种规格的枕头和足量的衣架;针对学校设备设施不够完善的问题,学校更换了全部教学办公和学员学习使用的电脑,改善热水供应设备,安装空气能热水器,对学员宿舍楼栏杆进行除漆,建设校园网,安装校园监控系统;针对学校地处偏远的问题,鼓励员工成立多支球队,组织丰富多彩的文体活动,使师生和员工的业余生活充满健康向上的情趣。

[内部管理] 针对学校2014年电费超标的问题,积极采取改进措施,上课期间宿舍实行拉闸断电制度,切实有效减少电力损耗。围绕"成本核算、细化管理、合理安排、厉行节约"的要求,对学员实行餐前统计制度,对员工实行挂牌就餐制度,增强全员控制成本的意识,形成厉行节约、降本增效的良好风气。严格按照相关财务、采购制度和校务会议要求,遵循"同等质量看价格,同等价格看服务"的原则,切实落实货比三家、公开透明的制度,严格规范采购程序,有效降低费用,节约开支。引入竞争机制,在原有供应商基础上,增加多家同类供应商,每月进行多次市场调查,掌握日常供应物品市场价格,对比供应商报价,择优选供,保证物美价廉。每周召开采购领导小组会议,加强部门日常物资采购监督、审核和催办,统一办理学校大宗专项采购,确保专项采购合规合法。

(廖婉娜)

广东省地方税收研究会

［**理论研究**］　课题研究成立专题调研组，深入基层一线，围绕大局工作，精准定位“焦点”“难点”问题，科学选题，提升调研质量。《广州深化税务行政审批制度改革的探索与思考》《广东自贸区南沙片区税收政策和管理创新的国际借鉴研究》《关于非居民间接股权转让的涉税实务研究》《激励型财政政策对我省欠发达县市财税收入影响分析》等调研成果分别报国家税务总局、省人大常委会财经委、省政府发展研究中心等单位，获得好评。

［**服务基层**］　广东省地方税收研究会及全省各级税收研究会整合资源，借助外力，积极发挥税收理论研究服务于税收实际工作的参谋助手作用。一是坚持与省局有关部门联合开展调研。与省局多个业务处室联合开展调研，并将理论研究与税收实际工作密切结合，增强调研的针对性和可操性。2015年，与省局规划核算处、稽查局、科研所和税务干部学校联合完成5项税收调研课题。二是坚持与各市（区）地税局及研究会联合开展调研。组织开展全省群众性课题调研活动，年初下发调研参考选题到各市（区），着力推动全省地方税收群众性调研活动深入开展。一年来，共推荐选出优秀群众性调研报告22篇，并集结出版。其中，广州、深圳、中山、肇庆等市完成的调研报告得到了当地党政领导的肯定性批示。三是坚持与各高等院校及相关单位联合开展调研。研究会加强与省内外高校及科研单位的合作，联合开展调研，发挥各自优势，提高调研质量。先后与广东财经大学、省社科联、省社会组织管理局、社会组织总会等单位交流合作，取得多项调研成果。全年省地方税收研究会组织完成税收调研课题8项，其中省局主要领导交办课题2项，与其他单位联合课题6项。

［**队伍建设**］　一是按照新形势新要求加强会务建设。完成了退（离）休干部在社团兼职问题的清理和上报工作。自2015年1月起，在研究会兼职的会领导及管理人员不再领取补贴。严格执行中央八项规定，修订完善有关规章管理制度，坚持用制度管人管财管物，做到规范廉洁办会。二是建立新的科研评比制度。通过改进科研评比方法，进一步完善科研激励制度，充分调动各级地方税收研究会参与税收调研的积极性。对群众性调研课题进行评比，优秀课题给予适当奖励，并通过内刊刊发、结集出版等方式推进成果转化。三是全省各级地方税收研究会稳步发展。在省地税局和各市（区）地税局的重视指导下，全省各级地方税收研究会组织机构进一步健全，各项工作有序开展。惠州、潮州、云浮、中山、韶关、江门、茂名、河源等市先后完成了地方税收研究会换届工作。

（吴　澜）

广东省国际税收研究会

［**课题研究**］　一是全力打造科研精品。2015年，广东省国际税收研究会重点完成了《全面推进依法治国背景下税收法制建设的国际比较研究》《股权个人所得税税收估值国际比较研究》《应对跨境无形资产转移国际避税对策研究》等6项重大研究课题，并形成富有针对性的意见建议。其中，《应对跨境无形资产转移国际避税对策研究》刊登于税务总局《税收研究资料》2016年第2期。《全面推进依法治国背景下税收法制建设的国际比较研究》在课题结题会上获得一致好评。二是深入开展全省性国际税收研究工作。研究会加强对市国际税收研究会的工作指导和支持，牵头组织市研究会参与全省专题调研活动，年初在广泛征求各方意见的基础上，制定下发课题选题，由各市国际税收研究会认领，并于年末提交较高质量的研究成果。三是充分发挥信息资料中心作用。按照“翻译整理的信息资料服务于理论研究精品战略”的工作规划，大力配合省局重点调研课题任务，注重收集整理与重点课题相关

的国际税收信息资料，同时，充分利用总部信息资料库的内容以及通过共享各分部翻译刊物中的信息资料，为全省地税系统在课题调研方面提供丰富的参考资料。四是积极推进研究成果转化。紧密联系税收工作实际，努力推动税收科研成果的转化。在2015年中国国际税收研究会开展的第八次全国国际税收优秀科研成果评选中，《国外综合个人所得税制征管模式的比较分析》《国际比较视野中的我国个税体系改革》《企业组织架构之经济实质与国际反避税》等研究成果分获一、二、三等奖。

［**学术交流**］ 积极搭建学术交流平台，参加上级部门各种类型的工作会议、研讨会和座谈会。与安徽、江西、福建等兄弟省市研究会开展交流活动，学习办会经验，交流学术研究成果。与香港税务学会等学术团体开展学术交流，参加"两岸四地"税收征管研讨会，粤港澳合作促进会第二届理事会就职典礼暨第五届"珠江论坛"等相关学术交流活动，既丰富了社团组织活动，又拓展了学术研究视野。

［**组织建设**］ 广东省国际税收研究会注重加强对各市研究会的工作指导，协助成立佛山市研究会，进一步壮大全省国际税收研究队伍。推动各市研究会之间的交流协作，有效凝聚了全省国际税收学术研究力量。严格按章程规范办会，建立完善相关制度，保障研究会工作的顺利开展。

［**其他工作**］ 积极参加中国国际税收研究会举办的理论研讨会、经济社会与税收制度发展高层研讨会，以及部分省市会长、秘书长会议等，交流办会经验，分享学术研究成果。完成税收资料翻译任务，为中国国际税收研究会进一步充实完善国际税收信息资料库做出了积极贡献。配合中国国际税收研究会做好各类会务工作。如在广东省召开的"大企业税源监控体系构建的国际借鉴研究""世界税收十件大事"等课题交流会，积极履行单位会员职责。

（李兴蕊）

第四篇

各市(区)地方税收工作

广州市地方税务局

［经济概况］　2015年,广州市全年实现地区生产总值(GDP)18100.41亿元,按可比价格计算,比上年增长8.4%。其中,第一产业增加值228.09亿元,增长2.5%;第二产业增加值5786.21亿元,增长6.8%;第三产业增加值12086.11亿元,增长9.5%。第一、二、三产业增加值分别为228.09亿元、5786.21亿元、12086.11亿元,分别增长2.5%、6.8%、9.5%。从全年运行走势看,各季累计GDP增速逐季稳步提升,经济增长总体平稳,经济增长的质量、效益和水平不断提升。

［税费概况］　2015年,广州地税部门累计组织各项税费收入突破2500亿元,达到2507.23亿元,同比增长8.52%,收入规模连续17年居全国省会城市第一、大城市第三(仅次于上海、北京)。包括:税收收入1469.5亿元,同比增长8.82%,增收119.14亿元;若剔除电信业"营改增"影响,可比增长9.42%;费金1037.73亿元,同比增长8.09%。其中,社会保险费收入898.45亿元(含省地税直属局征收入库数),同比增长11.11%;组织市公共财政预算收入766.84亿元,同比增长7.93%,占全市公共预算收入总量的比重达56.84%,比市政府下达全年收入预期(764.39亿元、增长7.58%)超收2.45亿元。2015年,广州市地税局自行组织计划考核口径税收收入首次突破1200亿元,达到1277.76亿元,同比增长9.52%,可比增长10.22%,比省局下达全年收入预期(1272.9亿元)超收4.86亿元;其中,中央级收入290.76亿元,同比增长20.4%,比省局下达全年收入奋斗目标(289.63亿元)超收1.13亿元;省级收入314.4亿元,同比增长7.28%,可比增长8.64%,比省局下达全年收入预期(341.2亿元)超收0.2亿元。

［税收收入特点］　一是税收增幅总体呈回稳上升走势,下半年增幅冲高回落。年初在经济平稳开局推动下,1月税收增长9.78%。3月税收因企业年终奖错期发放,月度税收增幅达到20.03%的峰值。从6月开始,在房地产税源回暖、资本市场交易活跃,各月税收增速明显加快,下半年总体增幅提升至11.64%,比上半年提高4.22个百分点,其中三季度单季增幅最高、增长15.24%,四季度单季增幅则回落至7.98%。二是各级次收入增长不均衡,中央级增速大幅领先于地方级收入。在两个所得税较快增长推动下,中央级收入同比增长20.4%,高于上年同期增幅7.85个百分点。地方级收入同比增长6.68%,其中:省级收入受"营改增"和土地增值税减收的拖累,同比增长7.28%,低于全省省级收入增幅1.82个百分点;市区级收入则受制于土地增值税清算收入和土地契税的高基数,同比增长6.41%,在各级次中增幅最低。三是房地产业增势平稳,资本市场相关行业前高后低。受信贷政策放松刺激、楼市销售回暖,但土地增值税清算收入下降,房地产业实现税收428.39亿元,同比增长6.86%,占税收总量比重仍高达33.53%,仅比上年下降0.83个百分点。上半年国内资本市场交易较为活跃,带动与之密切相关的金融业、租赁商务服务业分别增长29.72%、12.58%,合计贡献税收增量30.39亿元,拉动税收总量2.6个百分点。四是重点税源支柱作用增强,创税超亿元大户高速增长。2015年全市纳税50万元以上的重点税源户达1.69万户,占纳税户总数的1.65%;合计入库1079.7亿元,占全局税收总量的84.5%,同比增长17.44%,高于总税收增幅7.92个百分点;贡献增量160.37亿元,占总税收增量的144.35%。其中,创税超亿元企业有156户,比上年增加22户,累计入库349.14亿元、同比增长34.87%。五是广州市地税税收增幅高于全国,但低于全省水平。广州市税收增幅(8.8%,含省直属分局征收的广州地区税收)高于全国(6.9%)1.9个百分点,高于天津(6.7%),低于上海(18.9%)、北京(12.9%)、重庆(12.1%);广州市地税局税收增幅(9.5%,不含省直属分局征收的广州地区税收)低于全省地税(16.1%,含深圳)以及深圳(32.9%)、珠海(21.5%)、佛山(13.2%),在珠三角9个地级市中增幅排名第5。

［税源分析］　一是营业税受楼市回暖提升全年增速。营业税收入314.05亿元,同比增长6.23%(可比增长8.94%),比上年增速高出15.07个百分点,增收18.42亿元。增收主要源于"销售不动产"

税目,其在商品房销售回暖带动下增长16.59%,比上年同期大幅提高37.79个百分点。二是企业所得税受益于房地产企业利润大增的良好表现大幅增长。企业所得税收入149.99亿元,同比增长23.4%,增幅居各税种之首。分行业看,受房地产企业销售利润大增、稽查查补和清缴欠税等因素推动,房地产业、租赁商务服务业分别增长46.57%、51.83%,累计增收23.99亿元,占税种总增量的84.35%。三是个人所得税收入规模和增量均居各税种首位。个人所得税收入333.25亿元,收入规模超越营业税成为广州市地税局第一大税种;同比增长19.21%,增收53.7亿元,占总税收增量的48.33%,拉动税收总量增长4.6个百分点。四是其余税种增多降少,财产行为税总体低速增长。其余税种除土地增值税、耕地占用税外,均实现增收。财产行为税七增二减,合计收入480.47亿元,同比增长2.24%。城市维护建设税、印花税、契税、车船税、房产税、城镇土地使用税均实现不同程度的增长,六税种增幅分别为10.96%、7.01%、5.07%、3.54%、1.01%、0.93%。土地增值税则因2014年同期入库较多清算税款抬高基数,导致清算类收入下降19.89%,减收8.51亿元,同比下降6.52%,为减收额最大的税种。此外,耕地占用税受2014年同期一次性税源较多影响,下降15.57%。

［**税收征管**］ 广州市地税局全面推进税收专项改革。一是全面深化先办后审改革。研究解决"管、评"分离模式下各部门职能定位与工作衔接问题,充分发挥管理、评估、稽查三支管理队伍力量。开发风险评估管理系统、稽查案件管理系统等管理工作平台,依托信息化手段强化风险管理,提高数据管税水平。二是大力推进"同城通办"。全市地税系统60个实体办税服务厅全面推行"同城通办",423个涉税事项实现即时办结、全城通办、属地管理。推广应用影像采集系统,动态维护电子文档管理系统,纸质办税资料全面影像化,实现办税事项全面无纸化审批流转。三是全力确保金税三期工程运行。顺利完成金税三期工程系统上线。搭建省、市、区三级运维机制,成立上线办应急管控和运维管理小组,上线问题解决率超98%。组织金税三期工程征管课程设计和教学,全方位开展上线宣传培训,举办纳税人培训近百场,授面多达十万人次。组织完成金税三期工程契税核价系统接入功能,完成全局征管质量监控管理功能系统开发。四是全面实施"一照一码"。2015年9月1日起在全市范围内推行的"一照一码"登记制度改革。主动建立和完善与国税、工商、质监部门的沟通协调机制,确保全面落实。开发完成"税码联办平台"并成功全面上线,借助平台实现与工商部门的数据对接。五是推进国地税联合核定定额。逐步完成统一国税、地税新开业户识别号编码规则,确认核定方法和指标体系,研究联合核定业务流程和操作指引。六是推进发票配送工作。2015年为纳税人免费配送发票达到3.78万户次,配送发票5.12万件,数量超过9250万份,占全市领用发票总数的37.87%。减少前台办理发票业务近5.2万宗,惠及1万多户纳税人。七是开展打击发票违法犯罪活动。着力整治虚假发票"买方市场",逐步规范行业发票使用管理。全市共查处违法企业317户,完成上级下达任务的112%,查补税费、罚款收入合计6697万元。八是深化国地税信息共享。积极沟通、推进和实现市级国地税信息共享的网络、金税三期工程系统、涉税信息数据的"三个互通"。九是推广ETAX自助办税。实现终端POS直解扣缴功能的上线应用,加强开展内外部培训、推广和使用,全市投入使用自助办税终端142台。十是深化综合治税工作。进一步加强综合治税数据的共享和应用培训辅导工作。全年共获取22个部门、单位的第三方数据资源121类共约1.14亿条,并有效利用数据增加税收收入23.6亿元。十一是探索优化房地产一体化管理。探索与国土房管部门联合精简优化并统一规范广州市房地产交易办税和办证业务操作流程,减轻办税、办证人负担,同时加强办税、办证资料实质性审核,防范管理风险。十二是推进税收征管改革,转变税收管理模式。(1)深化税源专业化管理改革。(2)实施机构优化调整。明确广州市地税局各单位部门在税收风险管理工作的职责,强化市局纳税评估局统筹开展全市地税系统税收风险管理的职责。(3)开展税收风险管理评估系统上线运行。依托信息化手段强化风险管理,提高数据管税水平,提升征管质效。(4)实现"同城通办"服务通办、属地管理。目前"同城通办"的涉税业务事项为即时办结的423个涉税事项。(5)推进电子办税服务及CA认证工作。截至2015年底,全市智能办税终端和数字证书(CA)推广开通户数为104373户,占全省34.54%,电子办税服务厅本年七大类税收业务发生数为1238.4万笔。

［**科技兴税**］ 2015年,广州市地税局推进信息化建设各项工作。一是以信息技术为支撑,力保同城通办畅通。开发影像采集系统,将纳税人提交的纸质资料全面进行影像化,影像化在全系统全面推广;开发无纸化办理模块,确保任务同步推送,影像

件实时调阅;构建电子文书库,统一文书实时输出,为“同城通办”提供实时向外输出的数据来源;建立手机版查询办税(费)清单、微信公众号查询办税服务厅排队情况等业务信息手机查询渠道,有效提高了纳税人办税效率,实现“错峰办税”。二是充分发挥技术优势开发风险管理评估系统。成立风险管理评估系统试点工作领导小组,负责统筹指导试点各项工作,统筹实施风险管理全过程:完成系统开发、安装部署,组织梳理流程及岗位职能,统筹建立指标体系,归口推送风险任务,支持和推动基层创新管评;着力夯实数据基础:在创建首批风险指标的同时开展指标元主题配置工作,已完成指标元主题配置59项,基本涵盖日常评估及企业所得税专项评估指标建立所需,组织开展数据整备专项工作,针对已配置好的59项指标元及25个指标,对其建立效能进行验证,以提升数据质量,完善数据管理规范,为后续推广打好基础。三是搭建大数据基础工作平台。建立电子数据管理总集成项目,对大数据管理平台构建起整体规划和顶层设计,提供了上下级联动的融合机制;建立元数据管理系统,实现了元数据全面管控、挖掘关联关系、建立起业务—技术元数据转换注册机制、统一数据访问为核心功能;建立起统一的数据管理技术架构和数据交换统一接口,建立统一主数据库,实现数据集中管理、集中交互,信息快速共享。四是多管齐下为业务支撑类信息化添砖加瓦。开发存量房交易外部数据写入金税三期工程系统功能模块,实现将广州市地税局现有的辅助征收系统中存量房交易税收管理有关数据传输到金税三期工程系统,充分利用辅助征收系统已经采集的数据和确定的计税价格,提高数据的准确率、避免重复录入,以减少前台人员工作量和业务办理时间,降低执法风险;完成广州市特色软件的改造:对税源综合管理平台辅助系统、综合治税平台、辅助征收系统等3个特色软件进行改造,解决由于金税三期工程上线后产生的数据问题;配合推进“三证合一、一照一码”项目:根据税务总局的要求,配合业务部门做好各项信息化支撑的工作,确保一照一码登记制度的改革如期在广州市地税局开展;完成全市所有办税大厅推广纳税服务综合监控管理系统2.0版工作:在全市64个大厅(含契税征收点)升级纳税服务综合监控管理系统至2.0版,2.0版新增了前台绩效考核管理、与微信对接预约服务、预警分析等多项新功能;开发稽查案件项目管理系统,进一步提高稽查管理的信息化水平,满足驻点稽查等稽查模式扩展的需要,体现稽查内控风险管理要求,实现稽查项目管理的信息化、网络化目标;优化完善社保费三方协同办公系统,极大方便了缴费人,实现了地税、社保、财政电子对账,最终实现基金的安全运行,为缴费人提供更优质便捷的服务。五是不断加强硬件设施建设。对市局生产机房进行了改造,为部分单位机房已经过期的UPS及电池设备,有力提升广州市地税局生产中心及各区机房的供电安全水平,确保纳税服务“不间断”;大力推进基础设施云平台建设:形成不同的资源池,针对不同类型的应用,构建不同的技术架构,基础设施云平台逐步实现分类建设、统一管理、主动运维的建设目标;虚拟化桌面应用:采取虚拟桌面技术代替传统PC的办公模式,通过云数据中心统一管理、监控用户终端,提升运维效率,保障网络和系统安全,防止数据泄密,也便于维护人员迅速定位故障,实现远程诊断排障;完成基层单位三级节点网络设备升级工作,开通三级节点备份线路,形成“主干走万兆,千兆到桌面,全网有备份”的网络格局;完成网络安全改造项目,更换核心机房防火墙设备;保障核心数据库正常运行:在核心数据库运维方面,做好日常运维、监控、调优等工作,确保辅助征收、税源管理、网站、社保、行政辅助、数据仓库等核心数据库的稳定安全运行。

[税费管理]　一是营业税方面。2015年组织营业税收入314.05亿元,同比增长6.23%。主要做法:(1)开展营业税风险排查。针对数据量大、涉及企业较多的情况,集中力量对房地产和建筑业等重点行业及2013年、2014年均未缴纳过营业税的纳税人开展排查评估,全面加强各税种征收管理。(2)加强存量房交易税收管理。对全市范围所有类型的存量房交易计税价格价格体系进行市场调查、数据分析和调整测算,并完成定期调整。(3)贯彻落实小微企业暂免征收营业税政策,确保该项优惠政策惠及民生。二是财产行为税的征收管理。2015年组织财产行为“十税”收入480.47亿元,同比增长2.24%。主要做法:(1)以有效管理促土地增值税收入。建立注册税务师资格库,探索聘请中介专业力量参与土地增值税清算。(2)进一步规范契税征管。贯彻落实新的企事业单位改制重组契税政策,加强对城市基础设施配套费契税征收管理工作,配合省地税局开展房地产开发企业违规代理契税清理工作,启用房地产交易信息查询平台“先税后证”信息查询模块新增功能。(3)继续加强城市维护建设税申报信息数据比对工作。(4)进一步加强印花税零散税源管理。加强源泉控管,适度扩大印花税委托代征。结合纳税人行业特点开展印花税纳税审

核、评估、稽查,加强日常监控。(5)进一步完善个人出租屋税收管理。落实出租屋税收网上缴税功能,积极争取代征单位经费支持,有效支持出租屋代征单位工作开展。(6)做好车船税联网工作。完成保险机构开展联网征收车船税的测试和上线工作,指导纳服部门做好税宣。(7)组织开展2015年度广州全市房产税和城镇土地使用税困难减免审批工作。三是所得税方面。(1)狠抓企业所得税汇缴管理,汇缴税款与汇缴率同创历史新高。截至申报期结束,共汇缴申报率达99.83%,申报汇缴税款34.82亿元。申报户数、申报率、申报入库税款均站上新平台。(2)强化高收入人员个人所得税管理,年所得12万元个人所得税自行申报工作再创佳绩。截至申报期结束,全市共有239355人完成了自行申报义务,比上年增加25826人,增长12.09%,人均申报年所得额近28万元,人均年纳税额约4.41万元,通过开展自行申报工作,共补缴个人所得税款2572.41万元。(3)制发落实税收优惠政策工作规范,确保各项税收优惠政策按照制度化、程序化、标准化的工作要求,落实到位。(4)全力贯彻落实小微企业所得税优惠政策,实现优惠政策宣传覆盖面和优惠政策实际受惠面达"双100%"。(5)认真落实年金递延纳税个人所得税惠民政策,优化纳税服务,确保年金政策得到有效落实。市政府《穗府信息专送》刊登广州市地税局上报的《年金市场扩围对我市个税税源的影响分析及建议》,获得广州市市长陈建华、副市长陈如桂批示。(6)在全市范围内全面推开聘用中介机构参与企业所得税汇缴后续管理工作。充分发挥社会资源在协税护税中的作用,通过中介机构参与后续管理检查的纳税人查补税款逾亿元。(7)个人所得税高收入者管理平台正式上线,充分利用平台数据,锁定重点关注人群,开展针对性辅导、约谈,取得良好成效。通过平台补缴个人所得税约2000万元。四是国际税收工作。(1)进一步提升"走出去"税收服务与管理。结合国家"一带一路"等对外经济发展战略,落实税务总局"便民办税春风行动",加强国地税合作,与省国税局、省地税局、市国税局、国际四大会计师事务所联合举办三场"走出去"专题宣讲会。发布3000册《"走出去"个人税收政策与风险管理手册》及《"走出去"企业税收政策与风险管理手册(2015版)》。(2)进一步强化外籍个人所得税风险管理。首次发布国际薪酬数据库,并印制1500册《2014年国际薪酬调研报告》。上线外籍人员个人所得税管理系统,累计推送2790条疑点给基层跟踪管理,开展2015年外籍人员个人所得税评估约谈工作,举办一场大企业外籍人员个人所得税风险防范专题宣讲会,查补入库税款及滞纳金1866万元。(3)进一步加强反避税管理。指导基层开展2014年度关联业务往来申报工作,全市关联业务往来申报率达90%。指导天河、白云区地税局开展反避税工作,本年反避税案件立案两宗,结案一宗,预计入库税额117万元。(4)进一步完善非居民税收管理。正式上线税源管理平台对外支付税务管理系统,实现了对外支付税务管理链条的信息化。开展2015年度非居民税收风险专项检查工作,共查补入库税额360万元。(5)进一步强化队伍建设。建立广州市国际税收联络员制度,组建了一支180人的国际税收联络员队伍,开展国际税收工作轮训计划。选派4人参加2015年赴港培训。与广东外语外贸大学经济贸易学院联合举办首期国际税收管理人才培训班;举办两期国际税收实务专项培训班,全系统180名国际税务联络员参与培训。拓展工作交流平台,发布两期《国际税收工作交流》,归集整理国际税收工作情况,促进一线人员国际税收工作素质提升。(6)进一步拓展国际税务交流合作空间。与欧盟商会、香港会计师公会、国际四大会计师事务所等相关单位交流座谈。与市公安局出入境管理支队召开联席会议,修改完善《外籍人员出入境及税务管理分工协作机制》。五是社保费征管方面。优化费金征管流程,提升费金征管质效,健全数据管费机制。主要做法:(1)进一步完善征收体系,费金收入取得新突破。(2)进一步强化系统建设,智能管费迈上新台阶。完善三方协同办公系统建设,搭建社保费征管监控信息系统,优化社保费征管系统功能模块。(3)进一步加强建章立制,依法治费取得新局面。实现全市第一批45项社保事项同城通办。落实社保费基本养老保险缴费工资基数下调,堤围防护费从2015年起全面停征,教育费附加(地方教育附加)和文化事业建设费月营业额3万元以下免征等优惠政策,2015年共为企业减负堤围防护费约40亿元,教育费附加(地方教育附加)0.65亿元(测算),文化事业建设费300万元,为广州市落实促进经济转型升级,加大促发展、惠民生力度起到积极作用。(4)进一步夯实综合治费体系,部门联动取得新成效。稳妥有序做好《广州市社会医疗保险办法》医保新政实施,确保了广州市79万名灵活就业人员参保缴费类型的顺利转换。批量调整省直单位生育保险,帮助41万名缴费人顺利实现生育保险的费率调整。

［税务稽查］　牢牢把握“法治、改革、增效”的工作主线,圆满完成了各项工作任务。一是案件查办方面。充分调动稽查骨干力量,以灵活机动的团队作战方式成立专案组,成功查办从化粤成粤源案、华新置业案、特华案、“4·08”专案,其中“从化粤成粤源案”是全国最大的虚开普通发票案虚开发票金额高达18.7亿元。成功查办5个超亿元的重大典型案件,数量超过去10年总和。认真组织年度十大稽查案件评选活动,并加大对重大典型案件的宣传力度,扩大案件的典型示范效应。二是深化改革方面。落实轮查抽查制度,稽查覆盖面显著扩宽,开展重点税源企业轮查、抽查工作,认真开展税收专项检查并严厉打击发票违法犯罪活动。“大执行”改革进展顺利,多措并举清缴欠税,加强对执行工作的统筹力度。建立疑难案件会诊制度,成立专业小组,统一查询欠税企业资产情况和法人代表出入境情况,加大案件移送力度,成功清欠多笔拖欠多年的税款。全力推进电子稽查工具的使用,创新办案手段、创新案件外调协查方式,通过办案人员实地外调、国际税收情报交换等方式,拓宽取证渠道;成功获取企业完整银行账户信息、企业证券交易信息,采集第三方数据取得突破性进展,极大提升办案效率。三是队伍建设方面。构建全方位规范稽查用权体系,夯实依法稽查基础,规范执法工作流程、规范查前告知事项,告知被检查对象的权利和责任,提前进行警示廉政纪律。培养一支专业化、多层次、严操守的稽查干部队伍。

［纳税服务］　在2015年广东省省情调查研究中心组织的全市政务窗口满意度调查中,广州市地税局连续六年名列第一。一是全面推行《全国税务机关纳税服务规范》。严格按照规范要求的资料、流程和时限办理业务,精简纳税人报送资料,减少办税环节,缩短办税时间,促进依法治税、规范执法,不断提升纳税服务水平。(1)加强新型办税服务厅建设。通过规范办税服务厅VI标识、功能区域设置等提升办税服务厅规范化、标准化水平。2015年,广州市地税局80%以上的办税服务厅已完成了局部或整体改造,59个办税服务厅规范化建设方面已基本符合纳税服务规范要求。(2)结合规范完善纳税服务制度。对照规范要求,结合广州实际,广州市地税局制发或修订了相关纳税服务制度。(3)持续开展“争当纳税人满意的办税服务厅,争当纳税人满意的办税服务标兵”评选活动。重新修订评选活动实施方案,进一步完善评选方法、评选标准,推动活动常态化,扩大影响力,增强税务人员做好纳税服务工作的责任感和使命感。(4)创新便民办税服务措施。2015年,广州市地税局在门户网站以及官方微信全面上线税费业务办理预约系统,方便纳税人选择合适的时间到办税服务厅办理涉税(费)事项;在官方微信上线“办税服务厅排队等候查询”功能,纳税人可实时查询广州市59个办税服务厅等候人数和在线窗口数,方便纳税人错峰办税。(5)强化督查确保《规范》落实。将“全面落实纳税服务规范”纳入市局重点工作督办以及绩效考核项目,并将“规范纳税服务”列为广州市地税局做好国务院政策措施落实情况的自查及督查主要内容。对于检查中发现的问题,及时向基层单位反馈,并要求各办税服务厅对照检查,确保各项改进措施落实到位。二是深入开展“便民办税春风行动”。从2015年2月1日起,着力抓好简政放权、服务发展、国际协作以及提效减负等4大类10项工作举措;将推进“便民办税春风行动”与落实广州市地税局2015年重点工作任务紧密结合起来。2015年,广州市地税局在报纸刊发“便民办税春风行动”相关报道46篇,其中《中国税务报》14篇。三是切实推进国地税纳税服务合作。(1)科学客观开展纳税信用级别评价。2015年,广州市地税局牵头开展2014年度纳税信用级别评价工作,广州市符合参评条件的纳税人共250169户,共评定2014年度纳税信用A级纳税人35265户,(其中3A级纳税人130户);B级纳税人194829户,C级纳税人15367户,D级纳税人4708户。《中国税务报》对广州市纳税信用评价工作进行了报道。(2)继续开展广州“税融通”服务项目。联合广州市国税局、广州市部分银行深入开展“税融通”服务项目,共有合作银行6个。截至2015年底,累计授信金额26.7亿元,累计投放贷款金额15.9亿元,惠及企业1035户。(3)实现国地税联合办税。2015年10月,广州市国税局、地税局联合开展共建办税服务厅合作项目,在海珠、荔湾、天河、番禺、从化以及南沙区地税局各一个办税服务厅开展试点工作,深度融合“五个一”联合办税(一个办税服务厅、一个服务窗口,一个工作人员、一个操作系统、一套管理制度),实现征收系统互联互通,国地税工作人员均可按岗位权限互访对方的系统办理相应业务,办税服务厅对窗口进行了统一规划设置,开通联办窗口,国税和地税事项可“一窗通办”,有效减轻了纳税人负担,实现“一套人马,办两家事”。(4)联合共建微信服务平台。2015年12月17日,广州市国税局、地税局共建的“广州税务”微信平台正式开通,为纳税(缴费)人提供“一站式”预约、查

询等办税服务,涵盖国地税最新的税收政策热点和办税指引,实现纳税人"进一个平台,了解两家信息"。(5)联合共建咨询热线。已在广州市国、地税局12366纳税服务热线互设专席,咨询员可通过系统将来电互转到对方预先设置的电话;搭建广州市国地税局12366纳税服务热线业务交流微信群,及时沟通热点、难点问题,开展业务交流,促进共同提高。四是有效保障纳税人合法权益。(1)按时保质办理纳税服务投诉。发挥局长信箱、服务投诉等渠道作用,健全和落实限时办结、及时反馈、跟踪回访、互动交流工作机制。(2)推动成立广州市纳税人协会。广州市国税局、地税局开展合作,联合共同推动成立广州地区首个纳税人自治的权益保护组织。五是优化门户网站建设提升网站管理和服务水平。统筹做好全国政府网站普查迎检工作,广州市地税局成立"政府网站普查工作小组",积极开展自查整改工作;调整设置栏目162个,更新清理内容25214条,修复错误链接1527条,向广东省地税局及广州市政府报送38份网站整改情况报告,通过对网站工作的统筹,提升网站管理、运维和服务水平。六是加大12366咨询热线统筹管理力度。加强对广州地税系统12366咨询热线的指导和管理,注重过程监控,建立12366咨询热线运行情况通报机制;加强对局属单位12366纳税服务热线转接电话的日常监控,对12366日接通率未达90%和各单位月转接成功率未达80%建立报告机制。2015年,12366咨询服务话务总量为2274920个,人工咨询需求1286556个,人工接听话务1100158个,占总量的48.36%,同比增加24.32%,年接通率85.51%,同比上升0.08%,广州在全省人工需求排名第一,接通数占全省总数的52.06%,准确率90.39%。七是高效开展违规插手涉税中介经营活动清查工作。广州市地税局成立清查工作领导小组,明确税务人员严禁行为、税务机关领导干部落实三项制度、税务机关应履行职责等工作重点和整顿清理目标,责任落实到位。

［**组织建设**］ 一是深入推进"三严三实"专题教育。各级党组中心组和党支部围绕"严以修身""严以律己""严以用权"主题,听报告、作发言、讲体会、广交流。全系统共召开座谈会184次,收集意见建议499条,领导班子查摆不严不实问题239个,班子成员查摆不严不实问题700个,班子成员相互之间提出批评意见652条,均列入整改任务清单,提出整改措施329项。处级以上领导干部纷纷走进基层,市局主要负责同志到番禺、白云、从化区地税局7个基层税所(分局),召开了3场基层干部职工和协税员代表座谈会,详细听取基层同志的意见建议,对基层工作给予帮助指导。二是深化基层党组织建设。成立广州市、区地税局两级党建工作领导小组,市局主要负责同志亲自挂帅,各级党组成员分别确定基层党建联系点并定期调研指导;组织各单位党组书记、机关党委(总支)书记和市局机关各党支部书记抓党建工作述职评议;组织标准化建设党员活动室,进一步规范党内组织生活;组织支部党员广泛开展"我心目中的基层党组织"大讨论;举办两期党务培训班,进一步提升党务干部党性修养。首次将党建目标管理工作延伸到全系统,年底对局属各单位机关党委(总支)、市局机关各党支部进行考核,以目标管理和考核评议倒逼党建工作质效提升。三是创新开展队伍思想工作。大力开展"连心桥""结对子"活动,全系统在职党支部采取"1+1"或"1+N"的模式,共建立了1961个"对子",党员与结对的群众进行交流互动,相关做法被省局转发到全省地税系统进行交流,并入围"广州党建十大品牌"推荐项目。市局主要负责同志带队到白云、从化、南沙等地最偏远的税所亲身体验上下班公共交通,使党员扎根基层、安心工作的经验做法,并在全系统广泛交流学习。四是充分发挥群团组织作用。制定《广州市地方税务局机关工会工作暂行规定》;举办了2015年广州地税系统职工业余篮球、羽毛球、乒乓球比赛;在2015年广东地税系统篮球比赛中皆以五战全胜的历史佳债,勇夺男子、女子篮球项目双冠军。

精准推进系统对口扶贫工作的开展。11月,省局党组成员、副局长,市局党组书记、局长揭晔带队到对口帮扶单位英德地税局和连南地税局进行调研指导。截至12月底,全市地税系统共9个对口帮扶单位,累计划拨帮扶资金5325万元,落实、完成帮扶项目127个,开展"智力帮扶"专题培训班13期,培训税务干部869人次,在资金投入、帮扶覆盖、人才培养等方面均位居全省系统前列。

［**人事管理**］ 一是加强领导班子建设和干部队伍建设。(1)协助省局加强市局领导班子建设。协助省局做好2名副局级领导干部转任、选拔1名副处级领导干部任云浮市局总会计师、在广州地税系统内遴选7名公务员调入省局机关工作。(2)组织开展处级干部选拔工作。全年组织选拔7名副处级领导干部,转任处级干部14名;选拔处级非领导干部6名。积极争取上级支持,为市局规费服务中心成立了党组,任命党组成员3名。(3)组织干部交流轮岗工作。市地税局组织对纳税评估局、增城

区地税局等7个单位8名处级干部进行交流轮岗。(4)优化人力资源配置。在全市地税系统内跨单位调整科级以下干部20名,从外单位调入干部12名;新录用公务员102名,军转干部9名,完成全系统110名干部借调工作,进一步缓解了基层一线人力资源紧缺不足的压力。二是规范干部人事管理制度和严格队伍管理监督。(1)落实职务与职级并行制度。广州市地税局系统57个正科级基层单位321名公务员符合条件晋升职级。(2)推进机构调整和职能优化。组织开展白云区地税局5科(所)职责调整调研并提出意见建议报市局党组审议;完成增城区地税局、从化区地税局机构更名工作。(3)强化队伍各项人事管理。全面开展处级领导干部个人事项填报工作,严格做到上级要求的"凡提必核";组织开展了全系统处级干部和机关科级干部的档案审核工作,并梳理了问题台账;制定了《广州市地方税务局协税员管理暂行办法》;组织开展了违规办理和持有因私出国境证件专项治理工作,共核查了全系统3400多名干部的持证情况及近三年来的出入境记录。三是严格按政策规定落实各项福利待遇。(1)全面规范工资改革调整工作。认真贯彻落实上级的政策要求,组织开展了全系统干部职工(含离退休人员)薪酬调整工作;根据市人社局有关要求,组织开展对全系统公积金缴存比例统一调整为12%的相关工作;组织开展了全系统工资自查工作及规范全系统在编职工社保费缴存基数。(2)提升老干部管理服务水平。定期向离退休干部通报本单位工作开展情况,组织安排老干部党支部学习交流活动,听取相关意见和建议;建立老干部健康档案,做好离退休人员健康跟踪服务工作。

[党风廉政建设]　一是不断压实"两个责任",深化制度落实新要求。广州市地税局党组着力健全责任链条,实现了责任落实的硬约束。党组书记、局长揭晔作为第一责任人,明确要求各单位主要负责人每季度汇报主体责任落实情况。其他班子成员认真履行"一岗双责",将党风廉政建设与分管工作同部署同检查同落实。广州市地税局与其局所属单位签订了落实"两个责任"的《责任书》,协助省局制定全省地税落实"两个责任"实施办法,出台关于落实该局"两个责任"考核办法若干问题的解释、建立主体责任清单、完善"两个责任"考核工作规则,推行局属单位负责纪检监察工作的领导半年一次"述责述廉述德";首次对局属单位落实"两个责任"情况进行考核,通报得分排名,强化了基层单位落实"两个责任"的执行力。做法得到广东省纪委、广州市纪委肯定,并被中央纪委内部网站和《广东党风》杂志刊发。二是强化监督执纪问责,构建"挺纪在前"新常态。2015年组织开展多项专项整治活动,有力促进了各项纪律规矩的落实。积极参加广州市机关作风建设督查迎检活动,受到广州市直机关工委领导的高度评价。2015年广州市地税局纪检监察部门信访举报投诉件办结率为100%,对经查属实件的相关税务人员进行了追责,对被错告的干部在一定范围内进行了事实澄清。同时,对被司法机关判刑或不予起诉的干部给予了党纪政纪处分。三是创新开展"两个巡查",打造纪检监察新机制。成立内控机制建设和税务稽查案件巡查组,创新开展首轮巡查工作。筛选出内控机制建设疑点数据289个,最终确认8个单位存在22个问题;发现5户税务稽查案件在执法程序、案件办理、内部管理等方面存在问题,涉及5个单位、32个问题。年底通报了"两个巡查"总体工作情况,各单位对37个责任人进行了问责,其中包括科级干部20人。"两个巡查"起到了强有力的震慑效应,得到驻广东省地税局纪检组的充分肯定。四是着重抓好廉政宣教,取得源头治本新成效。积极探索廉政教育新模式,充分发挥廉政文化的渗透引领作用,结合"三严三实"专题教育,开展副处级以上干部"三纪"教育培训;系统剖析违纪违法案件,广泛开展"以案释法""以案说纪"分析会;参与撰写广东省地税系统《纪律教育学习读本》。加大廉政文化建设力度,各单位广泛开展了廉洁读书月、廉政主题辩论赛,动漫、沙画廉政宣教片创作等廉政文化活动,取得较好成效。五是加大监督制约力度,拓展风险防控新思路。根据系统内"一把手"轮岗情况,启动正处级领导干部离任审计工作,并配合完成省局委托的经济责任审计工作。认真督导落实各级审计部门提出的工作需求,协助各级审计部门追缴入库税费金7500多万元。对审计中发现的问题,及时督导相关单位进行整改,并倒查制度漏洞,有效发挥了以审促防的作用。重点对金税三期工程系统上线后的高级风险点进行了筛选排查,汇编了《高级风险防范备忘录》,提升了廉政风险防控的针对性。六是注重坚持严抓严管,激发纪检队伍新活力。举办专职纪检监察业务培训班,参训200多人次;组织纪检监察干部参加广州市纪委业务培训100多人次;推荐业务骨干参加广东省纪委、广州市纪委的案件办理,协助办案的相关工作得到省委常委、省纪委书记黄先耀的批示肯定。

(缪晓苏)

深圳市地方税务局

［**经济概况**］ 2015年,深圳全市地区生产总值(GDP)17502.99亿元,同比增长8.9%;GDP总量继续居国内大中城市第四位,人均GDP约2.6万美元,稳居国内副省级以上城市首位;第二、三产业结构为41.2∶58.8;全年战略性新兴产业增加值7003.48亿元,增长16.1%,占全市GDP 40.0%;规模以上工业增加值6785.01亿元,增长7.7%;固定资产投资3298.31亿元,增长21.4%;辖区公共财政收入7238.8亿元,增长30.4%;地方一般公共预算收入2727.06亿元,增长30.9%;公共财政预算支出3519.95亿元,增长62.5%;进出口总额27516.58亿元,其中出口16415.39亿元,出口规模连续23年居国内城市首位。

［**税收概况**］ 2015年,深圳市地方税务局全年共组织收入2403.2亿元,同比增长32.3%,其中税收收入2276.2亿元,增长32.9%,规模在大中城市排第三位,在36个省(市、区)排第七位,增速居全国之首;税收收入中,中央级收入638.3亿元,增长30.7%;地方级收入1637.9亿元,增长33.8%。各项费金收入127.02亿元,增长24.6%,其中教育费附加收入58.28亿元,增长28.89%;地方教育附加费收入42.62亿元,增长47.38%;文化事业建设费收入5233万元,下降13.92%;代收广东省属企业社保费收入9.3亿元,下降13.97%;代收工会会费及其他罚没收入16.29亿元,收入规模与2014年基本持平。

［**税收收入特点**］ 整体经济运行规模和质量效益的持续提高,带动了税收收入实现快速增长,税收增速比全国平均增幅高25.6个百分点;第三产业税收比重为77.5%,每平方公里产出的税收1.14亿元,居全国大中城市首位;每百元GDP的地税产出13元;全年地税人员人均征税超1亿元;流转税、所得税和财产行为税收入增幅显著提高,营业税收入681.8亿元,增幅为43.6%;企业所得税和个人所得税收入分别为498亿元、556.2亿元,增幅分别为28.4%和33.6%;财产行为税收入540.2亿元,增幅为24.7%;税收增长动能强劲,现代服务业占总体税收的比重为59.4%;金融业贡献税收449.7亿元,同比增长57.4%;商务服务业贡献税收244.5亿元,增长69.8%;战略性新兴产业贡献税收368.6亿元,增长24.8%;税源拓展"优进优出",吸引192家世界500强企业在深投资,实现税收159.4亿元,增长27.7%;鼓励420家"走出去"企业拓展海外市场,实现税收收入68.4亿元,增长13.7%;盐田港、赤湾、中集海运等企业实现税收13.3亿元,增长35%;前海自贸区进驻企业达6万户,实现税收66亿元,增长3倍;新的税收增长点加速形成,全市纳税登记户数达176.9万户,是商事制度改革前的2.1倍,近三年新增的95.7万户企业在今年贡献税收108.3亿元;依托互联网平台的新兴金融企业贡献税收19.8亿元,增长48%;电子商务、网游等互联网公司贡献税收17.8亿元,增长19.9%。"高新软优"成为税收中坚力量,纳税百万元以上的大户共11324家,同比增加1170家,贡献税收1903.5亿元,增长44.4%,占总体税收的比重为83.6%,超七成是高技术、创新型企业。

［**税收执法**］ 取消全部31项非行政许可审批事项,232项减免税全面取消事前备案,实现非核准类减免优惠在申报环节直接享受,改为加强事后管理;制定基础性管理、后续跟踪流程化管理、风险指标化管理三项制度,在提高后续管理风险化水平的同时,为管事模式改革的持续推进提供信息化、标准化、流程化支持;率先在全国试行企业所得税优惠事项办理和汇算清缴申报的附送资料由企业自行"留存备查";实化细化14条偷税认定标准,开展税收公职律师试点,发挥公职律师在行政复议和行政诉讼中的作用。

［**税源涵养**］ 做好"营改增"工作,试点纳税人减税110.6亿元,减负48%;建立税收优惠政策落地机制,将优惠政策落实从"即报即享"变为"不报即享"、从"即来即办"变为"不来即办";全面落实税收优惠政策,实现小微企业减免资格自动认定,受益面100%;全年减免税233.1亿元,同比增长54%,其中企业享受研发费用加计扣除额140亿元,高新技术企业低税率减税47.6亿元;制定落实《税收分析工作制度》,明确工作职责,完善横向、纵向税收分析机制;采用"三因素法"预测辖区收入总量和结构,合理确定并分解全年收入计划,更新四大支柱产

业(41605户)和六大战略性新兴产业(2441户)的重点企业名单,增加三大未来产业(76户)企业名单,全面加强税源监控;通过纳服平台和风险平台推送有关新产业、新税源和新业态税收政策提醒,常态化开展税源跟踪服务,时任税务总局总审计师顾炬对此作出批示肯定。

［税种管理］　依托风险任务推送及纳税提醒等手段,完成12.4万户企业汇算清缴工作,汇缴企业所得税税款183.21亿元,同比增长31.7%;督促全市47万人办理年所得12万元以上个人所得税自行纳税申报,申报应纳税额263.6亿元,补缴税款2236.6万元,网络申报率达93.3%;从市国税局接收4069户企业回市地税局控管,全年贡献税款1.01亿元;发布新版土地增值税征管规程以及清算方案,全年共推送土地增值税风险任务26户,累计补缴税款及滞纳金5450万元;通过纳服平台发送房产税、土地使用税优惠办理提醒;与市发改委、规土委、市海事局建立信息共享机制,分别获取房地产项目立项、新房预(现)售、土地转让与登记、船舶登记等信息,全面加强各种财行税的征管。

［纳税服务］　深入开展"便民办税春风行动",落实纳税服务规范、征管规范和国地税合作规范,实现与市国税局联合开具税务违法记录证明、联合设置办税窗口及数据定期交换;通过第三方满意度调查强化自我监督,办税窗口满意度稳步提升,获全国行政服务大厅百优表彰;制定纳税咨询服务管理办法,确保咨询服务的统一和权威,12366服务量76万人次,同比增长18.4%;纳税人学校免费培训纳税人近2000人次;开发"直冲云霄"手机税收公益游戏,开发"微信有奖问答",方便纳税人及时掌握税收热点资讯。

［税收征管］　推动税收管理由"划片分户到人、一人各事统管"的管户模式向以事项专业化管理为特征的可数据化管事模式转变,推动税收征管模式实现根本性变革;厘清事项权责,对管理事项进行分级分类,实行有限责任下的专业化管理;运用数据化、信息化方式,在按风险等级进行事项分类的基础上,实现对传统手工方式的替代;依托风险传导反馈机制,将主要税收管理事项纳入风险管理链条,以风险管理理念对税收管理任务进行统筹、推送、应对和结果反馈;通过"分事项管理、各环节留痕"的管理方式,打破过去管理员权力过分集中、自由裁量权过大局面,实现权力的有效监督和制约。广东省地税局局长吴紫骊肯定深圳市局改革是"系统性、根本性、革命性的改革"。

［"互联网+税务"］　与深圳市场监管、国税、公安、社保等部门密切合作,在全国率先实施"多证合一、一照一码",并实现全流程无纸化网上办理;在全国率先开通微信缴税并覆盖全税种,满足随身办税、异地缴税需求,形成POS机、网银、微信等多元缴税体系,获得税务总局局长王军批示表扬:"此事做得好,符合中央刚通过的深化国地税改革方案精神,望持续改进,成为可推广模板,谢谢有关方面的支持和帮助!"全国首推微信有奖问答,开通首日参与人数超过3000人,并使微信公众号关注人数增长262.3%;全国首创自然人税务局,6069名纳税人完成实名身份认证,享受网上自助开具打印完税证明、12万元申报缴款等服务;搭建"互联网+实时咨询管理"平台,整合互联网常用渠道,建立与纳税人的实时在线连接,全年通过该平台解答纳税人问题2.4万个;创新推出互联网发票服务,纳税人足不出户即可领购和验销发票,全年网购发票共253万本;创新推出发票查验APP,公众可通过扫描二维码查询发票真伪;应用Hadoop分布式计算技术,通过手机、门户网站等各类渠道查询发票从耗时5秒缩短至0.12秒,用户体验大幅提升;实施税银互动计划,开发建设税收征信数据平台,与银行、腾讯共同推进"互联网+"P2P网贷业务、征信业务,为诚信守法的小微企业提供融资便利。

［税收风险管理］　聚焦风险管理"最后一段",集中资源开展高风险指标建设,加快将稽查纳入风险管理链条步伐,风险管理工作逐步向传统领域、高风险领域以及稽查领域覆盖;全年建设风险任务共48项,推送风险任务6批共78项,总计16.32万户次,同比增加25.8%,风险管理直接带来的税收收入61.8亿元,拉动整体税收增长3.6个百分点;其中,各稽查局、区局间互推管查联动风险任务39项,总计78户次,通过自定义任务开展重点税源企业轮查,首批筛选67户房地产企业开展风险应对,查补收入5.6亿元;制定落实中海油等6户企业集团风险管理工作方案,按时完成35户成员企业的信息采集、内控调查、企业风险自查及税务审计、税务总局推送风险点的排查应对等工作,这35户成员企业共补缴税款近1600万元;市局《运用大数据构建大企业可数据化管事模式》项目被税务总局评为全国地税系统大企业专业化管理优秀创新项目。

［税务稽查］　全年共立案检查企业282户,查补收入8.3亿元;组织自查733户,补税11.3亿元;对138户企业开展专项检查,查补收入2.04亿元;对金融、房地产等行业开展发票使用专项检查,查获

假发票100多万份,捣毁4个窝点,抓获3名犯罪嫌疑人;查结新桥案件,查补收入5.8亿元。建立非居民税收风险防控体系和避税风险分级分类应对机制,根据风险难易程度细分风险层级、区分应对主体、明确应对职责,合计推送风险任务283条,实现反避税年度管理税收增收7.73亿元。

[**电子税务管理**] 建成相互融合的"征收、管理、服务、稽查、行管"一体化信息平台,为税收管理提供信息化支撑;融合开发电子税务局、移动APP、微信、微博、新门户网站等平台,95%的地税业务可线上办理,纳税人只需"指尖操作",即可办理"登记—申报—缴款—凭证寄递—咨询辅导—享受优惠"全流程业务,网上办税率达87.7%;开发电子档案管理系统,实现涉税档案的共享和电子流传递;广泛应用第三方数据,与15家单位建立数据共享机制,采集29类、70余项,1.4亿条第三方信息;主动推送税收诚信数据,对外公布黑名单企业,推动联合惩戒,利用信息系统评出12.8万户A级纳税人。

[**政务管理**] 推进组织绩效和个人绩效管理,探索实行全员绩效考核,对照税务总局绩效管理3.0版和市政府绩效考核指标,及时做好细化分解,明确各项指标的责任处室和职责要求,并及时督促相关责任单位,确保各项考核任务按时高质量完成;上线行政管理平台一期,实现对"文、事、人、财、物"等五类行政资源的高效管理与配置;全力做好2015年市局98项、基层148项重点工作落实情况的督促检查;研究开发督办管理模块,启用视频会议系统;高效完成24件市人大建议和市政协提案的答复工作,满意率100%;认真开展矛盾纠纷及安全隐患的排查,做好舆情监测和应对,编发《深圳税收舆情监测》12期,处理信访案件34件,接访11批26人次;及时公开政务信息1468条;完成《税收管理现代化的国际比较与评价体系研究》《关于新一轮财税体制调整对我市财税经济影响的研究报告》等14个调研课题,编发《地税调研》13期,编辑《深圳税收参考》6期,编发《内部参考》24期。

[**队伍建设**] 出台加强基层党建工作的指导意见及党费收缴管理、民主评议党员等配套制度;开展"三严三实"专题教育,组织8次党组理论中心组学习,举办4批党务党性培训;开展"最后一段行"活动,局领导带领136名处级干部深入基层一线担任一周的管理员,参与基层风险管理实践;开展机关党委、机关纪委领导班子换届选举,推进基层党组织分类定级;全年选拔3名处级干部,完成127名执法员职级晋升;全年共举办各类培训班420期,共18040人次参训;组建人事监察、税收分析高层次人才队伍,共选拔高层次人才57人;举办练兵比武活动58期,共计2464人次参加。

[**纪检监察**] 落实党风廉政建设责任制,出台"两个责任"实施意见;构建内控监察平台,推送应对廉政风险任务,探索实行税收执法过程留痕、责任可究;坚决纠正"四风",清理腾退办公用房、规范公务接待;办理信访投诉69件,办结上级转办线索5条,党内立案审查2人,约谈7名新提拔和38名分管纪检监察的副处级领导干部,协助相关部门对经商办企业问题进行查处;强化廉政宣传教育,上线电子廉政教育基地,编写廉政教育读本,组织《中国共产党廉洁自律准则》和《中国共产党纪律处分条例》学习,对103名纪检监察干部进行培训,组织6次特邀监察员活动。

[**税务文化**] 宣传和树立"最后一段"先进典型,开展群众性文体、主题沙龙、健康讲堂等活动,完成"双到"扶贫帮扶项目建设,跟踪落实职工参保全省职工医疗互助保障计划,获得市关爱行动优秀组织单位,5个单位获得市级以上荣誉,离休干部张屏和曾柏生获得中组部颁发的中国人民抗日战争胜利70周年纪念奖章。

(陈东阳)

珠海市地方税务局

[**经济概况**] 2015年,珠海市经济运行良好,经济增速稳中有进,产业结构优化和转型升级取得新进展,经济质量和效益稳步提升。全年实现地区生产总值2024.98亿元,按可比价计算,同比增长10.0%,增速居全省首位。珠海市工业发展呈现位次提升和结构优化的两大特点,全市完成规模以上工业增加值980.76亿元,同比增长9.6%,增速为珠三角第二,高于全国和全省的平均增速。工业继续向高端化方向发展,先进制造业、高技术制造业增加值占规模以上工业的比重分别达49.6%和27.3%。

珠海市固定资产投资延续增长势头,完成投资1305.14亿元,同比增长15.0%。全年实现社会消费品零售总额913.20亿元,同比增长12%。全年外贸进出口总额2962.05亿元,同比下降12.2%。全年招商引资工作成效显著,珠海市实际吸收外商直接投资21.78亿美元,同比增长12.8%。年末珠海市中外资银行业金融业机构本外币各项存款余额5383.73亿元,同比增长9.9%;各项贷款余额2969.70亿元,同比增长22.4%。

[**税收收入特点**]　2015年,珠海市地税局组织各项税费收入478.37亿元,同比增收86.15亿元,增长22.0%。其中税收收入326.52亿元,十年来稳居全省第五,增收58.0亿元,增长21.6%;社保费收入125.95亿元,增收25.99亿元,增长26.0%;其他收入(含教育费附加、工会经费、残疾人基金等)25.90亿元,增收2.15亿元,增长9.1%。税收增速高于全省平均增速5.5个百分点、珠三角九市平均增速4.1个百分点。营业税、企业所得税、个人所得税三大主体税种合计232.72亿元,占总税收比重71.3%,较上年上升1.5个百分点。财产行为税收入93.80亿元,占总税收比重28.7%,增收12.48亿元,增长15.3%。中央级收入在所得税较快增长拉动下,增幅(27.6%)分别高于总税收增幅(21.6%)6.0个百分点、省级收入(23.7%)3.9个百分点、市区级收入(16.8%)10.8个百分点。省级收入因所得税、土地增值税较快增长拉动,增幅高于总税收2.1个百分点。市区级收入主要由于个别财产行为税负增长或增速相对较低,增幅低于总税收4.8个百分点。第二、三产业均实现较快增长,第三产业规模、比重及增收贡献率仍占主导地位:第二产业收入122.36亿元,占总税收比重37.5%,增收23.52亿元,增长23.8%,对总税收增长贡献率为40.6%。第三产业收入204.06亿元,占总税收比重62.5%;增收35.0亿元,增长20.7%,对总税收增长贡献率为60.3%。金融业主要受证券业、保险业快速增长及横琴新区新增税源拉动,收入31.82亿元,增收7.75亿元,增长28.9%。

[**税源分析**]　随着中央、省、市稳定房地产市场政策效应持续发挥,加上珠海区位优势,房地产销售保持畅旺,2015年全市商品房销售面积(增长24.3%)及二手房交易面积(增长51.9%)创下较高增幅,拉动房地产业税收增长28.9%,带动总税收增长7.8%。信贷环境整体宽松和上半年证券市场交易火爆,尤其是横琴新区金融创新有力拉动金融业税收增长44.2%(其中,资本市场服务业税收增长115.6%),创下2008年以来该行业增幅新高。全市百家"三高一特"重点企业合计税收66.90亿元,占总税收比重20.5%,增长19.0%,拉动总税收增长4.0个百分点。其中高端制造业规模及增幅皆占主导地位,占"三高一特"百家企业比重84.2%,增长48.0%,高于总税收增幅26.4个百分点。横琴新区、高新区、高栏港区"三大引擎"转型升级较早,创新驱动拉动税收较快增长,三区合计税收98.94亿元,占总税收比重30.3%,较上年提升3.1个百分点;增长32.7%,拉动总税收增长9.1个百分点;增收24.36亿元,对全市总税收增长贡献率为42.0%。

[**依法治税**]　全年受理各类举报案件59宗,累计立案查处各类案件55宗,同比增长162%,查补税款2300万元,全局促收查补税款2.39亿元。抓好中纪委"414"专案和利用假法院文书偷税的"07"专案检查。开展税收专项检查、区域税收秩序整治及打击发票违法犯罪活动,重点检查资本交易(股权转让)、跨境税收行为、房地产建筑安装业、高收入者个人所得税等项目,严厉打击涉税违法行为。非住宅类存量房交易价格评估系统全市全面推广应用,有效堵塞税收漏洞,促进税负公平。认真落实税收"黑名单"制度,加大违法案件曝光力度,有效遏制税收违法行为。积极推进税务行政审批制度改革,以规范性文件形式制发首批税务行政处罚权力清单3类8项,编制行政审批(许可)事项办事指南和业务手册,强化了税务机关责任和纳税人权益。通过"依法治税"专题教育培训,加强和规范税收风险管理,切实提高依法行政水平。珠海市地税局被确定为全省开展岗位公职律师试点工作单位;被市司法局、普法办选为珠海市"六五"普法先进典型报送至省司法厅、普法办参评;在全省地税依法行政工作考评中市政府评价结果位居第一。

[**科学征管**]　认真抓好企业所得税汇算清缴和后续管理,2015年度汇缴企业1.88万户,补缴企业所得税48.05亿元,同比增长22.36%;调整增加2014年度应纳税所得额14.9亿元,后续管理工作获得全省绩效考核第一名。做好12万元以上个人所得税自行申报工作,受理申报2.79万人,同比增长20%。制定契税减免税和土地增值税预征管理操作指引,对房地产开发项目从立项开始展开动态监控,全面实施精细化管理。大力推进土增税清算,实现税收22.11亿元,同比增长48.9%。联合国土资源、财政、不动产登记部门,启动"以地控税、以税节地"试点工作成效初显。建立耕地占用税"地税

牵头、部门配合、先税后证”源泉控管机制，全年追征入库税款约3亿元。加强全市非居民税收管理，规范非贸易项下外汇汇出业务，强化跨境税源监控管理，全年实现非居民税收收入4.36亿元，同比增长75%。举办服务“走出去”企业支持“一带一路”税收协定宣讲会，帮助“走出去”企业个人维护税收权益，控制税务风险。加强反避税案件调查工作，办结建局以来最大反避税案件，调查补缴税款及利息逾7100万元。加强关联交易特别纳税调整前期监控，关联交易管理对税收贡献7.67亿元，前期监控管理对税收贡献同比增长116%。继续依托社会综合治税工作平台，充分利用第三方信息重点加强房产税、土地使用税和耕地占用税管理，全年累计获取第三方涉税信息265万条，通过数据分析应用增加税收8.4亿元。强化税收风险管理，开展税收风险数据排查应对，实施纳税评估及税收辅导，全年实现评估收入5.98亿元。认真落实全国税收征管、纳税服务以及国地税合作规范，开展规范解读培训辅导，强化规范落地督办考核，按规范要求调整部分机构职能和优化业务流程，并整理汇编金税三期工程操作手册和地税版纳服规范，有效规范、便利基层人员征管服务行为，提升税务风险防范、管理服务水平。依托金税三期工程系统，加强税费征管数据质量监控和欠税欠费催缴，全年清理历史欠费5239万元。

［**纳税服务**］　深入开展“便民办税春风”行动，全面实施“三证合一”“一照一码”登记制度改革，全年办理“一照一码”登记纳税户7700户。制定房地产交易涉税事项网上预约办理业务指引，通过信息共享和互联网技术简化流程和申请资料，将需纳税人提供和填写资料减至最少。大力拓展免填单业务，新增纳税核定等20多项免填单业务，对存量房交易和国地税联合办税业务全面推行免填单。在全省率先推出“可视12366”系统，实现办税服务厅纳税人与市局12366呼叫中心的视频互动，开启了咨询服务新平台。以高新区全省首个国地税联合一体化办税厅建设为模板，在全市推广国地税联合办税，优化和整合办税服务资源，统一征管服务标准和执法尺度，解决当前存在的纳税人“多头跑”和重复报送资料等问题。创新宣传载体，推出并不断完善“珠海地税”政务微信，推送各类税费资讯、分类指引服务，纳税人可享受智能、全天候的税费“掌上服务”。全年累计在各大媒体刊发新闻报道约80篇次。摄制全省首宗境外人员二手房偷税案专题宣传片，创作反映国地税联合办税成果的税收微视频《牵手》，获全省“新常态　新税风”微视频大赛优秀奖；创作宣传市局普法工作亮点的H5新媒体作品，荣获全国普法办“六五”普法新媒体创意大赛三等奖。

［**队伍建设**］　加强领导班子建设，选准配强单位部门“一把手”，分两批完成8个基层局“一把手”交流配备，配合省局副处级领导干部选拔提任稽查局局长，下属9个局“一把手”调整率100%。积极落实国家关于县以下公务员职务与职级并行制度要求，分批完成430名同志的职级晋升。进一步规范外事管理，严格落实相关外出证件管理规定，完成全系统干部职工因私出国（境）管理清理。大力提高兼职师资能力，在华南师范大学举办兼职教师能力提升班，39名市局兼职教师和后备师资授课137次。大力推进岗位大练兵和业务大比武，围绕依法治税主题设计五大课程，举办35期培训班。探索推行新进公务员“从税八级”递进式强化培训。绩效管理考核扎实推进，创新推出绩效事项“提示单”和“督办单”制度，有效发挥绩效“指挥棒”“警示台”作用，推进工作落实和创新，执行力得到有效提升。全年绩效考评总成绩排名全省第一。珠海市委副书记、市长江凌对市局绩效管理工作给予批示肯定。

［**作风建设**］　认真组织党的群众路线教育实践活动“回头看”和“巩固深化拓展”主题活动，30项整改措施、9类专项整治项目均实现阶段性销号，群众满意度评价各单位各项满意度100%。扎实开展“三严三实”专题教育，组织处级领导干部到联系点讲党课，完成三个专题学习研讨。通过“三查三找”（查思想、找差距，查行动、找苗头，查措施、找良策），查找存在“不严不实”问题，针对具体问题分类抓好整改落实，以“三严三实”实际行动巩固群众路线教育实践的成果。严格落实党组中心组学习制度，加强学习型党组织建设，严肃工作纪律和规矩意识，加强党员领导干部“八小时以外”活动监督。抓好党风廉政建设“两个责任”学习贯彻，出台“两个责任”清单，细化分解为5大类41项具体内容，明确责任单位，加强考核检查。认真贯彻落实中央八项规定，厉行节约、勤俭办事。市局获2014年度机关事业单位（中央和省驻珠单位）年终考评、社会满意度测评、“转作风提效能”考评三个“第一”，被评为先进单位通报表彰，该项工作也获得省局局长王南健批示肯定。

［**信息化建设**］　2015年，珠海市地税局以“信息化建设年”为契机，以优化“两个服务”、实现“两个减负”为出发点和落脚点，经过充分调研评估、意见征集、问题导向，全年确立信息化建设重点项目

21个。其中,数据中心2015年10月建成使用,新旧机房成功接割,总面积约435平方米,承载全市地税信息系统的安全运作,可满足10—15年信息化发展需要,为信息化建设迈上新台阶奠定坚实基础。在全省率先上线税款TIPS系统和社保费省ETS系统刷卡直解一体机功能、税款银行端查询缴款功能。全省首个成功上线电子退税业务,全年全系统电子退税1672笔,占总退税比数76.1%,大大减轻基层工作量,提高企业退税资金到账速度。代扣代缴手续费支付系统11月底试运行上线,大大减少纳税人和前台工作量。7月实现15个办税厅WIFI全覆盖,为纳税人提供免费无线上网,提升服务体验,拓展宣传渠道。技术稽查创新突破,率先在全省稽查系统中建成稽查数据分析监控指挥中心,分析平台和查账软件已完成本地化改造并投入使用。数据综合应用平台完成总开发量近70%,通过大数据等技术,可实现综合查询、多维分析、征管质量监控、疑点比对、自动推送等功能。优化升级三方协作平台,在全省率先推出微信公众号、门户网站同步自助查询参保缴费信息功能,极大方便缴费人,该平台获评市"转作风提效能"服务创新成果一等奖和"珠海社会治理创新最佳案例"。

(吴性坚)

汕头市地方税务局

［**经济概况**］　2015年汕头市实现地区生产总值(GDP)1850.01亿元,比上年增长8.4%。其中,第一产业增加值97.31亿元,增长3.3%;第二产业增加值956.69亿元,增长7.4%;第三产业增加值796.01亿元,增长10.4%。现代服务业加快发展,实现增加值317.88亿元,增长12.6%。民营经济增加值1304.44亿元,增长9.1%。全市人均GDP 33406元,增长7.7%。全市完成一般公共预算收入131.03亿元,比上年增长5.8%;一般公共预算支出279.66亿元,增长34.3%。全年完成工业增加值872.48亿元,比上年增长7.1%。完成工业总产值3924.71亿元,增长8.3%。其中,规模以上工业总产值3010.39亿元,增长9.1%。规模以上工业产值占全部工业总产值76.7%。全年完成固定资产投资1274.32亿元,比上年增长27.1%。房地产开发投资245.51亿元、增长21.5%,商品房销售面积223.56万平方米,增长38.5%。全年社会消费品零售总额1339.34亿元,比上年增长12.9%。2015年全市进出口总额92.85亿美元,比上年下降2.9%。全年交通运输、仓储和邮政业实现增加值41.95亿元,比上年增长4.2%。2015年末,全市金融机构(含外资)本外币存款余额2857.20亿元,增长7.1%。

［**税费收入**］　2015年,汕头市地方税务局共组织税费收入1777996万元,增收175423万元,同比增长10.9%,剔除"营改增"因素影响,可比增长11.5%(下同)。其中税收收入1117189万元,增收91287万元,同比增长8.9%,可比增长9.8%,完成省局下达年度收入预期目标的101.1%;征收社保费收入568484万元,增长12.5%,增收63370万元。征收教育费附加、文化事业建设费等92323万元。来自汕头市地税部门一般公共预算收入593472万元,同比增长6.4%,可比增长7.2%。

［**税收收入特点**］　一是各级库收入均实现增长,且全面完成年度收入预期目标。实现中央级收入254869万元,同比增长10.7%,完成省局下达年度收入预期目标的100.7%;省级收入304989万元,同比增长13.0%,可比增长14.7%,完成省局下达年度收入预期目标的102.3%;市县级收入557331万元,同比增长6.0%,可比增长6.8%,完成省局下达年度收入预期目标的100.6%。二是营业税和个人所得税收入快速增长,土地增值税和契耕两税大幅减收。主体税种营业税得益于金融保险、建筑安装和房地产业营业税大幅增长,同比增收52201万元,增长21.3%;个人所得税得益于股权转让所得的大幅增长以及工资薪金所得稳步增长,同比增收42393万元,增长38.6%;企业所得税受企业利润总额增幅大幅回落、汇算清缴收入大幅减收的影响,同比增长0.2%;土地增值税受同期强化清算税款入库抬高基数等因素影响,同比减收8956万元,下降10.1%。受国有土地出让收入大幅减少以及汕头市调整享受普通住房优惠政策交易价格标准影响,"契、耕"两税大幅减收,同比下降11.5%,减收12507万元。三是第三产业收入增幅高于第二产

业,房地产业税收占比明显回落。全年来自第二、三产业税收占比约为36.4∶63.5,第三产业占比较上年提升2.1个百分点,且增速高于第二产业。其中第二产业税收增长3.0%,增速同比回落9.5个百分点,第三产业税收增长12.5%,增速同比提升2.8个百分点。房地产业受企业所得税增速回落、土地增值税和契税减收因素影响同比下降4.4%,税收占比24.2%,比上年同期回落3.4个百分点。

[税源分析] 主要增收因素:2015年,汕头市紧紧围绕国家"一带一路"重要战略和省委、省政府关于促进粤东西北地区振兴发展的决策部署,以交通基础设施建设、产业园区扩能增效、中心城区扩容提质为抓手,坚持稳中求进工作总基调,全市经济增长总体平稳、稳中提质的态势,为税收增收奠定坚实的税源基础。全年税收增幅较高的行业有金融业税收增长37.1%,租赁和商业服务业税收增长113.7%,建筑业税收增长7.4%,住宿餐饮业税收增长6.4%。主要减收因素:2015年,受国际国内复杂发展环境等因素的影响,汕头市经济运行下行压力未能得到较明显改善,经济税源后劲严重不足,加上土地成交的冷清、政策性减收效应集中体现以及一次性税源等各项因素错综交替叠加影响,导致部分行业税收同比低增长或负增长,其中:制造业税收增长0.9%,批发和零售业税收下降3.1%,房地产业下降4.4%,电力煤气水供应和生产业税收下降8.3%,交通运输仓储和邮政业税收下降28.5%。

[税费征管] 对占税收收入总量近7成的全市566户年纳税额200万元以上重点企业加强税源监控,同比增长13.5%。抓好对金融保险、建筑业和房地产等重点行业的监控管理,特别是通过实行中心城区建筑、房地产项目属地管理,落实责任、全面清理、逐户核查,全面掌握建筑、房地产"两业"项目存量,促进金融保险、建筑安装和销售不动产营业税分别实现15.2%、31.2%和42.2%的较快增长。采取税务机关辅导、评估和企业自行汇算等形式,组织对13116户企业开展2014年度企业所得税汇算清缴,补缴企业所得税收入1.55亿元;抓好个人所得税重点纳税人的跟踪管理和比对核查,加强股权转让信息的比对分析和评估核查,来自星辉互动娱乐、中国医药、国药集团、凯撒股份、群兴投资等企业共入库个人所得税20186万元,拉动财产转让项目个人所得税实现137%的大幅度增长,促进个人所得税收入实现38.6%的较快增长。抓早部署25个项目的土地增值税清算计划,有效弥补由于房地产市场持续低迷和较高基数造成的土地增值税收入缺口,共组织土地增值税收入7.95亿元。坚持既抱"西瓜"又捡"芝麻",抓好地方零散小税种的协税护税工作,有效实现源头控管。促进房产税、土地使用税、城市维护建设税、资源税、印花税、车船税分别实现7.1%、5.2%、12.1%、33.3%、5.1%、7%的增长。开展优化"三方协同工作系统"的二期开发,完成前置审核和报表功能模块的开发、测试工作和报表自动生成等工作,在规费管理信息系统开发"单一缴费基数自动监控"功能,逐步实现"数据管费"。

[税收风险管理] 开展以建筑业和房地产业为主的营业税风险排查工作,采取案头审核、实地核查、纳税评估和重点检查辅导等形式,进一步规范建筑安装和房地产"两业"税收征管。全市共排查382户建筑安装房地产企业,排查项目365个,清理排查补缴税费收入8258.24万元。联合国税部门在全市范围内开展国地税非正常户涉税违法风险清理应对工作,全面查找、有效消除国地税部门之间存在同一法定代表人正常户和非正常户异常数据信息,共清理1610户疑点户。开展虚增税收和混库、房地产开发企业违规代理契税、非本地户籍人员门前申报补缴个人所得税及存量房评估系统等风险排查,有效促进规范管理,防范税收风险。

[税收法治] 落实税收执法权力清单制度,梳理形成本部门8类67项权责清单,研究制定权力运行流程图,以规范性文件公告的形式发布了第一批税务行政处罚权力清单的公告,自觉接受社会监督。制订《落实税收优惠政策工作规范》,从文件分办、划分优惠类型等若干方面明确各部门具体工作职责,形成环环相扣、层层落实的工作格局。积极推进简政放权,将30万元以下的房产税、土地使用税减免一道下放区县局,简化审批流程及审核资料,做到审批工作规范、有序。在濠江区地税局开展创建法治税务示范基地试点活动,通过省局的综合评审和实地核查并被命名为广东省地税系统法治税务示范基地。加大稽查检查力度,开展对资本交易、房地产及建筑安装业、工业企业等三个行业税收专项检查,创新方式开展重点税源企业随机抽查,全年实现查补税费收入3258万元。

[国地税合作] 召开国地税机构分设以来的第一次联席会议,出台两局合作意见和联席会议制度,建立起国地税合作常态化工作机制、领导机制和协调制度,在市级、区县级国地税局分别成立领导小组及办公室。以贯彻《国家税务局　地方税务局合作工作规范(1.0版)》为契机,结合实际,全面梳理,分类推进,研究确定重点在联合办理税务登记、联合

开展经济户口清理、联合开展稽查检查、联合开展税收风险管理、加强信息数据共享、联合开展零散税源委托代征、联合开展税法宣传辅导、联合开展纳税信用级别评价、联合开展纳税大户表彰、联合开展税务中介行业监管等十个方面加强合作。实行由国税、地税两局各自牵头负责五个项目的实施,设立相应的专题工作小组,进一步细化合作项目的工作目标、具体措施、推进步骤、完成时限等内容,确保合作事项顺利推进、落实到位、取得成效。实行国税、地税联合与银行部门开展"银税互动"合作,2015 年共向297 户纳税人投放贷款 3.23 亿元。

[纳税服务]　深入开展"便民办税春风行动",结合实际对 4 大类 10 项工作举措进行全面部署,做到"定领导、定任务、定责任、定时间",确保落实到位。结合实际先后二次延长电子办税服务厅的免费体验期,促进智能办税终端应用户数达 6337 户;加快自助办税系统的建设,全市各办税大厅均配置了一台以上自助办税终端,各区县局全面完成 7 × 24 小时自助办税服务厅的建设。结合推广实施《纳税服务规范》,组织对办税厅服务设施、首问责任制等服务承诺制度落实情况开展检查,加强对外公开电话的管理,做好对办税服务厅的实时监控工作;完善前后台业务衔接,出台包括税收征管、纳税服务、规费征缴等系列业务操作指引,确保《纳税服务规范》实施后日常业务的无缝对接。在龙湖区局、濠江区局、澄海区局、潮阳区局和潮南区局等五个办税服务厅率先应用办税服务综合管理系统,利用智能监控和统计分析等手段对服务资源进行有效管控,实现了排队呼叫业务的先行上线应用。市局派驻市行政服务中心地税窗口积极实施延时服务和预约办税等个性化便民措施,以为纳税人提供 101% 满意增值超值服务得到了各级的充分肯定,成为全市 53 家进驻单位唯一连续三年取得市行政服务中心绩效考核满分的单位,并蝉联市政府"优秀窗口"光荣称号。

["三严三实"专题教育]　围绕开展"三严三实"专题教育,以党组中心组学习为龙头,落实"三会一课"的制度要求,组织"严以修身、严以律己、严以用权"三个专题学习研讨,并通过办班培训、实境课堂、报告宣讲、党课辅导、读书活动、网络学习等形式,常态化开展理想信念、宗旨意识教育和社会主义法治教育,引导党员干部把好世界观、人生观、价值观"总开关"。市局领导班子坚持把参加"三严三实"专题教育作为当前第一位的政治任务,积极发挥组织者和参与者的"一岗双责"作用,坚持以上率下示范带动,身体力行推动活动开展,带头参加学习,带头讲授专题党课,带头深入基层听取意见,带头边学边改,把学习教育与解决问题结合起来,做到以知促行、知行合一。针对查找"不严不实"问题 28 条,市局领导班子专门进行"会诊",并对 2014 年党的群众路线教育实践活动的 23 项整改任务以及 9 项专项整治任务进一步落实排查整改,推动包括加大交流轮岗力度、充实基层人力资源等新、老问题得到有效落实。

[干部队伍建设]　结合汕头地税队伍建设实际,组织对全市地税系统基层分局长进行全面交流轮岗,对基层分局长进行了力度空前的大范围调整,全系统 37 个基层分局中有 36 位基层分局长交流到了新岗位;完成了对中心城区非全职能局进行机构优化调整;在市局机关及稽查局开展干部职工交流轮岗工作,总体人员调整面达 25.73%,其中市局机关轮岗面达 33.88%。通过新岗位新实践,激发各级地税干部形成新思维、新思路,实现了新作为,打开了新局面。坚持以实施绩效管理为契机、平台,将全年 25 项重点工作和各个时段的重点督办事项纳入绩效考核,出台《汕头市地方税务局机关绩效考评奖实施方案》,真正将绩效考评奖优罚劣的原则落到实处;制定实施《汕头市地方税务局对区(县)局领导班子成员个人绩效管理实施细则》,实现下辖单位绩效管理"全员覆盖"。把岗位练兵作为税务干部教育培训的一项重要的日常工作来抓,采取多种形式,形成以一日一研、一周一练、一月一课、一季一考、一年一比"五个一"为基础的大练兵模式。承办了省局组织的 2015 全省地税系统篮球比赛(粤东赛区),男子、女子篮球队双双获得粤东赛区比赛的第一名。圆满完成对潮阳区金灶镇东仓村的扶贫"双到"工作,三年间通过各帮扶单位筹集、村集体自筹和争取各级财政资金投入帮扶资金共 850.87 万元,帮扶村集体项目 38 个,帮扶户项目 767 个。

[党风廉政建设]　全面部署 2015 年的党风廉政建设工作,将全年七项党风廉政工作重点任务细分为 28 项工作目标,分解落实相应的主责部门、协办部门以及完成时间;制定《汕头市地税系统各级党组落实党风廉政建设主体责任实施办法(试行)》《汕头市地税系统各级纪检组落实党风廉政建设监督责任实施办法(试行)》,进一步明确各级领导班子、领导干部的职责定位,逐级压实责任,为推进"两个责任"落实提供制度保障。开展廉洁从税、防范风险专题教育、违规收送"红包"礼金问题专项整治和"正风肃纪促发展"主题活动;在潮南区设立全市地税系统廉政文化教育基地先行点;开展对《中

国共产党廉洁自律准则》和《中国共产党纪律处分条例》等两部党内法规条例的专题学习;对全市地税系统津贴补贴发放情况以及“小金库”清理情况开展执法监察,加强对党员领导干部“八小时以外”活动的监督管理。对全市地税系统基层分局全面开展内审检查,坚持“查错纠弊”和“促进管理”并重,强力推进整改落实,强化内审成果运用,进一步解决了业务工作与廉政建设“两张皮”的问题,促进全市地税反腐倡廉工作提升到了一个新的水平。

(杨 坚)

佛山市地方税务局

[经济概况] 2015年,佛山市完成生产总值(GDP)8003.92亿元,比上年增长8.5%。其中:第一产业增加值136.42亿元,增长2.6%;第二产业增加值4838.89亿元,增长7.6%;第三产业增加值3028.61亿元,增长10.3%。在第三产业中,交通运输、仓储和邮政业增长3.1%,批发和零售业增长9.1%,住宿和餐饮业增长2.4%,金融业增长6.5%,房地产业增长16.4%,其他服务业增长11.4%。三次产业结构为1.7∶60.5∶37.8。在现代产业中,先进制造业增加值1568.87亿元,增长15.7%;高技术制造业增加值321.71亿元,增长10.8%;现代服务业增加值1769.14亿元,增长10.4%。民营经济增加值5063.56亿元,占全市生产总值的比重为63.4%。

[税收收入特点] 2015年,佛山市地方税收收入总体上呈现“税收增速高于全省平均水平、中央级收入增长较快、主体税种稳定增长、房地产业占比创新高、各区增长不平衡、税源集中度高、非常量税源减收”等特点:

一是全市税收收入稳定增长,全年累计增速高于全省平均水平。2015年,全市税收收入增幅呈现前低、中高、后稳趋势,税收收入总量和增量双双创下历史新高,总量完成355.7亿元,增收44.2亿元,月均税收收入规模29.6亿元(不含顺德区,下同)。全市税收收入累计增幅(14.2%)高于全省(不含深圳市,下同)平均增幅(8.8%),全省排名第四,珠三角八市排名第四。二是分级次看,中央级收入增速明显快于省级和市县级收入增速,市县级收入增速四季度有所加快。中央级收入同比增长21.2%,主要受企业所得税大幅增长34.7%拉动;省级共享收入同比增长19.9%,主要因为房地产销售升温拉动营业税和土地增值税增长;省级固定收入同比增长0.3%,主要受保险业营业税备案抵减及退税影响;市县级收入同比增长11.5%,较1—9月累计增幅(7.5%)增加4个百分点,主要受第四季度房产交易契税大幅增长122.4%及城镇土地使用税拉动。三是分税种看,企业所得税较快增长,营业税、个人所得税、土地增值税稳定增长,市县级固定税种小幅增长。全市地税三个主体税种均保持稳定增长,对整体税收的支撑作用十分明显,三个主体税种占总收入比重62.9%(其中营业税收入占比34.2%),较2014年同期提高2.4个百分点,合计增收35.1亿元,占全市税收增收总量的79.6%。四是分产业行业看,新兴行业税收增长快于传统行业,房地产业税收增量贡献近七成。第二产业税收增速(7.1%)慢于第三产业税收增速(17.0%)。第二产业中,制造业税收受实体经济疲软及进出口下降影响同比下降4.4%,其中汽车制造业增长9.0%,纺织业(-7.5%)、家具业(-2.9%)等传统制造业负增长。建筑业税收受城市建设及房地产项目拉动,同比增长25.1%。第三产业中,房地产业税收同比增长30.0%,增收38.6亿元,占总税收增量的69.3%;金融业同比增长17.5%,科学研究和技术服务业同比增长37.7%。传统行业税收增幅明显低于新兴行业,交通运输业、住宿餐饮业、批发零售业税收分别下降49.7%、10.4%、14.6%。五是各区税收收入增长不平衡。2015年税收收入按增速排序依次是南海区(增长19.4%)、高明区(增长12.6%)、三水区(增长12.1%)和禅城区(增长6.3%)。其中:南海区和三水区税收增长主要受商品房销售持续回暖拉动;高明区商品房销售回暖不明显,税收增长主要受建筑安装营业税及土地增值税清算收入拉动;禅城区虽然商品房销售持续回暖,但税收增幅相对不高,主要原因是2014年同期有大笔土地增值税清算收入、土地交易契税以及股权转让等一次性税源入库抬高基数。六是税源集中度高,纳税超1000万元企业缴纳税收收入占总收入比例超五成。2015年全市纳税超过500万元的企业769户,缴纳了213.2亿元的税收收入,占税收总收入的 59.9%;纳税超过 1000 万元的企业 451 户,缴纳了 190.6 亿元的税收收入,占税收总收入的 53.6%。七是常量税源增速较快,非常量税源减收。常量税源同比增长 17.9%,增收 47.2 亿元;非常量税源同比下降 6.5%,减收 3.1 亿元。按历年基本情况,常量税源维持 10%左右的增长,税收总收入的增减与非常量税源增减密切相关。2015 年全市常量税源收入 310.8 亿元,占税收总收入的 87.4%,同比增长 17.9%。非常量税源收入 44.9 亿元,占税收总收入的 12.6%,同比下降 6.5%,减收 3.1 亿元,减收比较大的有:土地交易契税收入减收 7.7 亿元,土地增值税清算收入减收 3.5 亿元。

[**税源分析**]　2015 年,佛山市地区生产总值同比增长 8.5%,全市税收收入同比增长 14.2%,税收增长高于经济增长。税源增减因素主要包括:(1)增收因素。①经济运行保持平稳增长态势。全年地区生产总值达 8000 亿元,同比增长 8.3%;消费市场保持平稳畅顺。社会消费品零售总额达 2680 亿元左右,同比增长 12%。固定资产投资增长较快,全市固定资产投资完成 3020 亿元,增长 15.6%,成为拉动经济增长的关键因素。得益于投资的直接拉动明显,全市建筑业税收 42.7 亿元,同比增长 25.1%。②房地产市场回暖是税收实现高增长的最主要推动力。自 2015 年 5 月限购政策全面放开以来,政策效应进一步体现。据佛山市住建局数据显示,2015 年,全市新建住宅成交额 1216.4 亿元,同比增长 32.9%。③金融业发展总体平稳,金融业税收较快增长。2015 年金融业税收占比 12.1%,较 2014 年提高 1.4 个百分点,同比增长 17.5%。④征管因素:税收征管的持续加强为税收收入较快增长提供了有力保障。一是对内抓紧抓早,强化统筹。市局按月通报各分局收入情况,在 1 月局务会议、2 月全市地方税务工作会议上进行重点部署,3 月全面启动促收工作机制,5 月成立 4 个督导组分赴各区督导促收,成立 4 个工作组进驻收入压力最大的禅城区局各分局促收。二是强化数据管税工作力度。一方面,成立实体化数据分析应用中心,初步构建横向专职+专岗协作、纵向三级联动工作机制,成功上线数据分析应用一期系统,实现数据管理、疑点任务跟进等功能,构建数据分析模型 69 个,建立风险疑点指标 256 个;另一方面,累计验证分析 54 大类数据统计需求,分析涉税数据 356 万条,产生疑点数据 31 万条并推送相关部门,为加强风险管理、优化服务和资源配置等提供决策依据。三是狠抓房地产税收管理。严密监控房产销售进度,加大房地产企业汇算清缴和项目清算力度;协调住建部门,11 月起对一手房契税完税把关从办证环节提前至合同备案环节,并大力清理历年欠税,推动 11 月、12 月房产交易契税收入 7.3 亿元,同比增长 143.3%,增收 4.3 亿元,契税收入从 10 月底的同比下降 14.7%上升至 12 月底的同比增长 5.0%。四是加强征稽联动,发挥以查促收作用。全市征管部门向稽查部门移交涉税违法线索 13 件,稽查部门据此查补税款共计 9981.7 万元;稽查部门向征管部门提交个案建议书 4 份、综合类建议书 7 份,基层分局据此检查 2198 户,查补税款 32779.3 万元。五是开展风险排查,强化涉外税收管理。开展非居民税收风险管理,设定 6 项风险指标,跟踪并成功源泉扣缴某企业股权转让涉及企业所得税 2383.8 万元。(2)减收因素。①实体经济复苏势头缓慢,税收增收动力不足。受贵金属加工进出口业务大幅下降、部分重点企业和主要产品出口下滑,加上国际大宗商品价格持续低迷导致进口货值下降,2015 年进出口总额一直呈负增长态势,预计进出口总额达 660 亿美元,同比下降 4.0%。外贸进出口持续低迷,对经济增长的支撑不足,传导到生产端,工业企业开工不足、经营困难,全市制造业税收同比下降 4.4%,特别是传统制造业贡献地方税收几乎全线减收。②土地交易量下降导致土地交易契税税源大幅萎缩。土地交易 2014 年 3 月—2015 年 2 月持续 11 个月单月同比下滑,2015 年土地交易契税 8.7 亿元,同比下降 46.9%,减收 7.7 亿元。③土地增值税清算收入减收 3.5 亿元。全市房地产项目土地增值税清算收入 6.0 亿元,同比下降 16.3%,减收 1.2 亿元。④“营改增”等政策性减收明显。一是电信业“营改增”影响 2015 年上半年税收约 1.4 亿元;二是从 2014 年 10 月起对生产经营所得个人所得税实行新的征收办法,给个体经营户带来普遍的税收优惠,个体生产经营所得个人所得税同比下降 17.1%,减收 9828 万元。

[**落实税收优惠政策**]　佛山地税落实税费优惠政策,大力扶持企业发展、增进民生福祉。一是全面贯彻落实各项税收优惠政策。按时落实税收优惠政策工作规范并向省局报备,获省局通报表扬;及时开展税收优惠政策清理,以民生类优惠政策落实情况统计为重点,完善税收优惠情况统计口径。2015 年,全市各级地税部门共减免各项税收 40.0 亿元,同比增长 27.6%。其中:落实小型微利企业减半征收企业所得税优惠政策,共优惠 7329 户,优惠面达 100%,减免企业所得税 3764.2 万元,积极扶持小微纳税人发展;落实高新技术企业、研发费加计扣除等

企业所得税优惠政策，共减免2014年度高新技术企业所得税2.9亿元，减免2014年度加计扣除企业所得税3451.5万元（根据扣除额13805.81万元按25%税率测算得出），鼓励企业自主创新。二是积极建言，减轻企业规费负担。与市发改、人社等部门提请市政府下调企业堤围费征收标准、价格调节基金征收标准、职工生育保险和工伤保险缴费费率，堤围费征收标准下调10%，价格调节基金征收范围仅剩“新建商品房销售”一项，征收标准下调50%；生育保险缴费费率从0.9%下调为0.5%，各行业工伤保险缴费费率下调20%左右。2015年，全市各级地税部门共为缴费人减免各项规费6.6亿元。

［金税三期工程上线］ 2015年1月8日，金税三期工程优化版在佛山市正式单轨运行，全省首张税票在佛山南海开出。佛山市各级地税部门坚持“两手抓”，确保系统平稳过渡和运行：一是做好应急准备和系统优化，加紧改造和完善电子办税服务厅等特色软件，增强系统稳定性，缩短业务办理时间，建立办税服务厅应急响应机制；不断完善电子办税服务厅涉税事项全业务办理与实体办税同质化、涉税（费）信息主动推送、提醒等功能。二是实现“两个规范”与金税三期工程系统无缝对接，及时梳理征管规范和纳税服务规范与金税三期工程系统业务规程、省局征管类涉税业务规程等之间的差异，积极向上级请示，及时修订相关制度、优化调整业务流程，统一纳税人办税流程、一次性告知事项及对外答复口径，保证前后台税收业务顺利衔接。一年来，系统运行逐渐平稳顺畅，全市办税服务厅平均等候时间由上线初期的27.3分钟下降到年底的8.6分钟。

［纳税服务］ 一是全面加强国地税合作。按照税务总局、广东省地税局部署，出台佛山市国税、地税落实合作工作规范（1.0版）工作方案，确定纳税服务、税收征管、联合执法等7大类合作事宜，2015年重点在联合办税和纳税服务方面取得新突破。联合办税方面：全市国地税部门共同进驻6个政务大厅，实现“进一家门，办两家事”；在禅城区局综合办税大厅试点开展联合办税，实现法人新开业登记业务及20项有关联的国、地税依申请事项“一窗通办”；在南海大沥分局试点建设24小时国地税联合自助办税厅，在南海丹灶分局试点委托国税代征附征税费，在全省率先实现“代开发票一窗联办”，代征税费直接划解缴入对应国库，降低纳税人办税成本，提高征管工作效率。联合纳税服务方面：联合开展纳税培训辅导宣传，共同加强对市纳税人学校的建设和管理，每月联合开展小微企业税收优惠政策、新办业户等培训，共开展131场，培训6000人次；纳税人学校被评为第四批佛山市“657”普法（法治文化）品牌。二是创新推出系列便民服务措施。市局微信公众号新推“办税预约”“自助计税”“智能答疑”等功能；开通微信版纳税人学堂，实现课程报名、课件预览、教学评价等“一掌办理”；禅城区局在综合办税大厅打造智能办税体验区，研发上线智能办税一体化系统，实现“无纸化”办税；南海区局进一步拓宽行政服务中心业务受理范围；高明区局常态运作“税务知识输送驿站”；三水区局推出“纳税服务黄皮书”，分类型进行政策宣传、征管指引和风险提醒。

（周 鹏）

韶关市地方税务局

［经济概况］ 2015年，韶关市实现地区生产总值（GDP）1150.0亿元，比上年增长6.2%。其中：第一产业增加值149.5亿元，增长4.2%；第二产业增加值429.3亿元，增长2.3%；第三产业增加值571.2亿元，增长10.3%。三次产业结构为13:37.3:49.7。全年完成固定资产投资701.7亿元，下降5.8%。分产业看：第一产业完成投资49.5亿元，增长3.7%；第二产业中的工业完成投资239亿元，下降16%；第三产业完成投资413.2亿元、下降0.3%，其中房地产开发完成投资131.9亿元、增长10.4%。全年商品房销售面积314.9万平方米、下降13.8%。全社会消费品零售额579.8亿元，增长10.9%。年末金融机构本外币各项存款余额1532.9亿元、增长9.9%。年末金融机构本外币各项贷款余额731.8亿元、增长9.0%。全市证券金融机构交易额6442.2亿元，增长2.2倍；新增开户7.18万户，增长4倍。全年保费总收入36.8亿元，增长18.2%。

［税费收入］ 2015年，全市地税系统累计组织税费收入1163570万元，同比减收1754万元，下降

0.2%。其中:来源地税收收入629547万元,同比减收25616万元,下降3.9%,可比下降(剔除"营改增"减收影响,下同)3.5%,完成年度预期的101.7%;按省局预期考核口径税收收入598557万元,同比减收26856万元,下降4.3%,可比下降3.8%,完成年度预期的102.3%;市本级收入151843万元,同比减收17573万元,同比下降10.4%,可比增长5.1%;社保费收入456944万元,同比增收27652万元,增长6.4%;其他各费收入77079万元,同比减收3790万元,下降4.7%。

[**税收收入特点**]　税收收入主要特点如下:一是从增速看,单月增速呈震荡反复、振幅减弱的态势,累计增速未能实现转正,平均每季同比下滑3.2个百分点。2015年,单月增速波动较大,平均每月同比回落4.5个百分点。累计增速未能扭转下滑颓势。二是从收入级次看,各级次均完成了收入预期。2015年,中央级收入75456万元,同比减收6556万元,下降8.0%,完成年度预期100%;省级固定收入30688万元,同比增收1401万元,增长4.8%,完成年度预期100%;省级共享收入132570万元,同比减收5352万元,下降3.9%,完成年度预期100.5%;市县级收入390833万元,同比减收15109万元,下降3.7%,完成年度预期103.4%。三是从各征收单位税收增减情况看,超半数征收单位为负增长。2015年,按税收来源地口径计算,11个征收单位中,有6个征收单位为负增长。其中:翁源增长最快,同比增长9.2%;增收最多的是武江,同比增收4456万元;降幅最大的是韶钢,同比下降25.6%;减收最多的是浈江,同比减收12601万元。四是从税种看,三大主体税种增长乏力,其他非主体税种增长缺乏亮点。营业税收入207594万元,同比减收4435万元,下降2.1%,拉低总税收增速0.7个百分点。所得税收入123680万元,同比减收12776万元,下降9.4%,拉低总税收增速2.0个百分点。个人所得税收入74860万元,同比增收5486万元,增长7.9%,拉动总税收增长0.8个百分点。其他非主体税种收入298273万元,同比减收8405万元,下降2.7%,拉低总税收增速1.3个百分点。其中,车船税实现两位数的增长,增长10.5%;土地增值税、印花税、城市维护建设税和房产税为个位数增长,分别增长3.5%、2.3%、1.1%和0.9%;其他税种负增长,烟叶税下降2.3%,耕地占用税下降3.5%,资源税下降5.2%,契税和城镇土地使用税分别下降10.0%和10.6%。五是从行业看,金融业税收增长强劲,房地产业、建筑业、制造业税收下半年略有回升,但难改下滑趋势。2015年,金融业实现税收55572万元,同比增收11364万元,增长25.6%;房地产业入库133812万元,同比减收31718万元,下降19.2%,降幅比上半年收窄10.1个百分点;建筑业入库118681万元,同比减收1225万元,下降1.0%,降幅比上半年收窄0.9个百分点;制造业入库80169万元,同比减收3034万元,下降3.6%,降幅比上半年收窄2.9个百分点;批发零售业入库33286万元,同比减收9643万元,下降22.5%,降幅比上半年收窄8.9个百分点。

[**税源分析**]　影响2015年税收收入增减变化的因素,主要有以下几个方面:

1. 资本市场的活跃有效带动金融业税收的快速增长。2015年,金融业税收同比增长25.6%,这主要得益于韶关市资本市场的整体活跃。首先,从货币金融服务业看,1—11月,全市金融机构本外币存款余额达到了1544亿元,同比增长13.7%;金融机构本外币贷款余额732亿元,同比增长10%。2015年,货币金融服务业共入库税收33627万元,同比增收2955万元,增长9.6%。其次,从资本市场服务业看,2015年股市交易异常火爆,有效带动了该行业的税收增长,资本市场服务业共入库税收4672万元,同比增收3618万元,增长了3倍多。最后,从保险业看,受保险业的日益规范、受众人群保险意识不断提高影响,保费收入不断增加,保险业税收也随之提高。2015年,保险业共入库税收15387万元,同比增收3838万元,增长33.2%。

2. 市委市政府加大对全市重点项目的推进力度效果显现,税收产出明显增多。2015年,建筑安装开票税费入库较大的重点项目有:广乐高速入库4346万元,武深高速入库3676万元,大广高速入库3544万元,棚户区改造项目入库1465万元,丹霞新城项目入库1207万元,韶电"上大压小"项目入库1120万元,莞韶城一期项目入库1087万元。

3. 企业整体效益的下滑及不可比因素,严重制约了企业所得税的增长。2015年,企业所得税下滑明显,同比减收1.8亿,下降27.2%。

4. 全市主要重点税源企业总体税收增长乏力。从全市主要重点企业税收增长来看,除保利、碧桂园增收较多外,整体增长乏力。2015年,13家重点企业共缴纳税收101475万元,同比减收1362万元,下降1.3%。

[**税收征管**]　规范税源管理,强化收入的分析、预测、调度;完善地方税种的管理,统一和全面推行纳税评估、信用等级评定等分类、分级管理办法。

规范征管业务制度，整合各类征管要素，进一步优化征管程序和业务需求，减少管理层次，简化征管环节。进一步完善车船税税警监管一体化系统的建设；加强协税护税信息共享和应用工作，通过协税护税第三方数据中提取的涉税信息为税收征管及纳税评估提供了案源；进一步加强对税收优惠政策落实情况的检查、考核和问责，特别是对审计发现的政策未落实问题，加大了督促整改力度。针对“营改增”完成后，地方税收规模将大幅下降，全市地方税收收入预计减少1/3，同时以票控税手段消失，管理难度加大，地方税收管理理念、管理重心、征管方式、资源配置、经费管理等也将随之发生重大变化的重大挑战，韶关市地税局扎实开展营业税纳税人专项评估和风险排查，切实做到“三清”（清税、清票、清户）；另外，开展“营改增”对地税部门的主要影响及对策研究专题调研，进一步加强与国税合作。

［依法行政］ 积极推进行政审批制度改革，对全系统行政审批制度执行情况开展自查，对税务行政审批项目涉及的文件依据、征管流程开展清理，先后向市编办提供行政审批事项意见5条。落实权力清单制度，制定和发布了《韶关市地方税务局关于发布第一批税务行政处罚权力清单的公告》。积极转变职能，简政放权，梳理出行政职权事项8大类66大项，其中行政许可6项、行政处罚8项、行政强制8项、行政征收26项、行政检查1项、行政确认3项、行政奖励1项、其他职权13项。开展税收执法督察工作，全年下发268条疑点数据，核实出164个问题，对3个重点督察单位的14个基层分局、3个稽查局进行实地督察，对执法发现的问题进行通报并及时整改，提高行政执法的执行力和执法效率。建立健全了会务管理、公务接待、公开办事、机关与基层挂钩联系等制度，形成了涵盖思想教育、行政管理、征收管理、廉政建设等内容的80多项工作制度组成的制度体系。

［队伍建设］ 全年举办各类培训班43期，共培训人数达1736人次，目前全市系统研究生学位的有18人、本科以上学历有609人，其中2015年就已有9名硕士研究生、19名本科生通过在职再教育学习毕业。开展了机关党委换届工作，推选出苏韶娟为新一届机关党委书记。加大了对优秀年轻干部的培养与选拔力度，提拔新丰县局局长黄文为韶关市局党组成员、总经济师。加强领导干部交流，强化了机关各岗位之间、基层各岗位之间和机关与基层岗位的横向与纵向交流。积极推进绩效管理工作，明确考评原则、组织、对象、内容等，细化各科室岗位设置，强化工作督查，把17项工作列入2015年重点督办，以绩效管理为手段强化工作落实。

［作风建设］ 把“三严三实”专题教育作为党的群众路线教育实践活动的延展深化，党组书记带头讲“三严三实”专题党课、组织全员教育培训学习、开展“三严三实”专题研讨、举办演讲与征文活动、召开民主生活会等，不断推动工作作风的改进，着力解决“不严不实”等问题。加强了内控建设，加大监督力度，驰而不息纠正“四风”，有效规范权力运行，中央八项规定得到严格执行，通过开展廉政教育，加大执纪问责，开展专项整治，加强主动办案等，增强干部依法行政、规范执法、防范执法风险意识。

（李阳才　邓粤雄）

河源市地方税务局

［经济概况］ 2015年，河源市实现地区生产总值(GDP)810.08亿元，同比增长8.1%，增速分别比全国(6.9%)、全省(8.0%)快1.2个和0.1个百分点。分产业看，第一产业增加值93.71亿元，增长4.3%；第二产业增加值370.72亿元，增长8.5%；第三产业增加值345.65亿元，增长8.6%。三次产业结构调整为11.5∶45.8∶42.7。河源人均GDP为26401元，仅为全国平均水平(49351元)的53.5%、全省(67503元)的39.1%。全市民营经济单位数11.40万个，实现民营经济增加值526.65亿元，同比增长9.3%，民营经济增加值占全市生产总值的比重达65.0%。全市实现全社会工业增加值416.28亿元，同比增长8.1%，其中规模以上工业增加值380.32亿元，同比增长8.2%。全市共有规模以上工业企业530家，同比增加71家。高技术制造业工业增加值110.35亿元，同比增长12.4%，增速比全市规模以上工业高出4.2个百分点。全年固定资产投资564.14亿元，同比增长24.5%。全年社会消费品零售总额482.99亿元，同比增长11.0%。全年进出口总额251.0亿元，同比增长3.3%，其中出口总

额176.2亿元,增长8.3%。

［税费收入］ 2015年,河源市地税系统组织税费收入88.5元,同比增收5.1亿元,增长6.1%。其中:组织税收收入57.3亿元,同比增收1.6亿元,增长3%。中央级收入5.3亿元,同比下降27.5%;省级收入14.8亿元,同比下降6.1%;市县级收入37.2亿元,同比增长14.2%。地税收入占全市一般预算收入的59.9%,比2014年高0.5个百分点。组织社保费收入27.1亿元,同比增收3.5亿元,增长14.9%。组织其他费金收入4.1亿元,同比减收0.1亿元。

［税源分析］ 2015年,河源市地方税收增减因素主要有:一是房地产、采矿及批发零售等重点税源行业税收呈负增长态势。受矿价下跌影响,采矿业税收大幅减收。2015年铁矿价格平均降幅达41.4%,受此影响,采矿业税收同比大幅下降61.1%,拉低总税收增速4.8个百分点。房地产市场持续低迷,企业陷入去库存和资金困局,房地产业税收同比下降13.2%,增速大幅回落42.1个百分点。消费需求疲软,批发零售业、住宿餐饮业税收继续滑落,分别下降20.9%、9.1%。二是企业盈利水平下降,企业所得税大幅减收。2015年,全市有116家企业减产(含"关停并转"企业)。企业经营效益下滑影响企业所得税大幅下降48.5%,拉低总税收增速7.3个百分点。三是政策性减收拉低税收增速。2015年全市地税累计减免税收3.6亿元,占总税收的6.3%。

［税费征管］ 全面开展营业税风险排查,共排查疑点纳税人7000户次,查补营业税13441万元,占营业税收入的6.9%。制定出台了《河源市地方税务局关于切实加强转让国有土地使用权税收征收管理的通知》等系列文件,进一步加强土地使用税、房产税、耕地占用税和资源税等财产行为税管理,促进财产行为税同比增长20.6%,占总税收的50.8%。开展建筑业税收专项检查,查补入库税款2115万元。强化征管状况监控分析,落实问题数据整改1307条,征管质量明显提高。增强征稽联动形成良性互动,征管部门根据稽查建议组织检查21户,查补税款4533万元。加大社保费扩面征缴力度,实行社保费质疑约谈和随税同查,全年新增缴费人数3.6万人,扩面增收社保费1.2亿元,率先实现社保费三方协同办公系统对接统一工作平台。成立税收风险管理中心,全面开展税收风险管理工作,与国税、国土、房管、工商等多个部门形成涉税信息交换和共享机制,采集第三方涉税数据31万余条;加强纳税评估工作,实现税收收入3.2亿元,推进纳税评估模型建设,验证评估模型19个,有效案例475例;通过数据运用、风险应对入库税费5252万元。稳步推进基层分局职能调整改革,做强机关、做大城区分局,收缩基层分局,整合保留中心镇分局,调整分局职能和税管员职责,推行管户+管事模式的改革方案,于11月在连平县局启动试点工作。经论证、调研、考察,着手19个信息化项目的建设。

［税收执法］ 全面推进依法行政,构建法规人员、法律顾问、公职律师等优势互补、结构合理的政策法规团队。编制行政审批事项办事指南和业务手册,规范行政审批,取消税务行政审批22项。发布第一批税务行政处罚权力清单的公告,全面梳理职责事项,梳理市局权责清单事项98项。在河源市"六五"普法终期检查验收中,河源市地税局被评为优秀等次,并成为全省地税系统首批九个市区级岗位公职律师试点单位之一。充分发挥稽查的震慑力和尖刀作用,坚持以查促收、以查促管,全年稽查查补税费30128万元。牵头组织全市房地产、建筑安装两个行业开展纳税自查,自查补缴地方税费15311万元。抽调全市稽查业务骨干组成9个检查小组,对全市房地产及建筑安装企业进行交叉重点检查,查补入库税款7265万元。9月试点市区稽查管理体制改革,将源城区地税局稽查局、东源县地税局稽查局的职能划入市局稽查局,并对稽查环节的科室按照行业进行专业化分工,组建6个稽查室,稽查一线力量明显加强,稽查力度明显加大,10月以来,查补地方税费7552万元。

［纳税服务］ 在147个办税窗口全面上线运行办税服务厅音像监控平台,自动采集办税窗口人员工作量、业务办理时间、纳税人等候时间及满意度评价等信息,实现窗口数据"大集中",月均监控数据5393条,实现了智能化预警,有效提高纳税服务水平,纳税人满意率达99.86%。自主开发存量房外部数据接入金税三期工程系统接口程序,前台人员办理一笔存量房业务的时间从29分钟缩短到5~8分钟。一年来,网站总访问量达到48万次,12366纳税服务热线接通率97.11%,"局长信箱"受理来件7件,举报投诉事项办结率100%。成立纳税人学堂,采取网络与实体相结合的方式进行教学,共培训纳税人3898人次。开通微信公众号,为纳税人提供指尖"微服务"。与市国税联合成立河源市纳税人权益保护中心,纳税人合法权益得到保障。投放自助办税服务终端20台,其中24小时自助办税服务终端8台,实现办税窗口和纳税人双减负。高新

区局驻高新区行政办事大厅征收点正式对外办公，成为首家进驻高新区行政办事大厅的窗口单位，并启用全市首个国地税联合设立的24小时自助办税服务区。与市国税局、建设银行河源分行共同推出“税融通”服务项目，推出融资产品让企业纳税信用成为可“变现”的资产，解决企业融资难、融资贵问题。

［队伍建设］ 出台《关于进一步加强干部队伍管理的若干意见》，对干部遴选、选拔、交流轮岗、挂职锻炼、任职回避、年轻干部和女干部培养等一系列关键事项进行明确、规范。全面升级改造“每日一练”学习系统，搭建岗位练兵常态化学习平台，组织市局兼职教师更新习题库1739道，实行“每日一练”学分与年度评优及个人绩效考评奖挂钩。市局共举办各类培训班47期，培训4752人次。确定“崇法崇德　兴源兴税”为河源地税文化理念。将2015年重点工作任务分解量化成54条绩效考评指标，编制指标分值权重表、落实进度表、扣分说明表，强化过程监控。创新绩效管理培训方式，组建课程开发团队，根据不同的角色和任务分级分类开展培训。编印《原来学绩效这么简单——绩效管理应知应会手册》，融入漫画、口诀以及场景式对话，进一步提升干部职工的绩效认识与操作技能。加大绩效考核结果运用力度，打破年度考核的传统方法，个人年度考核采取量化评分的方式，绩效考评得分占20%。出台《河源市地方税务局绩效考评结果运用办法（试行）》，将绩效考评结果与干部选拔、评先评优及年度考核挂钩。2015年，河源市地税局在全国税务系统绩效管理会议上作经验介绍，《中国税务报》专题报道河源地税绩效管理工作。依法依规购置31套周转房，解决交流、轮岗、挂职、借调、抽调等干部的住宿问题。利用空置的办公楼用地，依法依规建设体育运动广场，为全系统干部职工提供锻炼健身的场所。与珠海市局、横琴新区局分别签订全面合作共建三年规划框架协议，开创局与局之间结对帮扶新模式。建设地税文化展厅、老干部活动中心、多功能会议室及纳税人学堂等。

［党风廉政建设］ 党组成员带头讲“三严三实”专题党课，邀请省局领导为党员干部上专题学习研讨辅导课。举办“三严三实”专题学习研讨暨“三纪”教育培训班，组织学习新修订的《中国共产党廉洁自律准则》《中国共产党纪律处分条例》。河源地税践行“三严三实”先进典型事迹被中共广东省委组织部编入《广东省践行“三严三实”先进典型选编》一书，是全省税务系统唯一入选的单位。开展廉政谈话，全市地税系统诫勉谈话67人，集体廉政谈话353人次。全市地税系统层层签订《廉洁自律保证书》《保密承诺书》。在全市“廉洁火炬杯”党规党纪知识竞赛中，河源市局荣获第一名，并组队代表河源市勇夺全省党规党纪知识竞赛二等奖。深入开展“巩固深化拓展”主题活动，全市地税系统达到整改期限的措施1465条，满意度85%以上的1464条，完全销号率达99.7%。深入落实中央八项规定精神，坚决纠正“四风”，大力开展违规收送“红包”礼金专项整治工作和领导干部违规兼职自查自纠活动，2名领导干部主动申请辞去兼任社团职务。加大内审监督力度，开展领导干部经济责任审计8项；强化审计整改问责，对省局2014年内部审计发现的10个问题开展自查自纠，并进行整改落实。以“零容忍”的态度坚决查处违纪违法行为，对被稽查、审计、法规、征管、计财等部门检查发现存在苗头性和倾向性问题的单位和个人及时预警告诫，发出函询通知书2份，内控倒查建议书1份，信访函询书2份。根据信访举报线索主动立案1宗，处分1人；开展“一案双查”，责任追究9人，并实行“一案一整改”，充分发挥查办案件治本功能。

（雷明江）

梅州市地方税务局

［经济概况］ 2015年，梅州市经济总体平稳运行。主要经济指标增速居全省前列，全市实现地区生产总值（GDP）955.09亿元，增长8.6%，增速居全省第4位、粤东西北地区第1位。其中：第一产业增加值187.69亿元，增长4.2%，拉动GDP增长0.6个百分点；第二产业增加值350.86亿元，增长8.2%，拉动GDP增长3.8个百分点；第三产业增加值416.54亿元，增长11.0%，拉动GDP增长4.2个百分点。

［税收概况］ 2015年，全市地税系统共组织各

项税费收入142.36亿元,增收22.42亿元,同比增长18.69%。其中:税收收入98.36亿元,增收19.84亿元,同比增长25.27%;其他规费收入44亿元,增收2.58亿元,同比增长6.22%。其中:教育费附加收入3.01亿元,增收2702万元,同比增长9.85%;社会保险费收入36.55亿元,增收1.95亿元,同比增长5.64%;其他收入4.44亿元,增收3566万元,同比增长8.74%。9个税收收入考核单位实现满堂红。在全省税收收入考核中,进度排名第2,增幅排名第2。

［**税源分析**］　一方面是经济平稳运行带动当期税源税收稳定增长。2015年全市经济平稳运行,工业生产、银行存贷款、社会消费等指标保持稳定增长,全市来源于当年经济税源的当期税源税收收入同比增长18.48%,略快于经济增长。另一方面是规范征管稽查依法征税促进非当期税源税收较快增长。全市来源于以前年度的非当期税源税收收入增长125.2%,远高于当期税源增速,拉动总税收增长8.6个百分点。其中:一是强化营业税风险排查,对4645户纳税人开展了营业税风险排查工作,发现问题12户,补征营业税2159万元;二是深化企业所得税汇算清缴后续管理,加强对企业申报收入和税前扣除项目的审核监控,企业所得税汇算清缴收入8405万元;三是加强对股权转让的跟踪核查,限售股转让个人所得税增收6980万元;四是严格贯彻落实土地增值税清算规程,加大清算力度,全市清算25个项目,土地增值税清算收入1.04亿元,同比增收7763万元;五是开展建筑安装、房地产经营、物业管理、房地产中介、二手房交易等行业专项评估督查,纳税评估税收收入4.15亿元,同比增长25.76%,增收8500万元;六是加强工业园用地以及企业已征用土地、闲置地土地使用情况清理,土地使用税收入增收1.17亿元;七是规范往年度耕地占用税征收管理税收入增收约6亿元;八是加强稽查检查工作,组织稽查和自查税款收入3966万元。

［**税收收入特点**］　一是增长均衡增速快。全市地税系统4个季度税收收入分别增长22.8%、17.8%、36.6%和25.6%,收入均衡,全年增速25.3%,比全省地税系统快9.65个百分点,居全省地税第2位。二是各级次收入均较快增长,市县级收入占比超六成。中央级、市级和市县级收入分别增长25.09%、24.13%和25.75%,市县级收入61.23亿元,占全市地税税收收入的比重为62.3%。三是三大主体税种均实现两位数增长,财产行为税增量贡献突出。营业税收入24.30亿元,同比增长25.11%,占总税收增量的24.58%,其中金融、建筑和房地产营业税均实现两位数增长,住宿餐饮营业税下降14.81%,服务业营业税下降51.59%,交通运输、邮政、电信等营业税受"营改增"影响收入大幅下降。企业所得税收入14.22亿元,同比增长14.27%,占总税收增量的8.95%。个人所得税收入8.76亿元,同比增长47.75%,占总税收收入增量的14.27%。工资薪金所得、利息股息红利所得收入和财产转让所得合计占个人所得税75.90%。2015年,财产行为税合计收入51.08亿元,同比增长25.44%,占总税收增量52.20%,除契税(-13.28%)和印花税(-4.05%)负增长以外,其余8个税种均实现较快增长。四是金融、房地产和建筑业税收增量贡献大,先进制造业和现代服务业增速显著。全市金融、房地产和建筑业税收合计增量占总税收增量比重达36.79%,其中金融业税收6.36亿元,增长51.22%,建筑业税收17.20亿元,增长52.85%,房地产业税收22.97亿元,与上年基本持平,剔除上年规范契税征收管理非当期税收4亿元,房地产业税收可比增长21.01%。通用专用设备、电气机械器材、计算机及电子设备制造业入库税收1.62亿元,同比增长41.29%,现代服务业税收6.58亿元,同比增长124.35%。五是全市各核算单位税收收入均实现历史性突破。市直(梅江和蕉华)税收收入32.08亿元,首次突破30亿元大关,同比增长22.7%,梅县税收收入21.20亿元,首次突破20亿元大关,同比增长15.46%,兴宁税收收入10.90亿元,首次突破10亿元大关,同比增长44.62%,大埔、丰顺税收收入均首次突破7亿元,五华、平远、蕉岭税收收入则首次突破6亿元,全市各核算单位税收收入均上了一个新的台阶,实现历史性突破。

［**依法治税**］　一是成立依法行政工作领导小组,加强对依法行政工作的组织领导和自查自评。二是通过开展"六五"普法活动、举办税收法规业务培训、严格执法资格管理、专题研究法制工作、抓好领导班子依法行政能力建设等方式,不断提高地税人员法治素养。三是认真清理市县级行政许可和非行政许可项目,编制行政审批事项办事指南和业务手册。四是认真梳理税收执法权力清单、责任清单(第一批69项),并形成权力运行流程图,厘清行政执法权力,明确执法主体责任,严格规范行政执法行为。五是抓好税收规范性文件的合法性审查和清理工作,审核上报省局备查备案的规范性文件7个,清理出全文废止或失效的税收规范性文件16个、部分条款废止或失效的税收规范性文件3个。六是成立

行政复议委员会，制发《梅州市地方税务局行政复议委员会工作规则》，聘请法律顾问，防范涉税（费）争议。七是规范行政审批行为，严格按照规定出具受理文书，并在承诺时限内办结。八是认真贯彻执行新的《重大税务案件审理办法》，制定工作规程，全年审理1宗重大税务案件。九是落实信息公开，利用门户网站公开政务信息，发布各类公告，保障干部职工和广大纳税人的知情权。2015年，全市系统未发生行政复议、行政诉讼、行政赔偿案件。

［税收优惠］ 2015年全市共有7343户（不含零申报）纳税人享受了小微企业营业税优惠政策，共免征3514.09万元；833户符合条件的小微企业全部享受了小微所得税优惠政策，共减免571.5万元；房产税、城镇土地使用税困难性减免84户共973.62万元；981户次企业享受了2014年度企业所得税优惠，减免税额达4913.98万元。

［“三严三实”专题教育］ 通过专项动员、集体学习、专题研讨、召开专题民主生活会、查摆问题、制定整改措施、设立问题整改台账、逐项对账销号等一系列活动，扎实开展“三严三实”专题教育，形成坚持以“三严三实”正心修身干事业的良好氛围，党员干部思想进一步提高、作风进一步转变，党群干群关系进一步密切，为民务实清廉形象进一步树立，基层基础进一步夯实。其中，重点开展了会议纪律和工作纪律“不严不实”突出问题2项专项整治，查摆整改10条“不严不实”的存在问题。

［文化建设］ 办好《心灵驿站》《地税讲坛》《心香一瓣》和《大堂宣传专栏》等文化栏目；发挥梅州税收发展史展室、文化展室宣传推介作用；召开市作协地税分会年会，出版会员文学作品集《梅岭春晓》；成立市摄影家协会地税分会，组织摄影创作和交流活动；组织“迎国庆”职工趣味运动会，参加粤东五市男女篮球比赛，开展体育健身兴趣小组活动，不断提高队伍的凝聚力和向心力，营造良好的干事创业氛围。

（郭程望）

惠州市地方税务局

［经济概况］ 2015年，惠州市实现生产总值（GDP）3140.03亿元，同比增长9%，经济总量继续稳居全省各市第5位，增幅居全省各市第2位；地方公共财政预算收入339.99亿元，增长13.1%。

［税费收入］ 2015年，惠州市地税系统组织收入382.5亿元，同比增收44.4亿元，增长13.1%。组织税收收入237.1亿元，全省排名第6位，同比增收16.6亿元，增长7.5%，完成年度任务的101.5%。组织规费收入145.4亿元，同比增收27.8亿元，增长23.6%，其中，社保费收入122.4亿元，增收31.1亿元，增长34.1%。

［税收收入特点］ 2015年全市税收实现平稳增长，总体规模达到预期，主要特点有：一是各级次全面增长，其中中央级增长14.1%，省固定增长6.3%，省共享增长14.4%，市县级增长3.96%。二是县区收入互补性增强，大亚湾增幅超过20%，惠阳、仲恺、惠东、博罗平稳增长，惠城小幅负增长0.6%，龙门受水泥价格大幅下降影响负增长7%。三是共享税种增长较快，四大共享税种收入155.8亿，增长13.7%，占收入总量的65.7%，拉动税收增长8.5%。地方固定税种收入81.3亿，负增长2.6%。四是“两业”税收加速增长，房地产、建筑安装“两业”共组织税收收入140亿元，增收16亿元，增长12.9%，拉动总体税收增长7.3个百分点，较上年提高4.6个百分点。

［税源分析］ 从产业结构看，第二、第三产业税收占主体地位，2015年收入合计236.9亿元，同比增长17亿元，拉动总体税收增长7.7%。其中，房地产、建筑安装业税收分别为102.7亿元和37.1亿元，占全部税收收入的59%。从企业类型来看，内资企业税收175.4亿元，占全部税收收入的74%，港澳台及外商投资企业、个人（含个体工商户）税收分别为31.4亿元和30.3亿元。从税种来看，营业税收入占比最大，占税收收入总额的38.3%，其次是个人所得税、土地增值税、城市维护建设税和契税，合计占税收收入的43.4%。从纳税大户来看，2015年纳税逾亿元的企业有15户，较2014年增加7户，合计纳税37.8亿元，占全部税收收入的16%。

［税费征管］ 推进征管规范化建设。开展“六未”清理工作，累计清理数据4.21万条，全年累计追缴欠税税款3.79亿元。在各县（区）局挑选1个基

层分局进行试点，规范征管业务流程，梳理岗位权限，落实“两个规范”。开展专业化税源管理试点，推动“管户”向“管事”转变。“惠州电子税务局”成功上线，实现国地税联合税费申报、身份认证、信息采集等9大类53项业务。在博罗县试点开展国地税委托代征税款合作。抓好规费征缴工作，规费收入145.39亿元，增长34%，增幅位居全省（不含横琴）第一。贯彻落实《社会保险法》，广泛宣传社保法及相关政策。积极准备建筑业工伤保险的征收管理工作，完善社保三方对账业务平台。抓好其他规费“代征”工作，加强与市工会、市水利、市残联、市物价等相关部门数据交换；进一步完善其他规费征收管理制度及征收工作链条。配合市政府做好惠州市城市信息服务融合平台建设工作，成功向城市信息服务融合平台推送“个人社保缴费信息”3600万条。完善社保中间库系统、三方对账系统、历史欠费系统、实缴查询系统、网上申报缴费系统等5大系统为减轻基层社保费征收压力；持续优化社保中间库系统的处理性能，成功将系统中上一年度的记账数据归档到历史库，使系统的核心表项数据减少约2/3，确保系统高效安全运作。继续推行电子办税服务厅智能办税终端和纯CA免费体验，拓展电子办税服务厅应用功能范围，已涵盖税务登记等6大类489项业务。

［**依法治税**］　落实税收政策优惠。全年共办理各类减免税7.39万宗，减免税额8.21亿元，其中为高新技术产业、小微企业减免税额1108万元，小微企业受惠面达100%。强化法规制度规范。抓好规范性文件合法性审查、备案审查工作，落实规范性文件同步解读制度。开展规范性文件集中清理工作，共清理规范性文件31份。深入实施调解、和解制度，落实行政复议和应诉工作，保障纳税人合法权益。加大稽查执法力度。组织开展建筑安装房地产、资本交易项目、营利性教育机构培训、劳务派遣、“营改增”行业等税收专项检查。加大打击发票违法犯罪活动力度，与国税、公安等部门配合，组织打击制售假发票行动37次，并协助破获“海浪2号”跨省特大制售假发票案。推进税务稽查电子查账软件在稽查过程中的应用。

［**宣传辅导**］　巩固传统媒体宣传阵地，在《惠州日报》《南方日报》、惠州电视台、惠州电台等平台继续开展税收宣传。进一步挖掘互联网、移动互联网等新媒介的传播效应，通过门户网站、惠州地税微信公众号、西子湖畔论坛、微信公众号和“西子圈”APP等渠道及时发布和点到点推送，巩固宣传效果。其中“小微企业优惠政策宣传”专题被新华网、新浪网等转载，一季度落实税收优惠政策情况先后被《南方日报》和《惠州日报》要闻版报道，新浪网、网易、腾讯网、和讯网、广东省情网等多家知名网媒进行转载。拍摄税宣微广告《服务就在你身边》并多渠道投放。联合国税举办“科技进税宣——税收嘉年华”、关护纳税人税宣公益微跑活动，举办“税风和畅——构建和谐惠州”书画摄影大赛及展览活动、“明礼诚信纳税道德”税收宣传主题辩论赛等征纳互动活动。贯彻落实纳税服务规范2.0和税收征管规范1.0要求，推行“一窗式”建设，推行导税服务、限时办结、“值班长”和“导税员”制度，以及“首问责任制”和“一次性告知”服务。扩大实体办税服务厅同城通办的业务范围，实现各县（区）范围内的税务登记、不涉税变更等业务的同城通办。国税、地税服务合作向纵深推进，联合开展2014年度纳税信用级评价工作。正式启用“互联网+税收金融——微众税银服务平台”，惠及企业122户，解决2300多人就业问题。惠州12366－2热线咨询服务话务全年总量67247宗，同比增长30.14%，话务接通率98.3%，全省排名第四。门户网站更新信息内容1403篇，全年访问量达197.1万人次，日访问量5402人次，受理咨询291宗，办结率和满意率实现两个100%。加大惠州地税官方微信建设、推广力度，关注人数近4000人。全市全年共举办税宣辅导104场次，辅导超过1万人次。

［**党风廉政建设**］　深入开展违规收送“红包”礼金、领导干部违规打高尔夫球、以“饭堂接待”搞变相吃喝等问题的专项整治；完善制度建设，梳理有效制度366项，其中新建43项、修订7项。围绕办公用房清理、公务用车等12项重点内容，开展落实中央八项规定情况清理自查。通过开展行风督查、视频监控、参与行风评议活动、聘请特邀监察员等方式加强作风建设，做到内促作风、外树形象。开展了“三纪”培训班、参观反腐倡廉教育基地等“九个一”纪律教育活动，举办《廉洁自律准则》和《党纪处分条例》专题辅导报告会5场次共1198人参加，通过开设“清风苑”微信群、推送廉政温馨提示、开展“三无先进单位”评选、建设廉政文化长廊、编印廉政小册子、参加廉政书画展等方式，积极创新“自选动作”。深入推进廉政文化建设，开展专题调研，继续承办“广东地税廉政文艺轻骑队”，创作廉政情景剧《我们永远在路上》并在全省地税系统巡演33场次，受到各级一致好评。

［**精神文明建设**］　定期向惠州市文明网报送

精神文明建设工作相关信息,中央文明办全国文明城市测评体系调研组一行考察了惠州市惠城区地方税务局办税大厅窗口服务、惠州市地税系统“机关道德讲堂”总堂及精神文明建设开展情况,并给予了肯定。承办广东省“地税杯”网球邀请赛(惠州站)赛事,从组织筹备、赛程安排,到志愿服务等各方面为赛事提供后勤保障。筹备成立共青团惠州市地方税务局委员会,带领青年团干做好地税工作。对2011年以来开展的岗位建功、岗位技能竞赛、争创“巾帼文明示范岗”活动进行总结。

(黄　广)

汕尾市地方税务局

[经济概况]　2015年,汕尾市实现地区生产总值(GDP)775亿元,同比增长8.1%。三次产业结构为15.6:45.6:38.8。全年规模以上工业实现增加值256.03亿元,增长7.4%。累计完成固定资产投资585.2亿元,增长16.8%;完成省重点项目投资119.9亿元,市重点项目投资148.57亿元。引进产值超过200亿元的比亚迪新能源汽车项目和产值超过100亿元的信利TFT5代线。全市一般公共预算收入28.82亿元,下降41.9%(剔除消除虚增空转因素,比上年略有增长),非税收入比重下降大幅下降至35.8%。

[税费收入]　2015年,汕尾市地税系统组织税费收入45.42亿元。税收收入26.52万元,可比增长13.8%,增收3.2亿元,其中省局考核口径税收收入(不含省级固定收入)25.14亿元,完成计划的101.4%。中央级收入3.63亿元,增长5.9%,完成计划的100.8%;省级固定收入1.37亿元,增长27.9%,完成计划的111.2%;省级共享收入7.44亿元,增长25.2%,完成计划的101.9%;市县级收入14.08亿元,减少21.7%,完成计划的101.3%。社保费收入16.52亿元,增长13.5%,增收1.97亿元。其他收入2.37亿元,增长1.6%,增收369万元。

[税收收入特点]　2015年税收收入主要呈现三个特点:一是主体税种稳定增长。三大主体税种总体呈增长趋势,收入17.11亿元,同比增长18.4%。其中,营业税收入11.06亿元,增长26.5%;企业所得税3.25亿元,减少3.0%;个人所得税2.80亿元,增长18.6%。二是重点行业税收增多减少。建筑业6.84亿元,增长23.2%;房地产业7.08亿元,增长11.85%;金融业3.00亿元,增长25.8%;电力业1.21亿元,增长17.6%。批发零售业1.90亿元,减少57.8%;住宿餐饮业5840万元,减少32.8%;服务业4070万元,减少46.6%。三是地方税种税收减多增少。契税1.86亿元,减少26.4%;耕地占用税1.82亿元,减收5.7%;资源税571万元,减少60.8%;房产税8564万元,减少60.2%;土地使用税1.79亿元,减少47.8%。城市维护建设税1.50亿元,增长11.9%;印花税3733万元,增长18.7%;车船税3004万元,增长53.3%。

[税源分析]　汕尾市地税系统税收收入增减因素主要有:一是经济态势良好。重点项目和基础建设投资力度明显加大,有力拉动了建筑业税收的增长;全年建筑业税收收入6.84亿元,同比增长23.23%,增收1.29亿元。房地产业呈现恢复性增长,汕尾碧桂园、陆丰碧桂园、海丰正升华府等房地产项目销售情况良好,全年组织房地产业税收收入7.08亿元,可比增长24.98%,增收1.42亿元。二是挖掘税源潜力。成立3个督导组和1个稽查组,分赴各县区局开展清理督导及清查检查工作,全面开展营业税专项清理工作,共清理入库税款1.47亿元;认真组织开展土地增值税清算,加强土地增值税税源管理,建立房地产项目台账,加大监控力度,组织土地增值税收入2.77亿元,同比增长43.64%。三是加强稽查力度。重点对资本交易、房地产及建筑安装业、高收入者个人所得税、营利性教育培训机构进行检查,组织开展专项检查和重点税源企业税收检查,严厉查处各种涉税违法行为,立案查补和自查查补收入总额5354万元。

[依法组织收入]　加强税收风险监控和预警,对重点单位、重点项目、重点税源进行监控管理。加强“营改增”行业营业税税源管理和自然人股权转让低平价交易管理。加强企业所得税管理,2014年度全市企业所得税汇缴1883户,汇缴面99.89%。积极推行《全国税收征管规范(1.0)》,完善重点税源监控等各项征管业务流程,将档案管理工作列为重点督办项目和绩效考核指标,全市建成投入使用

档案室27个,完成常年档建档27590户。严格规范进户执法管理,切实减轻纳税人税务检查负担。深化与国税等相关部门的沟通联系,加强协作配合,开展联合执法。开展破解“最后一公里”大走访活动,向纳税人征求依法行政方面的意见建议。开展专项清理,重点对销售不动产、转让无形资产、建筑安装业、服务业和文化体育业的营业税、土地增值税、土地使用税、契税、所得税等税费进行清理,有力促进组织收入工作。全年全市清理出应补缴税费14707万元(其中,营业税8439万元),清缴入库12990万元(其中,营业税7522万元)、滞纳金110万元。

[纳税服务] 认真实施《纳税服务规范》,实行涉税审批事项前移。建立纳税人需求响应机制,设立VIP绿色通道,提供个性化服务。推进办税厅视频监控系统,推广应用网上自助办税模块,投入自助办税终端16台,其中7×24小时自助办税终端6台。积极推行“一照一码”登记模式,全年登记692户,其中新登记企业户数355户,变更登记户数335户,注销用户2户。加强与汕尾市国税局等部门的合作,联合举行“纳税人咨询日”活动,通过汕尾日报、汕尾电视台和汕尾地税网等开展形式多样的税宣活动,扩展税宣新载体,取得积极效果。每月更新12366知识库,规范对咨询问题解答口径和纳税服务新标准。推进“银税互动”,助力中小微企业的发展。国税、地税共享教学资源,互通教学计划,举办纳税人学校4期,参加培训近1000人次。

[税收优惠] 出台《落实税收优惠政策工作规范》,提高优惠政策落实的针对性和有效性,全面落实支持中小企业发展、促进就业创业、社会保障和民生发展的各项税收优惠政策。全年为246户次小微企业减免所得税165万元,受惠面100%;为1672户小微企业免征营业税304.70万元;为16户享受延续农村金融税收优惠政策企业减免税额2954万元,为85户困难企业减免“房土”两税(房产税和城镇土地使用税)595万元。

[队伍建设] 认真贯彻《干部选拔任用条例》,端正选人用人风气,市局机关选拔7名科级领导干部,得到群众高度认可。优化各级班子结构,加大干部交流轮岗力度,市局机关选派3名科级干部交流到县区局担任“一把手”,对任职时间较长的3名县区局科级干部进行异地交流。统筹开展全员参训工作,提升培训效果,全系统举办业务培训111期,参训3845人次。以狠抓上下班纪律为抓手,规范请休假制度,市局机关实行上下班刷卡签到,将上下班考勤与绩效指标直接挂钩,切实转变机关作风。狠抓机关作风的工作经验得到汕尾市委市政府的充分肯定,要求各市直单位学习借鉴。在第三方机构开展的机关事业单位社会满意度测评中,汕尾市地税局名列全市第九。深入开展“三严三实”专题教育活动,破解联系服务群众“关键一公里”难题。举办汕尾市地税系统党支部书记培训班,开展“服务人民群众,建设文明机关”主题活动,创建“党员示范岗”,推进基层服务型党组织建设。

[党风廉政建设] 制定责任落实任务清单,明确部门责任,初步构建“两个责任”落实工作机制。出台公务接待、采购、财务管理等办法,努力构建按制度管人、按制度办事的良性运行机制。深化政务整治行动、正风肃纪集中行动,着力解决“庸政懒政怠政”“不严不实”等六个方面的问题。开展以整治行业不正之风突出问题为主的十项专项行动,扎实开展违规收送“红包”礼金问题及干部违规经商问题专项整治行动。围绕税收执法督察工作要求,抓住关键部位和重要环节,确认8类过错行为51宗。加强执法督察、内审、监察等方面的协调配合,切实抓好2014年财务检查及内外部审计发现问题整改工作。全年共对7个县区局开展任中和专项审计,查出问题142个,提出建议40条;开展明察暗访18次,查出7类50个作风问题;自查自办案件5件,处分5人次,行政问责1人次。

[绩效管理] 在绩效考核中突出重点工作,适度增加指标权重,将上下班纪律、征管档案建设、营业税清理等重点工作纳入部门及个人指标,有力推动了各项工作落到实处。将工作督办贯穿于绩效执行的全过程,形成了由党组抓工作汇报、办公室日常督办、内审专项督办和纪检部门督察相结合的立体式、全方位的督办问责机制,取得了积极成效。结合汕尾地税系统实际,出台绩效考评奖实施办法,将考评结果与干部职工个人利益挂钩,与评优评先挂钩,实行奖勤罚懒。

(叶生憧)

东莞市地方税务局

［**经济概况**］ 2015 年，东莞市实现生产总值(GDP)6275.06 亿元，按可比价格计算，同比增长 8.0%。三大产业比例为 0.3∶46.3∶53.4。2015 年，全市固定资产投资总额完成 1446.52 亿元，同比增长 3.3%。社会消费品零售总额实现 2154.70 亿元，同比增长 10.9%。居民消费价格总指数(CPI)同比上涨 1.4%。进出口总额 1676.73 亿美元，同比增长 3.1%；其中进口总额 639.55 亿美元，下降 2.4%；出口总额 1037.19 亿美元，增长 6.9%，外贸进出口顺差 397.64 亿美元。实际利用外资 53.20 亿美元，其中实际投资超千万美元项目 69 宗，同比增加 20 宗，累计实际投资 29.60 亿美元，增长 113.1%。

［**税费收入**］ 2015 年，东莞市地税系统组织各项税费收入 855.60 亿元，同比增收 102.10 亿元，增长 13.5%。其中，税收收入 457.85 亿元，同比增收 31.73 亿元，增长 7.4%，可比增长(剔除"营改增"影响，下同)8.3%；社会保险费收入 338.95 亿元，同比增收 65.97 亿元，增长 24.2%；其他规费等收入 58.81 亿元，同比增收 4.39 亿元，增长 8.1%。

［**税收收入特点**］ 一是总体收入实现稳定增长，下半年增速快于上半年。1—4 季度总体收入累计增速分别为 3.5%、2.9%、6.4%、7.4%，第二季度增幅最低，下半年逐步走高，全年累计增速升至 7.4%，低于全省平均增速(16.1%)8.7 个百分点。二是各级次全面增长，省级收入增长较快。中央收入 89.33 亿元，同比增长 3.6%；省级收入 136.14 亿元，同比增长 12.7%(其中，省级共享收入 98.15 亿元，同比增长 3.7%，可比增长 5.5%；省级固定收入 37.99 亿元，同比增长 45.6%；市级收入 232.37 亿元，同比增长 6.1%，可比增长 6.9%)。三是主体税种中，营业税增长较快，财产行为税中契耕两税增幅较大。主体税种中，营业税收入 145.63 亿元，增长 19.9%，财产行为税收入 164.12 亿元，增长 1.0%，其中耕地占用税大幅增长 218.8%，契税、车船税、城市维护建设税分别增长 34.9%、24.8%、10.4%，房产税、土地使用税分别下降 22.5%、20.1%，土地增值税下降 19.3%，印花税下降 10.7%。四是房地产业税收增长贡献大，制造业税收收入下降。房地产税收收入 151.69 亿元，增长 19.1%，占总税收的 33.1%，对总税收增长贡献率达 76.7%；建筑业税收收入 37.55 亿元，增长 20.8%，占总税收的 8.2%；制造业税收收入 114.84 亿元，下降 1.1%，占总税收的比重(25.1%)较上年同期(27.2%)回落 2.1 个百分点。五是各镇街分局增长不平衡，重点分局多数实现收入增长。全市共有 25 个镇街分局组织收入实现增长，8 个镇街分局组织收入下降，其中，最高增幅是 53.6%，最大跌幅是 -32.7%。收入前 10 名分局多数实现增长，合计增收 28.51 亿元，拉动税收收入增长 6.7 个百分点。

［**税源分析**］ 一是房地产业大幅增收成为税收收入增长主力。受 3.30 新政、央行一年 5 次降息降准、"深圳客"外溢等因素共同影响，2015 年东莞商品房销售畅旺，全市网上签约商品房累计成交金额突破 1000 亿元，同比增长 67.1%。受税收滞后性及 2014 年上半年高基数影响，房地产业税收增长在下半年开始逐渐显现，房地产业税收累计增收 24.35 亿元，拉动税收收入增长 5.7 个百分点。二是金融保险证券等行业快速发展，推动金融保险业税收高速增长。东莞市金融保险业不断迅猛发展，存贷款规模持续扩大，2015 年成为广东省第 4 个存款总量突破 1 万亿元的城市，在全国所有非省会地级市中排名第四，同时，受上半年证券市场交易活跃，以及东莞市地方税务局加大金融保险业营业税税收清理力度影响，全年金融保险业营业税同比增长 45.7%，增收 11.90 亿元。三是耕地占用税大幅增收拉动市级收入增长。由于 2014 年下半年东莞土地出让进度明显放缓，导致相当一部分耕地占用审批手续延至 2015 年办理，加上受 2014 年同期基数较低影响，耕地占用税收入大幅增长 218.8%，增收 5.25 亿元，拉动市级收入增长 2.4 个百分点。四是企业所得税出现 2010 年以来首次下降。具体表现为：2015 年以来，国内外需求疲软、加工贸易发展持续颓废、外向型企业举步维艰，个别大企业的企业所得税减收影响尤其大；房地产业所得税受税收滞后性等影响出现下降，原因在于房地产行业多采取预售未完工产品的经营模式，房地产业企业所得税收入主要在产品竣工交付时才实现入库，销售与竣工交付大多存在一年以上时间差；2014 年企业所得

税一次性税源收入较多,一次性税源拉高基数导致2015年增长压力加大。

[税收征管]　优化金税三期工程上线应用,保障系统平稳运行,开发“金三易”,实现税务登记办理一键化和门前代开发票智能化。拓展国地税征管合作,全国首创O2O联合办税,实现税务登记证、纳税证明、发票线上申请线下快递;配套“一照一码”,搭建“国地通”平台,实现登记信息及档案资料共享、个体户两证合一;推进网厅共建,在全省率先实现联合网报。提升数据管税水平,建设征管数据综合应用平台,整合梳理海量数据,加强税源结构及征管质量动态监控;深化涉税信息共享,全年获取涉税信息581.81万条,核查补缴税费5.04亿元;开发纳税评估风险管理系统,对6465户纳税人实施评估,实现评估收入17.25亿元。全面推广应用征管档案数据化管理系统,对接6大信息系统实现数据还原、自动建档。加强存量房税收管理,上线非住宅存量房计税评估系统。“两线九点”搭建“三旧”改造税收征管架构,解决了27个项目涉税问题。推进电子稽查建设,开展稽查电子取证工具应用推广和本地化改造。

[依法治税]　公开税务行政处罚权力清单目录和权力运行流程图,修订规范性文件制定管理办法。编制行政审批事项通用目录,市局、基层分局审批事项分别减少至9项和24项。增强执法刚性,制定落实税务行政强制工作指引,自行实施强制扣缴9宗,向法院申请非诉强制执行19宗。加强行业税收及重点税源企业检查、涉税案件查处、发票专项整治,破获假发票犯罪案件35宗。倡导纳税守信,做好纳税人信用等级评定,及时公告A级纳税人名单,参加“红黑榜”新闻发布会;联合国税、金融管理部门及银行实施“税银通”服务,1546户企业通过该项目获贷2.06亿元。加强国际税收管理,办理全省地税最大宗转让定价调整案件,入库全省地税单笔最大金额转让定价跟踪管理案件税款。

[纳税服务]　贯彻落实纳服规范和征管规范,进一步完善办税服务厅规范管理制度,优化窗口功能设置,统一办税流程,简化办税程序,简并表证单书。大力推广应用电子办税服务厅,累计开通28.52万用户。增设21个24小时自助办税服务厅,探索国地税互设窗口和自助办税终端。加强12366纳税服务热线建设,在全省地税服务质量抽测中综合排名第二。完善落实纳税诉求办理规程、纳税服务联席会议制度,全年受理并及时办结各类咨询诉求11.71万宗。加强宣传辅导,通过实体纳税人学校开展宣传培训528场次,培训4万人次,网校共发布各类视频课程27个,累计播放近万次;更新和发布门户网站信息8989条,通过主流媒体发布税收专题70期,举办上市后备企业税收政策宣讲沙龙,组织高校税收主题辩论赛,制作税宣“微电影”;开通微信公众号,推广预约办税,拓宽信息发布渠道。

[队伍建设和党风廉政建设]　推进绩效管理,修订一系列管理办法及细则,科学设置考评指标,按工作时限、质量、负荷等多维度对指标完成情况开展评价,提升工作质效和执行力。推进岗位练兵常态化,贴近基层工作需求实施分级分类培训,全年共举办培训214期。深化干群连心桥行动,落实做好探访慰问、对口扶贫等工作。开展争先创优活动,松山湖、高埗分局分别获评省“青年文明号”“巾帼文明岗”。多形式开展文体活动,举办全系统篮球比赛、歌唱比赛,营造积极向上的良好氛围。扎实开展“三严三实”专题教育,排查整改“不严不实”问题,持之以恒改进工作作风。认真执行党建工作规则,加强基层党组织建设,严肃党内组织生活,促进党建工作目标任务落实。组织开展明察暗访,及时发现纠正问题。配合市纠风办开展办事群众手机短信测评,满意度达99.6%。严格落实“两个责任”,切实抓好党风廉政建设任务落实。全面推进内控机制信息化升级版建设,建立内控风险清单填报模板,收集风险隐患并提出改进建议。

(林立煌)

中山市地方税务局

[经济概况]　2015年,中山市实现生产总值(GDP)3010.03亿元,比上年同期增长8.4%。其中,第一产业增加值68.58亿元,增长1.2%,第二产业增加值1632.03亿元,增长7.6%,第三产业增加值1309.42亿元,增长10.2%,三次产业比重调整为2.3:54.2:43.5。全市2877家规模以上工业企业实

现增加值1305.67亿元,同比增长7.5%。轻工业增加值724.88亿元,增长5.5%,重工业增加值580.79亿元,增长10%。全市进出口总值2210.3亿元,同比下降2.6%。其中,出口1738.9亿元,增长1.6%;进口471.4亿元,下降15.5%。全市外商直接投资项目192个,同比增长54.8%。合同利用外资10.3亿美元,增长16.4%;实际利用外资4.57亿美元,同比下降32.9%。全市固定资产投资1055.4亿元,增长17%。全市商品房施工面积4623.63万平方米,同比增长14.8%;商品房竣工面积704.05万平方米,增长45.6%;商品房销售面积1042.77万平方米,增长36.5%;商品房销售额613.53亿元,增长32.2%。全市社会消费品零售总额1079.7亿元,增长10%。12月末,全市金融机构本外币存款余额4378.36亿元。居民人均可支配收入3.6万元,增长9.1%。

［**税费收入**］ 2015年,中山市地税局累计组织税费收入394.2亿元,增长11.47%,增收40.55亿元。其中:组织税收收入225.57亿元,增长5.15%,增收11.05亿元。分级次情况为:中央级收入31.17亿元,同比下降0.11%,减收350万元;省级收入70.55亿元,同比增长4.15%,增收2.81亿元(省级共享收入56.88亿元,同比增长4.13%,增收2.26亿元);市级收入123.85亿元,同比增长7.16%,增收8.27亿元。征收规费和其他收入168.63亿元,增长21.20%,增收29.60亿元。其中:征收社会保险费144.16亿元,增长26.06%;中山市缴费人数(含新型农村养老及灵活就业人员)为1715340人,减少8.65%;缴费工资水平达2691.80元,增长20.32%。征收堤围防护费3.78亿元、教育费附加8.81亿元、文化事业建设费1079万元,地方教育附加5.86亿元;代征2014年度残疾人就业保障金2.47亿元、工会经费3.42亿元。

［**税收收入特点**］ 一是税收增速前高后低。1—4季度税收增幅分别为6.8%、10.7%、2.5%、0.38%,下半年增速放慢、降幅较大。二是各级次收入增长不均衡。中央级收入下降0.11%,省级收入增长4.15%,市级收入增长7.16%。三是营业税和部分市级固定税种增幅较快,企业所得税和土地增值税同比下降。营业税同比增长10.55%,占总税收比重36.34%,营业税收入增量占总体税收增量70.8%。房产税、车船税和耕地占用税增幅较大,带动市级固定税种收入增长9.85%,增收6亿元。企业所得税和土地增值税同比下降,个人所得税受多个税目降幅较大的影响,仅增长6.08%。四是建筑业和金融业实现较快增长,分别增长15.8%和9.6%;房地产业税收总量增长7%,制造业负增长6.6%。五是纳税大户税收贡献作用明显加大。2015年纳税额前100名企业(实现增收的有73户),贡献税收收入合计68亿元(占总税收的30.2%),增长29.3%,合计增收额为15.4亿元。其中房地产业无论从户数(64户)和税额比重(62.8%)都大幅度超过其他行业。

［**税源分析**］ 增收因素:一是加强数据管税,开展多项核查,有力促进税收增长。开展了房地产开发企业销售备案与税收申报差异核查及税款入库清理工作,直接带动一手房销售不动产营业税增长34%、土地增值税预缴收入增长41.4%、住宅类契税收入增长18.3%,共增收15亿元,拉高总税收增幅7个百分点。建筑安装营业税增长15.2%,增收2.48亿元。房产土地税源登记比对核查工作,查补房产税和城镇土地使用税8072.11万元。二是理顺耕地占用税申报流程,并对以前年度应征未征耕地占用税进行清理,2015年入库耕地占用税4.32亿元,增长71.3%。三是加强股息红利个人所得税征管,加强国际税收管理,顺利完成全国首宗通过跨国情报交换进行的高收入移民涉税调查,追缴税款3474万元,带动利息、股息、红利所得增长19.1%,增收0.76亿元。减收因素:一是土地增值税清算收入减收2.52亿元。二是土地交易市场平淡,直接影响营业税、土地增值税和契税,其中二手地交易税收减收5.85亿元,一手土地出让契税减收0.92亿元,合共减收6.77亿元,拉低税收收入增幅3.2个百分点。三是企业所得税纳税大户减收明显。入库额超过2000万元的13户大户中,有6户同比下降。13户大户合计贡献企业所得税4.7亿元,同比减收0.43万元,下降8.4%。四是贯彻落实各项税收优惠政策,全年累计减免各项税收25亿元,占税收收入比重11%,拉低税收收入增速11.7个百分点。

［**税收征管**］ 做好国家税务总局金税三期工程优化版在中山地税单轨上线运行工作,并首创建立了集软件、硬件、网络和安全为一体的大运维综合保障体系,可综合调配和管控全局运维资源,为金税三期工程系统上线运行发挥保障作用,全年共接收问题9892个、解决问题9741个,问题解决率98.47%位居全省各市前列,成为全省地税首批接收和应用金税三期工程数据的地市。推进税务登记改革工作,2015年4月推出中山国地税联合办证业务,并实现税务登记同城通办;2015年6月,与工商、质监、国税局合作实现工商、质监、税务"三证合

一";2015年9月起,推进"一照一码"登记工作,至年底共受理"一照一码"企业设立登记4626户。积极拓展第三方数据应用广度和深度,推进"税银互动",与全市27家银行机构共同签订《"地税—银行"数据交换共享公约》,实现税务与银行信用信息的共享、交换、使用,率先在全省范围内实现税务机关查询银行账户的信息化。年内首次运用27家银行反馈的56户欠税企业账户信息结果,成功实施银行强扣460万元。加强税种管理,全面核查企业所得税预缴管理现状,规范全市企业所得税预缴管理,2015年全市共有14809户企业参加企业所得税汇算清缴,汇缴面达99.43%,补缴企业所得税4.59亿元;制定股权转让企业所得税操作指引,强化股权转让企业所得税管理。规范非货币性资产投资个人所得税征管,建立非货币性资产投资分期缴纳个人所得税台账;分类分层推进个人所得税明细申报管理工作,2015年个人所得税明细申报率达93.99%。开展营业税风险排查,做好"营改增"全面扩围相关工作。研究制定土地增值税清算工作指引,制定清算计划,推进土地增值税清算。完成车船税联网征收上线工作,实现车船税由委托代征向税务机关自征与保险公司代收相结合方式的平稳过渡。开展房地产开发企业违规代理契税清理工作,2015年共清理房地产开发企业及其中介代理代办的应征契税税款1100万元。加强国际税收管理,完成全国首宗跨国情报交换涉税调查,追缴税款3474万元,得到上级肯定。

[依法治税]　落实各项税收优惠政策,发挥税收调节功能,全年共减免税收近25亿元,惠及纳税户12万余人次。其中:落实小微企业税收优惠政策,推行绿色通道、服务专窗、辅导专区等一站式办结服务,简化税收减免流程,2015年共为营业额不超过3万元的小微纳税人减免营业税1.3亿元;符合条件的小型微利企业减免企业所得税近3000万元,税收优惠覆盖面达到100%。落实企业所得税固定资产加速折旧和研发费加计扣除新政,2015年全市共有96户企业享受固定资产加速折旧优惠政策,减免企业所得税额312万元;研发费加计扣除政策减免税款3945万元。完善房产、土地两税困难减免审批方式,2015年度共为172户纳税人减免房产、土地两税3808万元。对营业税比重较大的行业、资本交易的企业项目开展专项税收检查。整顿和规范税收秩序,严厉打击各种涉税违法行为,2015年共查处各类涉税案件103宗,其中立案查处26宗,稽查查补税收收入(含滞纳金、罚款)共1.19亿元。部署打击发票违法犯罪活动,共检查企业1197户,查处发票违法企业46户,其中查获犯罪嫌疑人8人,已移送起诉1人,查处涉嫌非法发票30.2万份。落实"黑名单"制度,制定中山市重大税收违法案件的曝光标准,明确偷税、逃避追缴欠税500万元以上、虚开发票面额5000万元以上、抗税的等符合条件案件予以公告,推进社会信用体系建设。把好税务稽查选案第一关,按省局要求完成《税务稽查对象分类名录库》《税务稽查异常对象名录库》和《税务稽查执法检查人员分类名录库》的建库工作,实现稽查选案待查对象和检查人员的双随机抽查,有效避免人为因素的干扰,提高稽查风险防控能力。

[纳税服务]　中山市地税局大力推广电子办税,电子办税业务量占总业务量的89%,网报使用率达93.78%。积极推行税务登记、部分个人门前业务、车船税业务实现"全市通办"。在开发区国税分局开设全市首个24小时国地税联合自助办税服务厅,互设办税自助终端,让纳税人办税更便捷。扩展和延伸现有社保费网报系统功能,在全省地税系统内率先开发应用社保费网报APP,主要针对缴费人数较少的小型企业和广大个体工商户,为缴费单位(人)提供全新、智能、便捷的掌上"微服务"。贯彻国家税务总局《纳税服务规范2.0版》,印发至基层税务分局人手一本,让税务人员严格按规范开展税收服务工作。贯彻税务总局和省局关于继续开展"便民办税春风行动"的要求,开展3大类9项工作举措,包括税收业务工作规范、税收执法权力清单、税务行政审批制度改革、税收优惠政策落实等系列措施。2015年,12366纳税服务热线总话务量115234个,其中人工话务量为76092个,接通率达92.59%。开展面向纳税人的辅导会达396场次、参与人数超过2万人次。开展"税法进企业""税法进商会"等"四送"行动,首次联合市国税局开展"送税法进军区"活动,向武警中山支队即将退役的军人宣传讲解创业就业税收优惠政策。

[队伍建设]　一是优化人力资源配置。开展科级以下(含科级)领导干部跨单位交流轮岗工作,全年共对177名干部进行交流轮岗,得到干部职工认可,得到省局和中山市领导的肯定。二是狠抓素质提升。2015年共举办各类培训班548期,培训1.9万人次。三是注重人文关怀,推行女干部职工和协税员怀孕、哺乳期间临时调整工作单位制度,共有14名女员工享受到组织真切的关爱。四是注重地税文化建设。打造"香山税悦"地税品牌,倡导健康向上的生活态度和博爱互助的奉献精神。以"一

个部门一个亮点、一个分局一个品牌”的创建活动，引导争先创优，营造奋发向上的组织文化氛围，凝聚发展正能量。全年共有2个基层分局获评“广东省巾帼文明岗”、7个基层分局获评市级“党员示范岗”、1个基层分局获评市“青年文明号”。城区分局征收股工会小组被授予“全国模范职工小家”光荣称号。五是完善考核机制。充分发挥绩效管理“指挥棒”作用，将绩效考评结果与年度考核挂钩、与职务晋升挂钩，提高考评结果“含金量”。2015年中山市地税局绩效管理考评总分名列全省第4，其中省局领导评价和基层干部满意度两项指标均列全省第一。六是提高行政管理效率。依托统一工作平台，创新打造E(易)督办模块，将重点工作事项纳入督办管理，实现工作督办全流程信息化、无纸化，有效促进全局各项决策、重要部署以及重点工作落实。及早谋划经费管理模式，修订《中山市地方税务系统财务管理办法》，逐步建立起公开透明、权责清晰、开支合理、管理严密的经费管理模式。

[**党风廉政建设**] 一是强化“两个责任”落实。建立健全党风廉政建设责任体系，以“两表43问”的形式将“两个责任”细化为43项具体工作任务，进一步促进各单位领导班子和纪检监察干部认真履行党风廉政建设主体责任和监督责任。二是实施“内控升级工程”。积极推进内控机制融入业务、融入绩效、融入信息化建设，形成依托信息化管税、管事、管人、管风险的新格局。三是完善权力运行监督。抓住“一把手”关键少数，抓好经济责任审计和财务专项审计内审监督。实行科级领导提任前财产申报制度，试行离职审查制度，发挥内审“查错纠弊、促进管理、防范风险、服务大局”的作用。四是加强作风建设。开展“三严三实”专题教育活动，加强作风纪律教育。认真贯彻落实中央八项规定精神，深入查纠“四风”突出问题，共收集意见建议286条、查摆问题24条、整改24条，清理办公用房3677平方米，落实公务卡结算制度，严控经费支出，会议费和“三公”经费实现“零增长”，“三公”经费逐年下降。

（杨丽云）

江门市地方税务局

[**经济概况**] 2015年，江门市实现地区生产总值(GDP)超过2240亿元，同比增长8.4%；规模以上工业增加值925.99亿元，增长8.0%；固定资产投资1307.87亿元，增长17.7%；社会消费品总额1032.31亿元，增长11.8%；工业用电量1644309万千瓦时，增长3.3%。

[**税费收入**] 2015年，全市地税系统组织税费收入284.69亿元，增收22.12亿元，增长8.43%。组织税收收入165.54亿元，增收14.5亿元，增长9.6%，完成省局下达税收预期的103.19%。其中市县级收入95.28亿元，增长9.02%，增收7.89亿元，完成年度税收预期的102.99%。组织市本级税费收入23.85亿元，增长9.64%，增收2.1亿元，其中市本级税收收入22.78亿元，增长9.82%，增收2.04亿元。

[**税收收入特点**] 一是税收增长逐步回升并趋稳。税收增长呈前低后稳发展，前4个月税收增速仅为3.76%，从5月起，累计税收增速保持在7%～11%。二是税收增速排名在全省各地市中处于靠前位置。2015年，全市税收收入增速与全省税收平均增速(16.1%)相比低6.5个百分点，若剔除深圳市，全市税收收入增速则比全省税收平均增速(8.8%)高0.8个百分点。与其他城市相比，江门市税收增速排名第六。三是各级次收入均实现预期增长目标。按照税收计划考核口径计算，全市税收收入(不含省级固定收入)1560111万元，增长10.1%，增收143145万元，完成预期目标的103.39%，其中：中央级收入236724万元，增长9.73%，增收20993万元，完成预期目标的100.73%；省级共享收入370557亿元，增长13.22%，增收43279万元，完成预期目标的106.24%；市县级收入952830万元，增长9.02%，增收78873万元，完成预期目标的102.99%。省级固定收入95325万元，增长2.02%，增收1884万元，完成预期目标的100%。

[**税源分析**] 经济因素：一是固定资产投资增速加快，有力促进建筑安装业营业税持续快速增长。在固定投资增长带动下，全市建筑安装营业税入库158941万元，增长17.35%，增收23501万元。二是商品房销售回升房地产营业税较快增长。全年全市

销售不动产营业税实现收入 188206 万元，增长 19.33%，增收 30486 万元。征管因素：一是强化土地增值税管理。积极开展土地增值税专项检查行动，建立健全土地增值税征收管理制度，抓紧土地增值税清算工作，全年全市土地增值税实现收入 161406 万元，增长 20.19%，增收 27110 万元。二是抓好企业所得税清缴管理。加大企业所得税申报数据审核和优惠备案项目核查力度，提高汇算清缴工作质量，汇缴面 99.15%，汇缴阶段补缴入库 3.79 亿元。三是推进契税纳税期限法制化、规范契税征管。2015 年，全市共征收契税 165521 万元，增长 32.9%，增收 40979 万元，其中：房屋契税 148626 万元，增长 61.79%，增收 56763 万元。四是积极推广保险机构代收代缴车船税。借助车船税管理子系统与保险行业交强险信息共享平台联网，在全市范围内统一推广保险机构代收代缴车船税，既提升税收征管质量，又极大地便利纳税人，全年全市车船税收入 23548 万元，增长 11.19%，增收 2370 万元。

[征管改革]　推进《全国税收征管规范(1.0 版)》落地，规范工作流程，统一表证单书，简化税务登记环节资料报送和办事程序。开启代收代缴和委托代征新模式，启动保险机构代收代缴车船税工作，全年保险机构共代扣代缴车辆 402157 台，涉税金额 5595.33 万元；委托市国税局代征蓬江区、江海区和恩平市小规模纳税人代开增值税发票应征的附征税费；开发国地税共用委托代征平台，以蓬江区和江海区为试点，积极推进国地税共同委托邮政部门代征税费模式。推进建设征稽联动机制。促进稽查查补税款 1056 万元，征管追缴税款 8272 万元。全面对接商事登记制度改革。积极支持配合市政府实施"五证合一、一照一码"登记模式改革，以新会区为试点，逐步推开国地税联合办证业务，将"五证"办理时间由 1 个月缩短至 3 日；同时做好税务登记信息的补录和纠错工作，以 99.29% 的登记信息完整率，超标准达成省局的绩效考核目标。借信息化建设提档升级：构建涉税信息交换共享应用大格局，继续加强与工商局等 32 个涉税单位的信息交换，进一步提升涉税信息交换与应用的层次和深度。2015 年，全市累计取得各部门涉税信息约 54.63 万条，促进增加税收合计约 1.19 亿元。深度挖掘国税、工商、国土等第三方涉税信息数据，加强重点税源纳税评估力度。全年已开展数据主题分析 38 个，推送基层核查任务 33 个，涉及疑点纳税人 18051 户，促进税款入库 1.23 万元。全市累计完成纳税评估收入 8.84 亿元，占本市地方税收收入的 5.34%。深化风险管理。规范内部管理机制，整合数据分析监控中心和风险管理中心资源，落实征管与稽查良性互动机制，完善评估指标和优化评估模型。积极推广电子办税厅应用，全年累计开通电子办税厅纳税人 63478 户，占应开通户数的 94.99%，其中开通智能办税终端为 17355 户，数字证书 12314 户。

[纳税服务]　依托"微信公众平台"和"掌上税务局系统"，在全省率先实现移动预约办税、涉税资讯推送、网上办税互动、智能化咨询、离席满意度评价等四大创新、十四项实用功能。2015 年，共服务纳税人 56381 户，占全市纳税人总户数的 32%；实现预约办税 11078 人次；在线回复纳税人问题 3569 条。该项目先后得到省局领导、市委领导的批示肯定，《中国税务报》《南方日报》等媒体均予以报道，并入围市直机关"管理创新奖"候选名单。继续深入开展"便民办税春风行动"。比对《全国税收征管规范(1.0 版)》，细化《全国税务机关纳税服务规范(2.0 版)》，实现新旧规范的平稳过渡和稳步推进。继续加强 12366 纳税服务热线、办税服务厅规范化建设，建立健全江门地税诉求管理平台制度。推进办税服务综合管理系统上线运行，深度整合排队叫号机、评价器、视频监控、音频监控等硬件设备，全面实现办税服务厅业务系统、自助办税终端系统、12366 呼叫中心信息系统、网上办税服务厅、门户网站、短信平台、微信公众平台等系统信息共享。

开展形式多样的税收宣传。联合市国税局发布纳税百强榜；联合团市委等部门开展"微邮筒"DIY 明信片和网上税收知识竞赛活动；在高校举办大学生自主创业专题讲座；举办全市房地产企业、建筑企业"营改增"税制改革税收培训；继续加强与本土主流媒体的合作，在《江门日报》设置"地税视窗"专栏，在电视台每晚《新闻联播》节目插播税宣广告，在电台设立《地税之声》栏目。全力推进国地税深度合作，围绕合作规范建立国、地税合作长效机制，定期召开国、地税联席会议；联合开展 2014 年度纳税信用评价，评选出 A 级纳税人 821 户。

[税收调控]　强化政策梳理，简化办理程序，建立税收减免核算管理制度，健全优惠政策制定和管理长效机制，推动产业转型升级、扶持中小微企业、帮扶困难群体等决策部署的落实。全年合计为 78 万户(次)纳税人减免税款 14 亿元。启动"以地控税，以税节地"工作试点，争取国土部门支持，建立常态化联席会议制度，力争实现土地信息全面共享共赢。同时，深入开展税收调研，向市委市政府建言设立市级数据统筹局、统筹 BT 工程开发、加强村

级物业出租管理等。

[依法治税] 聚焦税收法制落实。规范税务行政处罚自由裁量权,推进税务行政审批制度改革,深入落实“两单”制度建设,整理公布109项权责事项。大力开展业务整顿活动。着力解决系统性征管漏洞、涉税历史遗留风险和征管审计问题,共追缴税、费、滞纳金3400多万元。发挥税务稽查震慑作用。开展2015年打击发票违法犯罪专项行动和全市税收专项检查工作,定期召开税警会议和部门联席会议,并与国税、公安等部门开展联合执法行动。全市共立案检查纳税户24户,查结19户,督导自查406户,查补收入7370万元,已入库6532万元。推进欠税强制执行机制实施。加强与法院、金融机构的沟通协作,运用欠税公告、参与法院资产拍卖分配、查询存款、冻结存款、扣缴存款等强制措施,加大力度清理欠税。全市共清理往年入库税费7304.58万元,同比增长64.47%。稳步提升依法行政能力。贯彻落实《行政复议法实施条例》,提高税务行政复议培训力度和业务水平,全年复议案件3宗,复议前化解纠纷6宗;认真办理各类征求意见稿和人大政协提案,全年共办理人大建议、政协提案10份;积极作好应诉工作,全年全市共应对7宗诉讼案件。创新依法治税建设机制。开展主要负责同志述职述廉述法活动;指导和推进新会区地税局开展法治税务示范基地创建活动;落实法律顾问制度,2015年,全市地税系统共都聘请了8名常年法律顾问,实现律师顾问全覆盖。逐步建立以税务机关法制机构人员为主体、吸收专家和律师参加的法律顾问队伍。

(林炜超)

阳江市地方税务局

[经济概况] 2015年,阳江市经济保持平稳增长。主动适应经济发展新常态,采取系列措施推动经济增长。全市实现地区生产总值(GDP)1256亿元,同比增长8.5%;人均生产总值50000元,增长7.6%;一般公共预算收入67.92亿元,增长6.2%。扩大有效投资,固定资产投资689亿元,增长4%。培育消费增长点,社会消费品零售总额582亿元,增长9.5%。加大外贸扶持力度,进出口总额178.8亿元,增长8.3%。促进金融健康发展,金融机构本外币存款余额1014.74亿元、贷款余额757.74亿元,分别增长11.4%和7.2%。

[税费收入] 全市地税系统累计组织税费收入76.80亿元,同比增长4.8%。组织税收收入50.71亿元,增长-0.6%,完成省局税收预期的102.8%。其中:省级共享收入12.17亿元,增长0.7%;市级收入8.73亿元,增长10.6%。组织规费收入26.09亿元,增收3.8亿元、增长17.03%,增长速度在全省地级市中排第6位。其中社会保险费收入22.22亿元,增收3.72亿元、增长20.13%,增长速度在全省地级市中排第5位;其他规费收入3.86亿元。

[税收收入特点] 2015税收收入主要呈现以下特点:一是收入增速创历史新低。2015年,受“营改增”带来的税源萎缩及优惠政策减收效应明显、经济增长放缓等因素影响,税收收入同比下降0.6%,为历史最低增速,低于全省地税平均增速(16.1%)16.7个百分点,增速在全省位居第18位,高于韶关(-3.9%)、汕尾(-6.7%)、肇庆(-12.1%),低于清远(2.7%)、河源(3.0%)。二是主体税种增速放缓,财产行为税“五升四降”。营业税和企业所得税、个人所得税三大主体税种分别增长5.6%、-15.9%和11.4%;财产行为税中,除耕地占用税、印花税、土地增值税、房产税分别负增长23.7%、2.6%、3.2%和2.2%外,其余税种收入均实现了平稳增长,增幅前三位的分别为资源税18.3%、车船税16.6%和土地使用税7.9%。三是四大重点行业税收中,建筑业仍然负增长,房地产业逐步回暖,同比增长6.9%。制造业、建筑业、金融业和房地产业分别增长22.5%、-15%、20.3%和6.9%,由于2015年金税三期工程系统上线后,个人缴纳的耕地占用税和契税并入公共管理业统计,按原统计口径折算后,建筑业和房地产业合计实现税收28.45亿元,同比下降1.2%,占税收总量的56.1%,比上年同期下降0.3个百分点;传统消费服务行业中,批发和零售业税收下降12.2%,住宿和餐饮业税收在上年同期负增长的基础上持续走低,同比下降18.1%。四是地区差距较大,税源丰歉不匀。全市6个征收单位中,除江城区局和阳春市局实现正增长外,其余地区持续负增长。累计收入增速由高到

低依次为江城(7.6%)、阳春(1.0%)、海陵(-4.0%)、阳西(-7.6%)、阳东(-7.9%)、高新(-14.8%)。

[**税收分析**] 一是投资增速回落。2015年固定资产投资增速同比增长4.4%,其中,项目投资增长3.3%,增幅分别比上年同期回落12.3个和15.3个百分点。投资增幅的回落,拉低了建筑业税收。2015年,建筑业税收仅为8.98亿元,同比减收1.58亿元,下降15.0%。二是土地出让和商品房销售均明显下降。据市国土资源局提供的数据显示,2015年,全市挂牌出让土地24宗,成交19宗,成交金额12.72亿元,不足2014年同期的三成;土地成交的萎缩制约了耕地占用税、契税等相关税种增长,造成房地产业税收增长乏力。2015年,房地产税收为19.47亿元,同比增收1.25亿元,仅增长6.9%。耕地占用税收入4.13亿元,同比减收1.28亿元,下降23.7%,其中:海陵区,高新区和阳春市同比分别下降46.8%、58.6%和75.4%。三是重点税源企业税收贡献率下降。重点税源企业中共有87户企业税收收入减收100万元以上,累计入库税收收入5.82亿元,同比减收4.05亿元,下降41%。重点税源企业税收贡献率的下降拉低了税收总量的增速。其中减收较大的企业主要有阳江市中天科达房地产有限公司减收2999万元,保利(海陵岛)房地产开发有限公司减收2924万元,阳江市敏捷房地产开发有限公司减收1538万元。四是"营改增"等政策性减收效应明显。2014年6月1日起,电信业纳入"营改增"试点范围,影响2015年税收约2900万元。此外,结构性减税力度继续加大,2015年1月1日起,小型微利企业减半征收企业所得税范围由年应纳税所得额从10万元进一步提高至20万元,减收影响扩大。2015年全市地税累计减免各项税收超过2.45亿元,占税收收入比重4.8%,累计惠及企业及个体工商户逾5万户次。

[**发挥职能**] 一是落实税制改革要求。对周边地级市征收价格调节基金的情况开展深入细致调查,向市政府提交调整有关征缴工作的措施建议。出台了《关于城镇土地使用税有关征税问题的工作指引》和《关于房产税、城镇土地使用税缴纳期限的公告》,进一步加强了房产税、城镇土地使用税的征收管理。二是落实税收优惠政策。严格落实国家结构性减税和中小微企业的税收优惠政策,小型微利企业所得税政策受惠面100%,全年全市合计减免税费达9332万元,促进经济转型升级和民生事业发展。三是深化国税地税合作。与国税部门全面开展联合办证、自助服务终端、纳税信用等级评定、涉税中介机构监管、税法宣传辅导等合作项目,进一步整合税务资源,降低办税成本,提升征管质效,扩大了影响力。

[**税收征管**] 一是征管基础工作全面加强。按时按质做好金税三期工程上线工作,2015年1月8日实现金税三期工程在阳江市顺利平稳上线。全力推行商事登记制度改革,从9月1日起全市推行"三证合一"。精心组织税收专业化管理试点工作,从6月1日起,试点单位江城区局全面推行专业化税源管理新模式。完成车船税联网征收模块上线应用工作,提高车船税征收管理效率。二是税种税源管理得到强化。全市共3988户企业完成2014年度企业所得税汇算清缴,汇缴面为100%。全市共受理年所得12万元以上纳税人自行申报3494人,完成省局下达工作目标的113%。开展房地产企业违规代收契税清理,全市共清理入库契税4123万元。开展营业税风险排查工作,共查补营业税入库金额1684万元,得到省局表扬。三是稽查工作力度不断加大。开展了资本交易、房地产业及建筑安装业的专项检查和发票区域专项整治,收到了较好效果。税收专项检查共检查企业25户,自查企业78户,共查补收入4647万元(含企业自查收入),入库4597万元;开展发票区域专项整治,检查企业77户,查处违法企业15户,涉及非法取得发票28份,涉及发票金额1153.9万元。此外,开展重点税源企业抽查19户,查补收入201万元。

[**纳税服务**] 一是服务环境不断改善。完成企业纳税信用等级评价工作,全面推广《全国县级税务机关纳税服务规范(2.0版)》,持续开展"便民办税春风行动",为企业和纳税人提供优质高效服务。二是服务平台不断拓展。组建12366纳税服务热线咨询专家团队,12366咨询总量达8049次,咨询接通率为94%。通过官方微博发布最新政策、税收优惠、办税指引等资讯270条。三是宣传辅导不断强化。强化纳税人辅导培训,共举办各类培训班120期,培训纳税3932人次。大规模开展面向纳税人的税法宣传,共开设电台专栏45期,报纸专栏36期,门户网站访问量高达379万人次。深入开展"税法进校园"和"阳江周末大讲堂"活动,提高税务部门社会影响力。

[**队伍建设**] 一是政治教育不断加强。加强调查研究,组织两级党组成员开展专题调研活动,市局领导班子成员均与基层分局建立了基层联系点。深入推进"工作落实年"活动,推动形成作风建设新

常态。组织好处级以上领导干部“三严三实”专题教育,延展深化党的群众路线教育实践活动。二是队伍建设稳步推进。根据工作需要,开展干部选拔和交流轮岗,2015年市局选拔了2名正科级领导干部、2名主任科员和4名副主任科员,安排了2名主任科员到基层挂职,对12名科级干部和17名科员实行了交流轮岗,进一步加强了干部队伍建设。加大干部队伍培训力度,分类分级举办各类培训班,全市地税系统共举办了各类培训班127期,培训干部职工5258人次,培训规模11072人天,有效提升了干部队伍综合素质。三是党风廉政建设扎实开展。扎实开展全系统违规收送“红包”礼金问题专项整治工作,持续开展违规经商办企业专项整治情况,确保干部队伍的稳定。加强领导干部“八小时以外”监督管理,选取江城区局、高新区局作为试点单位。四是绩效管理持续推进。促进管理方式的转变,把落实党风廉政建设主体责任和监督责任情况、内外部审计发现问题以及税收执法督察发现问题纳入绩效管理考核,实现内控机制与税收业务、绩效管理和信息化建设的深度融入。

(黄自如)

湛江市地方税务局

[经济概况] 2015年,湛江市完成生产总值(GDP)2380亿元,同比增长8.5%。规模以上工业总产值2259.6亿元、增长9.8%,增加值698.8亿元、增长9.9%。服务业增加值1019.6亿元,增长9.1%。固定资产投资1313.7亿元,增长28.7%。社会消费品零售总额1298亿元,增长11.7%。来源于湛江的财政总收入491.6亿元,公共财政预算收入121.9亿元,增长2.7%。居民人均可支配收入16631.7元,增长8.7%。

[税费收入] 2015年,湛江市地方税务局累计组织税费收入1606990万元,比上年同期的1482258万元增收124732万元,增长8.4%。其中:地方税收收入919277万元,比上年同期的873465万元增收45812万元,增长5.2%;计划考核口径税收收入841855万元,比上年同期的800059万元增收41796万元,增长5.2%,完成年度收入预期831000万元的101.3%;其他规费收入687713万元,比上年同期的608793万元增收78920万元,增长13%,其中:社会保险费收入580746万元,比上年同期的509114万元增收71632万元,增长14.1%。

[税源分析] 主要增收因素:一是建筑业、房地产业营业税收入增长。随着湛江市房地产销售逐步回暖,全年市区新建商品房销售额85.1亿元,同比增长8.2%。全年两行业税收收入224798万元,同比分别增长21.6%和7.8%,两行业营业税增收30329万元,占全年税收增收45812万元的66.2%。其中:宝钢湛江钢铁公司全年缴纳地方税收22501万元,同比增长35%。二是城市维护建设税保持较快增长,同比增长12.3%。主要是国家调整提高成品油、烟草的消费税税率后,相应增加了城市维护建设税收入,仅东兴炼油厂增加城市维护建设税收入11580万元。主要减收因素:一是土地增值税收入下降较大。土地增值税收入74575万元,同比下降15.5%。原因是严格执行土地增值税清算制度,采用成本核算的查账方式,造成房地产企业纳税滞后性的影响;同时也因为上年同期大力加强土地增值税清算,加快了土地增值税入库进度,也相应形成较高的基数。二是受“营改增”税收政策影响,部分营业税减收5752万元。

[服务地方经济发展] 2015年,湛江市地方税务局不折不扣执行各项税收优惠政策,为支持湛江市社会经济发展做出了积极贡献。面对超强台风“彩虹”带来的巨大损失,及时出台了13条支持灾后重建复产的税收扶持政策及操作指引,通过媒体、网站等进行广泛宣传,全年受理400多户受灾纳税人的税收减免申请,为57户办理调整定额,18户办理停业,共减免各项税费5247万元。认真贯彻落实小微企业税收优惠政策,累计为3081户次小微企业减免企业所得税1449万元,政策受惠面达100%;累计为67378户纳税人减免营业税3814万元。

[税收征管] 2015年,湛江市地方税务局高效推进各项征管改革:落实税收征管规范,规范税收业务流程,统一征管资料清单,全面推行涉税业务前台受理;实施“三证合一”,完成“一证一码”的登记制度改革;落实《个体工商户个人所得税计税办法》,提升个人所得税明细申报率,确保明细申报覆盖率

达70%以上,完成全年所得12万元以上申报工作的目标任务;积极推动国地税联合办税,在统一业务流程、提高征管效率、服务纳税人等方面取得了重大进展。全力做好金税三期工程运维工作,规范强化IT平台问题报送制度,发布各类运维信息共235条,及时解决各类问题,优化系统运行;推进涉税信息交换和应用工作,获取第三方涉税信息110万条,全年共利用涉税信息增加税收收入1.3亿元;大力推广电子办税服务厅应用,全市电子办税服务厅用户达到22711户,其中开通智能办税终端的纳税人有5823户;深入推进税收风险管理,开展营业税、房产税、城镇土地使用税征管风险排查,分别补征税款484万元、794万元、978万元。

［依法治税］　2015年,湛江市地方税务局创新工作机制,成立了重大涉税(费)问题协调委员会,制定了会商规则,全年共解决涉及存量房交易评估价格、城镇土地使用税政策、建筑安装营业税纳税义务时间等7个复杂疑难税费业务问题。在霞山区地税局开展法治税务示范基地创建试点工作,严格落实省局评价指标,结合内控机制和绩效管理,认真制定各项规章制度和工作手册,将各项法治任务分解到股室和个人,打造依法治税样本,被省局确认为全省地税系统首批法治税务示范基地。落实法律顾问制度,充分发挥法律顾问在推进依法行政中的积极作用,借用"法律专家外脑",更加准确、高效地解决和处理各类涉税疑难法律问题,一年来,法律顾问为湛江地税出具合同修改意见22份,提供法律事务咨询31项,代理6宗诉讼案件,有效防范和化解了各类执法风险。加强行政复议诉讼应对工作,认真深入研判案情、及时提交证据,反复推敲答辩状,全年应对7宗行政诉讼案件,除1宗已撤诉、1宗变更判决外,其余5宗一审均已胜诉,依法化解了涉税矛盾纠纷。

［纳税服务］　2015年,湛江市地方税务局实施涉税事项全市通办,成功在6个试点单位运行税费业务"全市通办",打破了税务机关的区域管辖限制,对日常税收业务进行了创新整合。认真开展纳税信用管理工作,创新纳税信用结果运用,与金融机构联合开展"税银互动"活动,助力小微企业发展,利用"税融通"服务项目,为8个中小微企业提供贷款金额2.94亿元。加强税收宣传辅导工作力度,面向广大纳税人、企业、大中专院校共开展税收宣传辅导93场,参加培训人员达1.3万人次。多项纳税宣传辅导活动得到了《人民日报》《中国税务报》以及湛江主流媒体的关注和报道。加强纳税服务投诉管理。扩大服务渠道,健全和落实限时办结、及时反馈、跟踪回访、互动交流工作机制,全年共受理纳税人咨询、投诉、建议事项9248个,办结率100%。

［队伍建设］　2015年,湛江市地方税务局扎实开展"三严三实"专题教育,认真组织开展了"三严三实"三个专题的研讨,查找出不严不实问题15个,收集意见建议35条,并认真制定整改措施共六个方面26条。以绩效管理促进工作效率的提升,重新修订完善了系统、机关以及个人的绩效管理办法,将绩效管理嵌入工作全程,优化考核节点,强化反馈督办,使重难点工作得到突破、薄弱工作得到落实;制定绩效考评结果运用办法,充分应用绩效考评结果,形成奖勤罚懒、奖优罚劣的有效机制。坚持"先基层后机关"的原则,大力筹集专项资金,扶持基层单位完善工作、学习、运动、健身等文体基础设施,不断加强基层文化建设。加大干部教育培训力度,全年共举办各类培训班108期,培训干部4828人次。经过层层选拔考核,共有14人入选全省地税系统第四批省级师资库,人数名列全省地税第二名。深入推进党风廉政建设,开展了违规收送红包礼金专项整治工作和干部职工违规经商办企业专项整治工作,营造风清气正的地税氛围。积极开展创先争优,湛江市地税局再次被复核为"全国文明单位",全市地税系统共有25个集体被团省委和团市委授予省、市两级"青年文明号"称号,1人被授予"湛江市青年岗位能手"称号。

(郑　翔　刘妍娥)

茂名市地方税务局

［经济概况］　2015年，茂名市地区生产总值(GDP)为2445.6亿元，同比增长8%。其中第一产业增加值384.9亿元，增长4.3%；第二产业增加值1008.1亿元，增长8.6%，规模以上工业实现增加值713.0亿元，增长8.2%，增速排全省第7位；第三产业增加值1052.7亿元，增长8.5%。完成固定资产投资1115.5亿元，增长28.0%，总量排全省第12位，增速排全省第3位。社会消费品零售总额1213.4亿元，增长10.9%。全年实际利用外资1.72亿美元，增长10.4%，居全省第5位。进出口总额16.34亿美元，增长19.0%，全省排第2位；进口总额5.36亿美元，增长34.6%，全省排第1位；出口总额10.99亿美元，增长12.6%，总额排全省第6位，增速排全省第6位。全市城镇常住居民人均可支配收入21397元，增长9.5%；农村常住居民人均可支配收入13224元，增长11.0%。

［税费收入］　2015年，茂名市地税系统累计组织税费收入163.14亿元，同比增长17.8%，增收24.69亿元。其中：组织税收收入101.22亿元，收入规模首破百亿大关，同比增长20.5%，增收17.21亿元，增速全省第四；中央级收入14.52亿元，同比增长37.1%；省级收入27.68亿元，同比增长30.1%；市县级收入59.02亿元，同比增长13.2%，扣除上划中央城市维护建设税，地方财政可支配收入52.22亿元，同比增长15.8%；市本级收入15.5亿元，同口径增长12.7%。组织社保费收入46.2亿元，同比增长10.7%，增收4.45亿元。组织其他规费收入15.72亿元，同比增长23.9%，增收3.03亿元。

［税收收入特点］　一是税收在高基数上加速，收入规模创历史新高。税收收入同比增长20.5%，较2014年快1.8个百分点，增速超越周边湛江(5.2%)、阳江(-0.6%)和云浮(5.0%)等地区；税收规模实现历史性突破，收入达101.22亿元。二是县域税收增长较快，区域结构逐步优化。市区税收同比增长12.7%，县域地区税收增速达38.1%，较市区快25.4个百分点。三是第二产业增长较快，成为税收增长亮点。第二产业实现税收40.17亿元，占总税收比重39.6%，较上年上升4.7个百分点；同比增长37.1%，拉动全市税收增长12.9个百分点。四是"共享四税"快速增长，纯地方税种低增长。营业税、企业所得税、个人所得税和土地增值税合计收入66.28亿元，同比增长33.4%；纯地方库税种合计收入34.94亿元，同比仅增长1.8%。五是重点企业贡献明显，拉动税收作用较大。其中茂名石化公司贡献地方税收13.4亿元，占税收总量的13.2%。

［税源分析］　增收因素主要有：一是固定资产投资高位增长，重点投资项目建设加快带动建筑业税收增收。2015年全市建筑业税收收入21.79亿元，同比增长52.2%，拉动税收增长近9个百分点。二是部分地方政府积极盘活国有资产，带来大额一次性税源收入。2015年，全市一次性税源收入约25亿元，同比增收9亿元，增幅达55.1%。三是重点税源企业茂名石化公司贡献地方税收增长稳定。2015年该公司累计实现地方税收13.34亿元，同比增长19.7%，增收2.2亿元。减收因素主要有：一是重点行业房地产业税收减收。2015年房地产业单月税收有9个月出现负增长，全年收入剔除不可比因素后，减收2.27亿元。二是结构性减税力度进一步加大。2015年，国家继续加大结构性减税力度，全年累计减免税收5.86亿元，占当年税收收入的5.8%。

［税费征管］　深入开展税源调研和构建"大征管"格局改革调研。深化收入预测分析，加强收入统筹指导，按月下达组织收入指导性计划。开展征管质效大检查，全面摸清全市征管状况。强化纳税评估，通过完善各级评估机构、组建专业评估队伍、制订工作规范等，实现纳税评估规范化和专业化。加强土地增值税清算，通过向外借力聘请专业人员组建土地增值税清算团队，对全市大中型房地产项目开展清算工作。加大对营业税清理力度，2015年共清理入库营业税2.65亿元。加大外出经营企业税收管理力度，2015年共清理企业所得税5亿元，同比增长42.5%。全力抓好金税三期工程系统上线工作，2015年1月8日，金税三期工程系统在茂名地税顺利实现单轨上线并平稳运行。通过上线金税三期工程系统、建设网络监控管理系统、成功上线TIPS系统、推进"云计算"技术应用和强化信息系统运维管理等，特别是通过积极探索推进"互联网+

税务”,自主开发构建“一体化数据应用平台”,实现税费信息的可视化查询、智能化预警和个性化推送,有效提升数据管税水平。落实税费同征、同管、同查、同服务、同考核“五同”管理,将规费征管工作贯穿于税收征管工作中,全面开展税费征管质效检查和社保费文书催缴专项监察,切实提高社保费征管质效。建立全市社保费欠费台账,进一步强化社保费催报催缴和欠费清缴工作。联合社保部门,大力开展社保费扩面宣传,提高广大市民参保意识,超额完成社保扩面征缴任务。

[依法治税]　规范税收执法行为,实施税收法制员制度,保障税收法制工作落到实处。落实组织收入原则,加强与地方党委、政府沟通协调,减少、规范政府行为,有效化解收入风险。充分发挥稽查专业队作用,大力整顿规范税收秩序。2015 年共查补入库税费 2.64 亿元,同比增长 46%,增收 8300 万元。紧紧围绕上级扶持小微企业、促进民生改善等决策部署,不折不扣落实各项税费优惠政策。2015 年,全市地税系统共减免各项税费 3.77 亿元,其中为 2.1 万户小微企业优惠减免企业所得税、营业税、堤围防护费等税费 1.46 亿元。

[纳税服务]　贯彻落实全国税收征管规范和全国税务机关纳税服务规范,推进“三证合一”改革,进一步简政放权,优化服务。深入开展“便民办税春风行动”,推广多元化办税方式,全市铺设自助办税终端 100 多台,实现基层全覆盖。开通电子办税服务厅业户 2 万多户,其中 8000 多户纳税人开通使用 CA 认证。持续优化“一网一线”建设,全年网站总访问量达 30 多万人次,日均访问 1000 多人次。12366 纳税服务热线共受理话务量 2 万多次,接通率保持 96% 以上,在省地税局委托第三方检测中,整体热线服务水平得分全省第三。推进纳税人学堂建设,全年举办纳税人培训班 13 场次,培训纳税人 2500 多人次。抓好纳税信用等级评定,与国税、银行等建立“税银通”和“银企 E 通”纳税信用平台,助力诚信纳税企业发展壮大。全市已有 21 户符合资格的企业获得融资信贷 10.63 亿元。不断优化税收环境,依托《茂名日报·地方税务》、茂名电视台《地税之窗》、茂名广播交通台《茂名地税与你同行》和微博微信、地税门户网站等宣传平台,及时准确宣传税法,营造良好税收环境。

[队伍建设]　贯彻落实《党政领导干部选拔任用工作条例》,公开、公平、公正选拔任用调配干部,做到人尽其才。在区(市)局全面推行职务与职级并轨,职级晋升人员共 652 人,队伍凝聚力、向心力进一步增强。以提升核心业务能力为主线,打造稽查专业团队、纳税评估团队、法制员队伍和兼职教师等专业团队,率先创建全省首个地市级“世界咖啡馆”,举办各类专题业务培训班 128 期,培训 7500 多人次。全面实施绩效管理,实现业务、流程、人员三个全覆盖,深化绩效考评结果运用,全面激发干事创业活力,干部队伍的工作理念明显转变,工作作风明显改进,工作执行力明显提升。扎实开展“三严三实”专题教育,认真抓好存在问题的整改落实,不断巩固成果,推动践行党的群众路线教育实践活动和“三严三实”专题教育的常态化和长效化。深化干群“连心桥”工作和深入开展党员群众“结对子”活动,切实解决一批干部群众期盼解决的问题。以“和谐地税·快乐家园”为主题,推进文化家园系列建设,组建多个文体兴趣小组,积极开展健康向上的文体活动,增强干部队伍活力。开展“最美地税人”先进事迹宣讲活动,传递地税正能量。

[党风廉政建设]　严格落实党组主体责任,成立“一把手”任组长的党风廉政建设领导小组,半年听取一次纪检监察工作汇报,坚持凡重要会议必强调党风廉政纪律,切实把党风廉政建设抓在手上、扛在肩上。认真学习贯彻《中国共产党廉洁自律准则》和《中国共产党纪律处分条例》。组织“三纪”教育培训班,“一把手”亲自上党风廉政课。加大对税收执法、管理、服务等行为的监督整治等,不廉增量有效控制,存量问题逐步化解。制定印发主体责任实施办法和主体责任考核办法,推动各级党组书记“第一责任人”责任和班子其他成员“一岗双责”责任落地生根,形成上下贯通、各负其责、齐抓共管的工作格局。严格落实省局《关于加大纪律审查工作力度的意见》,充分运用监督执纪的“四种形态”,严肃查处各类违纪违法案件。强化纪律作风建设,全面开展违规收送红包礼金、上下班纪律、税务人员违法经商、办公用房清理等专项整治,提升作风建设水平。全面深入整治“四风”,盯紧重要节点,坚决防止和纠正公款吃请、公款送礼、公车私用、吃拿卡要等问题。强化内控机制建设,加强与绩效联动,完善和制定一批规章制度。规范非公务员的执法权限管理,预防执法风险。推进内控信息化升级工作。开展内控风险检查“回头看”工作,制定防控措施 113 条。组建内审办,充实内审力量,完善相关制度,积极开展内部审计和效能监察工作。开展明察暗访,加大对税收执法、管理、服务等行为的监督力度,及时发现风险、化解风险,确保队伍廉洁平安。

(潘　强)

肇庆市地方税务局

［**经济概况**］ 2015年，肇庆市实现地区生产总值（GDP）1970.01亿元，同比增长8.2%。规模以上工业企业累计完成增加值938.20亿元，增长7.6%，比2014年回落了6.7个百分点。实现消费品零售总额632.36亿元，增长12.9%。固定资产投资累计完成1330.03亿元，增长16.8%。全年累计组织税费收入149.62亿元，减收8.53亿元，下降5.39%。其中地方税收收入96.18亿元，社保费收入45.41亿元。组织其他各项费（金）收入8.03亿元。

［**税源分析**］ 2015年全市经济持续下行、增速回落给地方税收增长带来较大影响。主要表现在：（1）房地产业税收减收严重。减收主要原因：一是受让土地热情下降，出让契税减少。二是开发投资持续回落，可清算土地增值税减少。（2）住宿餐饮业税收持续减收，但降幅收窄。（3）项目投资加大，重点建设项目税收大额增收。2015年以来全市固定资产投资增速回落，但项目投资却明显加速。全市项目投资加大促使重点建设项目税收大额增收：2015年全市100项重点建设项目税收收入54250万元，较上年同期（43115万元）增收11135万元，增长25.83%，其中广佛肇高速项目税收收入20056万元，增收13675万元。（4）政策性减收持续加大。2012年11月起“营改增”政策实施，交通运输业、部分现代服务业、广播影视服务业、铁路运输、邮政业和电信业等陆续纳入“营改增”范围。截至2015年，该项政策使全市地方税收收入累计削减近3.4亿元，其中2015年全市电信业营业税减收约0.4亿元。

［**税收征管**］ 全力做好金税三期工程各项工作，组建上线支持团队，建立金税三期工程上线国地税联络机制。推广应用电子办税服务厅，引导纳税人开通CA数字证书，全市累计开通电子办税服务5876户，企业纳税人电厅开户率、申报率、财务报表无纸化率均超过省局考核指标要求。强化涉税信息交换与共享，与市国土局实现实时联网，房地产业税收实行“先税后证”管理，全年共取得涉税信息132万条，增加税收2.09亿元。加强自助办税终端建设，与国税互驻自助办税终端配置，在交警车辆登记点等地增设自助终端，全市自助终端累计94台，新增16台，使用16.9万户次。推行《全国税收征管规范（1.0版）》，梳理10项常见业务操作指引，积极推进“三证合一”“一证一码”改革。强化纳税评估，全年评估纳税户1412户，评估收入5.77亿元，占税收收入的6%。运用“互联网+”思维创新研发管理系统，在鼎湖区局试点研发“权责监督管理服务系统”，系统运行四个多月共录入业务1312单，按时办结率100%，审批效率平均提速82%，得到了税务总局、省、市有关媒体报道关注。在高要区局试点推出“智能办税服务卡+智能移动办税终端”的“双智”平台，完善了“实体办税厅、电子办税厅、智能移动终端”三位一体的“线上线下”纳税服务体系，着力打造指尖上的“移动地税局”。顺利上线运行社保协同办公系统财政对账对接系统，升级改造税费免填单、自助填单和社保费三方协同办公等系统，完成肇庆地税征管系统辅助平台第一期建设，推广上线全省办税服务管理系统、应用桌面云项目第二期，做好车船税联网征收准备工作；强化系统运维监管，处理事件5000余个，问题解决率93%。顺利通过信息系统等级保护安全整改的验收测评，扩建全市高清视频会议系统。

［**税收执法**］ 强化税收规范性文件制定源头管理，制订规范性文件4份，保留25份。推行权责清单制度改革，梳理事项46项。完善政务信息公开机制，主动公开政府信息2413条。认真做好行政复议应诉，全系统未接收一起行政复议案件，未发生一宗诉讼案件。严格税收执法过错责任追究，共追究执法过错93宗、追责225人。完善法律顾问制度，试点推行公职律师制度。强化督办落实力度，全年办理重点督办事项26件，专项督办事项50件，办结率均达100%。成立专项检查组开展“税收重点检查”，深入开展打击发票违法犯罪专项整治，联合查办案件6宗，捣毁制售假发票窝点7个，缴获假发票3.09万份。

［**税收宣传**］ 以开展“便民办税春风行动”为契机，创新宣传手段，制作肇庆地税“税宝”系列动漫，创作“贡柑哥”“糖桔妹”动漫形象宣传税收新政。壮大宣传声势，依托媒体展开全方位、立体式、集群式宣传，在《西江日报》、南方网等开辟税法宣

传专栏,联合制作《社保说法》专栏。拓展新媒体宣传,市局开通“肇庆地税”官方微信微博,为纳税人提供“指尖上的便利”。打造宣传品牌,在全系统树立一批“最美地税人”,制作拍摄宣传片《边远山区的地税人》《办税大厅的地税人》和肇庆地税形象片,展现地税良好精神风貌。制作纳税服务宣传片《扬帆》,总结展示纳税服务新成效。全系统全年累计组织税宣辅导培训221场次,培训人员1.7万人次,联合开展企业所得税汇算清缴巡讲培训班27期。

[税收服务]　强化办税服务厅建设。着力优化社保费缴费服务,在全市开展把缴费人“请出”办税服务厅工程,2015年12月门前社保费业务量较1月下降一半以上,全市通过网报、银行储扣以及自助终端机等方式缴纳社保费的业户占总业务量比重较1月上升18.55个百分点,提高了缴费效率,实现了“两个减负”,得到了省局主要领导批示肯定;充分利用办税服务厅综合管理平台,加强办税服务厅实时监控和数据分析,服务厅纳税人平均等候时长由年初32.2分钟下降到12月的6.9分钟,降幅达79%,纳税人和缴费人对此予以高度评价。在高要区局试点开发“纳税人身份信息智能识别系统”,纳税人身份信息查询录入时间由原2分多钟缩减至6秒钟内。高要区局在国税局设办税窗口,高新区局、四会大沙分局租赁并投入使用新办税服务厅。强化门户网站和12366纳税服务热线管理。门户网站成功改版升级,全年接受访问82万人次,新增信息近2000条,解答咨询留言101条;成立12366纳税服务热线咨询专家团队,落实“两回一检”制度,及时更新知识库。全年12366平台话务总量6.21万个,同比增长25%,转人工数4.28万个。

[队伍建设]　2015年,肇庆市地税局通过“教育培训+绩效管理+人文关怀+作风建设”四个抓手带队伍,干部职工思想能力素质得到较大提高。一是以强化教育培训提升队伍素质。通过岗位练兵、“师傅带徒弟”、举办8期共1.12万人次参加的学习讲堂等方式,多措并举提高队伍能力。加强新录用公务员培训,参加全国税收执法资格考试平均成绩名列全省第一。二是以强化人文关怀增加队伍归属感。扎实推进干群“连心桥”行动,开展“暖人心”工程,建立医疗健康档案,设立大病救助金,举办健康讲座,开展谈心谈话活动,慰问看望困难干部职工和家属,切实解决干部群众合理诉求。三是以强化地税文化建设丰富精神生活。拓宽活动载体,开展“全民健身”活动,举办趣味运动会、“五四”青年联谊会、“我为肇庆地税献一策”、10场“身边地税人”巡回宣讲等多项活动,有力提升干部职工凝聚力和归属感。四是以强化精神文明创建提升地税形象。市局被评为“全国模范职工之家”“市文明单位”荣誉称号。市局纳税服务科被评为“年度市五星级青年文明号”,成为全市5个获评该最高星级荣誉单位之一;四会市局荣获“全国巾帼文明岗”、怀集城区分局被评为“全国模范职工小家”荣誉称号;鼎湖区局城区办税服务厅荣获“省青年文明号”、高新区局和怀集局荣获“省五四红旗团支部”、怀集县局荣获“省模范职工之家”、广宁城区分局荣获“省三八红旗集体”荣誉称号;封开县局杨坚同志被评为全国优秀工会工作者。此外,鼎湖、高新区、四会、高要、德庆、封开局六个单位荣获市级各种荣誉。

[党风廉政建设]　强化党风廉政建设主体责任和监督责任落实力度。强化“四风”纠正,开展违规收送“红包”问题专项整治活动,签订承诺书1347份。开展中央八项规定落实自查自纠和会所腐败专项整治,严防“四风”问题反弹回潮。强化机关作风纠建和信访,召开特邀监察员座谈会,健全暗访、查处、追责、曝光“四管齐下”工作机制。提高信访件及案件查办质效,收到信访件9件,核查率和结案率均达100%。对四会市局、怀集县局“一把手”开展任中经济责任审计。稳步推进内控机制建设,切实解决好“两张皮”问题。着力推进党风廉政文化建设。扎实开展警示教育活动,组织开展“三纪”教育培训班等“八个一”活动,组织收看广东地税廉政文艺轻骑队肇庆站巡演,参观廉政教育基地10余场次,结合警示教育案例,深入开展对照检查和思想讨论活动。

(冯玲玲)

清远市地方税务局

[经济概况] 清远市2015年实现生产总值(GDP)1285.0亿元,同比增长8.4%。全年规模以上工业增加值415.0亿元,增长7.5%。全年完成固定资产投资620.6亿元,增长4.1%。全年社会消费品零售总额570.5亿元,增长9.7%。全年进出口总额279.7亿元,增长3.5%。其中,出口总额168.7亿元,增长14.9%;进口总额110.9亿,下降10.1%。实际吸收外资1.42亿美元,下降37.6%。

[税收概况] 2015年,全市地税系统组织税费收入145.0亿元,同比增收6.1亿元、增长4.4%。其中,税收收入94.1亿元,同比增收2.5亿元、增长2.7%(剔除"营改增"因素,可比增长3.3%)。社会保险费收入43.6亿元,同比增收3.5亿元、增长8.8%。其他收入(含教育费附加、文化事业建设费等收入)7.2亿元,同比增收0.07亿元、增长1.0%。清远市地税局制定实施"减负九条"降低税负,全年减轻企业负担约4.7亿元,释放纳税人当期缴税资金压力约7亿元。严格落实税收优惠政策,全年累计减免税收6.6亿元,其中,存量房交易减免税3亿元,小型微利企业减免税0.6亿元,金融保险业营业税减免0.8亿元。认真执行国家调低失业保险费率和省级工伤保险费率、生育保险费率规定,为企业减负1.2亿元。

[税收收入特点] 一是地方税种增收贡献大。2015年,地方税种收入共30.4亿元,同比增收2.4亿元、增长8.7%,对总税收增收贡献率达97.3%。共享四税收入共63.7亿元,同比增收0.07亿元、增长0.1%。其中,营业税收入34.9亿元,同比增长2.8%。企业所得税收入9.1亿元,同比下降4.6%。个人所得税收入9.4亿元,同比增长7.7%。土地增值税收入10.2亿元,同比下降9.9%。二是第三产业税收比重超7成。第三产业税收收入67.3亿元,同比增收3.2亿元、增长4.8%,占总税收比重71.5%、较上年提高1.6个百分点。三是市区税收增速较稳且区域内较为均衡。2015年,市区(含开发区、清城区、清新区)税收收入64.2亿元、同比增长3.9%。其中开发区、清城区、清新区分别增长3.8%、4.1%、3.2%。其他县市税收收入29.9亿元、同比增长0.4%。其中阳山县、连州市、佛冈县分别增长11.0%、3.6%、3.5%。

[税源分析] 一是全市经济稳中有进带动地方税源增长。初步统计,2015年清远市GDP增长8.4%,带动当期经济税源入库75.9亿元、增长4.3%,剔除"减负九条"影响、可比增长10.7%。二是重点项目税源明显下滑。2015年全市安排重点项目年度投资计划283亿元、较上年实际投资减少79.4亿元、下降28.1%。同时,全市国有土地出让收入53.0亿元,较上年同期减少21.5亿元、下降28.3%。三是严格依法治税提升征管水平。大力推进营业税清理、土地增值税清算以及耕地占用税清理。继续抓好企业所得税汇算清缴,汇缴面达到了100%、连续三年企业所得税汇缴面达100%。加强个人所得税管理,股息红利个人所得税增长47.1%。强化耕地占用税管理,耕地占用税收入4.9亿元,同比增收2.3亿元、增长93.7%。强化房地产业欠税清理,实行欠税企业动态监督管理。

[征管改革] 全面实施省内业务范围最广、内容最彻底的"全市通办"模式,打破地域空间与税收核算限制,实现551项业务全市无差异办理,大幅提升办税便捷度。打造县域税收征管新模式,以阳山县局为试点,重组管理架构,优化人力资源配置,实现税收征管和纳税服务优质化,获得纳税人点赞,得到当地政府和省局的充分肯定。把准稽查改革方向,在全省率先推行市一级稽查体制改革,使管理层级提升、执法刚性增强、风险应对得当,为全省地税稽查管理体制改革提供了经验和有益探索。如期完成金税三期工程系统上线工作,并以此为契机大力推进征管信息化建设,全年获取第三方涉税数据35万条,利用数据补缴税款0.72亿元。率先推行"三证合一、一照一码"商事制度改革,全年领取"一照一码"证照总户数为7385户。积极落实"互联网+税务"行动计划,抓好"一厅一台"推广应用,实施资费补贴,让纳税人免费体验CA电厅的优越功能,大力推进自助办税终端配置使用,2015年全市CA终端用户有3000户,共设置自助办税终端89台,全年办理各类业务25.1万次。

[税收执法] 切实规范税收执法行为,加大税收执法检查力度,创新成立疑点数据采集小组,深入

排查执法风险,全年查摆整改税收执法问题93个。持续推进行政审批制度改革,公布《清远市地方税务局行政审批事项目录清单》,保留市级审批事项8项、县级审批事项30项。落实新《行政诉讼法》,市局"一把手"主动出庭应诉税务行政处理决定案,成为清远中级人民法院行政庭首位出庭应诉的行政机关负责人,凸显地税机关依法行政的示范作用。增强国地税工作合力,进一步规范税务机关共同进户执法,确保对同一纳税人不重复检查。严厉打击发票违法犯罪活动,重点整治餐饮、建筑安装、营利性培训机构、中介和广告等行业;强化电子税务稽查建设,建立征管、稽查联动机制;完善税警协作办案和情报交换机制,提升执法效力。

[纳税服务] 贯彻落实《全国税务机关纳税服务规范》,统一办税流程,推进纳税服务标准化建设。启动12366纳税服务热线改革,撤销各办税服务厅纳服热线,建立全市统一对外的服务热线中心,分类解决纳税人咨询服务需求。全年全市话务总量4.4万宗,平均接通率(98.76%)排名全省前列。把握"互联网+税务"新常态,在门户网站开辟小微企业税收优惠专栏,举办中小微企业税收优惠政策在线访谈,截至2015年,网站总访问量达693万人次;拓展信息化应用领域,把新媒介服务与电子办税厅、网上办税推广应用相结合,打造全天候、全方位的纳税服务体系;建成全省首个省级技术标准的微信公众号平台,成功与OA对接并引入内部流程管理;国地税共建"纳税人网络学校",纳税人累计学习4.1万人次。贯彻落实《深化国税、地税征管体制改革方案》,在连山、连南县局试行国地税联合办税,获得当地党政和纳税人的高度评价。建立银税合作机制,推出"税融通"服务,得到税务总局肯定,全年发放贷款56笔、金额1.4亿元。拓宽宣传渠道,《最美的声音》获"白兰杯"2015全国原创公益广告电视组优秀奖和优秀组织奖,微电影《朱小可升职记》受到《中国税务报》及全国多个税务官微专题推送,《时间·青春·后方》获全省税收微视频大赛二等奖。

[党风廉政建设] 制定各县(市、区)局落实党风廉政建设主体责任及监督责任的考核实施办法,强化党组和纪检监察部门的履职担当。扎实开展党的群众路线教育实践活动,整改事项群众满意度达85%以上;重申禁止收送"红包"礼金等纪律要求,开展公务接待、办公用房清理等专项整治。深入开展"三严三实"专题教育,抓好专题党课、学习研讨、"关键一公里"调研等工作,切实解决"不严不实"问题。强化作风建设督导检查,坚持暗访、查处、追责、曝光"四管齐下",建立作风建设长效机制。规范内部管理,实现"三公"经费零增长,存量资金依规清理、上缴,公车改革全面推行。强化廉政教育,举办廉政大讲堂、专题讲座和廉政辩论赛,组织基层单位负责人到省反腐倡廉教育基地参观学习;拍摄制作的微电影《拐点》参加省纪委"南粤清风杯"廉政微电影、微视频评选;率先在全省地税系统组建预防腐败志愿者队伍,将预防腐败的监督触角延伸至"八小时"之外;加强税检共建,荣获全市2015年"预防职务犯罪先进单位"称号。

[队伍建设] 打造"一体两翼"绩效管理新格局,完善"办法+细则+配套规则"的管理制度,形成市局、县局、分局三级全覆盖的绩效管理体系,实现绩效指标、过程管理、考评结果和成绩申诉"四公开"的阳光机制,把绩效成绩与绩效奖金挂钩,倒逼工作提质增效,得到市领导批示肯定。认真落实《党政领导干部选拔任用工作条例》,坚持人岗相适原则,选拔正科长4名、副科长2名,交流正科级干部16人。完成职务与职级并行工作,全系统共有361名公务员实现职级晋升。制定了《清远市地税系统干部积分制调动管理办法(试行)》,建立干部异地调动积分机制,较好破解了干部异地调动难题。坚持分级分类开展教育培训,举办培训班33期,培训3259人次,并借力广州市局,各类业务骨干"插班"广州市局10期培训项目。扎实推进地税文化建设,举办地税大课堂、地税好声音歌唱比赛、承办广东地税系统篮球赛、创办《北江税韵》杂志等,增强队伍归属感和凝聚力;与武警清远市支队签署"军民共建协议书",开展军民共建活动;加强人文关怀,助力8名女干部孕期近"家"办公;落实扶贫"双到"工作,促进"美丽乡村"建设,累计投入帮扶资金121万元;抓好精神文明建设,一年来全系统获得国家级荣誉4项,省级荣誉3项,其中市局荣获"全国文明单位"称号。

(陈　雷)

潮州市地方税务局

［**经济概况**］ 2015年，潮州市实现生产总值(GDP)910.1亿元，同比增长8.3%，增速比全省高出0.3个百分点；全市规模以上工业增加值361.2亿元，增长7.8%；全社会固定资产投资总额391.9亿元，增长25.2%；进出口额31.1亿美元，下降8.2%；社会消费品零售总额443.2亿元，增长11.9%；地方财政公共财政预算收入47.2亿元，增长14.4%；金融机构本外币各项存款余额1076亿元，比年初增长7.2%，贷款余额369亿元，比年初增长3.3%；居民消费价格水平比上年上涨1.2%。

［**税费收入**］ 2015年共组织地方税费收入633163万元，同比增收30565万元，剔除“营改增”影响，可比增长5.59%。其中：组织税收收入367929万元，增长5.19%，完成省局下达预期目标。其中：中央级收入75335万元，增长6.66%；省级固定收入18890万元，增长7.35%；省级共享收入69313万元，增长10.10%；市县级收入204391万元，增长2.92%。组织社保费收入230630万元，同比增长6.67%，增收14428万元。组织其他费金收入34604万元，同比增长2.85%。

［**税收收入特点**］ 一是各级库实现增长增收。税收增长5.19%，中央级收入、省级共享、市县级收入实现增长增收。二是主要税种成为拉动主要动力。主要税种的一般营业税、企业所得税、个人所得税分别同比增长9.11%、10.17%、2.14%，三个税种的增长贡献率达到90.11%。三是工业税收增速下降、建筑业增速放缓、房地产业增速乏力。主要行业的工业税收收入120586万元，同比下降8.48%；房地产业税收收入(不含契税)70834万元，增长1.74%；建筑业税收收入57136万元，增长10.77%。四是第二产业税收增速下降，第三产业成为税收增长主要拉动力。1—12月第二产业税收收入177722万元，同比下降3.06%，其中：工业税收120586万元，下降8.48%；第三产业税收189961万元，同比增长12.42%，成为税收增长主要拉动力。

［**税源分析**］ 从经济情况看，受外贸出口下降和重点工业企业减收影响，1—12月工业税收120586万元，同比下降8.48%，减收11174万元，呈下降态势，工业税收下降，制约总库收入增速。从房地产业情况看，1—12月房地产业税收(不含契税)70834万元，增长1.74%，增收1214万元，主要因为下半年部分楼盘销售转好拉动房地产业税收缓慢回升；但受其他楼盘减收影响，行业税收增速乏力，拉低税收增幅。从政策性因素情况看，政策性减收因素明显，1—12月减免税款达1.61亿元，占全市税收总收入的4.38%，制约税收增速。

［**组织收入**］ 强化收入计划管理。抓早抓主动开展税源调查，科学编制下达收入计划。强化月度、季度、年度税收收入计划执行情况分析、跟踪和监督，严格执行“每月一分析、两汇报，每季一通报，年度最后一个月一天一跟踪”工作制度和每月级库收入监控制度。强化收入督导检查。强化市、县、分局三级联动收入督导机制作用，加强对各项促收措施和重点工作落实情况的跟踪管理，深入基层单位开展调查研究，做到收入督导和专项检查双管齐下、机关和基层上下联动，确保各项促收措施落实到位，潜在税(费)源及时转化为收入。强化收入考核问责。出台并实施新税收收入考核办法，进一步完善指标体系，新增质量指标、强化数量指标，健全收入质量评价和征管质量分析体系，严格实行按月计分、按季通报、年终汇总的考核制度，并检查督促各地落实组织收入原则。强化社保费等费金征缴。围绕社保费收入和扩面工作任务，争取各级政府的支持，与人社部门联合开展全市社保专项执法检查活动，大力推进企业全员、足额参保；科学分解下达全年社保费收入和扩面工作目标，出台实施社保费收入目标责任考核暂行办法，做好社保费征缴协同工作系统建设，聚合内外合力，推进社保费收入和扩面工作。

［**税收征管**］ 夯实征管基础。开展对征管质效指标的动态监控分析，以规范考核促进征管质效提升。落实发票管理制度，加强发票印制、领购、开具、保管和缴销的日常管理，抓好发票在线系统维护工作；积极配合公安部门打击假发票，全年共鉴定假发票34602份，发出鉴定书8份。强化精细化管理。实施“一基三清理”，量化和细化征管基础管理、审计发现常见问题和稽查业务等五大类49个考核率；深入推进建筑安装、房地产项目，房产税和土地使用税“两税”以及契税三项专项清理行动，全力打好行

业和税种精细化管理组合拳,“三项清理”行动共清理入库税款 3.27 亿元。推进“以地控税、以税节地”试点工作,优化以地控税、以税节地税源管理系统,构建“网、库、单、表、销”机制。试点地区全年共征收土地使用税 6746 万元,同比增长 4.2%;耕地占用税征收 2262 万元,同比增长 39.63%。狠抓数据管税。运用金税三期工程系统、发票在线系统、税源监控电子地图系统和国税、工商、银行、国土、电力等第三方涉税数据,强化内部数据之间、内外部数据之间的逻辑关联分析和综合对比应用,扩大涉税数据在堵漏增收、强化管理、规范执法等方面的综合利用效应。加强国地税合作。强化国地税合作沟通衔接机制,召开国地税联席会议,审议通过《潮州市国税局、潮州市地税局关于贯彻落实〈合作规范〉深化促进国地税合作的意见》等 7 个合作专项工作方案,并逐一明确合作内容、责任人和完成时限,纳入“执行—检查—督办—反馈—协调”运行机制。加强信息化建设。研发推广应用系统软件,自主开发夯实税基考核系统、潮州地税“双随”系统(稽查版)软件,继续做好“以地控税”系统项目的完善和推广,完成固定资产管理升级改造系统上线工作,做好金税三期工程和地税、社保、财政三方协同办公系统上线及后期运维工作。

［**依法治税**］　推进依法行政。逐步建立税费权责清单制度,初步形成《潮州市地方税务局权责清单》。组织开展内部执法督察工作,严格落实执法过错责任追究,细化和量化各项过错行为考核指标。分析执法薄弱环节原因,提出改进措施。落实“人机结合”考核机制,严格追究过错责任,强化结果应用,定期公布考核数据,规范申辩调整工作。加强内部审计。围绕税收执法权和行政管理权运行链条,推动内审工作的标准化和规范化。将“离任必审、五年一审”范围拓展至税收征管、税务稽查各岗位,深入开展内部审计和专项财务审计,针对问题抓好整改,整改率达 90%。强化稽查职能。凝聚全市稽查力量,严厉打击涉税违法行为,全市查补入库税款 5832 万元;捣毁制售假发票窝点 3 个、查获假发票 16 多万套。积极推进稽查体制机制改革,探索实施稽查选案、检查、审理、执行、经费“五统一”模式,建立随机抽取检查对象、随机选派执法检查人员的稽查“双随”抽查机制,实现执法成本的最小化和执法效能的最大化。

［**纳税服务**］　深化税费宣传。深入实施《2011—2015 年税收宣传五年规划》,整合资源,开展第 24 个税收宣传月活动,围绕社会焦点和税费热点,以多种形式开展税费政策等方面知识的宣传辅导。加强潮州地税门户网站管理,推进网上纳税人学校建设,方便纳税人了解税费政策规定。推进“便民办税春风行动”。立足提速服务,推行纳税服务规范 2.0 版,建设“窗口办税、网上办税、自助办税”三大快捷平台,压缩办税环节 21 个,减少审批事项 13 项,精简表证单书 26 项。立足拓展服务,联合国税部门与银行合作推出“税款通宝”“税融通”“税贷通”3 个服务项目,签订“银税互动”合作协议,共发放贷款 9065 万元。立足特色服务,编印《纳税人涉税风险防范手册》,与 A 级企业签订《税收遵从与服务协议》,联合国税部门成立“潮州市纳税人维权服务中心”,组建 12366 纳税服务热线首批专家队伍,细化宣传辅导。落实税收优惠。制定落实《潮州市地方税务局落实税收优惠政策工作制度》和《潮州市地方税务局落实税收优惠政策工作规范》,编发《小型微利企业税收优惠政策十问十答》,设立“小微企业优惠政策落实咨询服务岗”,实现政策推送全覆盖;把税收优惠政策落实情况纳入考核,确保优惠政策落实到位。全年共为各类纳税人减免税费 16066.84 万元。

［**队伍建设**］　坚持特色,推进教育培训。创新形式开展“岗位技能传帮教”活动,推进新进人员结对“导师制”和“递进式”培训模式,融合“学”和“练”于全年工作之中,推进岗位练兵常态化;以“五个一”为载体,重点开展“每月一课”和“每季一考”活动,切实增强培训实效;积极拓宽培训渠道,以外省税校、培训机构合办及自行组织等形式,举办培训班提高干部的税收业务能力和综合素质。创新方式,推进绩效管理。全员覆盖推行绩效管理,强化对各项绩效指标任务落实过程的动态监控管理,并自创绩效过程监控方式,建立“红黄绿”三色灯预警通报制度,对按时完成的指标亮“绿灯”,对临近时限仍未完成的亮“黄灯”督办提醒,对超期未完成的亮“红灯”问责,推进各项指标落地见效。双轨并行,夯实基础管理。启动实施“一年打基础、两年稳提升、三年见成效”专项活动,将基础管理考核目标分为业务和综合两条线条,并分别围绕征管基础管理、行业税种基础管理等五大模块和办公行政、计划财务等九大模块设置了 209 项考核指标,双轨并行,全面夯实地税根基。创新实施“量化 + 台账 + 专项”分类模式,对考核指标采用表单管理,最终汇编成 14 份考核县区各基层单位的《基础管理考核目标表》,确保三年基础建设工作开好头、起好步。落实制度,严格内部管理。严格落实请(休)假及外事管理制度,落实县以下机关公务员职务职级并行制度,

严格程序,为首批符合职级晋升条件的345名干部兑现了工资待遇;健全选人用人制度,建立防止"带病提拔"的选拔机制,以实施干部任免预防性审计为切入点,积极探索推行"先审后离""先审后任"制度,做好干部选拔任用和干部交流轮岗工作,进一步优化干部队伍结构。以人为本,加强精神文明建设。成立兼职心理辅导队伍提供服务,把心理辅导融入各类主题培训班中,持续开展干群"连心桥"行动,扎实推进地税文化建设,广泛开展各种有益身心健康的文体活动。全系统共有6个(次)单位、7名个人获得县处级以上的表彰奖励,市局被中央文明委授予全国文明单位。标本兼治,深入改进作风。将"三严三实"专题教育与纪律教育学习月活动结合起来,多形式开展宣教活动。严格落实党风廉政建设主体责任和监督责任的实施意见及问责追究实施办法,突出抓好党风廉政建设工作任务分解。进一步巩固纠正"四风"活动成果,建立纪律作风督查日常工作机制,加大纪律审查工作力度。扎实开展违规收送"红包"礼金专项整治,组织全系统干部职工全面开展自查清理。实施内控倒查机制,查明存在漏洞及薄弱环节,制订具体防控措施。

(张　骋)

揭阳市地方税务局

[经济概况]　2015年,揭阳市生产总值1890亿元,规模以上工业增加值1123亿元,固定资产投资1362亿元,社会消费品零售总额857亿元,外贸进出口70.44亿美元,地方公共财政预算收入77.4亿元,城乡居民人均可支配收入16308元,金融各项存款余额1837.87亿元,贷款余额931.72亿元。

[税费收入]　2015年,揭阳市地税系统共组织税费收入86.62亿元,同比增长5.48%。其中,国内税收59.78亿元,增长3.16%,社保费收入20.07亿元,增长11.60%,其中企业养老保险费税收收入14.43亿元,增长9.85%;其他费(金)收入合计6.77亿元。

[税收收入特点]　税收收入呈现如下特点:一是各级收入稳定发展。其中:中央级收入11.52亿元,同比增长5.58%;省级收入16.53亿元,同比增长6.13%;市县级收入31.72亿元,同比增长0.86%,剔除契税、耕地占用税后增长2.17%。二是主体税种带动税收增长。2015年税收的增长主要得益于主体税种的拉动,而受管理空间收窄及一次性税源影响,地方小税种对税收增量的贡献落后于主体税种。具体情况是:营业税、企业所得税和个人所得税三大主体税种同比分别增长4.29%、4.64%和6.83%,对税收增量的贡献率分别为39.0%、26.3%和29.1%;由于房产税、土地使用税及耕地占用税等税种因一次性税源影响出现下降,拉低了地方税种总收入的增长速度,全年除三大主体税种外的其他地方税种总收入同比仅增长0.45%,对税收增量的贡献率仅为5.6%。

[税源分析]　一是三大产业税收结构为0.13:44.95:54.92,第二产业税收26.87亿元,同比增长4.11%。受医药行业大幅增收拉动,制造业税收同比增长10.07%,其中医药行业增长42.68%。第三产业税收32.83亿元,同比增长2.50%。其中受保险、证券两行业同比分别增长140.26%和146.21%拉动,金融业整体税收同比增长35.08%。第二、三产业对税收增量的贡献率分别为57.79%和43.61%,由于"营改增"行业主要集中在第三产业,阻碍了该产业税收的增长,从而使其对税收增量的贡献次于第二产业。二是各月收入波动较大。受体制改革、"营改增"及一次性税源等不利因素影响,各时期税源不确定因素不断增大,月份税收波动比较明显。

[税费征管]　一是积极推进登记制度改革,实现了工商、税务、质监"三证合一、一照一码"。二是大力加强风险管理和纳税评估工作,成立市、县局两级风险办及纳税评估专业团队,逐步实现纳税评估专业化、数据处理精细化、征管纳服规范化的管理目标,同时在12个基层分局成功开展税收专业化管理试点工作。三是深入推进国地税合作,建立联席会议制度,在纳税服务、税收征管、联合执法、信息技术、"走出去"企业服务、大企业税收风险管理、税收分析和税收调查等七个方面的深度合作。四是切实增强信息管税能力,完善金税三期工程系统功能,优化电子档案系统功能,在全省率先实现微信、自助终端T+0缴纳车船税业务。五是进一步规范各税种管理,通过开展纳税辅导进一步规范预缴申报,以预

缴促汇缴,切实提高企业所得税预缴入库比例;规范个人所得税管理,开展营业税风险排查和教育机构营业税清查,加强房地产行业税收管理、城镇土地使用税税源管理,调整房产税和城镇土地使用税缴纳期限,积极推进土地增值税清算,开展重点商业地段“房、土”两税专项清理。

[依法治税] 推进简政放权,清理规范税收执法权力清单;推进年度税收执法重点督察,加大执法过错行为责任追究力度;在全省率先探索建立兼职税收法制员工作制度,得到省局领导充分肯定;将揭东区局打造为法治税务示范基地;强化稽查职能,深入开展税收专项检查、区域专项整治、税警联合打击假发票违法犯罪活动等工作。

[税收宣传及纳税服务] 一是加强办税服务厅规范化建设,试点上线办税服务综合管理系统,加大电子办税服务厅推广力度,升级自助办税终端系统,拓展全市通办业务范围,办税的硬件、软件环境得到进一步优化。二是深入开展“便民办税春风行动”,在《南方日报》《揭阳日报》开展一系列的专题宣传,全面创建县级局纳税人学堂。三是提升12366纳税服务热线服务质量,在省局抽检测评中四项指标综合排名全省第七位。加强纳税服务投诉管理,提高网站的公众满意度。四是建立“银税互动”助推小微企业发展合作机制,共有82户纳税信用良好的企业获得免抵押贷款7690万元。

[队伍建设] 一是推进绩效管理,将绩效管理与重点工作督查督办结合起来,推进党务政务公开和财务管理规范化,加强预(决)算管理,有效提升机关行政效能。二是分批推进基层单位档案管理达标升级,普宁流沙、揭东云路两个分局被评为“省特级档案综合管理单位”。三是严格执行干部选拔任用有关规定,全年共提拔科级干部10名,交流科级干部49名,加大干部交流轮岗力度,全面开展岗位技能“传帮带”活动。四是认真开展“三严三实”专题教育,领导干部带头学习习近平总书记系列重要讲话精神,市局班子成员带头讲专题党课,各级领导班子以上率下,将专题教育融入经常性教育,队伍战斗力明显提升。五是以市局网站文化沙龙、图书室为基地,打造“快乐学习,书香地税”机关,组建兼职心理咨询师队伍,组织各类文体竞赛活动,积极推进对口帮扶和“双联双促”工作。六是推进党风廉政建设。围绕“守纪律、讲规矩、作表率”主题强化教育预防,严格落实中央八项规定,大力整治“四风”问题,积极开展风纪整治专项行动和“红包”礼金专项整治,深化“两个责任”落实,严格量化考核和问责追究,2015年度揭阳市地税系统实现了零有效信访举报和零违纪案件的良好局面。

(吴秋鸿)

云浮市地方税务局

[经济概况] 2015年,云浮市实现地区生产总值(GDP)710.07亿元,同比增长8.5%,增速实现全年最高水平,增速比一季度、二季度和三季度分别加快1个、0.5个和0.3个百分点。分产业看,第一产业增加值149.83亿元,增长4.4%;第二产业增加值310.33亿元,增长9.2%;第三产业增加值249.92亿元,增长9.7%。三次产业结构调整为21.1:43.7:35.2。全市规模以上工业企业总产值1099.44亿元,增长12.2%。全市完成固定资产投资额794.15亿元,增长17.6%。全市实现社会消费品零售总额299.71亿元,增长11.6%,市区居民消费价格总水平累计上涨1.2%。工业生产者出厂价格同比下降3.2%。12月末,中外资金融机构本外币存款余额915.88亿元,同比增长10.8%。

[税费收入] 2015年,全市地税系统共组织各项收入674543万元,同比增长7.2%,增收45397万元,其中:税收收入453713万元,增长5%,增收21526万元;社会保险费收入188606万元,增长13%,增收21740万元;其他收入32224万元,增长7.1%,增收2131万元。

[税收收入特点] 税收特点主要是:一是税收规模再创新高。2015年全市地方税收规模突破45亿元,再创历史新高。按省局考核口径,剔除省级固定收入企业所得税和金融保险营业税后,全市地税系统组织税收收入429723万元,同比增长4.7%,完成税收预期的109.6%,增速全省排名第13位,进度全省排名第3位。二是各预算级次收入全面完成年度预期。2015年中央级收入65988万元,增长4.8%,增收2996万元,完成税收预期100.3%;省级固定收入23990万元,增长9.4%,增收2061万元,

完成税收预期100%;省级共享收入109338万元,增长10.6%,增收10451万元,完成税收预期112.7%;市县级收入254397万元,增长2.4%,增收6018万元,完成税收预期111%。三是各税种收入增减差异明显。地税部门征收的12个税种有5个出现减收,其中减收额较大的耕地占用税和企业所得税分别减收15583万元和4971万元,合计减收20554万元,而7个增收税种的增幅普遍达到双位数。

[**税源分析**] 地方税收收入增长的主要因素有三方面:一是股息红利个人所得税实现快速增长。2015年股息红利个人所得税收入24270万元,增长26.7%,增收5112万元,主要是温氏食品集团公司股息分红缴纳税款16239万元,增长72.4%,增收6823万元。二是金融保险业营业税稳定增长。2015年金融保险业营业税收入23990万元,增长9.4%,增收2061万元。三是大宗资产处置类非常规税源大幅增加。2015年大宗的资产处置类税收合计50966亿元(其中土地增值税33851万元,契税7191万元),成为拉动2015年税收增长的主动力。地方税收减收的因素主要有四方面:一是重点行业房地产业税收大幅减少。受房地产陷入低迷影响,2015年房地产业税收收入95163万元,减收26254万元。二是耕地占用税大幅减收。2015年耕地占用税收入34050万元,大幅减收15583万元,拉低全市税收增幅3.6个百分点。三是部分重点企业经营效益下滑,缴纳税收减少。2015年企业所得税收入43084万元,下降10.3%,减收4971万元。四是建筑业税收增速回落。建筑业税收74902万元,同比增长2%,增速比2014年下降17.3个百分点。

[**税费征管**] 通过加强重点税源监控、强化税收分析,着力抓好道路交通、公用设施等基础设施建设工程以及建筑安装房地产"两业"的税收征管。通过整理和规范现有数据、加强数据横向比对,建章立制,管建并举,标本兼治,形成石材行业税收管理新常态。成立联合工作组,检查了房地产企业27户,建筑安装项目30个,督促纳税人开票入库税款3727万元。依法推进土地增值税清算,严格控制土地增值税核定征收范围,加大土地增值税据实清算征收方式的管理力度。落实各项税收优惠政策,营造良好的营商环境。2015年共落实各项税收优惠累计8.51亿元。

[**税收执法**] 清理现行有效的税收规范性文件3份,部分废止或失效税收规范性文件3份,全文废止或失效的税收规范性文件12份。推行税务行政审批制度改革工作,公开涉税行政审批事项。通过对各县(市、区)局落实2014年执法督察发现问题的整改情况进行督导,确保整改工作出实效;通过在大集中系统后台采集疑点数据,并结合省局下发的疑点数据,以"由点及面,层级推进"的方式开展全市税收督察工作,有效规范执法行为。重大税务案件审理委员会新受理5宗重大税务案件,其中退回重新处理的案件2宗,余下3宗已全部审结,追缴税款共496.4万元,罚款363.6万元。加大涉税违法案件的查处力度,切实维护好本市税收秩序,全市共检查纳税户28户,结案19户,共查补税款1128万元,加收滞纳金427万元,罚款668万元,自查补税6751万元,合计8974万元,入库8060万元。

[**纳税服务**] 继续加强与当地主流媒体合作,办好《云浮日报·走进地税》专版和云浮广播电视台"地税之窗"税收宣传栏目,持续扩大宣传影响力。举办了办税大厅体验日活动及系列税收、社保政策宣讲活动,开展了"走访重点税源企业""税法宣传进校园""动漫税法宣传"等系列宣传活动。全市地税系统组织面向纳税人的税法宣传辅导活动56场,参加人员1710人次,派发税费宣传资料、办税便利袋逾6000份。2015年11月,云浮市地税局在全市范围内启动了税费业务"全市通办"试运行工作,进一步拓宽了办税渠道,统一了税源管理,为纳税人提供更加高效、便利的办税服务。与国税部门、商业银行联合推出"税贷通""税易贷"等无抵押、纯信用的金融服务项目,大力推进银税合作,为企业发展融资破解资金困局,全市全年累计42户企业获得信用贷款7273万元。

[**队伍建设**] 积极总结绩效管理经验,努力提高绩效计划编制质量,完善绩效考评工作机制,积极探索绩效结果运用方式,将绩效结果与税务系统自身建设相结合,真正实现绩效管理的"全员覆盖"。在全市地税系统开展科级领导干部选拔工作,共提拔科级干部31人,其中科级领导职务干部16人,科级非领导职务干部15人。积极组队参加省局组织的篮球比赛,男、女篮球队分别取得了粤西赛区第2名的好成绩;举办全市地税系统篮球、乒乓球、羽毛球、象棋、摄影、男子足球等文化体育比赛活动;举办市局机关干部职工趣味运动会等。

[**党风廉政建设**] 对全市系统5个县(市、区)局的领导班子和109名科级干部的落实"两个责任"、作风建设、内控机制建设、信访办案等情况全面进行了考评,并实行考核等次评定。以落实中央八项规定和整治"四风"问题为切入点,结合开展"三严三实"专题教育活动,切实强化干部队伍作风

纪律、廉洁力度,着力整治庸懒散奢不良现象,切实转变工作作风。组织召开了"三严三实"专题教育工作会议,并由主要负责人为参会人员上了一堂深刻的专题党课;先后邀请省局基层工作处处长钟文锋、云浮市委讲师团团长黄小捷进行"三严三实"专题辅导,通过学习研讨和专题辅导,打牢了自觉践行"三严三实"的理论基础和思想基础。

(陈　虹)

横琴新区地方税务局

[经济概况]　2015 年,横琴新区实现地区生产总值(GDP)92.5 亿元,同比增长 36.9%,完成固定资产投资 289.8 亿元,增长 17.4%,实际利用外资 4.26 亿美元,增长 65.67%,企业注册资本总额超 6500 亿元。

[税费收入]　2015 年,横琴新区地税局组织税费收入 65.47 亿元,同比增长 41.7%。其中,税收收入 60.28 亿元,增长 40.7%,其他收入 2.08 亿元,增长 36.9%,社保费收入 3.10 亿元,增长 69.4%;中央级收入 15.83 亿元,增长 39.7%,省级收入 19.24 亿元,增长 60.3%,区级收入 25.22 亿元,增长 29.5%。

[税收收入特点]　一是个人所得税税收增长贡献率最大,三大主体税种和"耕、契"两税贡献近九成税收。2015 年,三大主体税种合计收入 43.94 亿元,同比增收 13.04 亿元,增长 42.2%,占税收比重为 72.9%;财产行为税合计收入 16.34 亿元,同比增收 4.41 亿元,增长 36.9%,占税收比重为 27.1%。二是第三产业继续保持税收主导地位。第三产业在金融业、房地产业等带动下,收入 55.05 亿元,同比增收 16.73 亿元,增长 43.7%,占税收收入比重为 91.3%。三是金融业、房地产业对税收增长贡献最大,商务服务业受高基数影响同比减收。金融业、房地产业、商务服务业等 3 个行业收入均超 10 亿元,合计收入 43.41 亿元,占税收收入比重为 72.0%,

[税源分析]　重点税源数量明显增加,贡献了绝大部分的税收收入,其中税收超 100 万的纳税人共 295 户,较上年同期增加 72 户,合计收入 57.95 亿元,占税收比重 96.0%。其中,超 1 亿元的纳税人共 14 户,较上年增加 6 户,合计收入 37.48 亿元,占税收收入 62.1%。

[纳税服务]　实施企业商事登记"一照一码",主动协调解决商事登记办理标准、流程推送和信息对接,6 月 29 日全省率先发出统一标识 18 位社会信用代码的商事登记"一照一码",累计办理"一照一码"登记 4379 户。创新"智税宝"粤港澳智能导税创客平台,以众包互助、智库分享、威客激励。建设"电子税务局"和"微信税务局",加快办税线上线下融合,形成网上办税、微信办税及自助办税终端的电子办税模式,电子办税覆盖辖区 99% 以上的企业。实施"互联网 + 易退税费",退费效率提高 90%,纳税人提退手续费共计 1998.47 万元。创新推出涉税办理环节"先办理后补正""限时速办",税收优惠环节"以申报代备案""先申报后备案",以及退税办理环节"先退税后监管""即办速退",平均缩短涉税业务办理时限达 80% 以上,纳税人办理退税时限缩短为最少 2 个工作日。实施"税融通"银税互动合作,向具有良好纳税信用的纳税人提供贷款产品等综合金融服务,惠及横琴 2900 多家纳税信用 A、B 级企业,涉及的融资贷款超 5 亿元。与 A 级纳税信用企业签订《税收遵从合作协议》,强化税收守信激励和失信惩戒作用,推进横琴自贸区"诚信岛"建设。推出国地税"12366"深度合作品牌。升级"1"体化办税,打造"2"个互通平台,实现事先、事中、事后"3"个环节互认;实施"6"类服务统一和"6"项管理联合。国地税联合办理业务超过 6000 宗,服务效能提升 50% 以上。推出"粤港澳融合无差别"特色服务。建立专家顾问团队,累计为港澳企业解答税收难题 200 余宗,开展港澳青年横琴创业等辅导 10 多次,建立英语、葡语等多语种无障碍涉税服务。打造 O2O 点单式培训,开通点对点、自主择训和预约登记相结合灵活点单式培训,结合自贸区、税收优惠政策、专题办税辅导培训等重点内容授课 18 场,开发课程 10 多项,解答企业咨询问题上千宗,累计参训人数近 2000 人次,纳税人好评率达到 99% 以上。落实纳税服务规范,推行"预约服务""延时服务""午间值班"等制度,办税厅受理办结涉税事项 13 万余宗,比上年增长 101%。预约服务总时长超 280 小时,午间值班累计约 330 小时,现场及电话咨询 1.1 万人次。在《南方日报》《中国税务报》《香

港商报》《珠海特区报》等报刊媒体刊发创新服务自贸区建设等专题报道20多篇,接受中央电视台、人民日报等数十家媒体采访,树立新区地税的良好形象。

[**依法行政**] 落实横琴15%税率企业所得税优惠政策,配合落实港澳个人所得税差额补贴及新区特殊人才奖励个人所得税补贴。小微企业100%享受企业所得税优惠政策,享受营业税免征优惠政策的纳税人户数超过96%。对2户企业减免城镇土地使用税、房产税合计1376.33万元。落实固定资产加速折旧优惠政策,19户次企业享受该项优惠政策,涉及金额48.67万元。落实研发费用加计扣除优惠政策,1户企业享受该项优惠政策,涉及金额234.43万元。举办"法律咨询日",实行法律顾问驻点办公,发布税务行政处罚权力清单公告,与横琴国税联合开展规范性文件清理,确保税收征管合法高效。开展横琴企业所得税优惠政策、行业税收政策等专题调研,对"自贸时代"横琴经济新业态进行深入研究,形成一批调研成果,为地方党政决策提供智力支持;举办服务企业"走出去"税收协定宣讲会,开展自贸区政策、"一带一路"税收政策辅导等,助力企业发展壮大。

[**队伍建设**] 深化绩效管理,以战略分解制订绩效计划,抓好省局指标任务的承接落实,建立绩效预警机制,发布涉及省局指标事项提示13次,坚持"组织和个人成长导航"的绩效文化,开展沟通、辅导60余人次,2015年绩效考评成绩靠前。强化人才培育,开展海琴业务沙龙,征集意见建议及工作创新73条,坚持"三大课堂"培训授课22期。实施新入职人员导师制,推进"岗位练兵"常态化。规范干部选任,配合省局做好1名调研员和1名局长的推荐考察工作,加强干部选拔监督。加强基层党建,扎实开展"三严三实"专题教育和党的群众路线"巩固深化拓展"主题活动。坚持文化引领,以建局五周年为主题,举办系列文化活动,弘扬横琴核心价值观,提升队伍的活力和凝聚力。

[**党风廉政建设**] 贯彻落实中央八项规定,加强对"三公"经费、专项资金开支、津补贴发放,以及重点基建项目和信息工程建设情况的监督检查,落实审计问题整改,规范管理,加强制度建设,"三公"经费同比下降50%。推进内控机制建设,结合绩效指标调整对应更新风险防控系统的风险点,做好风险公示,开展风险监察和内控倒查,组织"两员"明察暗访,强化廉政监督,加强考勤、会风会纪等的检查监督。落实党风廉政建设责任制,制订"两个责任"清单,扎实开展纪律教育月活动,国地税联合开展廉政文化共建,筑牢拒腐防变的思想防线。

(黄　婷)

深汕特别合作区地方税务局

[**经济概况**] 2015年,深汕特别合作区实现地区生产总值(GDP)约35亿元,同比增长12%;工业产值84亿元,增长9%;全社会固定资产投资55亿元,增长10%。

[**税收概况**] 2015年,深汕特别合作区地税局正式筹建,在克服各项工作困难的同时,紧紧围绕组织收入为中心,共组织各项税费收入7092万元,税收收入4703万元。其中中央级收入516万元,省级收入1605万元,地市级收入2582万元。社会保险费收入1996万元,其他收入393万元。

[**税收收入特点**] 从税种上看,营业税收入2804万元,企业所得税收入403万元,个人所得税收入457万元,土地使用税收入397万元,城市维护建设税收入210万元,房产税收入196万元,其他税收收入236万元。营业税、企业所得税、个人所得税是合作区地方税收的主体税种,收入共3664万元,占2015年收入比重为77.91%,其中营业税收入占总税收收入的59.62%,主要来自建筑安装工程,在深汕特别合作区大项目开工建设带动下,税收态势发展良好。从产业上看,第一产业收入129万元,第二产业收入3001万元,第三产业1573万元。第二产业收入占总税收收入比重大,第二产业中的建筑业2767万元是主要收入来源。合作区固定管户少,以建筑安装一次性税源为主要收入来源,加之在合作区大发展起步阶段,工程项目陆续落地,建筑安装业项目税源在总体税源结构中占有较大比重;第三产业中住宿和餐饮业收入908万,源于鲘门近海渔业资源丰富的优势,带动了合作区相关住宿餐饮服务的增加,支持第三产业税收收入。

(张文进)

顺德区地方税务局

［经济概况］　2015年,顺德区实现地区生产总值(GDP)2587.45亿元,比上年增长8.5%。其中,第一产业增加值38.31亿元,增长2.1%;第二产业增加值1512.94亿元,增长7.7%;第三产业增加值1036.20亿元,增长10.1%。全区规模以上企业实现工业总产值6297.10亿元,增长8.0%。全社会固定资产投资643.09亿元,增长16.8%。社会消费品零售总额870.82亿元,增长12.3%。年末全区金融机构本外币存款余额3421.88亿元,增长8.6%;贷款余额2731.45亿元,增长3.0%。

［税费收入］　顺德区地税局全年共组织税费收入279.27亿元,比上年增长10.4%,其中税收收入168.68亿元,同比增长8.9%,增收13.72亿元;其他收入110.60亿元,同比增长12.8%,增收12.55亿元。在税收收入中,中央级收入33.92亿元,同比增长20.4%,增收5.75亿元;省级收入48.58亿元,同比增长4.5%,增收2.11亿元;县区级收入86.18亿元,同比增长7.3%,增收5.87亿元。在其他收入中,社会保险费收入92.50亿元,同比增长15.0%,增收12.07亿元;其他规费收入18.09亿元,同比增长2.7%,增收0.47亿元。

［税收收入特点］　顺德区地方税收结构呈现五大特色:一是全年走势波浪式上升。从2月开始,税收总量逐月赶超上年同期,3月、6月、9月的单月增幅尤为突出,拉动全年增幅曲线呈现波浪式爬升态势。二是各级次增长表现各异。中央级收入增势喜人,全年累计增幅达20.4%;省级收入平稳增长,全年增幅4.3%;县区级收入“后来居上”,在累计增幅7.3%的最高点收官。三是主体税种发挥支撑作用。企业所得税和个人所得税增幅分别达28.2%和12.6%,合共增收9.14亿元,占增收总额的66.6%;营业税同比增长8.9%,增收4.11亿元。四是支柱行业总体向好。建筑业增速最快,贡献税收23.33亿元,同比增长36.6%。金融业业绩理想,贡献税收19.44亿元,同比增长19.6%。制造业贡献税收30.28亿元,同比增长8.0%。房地产业受“土增”两税清算收入锐减的影响,贡献税收51.49亿元,同比下降5.5%。五是镇街增速差异较大。受上年基数和片区发展战略影响,各镇街税收收入增速不均,形成“北部片区加快、东部片区企稳、西南片区慢热”的局面。东部片区的大良和容桂街道保持稳定增长,增速分别为3.9%和10.1%;北部片区在一体化战略驱动下,北滘镇和陈村镇的累计增幅分别达到29.8%和19.4%,优势较为明显。

［税源分析］　增收因素:一是优质重点税源企业经营效益提升。2015年,顺德区地税前100名纳税大户贡献税收77.88亿元,占全区地税收入近“半壁江山”,同比增长31.0%,增收18.43亿元,超过税收增收总额(13.72亿元)4.71亿元。其中,碧桂园集团和美的集团表现尤为突出,分别增收3.23亿元和4.10亿元,共增收7.34亿元,贡献全区地税增收额超五成。二是房地产交易市场逐渐回暖升温。借力限购松绑和银根放松,顺德楼市从2015年8月起迎来全面升温,全年新建住宅成交累计金额314亿元,增长35.3%,带动房地产营业税收入增长12.0%,增收2.38亿元;一手房契税收入增长19.0%,增收1.40亿元;土地增值税预征增长8.7%,增收7443万元。三是强化组织收入措施达到预期目标。加大土地增值税清算工作力度,2015年土增清算收入5.14亿元;点对点落实一手房契税追缴,全年追收一手房契税7.57亿元;抓好股权转让企业所得税管理,追缴某上市公司关联企业股权转让企业所得税1.23亿元。减收因素:一是土地增值税收入同比大幅下降。受上年基数畸高影响,土地增值税清算收入同比减收4.59亿元,拖慢整体地税收入增速3个百分点。二是中小企业经营形势不容乐观。地税收入增长过度依赖重点税源企业,剔除前100名的纳税大户,其他企业全年入库税收同比下降4.9%,合共减收4.71亿元。

［税收征管］　顺德区地税局作为金税三期工程系统上线试点单位,推动金税三期工程系统在全省实现顺利上线,并成功发出单轨运行后全省首张税务登记证;系统上线后,自主开发“顺德金税三期工程助手”等辅助软件,有效克服系统运行初期不稳定现象,申报征收率连续多月排名全省前列。成功争取区编办支持,设立全省地税系统首个专职涉税数据分析工作的内设机构——数据分析科,年内从区属部门采集相关涉税数据,运用纳税评估、数据

监控等手段查补各项收入超3.3亿元。持续完善零散税源社会综合管理模式，推动成立全区综合治税协调办公室，并牵头编制涉及全区28个相关部门的《顺德区综合治税涉税信息交换目录》，成功将综合治税纳入区绩效考核范畴，初步搭建“政府牵头、财税主管、部门配合、信息共享”的税收共治新机制。

[税收执法] 全力推进全省地税系统法治税务示范基地建设，营造浓厚的学法用法氛围；创新采用“统一进驻、按责分工、分组实施、信息共享”方法开展绩效考核实地督查工作，全面引入风险防控指标，确保各项税收工作在法治轨道运行。联合人社、社保部门出台《推进我区全员足额参加社会保险工作方案》和《关于推进用人单位全员足额参加社会保险的工作会议纪要》，重新明确社保工作中的部门职责；结合组织收入和风险管控需要，主动与房管部门和房产企业对接，把新增一手房契税征收从办证环节提前至合同备案环节，减小税收流失风险。深化征稽联动、国地税联动、税警联动三项机制，完善舆情监测、应急处置、接电接访三项制度，立局21年保持行政诉讼“全胜诉”、行政复议“全维持”、行政赔偿“零发生”。

[纳税服务] 顺德区地税局持续优化税收服务体系，积极构建“肩并肩、手挽手”的新型税企关系，推动城市与产业协调发展。围绕片区一体化发展、对接广东（南沙）自贸区等全区重大战略部署，结合经济税收热点主动向区委区政府报送多篇调研汇报材料，共获区主要领导肯定批示12则，为区委区政府决策提供重要参考。制定出台《顺德区地税局关于强化服务企业工作的实施意见》，组建全区首支税宣义工专业队，连续4年开展“税企携手共谋发展”暖企走访，认真落实各项税收优惠减免政策，引领企业向高技术和新业态转型发展，2015年，符合条件的小型微利企业全部享受税收减免优惠，实现“零举报、零投诉、百分百受惠”；符合条件的非营利组织享受免税收入6.28亿元，比上年翻6番；高新技术企业享受减免税额1.27亿元，为推动“大众创业、万众创新”营造良好政策环境。认真贯彻落实《全国税收征管规范（1.0版）》和《全国税务机关纳税服务规范（2.0版）》，建设启用“24小时首问责任台账”系统，咨询答复时间下限从3个工作日大幅压缩到1个工作日；将传统媒体与新兴平台有机结合，构建“全媒体”大税宣格局，其中重点开展“顺德财税”微信服务平台推广，关注人数突破3.8万人，成为纳税人了解税收新政策、新动态、新服务的好帮手。

[国地税合作] 顺德区地税局持续深化国地税合作，推动服务质量与效率升级。深入贯彻落实《国地税合作工作规范（1.0版）》，对5大项32个具体项目明确了负责领导、科室和进度要求，将加强联合办税、联合纳税信用评价、联合税收宣传、探索“营改增”后委托代征、理顺协税人员薪酬管理等5个项目列为重点合作事项，并以督办表的形式加快项目推进进度，在整合自助办税、合办税宣月刊、合建“纳税人学堂”、合推“税融通”项目、代开发票“一窗联办”等方面取得成效。

（林　俊）

第五篇

大 事 记

广东省地方税务局大事记(2015年)

第一季度

1月4日 广东省地税局召开金税三期工程全省单轨上线动员会议。省局局长王南健作动员讲话。他强调指出,单轨上线前要加强同当地党委政府汇报及与相关部门沟通,抓紧时间做好各项重点工作,确保系统平稳上线。

1月4日 广东省地税局党组召开2014年度民主生活会。省局党组书记、局长王南健主持会议,代表班子通报了党的群众路线教育实践活动整改落实情况,作了班子对照检查发言,并带头开展批评与自我批评;班子成员依次作对照检查发言,并开展相互批评。省委督导组全程参加会议作指导,督导组组长陈平作会议点评时,对此次民主生活会充分肯定。

1月4日 广东省地税局发布粤地税任〔2015〕1号文件,决定:李玉梅提任东莞市地方税务局总会计师,试用一年。

1月4日 广东省地税局发布粤地税党组发〔2015〕1号文件,决定:李玉梅同志任中共东莞市地方税务局党组成员。

1月4日 广东省地税局向税务总局和广东省政府法制办报送《2014年全省地税系统行政复议、行政应诉统计分析报告和报表》。

1月4日 广东省地税局向省政府报送《广东省地方税务局关于报送重点工作完成情况的函》。

1月4日 广东省地税局向省经信委报送《2014年培育发展大型骨干企业工作情况及2015年工作计划的函》。

1月5日 广东省地税局印发《金税三期系统广东地税单轨运行应急总体预案》和《金税三期系统广东地税单轨运行应急预案(业务类、技术类)》(粤地税函〔2015〕8号),进一步加强金税三期工程系统上线应急管理工作。

1月5日 广东省地税局向税务总局报送《广东省地方税务局关于发布〈广东省地方税务局税务行政强制程序指引(试行)〉的公告》备案审查。

1月7日 广东省地税局印发《金税三期系统纳税人表单》(粤地税函〔2015〕15号),要求各地结合金税三期工程系统上线,做好表单的各项应用工作。

1月7日 广东省地税局发布粤地税任〔2015〕2号文件,决定:免去关远荣的佛山市地方税务局副局长职务。

1月7日 广东省地税局发布粤地税任〔2015〕3号文件,决定:免去曾罗生的河源市地方税务局调研员职务,退休。

1月7日 广东省地税局发布粤地税任〔2015〕4号文件,决定:免去邓坤泉的梅州市地方税务局调研员职务,退休。

1月7日 广东省地税局发布《粤地税任〔2015〕5号文件,决定:免去陈磊然的广东省地方税务局直属税务分局(大企业税收管理局)调研员职务,退休。

1月7日 广东省地税局发布粤地税任〔2015〕6号文件,决定:免去黄业生的广州市地方税务局副巡视员职务,退休。

1月7日 中共广东省地税局党组发布粤地税党组发〔2015〕3号文件,决定:免去关远荣的中共佛山市地方税务局党组成员职务。

1月7日 中共广东省地税局党组发布粤地税党组发〔2015〕4号文件,决定:免去曾罗生的中共河源市地方税务局党组成员职务。

1月7日 中共广东省地税局党组发布粤地税党组发〔2015〕5号文件,决定:免去邓坤泉的中共梅州市地方税务局党组成员职务。

1月8日 金税三期工程优化系统在广东省地税局正式上线。税务总局征管科技司司长任荣发,省局副局长杨朝峰、省局相关处室负责人、省局金税三期工程试点办相关人员以及厂商代表参加了上线启动仪式。

1月12日 广东省地税局向税务总局报送《广东省地方税务局2014年规范性文件目录》。

1月13日 广东省地税局总审计师赵平参加省政府办公厅组织召开的2014年财政收支情况和2015年贯彻落实稳增长、促改革、调结构、惠民生、防风险政策措施情况审计进点会。

1月13日 广东省地税局发布粤地税任

〔2015〕7 号文件,决定:方佳雄兼任省地方税务局大企业税收管理局局长。

1 月 13 日 广东省地税局发布粤地税任〔2015〕8 号,决定:黄少波任揭阳市地方税务局调研员。

1 月 13 日 广东省地税局发布粤地税任〔2015〕9 号文件,决定:李万清任梅州市地方税务局调研员。

1 月 13 日 广东省地税局发布粤地税任〔2015〕10 号文件,决定:林达生任汕头市地方税务局调研员。

1 月 13 日 广东省地税局发布粤地税任〔2015〕11 号文件,决定:杨珉提任潮州市地方税务局总经济师,试用一年。

1 月 13 日 广东省地税局发布粤地税任〔2015〕12 号文件,决定:刘剑提任惠州市地方税务局稽查局局长,试用一年。

1 月 13 日 广东省地税局发布粤地税任〔2015〕13 号文件,决定:朱铁清提任珠海市地方税务局稽查局局长,试用一年。

1 月 13 日 中共广东省地税局党组发布粤地税党组发〔2015〕9 号文件,决定:郑杰鹏同志任中共揭阳市地方税务局党组书记;免去黄少波同志的中共揭阳市地方税务局党组书记职务。

1 月 13 日 中共广东省地税局党组发布粤地税党组发〔2015〕10 号文件,决定:魏少波同志任中共梅州市地方税务局党组书记;免去李万清同志的中共梅州市地方税务局党组书记职务。

1 月 13 日 中共广东省地税局党组发布粤地税党组发〔2015〕11 号文件,决定:张振宇同志任中共汕头市地方税务局党组书记;免去林达生同志的中共汕头市地方税务局党组书记职务。

1 月 13 日 中共广东省地税局党组发布粤地税党组发〔2015〕12 号文件,决定:杨珉同志任中共潮州市地方税务局党组成员。

1 月 14 日 广东省地税局党组书记、局长王南健参加指导 2014 年度广州市地税局党组民主生活会,对会议取得的成绩给予肯定。

1 月 15 日 广东省地税局发布粤地税任〔2015〕14 号文件,决定:免去郑小明的惠州市地方税务局稽查局稽查局局长职务。

1 月 15 日 广东省地税局向省政府报送《广东省地方税务局关于 2014 年依法行政工作的报告》。

1 月 16 日 广东省地税局发布粤地税任〔2015〕15 号文件,决定:彭峰彪提任韶关市地方税务局副局长,试用一年。

1 月 16 日 广东省地税局发布粤地税任〔2015〕16 号文件,对郑小明等同志职务任免。

1 月 16 日 广东省地税局发布粤地税任〔2015〕17 号文件:免去吴创英的佛山市地方税务局副调研员职务,退休。

1 月 16 日 中共广东省地税局党组发布粤地税党组发〔2015〕13 号文件,决定:彭峰彪同志任中共韶关市地方税务局党组成员。

1 月 19 日 广东省地税局局长办公会议审议并原则通过《关于贯彻落实〈全国税务机关纳税服务规范〉的意见》,要求以落实规范为契机,紧密结合金税三期工程上线运行,大力推进广东地税管理与服务工作,切实加强规范的宣传、培训及业务差异分析等工作。

1 月 20 日 税务总局王军局长到广东调研指导金税三期工程优化版试点上线工作,看望慰问奋战在金税三期工程战线上的工作人员,对广东地税金税三期工程工作给予了高度肯定和表扬。

1 月 20 日 广东省地税局发布粤地税任〔2015〕19 号文件,决定:免去袁银灿的东莞市地方税务局副调研员职务,退休。

1 月 20 日 广东省纪委驻省地税局纪检组组长叶秀佑、副组长谭举正在广州参加中共广东省第十一届纪律检查委员会第四次全体会议。

1 月 20 日—23 日 广东省地税局信息中心在广东邮电职业技术学院举办全省区县信息技术岗位人员知识更新第四期培训班。

1 月 21 日 广东省地税局发布粤地税任〔2015〕18 号文件,决定:陈群荣提任广东省地方税务局稽查局副调研员,免去其广东省地方税务局稽查局主任科员职务。

1 月 21 日 广东省审计厅自 2015 年 1 月起对省地税局 2014 年度预算执行和其他财政收支情况等进行审计。

1 月 22 日 中共广东省委组织部印发粤组干〔2015〕39 号文件,免去王中福同志的省纪委、省监察厅派驻省地税局正厅级纪检员、监察专员职务,退休。

1 月 23 日 广东省地税局印发《广东省地方税务局关于 2014 年社保费等规费收入情况的通报》(粤地税发〔2015〕8 号)。

1 月 26 日 广东省地税局印发《广东省地方税务局关于提供 2015 年 1 月企业职工养老保险缴费工资下限和单位缴费比例执行情况的函》(粤地税

函〔2015〕86号）。

1月26日 广东省地税局发布粤地税任〔2015〕21号文件，决定：免去欧阳华广东省地方税务局稽查局副局长职务，退休。

1月27日 广东省地税局制发《广东省地方税务局关于修订〈办理涉税事项业务规程（征管类）〉有关内容的公告》（广东省地方税务局公告2015年第1号），对《办理涉税事项业务规程（征管类）》的个别条款进行了修订完善。

1月27日 广东省地税局召开2015年度经济责任审计工作专题会议，省局党组成员、纪检组长叶秀佑，总审计师赵平及省局相关处室负责人参加了会议。

1月27日 广东省副省长林少春在《2014年广东地税组织社会保险费收入突破2000亿元规模位居全国首位》简报上批示："全省地税系统克服困难，积极作为，采取有效措施，社保费征缴成效显著。这为提高社保水平，改善民生，维护社会稳定奠定了坚实的基础，做出了积极的贡献。"

1月28日 全省地方税务工作会议在广东省地税局召开。省局领导、局内各单位主要负责人，各市（区）局主要负责人参加了会议。会议主要内容是贯彻落实党的十八届三中、四中全会、中央经济工作会议、全国税务工作会议和省委十一届四次全会精神，总结2014年主要工作，部署2015年重点任务。

1月30日 广东省地税局党组书记、局长王南健，广东省纪委驻省地税局纪检组组长叶秀佑赴北京参加2015年全国税务系统党风廉政建设工作会议。

1月 全省地税系统当月完成各项税费收入1070.76亿元，同比增长13.7%，增收129.15亿元。其中：组织税收收入818.84亿元，增长16.4%，增收115.47亿元，剔除"营改增"影响，增长17.1%（不含深圳，全省地税税收收入470.32亿元，增长13.7%，若剔除"营改增"影响，增长14.6%）。各级次税收收入中：中央级收入202.97亿元，增长16.3%；省级收入170.70亿元，增长21.6%；市县级收入445.17亿元，增长14.6%。组织社保费收入190.97亿元，增长13.1%，增收22.09亿元；组织其他收入合计60.95亿元。

2月2日 广东省地税局向省发改委报送《关于贯彻落实国办〔2014〕59号文工作情况的函》。

2月2日—6日 广东省地税局教育处在广东省地税干部进修学校举办全省地税系统兼职教师课程开发研修班，省局兼职师资库80名兼职教师参加了本期培训。

2月4日 广东省地税局向税务总局报送《广东省地方税务局关于修订〈办理涉税事项业务规程（征管类）〉有关内容的公告》备案审查。

2月6日 税务总局举办绩效管理3.0版视频培训，广东省地税局分管绩效管理工作的局领导、各处室绩效联络员、绩效办全体工作人员在省局参加视频培训。

2月9日 广东省地税局向省发改委报送《广东省地方税务局关于报送广东省全面创新改革试验相关素材的函》。

2月9日 广东省地税局发布《广东省地方税务局对〈省十二届人大常委会第十次会议对省人民政府关于我省社会保险工作情况报告的审议意见〉研究办理情况报告（征求意见稿）意见的函》（粤地税函〔2015〕130号）。

2月9日 广东省地税局、省国税局联合发布《关于做好2014年度纳税信用评价工作的通知》（粤地税发〔2015〕18号），要求各地市国税局、地税局联合在全省范围内开展2014年度纳税信用评价工作。

2月11日 广东省地税局向税务总局报送《广东省地方税务局关于民办教育税收政策问题的报告》。

2月12日 广东省地税局发布粤地税任〔2015〕22号文件，决定：免去陈群荣的广东省地方税务局稽查局副调研员职务，退休。

2月12日 中国税务出版社发函《关于〈广东地税年鉴〉（2014）荣获第五届全国年鉴编纂出版质量评比奖项的函》（版便函〔2015〕4号），《广东地税年鉴》（2014）获得综合奖一等奖、条目编写、装帧设计一等奖、框架结构二等奖。

2月12日 清远市伟华实业有限公司诉广东省地方税务局一案在清远市中级人民法院开庭，受广东省地税局局长王南健委托，省局法规处陈勃等出庭应诉。

2月13日 广东省地税局召开观看违法违纪案件警示片及部署有关工作会议，省局领导、省局机关和直属单位副处以上干部参加会议。

2月13日 广东省地税局开展省局机关违规收送"红包"礼金问题专项整治行动。

2月15日 广东省地税局发布粤地税任〔2015〕23号文件，决定：全泰丞提任云浮市地方税务局总会计师，试用一年。

2月15日 中共广东省地税局党组发布粤地税党组发〔2015〕18号文件，决定：全泰丞同志任中共云浮市地方税务局党组成员。

2月17日 广东省地税局制定下发《广东省地方税务局关于印发〈2015年“便民办税春风行动”实施方案〉的通知》（粤地税发〔2015〕20号），明确全省地税系统开展“春风行动”的目标任务与工作要求，要求各级地税部门结合实际，认真抓好贯彻落实，确保税务总局、省局各项工作部署落实到位。

2月27日 广东省地税局发布粤地税任〔2015〕24号文件，决定：免去陈铁玉的湛江市地方税务局副调研员职务，退休。

2月27日 驻广东省地税局纪检组发文《中共广东省纪委派驻省地方税务局纪检组关于全省地税系统10起违纪违法典型案件的通报》（粤纪驻地税组〔2015〕3号），对2014年以来全省地税系统发生的10起违纪违法典型案件进行了通报。

2月28日 广东省地税局向全省地税系统下发《广东省地方税务局关于推行税收执法权力清单制度的通知》。

3月3日 全国税务稽查工作视频会议在北京召开。广东省地税局组织全省稽查干部收看视频会议。

3月4日 广东省地税局在广州召开2015年全省地方税务系统党风廉政建设工作会议。省局领导、机关全体干部和各市局局长、纪检组长共300余人在省局主会场参加了会议。

3月6日 香港会计师公会（CPA）谭振雄先生一行到广东省地税局进行交流访问，省局国际税务管理处处长詹立仁及全处人员会见来访代表，就2015年进一步加强合作提出具体方案，并达成共识。

3月6日 广东省地税局向省商务厅报送《促进外贸稳增长调结构政策措施的函》。

3月6日 广东省地税局下发《广东省地方税务局转发广东省人民政府关于加强审计工作意见的通知》（粤地税发〔2015〕27号）。

3月9日 广东省地税局向省经信委报送《促进我省民营经济发展情况的函》。

3月9日 广东省地税局总会计师苏振钿与省局稽查局局长余振荣一行到广州地税稽查局调研某税案相关情况。广州市局分管局领导、政策法规处、稽查局、第一稽查局等相关人员参加调研。

3月9日 广东省地税局配合省审计厅开展2014年度省级社会保险基金预算执行情况审计。

3月9日 广东省地税局配合省审计厅开展省局局长王南健任期经济责任审计。

3月—6月 广东省地税局教育处在广东省地税干部进修学校举办全省地税系统新录用公务员初任培训班（含军转干部），来自全省地税系统的47名军转干部和433名新招公务员分四期参加了培训。

3月10日 全省地税干部教育培训春季学期在广东省地税干部进修学校举行了开学典礼和升旗仪式，省局副局长宋爱勤出席开班仪式并授课。

3月11日 广东省地税局发布粤地税任〔2015〕25号文件，决定：张亮文任河源市地方税务局副局长，免去其河源市地方税务局总经济师职务。

3月11日 广东省地税局发布粤地税任〔2015〕27号文件，决定：免去陈兆辉的茂名市地方税务局副调研员职务，退休。

3月13日 广东省地税局局长王南健任期经济责任审计见面会在省局召开。省局领导、省审计厅副厅长何丽娟、审计组成员及省局各单位主要负责人参加会议。

3月13日 广东省地税局编制《广东省地方税务局定点联系企业专业化管理信息系统》宣传手册。

3月17日 广东省地税局联合省国税局下发第一批行政处罚权力清单的公告，并在省局门户网站发布。

3月17日 广东省地税局印发《广东省地方税务局全面推进内控机制信息化升级版建设工作实施方案》（粤地税函〔2015〕217号）。

3月17日—20日 税务总局金税三期工程优化版总结工作会议在广东南海税务信息处理中心召开。税务总局信息办，广东、内蒙古、河南国税局、地税局等试点单位代表共60余人参加会议。会议对金税三期工程优化版开发上线工作进行了阶段性总结，介绍了金税三期工程系统下一阶段优化方案，并分组对各地优化建议进行了讨论。

3月18日 内蒙古地税局直属征收管理分局到广东省地税局直属分局（大企业局）考察学习。

3月19日 全省地税系统国际税收工作会议在东莞召开。广东省地税局总会计师苏振钿、省局机关有关部门、直属单位负责人、全省22个市（区）局分管国际税收工作的局领导及国际税务管理（税政）科（处）长参加会议。

3月19日 广东省地税局党组副书记、巡视员杨楚潮主持召开机关党委工作会议，总结2014年机关党委工作，部署2015年机关党建工作。

3月20日　广东省地税局总经济师罗达佳主持召开规费专题工作会议。广州、珠海、韶关、河源、惠州、中山、江门、佛山、肇庆、清远、云浮、顺德市(区)地方税务局、省局直属分局分管规费工作局领导、规费科(处)长及省局规费处参加会议。

3月23日　2015年度全省征管与稽查联动工作联席会议在广东省地税局召开，省局总会计师苏振钿、省局稽查局、征管处、法规处、税政一处、税政二处和国际税务处的领导和相关同志参加会议。

3月24日、4月1日　广东省地税局直属分局(大企业局)与国税部门两次召开协调会议，研究制定税收风险管理工作方案。

3月25日　受澳门财政局的邀请，广东省地税局总会计师苏振钿带队赴澳门，与澳门财政局就内地与澳门税收安排部分条款的修订问题进行商谈与交流，省局国际税务管理处处长詹立仁、横琴新区财金事务局局长阎武、横琴新区地税局局长罗增庆等参加座谈。

3月25日—27日　陕西省地税局、财政厅、社会保障局相关处室，到广东省地税局调研社保费征管信息交换共享机制。

3月26日　全省地税稽查工作会议在肇庆市召开。广东省地税局总会计师苏振钿出席会议并讲话。

3月26日　广东省地税局党组中心组举行学习报告会，邀请省委党校教授王玉云专项解读习近平总书记“四个全面”战略布局，省局机关全体干部参加了学习。

3月26日—27日　广东省地税局召开全省地方税收政策法规工作会议和行政诉讼法培训班。

3月30日　广东省地税局党组会议审议并通过《中共广东省地方税务局党组关于加强全省地税系统基层党组织建设指导意见》和《关于建立省、市、县地税局党组成员基层党建联系点制度意见》。次日，省局党组印发《中共广东省地方税务局党组关于加强全省地税系统基层党组织建设指导意见》。

3月30日　广东省地税局下发《广东省地方税务局关于印发2015年税费规范性文件清理工作方案的通知》。

3月31日　广东省地税局发布《广东省地方税务局办公室关于印发2015年规费重点工作的通知》(粤地税办发〔2015〕13号)。

3月31日　为解决中小企业纳税人无纸化办税需求，广东省地税局在提供基础版、智能终端版的基础上，在广州市(越秀区、南沙区)试点上线应用电子办税服务厅纯CA版。

3月　广东省地税局推动中国(广东)自贸区相关工作，分别向税务总局提出促进广东自贸区发展的税收政策建议，向省商务厅报送《中国(广东)自由贸易区地方税收工作情况汇报》。

3月　广东省地税局审核制定《广东省机动车车船税代收代缴管理办法》。

3月　广东省地税局总会计师苏振钿及国际税务管理处全体人员会见普华永道、安永、毕马威等多家国际知名会计师事务所合伙人来访代表，商谈“走出去”税收服务与管理、专业人才培训等合作事宜。

1月—3月　广东省地税局持续推进审批制度改革，并向省编办报送行政审批事项通用目录子项及2014年行政许可实施和监督管理情况年度报告。

1月—3月　广东省地税局开展全省税收等优惠政策清理工作，并向省财政厅和税务总局报送工作情况总结。

第二季度

4月1日　广东省地税局发布《广东省地方税务局对社会保险信息披露通用模板意见的函》(粤地税函〔2015〕264号)。

4月1日　广东省地税局发布粤地税任〔2015〕28号文件，决定：陈少龙任惠州市地方税务局副局长。

4月1日　中共广东省地税局党组发布粤地税党组发〔2015〕23号文件，决定：免去陈少龙同志的中共惠州市地方税务局纪检组组长职务。

4月7日　广东省地税局党组成员、省纪委派驻省局纪检组组长叶秀佑一行到直属分局(大企业局)调研，听取党风廉政建设和政风行风测评情况汇报。

4月7日　广东省地税局转发广东省残疾人联合会、广东省财政厅、广东省地方税务局《关于落实小微企业免征残疾人就业保障金的通知》(粤残联〔2015〕29号)。

4月7日　广东省地税局配合省审计厅落实2012—2013年度省本级社会保险基金财务收支情况审计整改工作。

4月7日—18日　广东省地税局教育处在广东省地税干部进修学校举办全省地税系统正科级中青

领导干部培训班(第二期),来自全省地税系统的52名正科级领导干部参加本期培训。

4月7日 广东省纪委派驻省地税局纪检组发布粤纪驻地税组〔2015〕4号文件,接省纪委通知(粤纪任〔2015〕14号),陈云锋同志任派驻省地方税务局纪检组、监察室副处级纪检监察员,免去其派驻省地方税务局纪检组、监察室主任科员职务。

4月13日 广东省地税局发布粤地税任〔2015〕29号文件,决定:张友华提任广东省地方税务局征管和科技发展处副处长,试用一年。

4月13日 广东省地税局发布粤地税任〔2015〕30号文件,决定:免去王宣秋的河源市地方税务局副调研员职务,退休。

4月13日 广东省地税局就《广东省地税系统法治税务示范基地建设工作方案(征求意见稿)》及《广东省地税系统法治税务示范基地建设工作评价指标(试行)(征求意见稿)》,向各市(区)局、局属各单位及各试点单位征求意见。

4月13日 广东省地税局出台《广东省地方税务局转发国家税务总局关于进一步加强社会保险费费源管理意见的通知(粤地税发〔2015〕34号)。

4月13日 广东省地税局出台《广东省地方税务局对〈2015年劳资纠纷专项治理工作方案(征求意见稿)〉意见的函》(粤地税函〔2015〕288号)。

4月13日—17日 广东省地税局信息中心按照国家信息安全标准和税务总局下发的信息安全规范性文件,分别对阳江、江门开展信息安全检查工作。

4月13日—27日 全省地税系统2015年处级干部任职培训班在湖南税务高等专科学校举办,培训人数41人。

4月14日 广东省地税局党组印发《全省地税系统违规收送"红包"礼金问题专项整治工作方案》(粤地税党组发〔2015〕26号)。

4月14日 广东省地税局法规处就申请人广州市天胜投资有限公司不服广东省地方税务局稽查局2014年12月25日作出的《税务处理决定书》(粤地税稽处〔2014〕1号)对补缴企业所得税加收滞纳金的决定提起行政复议一案作出《行政复议决定书》(粤地税行复〔2015〕2号)。

4月15日 中共广东省委组织部印发粤组干〔2015〕256号文件,免去黄和平的广东省地税局副巡视员职务,退休。

4月17日 广东省地税局召开全省地税系统纪检监察专项工作会议,部署开展违规收送"红包"礼金问题专项整治工作,同时研究落实2015年党风廉政建设重点工作的具体措施。

4月17日 广东省地税局发布粤地税任〔2015〕31号文件,决定:黄健劲挂任佛山市地方税务局副局长,挂职期两年。

4月17日 中共广东省地税局党组印发粤地税党组发〔2015〕27号文件:黄健劲同志挂任中共佛山市地方税务局党组成员,挂职期两年。

4月17日 广东省地税局举办《全国税收征管规范(1.0版)》全省视频培训,就推行《全国税收征管规范(1.0版)》的意义、基本内容和有关要求等方面进行培训。省局副局长杨朝峰,省局相关处室及各市(区)局、县(市、区)局相关人员参加培训。

4月21日 广东省地税局发布《广东省地方税务局对〈广东省人民政府关于我省社会保险信息公开情况报告审议意见研究办理情况的报告(征求意见稿)〉意见的函》(粤地税函〔2015〕332号)。

4月21日 广东省地税局发布《广东省地方税务局对广州市按比例安排残疾人就业办法(修正案)意见的函》(粤地税函〔2015〕331号)。

4月22日 广东省地税局党组印发《关于收送"红包"等五种违纪情形一律先免职再处理的规定》(粤地税党组发〔2015〕29号)。

4月22日 广东省地税局发布《广东省地方税务局对广州市教育经费投入与管理条例(修正案)意见的函》(粤地税函〔2015〕336号)

4月22日 税务总局稽查局巡视员李国成一行到广东省地税局调研稽查信息化建设等工作。省局总会计师苏振钿、稽查局局长余振荣等相关人员参加调研。

4月22日—30日 广东省地税局教育处在国家税务总局税务干部进修学院举办全省地税系统正处级领导干部依法行政研修班,42名正处级领导干部参加培训。

4月23日 广东省地税局发布《关于政协第十一届广东省委员会第三次会议第20150089号提案会办意见的函》(粤地税函〔2015〕346号)。

4月23日 广东省地税局下发《关于给予李勉行政警告处分的决定》(粤监驻地税室审〔2015〕1号)。

4月23日 广东省地税局印发《广东省地方税务局转发国家税务总局关于加强对取消进户执法相关项目后续税收管理的通知》(粤地税发〔2015〕36号)。

4月23日 税务总局稽查局以及山东、湖北、海南、江苏等四省国税局、地税局相关同志，到广东省地税局调研稽查信息化建设工作。省局稽查局副局长郑小明、稽查局技术科相关人员参加调研。

4 月 23 日　广东省地税局法规处向省机构编制委员会办公室报送《广东省地方税务局关于承接下放行政审批事项有关情况的函》。

4 月 24 日　中共广东省地税局党组发布粤地税党组发〔2015〕31 号文件，决定：免去张京祥的中共惠州市地方税务局党组成员职务。

4 月 24 日　广东省地税局发布粤地税任〔2015〕34 号文件，决定：免去张京祥的惠州市地方税务局总会计师职务。

4 月 27 日　清远市伟华实业有限公司诉广东省地方税务局税务征缴行政处理纠纷一案在清远市中院第二次开庭，广东省地税局委托法规处工作人员出庭应诉。

4 月 27 日　广东省地税局发布《关于政协广东省委员会十一届三次会议第 20150881 号提案会办意见的函》（粤地税函〔2015〕356 号）。

4 月 28 日　广东省地税局发布粤地税任〔2015〕35 号文件，决定：蒙全忠挂任中山市地方税务局副局长，挂职期两年。

4 月 28 日　中共广东省地税局党组发布粤地税党组发〔2015〕32 号文件，决定：蒙全忠同志挂任中共中山市地方税务局党组成员，挂职期两年。

4 月 29 日　广东省地税局金税三期工程优化版推广工作办公室在南海税务信息处理中心召开双派驻工作总结会议。

4 月 29 日　中共广东省地税局党组发布粤地税党组发〔2015〕34 号文件，决定：陈云璋同志挂任中共东莞市地方税务局党组成员，挂职期两年。

4 月 29 日　广东省地税局发布粤地税任〔2015〕36 号文件，决定：陈云璋挂任东莞市地方税务局副局长，挂职期两年。

4 月 30 日　广东省 2015 年纳税信用评价工作在全省各级税务机关及广大纳税人的共同努力下圆满完成，共评出 A 级纳税人 50845 户，B 级纳税人 699969 户，C 级纳税人 37273 户，D 级纳税人 25094 户。

4 月　广东省地税局向省法制办报送《广东省地方税务局关于报送 2014 年度依法行政工作情况自查报告的函》。下发《广东省地方税务局关于 2014 年度依法行政考评结果的通报》。

4 月　广东省地税局法规处制作省局对 2014 年 6 个税收执法重点督察单位的督察处理意见书，要求各单位严格按照督察处理意见书的要求进行整改落实，并进行相应责任追究。

2015 年 5 月 4 日　广东省地税局下发《广东省地方税务局办公室关于提供社会保险欠费清理信息披露有关内容的函》（粤地税办函〔2015〕36 号）

5 月 4 日—11 日　广东省地税局教育处在辽宁税务高等专科学校举办全省地税系统副处级领导干部依法行政研修班，来自全省地税系统的 46 名副处级领导干部参加本期培训。

5 月 7 日　广东省地税局发布粤地税任〔2015〕37 号文件，决定：郑杰鹏任揭阳市地方税务局局长，任职时间从 2014 年 4 月算起。

5 月 8 日　广东省地税局下发《广东省地方税务局关于 2014 年内部审计发现问题落实整改的通知》（粤地税函〔2015〕398 号），在全省地税系统开展自查自纠和整改工作。

5 月 8 日　广东省地税局转发《广东省人民政府转发国务院关于规范国务院部门行政审批行为改进行政审批有关工作的通知》及《广东省地方税务局转发广东省人民政府关于取消和调整一批行政审批项目决定的通知》，并结合广东省实际，提出贯彻落实意见。

5 月 10 日　由广东省地税局直属分局（大企业局）承办的 2014 年“税企杯”网球邀请赛在天河体育中心网球场隆重举行。省局、直属分局（大企业局）和税务总局、省局定点联系企业共 17 支代表队的运动员参加比赛。

5 月 11 日　广东省地税局在顺德召开广东地税法治税务示范基地建设暨行政复议应诉工作调研座谈会。

5 月 12 日　广东省地税局发布粤地税任〔2015〕38 号文件，决定：免去聂鸿杰的广东省地方税务局办公室副主任职务。

5 月 18 日—22 日　广东省地税局稽查局在厦门举办全省地税稽查专业队员及业务骨干培训班，来自全省地税稽查系统共 74 名干部参加培训。

5 月 19 日　广东省国家税务局、广东省地方税务局在广州联合举办“一带一路”税收协定政策宣讲会，拉开全省税收协定宣传周序幕。省国税局国际税务管理处处长石真和省地税局国际税务管理处处长詹立仁等有关处室负责人、广州市 60 家“走出去”企业代表和个人以及部分税务中介机构代表参加宣讲会。

5 月 20 日　广东省地税局向税务总局报送《广东省地方税务局 2015 年税收执法督察工作计划》。

5月21日—23日 广东省地税局在东莞召开全省地税系统2015年税收执法督察业务培训班。

5月23日 香港会计师公会在香港洲际酒店举办中国税务研讨会。广东省地税局国际税务管理处处长詹立仁应邀出席会议,并作了"'一带一路'的税收服务"主题开场演讲。

5月25日 广东省地税局印发《广东省地方税务局转发国家税务总局关于加强工商登记制度改革后税收征管风险防范工作的通知》(粤地税函〔2015〕468号)。

5月25日 广东省地税局发布粤地税任〔2015〕40号文件,决定:免去苏彰强的清远市地方税务局副调研员职务,退休。

5月25日—29日 广东省地税局稽查局在厦门举办全省地税系统稽查局长培训班,省局稽查局、全省各市(区)地税局稽查局的局领导和部分业务骨干共51人参加培训。

5月26日 广东省地税局与广东海际明律师事务所签订法律顾问聘任合同,聘请该所何富杰、高新会律师作为省局的常年法律顾问。

5月26日 全省地税系统大企业税收管理工作会议在省局直属分局(大企业局)召开,省局副局长欧卫东出席会议并讲话,省局机关代表、直属分局(大企业局)有关人员、各市局分管局领导和大企业管理部门负责人参加会议。

5月26日 广东省地税局配合省审计厅开展省直预算单位信息系统调查。

5月27日 广东省地税局发布《广东省地方税务局关于2014年全省地税系统征管状况监控分析情况的通报》(粤地税函〔2015〕485号),对2014年全省地税系统征管状况监控分析情况进行了通报。

5月27日 广东省地税局发布粤地税任〔2015〕41号文件,决定:免去肖平的河源市地方税务局副调研员职务,退休。

5月28日 全省地税系统纳服、征管和信息技术工作会议在南海税务信息处理中心召开,省局相关处室负责人、各市(区)局分管纳税服务、征管、信息技术工作的局领导以及部门主要负责人参加会议。

5月28日 广东省地税局法规处向省发展改革委报送贯彻落实《中共中央、国务院关于加快推进生态文明建设的意见》工作措施。

5月29日 广东省地税局法规处对省人力资源和社会保障厅转发文件《国务院关于进一步做好新形势下就业创业工作的意见》提出贯彻落实意见。

5月 广东省地税局接受省依法行政考评小组对省局2014年度依法行政工作情况实地考核。

6月1日 广东省地税局印发《广东省地税系统法治税务示范基地建设工作方案》(粤地税发〔2015〕47号)。

6月1日 广东省省委常委、常务副省长徐少华,省政府副秘书长陈世庆,省财厅副厅长欧斌一行到广东省地税局调研,视察了省局直属分局(大企业局)办税服务厅,并与广东电网、广晟公司的财务人员进行座谈。徐少华对省局的电子办税服务厅建设应用工作给予充分肯定,要求注意三个发展趋势并做好相应工作:一是密切关注信息化的最新成果并加以借鉴;二是把握掌上智能终端的发展趋势,推进移动办税;三是深化海量信息的应用,为政府决策、税务决策提供参考。

6月2日 广东省地税局向省公务用车制度改革领导小组办公室报送《广东省地方税务局关于报送公务用车制度改革实施方案的函》(粤地税函〔2015〕502号)。

6月2日 广东省人力资源和社会保障厅、广东省地方税务局向省政府上报《关于〈社会保险法〉实施前历史欠缴养老保险费滞纳金有关问题的请示》(粤人社报〔2015〕100号)。

6月3日 广东省地税局印发《关于全面试行〈全国税收征管规范(1.0版)〉的实施方案》的通知(粤地税发〔2015〕48号)。

6月3日 广东省地税局发布粤地税任〔2015〕42号文件,决定:免去郑凯平的揭阳市地方税务局稽查局局长职务。

6月3日 广东省地税局内审处配合省审计厅落实2014年度省级社会保险基金预算执行情况审计整改工作。

6月3日—6日 广东省地税局举办全省地税系统纪检监察业务培训班。

6月3日—6日 广东省地税局在中山大学举办全省地税系统纪检监察领导干部培训班,全省地税系统纪检监察干部118人参加培训。

6月4日 广东省地税局报送广东省人力资源和社会保障厅、广东省财政厅、广东省地方税务局《关于延迟执行2015社保年度企业养老保险缴费工资下限的请示》(粤人社报〔2015〕101号)。

6月9日 广东省地税局下发《广东省地方税务局转发国家税务总局关于严禁违规插手涉税中介经营活动的通知》(粤地税发〔2015〕51号)。

6月9日 中央人民政府门户网站发布《广东省地税局建设知识型专业化税务门户网站》，介绍省局网站工作做法。

6月10日 广东省地税局印发《广东省地方税务局行政复议委员会工作规则(试行)》。

6月10日 广东省地税局配合省审计厅核对2013年度省级预算执行和其他财政收支审计工作报告反映问题整改情况。

6月16日 中共广东省地税局党组发布粤地税党组发〔2015〕49号文件，决定：免去关子超同志的中共江门市地方税务局党组副书记职务，保留中共江门市地方税务局党组成员职务。

6月17日—19日 税务总局办公厅关于集中办公研究社保费三方联网建设工作会议在珠海市地税局召开。全国各地共40人参加集中办公。

6月22日—27日 广东省地税局开展全省地税12366纳税服务热线服务质量抽测工作，本次抽测对象为全省21个地区12366纳税服务热线(不含深圳、横琴)。总样本量为252个，是2014年模拟抽测样本量的3倍。抽测总体成绩较2014年提升2.69%。

6月23日 广东省地税局向税务总局报送《广东省地方税务局关于贯彻落实全面推进依法治税指导意见情况的报告》。

6月23日 广东省地税局联合省国税局与中国银行广东省分行联合举办"税融通"项目合作意向书签约仪式，标志着"银税互动"金融服务正式扩面至全省范围。

6月23日—27日 全省地税系统大企业专业化管理团队培训在广东财经大学(三水校区)举办，全省大企业专业化管理团队成员及各地大企业税收管理工作业务骨干近80人参加培训。

6月23日—7月7日 广东省地税局组织全省地税系统科级干部任职和知识更新培训班(第一期)，培训对象为近年提拔且未参加任职培训的科级干部，培训地点为广东省地税干部进修学校，培训人数74人。

6月25日 中共广东省委组织部印发粤组干〔2015〕524号文件，省委批准：吴紫骊同志任广东省地税局党组书记，免去王南健同志的广东省地税局党组书记职务。

6月25日 广东省地税局下发《广东省地方税务局办公室关于印发〈广东省地税系统优秀纳税评估模型评选工作方案〉的通知》(粤地税办函〔2015〕61号)，明确了优秀纳税评估模型的评选范围、参选条件、评选程序等。

6月29日 广东省地税局发布粤地税任〔2015〕43号文件，决定：王莉芬提任韶关市地方税务局副调研员。

6月29日 广东省地税局发布粤地税任〔2015〕44号文件，决定：邓永邦提任湛江市地方税务局副调研员。

6月29日—7月3日，7月20日—7月23日，8月3日—6日，8月17日—20日 广东省地税局联合省总工会分别举办四期工会经费业务培训班。全省地税系统负责工会经费代收工作的业务骨干、基层征收工作人员共200人次参加培训。

6月 广东省地税局开展税收个案批复专项清理，并向税务总局报送《广东省地方税务局关于税收个案批复专项清理情况的报告》。

6月 广东省地税局开展省政府规章专项及全面清理工作，向省法制办报送《广东省地方税务局关于省政府规章专项清理工作情况的函》及《广东省地方税务局关于报送2015年省政府规章全面清理工作情况的函》。

第三季度

7月2日 广东省地税局配合省审计厅落实省地税局2014年度预算执行和其他财政收支情况审计整改工作。

7月2日 广东省地税局下发《广东省地方税务局关于印发〈规范减免税核算工作实施方案〉的通知》(粤地税函〔2015〕625号)，对全省地税系统减免税核算工作内容、程序、要求等进行明确，进一步规范减免税核算工作。

7月6日 广东省地税局向税务总局报送《广东省地方税务局关于税收执法督察处理意见整改情况的报告》。

7月6日—10日 广东省地税局在广东财经大学税务干部进修学院举办全省地税系统征管业务培训班。各市(区)局征管部门主要负责人、县(市、区)局分管征管工作的局领导代表以及省局征科处的同志参加培训。省局副局长杨朝峰出席开班仪式，作了题为"提升站位，敢于担当"的开班讲话。省局副巡视员林如山出席培训班结业仪式并讲话。

7月7日 广东省地税局印发《广东省地方税务局关于印发〈广东省地方税务局税收风险管理战略规划〉的通知》(粤地税函〔2015〕640号)，明确了全省地税系统2015—2017年税收风险管理体系建设的工作思路、工作目标、工作原则及主要任务。

7月7日—21日 广东省地税局教育处组织全省地税系统科级干部任职和知识更新培训班(第二期),培训对象为近年提拔且未参加任职培训的科级干部,培训地点为广东省地税干部进修学校,培训人数76人。

7月8日 广东省地税局向省法制办报送《广东省地方税务局关于报送依法行政工作情况的函》。

7月8日 广东省地税局发布广东省人力资源和社会保障厅、广东省财政厅、广东省地方税务局《关于公布2015社会保险年度企业职工基本养老保险缴费工资上限和下限的通知》(粤人社函〔2015〕1547号)。

7月10日 广东省地税局局长王南健、党组书记吴紫骊到省局直属分局(大企业局)调研指导工作,并分别作重要讲话。

7月10日 广东省地税局发布粤地税任〔2015〕45号文件,决定:免去焦献民的广东省地方税务局办公室调研员职务,退休。

7月10日 广东省地税局总经济师罗达佳在省局参加机关事业单位养老保险费征缴工作研讨会。广州、珠海、佛山、河源市等12个地市分管规费局领导,规费科(处)长,部分县区局局长参加会议。

7月13日 广东省地税局下发《广东省地方税务局关于2015年上半年全省地税系统组织社会保险费等规费收入情况的通报》(粤地税发〔2015〕64号)。

7月14日—8月7日 广东省地税局对汕头、佛山、汕尾、潮州4市开展重点税收执法督察。

7月15日 广东省地税局印发《广东省人力资源和社会保障厅、广东省住房和城乡建设厅、广东省地方税务局、广东省安全生产监督管理局、广东省总工会关于进一步做好我省建筑业工伤保险工作的实施意见》(粤人社规〔2015〕5号)。

7月16日 广东省地税局党组书记吴紫骊,党组副书记、巡视员杨楚潮一行到广东南海税务信息处理中心视察调研,观看并听取了广东地税信息系统情况的演示和汇报。吴紫骊勉励大家继续努力,为广东地税的税收事业保驾护航。

7月17日 中共广东省委组织部印发粤组干〔2015〕591号文件,免去刘茂坤的省地税局副巡视员职务,退休。

7月22日 广东省地税局发布粤地税任〔2015〕50号文件,决定:免去王莉芬的韶关市地方税务局副调研员职务,退休。

7月22日 广东省地税局发布粤地税任〔2015〕51号文件,决定:免去邓永邦的湛江市地方税务局副调研员职务,退休。

7月23日 广东省地税局发布《广东省地方税务局关于发布取消进户执法项目清单的公告》(广东省地方税务局公告2015年第3号),进一步规范税务机关进户执法工作。

7月23日 广东省地税局发布粤地税任〔2015〕48号文件,决定:免去龚寿文的广东省地方税务局稽查局调研员职务,退休。

7月23日 广东省地税局发布粤地税任〔2015〕49号文件,决定:免去林泊全的广州市地方税务局副巡视员职务,退休。

7月24日 2015年全省地方税收科研工作会议在广东省地税局召开。省局党组副书记、巡视员杨楚潮,部分市局分管局领导、全省22个市(区)分管科研工作的科长参加会议。

7月27日 中共广东省地税局党组发布粤地税党组发〔2015〕54号文件,转发省委组织部《关于吴紫骊、王南健同志职务任免的通知》(粤组干〔2015〕524号)。

7月27日—31日 全省地税系统区县信息技术人员及信息技术岗位能手知识更新培训班在广东南海税务信息处理中心举行。

7月28日—29日 广东省地税局总会计师苏振钿参加在香港举行的2015粤港经济技术贸易合作交流会。

7月28日—31日 广东省地税局副局长欧卫东率省局直属分局(大企业局)人员一行到粤东四市开展对口帮扶工作,并就各地大企业税收风险管理情况开展调研。

7月30日 广东省地税局下发《广东省地方税务局对〈关于完善灵活就业人员参加企业职工基本养老保险有关规定的通知(第三次征求意见稿)〉意见的函》(粤地税函〔2015〕718号)。

7月31日 广东省地税局下发《广东省地方税务局关于社会保险费缴费有关问题的函》(粤地税函〔2015〕730号)。

7月31日 广东省地税局下发《广东省地方税务局关于报送基础养老金省级统筹和全国统筹研究工作进展情况的函》(粤地税函〔2015〕731号)。

7月—9月 广东省地税局按照省纪委部署,围绕"守纪律、讲规矩、作表率"主题,紧密结合"三严三实"专题教育,在全省地税系统开展纪律教育学习月活动。

8月3日　广东省地税局下发《广东省地方税务局关于广东省城镇企业职工基本养老保险扩面征缴工作责任书意见的函》(粤地税函〔2015〕736号)

8月3日　“大企业纳税人学校”风险管理培训班在广东税务干部学院阳江分院开班,税务总局和广东省地税局定点联系企业共71个大型企业集团的近80名财务负责人与直属分局(大企业局)负责风险管理工作的业务骨干参加培训。

8月5日—14日　根据税务总局“智力援西”工作部署,结合新疆地税局需求,广东省地税局组织师资以“送教上门”形式赴新疆地税局开展2015年度“智力援疆”工作。

8月5日—7日、12日—14日　广东省地税局信息中心对韶关、清远开展信息安全检查工作。通过检查,进一步提高了广东地税系统的信息安全防护能力。

8月7日　全省地税系统“走出去”税收服务及税收协定执行工作座谈会(珠三角片会)在肇庆召开。广东省地税局国际税务管理处主要负责同志及珠三角地区税政科(处)长及国际税收工作专职人员参加会议。

8月11日　广东省地税局法规处向江门市凌志餐厨用品有限公司作出《行政复议告知书》(粤地税行复〔2015〕3号)。

8月12日　广东省地税局向省政府报送《广东省地方税务局关于朱小丹省长在佛山调研期间企业反映问题办理情况的报告》。

8月12日　“广东地税”微信公众号进驻“微信城市服务”和“广东发布”公众号,首批上线发票查验、个人所得税证明及社保查询等功能,更加方便了广大纳税人和缴费人,获得社会广泛好评。

8月13日　广东省地税局配合省审计厅对省局开展2013—2015年度粤西北地区土地增值税征管情况专项审计调查。

8月14日　广东省地税局总经济师罗达佳带领规费处党支部到东莞塘厦税务分局开展“三严三实”专题党课教育,贯彻落实省局党组“三严三实”专题教育工作部署。省局规费处全体人员,东莞市局分管规费局领导、规费管理科、机关党办相关人员以及塘厦分局全体党员参加专题党课教育。

8月14日　广东省地税局报送广东省地方税务局、广东省财政厅、广东省人力资源和社会保障厅《关于执行我省社会保险费单位缴费基数有关问题的请示》(粤地税发〔2015〕88号)。

8月17日—21日　全省金税三期工程系统培训工作在广东南海税务信息处理中心开展。各地市(区)及省局相关处室近340名业务骨干参加培训。针对此次培训,金税三期工程师资团队录制了68个网络课程,供全省各级税务人员学习使用。

8月18日　广东省地税局发布粤地税任〔2015〕53号文件,决定:黄小林提任韶关市地方税务局稽查局局长,试用一年。

8月18日　中共广东省地税局党组发布粤地税党组发〔2015〕57号文件,决定:免去马世超同志的中共广州开发区地方税务局党组书记职务。

8月18日　广东省地税局发布粤地税任〔2015〕54号文件,决定:孙彦浩提任深汕特别合作区地方税务局局长,试用一年。任职时间从2015年1月算起。

8月18日　中共广东省地税局党组发布粤地税党组发〔2015〕58号文件,决定:免去孙彦浩同志的中共汕尾市地方税务局党组副书记职务。

8月18日　广东省地税局发布粤地税任〔2015〕55号文件,决定:李健强任广州市地方税务局副局长,免去其广州市地方税务局总会计师职务;马世超任广州市地方税务局总会计师,免去其广州开发区地方税务局局长职务。

8月18日　广东省地税局发布粤地税任〔2015〕56号文件,决定:免去孙彦浩的汕尾市地方税务局副局长职务。

8月18日　广东省信息安全等级保护协调小组办公室检查组对省地税局开展重要信息系统和重点网站安全现场执法检查。

8月19日　中共广东省地税局党组发布粤地税党组发〔2015〕59号文件,决定:免去尹进城同志的中共东莞市地方税务局党组成员职务。

8月19日　广东省地税局发布粤地税任〔2015〕58号文件,决定:免去尹进城的东莞市地方税务局调研员职务,退休。

8月19日　广东省地税局发布粤地税任〔2015〕57号文件,决定:免去林贵森的肇庆市地方税务局副调研员职务,退休。

8月20日　广东省司法厅同意省地税局增加岗位公职律师的申请,并向省局抄送《广东省司法厅关于同意广东省地方税务局增加岗位公职律师的批复》(粤司办〔2015〕238号)。

8月21日　广东省地税局举办全省地税系统党员领导干部“三纪”教育培训班,省局机关和直属单位全体党员干部、各市、县(区)局领导班子成员以及机关和直属单位中层以上干部、各基层分局领导班子成员共7000余人参加培训。培训采取通过观看警示教育片、邀请省纪委领导作反腐倡廉辅导报告、省局主要领导作讲话提要求、印发纪律教育学习读本等“四合一”的形式进行。

8月21日 中共广东省地税局党组发布粤地税党组发〔2015〕60号文件,决定:黄月华同志任中共东莞市地方税务局纪检组组长。任职时间从2014年6月算起。

8月21日 中共广东省地税局党组发布粤地税党组发〔2015〕61号文件,决定:邓大铁同志任中共江门市地方税务局纪检组组长。任职时间从2014年6月算起。

8月21日 中共广东省地税局党组发布《粤地税党组发〔2015〕62号文件,决定:李锋同志任中共茂名市地方税务局纪检组组长。任职时间从2014年6月算起。

8月21日 广东省地税局发布粤地税任〔2015〕59号文件,决定:冯国雄任茂名市地方税务局总经济师。任职时间从2014年6月算起。

8月21日 广东省地税局发布粤地税任〔2015〕60号文件,决定:黄荣任广东省地方税务局规费管理处处长。任职时间从2014年3月算起。

8月21日 广东省地税局发布粤地税任〔2015〕61号文件,决定:卢新生任广东省地方税务局规费管理处副处长。任职时间从2014年7月算起。

8月21日 广东省地税局在全省地税系统组织开展“过头税”现象自查工作,严格落实组织收入原则,坚决制止收“过头税”。

8月24日 广东省政府召开全面实施“一照一码”改革工作会议,部署全面实施“一照一码”改革工作。省局副局长杨朝峰参加会议并代表省地税局作大会发言。

8月26日 广东省地税局与省局直属分局(大企业局)参加了由省直机关工会工委举办的广东省直机关第九套广播体操比赛,并荣获一等奖。

8月26日—28日 广东省地税局举办全省地税系统内审业务培训班,省局总审计师赵平出席开班仪式并讲话。培训班授课内容囊括数据分析审计方法、审计组织方法、业务情景应对等。

8月27日 广东省地税局与省工商局等部门联合印发《省工商局等八部门转发工商总局等六部门关于贯彻落实〈国务院办公厅关于加快推进“三证合一”登记制度改革的意见〉的通知》(粤工商〔2015〕20号),就规范统一“一照一码”登记等有关问题进行明确。

8月27日—28日 广东省地税局副局长欧卫东率领直属分局(大企业局)一行到河源调研市县级大企业集约化管理工作。

8月28日 广东省地税局与省工商局、省质监局、省国税局联合发布《关于我省实施“三证合一”“一照一码”改革的通告》。明确“三证合一”“一照一码”改革的主要内容、实施时间、适用范围以及改革前后的过渡衔接工作。

8月28日 广东省地税局征科处印发《关于推行“一照一码”登记制度改革有关问题的通知》(粤地税征科便函〔2015〕76号),就改革后的税收管理衔接工作进行了明确。

8月28日 广东省地税局联合省国税局下发《广东省国家税务局、广东省地方税务局关于开展注册税务师行业2014年度检查工作的通知》(粤国税函〔2015〕763号),开展全省税务师事务所及注册税务师年度执业资格及执业质量检查工作。

8月28日 广东省地税局发布粤地税任〔2015〕62号文件,决定:戚晋北任佛山市地方税务局副局长,免去其佛山市地方税务局总会计师职务。

8月28日—9月23日 广东省地税局派工作组参与全国金税三期工程优化版应用系统上线支持工作。共选派30多名业务技术骨干,赴西藏、河北、广西、贵州、云南等五省(区)现场支援和交流,得到税务总局和上线单位的高度肯定。

8月31日 广东省地税局党组书记吴紫骊一行赴省地税干部进修学校调研,并听取省地税干部进修学校工作情况汇报。

8月31日 广东省地税局发布《广东省人力资源和社会保障厅、财政厅、地方税务局关于贯彻落实〈人力资源社会保障部、财政部关于适当降低生育保险费率的通知〉的意见》(粤人社函〔2015〕2109号)。

9月1日 广东省全面推行“三证合一、一照一码”商事登记制度改革,较全国推行时间提早一个月。

9月2日 广东省地税局发布粤地税任〔2015〕63号文件,决定:沈庆明提任潮州市地方税务局副调研员。

9月2日 广东省地税局发布粤地税任〔2015〕64号文件,决定:黄伟民提任汕头市地方税务局副调研员。

9月2日 广东省地税局发布粤地税任〔2015〕

55 号文件，决定：洪伟波提任汕头市地方税务局稽查局局长，试用一年。

9 月 2 日　广东省地税局发布粤地税任〔2015〕56 号文件，决定：吴鹏提任揭阳市地方税务局稽查局局长，试用一年。

9 月 6 日　广东省地税局对阳江市地方税务局原局长林永锋、河源市地方税务局原局长严贵杨、湛江市地方税务局原局长林兆华、梅州市地方税务局原局长李万清以及茂名市地方税务局原局长龚学泉进行经济责任审计。

9 月 6 日—8 日　重庆市地税局总经济师郑钢带队到广东省调研国际税收管理工作。广东省地税局总会计师苏振钿及国际税务管理处主要负责人陪同到东莞市地税局进行调研考察和经验交流。

9 月 7 日　广东省地税局党组印发《广东省地方税务系统各级纪检组落实党风廉政建设监督责任实施办法（试行）》（粤地税党组发〔2015〕64 号）。

9 月 7 日—11 日　广东省地税局教育处在湛江市为湛江市地税局举办了“智力援基”湛江培训班，湛江市局 63 名基层业务骨干参加培训。

9 月 8 日　广东省地税局党组印发《广东省地方税务系统各级党组落实党风廉政建设主体责任实施办法（试行）》（粤地税党组发〔2015〕65 号）。

9 月 8 日—9 日　全省地税系统财务工作会议暨新《预算法》培训班在广东省地税局举办，各市、县、区地税局分管财务工作的领导和财务人员，县（区）局局长、省局有关单位财务人员共 1728 人参加。

9 月 8 日　广东省地税局法规处向省自贸办报送《广东省地方税务局关于报送广东自贸试验区各片区相关诉求办理意见的函》。

9 月 9 日　广东省地税局法规处向税务总局报送《广东省地方税务局关于报送行政审批事项办结时限情况的函》。

9 月 9 日　广东省地税局下发《广东省地方税务局办公室关于举办全省规费业务培训班的通知》（粤地税办函〔2015〕102 号）。

9 月 10 日　广东省地税局法规处向省发改委报送《广东省地方税务局关于报送贯彻落实〈国务院关于大力推进大众创业万众创新若干政策措施的意见〉具体实施意见的函》。

9 月 10 日　广东省地税局下发《广东省地方税务局对〈关于调整完善我省工伤保险费率政策进一步加强基金管理有关问题的通知（征求意见稿）〉意见的函》（粤地税函〔2015〕909 号）。

9 月 10 日—13 日　广东省地税局直属分局（大企业局）在税务总局扬州进修学院举办定点联系企业税务风险管理培训班，来自税务总局和省局定点联系企业的财务总监和财务负责人共 50 余人参加培训。省局副局长欧卫东作开班动员讲话并亲自授课。

9 月 14 日—18 日　广东省地税局教育处在潮州市为潮州市地税局举办“智力援基”潮州培训班，潮州市局 60 名基层业务骨干参加本期培训。

9 月 14 日—18 日　全省规费业务培训班在台山地税干部进修学院举办。全省规费管理业务经办人员、业务骨干共 80 人参加培训。

9 月 15 日　清远市中级人民法院就清远市伟华实业有限公司诉广东省地税局税务征缴行政处理纠纷一案做出一审判决，驳回原告诉讼请求，省局一审胜诉。

9 月 15 日　广东省地税局纳税服务处召开全省办税服务综合管理系统启动会，正式启动项目建设。省局副局长杨朝峰出席会议，要求将该系统建成全国税务系统在大服务数据分析应用方面的示范和样板。

9 月 18 日　中共广东省委组织部印发粤组干〔2015〕992 号文件，省委批准：李万清同志任广东省地税局副巡视员。

9 月 21 日—24 日　广东省地税局信息中心在广东省邮电学院举办全省地税系统地市应用系统开发技术能力提升培训班。本次培训进一步提高了信息部门的开发能力，形成了持续提升能力和加强交流相互促进的机制。

9 月 21 日—25 日　广东省地税局教育处在广东省地税干部进修学校举办全省地税系统兼职教师递进式培训班，省局兼职师资库 60 名兼职教师参加本期培训。

9 月 22 日　广东省地税局向省发展和改革委员会报送《广东省地方税务局关于报送深化收入分配制度改革落实自查情况的函》。

9 月 22 日　广东省地税局向省财政厅报送《关于报送新型创业服务平台相关税收材料的函》。

9 月 22 日　广东省地税局发布粤地税任〔2015〕72 号文件，决定：刘建提任中山市地方税务局调研员，免去其中山市地方税务局副局长职务。

9 月 23 日　广东省地税局发布《广东省地方税务局关于 2015 年上半年全省地税系统税收征管状况监控分析情况的通报》（粤地税函〔2015〕985 号），对上半年全省地税系统征管状况监控分析情况进行了通报。

9月23日 广东省地税局印发《广东省地方税务局转发国家税务总局关于落实“三证合一”登记制度改革的通知》(粤地税函〔2015〕935号),要求各地规范“三证合一”有关工作流程。

9月23日 广东省地税局总会计师苏振钿、省局稽查局局长余振荣参加河源市地税局市区稽查管理体制改革工作启动仪式。

9月23日 广东省地税局联合省国税局、省银监局下发《广东省国家税务局、广东省地方税务局、中国银行业监督管理委员会广东监管局转发关于开展“银税互动”助力小微企业活动的通知》(粤国税发〔2015〕195号)。

9月24日 广东省地税局发布粤地税任〔2015〕69号文件,决定:廖永新任梅州市地方税务局副局长,免去其梅州市地方税务局总经济师职务。

9月24日 广东省地税局在南海信息中心召开金税三期工程阶段性工作总结座谈会。省局金税三期工程优化版推广工作办公室相关领导及办公室抽调人员参加会议。根据金税三期工程工作的总体部署以及系统运行的实际情况,自2015年10月起,金税三期工程系统的运维方式由项目运维转向日常运维,金税三期工程试点办阶段性工作结束。

9月24日—25日 广东省地税局教育处在河源市为河源市地方税务局举办“智力援基”河源培训班,河源市局共1300人次参加本期培训。

9月25日 广东省地税局发布粤地税任〔2015〕70号文件,决定:免去黄伟民的汕头市地方税务局副调研员职务,退休。

9月25日 中共广东省地税局党组发布粤地税党组发〔2015〕68号文件,决定:免去周石南同志的中共云浮市地方税务局纪检组组长职务。

9月25日 广东省地税局发布粤地税任〔2015〕71号文件,决定:周石南任云浮市地方税务局副局长。

9月25日 广东省地税局向税务总局报送《广东省地方税务局关于税收执法疑点指标修改意见及新增疑点指标建议》。

9月25日 广东省地税局发布《广东省地方税务局对〈关于提请审定关于调整失业保险费率的通知的请示〉意见的函》(粤地税函〔2015〕940号)。

9月25日 广东省地税局发布《广东省地方税务局关于重大税务行政处罚案件审理范围的公告》(广东省地方税务局公告2015年第7号)。

9月28日 广东省地税局印发《广东省地方税务局关于印发〈广东省地方税务局办税指南〉和〈广东省地方税务局税收征管业务指引〉的通知》(粤地税函〔2015〕952号),为纳税人和各级税务人员了解金税三期工程系统上线后各项涉税业务的办理规程和操作事项要求提供指引。

9月29日 广东省地税局法规处同广州市公职律师事务所商谈公职律师相关工作事宜。

9月29日 广东省地税局信息中心向省地税局党组书记吴紫骊、副局长杨朝峰汇报信息中心工作情况。吴紫骊要求信息中心做好宏观的、长远的规划,体制机制改革要有明确的目标和方向,保持广东地税信息化的领先地位。

9月30日 全省“银税互动”金融服务数据出炉。“银税互动”服务三年来,累计为全省纳税人发放贷款超100亿元,2015年1—9月,累计发放贷款62亿元,惠及企业近3000家,促进就业岗位4.6万个,“真金白银”的助推效果受到企业的一致好评。

9月30日 广东省地税局印发《广东省地方税务局办公室转发国家税务总局办公厅关于修订〈全国税收征管规范(1.0)〉“三证合一”有关业务事项的通知》(粤地税办发〔2015〕28号)。

9月30日 广东省地税局印发《广东省地方税务局关于汕湛高速揭博路段有关税收征管问题的通知》(粤地税函〔2015〕965号),就汕湛高速揭博路段营业税及附征税费缴纳、通行费发票管理、非税收入使用票据等问题进行了明确。

9月 广东省地税局向省法制办报送《广东省地方税务局关于报送2014年度依法行政考评整改情况的函》。

9月 广东省地税局教育处在全省地税系统推广使用税务总局税务干部培训管理软件,完成全省机构初始化和人员初始化工作,并开展培训班信息补录工作。

4月—9月 广东省地税局法规处审核《广东省地方税务局关于清理房地产企业违规代收契税的通知》《广东省地方税务局关于加强企业所得税预缴方法管理的通知》《广东省机动车车船税代收代缴管理办法》《关于优化房地产交易环节契税征管工作的公告》《广东省车船税联网征收业务问题处理意见》《关于发布取消进户执法项目清单的公告》《关于进一步加强和规范税收征管工作的意见》《关于废止三份规范性文件的公告》《关于公布部分条款废止或失效、全文废止或失效的税收规范性文件目录的公告》《社会保险费随税同查工作指引》《广东省地方税务局关于重大税务行政处罚案件审理范围的公告》《广东省地方税务局关于印发〈广东省地方税务局办税指南〉和〈广东省地方税务局税收征管业务指引〉的通知》《广东省地方税务局关于汕湛高速揭博路段有关税收征管问题的通知》《广东省地方税务局关于废止〈广东省地方税务局关于“南粤金税”发票抽奖的暂行办法〉的公告》等文件，并送省法制办审查，向税务总局报送广东省地方税务局公告2015年第2—7号备案审查。

第四季度

10月9日　广东省地税局转发《广东省人力资源和社会保障厅、广东省财政厅、广东省地方税务局关于调整完善我省工伤保险费率政策进一步加强基金管理有关问题的通知》（粤人社规〔2015〕6号）。

10月9日　广东省地税局发布粤地税任〔2015〕83号文件，决定：免去陈正榜的湛江市地方税务局副调研员职务，退休。

10月10日　广东省地税局转发《广东省地方税务局办公室转发国家税务总局办公厅关于全国税务机关纳税服务规范增加“三证合一、一照一码”服务事项的通知》（粤地税办发〔2015〕29号）。

10月10日　广东省地税局发布粤地税任〔2015〕73号文件，决定：免去罗增庆的珠海横琴新区地方税务局局长职务。

10月10日　广东省地税局发布粤地税任〔2015〕74号文件，决定：免去龙磊的广东省地方税务局税政二处处长职务，退休。

10月10日　广东省地税局发布粤地税任〔2015〕75号文件，决定：免去胡泽民的广东省地方税务局教育培训处处长职务，退休。

10月10日　广东省地税局发布粤地税任〔2015〕76号文件，决定：免去黎海丰的梅州市地方税务局副调研员职务，退休。

10月10日　广东省地税局发布粤地税任〔2015〕77号文件，决定：黄杰任广东省地税干部进修学校副校长。

10月10日　广东省地税局发布粤地税任〔2015〕78号文件，决定：唐雪峰任广东省地方税务局人事处副处长。

10月10日　广东省地税局发布粤地税任〔2015〕79号文件，决定：吴锡昌提任茂名市地方税务局局长，试用期一年，免去其茂名市地方税务局副局长职务。

10月10日　广东省地税局发布粤地税任〔2015〕80号文件，决定：赖竹华提任潮州市地方税务局局长，试用期一年，免去其潮州市地方税务局副局长职务。

10月10日　中共广东省地税局党组发布粤地税党组发〔2015〕81号文件，决定：免去胡强同志的中共广州市地方税务局党组成员职务。

10月10日　中共广东省地税局党组发布粤地税党组发〔2015〕82号文件，决定：吴澜星同志任揭阳市地方税务局总会计师。

10月10日　广东省地税局发布粤地税任〔2015〕84号文件，决定：免去胡强的广州市地方税务局副局长职务，退休。

10月10日　中共广东省地税局党组发布粤地税党组发〔2015〕70号文件，决定：免去刘建同志的中共中山市地方税务局党组副书记职务，保留中共中山市地方税务局党组成员职务。

10月10日　中共广东省地税局党组发布粤地税党组发〔2015〕71号文件，决定：免去罗增庆同志的中共珠海市地方税务局党组副书记职务。

10月10日　中共广东省地税局党组发布粤地税党组发〔2015〕72号文件，决定：免去罗增庆同志的中共珠海横琴新区地方税务局党组书记职务。

10月14日　广东省地税局总会计师苏振钿与省局稽查局局长余振荣一行到广州地税稽查局调研资本交易行业检查情况。广州市地税局总经济师、广州市地税局稽查局局长参加调研。

10月15日　广东省地税局法规处制发《广东省地方税务局关于支持南沙自贸区创新发展的若干意见》。

10月16日　广东省地税局向省自贸办报送《广东省地方税务局关于报送支持广东自贸区创新发展有关情况的函》。

10月16日　广东省地税局召开专题会议学习中央全面深化改革领导小组第17次会议精神，研究贯彻落实《深化国税、地税征管体制改革方案》（以下简称《方案》）工作。省局党组书记、局长吴紫骊指出，全省地税系统要深入学习领会习近平总书记重要讲话精神，充分认识和正确把握深化国税、地税征管体制改革的重要意义及其要义，切实将思想行动统一到中央的决策部署上来，主动作为，狠抓落实，认真做好实施《方案》准备工作。

10月19日　广东省地税局党组书记、局长吴紫骊，省局总会计师苏振钿专题调研全省地税稽查工作。

10月20日　广东省地税局向税务总局报送

《关于报送自贸试验区税收工作情况和政策建议的函》。

10月23日 广东省人力资源和社会保障厅印发粤人社发〔2015〕187号文件，省人民政府批准：任命吴紫骊为广东省地税局局长，免去王南健的广东省地税局局长职务。

10月23日 广东省地税局总会计师苏振钿，省局稽查局长余振荣，以及省局稽查局相关科室负责人一行到汕头市地税局开展稽查工作调研和督导。

10月23日 中共广东省地税局党组发布粤地税党组发〔2015〕76号文件，决定：免去唐雪峰同志的中共汕尾市地方税务局纪检组组长、党组成员职务。

10月23日 中共广东省地税局党组发布粤地税党组发〔2015〕77号文件，决定：吴锡昌同志任中共茂名市地方税务局党组书记，免去其中共茂名市地方税务局党组副书记职务。

10月23日 中共广东省地税局党组发布粤地税党组发〔2015〕78号文件，决定：赖竹华同志任中共潮州市地方税务局党组书记，免去其中共潮州市地方税务局党组副书记职务。

10月26日—28日 税务总局财产行为税司与征管科技司在广东省地税局开展国地税合作业务需求集中调研，11个省（市）国税局、地税局相关处室负责人参加会议。会议提出了对税务总局完善升级并出台《国家税务局 地方税务局合作规范（2.0版）》的具体意见和建议。

10月26日—11月1日 全省规费管理培训班在上海交通大学举办。各市（区）地税局分管规费的局领导、规费科（处）长，省局规费处全体人员，共计64人参加培训。

10月28日 在广东省地税局网络与信息系统安全应急指挥办公室的统一指挥下，省局2015年度（总第八次）灾难恢复演练顺利完成。本次演练是金税三期工程上线后的首次灾难恢复演练，检验了新建灾备系统的有效性和原有灾备系统的可用性。

10月28日 中共广东省地税局党组发布粤地税党组发〔2015〕79号文件，决定：利志清同志任中共梅州市地方税务局党组成员。

10月28日 中共广东省地税局党组发布粤地税党组发〔2015〕80号文件，决定：吴澜星同志任中共揭阳市地方税务局党组成员；免去利志清同志的中共揭阳市地方税务局纪检组组长、党组成员职务。

11月2日 广东省地税局法规处向税务总局报送2015年税收执法督察工作报告、2015年税收执法疑点核查报告、2015年税收执法督察报表、执法督察工作底稿、案例、处理意见书。

11月2日 广东省地税局法规处向省商务厅报送《广东省地方税务局关于贯彻落实国务院办公厅推进线上线下互动加快商贸流通创新发展转型升级意见工作措施的函》。

11月2日 广东省地税局法规处作出《不予受理行政复议申请决定书》（粤地税行复〔2015〕6号）。

11月3日 广东省地税局党组书记、局长吴紫骊，副局长欧卫东到省局直属分局（大企业局）调研。吴紫骊充分肯定了直属分局（大企业局）在组织收入、大企业风险管理、省直社保费征收等方面取得的成绩。

11月4日 广东省地税局法规处向省发展和改革委员会报送《广东省地方税务局关于进一步清理行政审批中介服务和涉企经营服务性收费工作情况的函》。

11月5日 广东省地税局发布粤地税任〔2015〕85号文件，决定：吴钱提任汕头市地方税务局副调研员。

11月5日 广东省地税局发布粤地税任〔2015〕86号文件，决定：廖德清任阳江市地方税务局稽查局局长。

11月5日 广东省地税局发布粤地税任〔2015〕87号文件，决定：免去廖德清的云浮市地方税务局稽查局局长职务。

11月5日 广东省地税局发布粤地税任〔2015〕88号文件，决定：免去沈庆明的潮州市地方税务局副调研员职务，退休。

11月5日 广东省地税局发布粤地税任〔2015〕89号文件，决定：免去何英民的云浮市地方税务局副调研员职务，退休。

11月5日 广东省地税局教育处在广东邮电职业技术学院举行第16期赴港培训人员选拔考试笔试工作，全省共66名考生报名参加考试。

11月5日 广东省地税局教育处举办行政机关公务员依法行政与法治思维专题全员视频培训，全省地税系统2万余人参加培训。

11月6日 广东省地税局印发《广东省地方税务局“完善金税三期系统”专项整治工作方案》（粤地税党建组发〔2015〕11号），明确了“完善金税三期工程系统”专项整治工作的目的意义、任务分工及整治时限、工作要求。

11月6日 广东省地税局与省国税局、中国建设银行广东省分行联合举办"税融通"项目合作意向书签约仪式,标志着以"税融通"产品为载体的税银合作迈入新的阶段。

11月9日 广东省地税局法规处向省经信委报送《广东省地方税务局关于报送促进民营经济发展"十二五"时期工作情况及"十三五"计划的函》。

11月9日 广东省地税局下发《广东省地方税务局关于做好建筑业工伤保险费征收管理工作的通知》(粤地税函〔2015〕112号)。

11月10日 广东省地税局印发《广东省地方税务局税收信息系统业务保障管理办法(试行)》(粤地税发〔2015〕109号),建立全省业务保障管理机制。

11月10日 2015年度全省重点税源企业随机抽查动员工作会议在广东南海召开。广东省地税局总会计师苏振钿,省局稽查局局长余振荣出席会议并讲话,省局稽查局和相关处室领导,各市局分管稽查工作的局领导、各市局稽查局长及稽查专业队员等100余人参加会议。

11月10日 广东省地税局法规处向省财政厅报送《关于天使投资在内的种子期、初创期等创新活动有关税收政策调研情况的函》。

11月11日 广东省地税局向税务总局报送《广东省地方税务局关于报送办税服务厅规范服务检查工作总结的函》(粤地税函〔2015〕1116号)。

11月12日 广东省地税局发布粤地税任〔2015〕91号文件,决定:黄文提任韶关市地方税务局总经济师,试用1年。

11月12日 中共广东省地税局党组发布粤地税党组发〔2015〕82号文件,决定:黄文同志任中共韶关市地方税务局党组成员。

11月16日—20日 广东省地税局响应税务总局办公厅关于开展首届税务系统网络安全宣传周活动号召,精心组织全省地税系统开展了以"提升网络安全意识,保障税务信息安全"为主题的税务系统网络安全宣传周活动,提高了全体干部的网络安全知识。

11月17日 广东省地税局稽查局局长余振荣一行4人到东莞市地税局稽查局调研重点税源企业随机抽查工作,东莞市局分管领导、稽查局局长及相关人员参加座谈。

11月18日 全省地税系统共626名考生参加了2015年全国税务系统税务人员执法资格考试。

11月17日 广东省地税局法规处印制2015年执法资格考试试卷,并配合考务工作,于11月24日向税务总局报送考试结果分析报告。

11月19日 广东省地税局联合省国税局,发布《广东省税务系统规范税务行政处罚裁量权实施办法》(广东省国家税务局、广东省地方税务局公告2015年第23号),统一了国地税税务行政处罚裁量基准。

11月20日 中共广东省委组织部印发粤组干〔2015〕1045号文件,省委批准:叶秀佑同志任省纪委、省监察厅派驻省地税局纪检组组长、监察专员。

11月20日 广东省地税局法规处作出《行政复议决定书》(粤地税行复〔2015〕4号)。

11月20日 广东省地税局法规处向税务总局报送《广东省地方税务局关于2015年度行政审批制度改革工作情况的报告》。

11月20日 广东省地税局法规处向各市(区)局下发《广东地税系统税费执法权责清单(参考版)》,指导基层单位推行税费权责清单制度。

11月20日 广东省地税局举办专题辅导视频报告会,学习贯彻《中国共产党廉洁自律准则》和《中国共产党纪律处分条例》。此次报告会邀请省纪委政策法规研究室副厅级主任宫立云作专题辅导,全省地税系统党员干部近2万人参加。

11月20日 广东省地税局继2015年1月后,再次组织开展省局机关公务员公开遴选工作。

11月22日—27日 广东省地税局法规处组织法治税务示范基地建设综合评审评前数据分析和资料梳理工作。

11月24日 广东省地税局法规处草拟2015年依法行政工作总结,向省局依法行政工作领导小组汇报。

11月24日 广东省地税局法规处向税务总局报送《广东省地方税务局关于2015年度推行税费执法权责清单制度工作情况的函》。

11月24日 广东省政府办公厅召开研究贯彻落实国务院关于"先照后证"改革后加强事中事后监管工作有关问题的座谈会,广东省地税局副巡视员林如山出席会议。

11月25日 广东省地税局教育处举行第16期赴港培训人员选拔考试面试工作,面试考生18人。

11月25日 广东省地税局办公室印发《广东省地方税务局办公室关于赴英国开展2015年社保费征缴改革培训的通知》(粤地税办函〔2015〕149号)。

11 月 25 日 在"互联网 + 智慧粤政"2015 年广东互联网政务论坛中，广东地税微信服务号荣获"智慧民生服务优秀案例"奖，并获邀参加 2015 年世界互联网大会——微信城市服务分论坛活动。

11 月 26 日 广东省地税局转发广东省人力资源和社会保障厅、广东省财政厅、广东省地方税务局《关于提请审定〈关于完善灵活就业人员参加企业职工基本养老保险有关规定〉的通知》（粤人社报〔2015〕188 号）。

11 月 27 日 税务总局电子税务管理中心主任姚琴来广东省地税局调研，省局局长吴紫骊、副局长杨朝峰就税务信息化工作战略汇报了情况。姚琴鼓励广东地税积极践行税务总局"互联网 + 税务"行动计划，特别是在建设国地税一体化电子税务局方面和广东国税通力合作，打造全国示范工程。

11 月 27 日 广东省地税局法规处向税务总局报送《广东省地方税务局关于贯彻落实全面推进依法治税指导意见情况的报告》。

11 月 27 日 广东省地税局组织召开专题会议，传达学习贯彻省委十一届五次全会精神，将全会精神贯彻到全省地税系统改革创新各项工作和"十三五"规划编制工作当中，力促全省地税事业在新的五年再上新台阶。

11 月 27 日—29 日 作为广东省"青年同心圆·粤港澳台青少年合作发展计划"重要项目之一，由广东国税、广东地税联合省港澳事务办公室、共青团省委携手举办的"税语青春 同心圆梦"粤港澳大学生税收辩论赛在广州举行。经过历时两天三轮的激烈角逐，澳门科技大学在 8 支参赛队伍中脱颖而出，力拔头筹。国家税务总局、中央人民政府驻香港特别行政区联络办公室、中央人民政府驻澳门特别行政区联络办公室、广东省政府等单位领导出席决赛并为获奖队伍和选手颁奖。

11 月 28 日—12 月 17 日 广东省社会保险费征管培训班一行 24 人赴英国培训学习。此次培训主要采取集中授课与访问地方政府、华人社团开展实务交流讨论相结合的方式，对英国社会保障制度及其相关的政府机构和社会团体的运作情况进行了系统的学习和调查研究。

11 月 29 日—12 月 4 日 广东省地税局法规处举办全省地方税收法治业务培训班。

11 月 30 日—12 月 4 日 广东省地税局纳税服务处举办全省办税服务专题培训班，全省各市（区）纳税服务部门业务骨干、基层办税服务厅负责人共 80 余人参加培训。

12 月 1 日 广东省地税局印发广东省人力资源和社会保障厅、广东省财政厅、广东省地方税务局《关于调整失业保险费率的通知》（粤人社规〔2015〕8 号），规定从 2016 年 3 月 1 日起，全省失业保险费率暂由现行规定的 2% 降至 1%，其中用人单位费率降至 0.8%，个人费率降至 0.2%，实施用人单位失业保险浮动费率试点的市，基准费率按照全省统一的用人单位费率 0.8% 执行，政策执行期到 2020 年底。

12 月 2 日 广东省地税局总会计师苏振钿、省局稽查局局长余振荣到惠州龙门地税调研指导稽查工作。

12 月 4 日 广东省地税局法规处就黄某不服省局信息公开告知书一案，向省府法制办作出《行政复议答复书》。

12 月 4 日 广东省地税局向省法制办报送《广东省地方税务局关于废止〈广东省地方税务局关于"南粤金税"发票抽奖的暂行办法〉的公告（草案）》。

12 月 7 日 广东省地税局翻印《国家税务总局办公厅关于印发〈全国税务机关纳税服务规范〉2.3 版更新事项的通知》（省局翻印〔2015〕113 号）。

12 月 7 日 广东省地税局向省工商局报送《广东省地方税务局关于涉及注册资本制度改革相关规范性文件清理工作情况的函》。

12 月 7 日 广东省地税局发布粤地税任〔2015〕92 号文件，决定：陈勃提任广东省地方税务局政策法规处副调研员；姚波提任广东省地方税务局纳税服务处副调研员；李友乔提任广东省地方税务局征管和科技发展处副调研员；曹令飞提任广东省地方税务局直属税务分局（大企业税收管理局）副调研员。

12 月 8 日 广东省地税局向省机构编制委员会办公室报送《广东省地方税务局关于报送取消中央指定地方实施的行政审批事项情况表的函》。

12 月 8 日 中共广东省地税局党组发布粤地税党组发〔2015〕91 号文件，决定：颜蔚华同志提任中共汕尾市地方税务局纪检组组长（试用 1 年）、党组成员。

12 月 8 日 广东省地税局发布粤地税任〔2015〕93 号文件，决定：张惠新提任中山市地方税务局副调研员。

12 月 9 日 广东省地税局法规处印发《广东省地方税务局领导干部学法制度》。

12 月 9 日 广东省地税局向省人力资源社会

保障厅报送《广东省地方税务局关于报送创业创新情况的函》。

12月9日 广东省地税局内审处配合省审计厅开展2013—2014年度土地使用税、房产税税收政策执行专项审计发现问题整改落实工作。

12月10日 广东省地税局向省法制办报送《广东省地方税务局关于报送2015年度依法行政创新性制度的函》。

12月10日 广东省地税局向省经济和信息化委员会报送《广东省地方税务局关于报送2015年淘汰落后产能工作情况的函》。

12月10日 全省省直社保费征管工作会议在广东省地税局召开，省局副局长欧卫东出席会议并讲话，各市(区)局分管规费的局领导和科长、省局直属分局(大企业局)局领导及相关负责人参加会议。

12月10日 广东省人力资源和社会保障厅、广东省财政厅、广东省人民政府国有资产监督管理委员会、广东省地方税务局联合发出《关于广州铁路(集团)公司驻粤职工工伤保险纳入地方管理的意见》(粤人社发〔2015〕218号)。

12月11日 广东省地税局发布粤地税任〔2015〕96号文件，决定：茹岱芸提任中山市地方税务局副局长，试用1年。

12月11日 中共广东省地税局党组发布粤地税党组发〔2015〕97号文件，决定：茹岱芸同志任中共中山市地方税务局党组成员。

12月11日 广东省地税局发布粤地税任〔2015〕97号文件，决定：免去郑友声的汕头市地方税务局副局长职务，退休。

12月11日 中共广东省地税局党组发布粤地税党组发〔2015〕99号文件，决定：郑友声同志的中共汕头市地方税务局党组成员职务。

12月11日 广东省地税局发布粤地税任〔2015〕98号文件，决定：免去吴钱的汕头市地方税务局副调研员职务，退休。

12月11日 广东省地税局发布粤地税任〔2015〕100号文件，决定：叶少强提任河源市地方税务局副调研员。

12月11日 广东省地税局副局长李华东在省局会见香港会计师公会(CPA)代表谭振雄先生一行。省局税政一处、税政二处、国际税务管理处负责同志参加座谈会。

12月11日 清远市伟华实业有限公司诉广东省地税局税务征缴行政处理纠纷一案二审第一次开庭。

12月14日—18日 广东省地税局法规处组织法治税务示范基地建设综合评审工作。

12月14日—24日 广东省地税局法规处参加税务总局开展的2015年第三季度省税务机关报备税收规范性文件审查工作。

12月15日—18日 广东省地税局教育处举办全省地税系统教育培训工作会议暨教育培训管理者培训班。

12月15日 广东省地税局发布广东省财政厅、广东省国家税务局、广东省残疾人联合会、广东省地方税务局《转发财政部、国家税务总局、中国残疾人联合会关于残疾人就业保障金征收使用管理办法的通知》(粤财社〔2015〕315号)。

12月16日 广东省地税局发布广东省人力资源和社会保障厅、广东省地方税务局《关于开展企业养老保险扩面征缴专项调研督导工作的通知》(粤人社函〔2015〕3105号)。

12月16日 广东省地税局法规处向省发改委报送《广东省地方税务局关于2015年深化收入分配制度改革任务情况的函》。

12月16日 广东省地税局联合省国税局下发《广东省地方税务局、广东省国家税务局关于深化全省国地税纳税服务合作复制推广自贸区创新税收服务措施的意见》(粤地税发〔2015〕119号)。

12月16日 广东省国税局、省地税局与广东中烟工业责任有限公司联合签署《税收遵从合作协议》。此类协议在全省尚属首例，其签署和生效将进一步防控税务风险，降低税收征纳成本，提高税法遵从度，在税企之间真正建立平等、互信、合作、协同共治的新型税企关系，标志着税企双方互信合作和国地税深度合作迈上了新台阶。

12月17日 广东省地税局法规处作出《行政复议决定书》(粤地税行复〔2015〕5号)。

12月17日 广东省第二届优秀社会科学家暨第六届哲学社会科学优秀成果颁奖大会在广州举行。广东省委常委、宣传部部长慎海雄出席并讲话。广东地税的科研成果“广东省地方税收计划指标风险预警研究”获得一等奖。这是广东地税自1994年成立以来在科研领域获得的最高奖项。

12月18日 税务总局局长王军对当天《中国税务报》A3版刊发的《创新行政管理方式 实施政府绩效管理——广东省地税局绩效管理改革纪实》一文作出批示：“办公厅并绩效办，要多登这样的好文章，同时也要写出总局推行绩效管理并取得实效的如同此文般的大文章、好文章来!"

12月18日 全省推进"一门式""一网式"政府服务和网上办事大厅建设现场会在广东地税南海税务信息处理中心召开。会议由广东省委常委、常务副省长徐少华主持,全省各地市和48个省直部门负责人参加。广东省地税局副局长杨朝峰介绍了省局网上办事大厅建设经验。

12月18日 广东省地税局总会计师苏振钿、省局稽查局局长余振荣到珠海地税局稽查局调研指导工作。

12月20日 广东省地税局法规处向税务总局报送2015年税收执法督察发现问题整改情况表。

12月20日—21日 广东省地税局教育处在广东邮电职业技术学院举办广东省地方税务局教育培训师资库第四批入库兼职教师选聘,来自全省地税系统的190人参加本次选聘工作。

12月21日 广东省地税局发布《广东省地方税务局、中共广东省委办公厅、广东省人民政府办公厅印发〈关于构建和谐劳动关系工作分工方案的通知〉意见的函》(粤地税函〔2015〕1282号)。

12月22日 广东省地税局总会计师苏振钿陪同江苏省地税局稽查局局长赵灿奇一行到广州地税稽查局调研、交流调研稽查工作。

12月22日—23日,12月28日—30日 按照广东省政府工作要求,省人力资源社会保障厅、省地税局联合开展企业养老保险扩面征缴专项调研督导工作,分别赴深圳、东莞,阳江、茂名等地进行社保费扩面任务调研、督导。

12月23日 广东省地税局内审处配合省审计厅自查核实2015年度省直部门预算执行联网审计有关事项。

12月23日 广东省地税局发布粤地税任〔2015〕102号文件,决定:陈雁成提任江门市地方税务局局长,试用一年;免去王毅的江门市地方税务局局长职务。

12月23日 广东省地税局发布粤地税任〔2015〕103号文件,决定:陈挺提任广东省地方税务局征管和科技发展处处长,试用1年。

12月23日 广东省地税局发布粤地税任〔2015〕104号文件,决定:翟淑仪提任佛山市地方税务局副调研员。

12月23日 广东省地税局法规处下发《广东省地方税务系统2015年度依法行政考评工作方案》。

12月23日 中共广东省地税局党组发布粤地税党组发〔2015〕104号文件,决定:陈雁成同志任中共江门市地方税务局党组书记;免去王毅同志的中共江门市地方税务局党组书记职务。

12月24日 广东省地税局发布粤地税任〔2015〕105号文件,决定:曾军任汕尾市地方税务局局长。任职时间从2014年9月算起。

12月24日 广东省地税局发布粤地税任〔2015〕106号文件,决定:杨光照任湛江市地方税务局稽查局局长。任职时间从2014年11月算起。

12月24日 中共广东省地税局党组发布粤地税党组发〔2015〕108号文件,决定:免去刘永才同志的中共阳江市地方税务局党组成员职务。

12月25日 广东省地税局发布粤地税任〔2015〕107号文件,决定:郑德亮提任肇庆市地方税务局副调研员。

12月25日 广东省国税局、地税局在省国税局召开第十一次联席会议。会议由省国税局局长胡金木主持,省国税局、地税局领导及相关处室(中心)负责人出席会议。会议通报了第十次国地税联席会议有关落实情况和贯彻落实全国国地税合作工作交流会的有关事项,明确了推进国税、地税征管体制改革的有关要求,重点研究了广东省深化国税、地税征管体制改革实施方案提纲以及广东省国税局地税局深化征管体制改革具体方案和7个专项改革试点子方案。

12月25日 2015年度全省地税系统稽查工作推进会议在广东南海召开。省局稽查局领导,各市局稽查领导及稽查专业队员等100余人参加会议。

12月25日 广东省地税局发布粤地税任〔2015〕108号文件,决定:罗群忠任惠州市地方税务局总会计师,免去其惠州市大亚湾经济技术开发区地方税务局局长职务。

12月25日 中共广东省地税局党组发布粤地税党组发〔2015〕106号文件,决定:刘永才同志任中共云浮市地方税务局纪检组组长、党组成员。

12月25日 中共广东省地税局党组发布粤地税党组发〔2015〕107号文件,决定:罗群忠同志任中共惠州市地方税务局党组成员,免去其中共惠州市大亚湾经济技术开发区地方税务局党组书记职务。

12月26日 中共广东省委组织部印发粤组干〔2015〕1211号文件,任命宋爱勤同志为广东省地税局巡视员。

12月28日 广东省地税局发布粤地税任〔2015〕109号文件,决定:免去刘永才的阳江市地方税务局总会计师职务。

12月28日　广东省地税局发布《广东省地方税务局关于〈广东省社会保险监督委员会工作规则(征求意见稿)〉意见的函》(粤地税函〔2015〕1325号)。

12月28日　广东省人大常委会办公厅召开《广东省商事登记条例》宣讲座谈会,广东省地税局副局长杨朝峰出席会议。

12月28日—29日　广东省地税局直属分局(大企业局)分行业举办金融业、房地产业、建筑安装业、制造业四场大企业税收专题调研座谈会。省局党组书记、局长吴紫骊,省局副局长欧卫东,规划核算处和直属分局(大企业局)主要负责人及53户分管财务的企业高管参加座谈会。

12月29日　广东省地税局发布《关于废止〈广东省地方税务局关于"南粤金税"发票抽奖的暂行办法〉的公告》(广东省地方税务局公告2015年第8号),从2016年1月1日起,废止《广东省地方税务局关于南粤金税发票抽奖的暂行办法》。

12月　广东省地税局门户网站入选2015年中国智慧政府发展年会"2015中国互联网政务最佳实践案例50强",荣膺"最佳政务应用智能化平台"。

12月　2015年度广东省政府网站公共服务程度评测结果揭晓,广东省地税局门户网站再获全省政府优秀网站称号,并荣获服务创新奖。这是省局门户网站自2008年以来连续第七次获得该奖项。

12月　广东省地税局继被省政府授予首批法治文化建设示范点并荣获2013年度依法行政考评"优秀"等次后,在2014年度依法行政考评中,再次被评为"优秀"等次,在全省52个被考评单位中排名第一,是省直单位中唯一得分超过90分的单位。

10月—12月　广东省地税局积极配合省发改委工作,就《广东省系统推进全面创新改革试验省方案》提出税收政策意见和建议,积极与税务总局沟通联系,争取支持。

2015年,广东地税系统组织税费收入9629亿元,突破9000亿元,同比增长15.2%,其中:组织税收收入6616亿元,税收收入规模连续22年居全国地税首位,同比增长16.1%(剔除电信"营改增"因素,增长16.7%),比2014年快4.0个百分点;省级收入1308亿元,占省级公共预算收入的比重超过7成,同比增长9.1%(剔除电信"营改增"因素,增长10.0%);中央级收入和市县级收入分别增长21.4%和16.7%;组织社保费等规费收入3013亿元,增长13.3%。

(广东省地税局办公室)

第六篇

机构与人员

2015 年广东省地方税务局厅级干部名单

截止时间:2015 年 12 月 31 日

序号	任职部门	姓名	性别	出生日期	政治面貌	现任职务	任现职时间	现任职级	任现职级时间	备注
1	广东省地方税务局	吴紫骊	男	1962.06	中共党员	局长	2015.10	厅局级正职	2012.01	2015.06 任省局党组书记
2	广东省地方税务局	杨楚潮	男	1957.09	中共党员	巡视员	2009.12	厅局级正职	2009.12	2006.04 任省局党组副书记
3	广东省地方税务局	欧卫东	男	1957.07	无党派	副局长	2013.12	厅局级副职	2003.08	
4	广东省地方税务局	宋爱勤	女	1957.10	中共党员	巡视员、副局长	2015.12	厅局级正职	2015.12	省局党组成员
5	广东省地方税务局	揭　晔	男	1958.09	中共党员	副局长	2007.02	厅局级副职	2007.02	省局党组成员,广州市地税局党组书记、局长
6	广东省地方税务局	李华东	男	1965.12	中共党员	副局长	2008.02	厅局级副职	2008.02	省局党组成员
7	广东省地方税务局	杨朝峰	男	1964.03	中共党员	副局长	2010.02	厅局级副职	2007.12	省局党组成员
8	广东省地方税务局	杨荣华	男	1958.11	中共党员	副局长	2012.02	厅局级副职	2010.03	省局党组成员
9	广东省地方税务局	苏振钿	男	1958.02	中共党员	总会计师	2010.03	厅局级副职	2010.03	省局党组成员
10	广东省地方税务局	罗达佳	男	1960.06	中共党员	总经济师	2012.09	厅局级副职	2012.09	省局党组成员
11	广东省地方税务局	叶秀佑	男	1964.07	中共党员	纪检组长	2014.09	厅局级副职	2014.09	省局党组成员

续表

序号	任职部门	姓名	性别	出生日期	政治面貌	现任职务	任现职时间	现任职级	任现职级时间	备注
12	广东省地方税务局	吴昇文	男	1953.07	中共党员		2013.08	厅局级正职	1998.06	省政协委员
13	广东省地方税务局	王南健	男	1955.08	中共党员		2015.10	厅局级正职	2003.06	省政协委员
14	广东省地方税务局直属税务分局(大企业税收管理局)	方佳雄	男	1967.08	中共党员	局长	2009.10	厅局级副职	2008.05	
15	广东省地方税务局稽查局	余振荣	男	1962.04	中共党员	局长	2009.10	厅局级副职	2009.09	
16	派驻广东省地方税务局	朱汉锋	男	1958.06	中共党员	监察专员	2010.12	厅局级副职	2010.12	副厅级纪检员
17	广东省地方税务局	林如山	男	1960.05	中共党员	副巡视员	2013.06	厅局级副职	2013.06	
18	广东省地方税务局	区艳钊	男	1959.04	中共党员	副巡视员	2014.06	厅局级副职	2014.06	
19	广东省地方税务局	李万清	男	1956.04	中共党员	副巡视员	2015.09	厅局级副职	2015.09	

2015年广东省地方税务局机关及直属单位处级干部名单

截止时间:2015年12月31日

机构类别	机构名称	配备情况			
		领导职务		非领导职务	
		正　职	副　职	调研员	副调研员
局长室	总审计师	赵　平			
机关内设处室	办公室	冯绍伍	王绍乐　徐　伟 黄俊杰		王立行　朱晓菁
	政策法规处	龚学泉	曾玉勤　张媛春		陈　勃
	税政一处	宁　波	蒙全忠　何　凡		卢红秋
	税政二处		刘　柯　吴旭红		
	国际税务处	詹立仁	罗翠英　陈云璋		
	规费管理处	黄　荣	卢新生　周爱民		
	收入规划核算处	李殿相	黄健劲　杜　鹃 李秋然		
	纳税服务处	黄桂祥	麦　立　肖　戎		姚　波
	征管和科技发展处	陈　挺	张浩祥　张友华		杨建军　肖二蓝 李友乔
	财务与装备管理处	陈小东	江　平　黄媛春	李明景	
	内审处(和财务与装备管理处合署办公)	庄义河	赵善文　谢建新		
	人事处	侯邦安	朱勇兵　李　航 唐雪峰		冉启红
	教育培训处		张俭美　杨美龙 华　关		
	基层工作处(党办)	钟文锋	魏冬青	师青海　林润生	
直属行政单位	稽查局		黄松宜　张文邦 范思鑫　郑小明		张　弟　庞信城 吴建秀　朱伟馨 陈　蕾
	直属税务分局 (大企业税收管理局)		李新忠　林华儿 熊保利　唐　山 陈晓敏	何革明　王力元 宋天福　梁明裕 陈　忠	钟　斌　黄锡深 苏　彤　吕燕英 陈滨霞　曹令飞
事业单位	机关服务中心	黄永桂	曾建辉　戴宏辉		
	信息中心	周　昊	郑毅强　黄世能		
	税收研究所	向　景	梁若莲　温丽萍		
	票证中心		张少宏		
	干部进修学校	王永民	赵永清　黄　杰		

2015年广东省各市(区)地方税务局领导班子成员（含同级非领导职务）名单（在职）

截止时间:2015年12月31日

职务 单位	局长、党组书记	副局长	纪检组组长	总经济师	总会计师	稽查局局长	调研员	副调研员	市局同级职务
广州	揭　晔	陆耀炳(党组副书记) 谢红鹰　李健强	杨亚平	杨　凡	马世超	钟晓山			陈汉钗
珠海	严贵杨	杨　敏　邝景伦　陆　强	李维泽	文　英	黄炳文	朱铁清	徐均红(调研员、党组成员)	詹剑锋　李国华	
横琴		黄炯培　林锦雄　李喜妍	/	/	/	/			
汕头	张振宇	吴志坚	庄顺明	黄映宣	杨启丰	洪伟波	陈德元(调研员、党组副书记) 林达生(调研员)		
佛山	朱　毅	林少雄　李海山　戚晋北	周卫平	李怀嘉		梁铭强		杨汉奇　周伟宁 翟淑仪	黄学保 李振辉
韶关	王中高	欧阳坚　赖燕华　彭峰彪	陈红光	黄　文	黄伟明	黄小林	苏韶娟(调研员、党组成员)		
河源	刘通天	练富强(党组副书记) 邹汇川　张亮文	刁振光		邬坤辉	余小凡		叶少强	
梅州	魏少波	管仕浩　廖永新　甘广木	饶羽平	利志清	陈维聪			李万强	
惠州	戎惠良	陈少龙　柳晓晖　叶柏灼		张光华	罗群忠	刘　剑		吴凤雄　谢正荣	
汕尾	曾　军	赖永腾　林永胜	颜蔚华	黄礼文	姚诗谋	卢锡豪		黄　鹏　陈天利	

续表

单位＼职务	局长、党组书记	副局长	纪检组组长	总经济师	总会计师	稽查局局长	调研员	副调研员	市局同级职务
深汕	孙彦浩(深汕未设党组)	陈海亮(深汕未设党组)							
东莞	钟毅民	莫灿洪　叶　胜(正处级) 黄　真	黄月华	黄见洪	李玉梅	蔡超文		叶新光　罗发业	
中山	罗镜文	李政科　张政鸿　茹岱芸	吴冠伟	温牧汉		蓝铭坚	刘　建(调研员、党组成员)	谢荣根　张惠新	
江门	陈雁成	徐安办　欧锦驱	邓大铁	柯见贤	黄　钟		关子超(调研员、党组成员)	黄海荣	
阳江	蒋安平	杨　路　陈德亮　王振义	许世荣			廖德清	郑向阳(调研员、党组成员) 林永锋(调研员)	李孔云	
湛江	李漫天	阎　志　王上治　卢俭生	周景明	苏赤进	邱　秀	杨光照	陈小龙(调研员、党组成员)		梁宇卫
茂名	吴锡昌	叶秀红　黄燎原	李　锋	冯国雄	林　桓		邓长学(调研员、党组副书记)	邱坚明	
肇庆	林兆华	乔伟建　陈明兴　莫秋涛	伍自强	黎明礼		钟翰文	何　蜀(调研员、党组副书记)	苏成耀　郑德亮	
清远	徐　杰	肖事叶　雷文广　王立新	江国煌	钟华清	熊诵伟			姜以贵　冯伟强	曾桂芬
潮州	赖竹华	陈　泽　罗逸绪		杨　珉	林玉辉	陈金树			
揭阳	郑杰鹏	游绿东　黄瑞章　郑明钦		黄建明	吴澜星	吴　鹏	黄少波(调研员)	郑可夫　林五七	
云浮	陈　伟	李　铸(党组副书记) 周石南　区卓斌	刘永才	成志杰	全泰丞			刘　萍	

2015年广东省地税系统机构级别情况统计表

截止时间:2015年12月31日　　　　单位:个

项目	编号	总计	局机关			直属行政单位			税务分局（所）	事业单位		
			小计	省局	省以下局	小计	省局	省以下局		小计	省局	省以下局
甲		1	2	3	4	5	6	7	8	9	10	11
总计	1	1124	126	1	125	218	5	213	649	131	5	126
正厅级	2	1	1	1								
副厅级	3	1	1		1							
正处级	4	55	25		25	19	5	14		11	5	6
副处级	5	46	2		2	40		40		4		4
正科级	6	285	97		97	61		61	83	44		44
副科级	7	664				98		98	566			
股级	8	72								72		72

注:1. 本表不含深圳市及佛山市顺德区。

2. 本表数据关系:编号1=编号2+……+编号8;甲1=甲2+甲5+甲8+甲9;甲2=甲3+甲4;甲5=甲6+甲7;甲9=甲10+甲11。

2015年广东省地税系统机构设置情况统计表

截止时间:2015年12月31日　　单位:个

项　目		编号	合计	省局	副省级市局	地(市)局	副省级市区(市)局	地(市)区局	县(市)局
甲			1	2	3	4	5	6	7
总　计		1	1124	11	30	182	70	255	576
局机关		2	126	1	1	19	6	37	62
直属行政单位	小　计	3	218	5	14	47	52	38	62
	税务分局	4	58	1		11	46		
	区地方税务局(按行政区划设置)	5	9		6	3			
	区地方税务局(按经济区域设置)	6	14	2		12			
	稽查局	7	131	1	6	19	6	37	62
	其他直属行政单位	8	6	1	2	2		1	
税务分局(所)		9	649		14	78		167	390
事业单位		10	131	5	1	38	12	13	62
其中:规费服务中心		11	98		1	19	6	10	62

注:1. 不含深圳市及佛山市顺德区。

2. 本表数据关系:编号1=编号2+编号3+编号10+编号11+编号13;编号3=编号4+……+编号9;甲1=甲2+……+甲7。

2015年广东省地税系统从业人员基本情况统计表(含深圳、顺德)

截止时间:2015年12月31日

项目	编号	总计	女	少数民族	学历						学位		政治情况				年龄										人员分布			
					研究生	大学本科	大学专科	中专	高中技校职高	初中及以下	博士	硕士	共产党员	共青团员	民主党派	无党派或群众	30岁以下	31至35岁	36至40岁	41至45岁	46至50岁	51至54岁	女	55至59岁	女	60岁以上	局机关	直属机构	派出机构	事业单位
甲		1	2	3	4	5	6	7	8	9	10	11	12	13	14	15	16	17	18	19	20	21	22	23	24	25	26	27	28	29
总计	1	33779	14164	303	1759	17966	9678	1454	1586	1336	40	1635	20051	2944	133	10651	6859	3869	4905	6648	5342	4060	1179	2094	8	2	6800	7602	12634	6743
正式职工合计	2	25711	9714	264	1722	15888	6752	757	436	156	40	1625	19022	1258	132	5299	3626	2310	3801	5590	4645	3798	1146	1939	3	2	6019	7341	10724	1627
干部 小计	3	23923	9326	253	1717	15389	5864	592	247	114	40	1624	18027	1244	68	4584	3583	2210	3537	4990	4284	3554	1146	1763	3	2	5874	7291	10210	548
干部 公务员	4	23375	9107	244	1664	15149	5633	581	235	113	36	1565	17692	1231	64	4388	3541	2120	3436	4864	4197	3470	1109	1745	3	2	5874	7291	10210	
干部 事业干部	5	548	219	9	53	240	231	11	12	1	4	59	335	13	4	196	42	90	101	126	87	84	37	18						548
正式工人	6	1788	388	11	5	499	888	165	189	42		1	995	14	64	715	43	100	264	600	361	244		176			145	50	514	1079
临时工 小计	7	8068	4450	39	37	2078	2926	697	1150	1180		10	1029	1686	1	5352	3233	1559	1104	1058	697	262	33	155	5		781	261	1910	5116
临时工 临时助征员	8	1248	825	8	1	573	568	69	35	2		1	151	407		690	673	294	163	85	31	2					37	32	686	493
临时工 临时工	9	6820	3625	31	36	1505	2358	628	1115	1178		9	878	1279	1	4662	2560	1265	941	973	666	260	33	155	5		744	229	1224	4623

补充资料:离退休人员5449人,其中:离休人员100人,退休人员5341人(其中:提前离岗人员30人),退职人员8人。

编号7中直接签订用工合同的3572人,签订劳务派遣合同的4448人,未签订用工合同的48人。按照人员来源分,由税务机关招聘的3401人,由地方政府招聘后派遣给税务机关的49人,以临时工形式接收安置的复员退伍战士82人。

注:本表数据关系:编号1=编号2+编号7;编号2=编号3+编号6;编号3=编号4+编号5;编号7=编号8+编号9;甲1≥甲2;甲1≥甲3;甲1=甲4+……+甲9;甲1≥甲10+甲11;甲1=甲12+……+甲15;甲1=甲16+……+甲21+甲23+甲25;甲1=甲26+……+甲29;甲21≥甲22;甲23≥甲24。

2015年广东省地税系统从业人员基本情况统计表(含临时工)

截止时间:2015年12月31日

单位	总计			学历						学位		政治情况				年龄										人员分布			
	总计	女	少数民族	研究生	大学本科	大学专科	中专	高中技校职高	初中及以下	博士	硕士	共产党员	共青团员	民主党派	无党派或群众	30岁以下	31至35岁	36至40岁	41至45岁	46至50岁	51至54岁	女	55至59岁	女	60岁以上	局机关	直属机构	派出机构	事业单位
	1	2	3	4	5	6	7	8	9	10	11	12	13	14	15	16	17	18	19	20	21	22	23	24	25	26	27	28	29
统计汇总	33779	14164	303	1759	17966	9678	1454	1586	1336	40	1635	20051	2944	133	10651	6859	3869	4905	6648	5342	4060	1179	2094	8	2	6800	7602	12634	6743
广东省地方税务局	573	248	13	99	276	73	26	47	52	12	111	290	48	3	232	131	85	103	99	71	64	21	18	1	2	158	166		249
广州市地方税务局	3917	1944	59	504	2788	353	69	85	118	7	503	2298	308	78	1233	840	470	486	830	715	441	171	133	3	2	467	2526	451	473
珠海市地方税务局	1234	589	8	49	799	220	77	62	27	1	85	661	166	2	405	259	121	237	265	217	106	40	29			216	349	263	406
中山市地方税务局	767	374	6	48	595	48	9	39	28	1	80	471	40	2	254	124	149	189	159	75	51	14	20			94	35	538	100
汕头市地方税务局	1301	413	2	48	661	465	93	19	15		24	1011	43	11	236	123	136	220	273	204	187	53	157		1	372	133	644	152
河源市地方税务局	1241	497	8	11	403	507	125	112	83		9	672	66		503	234	105	131	247	234	192	57	98	1		360	129	480	272
惠州市地方税务局	1687	682	7	74	690	744	48	115	16	1	44	1044	149		494	386	210	226	310	265	200	48	89		1	392	213	780	302
佛山市地方税务局	2087	1092	10	82	1209	515	55	50	176	1	69	947	374	2	764	576	329	335	319	297	167	42	64			307	139	585	1056
韶关市地方税务局	1333	546	19	18	624	503	53	64	71		12	812	78	1	442	243	108	179	239	256	231	81	74		3	442	166	654	71
梅州市地方税务局	1614	569		13	675	652	109	127	38		5	1073	74		467	308	140	130	294	299	269	56	174			407	228	909	70
汕尾市地方税务局	839	246		12	310	353	69	53	42		7	542	52	1	244	123	73	101	158	135	150	37	90	1	9	240	220	302	77
东莞市地方税务局	1468	694	2	59	940	194	35	55	185		71	688	160	1	619	333	311	228	293	162	87	23	54			117	48	1293	10

续表

单位	总计	女	少数民族	学历：研究生	大学本科	大学专科	中专	高中技校职高	初中及以下	学位：博士	硕士	政治情况：共产党员	共青团员	民主党派	无党派或群众	年龄：30岁以下	31至35岁	36至40岁	41至45岁	46至50岁	51至54岁	女	55至59岁	女	60岁以上	人员分布：局机关	直属机构	派出机构	事业单位
	1	2	3	4	5	6	7	8	9	10	11	12	13	14	15	16	17	18	19	20	21	22	23	24	25	26	27	28	29
江门市地方税务局	1811	821	5	34	832	628	89	124	104	1	24	1007	157	9	638	362	208	290	364	283	195	41	109	3		488	120	746	457
阳江市地方税务局	1107	386	3	28	572	382	57	60	8		10	736	67		304	175	93	219	270	173	114	30	63			291	235	488	93
湛江市地方税务局	1781	606	4	66	857	648	117	81	12	1	24	1185	68	8	520	218	106	260	447	320	247	60	182		1	424	358	619	380
茂名市地方税务局	1507	518	6	33	796	574	48	51	5		16	1098	151		258	295	151	195	276	273	187	58	130	1		309	205	715	278
肇庆市地方税务局	1301	543	10	23	589	475	45	90	79		17	692	171		438	323	116	200	243	187	153	37	79			388	151	393	369
清远市地方税务局	1223	547	83	25	731	375	54	19	19		29	778	133		312	298	151	195	224	151	134	42	70			332	148	573	170
潮州市地方税务局	809	231	1	11	434	264	31	35	34		11	619	43		147	87	48	127	146	137	167	32	97	1		138	277	223	171
揭阳市地方税务局	1130	331		13	594	364	38	76	45		12	882	64	2	182	201	96	156	211	163	146	34	156		1	272	121	695	42
云浮市地方税务局	798	288	4	6	385	263	44	48	52		8	449	59		290	162	73	170	140	113	92	21	46		2	279	84	342	93
珠海横琴新区地方税务局	72	34	1	16	37	7	1	6	5	1	20	41	11		20	29	8	14	11	6	3		1			72			
深汕特别合作区地方税务局	2				1	1						2							1				1			2			
深圳市地方税务局	3363	1539	48	469	1697	927	144	110	16	13	416	1755	389	13	1206	834	406	372	692	501	429	170	129			123	1578	232	1430
顺德区地方税务局	814	426	4	18	471	143	18	58	106	1	28	298	73		443	195	176	142	137	105	47	10	12			110	61	643	

2015年广东省地税系统从业人员基本情况统计表(不含临时工)

截止时间:2015年12月31日

单位	总计	女	少数民族	学历						学位		政治情况				年龄										人员分布			
				研究生	大学本科	大学专科	中专	高中技校职高	初中及以下	博士	硕士	共产党员	共青团员	民主党派	无党派或群众	30岁以下	31至35岁	36至40岁	41至45岁	46至50岁	51至54岁	女	55至59岁	女	60岁以上	局机关	直属机构	派出机构	事业单位
	1	2	3	4	5	6	7	8	9	10	11	12	13	14	15	16	17	18	19	20	21	22	23	24	25	26	27	28	29
统计汇总	25711	9714	264	1722	15888	6752	757	436	156	40	1625	19022	1258	132	5299	3626	2310	3801	5590	4645	3798	1146	1939	3	2	6019	7341	10724	1627
广东省地方税务局	347	133	6	98	219	25	1	4		12	109	276	6	3	62	18	46	76	71	58	60	21	16	1	2	158	113		76
广州市地方税务局	3562	1790	55	502	2669	260	4	25	102	7	501	2236	248	78	1000	740	386	418	777	686	429	169	126	3		467	2526	451	118
珠海市地方税务局	918	370	8	49	693	149	21	5	1	1	84	618	65	2	233	124	71	186	221	186	101	40	29			216	349	263	90
中山市地方税务局	681	323	6	48	583	40		9	1	1	80	466	37	2	176	111	126	165	141	69	49	14	20			94	35	538	14
汕头市地方税务局	1167	364	2	48	639	377	88	11	4		24	956	42	10	159	112	99	189	236	191	184	53	155		1	356	132	612	67
河源市地方税务局	933	331	8	11	375	419	104	22	2		9	658	33		242	128	48	98	205	194	173	55	87	1		301	116	453	63
惠州市地方税务局	1247	474	7	74	632	454	26	59	2	1	44	972	55		220	197	119	156	249	242	195	48	88		1	352	187	649	59
佛山市地方税务局	1095	438	10	80	760	234	9	10	2	1	67	833	35	2	225	123	112	230	215	219	148	42	48			307	139	585	64
韶关市地方税务局	1072	404	17	18	594	423	25	12			12	792	56	1	223	164	68	145	206	216	209	74	64			362	166	516	28
梅州市地方税务局	1270	363		13	644	540	44	28	1		5	1058	46		166	163	68	89	254	273	252	56	171			293	195	760	22
汕尾市地方税务局	711	172		12	294	302	62	36	5		7	539	31	1	140	76	52	90	142	125	142	31	84			215	174	272	50
东莞市地方税务局	914	392	2	59	763	86		6			71	636	95	1	182	172	224	153	209	74	52	23	30			102	48	754	10

续表

单位	总计	女	少数民族	学历						学位		政治情况				年龄										人员分布			
				研究生	大学本科	大学专科	中专	高中 技校 职高	初中及以下	博士	硕士	共产党员	共青团员	民主党派	无党派或群众	30岁以下	31至35岁	36至40岁	41至45岁	46至50岁	51至54岁	女	55至59岁	女	60岁以上	局机关	直属机构	派出机构	事业单位
	1	2	3	4	5	6	7	8	9	10	11	12	13	14	15	16	17	18	19	20	21	22	23	24	25	26	27	28	29
江门市地方税务局	1225	473	5	34	741	386	34	28	2	1	24	927	64	9	225	156	93	204	292	232	161	31	87			399	120	652	54
阳江市地方税务局	858	289	3	28	540	255	18	15	2		10	682	44		132	92	47	167	233	151	106	29	62			221	213	392	32
湛江市地方税务局	1527	492	4	66	828	545	73	13	2	1	24	1150	38	8	331	148	76	208	387	286	243	60	179			377	341	608	201
茂名市地方税务局	1230	377	5	33	744	413	25	11	4		16	1021	73		136	171	94	154	243	255	184	58	129	1		268	195	690	77
肇庆市地方税务局	926	341	10	23	541	321	16	23	2		17	676	43		207	133	60	163	196	151	146	37	77			359	151	362	54
清远市地方税务局	990	376	65	25	658	264	35	6	2		29	755	51		184	135	118	181	212	144	130	40	70			329	136	460	65
潮州市地方税务局	726	204	1	11	430	236	24	14	11		11	603	40		83	84	39	112	129	114	158	32	90			138	277	223	88
揭阳市地方税务局	1011	290		13	578	331	23	55	11		12	836	60	2	113	190	71	130	185	152	135	31	148			241	115	622	33
云浮市地方税务局	631	210	4	6	372	212	28	13			8	440	17		174	90	56	151	112	97	83	21	41		1	231	81	296	23
珠海横琴新区地方税务局	49	21	1	16	31	1		1		1	20	40			9	21	5	10	6	3	3		1			49			
深汕特别合作区地方税务局	2				1	1						2							1				1			2			
深圳市地方税务局	2250	898	41	437	1235	452	97	29		13	413	1590	56	13	591	209	189	255	590	455	424	170	128			123	1578	232	317
顺德区地方税务局	369	189	4	18	324	26		1		1	28	260	23		86	69	43	71	78	72	30	10	6			59	42	268	

2015年广东省地税系统税务公务员岗位分布情况统计表

截止时间:2015年12月31日

项目	编号	行政管理人员									税收业务人员														
		小计	局领导	综合办公岗位	人事岗位	教育培训岗位	纪检监察岗位	巡视岗位	党群岗位	其他岗位	小计	法制岗位	征管岗位	货物和劳务税岗位	所得税岗位	财产和行为税岗位	涉外税岗位	进出口税收岗位	收入核算岗位	财务审计岗位	稽查岗位	税源管理岗位	征收服务岗位	基金费征收岗位	其他岗位
甲		1	2	3	4	5	6	7	8	9	10	11	12	13	14	15	16	17	18	19	20	21	22	23	24
总　计	1	4440	914	1546	573	153	524		227	503	18935	472	2056	196	249	128	69	8	521	393	2814	6966	3820	477	766
总局	2																								
省(自治区、直辖市)	3	68	14	19	13	7	8		7		201	10	12		5	7	7		9	17	36	75	10	8	5
计划单列市	4	406	7	130	42	13	22		12	180	1527	9	11	6	10	8	6		8	6	269	538	528		128
副省级城市	5	423	8	224	113	8	62		8		1887	81	16	67	9		7		81	6	352	981	229	58	
地(市、州、盟)	6	1058	228	312	94	45	132		109	138	3808	181	296	30	50	32	27	6	118	85	832	1128	629	49	345
直辖市区	7																								
计划单列市区	8																								
副省级城市区	9	83	25	25	20		13				675		17	20						26	43	482	70	17	
地(市、州、盟)区	10	907	234	314	99	32	106		31	91	4100	89	864	28	50	30	18	1	87	84	412	1387	895	78	77
县(市、旗)	11	1495	398	522	192	48	181		60	94	6737	102	840	45	125	51	4	1	218	169	870	2375	1459	267	211

注:本表统计范围是公务员。

2015年广东省地税系统税务人员分单位情况统计表

截止时间:2015年12月31日

项目		编号	合计	总局	省(自治区、直辖市)局	计划单列市局	副省级城市局	地(市、州、盟)局	直辖市区局	计划单列市区局	副省级城市区局	地(市、州、盟)区局	县(市、旗)局
甲			1	2	3	4	5	6	7	8	9	10	11
总计		1	25711		347	2250	2397	5488			776	5453	9000
局机关		2	6019		158	123	182	1573			175	1430	2378
直属机构	合计	3	7341		113	1578	1697	1618			563	733	1039
	稽查局	4	2814		37	269	456	801			43	430	778
	直属税务分局	5	2856		76		1178	789			495	73	245
	车辆购置税征收管理分局	6											
	其他直属机构	7	1671			1309	63	28			25	230	16
派出机构	合计	8	10724			232	451	1760				3090	5191
	税务分局	9	10206				165	1760				3090	5191
	其中:设在开发区	10	300					230				70	
	税务所	11	518			232	286						
事业单位	合计	12	1627		76	317	67	537			38	200	392
	信息中心	13	62		28	34							
	机关服务中心	14	846		29	261	39	458			32	27	
	注册税务师管理中心	15											
	干部进修学校(培训中心)	16	3		3								
	税收科学研究所	17	10		10								
	票证中心	18	6		6								
	报社、杂志社	19											
	采购中心	20											
	其他事业单位	21	700			22	28	79			6	173	392

注:1. 本表统计范围为正式职工;

2. "机关党委办公室""离退休干部处(科)"和"工会"的人员统计在局机关。

第七篇

税费统计

2015 年广东省地方税务局入库税金明细年报表

编报机关:广东省地方税务局 单位:万元

序号	项目	合计				中央	省级	市级	县(区)级
		合计	其中:本年新欠入库	2001 年 5 月 1 日以后陈欠入库	2001 年 5 月 1 日以前陈欠入库				
1	总计	71677856	489578	112462		14491378	13593933	22558304	21034241
2	一、税收收入合计	66155659	453942	91285		14491370	13080237	19725306	18858746
3	1. 营业税	20482458	119493	26877			8419879	7053342	5009237
4	铁路运输企业营业税								
5	金融保险业营业税	5915757	3788	346			3172142	2743572	43
6	其他营业税	14566701	115705	26531			5247737	4309770	5009194
7	2. 企业所得税	11307801	113304	14239		6874884	1307915	1715349	1409653
8	(1)一般企业所得税	10597205	112271	14239		6359831	1278641	1610532	1348201
9	内资企业	8263029	105850	14197		4959322	1107247	1142642	1053818
10	外资企业	2334176	6421	42		1400509	171394	467890	294383
11	(2)分支机构预缴所得税	159709	95			95829	4325	39129	20426
12	跨省	149511	88			89703	2289	38023	19496
13	内资企业	89265	88			53555	1625	23901	10184
14	外资企业	60246				36148	664	14122	9312
15	省内跨市	10023	7			6021	2001	1100	901
16	内资企业	6813	7			4094	1359	495	865
17	外资企业	3210				1927	642	605	36

续表

序号	项目	合计				中央	省级	市级	县(区)级
		合计	其中:本年新欠入库	2001年5月1日以后陈欠入库	2001年5月1日以前陈欠入库				
18	市内跨县区	175				105	35	6	29
19	内资企业	161				97	32	3	29
20	外资企业	14				8	3	3	
21	(3)总机构预缴所得税	282683	472			210247	16843	34777	20816
22	跨省	262423	440			196742	12340	33761	19580
23	内资企业	148568	440			111351	8112	19121	9984
24	外资企业	113855				85391	4228	14640	9596
25	省内跨市	20260	32			13505	4503	1016	1236
26	内资企业	17076	32			11382	3796	782	1116
27	外资企业	3184				2123	707	234	120
28	市内跨县区								
29	内资企业								
30	外资企业								
31	(4)分支机构汇算清缴所得税	79541	112			47727	688	19269	11857
32	跨省	78021	112			46814	385	19067	11755
33	内资企业	56685	112			34012	358	14809	7506
34	外资企业	21336				12802	27	4258	4249
35	省内跨市	1519				912	303	202	102

续表

序号	项　　目	合　　计				中央	省级	市级	县(区)级
		合　　计	其中:本年新欠入库	2001年5月1日以后陈欠入库	2001年5月1日以前陈欠入库				
36	内资企业	511				307	101	28	75
37	外资企业	1008				605	202	174	27
38	市内跨县区	1				1			
39	内资企业	1				1			
40	外资企业								
41	(5)总机构汇算清缴所得税	97163	193			72541	4627	11642	8353
42	跨省	93322	193			69981	3773	11448	8120
43	内资企业	63239	193			47429	2276	8783	4751
44	外资企业	30083				22552	1497	2665	3369
45	省内跨市	3841				2560	854	194	233
46	内资企业	3677				2451	817	188	221
47	外资企业	164				109	37	6	12
48	市内跨县区								
49	内资企业								
50	外资企业								
51	(6)企业所得税待分配收入	91500	161			88709	2791		
52	跨省	88709	158			88709			
53	内资企业	52739	158			52739			

续表

序号	项目	合计				中央	省级	市级	县(区)级
		合计	其中:本年新欠入库	2001年5月1日以后陈欠入库	2001年5月1日以前陈欠入库				
54	外资企业	35970				35970			
55	省内跨市	2791	3				2791		
56	内资企业	2419	3				2419		
57	外资企业	372					372		
58	3. 个人所得税	12694150	50967	5504		7616486	1426462	2324473	1326729
59	4. 资源税	165494	1775	280				9772	155722
60	5. 固定资产投资方向调节税								
61	6. 城市维护建设税	4904804	20958	5654			243	1536425	3368136
62	7. 房产税	2408346	21342	7161				1130850	1277496
63	8. 印花税	1047757	4271	1192				217577	830180
64	9. 城镇土地使用税	1436260	27753	12092				419049	1017211
65	10. 土地增值税	5766851	70189	17030			1925738	2096887	1744226
66	11. 车船税	699642	121	998				463104	236538
67	12. 车辆购置税								
68	13. 烟叶税	16217						1	16216
69	14. 耕地占用税	953319	-1055	115				278614	674705
70	15. 契税	4272560	24824	143				2479863	1792697
71	16. 屠宰税								

续表

序号	项目	合计				中央	省级	市级	县(区)级
		合计	其中:本年新欠入库	2001年5月1日以后陈欠入库	2001年5月1日以前陈欠入库				
72	二、其他收入合计	5522197	35636	21177		8	513696	2832998	2175495
73	1. 教育费附加收入	2191309	11669	2789			146	1345013	846150
74	2. 文化事业建设费收入	17645	205	34		8	3746	9497	4394
75	3. 税务部门罚没收入	4484	61	183			5	3289	1190
76	4. 堤围费	560427	5057	645			-4	274918	285513
77	5. 价格调节基金	211534	6881	432			83746	83638	44150
78	6. 残疾人基金	306671	1582	15232			65256	133562	107853
79	7. 地方教育附加	1498239	7109	1640			360801	887821	249617
80	8. 交通建设附加								
81	9. 社会保险基金收入								
82	基本养老保险基金收入								
83	失业保险基金收入								
84	基本医疗保险基金收入								
85	工伤保险基金收入								
86	生育保险基金收入								
87	10. 工会会费	570538	3085	222				95146	475392
88	11. 其他非税收入	161350	-13					114	161236

2015年广州市地方税务局入库税金明细年报表

编报机关:广州市地方税务局　　　　单位:万元

序号	项目	合计				中央	省级	市级	县(区)级
		合计	其中:本年新欠入库	2001年5月1日以后陈欠入库	2001年5月1日以前陈欠入库				
1	总计	14086431	139449	34807		2907591	3297142	3920889	3960809
2	一、税收收入合计	12777570	131839	24465		2907586	3144006	3407409	3318569
3	1. 营业税	3140524	24091	7005			1570262	539574	1030688
4	铁路运输企业营业税								
5	金融保险业营业税	165					82	40	43
6	其他营业税	3140359	24091	7005			1570180	539534	1030645
7	2. 企业所得税	1499864	57179	4043		908090	296925	109269	185580
8	(1)一般企业所得税	1442648	57024	4043		865602	288527	105772	182747
9	内资企业	1321074	56887	4043		792657	264212	97220	166985
10	外资企业	121574	137			72945	24315	8552	15762
11	(2)分支机构预缴所得税	5145				3087	1029	538	491
12	跨省	4449				2669	889	458	433
13	内资企业	4287				2572	857	449	409
14	外资企业	162				97	32	9	24
15	省内跨市	696				418	140	80	58
16	内资企业	623				374	125	79	45
17	外资企业	73				44	15	1	13

续表

序号	项目	合计				中央	省级	市级	县(区)级
		合计	其中:本年新欠入库	2001年5月1日以后陈欠入库	2001年5月1日以前陈欠入库				
18	市内跨县区								
19	内资企业								
20	外资企业								
21	(3)总机构预缴所得税	35155	123			25804	5051	2411	1889
22	跨省	28400	121			21300	3550	2021	1529
23	内资企业	27801	121			20851	3475	1967	1508
24	外资企业	599				449	75	54	21
25	省内跨市	6755	2			4504	1501	390	360
26	内资企业	6593	2			4396	1465	384	348
27	外资企业	162				108	36	6	12
28	市内跨县区								
29	内资企业								
30	外资企业								
31	(4)分支机构汇算清缴所得税	986				593	197	87	109
32	跨省	876				526	175	85	90
33	内资企业	871				523	174	84	90
34	外资企业	5				3	1	1	
35	省内跨市	110				67	22	2	19

续表

序号	项目	合计				中央	省级	市级	县(区)级
		合计	其中:本年新欠入库	2001年5月1日以后陈欠入库	2001年5月1日以前陈欠入库				
36	内资企业	9				6	2	1	
37	外资企业	101				61	20	1	19
38	市内跨县区								
39	内资企业								
40	外资企业								
41	(5)总机构汇算清缴所得税	6720	1			4832	1083	461	344
42	跨省	4217	1			3163	527	312	215
43	内资企业	4192	1			3144	524	310	214
44	外资企业	25				19	3	2	1
45	省内跨市	2503				1669	556	149	129
46	内资企业	2503				1669	556	149	129
47	外资企业								
48	市内跨县区								
49	内资企业								
50	外资企业								
51	(6)企业所得税待分配收入	9210	31			8172	1038		
52	跨省	8172	31			8172			
53	内资企业	8016	31			8016			

续表

序号	项目	合计				中央	省级	市级	县(区)级
		合计	其中:本年新欠入库	2001年5月1日以后陈欠入库	2001年5月1日以前陈欠入库				
54	外资企业	156				156			
55	省内跨市	1038					1038		
56	内资企业	1020					1020		
57	外资企业	18					18		
58	3. 个人所得税	3332494	13826	1096		1999496	666499	642166	24333
59	4. 资源税	2889	8	10					2889
60	5. 固定资产投资方向调节税								
61	6. 城市维护建设税	1248510	3782	1323				324845	923665
62	7. 房产税	759479	6385	2811				332661	426818
63	8. 印花税	287847	773	626					287847
64	9. 城镇土地使用税	174023	2493	1741					174023
65	10. 土地增值税	1220640	12581	4758			610320	559264	51056
66	11. 车船税	130116	2	967				68183	61933
67	12. 车辆购置税								
68	13. 烟叶税								
69	14. 耕地占用税	56283	433						56283
70	15. 契税	924901	10286	85				831447	93454
71	16. 屠宰税								

续表

序号	项　　目	合　　计				中央	省级	市级	县(区)级
		合　　计	其中:本年新欠入库	2001 年 5 月 1 日以后陈欠入库	2001 年 5 月 1 日以前陈欠入库				
72	二、其他收入合计	1308861	7610	10342		5	153136	513480	642240
73	1. 教育费附加收入	536303	2386	441				215038	321265
74	2. 文化事业建设费收入	2760	67	3		5	847	300	1608
75	3. 税务部门罚没收入	856	23	75				444	412
76	4. 堤围费	63280	1114	115				35555	27725
77	5. 价格调节基金	19834	514	12				19834	
78	6. 残疾人基金	78785	263	9307			29457	26944	22384
79	7. 地方教育附加	356817	1529	302			122832	215365	18620
80	8. 交通建设附加								
81	9. 社会保险基金收入								
82	基本养老保险基金收入								
83	失业保险基金收入								
84	基本医疗保险基金收入								
85	工伤保险基金收入								
86	生育保险基金收入								
87	10. 工会会费	250226	1714	87					250226
88	11. 其他非税收入								

2015年深圳市地方税务局入库税金明细年报表

编报机关：深圳市地方税务局　　　　单位：万元

序号	项　目	合计				中央	省级	市级	县(区)级
		合　计	其中：本年新欠入库	2001年5月1日以后陈欠入库	2001年5月1日以前陈欠入库				
1	总　计	23939033	44640	12122		6382476		10514124	7042433
2	一、税收收入合计	22761804	42281	11381		6382476		9498131	6881197
3	1. 营业税	6817568	10849	3720				4952553	1865015
4	铁路运输企业营业税								
5	金融保险业营业税	2743532	2549					2743532	
6	其他营业税	4074036	8300	3720				2209021	1865015
7	2. 企业所得税	4980035	5515	1343		3045370		1181608	753057
8	(1)一般企业所得税	4479066	5003	1343		2687440		1088360	703266
9	内资企业	3001873	1611	1301		1801124		732449	468300
10	外资企业	1477193	3392	42		886316		355911	234966
11	(2)分支机构预缴所得税	138072	85			82843		36517	18712
12	跨省	138072	85			82843		36517	18712
13	内资企业	81148	85			48689		22917	9542
14	外资企业	56924				34154		13600	9170
15	省内跨市								
16	内资企业								
17	外资企业								

续表

序号	项目	合计				中央	省级	市级	县(区)级
		合计	其中:本年新欠入库	2001年5月1日以后陈欠入库	2001年5月1日以前陈欠入库				
18	市内跨县区								
19	内资企业								
20	外资企业								
21	(3)总机构预缴所得税	165018	68			123764		27759	13495
22	跨省	165018	68			123764		27759	13495
23	内资企业	84988	68			63741		15147	6100
24	外资企业	80030				60023		12612	7395
25	省内跨市								
26	内资企业								
27	外资企业								
28	市内跨县区								
29	内资企业								
30	外资企业								
31	(4)分支机构汇算清缴所得税	76089	112			45653		18898	11538
32	跨省	76089	112			45653		18898	11538
33	内资企业	54890	112			32934		14666	7290
34	外资企业	21199				12719		4232	4248
35	省内跨市								

续表

序号	项目	合计				中央	省级	市级	县(区)级
		合计	其中:本年新欠入库	2001年5月1日以后陈欠入库	2001年5月1日以前陈欠入库				
36	内资企业								
37	外资企业								
38	市内跨县区								
39	内资企业								
40	外资企业								
41	(5)总机构汇算清缴所得税	64441	184			48321		10074	6046
42	跨省	64441	184			48321		10074	6046
43	内资企业	46339	184			34755		7612	3972
44	外资企业	18102				13566		2462	2074
45	省内跨市								
46	内资企业								
47	外资企业								
48	市内跨县区								
49	内资企业								
50	外资企业								
51	(6)企业所得税待分配收入	57349	63			57349			
52	跨省	57349	63			57349			
53	内资企业	32831	63			32831			

续表

序号	项　目	合　计				中央	省级	市级	县(区)级
		合　计	其中:本年新欠入库	2001年5月1日以后陈欠入库	2001年5月1日以前陈欠入库				
54	外资企业	24518				24518			
55	省内跨市								
56	内资企业								
57	外资企业								
58	3. 个人所得税	5561844	10595	1973		3337106		1316944	907794
59	4. 资源税								
60	5. 固定资产投资方向调节税								
61	6. 城市维护建设税	1359055	3065	891					1359055
62	7. 房产税	499775	2877	592				271587	228188
63	8. 印花税	310449	681	151					310449
64	9. 城镇土地使用税	105661	901	54					105661
65	10. 土地增值税	1915388	7794	2656				1021969	893419
66	11. 车船税	165356	4	1				165356	
67	12. 车辆购置税								
68	13. 烟叶税								
69	14. 耕地占用税								
70	15. 契税	1046673						588114	458559
71	16. 屠宰税								

续表

序号	项　　目	合　　计				中央	省级	市级	县(区)级
		合　　计	其中:本年新欠入库	2001 年 5 月 1 日以后陈欠入库	2001 年 5 月 1 日以前陈欠入库				
72	二、其他收入合计	1177229	2359	741				1015993	161236
73	1. 教育费附加收入	582848	1335	387				582848	
74	2. 文化事业建设费收入	5233	34	2				5233	
75	3. 税务部门罚没收入	1591	122	98				1591	
76	4. 堤围费								
77	5. 价格调节基金								
78	6. 残疾人基金								
79	7. 地方教育附加	426207	868	254				426207	
80	8. 交通建设附加								
81	9. 社会保险基金收入								
82	基本养老保险基金收入								
83	失业保险基金收入								
84	基本医疗保险基金收入								
85	工伤保险基金收入								
86	生育保险基金收入								
87	10. 工会会费								
88	11. 其他非税收入	161350						114	161236

2015年珠海市地方税务局入库税金明细年报表

编报机关:珠海市地方税务局　　单位:万元

序号	项目	合计				中央	省级	市级	县(区)级
		合计	其中:本年新欠入库	2001年5月1日以后陈欠入库	2001年5月1日以前陈欠入库				
1	总计	2900557	15307	4064		755168	753759	745746	645884
2	一、税收收入合计	2662349	14287	2809		755168	731156	645818	530207
3	1. 营业税	630913	5858	484			378863	127626	124424
4	铁路运输企业营业税								
5	金融保险业营业税	126765	41				126765		
6	其他营业税	504148	5817	484			252098	127626	124424
7	2. 企业所得税	886890	1316	692		533157	177452	109044	67237
8	(1)一般企业所得税	875106	1288	692		525064	175021	108282	66739
9	内资企业	644823	1238	692		386894	128964	89130	39835
10	外资企业	230283	50			138170	46057	19152	26904
11	(2)分支机构预缴所得税	665				399	133	93	40
12	跨省	418				251	84	62	21
13	内资企业	203				122	41	30	10
14	外资企业	215				129	43	32	11
15	省内跨市	247				148	49	31	19
16	内资企业	237				142	47	31	17
17	外资企业	10				6	2		2

续表

序号	项目	合计				中央	省级	市级	县(区)级
		合计	其中:本年新欠入库	2001年5月1日以后陈欠入库	2001年5月1日以前陈欠入库				
18	市内跨县区								
19	内资企业								
20	外资企业								
21	(3)总机构预缴所得税	8558	25			5995	1564	581	418
22	跨省	3474				2606	434	302	132
23	内资企业	2038				1529	255	175	79
24	外资企业	1436				1077	179	127	53
25	省内跨市	5084	25			3389	1130	279	286
26	内资企业	3086	25			2057	686	165	178
27	外资企业	1998				1332	444	114	108
28	市内跨县区								
29	内资企业								
30	外资企业								
31	(4)分支机构汇算清缴所得税	149				90	29	23	7
32	跨省	148				89	29	23	7
33	内资企业	148				89	29	23	7
34	外资企业								
35	省内跨市	1				1			

续表

序号	项　目	合　计				中央	省级	市级	县(区)级
		合　计	其中:本年新欠入库	2001年5月1日以后陈欠入库	2001年5月1日以前陈欠入库				
36	内资企业	1				1			
37	外资企业								
38	市内跨县区								
39	内资企业								
40	外资企业								
41	(5)总机构汇算清缴所得税	804				587	119	65	33
42	跨省	616				462	77	58	19
43	内资企业	428				321	54	41	12
44	外资企业	188				141	23	17	7
45	省内跨市	188				125	42	7	14
46	内资企业	51				34	11	4	2
47	外资企业	137				91	31	3	12
48	市内跨县区								
49	内资企业								
50	外资企业								
51	(6)企业所得税待分配收入	1608	3			1022	586		
52	跨省	1022				1022			
53	内资企业	616				616			

续表

序号	项目	合计				中央	省级	市级	县(区)级
		合计	其中:本年新欠入库	2001年5月1日以后陈欠入库	2001年5月1日以前陈欠入库				
54	外资企业	406				406			
55	省内跨市	586	3				586		
56	内资企业	349	3				349		
57	外资企业	237					237		
58	3. 个人所得税	370018	775	214		222011	74004	40688	33315
59	4. 资源税	20						2	18
60	5. 固定资产投资方向调节税								
61	6. 城市维护建设税	188908	814	117				98765	90143
62	7. 房产税	86484	1282	56				48275	38209
63	8. 印花税	34420	150					14750	19670
64	9. 城镇土地使用税	30454	980	35				11039	19415
65	10. 土地增值税	201675	2016	1211			100837	50091	50747
66	11. 车船税	17646	17					17646	
67	12. 车辆购置税								
68	13. 烟叶税								
69	14. 耕地占用税	38148	892					17455	20693
70	15. 契税	176773	187					110437	66336
71	16. 屠宰税								

续表

序号	项目	合计				中央	省级	市级	县(区)级
		合计	其中:本年新欠入库	2001年5月1日以后陈欠入库	2001年5月1日以前陈欠入库				
72	二、其他收入合计	238208	1020	1255			22603	99928	115677
73	1. 教育费附加收入	80878	338	49				36438	44440
74	2. 文化事业建设费收入	520	4	2			156	87	277
75	3. 税务部门罚没收入	67	1					45	22
76	4. 堤围费	29647	190	20				13221	16426
77	5. 价格调节基金								
78	6. 残疾人基金	27689	35	1093			4687	9498	13504
79	7. 地方教育附加	53910	224	33			17760	17366	18784
80	8. 交通建设附加								
81	9. 社会保险基金收入								
82	基本养老保险基金收入								
83	失业保险基金收入								
84	基本医疗保险基金收入								
85	工伤保险基金收入								
86	生育保险基金收入								
87	10. 工会会费	45497	228	58				23273	22224
88	11. 其他非税收入								

2015年汕头市地方税务局入库税金明细年报表

编报机关:汕头市地方税务局　　　　单位:万元

序号	项　目	合计				中央	省级	市级	县(区)级
		合　计	其中:本年新欠入库	2001年5月1日以后陈欠入库	2001年5月1日以前陈欠入库				
1	总　计	1209514	8492	7360		254868	313329	278426	362891
2	一、税收收入合计	1117189	7131	6708		254868	304989	244550	312782
3	1. 营业税	297821	1067	1076			181488	46464	69869
4	铁路运输企业营业税								
5	金融保险业营业税	65153					65153		
6	其他营业税	232668	1067	1076			116335	46464	69869
7	2. 企业所得税	270041	2755	695		163514	53305	20182	33040
8	(1)一般企业所得税	261849	2755	695		157109	52370	19728	32642
9	内资企业	247421	2755	695		148453	49484	17939	31545
10	外资企业	14428				8656	2886	1789	1097
11	(2)分支机构预缴所得税	290				174	58	35	23
12	跨省	154				92	31	19	12
13	内资企业	154				92	31	19	12
14	外资企业								
15	省内跨市	136				82	27	16	11
16	内资企业	136				82	27	16	11
17	外资企业								

续表

序号	项目	合计				中央	省级	市级	县(区)级
		合计	其中:本年新欠入库	2001年5月1日以后陈欠入库	2001年5月1日以前陈欠入库				
18	市内跨县区								
19	内资企业								
20	外资企业								
21	(3)总机构预缴所得税	5569				4157	720	376	316
22	跨省	5333				4000	667	361	305
23	内资企业	5333				4000	667	361	305
24	外资企业								
25	省内跨市	236				157	53	15	11
26	内资企业	236				157	53	15	11
27	外资企业								
28	市内跨县区								
29	内资企业								
30	外资企业								
31	(4)分支机构汇算清缴所得税	38				23	7	5	3
32	跨省	32				19	6	4	3
33	内资企业	32				19	6	4	3
34	外资企业								
35	省内跨市	6				4	1	1	

续表

序号	项　　目	合　　计				中央	省级	市级	县(区)级
		合　　计	其中:本年新欠入库	2001 年 5 月 1 日以后陈欠入库	2001 年 5 月 1 日以前陈欠入库				
36	内资企业	6				4	1	1	
37	外资企业								
38	市内跨县区								
39	内资企业								
40	外资企业								
41	(5)总机构汇算清缴所得税	764				561	109	38	56
42	跨省	627				470	78	38	41
43	内资企业	627				470	78	38	41
44	外资企业								
45	省内跨市	137				91	31		15
46	内资企业	137				91	31		15
47	外资企业								
48	市内跨县区								
49	内资企业								
50	外资企业								
51	(6)企业所得税待分配收入	1531				1490	41		
52	跨省	1490				1490			
53	内资企业	1490				1490			

续表

序号	项　目	合计				中央	省级	市级	县(区)级
		合　计	其中:本年新欠入库	2001年5月1日以后陈欠入库	2001年5月1日以前陈欠入库				
54	外资企业								
55	省内跨市	41					41		
56	内资企业	41					41		
57	外资企业								
58	3. 个人所得税	152257	745	729		91354	30451	13353	17099
59	4. 资源税	4637	15	4				29	4608
60	5. 固定资产投资方向调节税								
61	6. 城市维护建设税	79086	824	931				25675	53411
62	7. 房产税	50121	379	1367				18909	31212
63	8. 印花税	17907	202	52				138	17769
64	9. 城镇土地使用税	49619	501	1756				27119	22500
65	10. 土地增值税	79489	611	98			39745	17687	22057
66	11. 车船税	20186						12413	7773
67	12. 车辆购置税								
68	13. 烟叶税								
69	14. 耕地占用税	18506						1251	17255
70	15. 契税	77519	32					61330	16189
71	16. 屠宰税								

续表

序号	项　　目	合　　计				中央	省级	市级	县(区)级
		合　　计	其中:本年新欠入库	2001年5月1日以后陈欠入库	2001年5月1日以前陈欠入库				
72	二、其他收入合计	92325	1361	652			8340	33876	50109
73	1. 教育费附加收入	32223	686	309				10965	21258
74	2. 文化事业建设费收入	430	6	3			131	232	67
75	3. 税务部门罚没收入	86	2	2				37	49
76	4. 堤围费	17999	143	2				10749	7250
77	5. 价格调节基金	3832	54	36				3394	438
78	6. 残疾人基金	4382	132	147			675	3707	
79	7. 地方教育附加	22081	332	152			7534	4757	9790
80	8. 交通建设附加								
81	9. 社会保险基金收入								
82	基本养老保险基金收入								
83	失业保险基金收入								
84	基本医疗保险基金收入								
85	工伤保险基金收入								
86	生育保险基金收入								
87	10. 工会会费	11292	6	1				35	11257
88	11. 其他非税收入								

2015年佛山市地方税务局入库税金明细年报表

编报机关:佛山市地方税务局　　　　单位:万元

序号	项目	合计				中央	省级	市级	县(区)级
		合计	其中:本年新欠入库	2001年5月1日以后陈欠入库	2001年5月1日以前陈欠入库				
1	总计	3924904	30791	3138		612857	1114526	237245	1960276
2	一、税收收入合计	3557339	28970	2387		612854	1082888	229446	1632151
3	1. 营业税	1216693	5495	785			721604	55072	440017
4	铁路运输企业营业税								
5	金融保险业营业税	226469	283	260			226469		
6	其他营业税	990224	5212	525			495135	55072	440017
7	2. 企业所得税	555164	4333	116		333984	110713	12367	98100
8	(1)一般企业所得税	548863	4331	116		329319	109772	12291	97481
9	内资企业	544182	4330	116		326510	108836	11993	96843
10	外资企业	4681	1			2809	936	298	638
11	(2)分支机构预缴所得税	636	2			382	127	21	106
12	跨省	315	2			189	63	21	42
13	内资企业	311	2			187	62	21	41
14	外资企业	4				2	1		1
15	省内跨市	321				193	64		64
16	内资企业	321				193	64		64
17	外资企业								

续表

序号	项目	合计				中央	省级	市级	县(区)级
		合计	其中:本年新欠入库	2001年5月1日以后陈欠入库	2001年5月1日以前陈欠入库				
18	市内跨县区								
19	内资企业								
20	外资企业								
21	(3)总机构预缴所得税	4589				3354	675	55	505
22	跨省	4462				3270	647	55	490
23	内资企业	4462				3270	647	55	490
24	外资企业								
25	省内跨市	127				84	28		15
26	内资企业	127				84	28		15
27	外资企业								
28	市内跨县区								
29	内资企业								
30	外资企业								
31	(4)分支机构汇算清缴所得税	10				6	2		2
32	跨省	4				3	1		
33	内资企业	4				3	1		
34	外资企业								
35	省内跨市	6				3	1		2

续表

序号	项目	合计				中央	省级	市级	县(区)级
		合计	其中:本年新欠入库	2001年5月1日以后陈欠入库	2001年5月1日以前陈欠入库				
36	内资企业	6				3	1		2
37	外资企业								
38	市内跨县区								
39	内资企业								
40	外资企业								
41	(5)总机构汇算清缴所得税	57				38	13		6
42	跨省								
43	内资企业								
44	外资企业								
45	省内跨市	57				38	13		6
46	内资企业	57				38	13		6
47	外资企业								
48	市内跨县区								
49	内资企业								
50	外资企业								
51	(6)企业所得税待分配收入	1009				885	124		
52	跨省	885				885			
53	内资企业	885				885			

续表

序号	项目	合计				中央	省级	市级	县(区)级
		合计	其中:本年新欠入库	2001年5月1日以后陈欠入库	2001年5月1日以前陈欠入库				
54	外资企业								
55	省内跨市	124					124		
56	内资企业	124					124		
57	外资企业								
58	3. 个人所得税	464783	2556	144		278870	92957	16263	76693
59	4. 资源税	365	1						365
60	5. 固定资产投资方向调节税								
61	6. 城市维护建设税	264112	1292	97				28535	235577
62	7. 房产税	154077	1824	176				23482	130595
63	8. 印花税	57051	310	8				8448	48603
64	9. 城镇土地使用税	122164	4573	832				9749	112415
65	10. 土地增值税	315227	1818	229			157614	21955	135658
66	11. 车船税	58462						9643	48819
67	12. 车辆购置税								
68	13. 烟叶税								
69	14. 耕地占用税	31412	80					818	30594
70	15. 契税	317829	6688					43114	274715
71	16. 屠宰税								

续表

序号	项目	合计				中央	省级	市级	县(区)级
		合计	其中:本年新欠入库	2001年5月1日以后陈欠入库	2001年5月1日以前陈欠入库				
72	二、其他收入合计	367565	1821	751		3	31638	7799	328125
73	1. 教育费附加收入	113071	557	49				814	112257
74	2. 文化事业建设费收入	967	15	2		3	289		675
75	3. 税务部门罚没收入	110	1						110
76	4. 堤围费	84050	532	45					84050
77	5. 价格调节基金	17619						5286	12333
78	6. 残疾人基金	34929	43	618			5422	1359	28148
79	7. 地方教育附加	75556	370	32			25927	340	49289
80	8. 交通建设附加								
81	9. 社会保险基金收入								
82	基本养老保险基金收入								
83	失业保险基金收入								
84	基本医疗保险基金收入								
85	工伤保险基金收入								
86	生育保险基金收入								
87	10. 工会会费	41263	303	5					41263
88	11. 其他非税收入								

2015 年韶关市地方税务局入库税金明细年报表

编报机关:韶关市地方税务局　　　　单位:万元

序号	项目	合计				中央	省级	市级	县(区)级
		合计	其中:本年新欠入库	2001 年 5 月 1 日以后陈欠入库	2001 年 5 月 1 日以前陈欠入库				
1	总计	706631	3253	347		75457	169621	171543	290010
2	一、税收收入合计	629547	2885	309		75457	163257	133799	257034
3	1. 营业税	207592	689	94			119102	20603	67887
4	铁路运输企业营业税								
5	金融保险业营业税	30594	3				30594		
6	其他营业税	176998	686	94			88508	20603	67887
7	2. 企业所得税	48821	442	43		30541	9178	2479	6623
8	(1)一般企业所得税	47557	442	43		29658	8990	2372	6537
9	内资企业	47504	442	43		29626	8979	2363	6536
10	外资企业	53				32	11	9	1
11	(2)分支机构预缴所得税	596				364	115	43	74
12	跨省								
13	内资企业								
14	外资企业								
15	省内跨市	596				364	115	43	74
16	内资企业	576				352	111	41	72
17	外资企业	20				12	4	2	2

续表

序号	项　目	合　计				中央	省级	市级	县(区)级
		合　计	其中:本年新欠入库	2001年5月1日以后陈欠入库	2001年5月1日以前陈欠入库				
18	市内跨县区								
19	内资企业								
20	外资企业								
21	(3)总机构预缴所得税	208				154	27	26	1
22	跨省	199				149	25	25	
23	内资企业	199				149	25	25	
24	外资企业								
25	省内跨市	9				5	2	1	1
26	内资企业	9				5	2	1	1
27	外资企业								
28	市内跨县区								
29	内资企业								
30	外资企业								
31	(4)分支机构汇算清缴所得税	61				36	11	3	11
32	跨省								
33	内资企业								
34	外资企业								
35	省内跨市	61				36	11	3	11

续表

序号	项　　目	合　　计				中央	省级	市级	县(区)级
		合　　计	其中:本年新欠入库	2001 年 5 月 1 日以后陈欠入库	2001 年 5 月 1 日以前陈欠入库				
36	内资企业	34				20	6		8
37	外资企业	27				16	5	3	3
38	市内跨县区								
39	内资企业								
40	外资企业								
41	(5)总机构汇算清缴所得税	279				209	35	35	
42	跨省	279				209	35	35	
43	内资企业	279				209	35	35	
44	外资企业								
45	省内跨市								
46	内资企业								
47	外资企业								
48	市内跨县区								
49	内资企业								
50	外资企业								
51	(6)企业所得税待分配收入	120				120			
52	跨省	120				120			
53	内资企业	120				120			

续表

序号	项　　目	合　　计				中央	省级	市级	县(区)级
		合　　计	其中:本年新欠入库	2001年5月1日以后陈欠入库	2001年5月1日以前陈欠入库				
54	外资企业								
55	省内跨市								
56	内资企业								
57	外资企业								
58	3. 个人所得税	74859	429	10		44916	14971	5582	9390
59	4. 资源税	11245	53	10				1089	10156
60	5. 固定资产投资方向调节税								
61	6. 城市维护建设税	60692	78	33				36651	24041
62	7. 房产税	26983	278	34				8817	18166
63	8. 印花税	8152	18	12				2832	5320
64	9. 城镇土地使用税	35691	321	45				14284	21407
65	10. 土地增值税	40011	425	20			20006	10191	9814
66	11. 车船税	8302						5694	2608
67	12. 车辆购置税								
68	13. 烟叶税	10905							10905
69	14. 耕地占用税	54777						279	54498
70	15. 契税	41517	152	8				25298	16219
71	16. 屠宰税								

续表

序号	项目	合计				中央	省级	市级	县(区)级
		合计	其中:本年新欠入库	2001年5月1日以后陈欠入库	2001年5月1日以前陈欠入库				
72	二、其他收入合计	77084	368	38			6364	37744	32976
73	1. 教育费附加收入	27741	88	5				18015	9726
74	2. 文化事业建设费收入	134	6	5			42	71	21
75	3. 税务部门罚没收入	55						3	52
76	4. 堤围费	13288	59	1				6470	6818
77	5. 价格调节基金	5748	103	3				3877	1871
78	6. 残疾人基金	2574	41	22			397	1511	666
79	7. 地方教育附加	18475	57	2			5925	7108	5442
80	8. 交通建设附加								
81	9. 社会保险基金收入								
82	基本养老保险基金收入								
83	失业保险基金收入								
84	基本医疗保险基金收入								
85	工伤保险基金收入								
86	生育保险基金收入								
87	10. 工会会费	9069	14					689	8380
88	11. 其他非税收入								

2015 年河源市地方税务局入库税金明细年报表

编报机关:河源市地方税务局　　单位:万元

序号	项　目	合　计				中央	省级	市级	县(区)级
		合　计	其中:本年新欠入库	2001 年 5 月 1 日以后陈欠入库	2001 年 5 月 1 日以前陈欠入库				
1	总　计	614008	5319	868		52937	151806	144703	264562
2	一、税收收入合计	572542	4959	756		52937	147887	133570	238148
3	1. 营业税	193602	2100	250			111546	25575	56481
4	铁路运输企业营业税								
5	金融保险业营业税	29482					29482		
6	其他营业税	164120	2100	250			82064	25575	56481
7	2. 企业所得税	43328	220	63		25997	9305	2143	5883
8	(1)一般企业所得税	43190	219	63		25914	9272	2135	5869
9	内资企业	43007	219	63		25804	9236	2117	5850
10	外资企业	183				110	36	18	19
11	(2)分支机构预缴所得税	71				43	14	3	11
12	跨省	3				2	1		
13	内资企业	3				2	1		
14	外资企业								
15	省内跨市	68				41	13	3	11
16	内资企业	68				41	13	3	11
17	外资企业								

续表

序号	项　　目	合　　计				中央	省级	市级	县(区)级
		合　　计	其中:本年新欠入库	2001 年 5 月 1 日以后陈欠入库	2001 年 5 月 1 日以前陈欠入库				
18	市内跨县区								
19	内资企业								
20	外资企业								
21	(3)总机构预缴所得税	54	1			36	12	4	2
22	跨省	1	1			1			
23	内资企业	1	1			1			
24	外资企业								
25	省内跨市	53				35	12	4	2
26	内资企业	53				35	12	4	2
27	外资企业								
28	市内跨县区								
29	内资企业								
30	外资企业								
31	(4)分支机构汇算清缴所得税	7				4	1	1	1
32	跨省								
33	内资企业								
34	外资企业								
35	省内跨市	7				4	1	1	1

续表

序号	项目	合计				中央	省级	市级	县(区)级
		合计	其中:本年新欠入库	2001年5月1日以后陈欠入库	2001年5月1日以前陈欠入库				
36	内资企业	7				4	1	1	1
37	外资企业								
38	市内跨县区								
39	内资企业								
40	外资企业								
41	(5)总机构汇算清缴所得税								
42	跨省								
43	内资企业								
44	外资企业								
45	省内跨市								
46	内资企业								
47	外资企业								
48	市内跨县区								
49	内资企业								
50	外资企业								
51	(6)企业所得税待分配收入	6					6		
52	跨省								
53	内资企业								

续表

序号	项目	合计				中央	省级	市级	县(区)级
		合计	其中:本年新欠入库	2001年5月1日以后陈欠入库	2001年5月1日以前陈欠入库				
54	外资企业								
55	省内跨市	6					6		
56	内资企业	6					6		
57	外资企业								
58	3. 个人所得税	44899	126	39		26940	8980	3635	5344
59	4. 资源税	15096	194	13				449	14647
60	5. 固定资产投资方向调节税								
61	6. 城市维护建设税	30399	236	178				11904	18495
62	7. 房产税	17204	187	7				7904	9300
63	8. 印花税	5581	38	24				2177	3404
64	9. 城镇土地使用税	28664	444	2				12348	16316
65	10. 土地增值税	36112	700	175			18056	5493	12563
66	11. 车船税	6268	1					2861	3407
67	12. 车辆购置税								
68	13. 烟叶税								
69	14. 耕地占用税	76509						26744	49765
70	15. 契税	74880	713	5				32337	42543
71	16. 屠宰税								

续表

序号	项　目	合　计				中央	省级	市级	县(区)级
		合　计	其中:本年新欠入库	2001年5月1日以后陈欠入库	2001年5月1日以前陈欠入库				
72	二、其他收入合计	41466	360	112			3919	11133	26414
73	1. 教育费附加收入	15253	130	20				5200	10053
74	2. 文化事业建设费收入	141					42	57	42
75	3. 税务部门罚没收入	41						23	18
76	4. 堤围费	7652	57	12				2860	4792
77	5. 价格调节基金	755	12	2				91	664
78	6. 残疾人基金	2358	51	66			450	626	1282
79	7. 地方教育附加	10165	93	12			3427	2276	4462
80	8. 交通建设附加								
81	9. 社会保险基金收入								
82	基本养老保险基金收入								
83	失业保险基金收入								
84	基本医疗保险基金收入								
85	工伤保险基金收入								
86	生育保险基金收入								
87	10. 工会会费	5101	17						5101
88	11. 其他非税收入								

2015年梅州市地方税务局入库税金明细年报表

编报机关:梅州市地方税务局　　单位:万元

序号	项目	合计				中央	省级	市级	县(区)级
		合计	其中:本年新欠入库	2001年5月1日以后陈欠入库	2001年5月1日以前陈欠入库				
1	总计	1058036	21361	3859		137883	240182	248642	431329
2	一、税收收入合计	983644	20745	3824		137883	233437	210024	402300
3	1. 营业税	243041	6591	1103			137706	30333	75002
4	铁路运输企业营业税								
5	金融保险业营业税	32370					32370		
6	其他营业税	210671	6591	1103			105336	30333	75002
7	2. 企业所得税	142164	2894	199		85314	28825	6833	21192
8	(1)一般企业所得税	137852	2887	199		82714	27734	6831	20573
9	内资企业	137823	2887	199		82697	27728	6831	20567
10	外资企业	29				17	6		6
11	(2)分支机构预缴所得税	1894	7			1134	380	2	378
12	跨省	2					1		1
13	内资企业	2					1		1
14	外资企业								
15	省内跨市	1882	7			1128	377		377
16	内资企业	1878	7			1126	376		376
17	外资企业	4				2	1		1

续表

序号	项目	合计				中央	省级	市级	县(区)级
		合计	其中:本年新欠入库	2001年5月1日以后陈欠入库	2001年5月1日以前陈欠入库				
18	市内跨县区	10				6	2	2	
19	内资企业	10				6	2	2	
20	外资企业								
21	(3)总机构预缴所得税	2168				1451	476		241
22	跨省	59				45	7		7
23	内资企业	59				45	7		7
24	外资企业								
25	省内跨市	2109				1406	469		234
26	内资企业	2109				1406	469		234
27	外资企业								
28	市内跨县区								
29	内资企业								
30	外资企业								
31	(4)分支机构汇算清缴所得税								
32	跨省								
33	内资企业								
34	外资企业								
35	省内跨市								

续表

序号	项目	合计				中央	省级	市级	县(区)级
		合计	其中:本年新欠入库	2001年5月1日以后陈欠入库	2001年5月1日以前陈欠入库				
36	内资企业								
37	外资企业								
38	市内跨县区								
39	内资企业								
40	外资企业								
41	(5)总机构汇算清缴所得税								
42	跨省								
43	内资企业								
44	外资企业								
45	省内跨市								
46	内资企业								
47	外资企业								
48	市内跨县区								
49	内资企业								
50	外资企业								
51	(6)企业所得税待分配收入	250				15	235		
52	跨省	15				15			
53	内资企业	15				15			

续表

序号	项　目	合　计				中央	省级	市级	县(区)级
		合　计	其中:本年新欠入库	2001年5月1日以后陈欠入库	2001年5月1日以前陈欠入库				
54	外资企业								
55	省内跨市	235					235		
56	内资企业	235					235		
57	外资企业								
58	3. 个人所得税	87616	853	47		52569	17524	5925	11598
59	4. 资源税	52532	428	4				674	51858
60	5. 固定资产投资方向调节税								
61	6. 城市维护建设税	64945	559	88				43717	21228
62	7. 房产税	25366	207	400				10903	14463
63	8. 印花税	9206	124	18				2886	6320
64	9. 城镇土地使用税	44387	1347	1115				18986	25401
65	10. 土地增值税	98762	5201	846			49382	14018	35362
66	11. 车船税	9668	13	1				4177	5491
67	12. 车辆购置税								
68	13. 烟叶税	4932							4932
69	14. 耕地占用税	126439						46633	79806
70	15. 契税	74586	2528	3				24939	49647
71	16. 屠宰税								

续表

序号	项　目	合　计				中央	省级	市级	县(区)级
		合　计	其中:本年新欠入库	2001年5月1日以后陈欠入库	2001年5月1日以前陈欠入库				
72	二、其他收入合计	74392	616	35			6745	38618	29029
73	1. 教育费附加收入	30131	365	11				18820	11311
74	2. 文化事业建设费收入	70					21	21	28
75	3. 税务部门罚没收入	8						3	5
76	4. 堤围费	10714	59	6				4446	6268
77	5. 价格调节基金	3231	49	1				1956	1275
78	6. 残疾人基金	1705		5			334	911	460
79	7. 地方教育附加	20041	74	7			6390	8576	5075
80	8. 交通建设附加								
81	9. 社会保险基金收入								
82	基本养老保险基金收入								
83	失业保险基金收入								
84	基本医疗保险基金收入								
85	工伤保险基金收入								
86	生育保险基金收入								
87	10. 工会会费	8492	69	5				3885	4607
88	11. 其他非税收入								

2015年惠州市地方税务局入库税金明细年报表

编报机关:惠州市地方税务局　　　　单位:万元

序号	项　目	合　计				中央	省级	市级	县(区)级
		合　计	其中:本年新欠入库	2001年5月1日以后陈欠入库	2001年5月1日以前陈欠入库				
1	总　计	2600926	16707	4490		231477	745961	471269	1152219
2	一、税收收入合计	2370992	15200	2931		231477	720365	403122	1016028
3	1. 营业税	908589	4431	932			511474	83484	313631
4	铁路运输企业营业税								
5	金融保险业营业税	114345	7				114345		
6	其他营业税	794244	4424	932			397129	83484	313631
7	2. 企业所得税	95487	974	225		57294	19097	6619	12477
8	(1)一般企业所得税	93104	964	225		55862	18621	6521	12100
9	内资企业	92814	964	225		55688	18563	6494	12069
10	外资企业	290				174	58	27	31
11	(2)分支机构预缴所得税	1765				1059	353	90	263
12	跨省	1196				717	239	49	191
13	内资企业	666				399	133	49	85
14	外资企业	530				318	106		106
15	省内跨市	423				254	85	41	43
16	内资企业	423				254	85	41	43
17	外资企业								

续表

序号	项　　目	合　计				中央	省级	市级	县(区)级
		合　计	其中:本年新欠入库	2001年5月1日以后陈欠入库	2001年5月1日以前陈欠入库				
18	市内跨县区	146				88	29		29
19	内资企业	146				88	29		29
20	外资企业								
21	(3)总机构预缴所得税	7				5	1		1
22	跨省								
23	内资企业								
24	外资企业								
25	省内跨市	7				5	1		1
26	内资企业	7				5	1		1
27	外资企业								
28	市内跨县区								
29	内资企业								
30	外资企业								
31	(4)分支机构汇算清缴所得税	600				360	120	7	113
32	跨省	543				326	108		109
33	内资企业	543				326	108		109
34	外资企业								
35	省内跨市	57				34	12	7	4

续表

序号	项目	合计				中央	省级	市级	县(区)级
		合计	其中:本年新欠入库	2001年5月1日以后陈欠入库	2001年5月1日以前陈欠入库				
36	内资企业	57				34	12	7	4
37	外资企业								
38	市内跨县区								
39	内资企业								
40	外资企业								
41	(5)总机构汇算清缴所得税	8	8			6	1	1	
42	跨省	8	8			6	1	1	
43	内资企业	8	8			6	1	1	
44	外资企业								
45	省内跨市								
46	内资企业								
47	外资企业								
48	市内跨县区								
49	内资企业								
50	外资企业								
51	(6)企业所得税待分配收入	3	2			2	1		
52	跨省	2	2			2			
53	内资企业	2	2			2			

续表

序号	项　目	合　计				中央	省级	市级	县(区)级
		合　计	其中:本年新欠入库	2001年5月1日以后陈欠入库	2001年5月1日以前陈欠入库				
54	外资企业								
55	省内跨市	1					1		
56	内资企业	1					1		
57	外资企业								
58	3. 个人所得税	290305	329	73		174183	58061	19272	38789
59	4. 资源税	7047	45	2				262	6785
60	5. 固定资产投资方向调节税								
61	6. 城市维护建设税	246434	571	106				123831	122603
62	7. 房产税	96872	1618	186				27751	69121
63	8. 印花税	42380	152	41				17106	25274
64	9. 城镇土地使用税	129901	5430	1114				25741	104160
65	10. 土地增值税	263466	1475	223			131733	24094	107639
66	11. 车船税	25498		29				10608	14890
67	12. 车辆购置税								
68	13. 烟叶税								
69	14. 耕地占用税	37223						15397	21826
70	15. 契税	227790	175					48957	178833
71	16. 屠宰税								

续表

序号	项目	合计				中央	省级	市级	县(区)级
		合计	其中:本年新欠入库	2001年5月1日以后陈欠入库	2001年5月1日以前陈欠入库				
72	二、其他收入合计	229934	1507	1559			25596	68147	136191
73	1. 教育费附加收入	110603	290	35				39992	70611
74	2. 文化事业建设费收入	669	13	5			201	180	288
75	3. 税务部门罚没收入	263	1	1				12	251
76	4. 堤围费	3164	40	28			–4	1615	1553
77	5. 价格调节基金	2256	877	186				1921	335
78	6. 残疾人基金	11496		1272			1848	6019	3629
79	7. 地方教育附加	73572	200	23			23551	18408	31613
80	8. 交通建设附加								
81	9. 社会保险基金收入								
82	基本养老保险基金收入								
83	失业保险基金收入								
84	基本医疗保险基金收入								
85	工伤保险基金收入								
86	生育保险基金收入								
87	10. 工会会费	27911	86	9					27911
88	11. 其他非税收入								

2015 年汕尾市地方税务局入库税金明细年报表

编报机关:汕尾市地方税务局　　　　单位:万元

序号	项　　目	合　计				中央	省级	市级	县(区)级
		合　计	其中:本年新欠入库	2001 年 5 月 1 日以后陈欠入库	2001 年 5 月 1 日以前陈欠入库				
1	总　计	288920	-2132	398		36270	89879	32429	130342
2	一、税收收入合计	265173	-2283	332		36270	88124	26398	114381
3	1. 营业税	110625	46	131			62186	9560	38879
4	铁路运输企业营业税								
5	金融保险业营业税	13747		4			13747		
6	其他营业税	96878	46	127			48439	9560	38879
7	2. 企业所得税	32460	310	1		19475	6493	886	5606
8	(1)一般企业所得税	32356	310	1		19413	6471	881	5591
9	内资企业	32330	310	1		19397	6466	880	5587
10	外资企业	26				16	5	1	4
11	(2)分支机构预缴所得税	80				48	17	2	13
12	跨省	32				19	7		6
13	内资企业	32				19	7		6
14	外资企业								
15	省内跨市	48				29	10	2	7
16	内资企业	30				18	6		6
17	外资企业	18				11	4	2	1

续表

序号	项目	合计				中央	省级	市级	县(区)级
		合计	其中:本年新欠入库	2001年5月1日以后陈欠入库	2001年5月1日以前陈欠入库				
18	市内跨县区								
19	内资企业								
20	外资企业								
21	(3)总机构预缴所得税								
22	跨省								
23	内资企业								
24	外资企业								
25	省内跨市								
26	内资企业								
27	外资企业								
28	市内跨县区								
29	内资企业								
30	外资企业								
31	(4)分支机构汇算清缴所得税	24				14	5	3	2
32	跨省								
33	内资企业								
34	外资企业								
35	省内跨市	24				14	5	3	2

续表

序号	项目	合计				中央	省级	市级	县(区)级
		合计	其中:本年新欠入库	2001年5月1日以后陈欠入库	2001年5月1日以前陈欠入库				
36	内资企业								
37	外资企业	24				14	5	3	2
38	市内跨县区								
39	内资企业								
40	外资企业								
41	(5)总机构汇算清缴所得税								
42	跨省								
43	内资企业								
44	外资企业								
45	省内跨市								
46	内资企业								
47	外资企业								
48	市内跨县区								
49	内资企业								
50	外资企业								
51	(6)企业所得税待分配收入								
52	跨省								
53	内资企业								

续表

序号	项目	合计				中央	省级	市级	县(区)级
		合计	其中:本年新欠入库	2001年5月1日以后陈欠入库	2001年5月1日以前陈欠入库				
54	外资企业								
55	省内跨市								
56	内资企业								
57	外资企业								
58	3. 个人所得税	27992	289	18		16795	5598	1975	3624
59	4. 资源税	571						28	543
60	5. 固定资产投资方向调节税								
61	6. 城市维护建设税	15026	4	49				4551	10475
62	7. 房产税	8564	32	19				2605	5959
63	8. 印花税	3733	1					1611	2122
64	9. 城镇土地使用税	17934	135	45				2076	15858
65	10. 土地增值税	27693	107	69			13847	2483	11363
66	11. 车船税	3006	28					914	2092
67	12. 车辆购置税								
68	13. 烟叶税								
69	14. 耕地占用税	-1062	-3261					-1991	929
70	15. 契税	18631	26					1700	16931
71	16. 屠宰税								

续表

序号	项目	合计				中央	省级	市级	县(区)级
		合计	其中:本年新欠入库	2001年5月1日以后陈欠入库	2001年5月1日以前陈欠入库				
72	二、其他收入合计	23747	151	66			1755	6031	15961
73	1. 教育费附加收入	7416	20	29				2004	5412
74	2. 文化事业建设费收入	84	2				25	5	54
75	3. 税务部门罚没收入	14						2	12
76	4. 堤围费	6031	95	2				1737	4294
77	5. 价格调节基金	2493	8	2				1450	1043
78	6. 残疾人基金	540	12	14			87	223	230
79	7. 地方教育附加	4935	11	19			1643	610	2682
80	8. 交通建设附加								
81	9. 社会保险基金收入								
82	基本养老保险基金收入								
83	失业保险基金收入								
84	基本医疗保险基金收入								
85	工伤保险基金收入								
86	生育保险基金收入								
87	10. 工会会费	2234	3						2234
88	11. 其他非税收入								

2015 年东莞市地方税务局入库税金明细年报表

编报机关:东莞市地方税务局 单位:万元

序号	项目	合计				中央	省级	市级	县(区)级
		合计	其中:本年新欠入库	2001 年 5 月 1 日以后陈欠入库	2001 年 5 月 1 日以前陈欠入库				
1	总计	5166573	45193	8669		893327	1420062	2853184	
2	一、税收收入合计	4578463	41112	8011		893327	1361402	2323734	
3	1. 营业税	1456346	17687	3043			918105	538241	
4	铁路运输企业营业税								
5	金融保险业营业税	379681	19				379681		
6	其他营业税	1076665	17668	3043			538424	538241	
7	2. 企业所得税	756776	5658	1684		458847	149153	148776	
8	(1)一般企业所得税	723117	5349	1684		433871	144623	144623	
9	内资企业	322596	2516	1684		193558	64519	64519	
10	外资企业	400521	2833			240313	80104	80104	
11	(2)分支机构预缴所得税	6844	1			4106	1369	1369	
12	跨省	3294	1			1976	659	659	
13	内资企业	893	1			535	179	179	
14	外资企业	2401				1441	480	480	
15	省内跨市	3550				2130	710	710	
16	内资企业	566				340	113	113	
17	外资企业	2984				1790	597	597	

续表

序号	项　目	合　计				中央	省级	市级	县(区)级
		合　计	其中:本年新欠入库	2001 年 5 月 1 日以后陈欠入库	2001 年 5 月 1 日以前陈欠入库				
18	市内跨县区								
19	内资企业								
20	外资企业								
21	(3)总机构预缴所得税	18716	247			13898	2502	2316	
22	跨省	17055	245			12791	2133	2131	
23	内资企业	2295	245			1721	288	286	
24	外资企业	14760				11070	1845	1845	
25	省内跨市	1661	2			1107	369	185	
26	内资企业	637	2			424	142	71	
27	外资企业	1024				683	227	114	
28	市内跨县区								
29	内资企业								
30	外资企业								
31	(4)分支机构汇算清缴所得税	1026				616	205	205	
32	跨省	206				124	41	41	
33	内资企业	89				53	18	18	
34	外资企业	117				71	23	23	
35	省内跨市	820				492	164	164	

续表

序号	项　　目	合　　计				中央	省级	市级	县(区)级
		合　　计	其中:本年新欠入库	2001年5月1日以后陈欠入库	2001年5月1日以前陈欠入库				
36	内资企业	8				4	2	2	
37	外资企业	812				488	162	162	
38	市内跨县区								
39	内资企业								
40	外资企业								
41	(5)总机构汇算清缴所得税	2104				1575	266	263	
42	跨省	2071				1553	259	259	
43	内资企业	601				451	75	75	
44	外资企业	1470				1102	184	184	
45	省内跨市	33				22	7	4	
46	内资企业	6				4	1	1	
47	外资企业	27				18	6	3	
48	市内跨县区								
49	内资企业								
50	外资企业								
51	(6)企业所得税待分配收入	4969	61			4781	188		
52	跨省	4781	61			4781			
53	内资企业	724	61			724			

续表

序号	项　　目	合　　计				中央	省级	市级	县(区)级
		合　　计	其中:本年新欠入库	2001 年 5 月 1 日以后陈欠入库	2001 年 5 月 1 日以前陈欠入库				
54	外资企业	4057				4057			
55	省内跨市	188					188		
56	内资企业	71					71		
57	外资企业	117					117		
58	3. 个人所得税	724133	2706	160		434480	144826	144827	
59	4. 资源税	534						534	
60	5. 固定资产投资方向调节税								
61	6. 城市维护建设税	398901	3325	379				398901	
62	7. 房产税	184115	1555	337				184115	
63	8. 印花税	106870	722	83				106870	
64	9. 城镇土地使用税	137741	1453	1006				137741	
65	10. 土地增值税	298635	7919	1319			149318	149317	
66	11. 车船税	83661	1					83661	
67	12. 车辆购置税								
68	13. 烟叶税								
69	14. 耕地占用税	76475						76475	
70	15. 契税	354276	86					354276	
71	16. 屠宰税								

续表

序号	项　　目	合　　计				中央	省级	市级	县(区)级
		合　　计	其中:本年新欠入库	2001年5月1日以后陈欠入库	2001年5月1日以前陈欠入库				
72	二、其他收入合计	588110	4081	658			58660	529450	
73	1. 教育费附加收入	214898	1767	259				214898	
74	2. 文化事业建设费收入	2824	12	3			847	1977	
75	3. 税务部门罚没收入	582	2	1				582	
76	4. 堤围费	106887	972	87				106887	
77	5. 价格调节基金	29326						29326	
78	6. 残疾人基金	63704		149			9594	54110	
79	7. 地方教育附加	143425	1196	157			48219	95206	
80	8. 交通建设附加								
81	9. 社会保险基金收入								
82	基本养老保险基金收入								
83	失业保险基金收入								
84	基本医疗保险基金收入								
85	工伤保险基金收入								
86	生育保险基金收入								
87	10. 工会会费	26464	132	2				26464	
88	11. 其他非税收入								

2015年中山市地方税务局入库税金明细年报表

编报机关:中山市地方税务局　　　　单位:万元

序号	项　目	合计				中央	省级	市级	县(区)级
		合　计	其中:本年新欠入库	2001年5月1日以后陈欠入库	2001年5月1日以前陈欠入库				
1	总　计	2500425	20604	6140		311670	729302	1272085	187368
2	一、税收收入合计	2255675	17990	5148		311670	705544	1078075	160386
3	1. 营业税	819629	3018	2525			478197	305489	35943
4	铁路运输企业营业税								
5	金融保险业营业税	136749					136749		
6	其他营业税	682880	3018	2525			341448	305489	35943
7	2. 企业所得税	206394	2831	104		124509	40973	36410	4502
8	(1)一般企业所得税	201679	2831	104		121007	40336	35900	4436
9	内资企业	199244	2831	104		119546	39849	35640	4209
10	外资企业	2435				1461	487	260	227
11	(2)分支机构预缴所得税	936				562	187	170	17
12	跨省	310				186	62	51	11
13	内资企业	310				186	62	51	11
14	外资企业								
15	省内跨市	626				376	125	119	6
16	内资企业	620				372	124	118	6
17	外资企业	6				4	1	1	

续表

序号	项目	合计				中央	省级	市级	县(区)级
		合计	其中:本年新欠入库	2001年5月1日以后陈欠入库	2001年5月1日以前陈欠入库				
18	市内跨县区								
19	内资企业								
20	外资企业								
21	(3)总机构预缴所得税	2326				1722	316	288	
22	跨省	2059				1544	257	258	
23	内资企业	2059				1544	257	258	
24	外资企业								
25	省内跨市	267				178	59	30	
26	内资企业	267				178	59	30	
27	外资企业								
28	市内跨县区								
29	内资企业								
30	外资企业								
31	(4)分支机构汇算清缴所得税	122				74	25	15	8
32	跨省	63				38	13	12	
33	内资企业	63				38	13	12	
34	外资企业								
35	省内跨市	59				36	12	3	8

续表

序号	项　　目	合　　计				中央	省级	市级	县(区)级
		合　　计	其中:本年新欠入库	2001 年 5 月 1 日以后陈欠入库	2001 年 5 月 1 日以前陈欠入库				
36	内资企业	59				36	12	3	8
37	外资企业								
38	市内跨县区								
39	内资企业								
40	外资企业								
41	(5)总机构汇算清缴所得税	629				472	79	37	41
42	跨省	629				472	79	37	41
43	内资企业	629				472	79	37	41
44	外资企业								
45	省内跨市								
46	内资企业								
47	外资企业								
48	市内跨县区								
49	内资企业								
50	外资企业								
51	(6)企业所得税待分配收入	702				672	30		
52	跨省	672				672			
53	内资企业	672				672			

续表

序号	项　　目	合　计				中央	省级	市级	县(区)级
		合　　计	其中:本年新欠入库	2001 年 5 月 1 日以后陈欠入库	2001 年 5 月 1 日以前陈欠入库				
54	外资企业								
55	省内跨市	30					30		
56	内资企业	30					30		
57	外资企业								
58	3. 个人所得税	311935	2296	115		187161	62387	53992	8395
59	4. 资源税	10						10	
60	5. 固定资产投资方向调节税								
61	6. 城市维护建设税	172271	395	292				146009	26262
62	7. 房产税	128229	702	162				110186	18043
63	8. 印花税	35812	73	22				28945	6867
64	9. 城镇土地使用税	68817	1823	720				60215	8602
65	10. 土地增值税	247974	5667	1208			123987	106676	17311
66	11. 车船税	35804						35743	61
67	12. 车辆购置税								
68	13. 烟叶税								
69	14. 耕地占用税	43244	374					30033	13211
70	15. 契税	185556	811					164367	21189
71	16. 屠宰税								

续表

序号	项目	合计				中央	省级	市级	县(区)级
		合计	其中:本年新欠入库	2001年5月1日以后陈欠入库	2001年5月1日以前陈欠入库				
72	二、其他收入合计	244750	2614	992			23758	194010	26982
73	1. 教育费附加收入	88077	758	97				75572	12505
74	2. 文化事业建设费收入	1079	8	1			324	711	44
75	3. 税务部门罚没收入	217	3	1				203	14
76	4. 堤围费	37802	412	44				34931	2871
77	5. 价格调节基金								
78	6. 残疾人基金	24722	691	757			3994	17624	3104
79	7. 地方教育附加	58634	521	64			19440	36286	2908
80	8. 交通建设附加								
81	9. 社会保险基金收入								
82	基本养老保险基金收入								
83	失业保险基金收入								
84	基本医疗保险基金收入								
85	工伤保险基金收入								
86	生育保险基金收入								
87	10. 工会会费	34219	221	28				28683	5536
88	11. 其他非税收入								

2015 年江门市地方税务局入库税金明细年报表

编报机关:江门市地方税务局　　　　单位:万元

序号	项　目	合计				中央	省级	市级	县(区)级
		合　计	其中:本年新欠入库	2001 年 5 月 1 日以后陈欠入库	2001 年 5 月 1 日以前陈欠入库				
1	总　计	1838419	28949	8464		236724	481489	242707	877499
2	一、税收收入合计	1655436	26680	6981		236724	465882	217592	735238
3	1. 营业税	517181	5544	1851			306254	49728	161199
4	铁路运输企业营业税								
5	金融保险业营业税	95325	1				95325		
6	其他营业税	421856	5543	1851			210929	49728	161199
7	2. 企业所得税	187967	5636	1735		112786	37612	8042	29527
8	(1)一般企业所得税	187506	5636	1735		112504	37501	8032	29469
9	内资企业	186241	5634	1735		111745	37248	8008	29240
10	外资企业	1265	2			759	253	24	229
11	(2)分支机构预缴所得税	196				117	39	8	32
12	跨省	75				45	15	5	10
13	内资企业	75				45	15	5	10
14	外资企业								
15	省内跨市	121				72	24	3	22
16	内资企业	100				60	20	2	18
17	外资企业	21				12	4	1	4

续表

序号	项目	合计				中央	省级	市级	县(区)级
		合计	其中:本年新欠入库	2001年5月1日以后陈欠入库	2001年5月1日以前陈欠入库				
18	市内跨县区								
19	内资企业								
20	外资企业								
21	(3)总机构预缴所得税	210				142	45	2	21
22	跨省	23				17	3	2	1
23	内资企业								
24	外资企业	23				17	3	2	1
25	省内跨市	187				125	42		20
26	内资企业	187				125	42		20
27	外资企业								
28	市内跨县区								
29	内资企业								
30	外资企业								
31	(4)分支机构汇算清缴所得税	28				17	6		5
32	跨省	11				7	2		2
33	内资企业	11				7	2		2
34	外资企业								
35	省内跨市	17				10	4		3

续表

序号	项目	合计				中央	省级	市级	县(区)级
		合计	其中:本年新欠入库	2001年5月1日以后陈欠入库	2001年5月1日以前陈欠入库				
36	内资企业	17				10	4		3
37	外资企业								
38	市内跨县区								
39	内资企业								
40	外资企业								
41	(5)总机构汇算清缴所得税								
42	跨省								
43	内资企业								
44	外资企业								
45	省内跨市								
46	内资企业								
47	外资企业								
48	市内跨县区								
49	内资企业								
50	外资企业								
51	(6)企业所得税待分配收入	27				6	21		
52	跨省	6				6			
53	内资企业								

续表

序号	项　目	合　计				中央	省级	市级	县(区)级
		合　计	其中:本年新欠入库	2001 年 5 月 1 日以后陈欠入库	2001 年 5 月 1 日以前陈欠入库				
54	外资企业	6				6			
55	省内跨市	21					21		
56	内资企业	21					21		
57	外资企业								
58	3. 个人所得税	206564	3705	237		123938	41313	10686	30627
59	4. 资源税	6446	13					920	5526
60	5. 固定资产投资方向调节税								
61	6. 城市维护建设税	132036	1003	387				31552	100484
62	7. 房产税	87027	1460	357				21885	65142
63	8. 印花税	25615	181	40				6329	19286
64	9. 城镇土地使用税	123214	2806	1516				20479	102735
65	10. 土地增值税	161406	5928	803			80703	23251	57452
66	11. 车船税	23548						5782	17766
67	12. 车辆购置税								
68	13. 烟叶税								
69	14. 耕地占用税	18911		55				2815	16096
70	15. 契税	165521	404					36123	129398
71	16. 屠宰税								

续表

序号	项目	合计				中央	省级	市级	县(区)级
		合计	其中:本年新欠入库	2001年5月1日以后陈欠入库	2001年5月1日以前陈欠入库				
72	二、其他收入合计	182983	2269	1483			15607	25115	142261
73	1. 教育费附加收入	61327	373	174				10050	51277
74	2. 文化事业建设费收入	527	3	1			158	208	161
75	3. 税务部门罚没收入	85	4	2					85
76	4. 堤围费	35007	251	61				5055	29952
77	5. 价格调节基金	4157	1269	35				2774	1383
78	6. 残疾人基金	13347	6	1079			2002	2672	8673
79	7. 地方教育附加	40813	239	114			13447	4356	23010
80	8. 交通建设附加								
81	9. 社会保险基金收入								
82	基本养老保险基金收入								
83	失业保险基金收入								
84	基本医疗保险基金收入								
85	工伤保险基金收入								
86	生育保险基金收入								
87	10. 工会会费	27720	124	17					27720
88	11. 其他非税收入								

2015年阳江市地方税务局入库税金明细年报表

编报机关:阳江市地方税务局　　　　单位:万元

序号	项目	合计				中央	省级	市级	县(区)级
		合计	其中:本年新欠入库	2001年5月1日以后陈欠入库	2001年5月1日以前陈欠入库				
1	总计	545748	18562	3842		63229	153313	121052	208154
2	一、税收收入合计	507105	17859	3447		63229	150035	107767	186074
3	1. 营业税	176115	5684	894			102245	26657	47213
4	铁路运输企业营业税								
5	金融保险业营业税	28373					28373		
6	其他营业税	147742	5684	894			73872	26657	47213
7	2. 企业所得税	54344	2659	967		32606	10891	5034	5813
8	(1)一般企业所得税	53975	2659	967		32385	10795	5031	5764
9	内资企业	53867	2659	967		32320	10773	5031	5743
10	外资企业	108				65	22		21
11	(2)分支机构预缴所得税	153				91	31	3	28
12	跨省	9				5	2	1	1
13	内资企业	9				5	2	1	1
14	外资企业								
15	省内跨市	144				86	29	2	27
16	内资企业	126				75	25	2	24
17	外资企业	18				11	4		3

续表

序号	项　目	合　计				中央	省级	市级	县(区)级
		合　计	其中:本年新欠入库	2001年5月1日以后陈欠入库	2001年5月1日以前陈欠入库				
18	市内跨县区								
19	内资企业								
20	外资企业								
21	(3)总机构预缴所得税	194				130	43		21
22	跨省								
23	内资企业								
24	外资企业								
25	省内跨市	194				130	43		21
26	内资企业	194				130	43		21
27	外资企业								
28	市内跨县区								
29	内资企业								
30	外资企业								
31	(4)分支机构汇算清缴所得税								
32	跨省								
33	内资企业								
34	外资企业								
35	省内跨市								

续表

序号	项　目	合　计				中央	省级	市级	县(区)级
		合　计	其中:本年新欠入库	2001 年 5 月 1 日以后陈欠入库	2001 年 5 月 1 日以前陈欠入库				
36	内资企业								
37	外资企业								
38	市内跨县区								
39	内资企业								
40	外资企业								
41	(5)总机构汇算清缴所得税								
42	跨省								
43	内资企业								
44	外资企业								
45	省内跨市								
46	内资企业								
47	外资企业								
48	市内跨县区								
49	内资企业								
50	外资企业								
51	(6)企业所得税待分配收入	22					22		
52	跨省								
53	内资企业								

续表

序号	项　目	合　计				中央	省级	市级	县(区)级
		合　计	其中:本年新欠入库	2001年5月1日以后陈欠入库	2001年5月1日以前陈欠入库				
54	外资企业								
55	省内跨市	22					22		
56	内资企业	22					22		
57	外资企业								
58	3. 个人所得税	51038	912	109		30623	10208	4166	6041
59	4. 资源税	5233	106	52				567	4666
60	5. 固定资产投资方向调节税								
61	6. 城市维护建设税	26023	678	189				10186	15837
62	7. 房产税	13439	390	47				3750	9689
63	8. 印花税	6617	180	27				2120	4497
64	9. 城镇土地使用税	32074	1231	386				5174	26900
65	10. 土地增值税	53382	5807	714			26691	10730	15961
66	11. 车船税	8494	45					4817	3677
67	12. 车辆购置税								
68	13. 烟叶税								
69	14. 耕地占用税	41320		60				18588	22732
70	15. 契税	39026	167	2				15978	23048
71	16. 屠宰税								

续表

序号	项　　目	合计				中央	省级	市级	县(区)级
		合　　计	其中:本年新欠入库	2001 年 5 月 1 日以后陈欠入库	2001 年 5 月 1 日以前陈欠入库				
72	二、其他收入合计	38643	703	395			3278	13285	22080
73	1. 教育费附加收入	13159	314	180				4346	8813
74	2. 文化事业建设费收入	143	2				43	21	79
75	3. 税务部门罚没收入	23		1				3	20
76	4. 堤围费	9686	161	79				3072	6614
77	5. 价格调节基金	1638	15	8				1638	
78	6. 残疾人基金	1316	27	1			216	608	492
79	7. 地方教育附加	8772	172	123			3019	1769	3984
80	8. 交通建设附加								
81	9. 社会保险基金收入								
82	基本养老保险基金收入								
83	失业保险基金收入								
84	基本医疗保险基金收入								
85	工伤保险基金收入								
86	生育保险基金收入								
87	10. 工会会费	3906	12	3				1828	2078
88	11. 其他非税收入								

2015年湛江市地方税务局入库税金明细年报表

编报机关:湛江市地方税务局　　　　单位:万元

序号	项目	合计				中央	省级	市级	县(区)级
		合计	其中:本年新欠入库	2001年5月1日以后陈欠入库	2001年5月1日以前陈欠入库				
1	总计	1026249	14702	2130		126176	303583	216681	379809
2	一、税收收入合计	919279	13626	1712		126176	293117	174351	325635
3	1. 营业税	350069	6892	689			213748	39049	97272
4	铁路运输企业营业税								
5	金融保险业营业税	77423	15	3			77423		
6	其他营业税	272646	6877	686			136325	39049	97272
7	2. 企业所得税	98354	2930	221		59010	19692	6215	13437
8	(1)一般企业所得税	97109	2930	221		58265	19422	6023	13399
9	内资企业	84859	2930	221		50915	16972	4645	12327
10	外资企业	12250				7350	2450	1378	1072
11	(2)分支机构预缴所得税	1033				619	207	177	30
12	跨省	928				556	186	171	15
13	内资企业	928				556	186	171	15
14	外资企业								
15	省内跨市	105				63	21	6	15
16	内资企业	105				63	21	6	15
17	外资企业								

续表

序号	项目	合计				中央	省级	市级	县(区)级
		合计	其中:本年新欠入库	2001年5月1日以后陈欠入库	2001年5月1日以前陈欠入库				
18	市内跨县区								
19	内资企业								
20	外资企业								
21	(3)总机构预缴所得税	178				118	40	14	6
22	跨省								
23	内资企业								
24	外资企业								
25	省内跨市	178				118	40	14	6
26	内资企业	178				118	40	14	6
27	外资企业								
28	市内跨县区								
29	内资企业								
30	外资企业								
31	(4)分支机构汇算清缴所得税	14				8	3	1	2
32	跨省								
33	内资企业								
34	外资企业								
35	省内跨市	14				8	3	1	2

续表

序号	项目	合计				中央	省级	市级	县(区)级
		合计	其中:本年新欠入库	2001年5月1日以后陈欠入库	2001年5月1日以前陈欠入库				
36	内资企业	14				8	3	1	2
37	外资企业								
38	市内跨县区								
39	内资企业								
40	外资企业								
41	(5)总机构汇算清缴所得税								
42	跨省								
43	内资企业								
44	外资企业								
45	省内跨市								
46	内资企业								
47	外资企业								
48	市内跨县区								
49	内资企业								
50	外资企业								
51	(6)企业所得税待分配收入	20					20		
52	跨省								
53	内资企业								

续表

序号	项目	合计				中央	省级	市级	县(区)级
		合计	其中:本年新欠入库	2001年5月1日以后陈欠入库	2001年5月1日以前陈欠入库				
54	外资企业								
55	省内跨市	20					20		
56	内资企业	20					20		
57	外资企业								
58	3. 个人所得税	111944	254	30		67166	22389	8351	14038
59	4. 资源税	934	27	4				29	905
60	5. 固定资产投资方向调节税								
61	6. 城市维护建设税	100172	1140	92				44648	55524
62	7. 房产税	29407	75	143				11307	18100
63	8. 印花税	13307	140	11				4208	9099
64	9. 城镇土地使用税	32657	236	138				10265	22392
65	10. 土地增值税	74576	1868	384			37288	12901	24387
66	11. 车船税	12568						8267	4301
67	12. 车辆购置税								
68	13. 烟叶税	2						1	1
69	14. 耕地占用税	26644						827	25817
70	15. 契税	68645	64					28283	40362
71	16. 屠宰税								

续表

序号	项目	合计				中央	省级	市级	县(区)级
		合计	其中:本年新欠入库	2001年5月1日以后陈欠入库	2001年5月1日以前陈欠入库				
72	二、其他收入合计	106970	1076	418			10466	42330	54174
73	1. 教育费附加收入	43900	535	42				20306	23594
74	2. 文化事业建设费收入	212	2	1			64	30	118
75	3. 税务部门罚没收入	56	1	2				7	49
76	4. 堤围费	16758	253	29				10079	6679
77	5. 价格调节基金								
78	6. 残疾人基金	3824		312			574	2648	602
79	7. 地方教育附加	29284	271	31			9828	9260	10196
80	8. 交通建设附加								
81	9. 社会保险基金收入								
82	基本养老保险基金收入								
83	失业保险基金收入								
84	基本医疗保险基金收入								
85	工伤保险基金收入								
86	生育保险基金收入								
87	10. 工会会费	12936	27	1					12936
88	11. 其他非税收入		-13						

2015年茂名市地方税务局入库税金明细年报表

编报机关:茂名市地方税务局　　　　单位:万元

序号	项　目	合　计				中央	省级	市级	县(区)级
		合　计	其中:本年新欠入库	2001年5月1日以后陈欠入库	2001年5月1日以前陈欠入库				
1	总　计	1169400	4484	1373		145223	291330	328681	404166
2	一、税收收入合计	1012197	4200	1218		145223	276759	223066	367149
3	1. 营业税	226350	1914	123			131029	27811	67510
4	铁路运输企业营业税								
5	金融保险业营业税	35707	579				35707		
6	其他营业税	190643	1335	123			95322	27811	67510
7	2. 企业所得税	168071	640	203		102075	33096	8658	24242
8	(1)一般企业所得税	160417	640	203		96250	32083	8641	23443
9	内资企业	160245	640	203		96147	32049	8640	23409
10	外资企业	172				103	34	1	34
11	(2)分支机构预缴所得税	472				283	95	11	83
12	跨省	4				2	1	1	
13	内资企业	4				2	1	1	
14	外资企业								
15	省内跨市	468				281	94	10	83
16	内资企业	452				271	91	9	81
17	外资企业	16				10	3	1	2

续表

序号	项　目	合　计				中央	省级	市级	县(区)级
		合　计	其中:本年新欠入库	2001 年 5 月 1 日以后陈欠入库	2001 年 5 月 1 日以前陈欠入库				
18	市内跨县区								
19	内资企业								
20	外资企业								
21	(3)总机构预缴所得税	5804				4280	811		713
22	跨省	4932				3699	617		616
23	内资企业	4932				3699	617		616
24	外资企业								
25	省内跨市	872				581	194		97
26	内资企业	872				581	194		97
27	外资企业								
28	市内跨县区								
29	内资企业								
30	外资企业								
31	(4)分支机构汇算清缴所得税	48				29	10	6	3
32	跨省								
33	内资企业								
34	外资企业								
35	省内跨市	48				29	10	6	3

续表

序号	项目	合计				中央	省级	市级	县(区)级
		合计	其中:本年新欠入库	2001年5月1日以后陈欠入库	2001年5月1日以前陈欠入库				
36	内资企业	11				7	2	1	1
37	外资企业	37				22	8	5	2
38	市内跨县区								
39	内资企业								
40	外资企业								
41	(5)总机构汇算清缴所得税								
42	跨省								
43	内资企业								
44	外资企业								
45	省内跨市								
46	内资企业								
47	外资企业								
48	市内跨县区								
49	内资企业								
50	外资企业								
51	(6)企业所得税待分配收入	1330				1233	97		
52	跨省	1233				1233			
53	内资企业	1233				1233			

续表

序号	项　　目	合　计				中央	省级	市级	县(区)级
		合　　计	其中:本年新欠入库	2001年5月1日以后陈欠入库	2001年5月1日以前陈欠入库				
54	外资企业								
55	省内跨市	97					97		
56	内资企业	97					97		
57	外资企业								
58	3. 个人所得税	71913	126	9		43148	14383	6558	7824
59	4. 资源税	5382	61	1				595	4787
60	5. 固定资产投资方向调节税								
61	6. 城市维护建设税	153572	220	39				132541	21031
62	7. 房产税	21939	61	6				7084	14855
63	8. 印花税	9009	19	1				2874	6135
64	9. 城镇土地使用税	39920	349	387				14990	24930
65	10. 土地增值税	196501	803	449			98251	8689	89561
66	11. 车船税	12979	7					4835	8144
67	12. 车辆购置税								
68	13. 烟叶税								
69	14. 耕地占用税	44659						376	44283
70	15. 契税	61902						8055	53847
71	16. 屠宰税								

续表

序号	项目	合计				中央	省级	市级	县(区)级
		合计	其中:本年新欠入库	2001年5月1日以后陈欠入库	2001年5月1日以前陈欠入库				
72	二、其他收入合计	157203	284	155			14571	105615	37017
73	1. 教育费附加收入	68351	100	19				59638	8713
74	2. 文化事业建设费收入	138	5	2			41	47	50
75	3. 税务部门罚没收入	-12	-100					25	-37
76	4. 堤围费	20528	56	4				13934	6594
77	5. 价格调节基金	10944	133	33				3226	7718
78	6. 残疾人基金	2573		81			386	1400	787
79	7. 地方教育附加	45569	66	13			14144	27345	4080
80	8. 交通建设附加								
81	9. 社会保险基金收入								
82	基本养老保险基金收入								
83	失业保险基金收入								
84	基本医疗保险基金收入								
85	工伤保险基金收入								
86	生育保险基金收入								
87	10. 工会会费	9112	24	3					9112
88	11. 其他非税收入								

2015年肇庆市地方税务局入库税金明细年报表

编报机关:肇庆市地方税务局　　单位:万元

序号	项目	合计				中央	省级	市级	县(区)级
		合计	其中:本年新欠入库	2001年5月1日以后陈欠入库	2001年5月1日以前陈欠入库				
1	总计	1042141	10558	2887		113627	277845	156179	494490
2	一、税收收入合计	961766	10024	2489		113627	271300	132835	444004
3	1. 营业税	303583	4034	588			177286	42012	84285
4	铁路运输企业营业税								
5	金融保险业营业税	50984					50984		
6	其他营业税	252599	4034	588			126302	42012	84285
7	2. 企业所得税	98889	1209	336		59434	19728	6819	12908
8	(1)一般企业所得税	98089	1200	336		58854	19617	6755	12863
9	内资企业	97626	1200	336		58576	19526	6697	12827
10	外资企业	463				278	91	58	36
11	(2)分支机构预缴所得税	277				167	55	30	25
12	跨省	22				13	4	3	2
13	内资企业	22				13	4	3	2
14	外资企业								
15	省内跨市	255				154	51	27	23
16	内资企业	236				142	48	27	19
17	外资企业	19				12	3		4

续表

序号	项　　目	合　　计				中央	省级	市级	县(区)级
		合　计	其中:本年新欠入库	2001年5月1日以后陈欠入库	2001年5月1日以前陈欠入库				
18	市内跨县区								
19	内资企业								
20	外资企业								
21	(3)总机构预缴所得税	401	8			300	51	32	18
22	跨省	398	5			298	50	32	18
23	内资企业	398	5			298	50	32	18
24	外资企业								
25	省内跨市	3	3			2	1		
26	内资企业	3	3			2	1		
27	外资企业								
28	市内跨县区								
29	内资企业								
30	外资企业								
31	(4)分支机构汇算清缴所得税	22				13	5	2	2
32	跨省	1				1			
33	内资企业	1				1			
34	外资企业								
35	省内跨市	21				12	5	2	2

续表

序号	项目	合计				中央	省级	市级	县(区)级
		合计	其中:本年新欠入库	2001年5月1日以后陈欠入库	2001年5月1日以前陈欠入库				
36	内资企业	14				8	3	2	1
37	外资企业	7				4	2		1
38	市内跨县区								
39	内资企业								
40	外资企业								
41	(5)总机构汇算清缴所得税								
42	跨省								
43	内资企业								
44	外资企业								
45	省内跨市								
46	内资企业								
47	外资企业								
48	市内跨县区								
49	内资企业								
50	外资企业								
51	(6)企业所得税待分配收入	100	1			100			
52	跨省	100	1			100			
53	内资企业	100	1			100			

续表

序号	项　　目	合　计				中央	省级	市级	县(区)级
		合　计	其中:本年新欠入库	2001年5月1日以后陈欠入库	2001年5月1日以前陈欠入库				
54	外资企业								
55	省内跨市								
56	内资企业								
57	外资企业								
58	3. 个人所得税	90325	190	16		54193	18066	5630	12436
59	4. 资源税	12929	323	2				6	12923
60	5. 固定资产投资方向调节税								
61	6. 城市维护建设税	51035	364	70				14593	36442
62	7. 房产税	35828	384	19				9518	26310
63	8. 印花税	12328	73	7				3990	8338
64	9. 城镇土地使用税	92601	388	332				10283	82318
65	10. 土地增值税	112439	2635	1079			56220	10774	45445
66	11. 车船税	13051	3					3884	9167
67	12. 车辆购置税								
68	13. 烟叶税								
69	14. 耕地占用税	65892	265					5560	60332
70	15. 契税	72866	156	40				19766	53100
71	16. 屠宰税								

续表

序号	项目	合计				中央	省级	市级	县(区)级
		合计	其中:本年新欠入库	2001年5月1日以后陈欠入库	2001年5月1日以前陈欠入库				
72	二、其他收入合计	80375	534	398			6545	23344	50486
73	1. 教育费附加收入	24155	183	32				6300	17855
74	2. 文化事业建设费收入	269	1				82	57	130
75	3. 税务部门罚没收入	39						9	30
76	4. 堤围费	15980	107	6				5667	10313
77	5. 价格调节基金	4883	99	57				1364	3519
78	6. 残疾人基金	4507	2	280			678	1602	2227
79	7. 地方教育附加	16078	117	22			5785	2494	7799
80	8. 交通建设附加								
81	9. 社会保险基金收入								
82	基本养老保险基金收入								
83	失业保险基金收入								
84	基本医疗保险基金收入								
85	工伤保险基金收入								
86	生育保险基金收入								
87	10. 工会会费	14464	25	1				5851	8613
88	11. 其他非税收入								

2015 年清远市地方税务局入库税金明细年报表

编报机关:清远市地方税务局　　　　单位:万元

序号	项　　目	合　　计				中央	省级	市级	县(区)级
		合　　计	其中:本年新欠入库	2001 年 5 月 1 日以后陈欠入库	2001 年 5 月 1 日以前陈欠入库				
1	总　　计	1013303	14184	2709		111743	289240	333319	279001
2	一、税收收入合计	941198	13721	2592		111743	283280	299392	246783
3	1. 营业税	348874	6036	946			195081	86312	67481
4	铁路运输企业营业税								
5	金融保险业营业税	41278					41278		
6	其他营业税	307596	6036	946			153803	86312	67481
7	2. 企业所得税	91222	3729	406		55101	18176	10496	7449
8	(1)一般企业所得税	91076	3729	406		55012	18147	10486	7431
9	内资企业	90659	3729	406		54761	18064	10433	7401
10	外资企业	417				251	83	53	30
11	(2)分支机构预缴所得税	128				77	25	9	17
12	跨省								
13	内资企业								
14	外资企业								
15	省内跨市	109				66	21	5	17
16	内资企业	88				53	17	5	13
17	外资企业	21				13	4		4

续表

序号	项　　目	合　　计				中央	省级	市级	县(区)级
		合　　计	其中:本年新欠入库	2001年5月1日以后陈欠入库	2001年5月1日以前陈欠入库				
18	市内跨县区	19				11	4	4	
19	内资企业	5				3	1	1	
20	外资企业	14				8	3	3	
21	(3)总机构预缴所得税	9				6	2	1	
22	跨省								
23	内资企业								
24	外资企业								
25	省内跨市	9				6	2	1	
26	内资企业	9				6	2	1	
27	外资企业								
28	市内跨县区								
29	内资企业								
30	外资企业								
31	(4)分支机构汇算清缴所得税	8				6	1		1
32	跨省								
33	内资企业								
34	外资企业								
35	省内跨市	7				5	1		1

续表

序号	项　　目	合　　计				中央	省级	市级	县(区)级
		合　　计	其中:本年新欠入库	2001 年 5 月 1 日以后陈欠入库	2001 年 5 月 1 日以前陈欠入库				
36	内资企业	7				5	1		1
37	外资企业								
38	市内跨县区	1				1			
39	内资企业	1				1			
40	外资企业								
41	(5)总机构汇算清缴所得税								
42	跨省								
43	内资企业								
44	外资企业								
45	省内跨市								
46	内资企业								
47	外资企业								
48	市内跨县区								
49	内资企业								
50	外资企业								
51	(6)企业所得税待分配收入	1					1		
52	跨省								
53	内资企业								

续表

序号	项目	合计				中央	省级	市级	县(区)级
		合计	其中:本年新欠入库	2001年5月1日以后陈欠入库	2001年5月1日以前陈欠入库				
54	外资企业								
55	省内跨市	1					1		
56	内资企业	1					1		
57	外资企业								
58	3. 个人所得税	94404	163	18		56642	18880	12123	6759
59	4. 资源税	16876	46	28				1239	15637
60	5. 固定资产投资方向调节税								
61	6. 城市维护建设税	49781	367	78				24888	24893
62	7. 房产税	30161	46	155				14860	15301
63	8. 印花税	10625	25	8				6273	4352
64	9. 城镇土地使用税	49024	327	410				19216	29808
65	10. 土地增值税	102282	2903	543			51143	33408	17731
66	11. 车船税	12051						6881	5170
67	12. 车辆购置税								
68	13. 烟叶税	378							378
69	14. 耕地占用税	48659						32535	16124
70	15. 契税	86861	79					51161	35700
71	16. 屠宰税								

续表

序号	项目	合计				中央	省级	市级	县(区)级
		合计	其中:本年新欠入库	2001年5月1日以后陈欠入库	2001年5月1日以前陈欠入库				
72	二、其他收入合计	72105	463	117			5960	33927	32218
73	1. 教育费附加收入	24869	188	41				11870	12999
74	2. 文化事业建设费收入	393	2	3			118	212	63
75	3. 税务部门罚没收入	306						292	14
76	4. 堤围费	13237	82	8				7815	5422
77	5. 价格调节基金	5745	25	38				3277	2468
78	6. 残疾人基金	1971	35				320	973	678
79	7. 地方教育附加	16590	125	27			5522	5095	5973
80	8. 交通建设附加								
81	9. 社会保险基金收入								
82	基本养老保险基金收入								
83	失业保险基金收入								
84	基本医疗保险基金收入								
85	工伤保险基金收入								
86	生育保险基金收入								
87	10. 工会会费	8994	6					4393	4601
88	11. 其他非税收入								

2015 年潮州市地方税务局入库税金明细年报表

编报机关:潮州市地方税务局　　　　单位:万元

序号	项　目	合　计				中央	省级	市级	县(区)级
		合　计	其中:本年新欠入库	2001 年 5 月 1 日以后陈欠入库	2001 年 5 月 1 日以前陈欠入库				
1	总　计	402539	13409	1403		75335	91514	89380	146310
2	一、税收收入合计	367930	12533	1143		75335	88203	81719	122673
3	1. 营业税	88730	1395	12			53811	19084	15835
4	铁路运输企业营业税								
5	金融保险业营业税	18856	11				18856		
6	其他营业税	69874	1384	12			34955	19084	15835
7	2. 企业所得税	72963	6554	123		43777	14592	8459	6135
8	(1)一般企业所得税	72952	6554	123		43771	14590	8458	6133
9	内资企业	72931	6554	123		43759	14586	8455	6131
10	外资企业	21				12	4	3	2
11	(2)分支机构预缴所得税	11				6	2	1	2
12	跨省								
13	内资企业								
14	外资企业								
15	省内跨市	11				6	2	1	2
16	内资企业	11				6	2	1	2
17	外资企业								

续表

序号	项　目	合　计				中央	省级	市级	县(区)级
		合　计	其中:本年新欠入库	2001年5月1日以后陈欠入库	2001年5月1日以前陈欠入库				
18	市内跨县区								
19	内资企业								
20	外资企业								
21	(3)总机构预缴所得税								
22	跨省								
23	内资企业								
24	外资企业								
25	省内跨市								
26	内资企业								
27	外资企业								
28	市内跨县区								
29	内资企业								
30	外资企业								
31	(4)分支机构汇算清缴所得税								
32	跨省								
33	内资企业								
34	外资企业								
35	省内跨市								

续表

序号	项　目	合　计				中央	省级	市级	县(区)级
		合　计	其中:本年新欠入库	2001年5月1日以后陈欠入库	2001年5月1日以前陈欠入库				
36	内资企业								
37	外资企业								
38	市内跨县区								
39	内资企业								
40	外资企业								
41	(5)总机构汇算清缴所得税								
42	跨省								
43	内资企业								
44	外资企业								
45	省内跨市								
46	内资企业								
47	外资企业								
48	市内跨县区								
49	内资企业								
50	外资企业								
51	(6)企业所得税待分配收入								
52	跨省								
53	内资企业								

续表

序号	项目	合计				中央	省级	市级	县(区)级
		合计	其中:本年新欠入库	2001年5月1日以后陈欠入库	2001年5月1日以前陈欠入库				
54	外资企业								
55	省内跨市								
56	内资企业								
57	外资企业								
58	3. 个人所得税	52597	587	333		31558	10519	5307	5213
59	4. 资源税	10596	450	150				1676	8920
60	5. 固定资产投资方向调节税								
61	6. 城市维护建设税	29302	775	130				10540	18762
62	7. 房产税	18908	471	125				5505	13403
63	8. 印花税	6361	181	28				1911	4450
64	9. 城镇土地使用税	21349	712	242				5157	16192
65	10. 土地增值税	18562	1408				9281	5076	4205
66	11. 车船税	7890						2957	4933
67	12. 车辆购置税								
68	13. 烟叶税								
69	14. 耕地占用税	20826							20826
70	15. 契税	19846						16047	3799
71	16. 屠宰税								

续表

序号	项目	合计				中央	省级	市级	县(区)级
		合计	其中:本年新欠入库	2001年5月1日以后陈欠入库	2001年5月1日以前陈欠入库				
72	二、其他收入合计	34609	876	260			3311	7661	23637
73	1. 教育费附加收入	13446	356	114				4790	8656
74	2. 文化事业建设费收入	93	2				28	7	58
75	3. 税务部门罚没收入	11	1						11
76	4. 堤围费	6499	138	47				323	6176
77	5. 价格调节基金	493	84	1				438	55
78	6. 残疾人基金	2058	74	5			319	4	1735
79	7. 地方教育附加	9027	218	92			2964	2054	4009
80	8. 交通建设附加								
81	9. 社会保险基金收入								
82	基本养老保险基金收入								
83	失业保险基金收入								
84	基本医疗保险基金收入								
85	工伤保险基金收入								
86	生育保险基金收入								
87	10. 工会会费	2982	3	1				45	2937
88	11. 其他非税收入								

2015年揭阳市地方税务局入库税金明细年报表

编报机关：揭阳市地方税务局　　　　单位：万元

序号	项目	合计				中央	省级	市级	县(区)级
		合计	其中：本年新欠入库	2001年5月1日以后陈欠入库	2001年5月1日以前陈欠入库				
1	总计	665464	2692	853		115193	171319	92873	286079
2	一、税收收入合计	597780	2135	426		115193	165345	75182	242060
3	1. 营业税	173719	201	36			109992	15446	48281
4	铁路运输企业营业税								
5	金融保险业营业税	46257	-4				46257		
6	其他营业税	127462	205	36			63735	15446	48281
7	2. 企业所得税	108580	920	18		65148	21718	2836	18878
8	(1)一般企业所得税	108288	920	18		64973	21657	2826	18832
9	内资企业	108167	920	18		64900	21633	2815	18819
10	外资企业	121				73	24	11	13
11	(2)分支机构预缴所得税	53				32	11	1	9
12	跨省	34				21	7		6
13	内资企业	34				21	7		6
14	外资企业								
15	省内跨市	19				11	4	1	3
16	内资企业	19				11	4	1	3
17	外资企业								

续表

序号	项目	合计				中央	省级	市级	县(区)级
		合计	其中:本年新欠入库	2001年5月1日以后陈欠入库	2001年5月1日以前陈欠入库				
18	市内跨县区								
19	内资企业								
20	外资企业								
21	(3)总机构预缴所得税	21				14	5		2
22	跨省								
23	内资企业								
24	外资企业								
25	省内跨市	21				14	5		2
26	内资企业	21				14	5		2
27	外资企业								
28	市内跨县区								
29	内资企业								
30	外资企业								
31	(4)分支机构汇算清缴所得税	216				129	43	9	35
32	跨省								
33	内资企业								
34	外资企业								
35	省内跨市	216				129	43	9	35

续表

序号	项　目	合　计				中央	省级	市级	县(区)级
		合　计	其中:本年新欠入库	2001年5月1日以后陈欠入库	2001年5月1日以前陈欠入库				
36	内资企业	216				129	43	9	35
37	外资企业								
38	市内跨县区								
39	内资企业								
40	外资企业								
41	(5)总机构汇算清缴所得税								
42	跨省								
43	内资企业								
44	外资企业								
45	省内跨市								
46	内资企业								
47	外资企业								
48	市内跨县区								
49	内资企业								
50	外资企业								
51	(6)企业所得税待分配收入	2					2		
52	跨省								
53	内资企业								

续表

序号	项　目	合计				中央	省级	市级	县(区)级
		合　计	其中:本年新欠入库	2001年5月1日以后陈欠入库	2001年5月1日以前陈欠入库				
54	外资企业								
55	省内跨市	2					2		
56	内资企业	2					2		
57	外资企业								
58	3. 个人所得税	83409	199	78		50045	16682	4927	11755
59	4. 资源税	4234	3					924	3310
60	5. 固定资产投资方向调节税								
61	6. 城市维护建设税	54929	393	145				14447	40482
62	7. 房产税	20392	26	63				5703	14689
63	8. 印花税	11378	102	18				3143	8235
64	9. 城镇土地使用税	34459	14	67				7188	27271
65	10. 土地增值税	33905	111	1			16953	4642	12310
66	11. 车船税	12495						6658	5837
67	12. 车辆购置税								
68	13. 烟叶税								
69	14. 耕地占用税	29858	162						29858
70	15. 契税	30422	4					9268	21154
71	16. 屠宰税								

续表

序号	项　　目	合　　计				中央	省级	市级	县(区)级
		合　　计	其中:本年新欠入库	2001年5月1日以后陈欠入库	2001年5月1日以前陈欠入库				
72	二、其他收入合计	67684	557	427			5974	17691	44019
73	1. 教育费附加收入	24885	230	226				4517	20368
74	2. 文化事业建设费收入	280	4	1			84	29	167
75	3. 税务部门罚没收入	36						4	32
76	4. 堤围费	15879	117	44				9375	6504
77	5. 价格调节基金	2385	37					1214	1171
78	6. 残疾人基金	2065					336	678	1051
79	7. 地方教育附加	16573	153	156			5554	1874	9145
80	8. 交通建设附加								
81	9. 社会保险基金收入								
82	基本养老保险基金收入								
83	失业保险基金收入								
84	基本医疗保险基金收入								
85	工伤保险基金收入								
86	生育保险基金收入								
87	10. 工会会费	5581	16						5581
88	11. 其他非税收入								

2015年云浮市地方税务局入库税金明细年报表

编报机关:云浮市地方税务局　　　　单位:万元

序号	项目	合计				中央	省级	市级	县(区)级
		合计	其中:本年新欠入库	2001年5月1日以后陈欠入库	2001年5月1日以前陈欠入库				
1	总计	485938	17532	1324		65989	136116	67771	216062
2	一、税收收入合计	453713	17096	1039		65989	133352	59950	194422
3	1. 营业税	133155	3009	504			78597	12669	41889
4	铁路运输企业营业税								
5	金融保险业营业税	24038					24038		
6	其他营业税	109117	3009	504			54559	12669	41889
7	2. 企业所得税	43086	3551	4		25853	8620	2890	5723
8	(1)一般企业所得税	42861	3551	4		25717	8572	2880	5692
9	内资企业	42851	3551	4		25711	8570	2880	5690
10	外资企业	10				6	2		2
11	(2)分支机构预缴所得税	116				70	23	6	17
12	跨省	47				29	9	6	3
13	内资企业	37				22	7	5	3
14	外资企业	10				7	2	1	
15	省内跨市	69				41	14		14
16	内资企业	69				41	14		14
17	外资企业								

续表

序号	项　目	合　计				中央	省级	市级	县(区)级
		合　计	其中:本年新欠入库	2001 年 5 月 1 日以后陈欠入库	2001 年 5 月 1 日以前陈欠入库				
18	市内跨县区								
19	内资企业								
20	外资企业								
21	(3)总机构预缴所得税	37				25	8		4
22	跨省								
23	内资企业								
24	外资企业								
25	省内跨市	37				25	8		4
26	内资企业	37				25	8		4
27	外资企业								
28	市内跨县区								
29	内资企业								
30	外资企业								
31	(4)分支机构汇算清缴所得税	68				41	13	4	10
32	跨省	29				17	6	4	2
33	内资企业	14				8	3	2	1
34	外资企业	15				9	3	2	1
35	省内跨市	39				24	7		8

续表

序号	项目	合计				中央	省级	市级	县(区)级
		合计	其中:本年新欠入库	2001年5月1日以后陈欠入库	2001年5月1日以前陈欠入库				
36	内资企业	39				24	7		8
37	外资企业								
38	市内跨县区								
39	内资企业								
40	外资企业								
41	(5)总机构汇算清缴所得税								
42	跨省								
43	内资企业								
44	外资企业								
45	省内跨市								
46	内资企业								
47	外资企业								
48	市内跨县区								
49	内资企业								
50	外资企业								
51	(6)企业所得税待分配收入	4					4		
52	跨省								
53	内资企业								

续表

序号	项　目	合　计				中央	省级	市级	县(区)级
		合　计	其中:本年新欠入库	2001年5月1日以后陈欠入库	2001年5月1日以前陈欠入库				
54	外资企业								
55	省内跨市	4					4		
56	内资企业	4					4		
57	外资企业								
58	3. 个人所得税	66894	7970	52		40136	13379	2103	11276
59	4. 资源税	7867	2					739	7128
60	5. 固定资产投资方向调节税								
61	6. 城市维护建设税	23189	248	29				9646	13543
62	7. 房产税	13660	107	44				4043	9617
63	8. 印花税	4439	25	14				966	3473
64	9. 城镇土地使用税	18796	438	147				6999	11797
65	10. 土地增值税	65512	1612	245			32756	4178	28578
66	11. 车船税	5916						2032	3884
67	12. 车辆购置税								
68	13. 烟叶税								
69	14. 耕地占用税	34048						4819	29229
70	15. 契税	37151	134					8866	28285
71	16. 屠宰税								

续表

序号	项　目	合　计				中央	省级	市级	县(区)级
		合　计	其中:本年新欠入库	2001年5月1日以后陈欠入库	2001年5月1日以前陈欠入库				
72	二、其他收入合计	32225	436	285			2764	7821	21640
73	1. 教育费附加收入	10729	315	266				2592	8137
74	2. 文化事业建设费收入	64	1				19	12	33
75	3. 税务部门罚没收入	13						4	9
76	4. 堤围费	1860	1					1127	733
77	5. 价格调节基金	6000	44	17				2572	3428
78	6. 残疾人基金	1591	30				282	445	864
79	7. 地方教育附加	7102	33	2			2463	1069	3570
80	8. 交通建设附加								
81	9. 社会保险基金收入								
82	基本养老保险基金收入								
83	失业保险基金收入								
84	基本医疗保险基金收入								
85	工伤保险基金收入								
86	生育保险基金收入								
87	10. 工会会费	4866	12						4866
88	11. 其他非税收入								

2015 年横琴新区地方税务局入库税金明细年报表

编报机关:横琴新区地方税务局　　　　单位:万元

序号	项　　目	合计				中央	省级	市级	县(区)级
		合　　计	其中:本年新欠入库	2001 年 5 月 1 日以后陈欠入库	2001 年 5 月 1 日以前陈欠入库				
1	总　　计	623640	932	28		158290	194544	92	270714
2	一、税收收入合计	602825	906	4		158290	192361	92	252082
3	1. 营业税	175585	142	4			110173		65412
4	铁路运输企业营业税								
5	金融保险业营业税	44760	2				44760		
6	其他营业税	130825	140	4			65413		65412
7	2. 企业所得税	119933	43			71961	23988		23984
8	(1)一般企业所得税	119896	43			71938	23979		23979
9	内资企业	116084	43			69650	23217		23217
10	外资企业	3812				2288	762		762
11	(2)分支机构预缴所得税	16				10	3		3
12	跨省	3				2			1
13	内资企业	3				2			1
14	外资企业								
15	省内跨市	13				8	3		2
16	内资企业	13				8	3		2
17	外资企业								

续表

序号	项　目	合　计				中央	省级	市级	县(区)级
		合　计	其中:本年新欠入库	2001年5月1日以后陈欠入库	2001年5月1日以前陈欠入库				
18	市内跨县区								
19	内资企业								
20	外资企业								
21	(3)总机构预缴所得税	19				13	4		2
22	跨省								
23	内资企业								
24	外资企业								
25	省内跨市	19				13	4		2
26	内资企业	19				13	4		2
27	外资企业								
28	市内跨县区								
29	内资企业								
30	外资企业								
31	(4)分支机构汇算清缴所得税								
32	跨省								
33	内资企业								
34	外资企业								
35	省内跨市								

续表

序号	项　　目	合　　计				中央	省级	市级	县(区)级
		合　　计	其中:本年新欠入库	2001年5月1日以后陈欠入库	2001年5月1日以前陈欠入库				
36	内资企业								
37	外资企业								
38	市内跨县区								
39	内资企业								
40	外资企业								
41	(5)总机构汇算清缴所得税								
42	跨省								
43	内资企业								
44	外资企业								
45	省内跨市								
46	内资企业								
47	外资企业								
48	市内跨县区								
49	内资企业								
50	外资企业								
51	(6)企业所得税待分配收入	2					2		
52	跨省								
53	内资企业								

续表

序号	项目	合计				中央	省级	市级	县(区)级
		合计	其中:本年新欠入库	2001年5月1日以后陈欠入库	2001年5月1日以前陈欠入库				
54	外资企业								
55	省内跨市	2					2		
56	内资企业	2					2		
57	外资企业								
58	3. 个人所得税	143882	453			86329	28776		28777
59	4. 资源税								
60	5. 固定资产投资方向调节税								
61	6. 城市维护建设税	18620	23						18620
62	7. 房产税	2475	106						2475
63	8. 印花税	7272	15						7272
64	9. 城镇土地使用税	2766	124						2766
65	10. 土地增值税	58848					29424		29424
66	11. 车船税	92						92	
67	12. 车辆购置税								
68	13. 烟叶税								
69	14. 耕地占用税	40044							40044
70	15. 契税	33308							33308
71	16. 屠宰税								

续表

序号	项目	合计				中央	省级	市级	县(区)级
		合计	其中:本年新欠入库	2001年5月1日以后陈欠入库	2001年5月1日以前陈欠入库				
72	二、其他收入合计	20815	26	24			2183		18632
73	1. 教育费附加收入	7980	10						7980
74	2. 文化事业建设费收入	71					21		50
75	3. 税务部门罚没收入	17							17
76	4. 堤围费	5029	8						5029
77	5. 价格调节基金								
78	6. 残疾人基金	624		24			118		506
79	7. 地方教育附加	5319	6				2044		3275
80	8. 交通建设附加								
81	9. 社会保险基金收入								
82	基本养老保险基金收入								
83	失业保险基金收入								
84	基本医疗保险基金收入								
85	工伤保险基金收入								
86	生育保险基金收入								
87	10. 工会会费	1775	2						1775
88	11. 其他非税收入								

2015年顺德区地方税务局入库税金明细年报表

编报机关:顺德区地方税务局

单位:万元

序号	项目	合计				中央	省级	市级	县(区)级
		合计	其中:本年新欠入库	2001年5月1日以后陈欠入库	2001年5月1日以前陈欠入库				
1	总计	1867674	10608	94		339176	502303		1026195
2	一、税收收入合计	1686754	9425	80		339176	485774		861804
3	1. 营业税	502202	2444	3			307178		195024
4	铁路运输企业营业税								
5	金融保险业营业税	112149	6				112149		
6	其他营业税	390053	2438	3			195029		195024
7	2. 企业所得税	273774	661	4		172349	50804		50621
8	(1)一般企业所得税	232147	661	4		139288	46429		46430
9	内资企业	170754	657	4		102452	34151		34151
10	外资企业	61393	4			36836	12278		12279
11	(2)分支机构预缴所得税	260				156	52		52
12	跨省	144				86	29		29
13	内资企业	144				86	29		29
14	外资企业								
15	省内跨市	116				70	23		23
16	内资企业	116				70	23		23
17	外资企业								

续表

序号	项目	合计				中央	省级	市级	县(区)级
		合计	其中:本年新欠入库	2001年5月1日以后陈欠入库	2001年5月1日以前陈欠入库				
18	市内跨县区								
19	内资企业								
20	外资企业								
21	(3)总机构预缴所得税	21303				15918	2732		2653
22	跨省	20587				15441	2573		2573
23	内资企业	3580				2686	447		447
24	外资企业	17007				12755	2126		2126
25	省内跨市	716				477	159		80
26	内资企业	716				477	159		80
27	外资企业								
28	市内跨县区								
29	内资企业								
30	外资企业								
31	(4)分支机构汇算清缴所得税	25				15	5		5
32	跨省	19				11	4		4
33	内资企业	19				11	4		4
34	外资企业								
35	省内跨市	6				4	1		1

续表

序号	项目	合计				中央	省级	市级	县(区)级
		合计	其中:本年新欠入库	2001年5月1日以后陈欠入库	2001年5月1日以前陈欠入库				
36	内资企业	6				4	1		1
37	外资企业								
38	市内跨县区								
39	内资企业								
40	外资企业								
41	(5)总机构汇算清缴所得税	11862				8887	1494		1481
42	跨省	11751				8813	1469		1469
43	内资企业	1453				1089	182		182
44	外资企业	10298				7724	1287		1287
45	省内跨市	111				74	25		12
46	内资企业	111				74	25		12
47	外资企业								
48	市内跨县区								
49	内资企业								
50	外资企业								
51	(6)企业所得税待分配收入	8177				8085	92		
52	跨省	8085				8085			
53	内资企业	1258				1258			

续表

序号	项目	合计				中央	省级	市级	县(区)级
		合计	其中:本年新欠入库	2001年5月1日以后陈欠入库	2001年5月1日以前陈欠入库				
54	外资企业	6827				6827			
55	省内跨市	92					92		
56	内资企业	92					92		
57	外资企业								
58	3. 个人所得税	278045	883	4		166827	55609		55609
59	4. 资源税	51							51
60	5. 固定资产投资方向调节税								
61	6. 城市维护建设税	137563	802	11					137563
62	7. 房产税	97841	890	55					97841
63	8. 印花税	21398	86	1					21398
64	9. 城镇土地使用税	44344	727	2					44344
65	10. 土地增值税	144366	800				72183		72183
66	11. 车船税	26585							26585
67	12. 车辆购置税								
68	13. 烟叶税								
69	14. 耕地占用税	24504							24504
70	15. 契税	136081	2132						136081
71	16. 屠宰税								

续表

序号	项　　目	合　　计				中央	省级	市级	县(区)级
		合　　计	其中:本年新欠入库	2001 年 5 月 1 日以后陈欠入库	2001 年 5 月 1 日以前陈欠入库				
72	二、其他收入合计	180920	1183	14			16529		164391
73	1. 教育费附加收入	58920	345	4					58920
74	2. 文化事业建设费收入	544	16				163		381
75	3. 税务部门罚没收入	15							15
76	4. 堤围费	39450	210	5					39450
77	5. 价格调节基金	6449	197	1					6449
78	6. 残疾人基金	19911	140				3080		16831
79	7. 地方教育附加	39197	234	3			13286		25911
80	8. 交通建设附加								
81	9. 社会保险基金收入								
82	基本养老保险基金收入								
83	失业保险基金收入								
84	基本医疗保险基金收入								
85	工伤保险基金收入								
86	生育保险基金收入								
87	10. 工会会费	16434	41	1					16434
88	11. 其他非税收入								

2015 年广东省地方税务局直属分局入库税金明细年报表

编报机关:广东省地方税务局直属分局　　　　单位:万元

序号	项目	合计				中央	省级	市级	县(区)级
		合计	其中:本年新欠入库	2001 年 5 月 1 日以后陈欠入库	2001 年 5 月 1 日以前陈欠入库				
1	总计	2001383	3982	1093		288692	1675768	19284	17639
2	一、税收收入合计	1917389	621	1093		288692	1591774	19284	17639
3	1. 营业税	1443952	276	79			1443952		
4	铁路运输企业营业税								
5	金融保险业营业税	1441555	276	79			1441555		
6	其他营业税	2397					2397		
7	2. 企业所得税	473194	345	1014		288692	147579	19284	17639
8	(1)一般企业所得税	446502	345	1014		267901	144112	17704	16785
9	内资企业	444054	343	1014		266432	143622	17463	16537
10	外资企业	2448	2			1469	490	241	248
11	(2)分支机构预缴所得税								
12	跨省								
13	内资企业								
14	外资企业								
15	省内跨市								
16	内资企业								
17	外资企业								

续表

序号	项目	合计				中央	省级	市级	县(区)级
		合计	其中:本年新欠入库	2001年5月1日以后陈欠入库	2001年5月1日以前陈欠入库				
18	市内跨县区								
19	内资企业								
20	外资企业								
21	(3)总机构预缴所得税	12139				8961	1758	912	508
22	跨省	10423				7817	1377	815	414
23	内资企业	10423				7817	1377	815	414
24	外资企业								
25	省内跨市	1716				1144	381	97	94
26	内资企业	1716				1144	381	97	94
27	外资企业								
28	市内跨县区								
29	内资企业								
30	外资企业								
31	(4)分支机构汇算清缴所得税								
32	跨省								
33	内资企业								
34	外资企业								
35	省内跨市								

续表

序号	项　　目	合　　计				中央	省级	市级	县(区)级
		合　　计	其中:本年新欠入库	2001 年 5 月 1 日以后陈欠入库	2001 年 5 月 1 日以前陈欠入库				
36	内资企业								
37	外资企业								
38	市内跨县区								
39	内资企业								
40	外资企业								
41	(5)总机构汇算清缴所得税	9495				7053	1428	668	346
42	跨省	8683				6512	1248	634	289
43	内资企业	8683				6512	1248	634	289
44	外资企业								
45	省内跨市	812				541	180	34	57
46	内资企业	812				541	180	34	57
47	外资企业								
48	市内跨县区								
49	内资企业								
50	外资企业								
51	(6)企业所得税待分配收入	5058				4777	281		
52	跨省	4777				4777			
53	内资企业	4777				4777			

续表

序号	项目	合计				中央	省级	市级	县(区)级
		合计	其中:本年新欠入库	2001年5月1日以后陈欠入库	2001年5月1日以前陈欠入库				
54	外资企业								
55	省内跨市	281					281		
56	内资企业	281					281		
57	外资企业								
58	3. 个人所得税								
59	4. 资源税								
60	5. 固定资产投资方向调节税								
61	6. 城市维护建设税	243					243		
62	7. 房产税								
63	8. 印花税								
64	9. 城镇土地使用税								
65	10. 土地增值税								
66	11. 车船税								
67	12. 车辆购置税								
68	13. 烟叶税								
69	14. 耕地占用税								
70	15. 契税								
71	16. 屠宰税								

续表

序号	项目	合计				中央	省级	市级	县(区)级
		合计	其中:本年新欠入库	2001年5月1日以后陈欠入库	2001年5月1日以前陈欠入库				
72	二、其他收入合计	83994	3361				83994		
73	1. 教育费附加收入	146					146		
74	2. 文化事业建设费收入								
75	3. 税务部门罚没收入	5					5		
76	4. 堤围费								
77	5. 价格调节基金	83746	3361				83746		
78	6. 残疾人基金								
79	7. 地方教育附加	97					97		
80	8. 交通建设附加								
81	9. 社会保险基金收入								
82	基本养老保险基金收入								
83	失业保险基金收入								
84	基本医疗保险基金收入								
85	工伤保险基金收入								
86	生育保险基金收入								
87	10. 工会会费								
88	11. 其他非税收入								

2015年广东省地方税务局税收收入分行业分税种统计年报表

编报机关:广东省地方税务局　　　　单位:万元

序号	项　目	合　计	营业税	企业所得税		个人所得税	城市维护建设税	房产税	印花税	城镇土地使用税	土地增值税	车船税	耕地占用税	契税	其他各税
				内资企业	外资企业										
1	税收收入合计	66155659	20482458	8704183	2603618	12694150	4904804	2408346	1047757	1436260	5766851	699642	953319	4272560	181711
2	一、第一产业	93881	17273	13687	397	28925	2269	5635	2776	8160	12032	59	-23	2612	79
3	二、第二产业	17496227	4092766	3311667	1417405	3722103	2889927	668287	462586	502270	147368	5278	40930	94641	140999
4	(一)采矿业	99520	2120	8492	431	9279	6422	2030	849	8723	1276	3	731	3067	56097
5	1. 煤炭开采和洗选业	510	127	43		74	32	16	7	9	159	1		38	4
6	2. 石油和天然气开采业	9144	1076	74		654	754	422	151	3102		1		2865	45
7	其中:原油	7354	1017	46		429	171	59	95	2626		1		2865	45
8	3. 黑色金属矿采选业	14931	27	698		782	949	286	74	965				2	11148
9	4. 有色金属矿采选业	15619	60	4209	8	4243	1563	631	227	1026				2	3650
10	5. 非金属矿采选业	32608	636	2161		2524	2106	474	281	1550	387	1	312	35	22141
11	6. 其他采矿业	26708	194	1307	423	1002	1018	201	109	2071	730		419	125	19109
12	(二)制造业	9841102	223573	1613162	1163570	2852249	2418344	567285	373238	422280	72270	3637	5784	61465	64245
13	1. 农副食品加工业	97112	3339	16894	8195	30707	9530	10198	6782	9380	524	53		1505	5
14	2. 食品制造业	301160	10401	44180	45557	87699	78878	15812	6768	7774	2267	96		1704	24
15	3. 酒、饮料和精制茶制造业	114601	3425	4000	34108	20214	32261	10180	3252	4524	1552	39	105	934	7
16	①酒的制造	41375	963	3531	3643	5482	16847	5539	1020	2488	992	26	105	739	
17	其中:酒精	4240	3	59		1494	1617	342	161	337		11		216	
18	②饮料制造	72993	2462	459	30465	14697	15326	4598	2225	1990	560	12		192	7
19	③精制茶制造	233		10		35	88	43	7	46		1		3	
20	4. 烟草制品业	235023	284	22426		25350	173319	5741	3758	1797		-1		450	1899
21	其中:卷烟制造	218257	262	21215		22183	164369	4911	3559	1310		-2		450	
22	5. 纺织业	135010	3564	25280	5227	27274	31212	16742	5400	16150	3075	61	376	645	4

续表

序号	项　目	合　计	营业税	企业所得税		个人所得税	城市维护建设税	房产税	印花税	城镇土地使用税	土地增值税	车船税	耕地占用税	契税	其他各税
				内资企业	外资企业										
23	6. 纺织服装、服饰业	255853	7849	32141	35067	50231	69449	24646	9498	18920	5915	197	172	1768	
24	7. 皮革、毛皮、羽毛及其制品和制鞋业	129295	6593	9437	10042	25602	41406	12773	6429	10332	5497	120	18	1046	
25	8. 木材加工及木竹藤棕草制品业	34131	3582	1507	712	5412	10242	3660	1323	5666	1436	26	17	510	38
26	9. 家具制造业	95080	2213	6491	4188	23663	28659	11728	4195	10833	422	64		2624	
27	10. 造纸及纸制品业	118895	2931	14207	13999	27601	25184	14172	5634	12453	876	93	176	1561	8
28	11. 印刷和记录媒介复制业	124090	3476	19211	26000	30167	23935	9777	3545	6556	1062	60	2	299	
29	12. 文教、工美、体育和娱乐用品制造业	124874	3959	17549	9825	23479	33656	17015	5520	12310	434	78	13	756	280
30	13. 石油加工、炼焦及核燃料加工业	421303	1735	15477	34640	14947	331356	4094	4787	13689		40		538	
31	其中:成品油	420820	1735	15474	34639	14748	331237	4059	4685	13674		35		534	
32	14. 化学原料及化学制品制造业	319094	10551	43563	23156	107314	74426	21471	12762	18723	2970	198	346	3064	550
33	15. 医药制造业	316182	2930	109559	45140	79215	48642	14345	4922	8147	1230	75	338	1639	
34	16. 化学纤维制造业	20072	242	19	9823	2768	3184	1785	526	1270	76	2		377	
35	17. 橡胶和塑料制品业	347790	8041	33377	34749	89071	91880	35501	16368	29567	5098	229	49	3768	92
36	18. 非金属矿物制品业	333055	4348	49656	11492	57235	58626	31014	9503	46400	2228	364	2462	3434	56293
37	19. 黑色金属冶炼及压延加工业	43842	1962	2089	234	8572	7628	7585	4666	9083	125	29		1839	30
38	20. 有色金属冶炼及压延加工业	77333	2237	17424	460	15552	13643	8534	5031	8727	115	29	179	1546	3856
39	21. 金属制品业	426004	16110	47295	40985	123079	96302	35745	19687	34488	6991	211	437	4537	137
40	22. 通用设备制造业	290092	7880	43374	64538	78212	51679	17990	9332	11927	3427	125	142	1466	
41	23. 专用设备制造业	366876	7468	49677	62437	134496	65379	17460	11188	14751	739	105	185	2951	40
42	24. 汽车制造业	419128	6112	9756	5904	117210	207177	27237	25805	15528	1183	641		2575	
43	25. 铁路、船舶、航空航天和其他运输设备制造业	102832	6376	8200	14906	26420	17473	13748	5532	8944	186	95	125	815	12
44	其中:铁路运输设备制造	2079	293	11	27	655	154	416	47	400	64				12

续表

序号	项目	合计	营业税	企业所得税		个人所得税	城市维护建设税	房产税	印花税	城镇土地使用税	土地增值税	车船税	耕地占用税	契税	其他各税
				内资企业	外资企业										
45	船舶及相关装置制造	36896	1126	2833	2258	12425	4425	5761	2915	4734	74	3	125	217	
46	航空、航天及设备制造	16241	2932	1	9054	2169	1277	251	441	103				13	
47	摩托车制造	27387	1576	4051		5822	7650	4057	1388	2383	48	1		411	
48	26. 电气机械及器材制造业	1197776	14041	498530	94850	254418	207391	53604	30321	30046	8095	194	180	6106	
49	27. 计算机、通信和其他电子设备制造业	2677555	56963	409341	401064	1122825	439384	84596	116773	30814	9013	198	13	6570	1
50	28. 仪表仪器制造业	160955	2844	12402	39926	72810	18396	6820	4284	2615	432	17		405	4
51	29. 其他制造业	556089	22117	50100	86346	170706	128047	33312	29647	20866	7302	199	449	6033	965
52	(三)电力、热力、燃气及水的生产和供应业	1306055	52674	497230	163909	226275	203572	68709	25441	40665	19552	421	3047	4456	104
53	1. 电力、热力的生产和供应业	1077268	35058	430132	113354	198573	185682	60430	21593	25086	1272	338	2400	3252	98
54	①电力生产	384137	23685	75273	79455	71528	69528	31052	11861	16610	1194	39	1244	2570	98
55	②电力供应	675072	11003	351949	31938	121144	112388	27946	9037	7600	31	292	1156	588	
56	③热力生产和供应业	18059	370	2910	1961	5901	3766	1432	695	876	47	7		94	
57	2. 燃气生产和供应业	55386	5350	18027	1715	10429	11141	2051	2907	2854	43	38	102	728	1
58	3. 水的生产和供应业	173401	12266	49071	48840	17273	6749	6228	941	12725	18237	45	545	476	5
59	(四)建筑业	6249550	3814399	1192783	89495	634300	261589	30263	63058	30602	54270	1217	31368	25653	20553
60	1. 房屋建筑业	1299147	731225	358329	3576	108901	49210	7217	15813	4319	11944	174	302	1566	6571
61	2. 土木工程建筑业	610462	346552	136138	18	67554	23560	4778	10643	4915	3714	337	6844	2726	2683
62	3. 建筑安装业	1822134	1018973	356921	83317	211181	71608	9632	19147	7316	19867	363	4485	15092	4232
63	4. 建筑装饰和其他建筑业	2517807	1717649	341395	2584	246664	117211	8636	17455	14052	18745	343	19737	6269	7067
64	三、第三产业	48565551	16372419	5378829	1185816	8943122	2012608	1734424	582395	925830	5607451	694305	912412	4175307	40633
65	(一)批发和零售业	3688876	587461	776674	117693	856338	590139	193357	198941	123225	166213	5815	8114	37535	27371
66	1. 批发业	2595981	396336	606687	71512	610675	408053	120916	147890	59666	127174	3656	2450	21908	19058
67	其中:烟草制品批发	270834	2133	142104		30824	76175	2913	4463	704	930	23		135	10430

续表

序号	项　　目	合　计	营业税	企业所得税		个人所得税	城市维护建设税	房产税	印花税	城镇土地使用税	土地增值税	车船税	耕地占用税	契税	其他各税
				内资企业	外资企业										
68	煤炭及制品批发	26632	1357	10652	4550	2110	3398	618	3183	283	418	29		33	1
69	石油及其制品批发	62446	1770	9283	4212	10701	16294	2725	14264	2974	30	61	2	130	
70	汽车及零配件批发	29046	5122	2681	65	9476	6145	1364	2891	755	215	56		276	
71	2. 零售业	1092895	191125	169987	46181	245663	182086	72441	51051	63559	39039	2159	5664	15627	8313
72	(二)交通运输、仓储及邮政业	1153063	166846	278443	95555	321966	60296	75494	30209	40058	31031	30787	9834	12407	137
73	1. 交通运输业	991941	143295	244038	91233	286587	53734	46217	26524	26352	28402	29666	9562	6194	137
74	2. 仓储业	119045	20527	32406	3891	13458	5112	20220	3464	10730	2533	309	272	6123	
75	3. 邮政业	42077	3024	1999	431	21921	1450	9057	221	2976	96	812		90	
76	(三)住宿和餐饮业	957952	684472	35136	7743	98792	47462	53899	2096	16821	6636	215	1741	2897	42
77	1. 住宿业	338704	218578	14059	3876	27482	14989	39271	862	11060	6274	120	94	2005	34
78	2. 餐饮业	619248	465894	21077	3867	71310	32473	14628	1234	5761	362	95	1647	892	8
79	(四)信息传输、软件和信息技术服务业	1448412	52174	131199	317293	714579	127818	49108	18949	10537	2730	9143	1054	13827	1
80	1. 电信、广播电视和卫星传输服务业	274082	9984	17199	35460	110310	48919	36491	4630	6828	1259	121		2881	
81	其中:电信	258899	8437	14058	35453	102324	48294	35725	4440	6704	656	9		2799	
82	2. 互联网和相关服务	16131	1426	715	69	9401	1976	903	846	380	2	8		405	
83	3. 软件和信息技术服务业	1158199	40764	113285	281764	594868	76923	11714	13473	3329	1469	9014	1054	10541	1
84	(五)金融业	9550067	5751908	374638	33460	2356549	405180	90639	71997	30298	18382	381809	283	34873	51
85	1. 货币金融服务	5120294	3596435	71122	1457	1023795	247147	74703	39416	24578	13899	7121	202	20419	
86	其中:银行	4812869	3405484	1006	376	999469	232653	74205	34046	24510	13518	7108	201	20293	
87	金融租赁	18608	11313	930	725	2303	1679	29	1484	9	129	3		4	
88	2. 资本市场服务	2128920	1022763	183637	7511	820381	72016	3661	6272	1392	1171	31	64	9970	51
89	3. 保险业	1724607	854737	718	27	420162	65898	7620	20397	868	274	352596		1310	
90	4. 其他金融	576246	277973	119161	24465	92211	20119	4655	5912	3460	3038	22061	17	3174	
91	(六)房地产业	16805869	6372867	2136694	337944	592046	433575	635787	107140	382264	4741815	1297	75021	989262	157

续表

序号	项目	合计	营业税	企业所得税		个人所得税	城市维护建设税	房产税	印花税	城镇土地使用税	土地增值税	车船税	耕地占用税	契税	其他各税
				内资企业	外资企业										
92	1. 房地产开发经营业	12903176	5004053	1687068	234367	330722	336875	258078	84812	287099	4079226	658	36459	563642	117
93	2. 物业管理	945071	487641	129051	17467	65227	35219	103722	5415	25733	50145	318	6976	18156	1
94	3. 房地产中介服务	252209	114695	25392	882	66985	8658	6886	1126	3039	22655	69	30	1779	13
95	4. 自有房地产经营活动	203944	74157	13143	574	15689	5013	65136	1591	10761	10207	42	528	7103	
96	5. 其他房地产业	2501469	692321	282040	84654	113423	47810	201965	14196	55632	579582	210	31028	398582	26
97	（七）租赁和商务服务业	4802346	1195490	1053824	83757	1435518	139969	238748	68019	121025	257899	15203	70926	121564	404
98	1. 租赁业	127758	47869	28452	894	8474	5550	18529	3106	3569	9366	928	202	797	22
99	2. 商务服务业	4674588	1147621	1025372	82863	1427044	134419	220219	64913	117456	248533	14275	70724	120767	382
100	（八）科学研究和技术服务业	1160820	153914	231667	18952	478711	79688	35741	20000	14743	20524	39712	53013	13972	183
101	（九）居民服务、修理和其他服务业	3567533	770033	177316	153540	793635	76098	205541	28422	60161	145000	52287	97642	1006849	1009
102	其中：居民服务业	435771	136263	26525	887	71518	10908	131549	7412	17853	7240	4578	19947	716	375
103	机动车、电子产品和日用产品修理业	39400	7676	2797	855	10039	4862	1847	870	1317	729	8242	1	165	
104	（十）教育	373857	57239	23886	165	266969	4441	6953	791	1259	10533	815	299	507	
105	（十一）卫生和社会工作	373648	16906	16395	477	327721	1318	3957	1093	529	1319	264	335	3334	
106	其中：卫生	364480	14783	15908	475	322908	1165	2682	1076	423	1312	220	206	3322	
107	（十二）文化、体育和娱乐业	305949	74665	22759	12131	124321	9789	13824	1579	35677	5259	178	28	5739	
108	其中：新闻和出版业	31253	2439	5052	47	17806	1709	3059	350	626	96	37		32	
109	广播、电视、电影和影视录音制作业	55925	3008	7457	293	30666	2466	2262	551	9046	49	63		64	
110	体育	91753	18578	2928	575	47538	1470	3643	231	10240	4753	23	5	1769	
111	娱乐业	96643	42415	3572	11114	17701	2940	3067	188	15079	359	10	22	176	
112	（十三）公共管理、社会保障和社会组织	4079466	409856	39100	57	540308	29021	122478	30351	73622	181418	122555	589079	1931435	10186
113	（十四）其他行业	297693	78588	81098	7049	35669	7814	8898	2808	15611	18692	34225	5043	1106	1092

2015年广州市地方税务局税收收入分行业分税种统计年报表

编报机关：广州市地方税务局　　　　单位：万元

序号	项　目	合　计	营业税	企业所得税		个人所得税	城市维护建设税	房产税	印花税	城镇土地使用税	土地增值税	车船税	耕地占用税	契税	其他各税
				内资企业	外资企业										
1	税收收入合计	12777570	3140524	1376989	122875	3332494	1248510	759479	287847	174023	1220640	130116	56283	924901	2889
2	一、第一产业	5601	1166	1073		1722	223	403	183	222	544	45		20	
3	二、第二产业	2644906	704790	286470	7767	623202	686531	142926	93987	61700	18367	3863	404	12010	2889
4	（一）采矿业	2087	34	281		420	199	178	33	68	74	2		13	785
5	1. 煤炭开采和洗选业	172	21			33	19	16	1	7	74	1			
6	2. 石油和天然气开采业	202				40	42	88	4	28					
7	其中：原油	3				1	2								
8	3. 黑色金属矿采选业														
9	4. 有色金属矿采选业	75	3	2		59		9						2	
10	5. 非金属矿采选业	1350	8	275		38	136	64	12	31		1			785
11	6. 其他采矿业	288	2	4		250	2	1	16	2				11	
12	（二）制造业	1456554	37012	123122	7061	438780	581053	119494	70472	53857	13148	2523	80	7848	2104
13	1. 农副食品加工业	30001	831	5877	247	15734	1727	2259	1802	1008	54	46		416	
14	2. 食品制造业	95187	1188	7664		36656	38373	6863	2638	1518		91		196	
15	3. 酒、饮料和精制茶制造业	23156	911	455		8149	9219	2604	892	870		19		37	
16	①酒的制造	6881	137	443		1644	3338	795	210	306		8			
17	其中：酒精	32					1	31							
18	②饮料制造	16233	774	12		6492	5866	1802	679	561		10		37	
19	③精制茶制造	42				13	15	7	3	3		1			
20	4. 烟草制品业	106961	245			16119	82858	3791	3303	648		-3			
21	其中：卷烟制造	106961	245			16119	82858	3791	3303	648		-3			
22	5. 纺织业	16311	600	4049		2405	4279	2567	794	1535	3	49		30	

续表

序号	项　目	合　计	营业税	企业所得税		个人所得税	城市维护建设税	房产税	印花税	城镇土地使用税	土地增值税	车船税	耕地占用税	契税	其他各税
				内资企业	外资企业										
23	6. 纺织服装、服饰业	33237	1347	1570		6002	13380	4736	2046	3513	143	172		328	
24	7. 皮革、毛皮、羽毛及其制品和制鞋业	22961	389	1061		3749	8268	2174	1537	1198	4180	108		297	
25	8. 木材加工及木竹藤棕草制品业	6403	1517	374		788	1341	593	203	560	863	20	10	134	
26	9. 家具制造业	16139	325	502		7230	3973	1520	646	1028		52		863	
27	10. 造纸及纸制品业	10041	404	310		2604	2589	1842	709	1020		66		497	
28	11. 印刷和记录媒介复制业	8220	371	1246		2591	2156	1028	367	379		47		35	
29	12. 文教、工美、体育和娱乐用品制造业	16637	1082	1749		3888	3893	3502	847	1319	197	69		91	
30	13. 石油加工、炼焦及核燃料加工业	95424	56	17		2521	91368	717	405	226		39		75	
31	其中:成品油	95019	56	17		2337	91274	688	313	225		34		75	
32	14. 化学原料及化学制品制造业	124594	2447	17620	42	54281	31740	6969	5025	3686	1710	171	33	529	341
33	15. 医药制造业	58042	729	10014	5606	19777	14384	4122	1506	1467	44	67		326	
34	16. 化学纤维制造业	1239	8	2		338	304	152	43	139	31	2		220	
35	17. 橡胶和塑料制品业	52425	684	5816	250	17591	13407	7194	2676	3868	591	190	29	129	
36	18. 非金属矿物制品业	21593	633	3497		5036	4873	2697	733	2042	22	244	5	48	1763
37	19. 黑色金属冶炼及压延加工业	13765	101	604		3360	2619	3025	1864	2035		29		128	
38	20. 有色金属冶炼及压延加工业	5956	249	100		1836	1031	1091	915	661	50	23			
39	21. 金属制品业	58515	1172	14142		22463	10491	4361	2133	3145	13	159	3	433	
40	22. 通用设备制造业	78208	2076	16153		33129	15379	6238	2487	1906	479	109		252	
41	23. 专用设备制造业	27695	1389	3082	96	9438	6882	3157	1227	1226	397	91		710	
42	24. 汽车制造业	296101	1673	3729		82060	165658	15265	19966	6755	196	141		658	
43	25. 铁路、船舶、航空航天和其他运输设备制造业	41998	4996	5513		11447	6270	6418	3040	4119	38	91		66	
44	其中:铁路运输设备制造	286	197	9		12	47	6	9	6					

续表

序号	项目	合计	营业税	企业所得税		个人所得税	城市维护建设税	房产税	印花税	城镇土地使用税	土地增值税	车船税	耕地占用税	契税	其他各税
				内资企业	外资企业										
45	船舶及相关装置制造	22219	937	2568		8267	2143	3404	2209	2616	38			37	
46	航空、航天及设备制造	3967	2905			443	469	59	36	55					
47	摩托车制造	14800	956	2934		2640	3435	2806	723	1276		1		29	
48	26. 电气机械及器材制造业	56422	1444	7346	161	17045	13603	6854	3576	2723	2890	150		630	
49	27. 计算机、通信和其他电子设备制造业	94898	8503	4571	7	33799	22606	12983	7534	3298	908	141		548	
50	28. 仪表仪器制造业	5217	276	292		2095	1343	645	215	257	48	16		30	
51	29. 其他制造业	39208	1366	5767	652	16649	7039	4127	1343	1708	291	124		142	
52	(三)电力、热力、燃气及水的生产和供应业	154166	8404	15398		49317	54374	11842	8407	4756	99	300	169	1100	
53	1. 电力、热力的生产和供应业	123480	6384	2981		42552	50475	9923	7537	2100	99	223	119	1087	
54	①电力生产	24851	2338	2657		8537	5021	3248	823	1229	99	7		892	
55	②电力供应	97679	3991	67		33658	45306	6630	6691	813		209	119	195	
56	③热力生产和供应业	950	55	257		357	148	45	23	58		7			
57	2. 燃气生产和供应业	18009	1032	8450		4142	2560	611	644	472		35	50	13	
58	3. 水的生产和供应业	12677	988	3967		2623	1339	1308	226	2184		42			
59	(四)建筑业	1032099	659340	147669	706	134685	50905	11412	15075	3019	5046	1038	155	3049	
60	1. 房屋建筑业	245624	146202	49726	333	26294	10537	4279	5003	925	1123	158		1044	
61	2. 土木工程建筑业	88747	43230	12492	3	21399	3686	2026	3275	829	1218	294	155	140	
62	3. 建筑安装业	177483	97250	34436	47	26745	9007	2363	3348	656	2741	327		563	
63	4. 建筑装饰和其他建筑业	520245	372658	51015	323	60247	27675	2744	3449	609	-36	259		1302	
64	三、第三产业	10127063	2434568	1089446	115108	2707570	561756	616150	193677	112101	1201729	126208	55879	912871	
65	(一)批发和零售业	855053	109177	159265	5959	254065	167265	46202	75877	14290	10969	3271	348	8365	
66	1. 批发业	592352	63714	106376	5092	177658	121729	31885	60893	10044	5606	2275	104	6976	
67	其中:烟草制品批发	25386	281	1		10998	12332	935	707	106		20		6	

续表

序号	项　目	合　计	营业税	企业所得税		个人所得税	城市维护建设税	房产税	印花税	城镇土地使用税	土地增值税	车船税	耕地占用税	契税	其他各税
				内资企业	外资企业										
68	煤炭及制品批发	13494	397	1631	4550	1168	2669	361	2549	110		26		33	
69	石油及其制品批发	29615	533	2827	365	5765	8922	698	9911	513	29	52			
70	汽车及零配件批发	14402	2260	1209		5728	2815	458	1498	150	98	49		137	
71	2. 零售业	262701	45463	52889	867	76407	45536	14317	14984	4246	5363	996	244	1389	
72	（二）交通运输、仓储及邮政业	302262	51566	39039	929	119180	21068	31937	13566	10781	3048	6462	834	3852	
73	1. 交通运输业	250194	44225	23571	929	109733	19164	21475	12890	7270	2120	5599	834	2384	
74	2. 仓储业	37885	6642	14280		2192	1337	7335	592	3080	928	56		1443	
75	3. 邮政业	14183	699	1188		7255	567	3127	84	431		807		25	
76	（三）住宿和餐饮业	292757	206024	11270	49	36653	14951	16867	836	2955	1096	201	73	1782	
77	1. 住宿业	113321	72326	4018		11205	5170	15089	302	2566	1083	114	73	1375	
78	2. 餐饮业	179436	133698	7252	49	25448	9781	1778	534	389	13	87		407	
79	（四）信息传输、软件和信息技术服务业	396953	15557	33886	214	270528	32017	15967	6578	1665	1100	9117		10324	
80	1. 电信、广播电视和卫星传输服务业	100426	3262	3750	3	58978	15239	12680	2589	1101	239	109		2476	
81	其中:电信	96848	2922	3734		56347	15084	12433	2531	1082	239			2476	
82	2. 互联网和相关服务	5997	503	375		4420	463	44	170	10		7		5	
83	3. 软件和信息技术服务业	290530	11792	29761	211	207130	16315	3243	3819	554	861	9001		7843	
84	（五）金融业	794716	25378	57183	5244	505492	102184	29037	13957	1136	4060	37029		14016	
85	1. 货币金融服务	417658	4792	25542	89	267073	70891	24483	7262	619	799	7044		9064	
86	其中:银行	375728	4780	580	89	260487	61293	24462	6573	619	798	7033		9014	
87	金融租赁	2468	4			885	1162	3	407			3		4	
88	2. 资本市场服务	152163	1782	10222		121031	11231	435	1817	280	755	27		4583	
89	3. 保险业	158357	13038	386		95807	14879	1502	2510	45	88	29926		176	
90	4. 其他金融	66538	5766	21033	5155	21581	5183	2617	2368	192	2418	32		193	
91	（六）房地产业	4283861	1372894	424450	93877	171495	98741	245142	24285	38092	1123359	1022	9423	681081	

续表

序号	项目	合计	营业税	企业所得税		个人所得税	城市维护建设税	房产税	印花税	城镇土地使用税	土地增值税	车船税	耕地占用税	契税	其他各税
				内资企业	外资企业										
92	1. 房地产开发经营业	3283767	1058253	344330	92465	120159	75390	126326	18766	24634	1094001	569	1360	327514	
93	2. 物业管理	336438	183667	39966	555	24742	13765	51547	2585	4856	5155	257	435	8908	
94	3. 房地产中介服务	74928	37040	6917	438	18241	2940	2795	368	400	4553	67		1169	
95	4. 自有房地产经营活动	80146	29294	5472	214	2952	1983	28760	654	3947	2643	41		4186	
96	5. 其他房地产业	508582	64640	27765	205	5401	4663	35714	1912	4255	17007	88	7628	339304	
97	（七）租赁和商务服务业	1090018	253898	212472	8063	398727	45527	71981	21993	14368	21929	2737	16842	21481	
98	1. 租赁业	17109	2831	2452	2	3125	1286	3538	1854	820	111	856		234	
99	2. 商务服务业	1072909	251067	210020	8061	395602	44241	68443	20139	13548	21818	1881	16842	21247	
100	（八）科学研究和技术服务业	472718	51537	72661	106	242213	45499	21350	11707	7809	5217	3649	103	10867	
101	（九）居民服务、修理和其他服务业	479759	111384	36758	466	188261	12585	98810	9605	10773	3736	5155	1760	466	
102	其中：居民服务业	251676	65099	13291	22	52940	5144	92729	6790	8317	2043	3902	1347	52	
103	机动车、电子产品和日用产品修理业	9880	2641	507		3926	1377	231	172	103	708	121		94	
104	（十）教育	161248	27704	10547	33	113990	2305	4442	413	275	342	759	212	226	
105	（十一）卫生和社会工作	140442	5411	3238	88	127283	445	2401	549	163	5	239	190	430	
106	其中：卫生	136218	4291	2854	86	126000	364	1197	536	78	5	196	190	421	
107	（十二）文化、体育和娱乐业	128326	24051	8249	80	80351	3779	5783	798	4278	14	172		771	
108	其中：新闻和出版业	14898	1107	423	24	9976	988	1615	289	418		37		21	
109	广播、电视、电影和影视录音制作业	22074	1070	3085	5	16250	733	411	225	233		62			
110	体育	63393	11133	2009	2	43733	952	2443	129	2956	14	22			
111	娱乐业	16285	7071	1549	24	6109	560	357	46	461		10		98	
112	（十三）公共管理、社会保障和社会组织	639652	162113	9675		183241	12160	22372	12794	3865	26524	22181	25713	159014	
113	（十四）其他行业	89298	17874	10753		16091	3230	3859	719	1651	330	34214	381	196	

2015年深圳市地方税务局税收收入分行业分税种统计年报表

编报机关:深圳市地方税务局　　　　单位:万元

序号	项　目	合　计	营业税	企业所得税		个人所得税	城市维护建设税	房产税	印花税	城镇土地使用税	土地增值税	车船税	耕地占用税	契税	其他各税
				内资企业	外资企业										
1	税收收入合计	22761804	6817568	3302069	1677966	5561844	1359055	499775	310449	105661	1915388	165356		1046673	
2	一、第一产业	28896	8576	9799	386	3115	620	771	228	296	5104	1			
3	二、第二产业	5089714	766219	958931	802954	1594881	655306	112504	130047	33084	33005	269		2514	
4	(一)采矿业	6320	141	2292	431	2484	30	135	80	6	721				
5	1. 煤炭开采和洗选业	32				32									
6	2. 石油和天然气开采业														
7	其中:原油														
8	3. 黑色金属矿采选业														
9	4. 有色金属矿采选业	4783		2292	8	2349	12	40	80	2					
10	5. 非金属矿采选业	36	5			18	5	6		2					
11	6. 其他采矿业	1469	136		423	85	13	89		2	721				
12	(二)制造业	3513684	90483	564574	670576	1378851	564670	93935	109964	26671	12246	160		1554	
13	1. 农副食品加工业	11730	654	534	6021	1419	838	1080	397	593	175			19	
14	2. 食品制造业	33122	3638	4494	13868	4533	3821	913	427	210	1218				
15	3. 酒、饮料和精制茶制造业	26987	220	16	20289	2877	2236	775	274	298		2			
16	①酒的制造	5870	4		3643	663	995	381	58	126					
17	其中:酒精														
18	②饮料制造	21117	216	16	16646	2214	1241	394	216	172		2			
19	③精制茶制造														
20	4. 烟草制品业	50302	17	20557		1756	27062	513	217	180					
21	其中:卷烟制造	50288	17	20557		1742	27062	513	217	180					
22	5. 纺织业	26886	845	9280	2061	7403	3554	1144	418	413	1768				

续表

序号	项目	合计	营业税	企业所得税		个人所得税	城市维护建设税	房产税	印花税	城镇土地使用税	土地增值税	车船税	耕地占用税	契税	其他各税
				内资企业	外资企业										
23	6. 纺织服装、服饰业	69970	1453	10781	26052	13500	13587	1635	976	488	1454	3		41	
24	7. 皮革、毛皮、羽毛及其制品和制鞋业	18915	3754	3485	1415	2919	5065	1149	749	377		2			
25	8. 木材加工及木竹藤棕草制品业	2561	503	126	664	251	426	353	87	150		1			
26	9. 家具制造业	10598	905	352	1751	1883	3718	1010	418	508	23	1		29	
27	10. 造纸及纸制品业	21103	847	3403	1507	8235	4630	1051	702	515	203	4		6	
28	11. 印刷和记录媒介复制业	44354	1665	9020	12101	9785	7748	1969	1009	564	473	2		18	
29	12. 文教、工美、体育和娱乐用品制造业	24721	974	3471	4045	5660	6661	2135	1318	443	13	1			
30	13. 石油加工、炼焦及核燃料加工业	38055	184	115	33969	292	3107	79	278	31					
31	其中:成品油	38050	184	115	33968	291	3104	79	278	31					
32	14. 化学原料及化学制品制造业	45577	1617	6141	8449	17889	7412	2123	1179	762		5			
33	15. 医药制造业	94777	822	30061	26809	20750	11401	2510	940	772	712				
34	16. 化学纤维制造业	799	19	7	219	247	153	75	25	54					
35	17. 橡胶和塑料制品业	76065	2717	5830	20093	18175	19616	3696	2488	1655	1743	5		47	
36	18. 非金属矿物制品业	33707	1165	4911	8695	12961	3462	1325	654	396	97	41			
37	19. 黑色金属冶炼及压延加工业	255	4			47	46	63	79	16					
38	20. 有色金属冶炼及压延加工业	3919	20	2025	314	767	535	131	90	37					
39	21. 金属制品业	104078	6302	8316	28835	34746	17875	3732	2811	1650	249	6		-444	
40	22. 通用设备制造业	113223	3434	8594	58717	20963	15031	2552	2964	894	43	2		29	
41	23. 专用设备制造业	193032	4288	25707	50724	78312	25379	3842	3627	661	26	3		463	
42	24. 汽车制造业	26241	668	1624	2285	10571	6225	2406	993	1443	25	1			
43	25. 铁路、船舶、航空航天和其他运输设备制造业	20306	482	1690	4867	5524	3284	2898	533	938	87	3			
44	其中:铁路运输设备制造	68				15	10	2	1	1	39				

续表

序号	项　　目	合　计	营业税	企业所得税		个人所得税	城市维护建设税	房产税	印花税	城镇土地使用税	土地增值税	车船税	耕地占用税	契税	其他各税
				内资企业	外资企业										
45	船舶及相关装置制造	3845	67	3	1714	1040	551	173	43	252		2			
46	航空、航天及设备制造	231	9	1	4	116	91	1	9						
47	摩托车制造	658	42	442		61	44	5	10	6	48				
48	26. 电气机械及器材制造业	146851	3941	14028	28196	58591	29737	5889	4300	1629	209	8		323	
49	27. 计算机、通信和其他电子设备制造业	1849465	35954	355857	215243	874647	260614	34243	62080	6980	2876	29		942	
50	28. 仪表仪器制造业	120702	2135	9209	33012	59632	9441	3222	3028	748	272	1		2	
51	29. 其他制造业	305383	11256	24940	60375	104516	72006	11422	16903	3266	580	40		79	
52	(三)电力、热力、燃气及水的生产和供应业	350634	15865	99479	126273	44661	42462	11902	5380	4601		1		10	
53	1. 电力、热力的生产和供应业	273687	11279	94604	76588	36148	38257	10389	4841	1576		1		4	
54	①电力生产	162614	10442	25977	75601	15708	23062	6572	4215	1033				4	
55	②电力供应	110239	831	68627	987	19960	15152	3709	532	440		1			
56	③热力生产和供应业	834	6			480	43	108	94	103					
57	2. 燃气生产和供应业	7281	441	80	926	2396	2597	259	458	124					
58	3. 水的生产和供应业	69666	4145	4795	48759	6117	1608	1254	81	2901				6	
59	(四)建筑业	1219076	659730	292586	5674	168885	48144	6532	14623	1806	20038	108		950	
60	1. 房屋建筑业	101693	56383	17962	2816	17097	3976	195	1363	33	1863	5			
61	2. 土木工程建筑业	174817	98465	42406	2	20829	7056	1458	2620	253	1693	35			
62	3. 建筑安装业	501966	298531	90640	1395	78759	21521	2235	5452	559	2765	17		92	
63	4. 建筑装饰和其他建筑业	440600	206351	141578	1461	52200	15591	2644	5188	961	13717	51		858	
64	三、第三产业	17643194	6042773	2333339	874626	3963848	703129	386500	180174	72281	1877279	165086		1044159	
65	(一)批发和零售业	1566100	331505	334575	97385	377388	176557	62064	53054	13810	117274	179		2309	
66	1. 批发业	1299893	265577	302678	56207	321941	143069	50568	45430	11702	100639	141		1941	
67	其中:烟草制品批发	90862	402	68098		4737	15238	1004	846	64	472	1			

续表

序号	项　目	合　计	营业税	企业所得税		个人所得税	城市维护建设税	房产税	印花税	城镇土地使用税	土地增值税	车船税	耕地占用税	契税	其他各税
				内资企业	外资企业										
68	煤炭及制品批发	4005	397	1511		879	447	226	445	100					
69	石油及其制品批发	14220	381	4488	2059	2471	1393	636	2635	155		2			
70	汽车及零配件批发	5533	1109	892	63	1788	1095	133	304	46	98	5			
71	2. 零售业	266207	65928	31897	41178	55447	33488	11496	7624	2108	16635	38		368	
72	(二)交通运输、仓储及邮政业	461853	62838	104190	75709	142890	21376	20384	11010	9145	12698	1055		558	
73	1. 交通运输业	403954	51174	91307	73347	130123	18382	11361	9335	6493	11627	803		2	
74	2. 仓储业	50742	11059	12663	2362	8181	2669	7953	1649	2415	984	251		556	
75	3. 邮政业	7157	605	220		4586	325	1070	26	237	87	1			
76	(三)住宿和餐饮业	252209	190654	8016	6012	22329	13706	7768	588	877	2178	5		76	
77	1. 住宿业	85252	57470	3063	3009	8351	4046	6168	257	757	2129	2			
78	2. 餐饮业	166957	133184	4953	3003	13978	9660	1600	331	120	49	3		76	
79	(四)信息传输、软件和信息技术服务业	902165	22081	86361	315109	389555	67622	10203	8899	1196	512	12		615	
80	1. 电信、广播电视和卫星传输服务业	90440	2417	12611	35454	20725	13605	4552	687	245	121	2		21	
81	其中:电信	81960	1913	9663	35453	16649	13239	4198	630	205		1		9	
82	2. 互联网和相关服务	3445	109	6		3043	170	30	66	12		1		8	
83	3. 软件和信息技术服务业	808280	19555	73744	279655	365787	53847	5621	8146	939	391	9		586	
84	(五)金融业	4497092	2695492	221201	2250	1175899	189357	19813	36127	1186	1825	152927		1015	
85	1. 货币金融服务	1955580	1357091	20133	1081	447673	95420	13790	17443	699	1729	5		516	
86	其中:银行	1857874	1304256			432889	91529	13371	13179	661	1483	4		502	
87	金融租赁	9175	5854		725	1156	460	26	945	9					
88	2. 资本市场服务	1468077	722723	155301	7	532685	50818	2132	3597	246	92	1		475	
89	3. 保险业	863540	502890	86	26	155404	35258	3662	13065	224	4	152921			
90	4. 其他金融	209895	112788	45681	1136	40137	7861	229	2022	17				24	
91	(六)房地产业	4459138	1603806	739126	187911	195519	113587	99962	24868	19706	1457333	129		17191	

续表

序号	项目	合计	营业税	企业所得税		个人所得税	城市维护建设税	房产税	印花税	城镇土地使用税	土地增值税	车船税	耕地占用税	契税	其他各税
				内资企业	外资企业										
92	1. 房地产开发经营业	2748062	1014007	429795	95511	86985	71386	23096	15548	8626	997003	6		6099	
93	2. 物业管理	349867	162188	69952	9341	29663	11893	28792	1537	4048	32142	4		307	
94	3. 房地产中介服务	106504	44986	13676	43	33848	3361	1701	468	97	8264	2		58	
95	4. 自有房地产经营活动	21558	7119	3998	207	2238	554	4693	189	362	2198				
96	5. 其他房地产业	1233147	375506	221705	82809	42785	26393	41680	7126	6573	417726	117		10727	
97	（七）租赁和商务服务业	2445110	582330	603769	47818	847800	59208	70318	25716	15319	164172	169		28491	
98	1. 租赁业	98255	40187	24619	886	3743	3574	13052	1040	2019	8971	41		123	
99	2. 商务服务业	2346855	542143	579150	46932	844057	55634	57266	24676	13300	155201	128		28368	
100	（八）科学研究和技术服务业	421468	70211	101975	15561	183248	20603	8513	4989	1421	14358	20		569	
101	（九）居民服务、修理和其他服务业	2120235	426706	66893	109541	291936	35481	63347	12295	5082	105919	9960		993075	
102	其中：居民服务业	71513	32199	2114	230	5856	2300	28066	67	512	122	3		44	
103	机动车、电子产品和日用产品修理业	8433	1902	561	803	2978	1497	354	277	59		2			
104	（十）教育	121784	14348	4822	65	99982	1053	1082	103	263	42	4		20	
105	（十一）卫生和社会工作	134481	9237	4748	222	119065	662	368	141	8		13		17	
106	其中：卫生	133478	8826	4741	222	118534	634	346	141	4		13		17	
107	（十二）文化、体育和娱乐业	65033	16912	7015	10071	20741	2434	3241	356	3772	399	1		91	
108	其中：新闻和出版业	10489	729	3710	5	4434	372	1006	16	138	79				
109	广播、电视、电影和影视录音制作业	14328	649	1020	128	9691	862	1087	215	675		1			
110	体育	4157	2074	642	40	847	148	50	15	77	264				
111	娱乐业	28094	11408	309	9898	1797	847	904	81	2794	56				
112	（十三）公共管理、社会保障和社会组织	115459	6544	1205	2	87083	435	17395	1819	233		611		132	
113	（十四）其他行业	81067	10109	49443	6970	10413	1048	2042	209	263	569	1			

2015 年珠海市地方税务局税收收入分行业分税种统计年报表

编报机关:珠海市地方税务局 单位:万元

序号	项目	合计	营业税	企业所得税		个人所得税	城市维护建设税	房产税	印花税	城镇土地使用税	土地增值税	车船税	耕地占用税	契税	其他各税
				内资企业	外资企业										
1	税收收入合计	2662349	630913	651980	234910	370018	188908	86484	34420	30454	201675	17646	38148	176773	20
2	一、第一产业	1012	284	163	5	84	64	175	13	186	26	2		10	
3	二、第二产业	1171268	174432	489885	172113	146512	123326	24757	18154	11837	5076	30	931	4195	20
4	(一)采矿业	116	16	28		6	3	48		15					
5	1. 煤炭开采和洗选业														
6	2. 石油和天然气开采业	82	2	27		5		37		11					
7	其中:原油	2	2												
8	3. 黑色金属矿采选业	8						7		1					
9	4. 有色金属矿采选业														
10	5. 非金属矿采选业	25	14	1		1	3	3		3					
11	6. 其他采矿业	1						1							
12	(二)制造业	867762	6197	435291	136547	133787	101919	20865	15052	9917	4279	17	222	3649	20
13	1. 农副食品加工业	2802	33	31	907	946	307	256	118	168	4	1		31	
14	2. 食品制造业	10564	6	655	3747	3374	1788	415	374	205					
15	3. 酒、饮料和精制茶制造业	1560	2	158		139	680	347	47	186		1			
16	①酒的制造	1449	2	150		118	637	329	40	172		1			
17	其中:酒精	17					2	1		14					
18	②饮料制造	111		8		21	43	18	7	14					
19	③精制茶制造														
20	4. 烟草制品业	8					1	4		3					
21	其中:卷烟制造														
22	5. 纺织业	2500	271	95	64	340	480	587	91	303	246			23	

续表

序号	项目	合计	营业税	企业所得税		个人所得税	城市维护建设税	房产税	印花税	城镇土地使用税	土地增值税	车船税	耕地占用税	契税	其他各税
				内资企业	外资企业										
23	6. 纺织服装、服饰业	5602	120	383	264	1343	1771	1055	134	531		1			
24	7. 皮革、毛皮、羽毛及其制品和制鞋业	1508	20	181	110	193	500	261	49	193				1	
25	8. 木材加工及木竹藤棕草制品业	216	1	1	2	41	108	14	14	35					
26	9. 家具制造业	1842	-31	43	538	365	575	238	44	80	-12			2	
27	10. 造纸及纸制品业	4852	76	50	1603	585	1064	770	308	390		1		5	
28	11. 印刷和记录媒介复制业	2403	165	244	708	232	436	209	18	242	148			1	
29	12. 文教、工美、体育和娱乐用品制造业	1599	129	3	81	266	378	423	45	241				33	
30	13. 石油加工、炼焦及核燃料加工业	1298	51			252	571	251	106	67					
31	其中:成品油	1298	51			252	571	251	106	67					
32	14. 化学原料及化学制品制造业	15569	1288	160	4023	4265	2619	1087	1199	769	5	2		152	
33	15. 医药制造业	32023	906	3617	12159	6750	5623	1505	426	482	137	1		417	
34	16. 化学纤维制造业	12710	77	1	9599	967	1334	342	171	219					
35	17. 橡胶和塑料制品业	7829	280	280	695	2930	1880	742	303	505	211			3	
36	18. 非金属矿物制品业	2876	58	701	55	452	847	291	103	348		1			20
37	19. 黑色金属冶炼及压延加工业	1734	25	10	78	612	273	176	136	424					
38	20. 有色金属冶炼及压延加工业	1048			42	227	491	47	243	-2					
39	21. 金属制品业	6512	300	296	1340	1322	1422	829	195	527	217			64	
40	22. 通用设备制造业	2925	126	108	223	946	803	355	70	231	13			50	
41	23. 专用设备制造业	24796	321	3680	9074	4758	4020	1111	657	417	79	1	97	581	
42	24. 汽车制造业	6170	37	278	1989	1734	1277	408	260	122				65	
43	25. 铁路、船舶、航空航天和其他运输设备制造业	11602	-347	6	6659	2365	1140	684	474	283	36		125	177	
44	其中:铁路运输设备制造														

续表

序号	项目	合计	营业税	企业所得税		个人所得税	城市维护建设税	房产税	印花税	城镇土地使用税	土地增值税	车船税	耕地占用税	契税	其他各税
				内资企业	外资企业										
45	船舶及相关装置制造	2405	-365	6	252	844	543	476	105	219	36		125	164	
46	航空、航天及设备制造	9134	18		6407	1515	575	190	368	48				13	
47	摩托车制造	54					21	17	1	15					
48	26. 电气机械及器材制造业	572049	563	418398	32428	57758	52831	3247	3520	849	742	2		1711	
49	27. 计算机、通信和其他电子设备制造业	103666	1164	4075	42925	31197	12809	3377	5102	1103	1832	3		79	
50	28. 仪表仪器制造业	8152	-67	709	4756	1092	1234	274	39	80				35	
51	29. 其他制造业	21347	623	1128	2478	8336	4657	1560	806	916	621	3		219	
52	(三)电力、热力、燃气及水的生产和供应业	59264	1206	5027	33757	5537	9101	2252	769	876		9	559	171	
53	1. 电力、热力的生产和供应业	51369	634	205	32887	5019	8754	2119	545	805		9	221	171	
54	①电力生产	6082	397	205		2118	1991	767	218	243				143	
55	②电力供应	43324	237		30951	2898	6760	1352	326	562		9	221	8	
56	③热力生产和供应业	1963			1936	3	3		1					20	
57	2. 燃气生产和供应业	1321	35		789	69	147	35	204	42					
58	3. 水的生产和供应业	6574	537	4822	81	449	200	98	20	29			338		
59	(四)建筑业	244126	167013	49539	1809	7182	12303	1592	2333	1029	797	4	150	375	
60	1. 房屋建筑业	63125	38986	18958	168	1038	2768	187	663	121	165		29	42	
61	2. 土木工程建筑业	14510	9020	3049		1178	636	160	258	37	50		120	2	
62	3. 建筑安装业	51606	30308	13116	1560	2170	2452	396	641	213	567	2		181	
63	4. 建筑装饰和其他建筑业	114885	88699	14416	81	2796	6447	849	771	658	15	2	1	150	
64	三、第三产业	1490069	456197	161932	62792	223422	65518	61552	16253	18431	196573	17614	37217	172568	
65	(一)批发和零售业	138936	18427	43060	3808	21777	23875	11145	6053	3990	4356	27	11	2407	
66	1. 批发业	91579	10834	36445	517	13784	11722	6471	4068	2524	3513	13		1688	
67	其中:烟草制品批发	23782		20432		669	2332	160	164	25					

续表

序号	项　目	合　计	营业税	企业所得税		个人所得税	城市维护建设税	房产税	印花税	城镇土地使用税	土地增值税	车船税	耕地占用税	契税	其他各税
				内资企业	外资企业										
68	煤炭及制品批发	40				4	13		21			2			
69	石油及其制品批发	2744	44	471		790	534	104	660	140		1			
70	汽车及零配件批发	849	188	2		148	179	135	56	66				75	
71	2. 零售业	47357	7593	6615	3291	7993	12153	4674	1985	1466	843	14	11	719	
72	(二)交通运输、仓储及邮政业	37833	4149	10389	9775	6599	1720	2763	730	1083	441	56	115	13	
73	1. 交通运输业	29553	3463	8087	8710	5372	1460	1512	293	448	151	54		3	
74	2. 仓储业	7152	514	2300	1065	750	207	906	433	560	290	2	115	10	
75	3. 邮政业	1128	172	2		477	53	345	4	75					
76	(三)住宿和餐饮业	28612	20014	1377	987	2298	1430	2048	46	228		1	21	162	
77	1. 住宿业	10855	5384	998	838	798	395	2014	22	222		1	21	162	
78	2. 餐饮业	17757	14630	379	149	1500	1035	34	24	6					
79	(四)信息传输、软件和信息技术服务业	24944	813	3062	741	14206	3021	1779	526	210	521	1		64	
80	1. 电信、广播电视和卫星传输服务业	4654	262			1757	991	1120	68	67	388			1	
81	其中:电信	4502	218			1656	988	1117	68	66	388			1	
82	2. 互联网和相关服务	77	6	1		44	7		1					18	
83	3. 软件和信息技术服务业	20213	545	3061	741	12405	2023	659	457	143	133	1		45	
84	(五)金融业	186040	110356	963	7000	36184	7724	2692	1373	1022	874	16969		883	
85	1. 货币金融服务	120373	87908	290	1	20831	6175	2377	1050	148	839	1		753	
86	其中:银行	117532	85639		1	20754	6016	2372	1009	148	839	1		753	
87	金融租赁	3	3												
88	2. 资本市场服务	14732	8618	1	279	5073	604	22	39			1		95	
89	3. 保险业	36155	8215	2		9907	578	191	257	16	22	16967			
90	4. 其他金融	14780	5615	670	6720	373	367	102	27	858	13			35	
91	(六)房地产业	642402	224932	53673	24165	47062	15899	23704	4691	4193	178477	5	524	65077	

续表

序号	项　　目	合　计	营业税	企业所得税		个人所得税	城市维护建设税	房产税	印花税	城镇土地使用税	土地增值税	车船税	耕地占用税	契税	其他各税
				内资企业	外资企业										
92	1. 房地产开发经营业	473130	181173	49801	23573	13225	12768	10706	4235	3204	142008	5	512	31920	
93	2. 物业管理	26141	16097	1625	347	1004	1163	2207	126	403	3117		12	40	
94	3. 房地产中介服务	6848	3367	343	59	2041	244	199	10	42	514			29	
95	4. 自有房地产经营活动	4873	1262	202	10	261	96	2682	12	194	150			4	
96	5. 其他房地产业	131410	23033	1702	176	30531	1628	7910	308	350	32688			33084	
97	（七）租赁和商务服务业	77265	23492	8655	4109	16541	3495	5324	882	2675	4681	17	3870	3524	
98	1. 租赁业	1694	790	206	1	72	103	353	7	125		10		27	
99	2. 商务服务业	75571	22702	8449	4108	16469	3392	4971	875	2550	4681	7	3870	3497	
100	（八）科学研究和技术服务业	17781	1504	4576	1280	6679	2007	823	219	316	210	1		166	
101	（九）居民服务、修理和其他服务业	138834	35321	33053	10356	34976	4845	7977	1039	2200	4271	7	5076	-287	
102	其中：居民服务业	14617	5979	4296	142	1914	542	1160	51	203	316			14	
103	机动车、电子产品和日用产品修理业	1312	455	136	52	209	141	229	54	29		1		6	
104	（十）教育	8758	1574	263		6704	114	19	9	6		1	5	63	
105	（十一）卫生和社会工作	4402	61	180	63	4043	5	33	2	12				3	
106	其中：卫生	4378	44	180	63	4040	3	32	2	11				3	
107	（十二）文化、体育和娱乐业	8007	2891	176	508	2042	403	812	41	1088				46	
108	其中：新闻和出版业	1057	349	145		226	64	240	2	20				11	
109	广播、电视、电影和影视录音制作业	692	66			587	15	17	6	1					
110	体育	1149	664	1	174	75	51	107	4	73					
111	娱乐业	2998	1536	9	285	105	111	102	6	844					
112	（十三）公共管理、社会保障和社会组织	172307	12185	530		23983	938	2254	625	1001	2725	529	27090	100447	
113	（十四）其他行业	3948	478	1975		328	42	179	17	407	17		505		

2015年汕头市地方税务局税收收入分行业分税种统计年报表

编报机关：汕头市地方税务局　　　　单位：万元

序号	项　目	合　计	营业税	企业所得税		个人所得税	城市维护建设税	房产税	印花税	城镇土地使用税	土地增值税	车船税	耕地占用税	契税	其他各税
				内资企业	外资企业										
1	税收收入合计	1117189	297821	255613	14428	152257	79086	50121	17907	49619	79489	20186	18506	77519	4637
2	一、第一产业	1742	164	425		1003	16	42	30	52	2			7	1
3	二、第二产业	406410	95739	135913	6968	57601	48561	21872	8064	20018	4441	46	712	2019	4456
4	（一）采矿业	208	1	8		54	7	4	5	74					55
5	1. 煤炭开采和洗选业	3							3						
6	2. 石油和天然气开采业	76	1			2	1	2		70					
7	其中：原油														
8	3. 黑色金属矿采选业														
9	4. 有色金属矿采选业														
10	5. 非金属矿采选业	120		8		47	5	2	1	3					54
11	6. 其他采矿业	9				5	1		1	1					1
12	（二）制造业	171539	2900	48760	6959	33698	32893	18667	5299	17104	3001	36	420	1771	31
13	1. 农副食品加工业	2880	29	673		221	958	401	187	405		1			5
14	2. 食品制造业	4428	91	1265	3	1357	896	327	96	346		1		46	
15	3. 酒、饮料和精制茶制造业	738		11		149	289	137	30	122					
16	①酒的制造	574		9		128	183	122	19	113					
17	其中：酒精	492				126	157	111	17	81					
18	②饮料制造	163		2		21	106	15	11	8					
19	③精制茶制造	1								1					
20	4. 烟草制品业	2959		267		489	1545	340	149	169					
21	其中：卷烟制造														
22	5. 纺织业	9154	3	2545		1117	1458	1367	286	1867		4	293	214	

续表

序号	项目	合计	营业税	企业所得税		个人所得税	城市维护建设税	房产税	印花税	城镇土地使用税	土地增值税	车船税	耕地占用税	契税	其他各税
				内资企业	外资企业										
23	6. 纺织服装、服饰业	33953	62	12709	23	6854	5631	3741	1071	3558	91	5	39	169	
24	7. 皮革、毛皮、羽毛及其制品和制鞋业	622	15	214		65	99	119	20	90					
25	8. 木材加工及木竹藤棕草制品业	3705	98	5		752	1881	336	153	473		1	5	1	
26	9. 家具制造业	322		42		76	123	21	18	42					
27	10. 造纸及纸制品业	4978		2158		519	1123	376	165	573		2		62	
28	11. 印刷和记录媒介复制业	13989	75	1588	7446	1629	1482	963	194	593	11	2		6	
29	12. 文教、工美、体育和娱乐用品制造业	18068	318	6320	102	1878	3927	2621	633	1819	85	2	13	350	
30	13. 石油加工、炼焦及核燃料加工业	24		7		1	2	6		8					
31	其中:成品油	24		7		1	2	6		8					
32	14. 化学原料及化学制品制造业	3304	26	1357	-801	223	1102	632	138	494	16			117	
33	15. 医药制造业	12485	4	2584		7793	1023	507	124	391				59	
34	16. 化学纤维制造业	104				5	5	24	1	69					
35	17. 橡胶和塑料制品业	15734	82	5058		1762	3108	2342	612	2520	76	3	5	166	
36	18. 非金属矿物制品业	732	19	277		53	120	63	22	160		6			12
37	19. 黑色金属冶炼及压延加工业	142		51		3	24	14	12	38					
38	20. 有色金属冶炼及压延加工业	90	2	6		43	18	8	2	11					
39	21. 金属制品业	1269	14	126	163	160	276	175	44	311					
40	22. 通用设备制造业	1473	9	312		216	313	240	44	283		1		55	
41	23. 专用设备制造业	1387	20	388		127	235	163	37	295		1	24	96	1
42	24. 汽车制造业	1736	100	89	23	530	638	11	98	40	207				
43	25. 铁路、船舶、航空航天和其他运输设备制造业	118	4	28		6	35	14	7	21				3	
44	其中:铁路运输设备制造	5	3	1		1									

续表

序号	项目	合计	营业税	企业所得税		个人所得税	城市维护建设税	房产税	印花税	城镇土地使用税	土地增值税	车船税	耕地占用税	契税	其他各税
				内资企业	外资企业										
45	船舶及相关装置制造	47	1	7		4	20	2	5	5				3	
46	航空、航天及设备制造														
47	摩托车制造	40		19		1	8	3	1	8					
48	26. 电气机械及器材制造业	6212	79	2760		2000	602	401	110	235			25		
49	27. 计算机、通信和其他电子设备制造业	4127	70	571		1185	1099	326	161	232	199	2	13	269	
50	28. 仪表仪器制造业	158	23	15		16	20	61	4	19					
51	29. 其他制造业	26648	1757	7334		4469	4861	2931	881	1920	2316	5	3	158	13
52	(三)电力、热力、燃气及水的生产和供应业	35284	897	9702		10085	9213	2794	689	1666		2	19	217	
53	1. 电力、热力的生产和供应业	34503	811	9486		10049	9130	2688	664	1464		2		209	
54	①电力生产	19497	484	22		7572	7184	2351	628	1130		1		125	
55	②电力供应	14813	327	9464		2460	1946	336	36	159		1		84	
56	③热力生产和供应业	193				17		1		175					
57	2. 燃气生产和供应业	204	28	5		17	36	46	7	57				8	
58	3. 水的生产和供应业	577	58	211		19	47	60	18	145			19		
59	(四)建筑业	199379	91941	77443	9	13764	6448	407	2071	1174	1440	8	273	31	4370
60	1. 房屋建筑业	131912	47283	68101		6342	3316	236	1601	713	1429	4	273	4	2610
61	2. 土木工程建筑业	17976	13055	2409		980	910	1	84	3				5	529
62	3. 建筑安装业	24783	15587	3824	4	3191	1091	109	233	162		2			580
63	4. 建筑装饰和其他建筑业	24708	16016	3109	5	3251	1131	61	153	296	11	2		22	651
64	三、第三产业	709037	201918	119275	7460	93653	30509	28207	9813	29549	75046	20140	17794	75493	180
65	(一)批发和零售业	83388	5433	34945	194	11602	12265	4955	5006	5024	2004	41	66	1766	87
66	1. 批发业	69783	3791	32396	44	8590	10248	3843	4014	3578	1671	33	55	1469	51
67	其中:烟草制品批发	16429	1	11056		1014	3856	90	387	24		1			

续表

序号	项　目	合　计	营业税	企业所得税		个人所得税	城市维护建设税	房产税	印花税	城镇土地使用税	土地增值税	车船税	耕地占用税	契税	其他各税
				内资企业	外资企业										
68	煤炭及制品批发	30				1	17		12						
69	石油及其制品批发	428		36		12	119	70	142	25				24	
70	汽车及零配件批发	320	54	1		53	97	32	53	30					
71	2. 零售业	13605	1642	2549	150	3012	2017	1112	992	1446	333	8	11	297	36
72	(二)交通运输、仓储及邮政业	18945	1149	1837		3209	850	1291	326	1400	42	8677		162	2
73	1. 交通运输业	17357	700	1559		2899	791	973	312	1241	42	8676		162	2
74	2. 仓储业	129	37	12		6	10	29	3	32					
75	3. 邮政业	1459	412	266		304	49	289	11	127		1			
76	(三)住宿和餐饮业	12469	8430	1022		1293	595	669	12	445				3	
77	1. 住宿业	4515	2965	246		323	205	483	4	289					
78	2. 餐饮业	7954	5465	776		970	390	186	8	156				3	
79	(四)信息传输、软件和信息技术服务业	8619	1259	390		2253	1384	2577	108	586				62	
80	1. 电信、广播电视和卫星传输服务业	7363	936	29		2050	1218	2495	64	547				24	
81	其中:电信	7247	923	27		1980	1217	2469	63	544				24	
82	2. 互联网和相关服务	347	127	79		25	48	3	11	26				28	
83	3. 软件和信息技术服务业	909	196	282		178	118	79	33	13				10	
84	(五)金融业	112541	64603	3329	7224	22773	4726	2175	961	805	24	5306		615	
85	1. 货币金融服务	56331	43118	233	1	7341	3019	1611	568	272	3	2		163	
86	其中:银行	55984	42872	177	1	7325	2999	1603	568	271	3	2		163	
87	金融租赁	27	16	10			1								
88	2. 资本市场服务	22156	7195	59	7221	6666	575	40	24	124	1			251	
89	3. 保险业	24100	10296	1		7129	723	260	238	149		5304			
90	4. 其他金融	9954	3994	3036	2	1637	409	264	131	260	20			201	
91	(六)房地产业	270701	99007	40505	9	12868	6906	11218	2260	14157	67486	4	947	15299	35

续表

序号	项目	合计	营业税	企业所得税		个人所得税	城市维护建设税	房产税	印花税	城镇土地使用税	土地增值税	车船税	耕地占用税	契税	其他各税
				内资企业	外资企业										
92	1. 房地产开发经营业	228641	84016	39197		3189	5846	3732	1984	12555	64024	3		14060	35
93	2. 物业管理	3953	2461	438		139	179	293	14	87	283		10	49	
94	3. 房地产中介服务	13644	4871	216		6822	346	55	59	4	1242			29	
95	4. 自有房地产经营活动	8203	2371	134	8	1137	166	3668	43	600	15			61	
96	5. 其他房地产业	16260	5288	520	1	1581	369	3470	160	911	1922	1	937	1100	
97	(七)租赁和商务服务业	49463	6052	31132	22	3489	1779	2105	419	1288	2524	14	28	577	34
98	1. 租赁业	459	87	5		3	19	256	8	49		1		17	14
99	2. 商务服务业	49004	5965	31127	22	3486	1760	1849	411	1239	2524	13	28	560	20
100	(八)科学研究和技术服务业	1679	326	438	5	352	175	139	58	141		1		44	
101	(九)居民服务、修理和其他服务业	57059	10947	4196	1	21910	1307	2128	390	3438	1802	2127	8135	669	9
102	其中:居民服务业	1991	817	399		157	109	81	23	263		1	141		
103	机动车、电子产品和日用产品修理业	243	59	47		75	29	8	5	19		1			
104	(十)教育	3281	140	66	5	2984	11	42	6	13	2	3		9	
105	(十一)卫生和社会工作	4920	12	35		4686	2	61	46	59		1	11	7	
106	其中:卫生	3587	11	34		3360	2	58	46	58		1	11	6	
107	(十二)文化、体育和娱乐业	6767	2124	472		2361	226	287	17	1031	150	1	22	76	
108	其中:新闻和出版业	123	27			26	20	41	2	7					
109	广播、电视、电影和影视录音制作业	386	15	10		261	55	22	8	15					
110	体育	764	39	15		664	3	29		14					
111	娱乐业	5331	2002	415		1347	138	188	6	987	150		22	76	
112	(十三)公共管理、社会保障和社会组织	76541	1841	178		3688	139	249	160	785	1012	3963	8318	56204	4
113	(十四)其他行业	2664	595	730		185	144	311	44	377		2	267		9

2015 年佛山市地方税务局税收收入分行业分税种统计年报表

编报机关:佛山市地方税务局　　　　单位:万元

序号	项　目	合　计	营业税	企业所得税		个人所得税	城市维护建设税	房产税	印花税	城镇土地使用税	土地增值税	车船税	耕地占用税	契税	其他各税
				内资企业	外资企业										
1	税收收入合计	3557339	1216693	550479	4685	464783	264112	154077	57051	122164	315227	58462	31412	317829	365
2	一、第一产业	2633	985	146		431	81	195	100	240	420		-1	36	
3	二、第二产业	920580	293961	172670	2620	169308	161400	41518	24336	30489	2726	56	3565	17833	98
4	(一)采矿业	97				16	34		4	2					41
5	1. 煤炭开采和洗选业														
6	2. 石油和天然气开采业														
7	其中:原油														
8	3. 黑色金属矿采选业														
9	4. 有色金属矿采选业	8				8									
10	5. 非金属矿采选业	54				3	23		4	2					22
11	6. 其他采矿业	35				5	11								19
12	(二)制造业	454495	6707	107121	2571	114392	130936	36669	20347	27379	2277	46		6046	4
13	1. 农副食品加工业	4823	89	2597		767	374	332	311	280				73	
14	2. 食品制造业	41643	127	20237		12646	5907	915	848	709				254	
15	3. 酒、饮料和精制茶制造业	14735	277	1607		1558	8313	1567	638	514				261	
16	①酒的制造	10210	15	1494		854	5984	1013	311	310				229	
17	其中:酒精														
18	②饮料制造	4525	262	113		704	2329	554	327	204				32	
19	③精制茶制造														
20	4. 烟草制品业	70						50		20					
21	其中:卷烟制造	70						50		20					
22	5. 纺织业	20951	377	2680		6029	5893	2959	831	1992	105	1		84	

续表

序号	项　目	合　计	营业税	企业所得税		个人所得税	城市维护建设税	房产税	印花税	城镇土地使用税	土地增值税	车船税	耕地占用税	契税	其他各税
				内资企业	外资企业										
23	6. 纺织服装、服饰业	5350	72	543		1078	2216	559	299	405		2		176	
24	7. 皮革、毛皮、羽毛及其制品和制鞋业	8238	103	764		3098	2944	417	423	365	120	2		2	
25	8. 木材加工及木竹藤棕草制品业	1934	36	288		389	646	227	82	265		1			
26	9. 家具制造业	10596	59	2051		2917	3252	871	442	876		1		127	
27	10. 造纸及纸制品业	4519	139	636		1193	1359	357	251	359	112	1		112	
28	11. 印刷和记录媒介复制业	5103	40	1044		2090	1196	326	189	213		1		4	
29	12. 文教、工美、体育和娱乐用品制造业	4806	472	862		1383	1047	578	196	254	9			5	
30	13. 石油加工、炼焦及核燃料加工业	7429		2960		288	3792	49	52	287		1			
31	其中:成品油	7407		2960		281	3782	48	50	285		1			
32	14. 化学原料及化学制品制造业	14175	168	3463	8	3044	3440	1196	755	1350		2		749	
33	15. 医药制造业	9577	10	4776		1763	2143	560	171	154					
34	16. 化学纤维制造业	1540	106	2		441	596	289	61	45					
35	17. 橡胶和塑料制品业	25403	764	3549		7608	7126	2648	1261	1679	159	7		602	
36	18. 非金属矿物制品业	50796	351	20113	8	7892	12290	3543	1606	4592	-197	11		583	4
37	19. 黑色金属冶炼及压延加工业	2257	126	177		419	532	307	165	326	113			92	
38	20. 有色金属冶炼及压延加工业	24921	276	8597		4709	5289	2362	1655	1817	19	2		195	
39	21. 金属制品业	39635	749	6086		11462	11310	3126	2170	2824	843	7		1058	
40	22. 通用设备制造业	14453	194	1683		4939	4149	1726	675	885	15	3		184	
41	23. 专用设备制造业	16869	313	5652		4634	3899	808	561	628	98	1		275	
42	24. 汽车制造业	45011	398	3469	16	10974	21649	3475	2447	1878				705	
43	25. 铁路、船舶、航空航天和其他运输设备制造业	2083	4	343		513	528	297	88	227				83	
44	其中:铁路运输设备制造	235	1			233	1								

续表

序号	项　目	合　计	营业税	企业所得税		个人所得税	城市维护建设税	房产税	印花税	城镇土地使用税	土地增值税	车船税	耕地占用税	契税	其他各税
				内资企业	外资企业										
45	船舶及相关装置制造	43		5		1	13	5	2	17					
46	航空、航天及设备制造	1				1									
47	摩托车制造	1679	2	305		270	462	281	80	196				83	
48	26. 电气机械及器材制造业	42481	772	7037	2516	10627	12191	3715	2009	2593	861	3		157	
49	27. 计算机、通信和其他电子设备制造业	18791	154	4497	5	7100	3872	1318	1197	648					
50	28. 仪表仪器制造业	3807	33	512		1163	1282	412	194	204				7	
51	29. 其他制造业	12499	498	896	18	3668	3701	1680	770	990	20			258	
52	（三）电力、热力、燃气及水的生产和供应业	38730	1181	7601		13416	9859	3724	847	1887		6		209	
53	1. 电力、热力的生产和供应业	24062	206			11516	7671	2998	443	1067		6		155	
54	①电力生产	3746	5			707	2090	252	242	450					
55	②电力供应	19712	193			10649	5318	2660	164	567		6		155	
56	③热力生产和供应业	604	8			160	263	86	37	50					
57	2. 燃气生产和供应业	5219	307	2316		453	1592	220	109	168				54	
58	3. 水的生产和供应业	9449	668	5285		1447	596	506	295	652					
59	（四）建筑业	427258	286073	57948	49	41484	20571	1125	3138	1221	449	4	3565	11578	53
60	1. 房屋建筑业	90022	58195	19360		7269	4093	203	835	30	33	1		3	
61	2. 土木工程建筑业	23313	11610	6246		3485	863	340	524	136	93	2		14	
62	3. 建筑安装业	121509	71299	19289	26	12428	5130	310	936	863	53			11122	53
63	4. 建筑装饰和其他建筑业	192414	144969	13053	23	18302	10485	272	843	192	270	1	3565	439	
64	三、第三产业	2634126	921747	377663	2065	295044	102631	112364	32615	91435	312081	58406	27848	299960	267
65	（一）批发和零售业	121589	13275	24480	62	21710	30092	8195	12576	3848	5046	31		2077	197
66	1. 批发业	85218	7449	16608	45	15281	23905	5732	10585	2887	1742	24		958	2
67	其中：烟草制品批发	9397	28	82		1681	7073	116	399	18					

续表

序号	项目	合计	营业税	企业所得税		个人所得税	城市维护建设税	房产税	印花税	城镇土地使用税	土地增值税	车船税	耕地占用税	契税	其他各税
				内资企业	外资企业										
68	煤炭及制品批发	221	18	64		12	55	13	34	22	3				
69	石油及其制品批发	2586	112	175		222	1332	197	347	193		2		6	
70	汽车及零配件批发	4529	1098	255	2	1102	1242	261	546	22		1			
71	2. 零售业	36371	5826	7872	17	6429	6187	2463	1991	961	3304	7		1119	195
72	（二）交通运输、仓储及邮政业	30526	5769	9114	7	6825	1964	4040	444	1231	163	33		936	
73	1. 交通运输业	25948	5065	8874	6	5685	1771	2934	389	879	163	33		149	
74	2. 仓储业	3037	554	216	1	377	148	614	46	298				783	
75	3. 邮政业	1541	150	24		763	45	492	9	54				4	
76	（三）住宿和餐饮业	47264	34370	2600	3	4480	2455	1963	111	927	179			176	
77	1. 住宿业	14752	9858	743	1	936	705	1425	44	739	179			122	
78	2. 餐饮业	32512	24512	1857	2	3544	1750	538	67	188				54	
79	（四）信息传输、软件和信息技术服务业	14154	744	636	5	6719	2678	2340	320	497		2		213	
80	1. 电信、广播电视和卫星传输服务业	9902	182	46		4688	2202	2112	223	424		2		23	
81	其中：电信	9673	115	25		4592	2196	2085	221	415		2		22	
82	2. 互联网和相关服务	395	82	29		162	28	67	5	18				4	
83	3. 软件和信息技术服务业	3857	480	561	5	1869	448	161	92	55				186	
84	（五）金融业	390083	226329	11590	707	91922	15959	5513	2704	883	41	32682		1753	
85	1. 货币金融服务	239972	165407	4657		49382	11616	5008	1941	747	8	2		1204	
86	其中：银行	232908	163761			48798	11489	5005	1922	747	8	2		1176	
87	金融租赁	257	36	174		18	13		16						
88	2. 资本市场服务	31218	14922	626		14027	1048	64	19	92	31			389	
89	3. 保险业	79996	39597	180		24937	2780	372	663	14	2	11374		77	
90	4. 其他金融	38897	6403	6127	707	3576	515	69	81	30		21306		83	
91	（六）房地产业	1368476	547973	289816	187	24309	38505	50307	9338	51545	292870	7	1609	62010	

续表

序号	项　目	合　计	营业税	企业所得税		个人所得税	城市维护建设税	房产税	印花税	城镇土地使用税	土地增值税	车船税	耕地占用税	契税	其他各税
				内资企业	外资企业										
92	1. 房地产开发经营业	1224000	490115	279579	173	16494	34350	19358	8479	37063	283801	6	555	54027	
93	2. 物业管理	50100	28379	5879	1	1968	2050	4649	296	3409	1719	1		1749	
94	3. 房地产中介服务	11723	4185	1119		2123	322	702	51	605	2489			127	
95	4. 自有房地产经营活动	6152	1680	120	1	192	113	2693	73	551	14		247	468	
96	5. 其他房地产业	76501	23614	3119	12	3532	1670	22905	439	9917	4847		807	5639	
97	（七）租赁和商务服务业	115551	29490	17323	1012	22651	3785	13338	2662	8057	4573	2483	239	9938	
98	1. 租赁业	1103	314	96		306	99	56	41	6		4		181	
99	2. 商务服务业	114448	29176	17227	1012	22345	3686	13282	2621	8051	4573	2479	239	9757	
100	（八）科学研究和技术服务业	39226	4365	6234	5	9037	2096	763	422	796	37	15110		296	65
101	（九）居民服务、修理和其他服务业	58576	14644	2335	6	29372	1592	1285	198	5208	53	1651	1275	952	5
102	其中:居民服务业	6857	3335	821		827	279	274	35	358	−2	404	543	−17	
103	机动车、电子产品和日用产品修理业	2821	444	114		554	313	107	54	53		1182			
104	（十）教育	11499	2610	2844		5460	199	267	48	49	8	6		8	
105	（十一）卫生和社会工作	14409	351	3806		9828	33	217	14	20	7			133	
106	其中:卫生	14286	279	3792		9803	28	211	14	19	7			133	
107	（十二）文化、体育和娱乐业	12996	3942	570	2	5415	469	405	56	2135		2			
108	其中:新闻和出版业	1516	27	39		1312	82	39	11	6					
109	广播、电视、电影和影视录音制作业	1526	403	34		897	119	49	17	7					
110	体育	4344	996	117		865	77	188	11	2089		1			
111	娱乐业	4983	2302	257		2155	163	69	15	22					
112	（十三）公共管理、社会保障和社会组织	398682	32587	4704		56478	2437	23531	3200	14097	9104	6398	24692	221454	
113	（十四）其他行业	11095	5298	1611	69	838	367	200	522	2142		1	33	14	

2015年韶关市地方税务局税收收入分行业分税种统计年报表

编报机关:韶关市地方税务局　　　　单位:万元

序号	项　目	合　计	营业税	企业所得税		个人所得税	城市维护建设税	房产税	印花税	城镇土地使用税	土地增值税	车船税	耕地占用税	契税	其他各税
				内资企业	外资企业										
1	税收收入合计	629547	207592	48721	100	74859	60692	26983	8152	35691	40011	8302	54777	41517	22150
2	一、第一产业	1447	129	45		293	46	251	72	518		3	75	15	
3	二、第二产业	237558	79243	32724	2	29712	44983	11848	4126	16811	4208	17	1622	2406	9856
4	(一)采矿业	12728	73	1227		1808	1866	444	86	1398	25		70	78	5653
5	1. 煤炭开采和洗选业	56	25			5	1				25				
6	2. 石油和天然气开采业	1								1					
7	其中:原油														
8	3. 黑色金属矿采选业	3402	22	315		600	534	112	30	474				2	1313
9	4. 有色金属矿采选业	7592	6	898		1085	1197	328	43	850					3185
10	5. 非金属矿采选业	1384	12	14		106	103	3	7	34					1105
11	6. 其他采矿业	293	8			12	31	1	6	39			70	76	50
12	(二)制造业	80169	3905	4531		8370	32885	8083	2299	12665	3480	15	270	1537	2129
13	1. 农副食品加工业	605	31	37		29	35	90	16	305				62	
14	2. 食品制造业	409	141			95	19	28	6	64		1		55	
15	3. 酒、饮料和精制茶制造业	2514	646	20		23	268	98	38	202	990			229	
16	①酒的制造	2399	646	20		17	183	89	35	190	990			229	
17	其中:酒精	1								1					
18	②饮料制造	66				6	37	9	2	12					
19	③精制茶制造	49					48		1						
20	4. 烟草制品业	28003				2359	24253	386	37	517		1		450	
21	其中:卷烟制造	27250				2035	24096	307	22	339		1		450	
22	5. 纺织业	792				78	357	84	45	205		1		22	

续表

序号	项　　目	合　计	营业税	企业所得税		个人所得税	城市维护建设税	房产税	印花税	城镇土地使用税	土地增值税	车船税	耕地占用税	契税	其他各税
				内资企业	外资企业										
23	6. 纺织服装、服饰业	2201	315	1		19	76	77	11	196	1506				
24	7. 皮革、毛皮、羽毛及其制品和制鞋业	241	15			43	23	63	3	80				14	
25	8. 木材加工及木竹藤棕草制品业	2725	1216	16		85	414	102	50	392	450				
26	9. 家具制造业	115	4			27	33	9	6	36					
27	10. 造纸及纸制品业	772	1	2		71	167	111	23	201		1	176	19	
28	11. 印刷和记录媒介复制业	178	5	4		14	34	50	4	67					
29	12. 文教、工美、体育和娱乐用品制造业	2341	1	10		245	876	642	75	492					
30	13. 石油加工、炼焦及核燃料加工业														
31	其中:成品油														
32	14. 化学原料及化学制品制造业	3777	2	125		254	624	751	204	1349	1	5	94	335	33
33	15. 医药制造业	1462	6			70	636	383	17	327	3	1		19	
34	16. 化学纤维制造业														
35	17. 橡胶和塑料制品业	1086	268	28		41	171	144	20	114	287			13	
36	18. 非金属矿物制品业	4069	34	66		307	411	273	92	774		1		50	2061
37	19. 黑色金属冶炼及压延加工业	9151	953	53		871	1587	1827	910	2945				5	
38	20. 有色金属冶炼及压延加工业	5404	35	1386		957	324	1077	317	1294					14
39	21. 金属制品业	1950	22	26		1155	131	267	64	272		1		12	
40	22. 通用设备制造业	2601	41	150		331	768	578	73	626	7	1		26	
41	23. 专用设备制造业	1129	39	207		281	175	95	15	296	1			20	
42	24. 汽车制造业	261		54		40	68	17	18	64					
43	25. 铁路、船舶、航空航天和其他运输设备制造业	228				99	67	9	5	36					12
44	其中:铁路运输设备制造	216				98	65	9	5	27					12

续表

序号	项目	合计	营业税	企业所得税		个人所得税	城市维护建设税	房产税	印花税	城镇土地使用税	土地增值税	车船税	耕地占用税	契税	其他各税
				内资企业	外资企业										
45	船舶及相关装置制造	8				1	1			6					
46	航空、航天及设备制造														
47	摩托车制造	3								3					
48	26. 电气机械及器材制造业	2615	14	417		243	479	329	64	863				206	
49	27. 计算机、通信和其他电子设备制造业	1810	1			447	530	192	136	504					
50	28. 仪表仪器制造业	137	72			34	26	-14	3	13					3
51	29. 其他制造业	3593	43	1929		152	333	415	47	431	235	2			6
52	(三)电力、热力、燃气及水的生产和供应业	25980	383	5263		8310	5394	3008	662	1908	23	2	627	400	
53	1. 电力、热力的生产和供应业	24889	194	5210		8134	5174	2876	642	1637	21	1	627	373	
54	①电力生产	17681	153	4865		4286	3392	2075	527	1362	20	1	627	373	
55	②电力供应	7208	41	345		3848	1782	801	115	275	1				
56	③热力生产和供应业														
57	2. 燃气生产和供应业	577	143			81	170	86	16	53		1		27	
58	3. 水的生产和供应业	514	46	53		95	50	46	4	218	2				
59	(四)建筑业	118681	74882	21703	2	11224	4838	313	1079	840	680		655	391	2074
60	1. 房屋建筑业	35078	19121	10601		2626	1229	60	259	167	459			183	373
61	2. 土木工程建筑业	13152	9024	1442		1395	544	69	293	85					300
62	3. 建筑安装业	31634	18727	6268	1	2929	1330	95	251	411	221		595	208	598
63	4. 建筑装饰和其他建筑业	38817	28010	3392	1	4274	1735	89	276	177			60		803
64	三、第三产业	390542	128220	15952	98	44854	15663	14884	3954	18362	35803	8282	53080	39096	12294
65	(一)批发和零售业	33286	2196	1245		3465	5689	2481	1546	2899	63	11	795	642	12254
66	1. 批发业	24548	689	762		2439	4118	1347	1175	1723	23	7	115	206	11944
67	其中:烟草制品批发	14267	11	192		1739	2717	166	206	114					9122

续表

序号	项　目	合　计	营业税	企业所得税		个人所得税	城市维护建设税	房产税	印花税	城镇土地使用税	土地增值税	车船税	耕地占用税	契税	其他各税
				内资企业	外资企业										
68	煤炭及制品批发	69	4			2	16	16	12	17	2				
69	石油及其制品批发	401	14			74	152	58	48	44		1		10	
70	汽车及零配件批发	661		-1		153	164	84	4	257					
71	2. 零售业	8738	1507	483		1026	1571	1134	371	1176	40	4	680	436	310
72	(二)交通运输、仓储及邮政业	11799	1617	1943		5905	637	652	368	408	143	87		39	
73	1. 交通运输业	10896	1557	1819		5668	596	426	314	248	143	87		38	
74	2. 仓储业	366	17	123		19	22	58	54	73					
75	3. 邮政业	537	43	1		218	19	168		87				1	
76	(三)住宿和餐饮业	9031	5628	427		446	375	1291	9	630	195			30	
77	1. 住宿业	3923	2156	88		116	147	775	3	413	195			30	
78	2. 餐饮业	5108	3472	339		330	228	516	6	217					
79	(四)信息传输、软件和信息技术服务业	2851	282	10		807	518	871	35	324		1		3	
80	1. 电信、广播电视和卫星传输服务业	2367	42	1		678	461	843	26	312		1		3	
81	其中:电信	2306	38	1		627	457	841	26	312		1		3	
82	2. 互联网和相关服务	36	12	-5		14	3	4		8					
83	3. 软件和信息技术服务业	448	228	14		115	54	24	9	4					
84	(五)金融业	55772	30080	439	45	12229	1993	1017	401	1377	5	7465		721	
85	1. 货币金融服务	33627	22418	204		6851	1476	912	280	1307	5	2		172	
86	其中:银行	33203	22289			6777	1465	910	277	1306	5	2		172	
87	金融租赁	94	23	69			2								
88	2. 资本市场服务	4672	2497			1897	175	13	9	38				43	
89	3. 保险业	15387	4507			3351	294	84	95	22		6988		46	
90	4. 其他金融	2086	658	235	45	130	48	8	17	10		475		460	
91	(六)房地产业	133812	66082	7514	48	4007	4325	4721	940	6994	31450	6	5548	2175	2

续表

序号	项目	合计	营业税	企业所得税		个人所得税	城市维护建设税	房产税	印花税	城镇土地使用税	土地增值税	车船税	耕地占用税	契税	其他各税
				内资企业	外资企业										
92	1. 房地产开发经营业	114583	58635	7095		3464	3831	1626	861	6572	30446	6	3	2042	2
93	2. 物业管理	10121	2729	61	48	164	186	1033	13	196	75		5545	71	
94	3. 房地产中介服务	140	74	50		11	4	1							
95	4. 自有房地产经营活动	2349	1628	25		105	106	329	26	72	58				
96	5. 其他房地产业	6619	3016	283		263	198	1732	40	154	871			62	
97	(七)租赁和商务服务业	17223	3587	2256		1350	401	642	215	2204	1211	2	3930	1425	
98	1. 租赁业	198	66	18		19	13	21	2	59					
99	2. 商务服务业	17025	3521	2238		1331	388	621	213	2145	1211	2	3930	1425	
100	(八)科学研究和技术服务业	1892	399	419	5	605	161	66	21	67	128	1		20	
101	(九)居民服务、修理和其他服务业	27308	10107	1094		2255	891	1507	166	1786	130	144	9082	133	13
102	其中:居民服务业	11211	1256	133		242	151	295	6	256	97		8738	37	
103	机动车、电子产品和日用产品修理业	299	79	8		52	39	67	2	52					
104	(十)教育	1283	280	149		748	17	64	7	15	1	1		1	
105	(十一)卫生和社会工作	4274	19	11		4190	4	37	2	6	2	1		2	
106	其中:卫生	4267	17	11		4187	4	36	2	5	2	1		2	
107	(十二)文化、体育和娱乐业	1209	554	55		333	70	43	3	140	11				
108	其中:新闻和出版业	4				4									
109	广播、电视、电影和影视录音制作业	201	44	13		81	26	20		6	11				
110	体育	200	32	9		16	2	11		130					
111	娱乐业	659	423	31		172	27	4	2						
112	(十三)公共管理、社会保障和社会组织	89120	6461	328		8415	428	1429	221	1392	2278	563	33725	33856	24
113	(十四)其他行业	1682	928	62		99	154	63	20	120	186			49	1

2015年河源市地方税务局税收收入分行业分税种统计年报表

编报机关：河源市地方税务局　　单位：万元

序号	项目	合计	营业税	企业所得税		个人所得税	城市维护建设税	房产税	印花税	城镇土地使用税	土地增值税	车船税	耕地占用税	契税	其他各税
				内资企业	外资企业										
1	税收收入合计	572542	193602	43145	183	44899	30399	17204	5581	28664	36112	6268	76509	74880	15096
2	一、第一产业	2287	505	290		123	52	123	72	1078	8			35	1
3	二、第二产业	188665	74734	22746	125	17736	18011	6549	2561	9294	967	22	19095	1997	14828
4	（一）采矿业	17059	70	1691		567	911	180	79	595			652	13	12301
5	1. 煤炭开采和洗选业														
6	2. 石油和天然气开采业	13					1	1		11					
7	其中：原油	1								1					
8	3. 黑色金属矿采选业	1688	5	412		138	103	84	22	321					603
9	4. 有色金属矿采选业	120	2			11	63	6	2	33					3
10	5. 非金属矿采选业	1490	62	47		117	62	35	11	97			312	13	734
11	6. 其他采矿业	13748	1	1232		301	682	54	44	133			340		10961
12	（二）制造业	33482	976	642		6474	9992	5029	1472	7245	47	8	325	788	484
13	1. 农副食品加工业	158	2	1		36	32	28	7	52					
14	2. 食品制造业	85	1	1		11	23	24	5	20					
15	3. 酒、饮料和精制茶制造业	161				4	42	7	6	35				67	
16	①酒的制造	58				2	38	4	2	4				8	
17	其中：酒精														
18	②饮料制造	101				2	4	1	4	31				59	
19	③精制茶制造	2						2							
20	4. 烟草制品业														
21	其中：卷烟制造														
22	5. 纺织业	645	19	10		30	209	117	32	208	20				

续表

序号	项　　目	合　计	营业税	企业所得税		个人所得税	城市维护建设税	房产税	印花税	城镇土地使用税	土地增值税	车船税	耕地占用税	契税	其他各税
				内资企业	外资企业										
23	6. 纺织服装、服饰业	1576	9			336	439	226	108	383				75	
24	7. 皮革、毛皮、羽毛及其制品和制鞋业	1222				69	555	195	50	280				73	
25	8. 木材加工及木竹藤棕草制品业	488				57	114	64	18	233			2		
26	9. 家具制造业	291				25	97	36	16	99				18	
27	10. 造纸及纸制品业	302				11	70	45	10	166					
28	11. 印刷和记录媒介复制业	469		3		53	194	70	16	123				10	
29	12. 文教、工美、体育和娱乐用品制造业	3717	4	32		370	1443	794	183	841		2		48	
30	13. 石油加工、炼焦及核燃料加工业														
31	其中:成品油														
32	14. 化学原料及化学制品制造业	119				36	37	14	11	21					
33	15. 医药制造业	955	8	20		110	409	154	28	226					
34	16. 化学纤维制造业	2	1								1				
35	17. 橡胶和塑料制品业	2206	1			231	728	437	118	685				4	2
36	18. 非金属矿物制品业	4534	11	286		539	693	682	101	1399		6	315	85	417
37	19. 黑色金属冶炼及压延加工业	273	3	50		21	58	8	7	93	3				30
38	20. 有色金属冶炼及压延加工业	683	179	35		15	150	58	14	200					32
39	21. 金属制品业	864	43	125		157	172	118	26	223					
40	22. 通用设备制造业	431	3	31		45	258	20	29	45					
41	23. 专用设备制造业	2922	11	1		1117	926	390	71	402				4	
42	24. 汽车制造业	55	1			9	6	4	4	31					
43	25. 铁路、船舶、航空航天和其他运输设备制造业	1							1						
44	其中:铁路运输设备制造														

续表

序号	项目	合计	营业税	企业所得税		个人所得税	城市维护建设税	房产税	印花税	城镇土地使用税	土地增值税	车船税	耕地占用税	契税	其他各税
				内资企业	外资企业										
45	船舶及相关装置制造	1							1						
46	航空、航天及设备制造														
47	摩托车制造														
48	26. 电气机械及器材制造业	6171	609	38		2205	1450	805	220	794	23			27	
49	27. 计算机、通信和其他电子设备制造业	4022	26	8		809	1644	444	364	380				347	
50	28. 仪表仪器制造业	456				66	151	86	9	141				3	
51	29. 其他制造业	674	45	1		112	92	203	18	165			8	27	3
52	（三）电力、热力、燃气及水的生产和供应业	13883	611	4416	116	3238	2968	1161	328	1009	23	6		6	1
53	1. 电力、热力的生产和供应业	11872	360	3885	116	3077	2502	958	286	653	23	6		6	
54	①电力生产	5469	189	1477	116	1248	1211	634	205	379		4		6	
55	②电力供应	6403	171	2408		1829	1291	324	81	274	23	2			
56	③热力生产和供应业														
57	2. 燃气生产和供应业	848	164	382		61	64	38	9	130					
58	3. 水的生产和供应业	1163	87	149		100	402	165	33	226					1
59	（四）建筑业	124241	73077	15997	9	7457	4140	179	682	445	897	8	18118	1190	2042
60	1. 房屋建筑业	15270	8364	4634		741	449	36	113	97	452			10	374
61	2. 土木工程建筑业	20187	12479	2237		1157	643	43	82	132		1	3123		290
62	3. 建筑安装业	21479	14660	3307		1614	810	50	153	66	187			235	397
63	4. 建筑装饰和其他建筑业	67305	37574	5819	9	3945	2238	50	334	150	258	7	14995	945	981
64	三、第三产业	381590	118363	20109	58	27040	12336	10532	2948	18292	35137	6246	57414	72848	267
65	（一）批发和零售业	15037	1076	3451		1760	4096	1094	531	1606	212	3	554	544	110
66	1. 批发业	4828	67	1252		596	1568	139	206	240	3	1	537	210	9
67	其中：烟草制品批发	880	9	437		138	272	10	12	2					

续表

序号	项目	合计	营业税	企业所得税		个人所得税	城市维护建设税	房产税	印花税	城镇土地使用税	土地增值税	车船税	耕地占用税	契税	其他各税
				内资企业	外资企业										
68	煤炭及制品批发	3				1	1		1						
69	石油及其制品批发	11				1	1	1		2			2	4	
70	汽车及零配件批发	65	3			17	11	8	10	16					
71	2. 零售业	10209	1009	2199		1164	2528	955	325	1366	209	2	17	334	101
72	(二)交通运输、仓储及邮政业	9813	1526	893		950	268	288	252	85	4	16	5512	19	
73	1. 交通运输业	9434	1504	893		797	263	165	234	43	4	16	5512	3	
74	2. 仓储业	29	2			4		5	17	1					
75	3. 邮政业	350	20			149	5	118	1	41				16	
76	(三)住宿和餐饮业	9054	6807	295	5	663	413	533	9	190	26	1		98	14
77	1. 住宿业	2778	1948	150		129	112	227	7	92	26			77	10
78	2. 餐饮业	6276	4859	145	5	534	301	306	2	98		1		21	4
79	(四)信息传输、软件和信息技术服务业	2863	192	100	1	543	441	729	39	616	29			173	
80	1. 电信、广播电视和卫星传输服务业	1749	55	18		456	345	566	25	261				23	
81	其中:电信	1735	52	17		451	343	564	25	260				23	
82	2. 互联网和相关服务	438	26	11		68	74	162	8	78				11	
83	3. 软件和信息技术服务业	676	111	71	1	19	22	1	6	277	29			139	
84	(五)金融业	48766	30872	1363		7288	1955	697	341	361	134	5307		448	
85	1. 货币金融服务	28737	22783	478		2902	1455	490	201	99	27	23		279	
86	其中:银行	28133	22564	149		2870	1441	487	198	99	27	23		275	
87	金融租赁	36	28	6		1	1								
88	2. 资本市场服务	1752	842	11		752	60	22	1	30	25			9	
89	3. 保险业	11819	3717			2481	234	44	72	13		5258			
90	4. 其他金融	6458	3530	874		1153	206	141	67	219	82	26		160	
91	(六)房地产业	140098	56374	11478	52	1843	3489	2903	1035	8442	29100	1	22306	3029	46

续表

序号	项目	合计	营业税	企业所得税		个人所得税	城市维护建设税	房产税	印花税	城镇土地使用税	土地增值税	车船税	耕地占用税	契税	其他各税
				内资企业	外资企业										
92	1. 房地产开发经营业	109322	49050	10577	50	1287	3062	1273	897	6285	24225	1	10335	2246	34
93	2. 物业管理	4164	2033	245		71	141	142	22	1115	336			59	
94	3. 房地产中介服务	993	509	281		19	35	17	16	16	89				11
95	4. 自有房地产经营活动	358	88	2		140	4	103	2	5	14				
96	5. 其他房地产业	25261	4694	373	2	326	247	1368	98	1021	4436		11971	724	1
97	（七）租赁和商务服务业	14602	2327	586		1082	239	548	266	5573	359	2	1373	2238	9
98	1. 租赁业	70	34	4		6	5	6	1	5		1			8
99	2. 商务服务业	14532	2293	582		1076	234	542	265	5568	359	1	1373	2238	1
100	（八）科学研究和技术服务业	1929	606	353		339	166	45	52	285	3	1		79	
101	（九）居民服务、修理和其他服务业	17095	4531	1102		3372	377	212	53	152	903	588	5194	573	38
102	其中：居民服务业	5236	2469	731		523	156	141	22	27	757	202		176	32
103	机动车、电子产品和日用产品修理业	431	278	1		42	45	28	5	31			1		
104	（十）教育	836	189	34		526	11	7	1	4	61	3			
105	（十一）卫生和社会工作	1307	37	8		1242	2	9	5	2		1		1	
106	其中：卫生	1270	9	7		1235	1	9	5	2		1		1	
107	（十二）文化、体育和娱乐业	944	394	73		331	63	36	3	10	19		6	9	
108	其中：新闻和出版业	224	2	31		158	16				17				
109	广播、电视、电影和影视录音制作业	208	16	32		119	22	14	1	3				1	
110	体育	30	9			6	1	1		2			5	6	
111	娱乐业	390	307	5		36	20	18		4					
112	（十三）公共管理、社会保障和社会组织	118199	12807	209		7032	773	3399	356	880	4280	322	22469	65633	39
113	（十四）其他行业	1047	625	164		69	43	32	5	86	7	1		4	11

2015年梅州市地方税务局税收收入分行业分税种统计年报表

编报机关:梅州市地方税务局　　　　单位:万元

序号	项　目	合　计	营业税	企业所得税		个人所得税	城市维护建设税	房产税	印花税	城镇土地使用税	土地增值税	车船税	耕地占用税	契税	其他各税
				内资企业	外资企业										
1	税收收入合计	983644	243041	142131	33	87616	64945	25366	9206	44387	98762	9668	126439	74586	57464
2	一、第一产业	3782	1332	75	1	383	190	216	134	357	791	4		295	4
3	二、第二产业	346125	91910	88226	18	27209	47563	12528	3635	17986	7939	12	3671	4314	41114
4	(一)采矿业	18383	130	308		196	184	93	24	81	60		6	38	17263
5	1. 煤炭开采和洗选业	234	81	43		1	7		2	2	60			38	
6	2. 石油和天然气开采业	6					6								
7	其中:原油														
8	3. 黑色金属矿采选业	7968		-29		5	8	6	1	6					7971
9	4. 有色金属矿采选业	615	34	288		110	55	81	8	19					20
10	5. 非金属矿采选业	4475	15	6		41	94	3	11	38					4267
11	6. 其他采矿业	5085				39	14	3	2	16			6		5005
12	(二)制造业	114371	3479	7633		8475	37758	9140	1456	14820	5833	8	2313	1983	21473
13	1. 农副食品加工业	613	45	18		36	20	65	13	279	9			128	
14	2. 食品制造业	204		23		2	43	9	19	105				3	
15	3. 酒、饮料和精制茶制造业	3571	38	920		32	261	1774	15	336			105	90	
16	①酒的制造	3493	38	920		32	255	1768	14	325			105	36	
17	其中:酒精														
18	②饮料制造	62					4	4	1	2				51	
19	③精制茶制造	16					2	2		9				3	
20	4. 烟草制品业	37434	20	1600		2901	30454	385	25	149		1			1899
21	其中:卷烟制造	33401		658		2201	30159	249	17	117					
22	5. 纺织业	1596				3	50	111	13	1419					

续表

序号	项　　目	合　计	营业税	企业所得税		个人所得税	城市维护建设税	房产税	印花税	城镇土地使用税	土地增值税	车船税	耕地占用税	契税	其他各税
				内资企业	外资企业										
23	6. 纺织服装、服饰业	3115	1483	4		65	230	102	39	149	1035			8	
24	7. 皮革、毛皮、羽毛及其制品和制鞋业	441				5	190	8	11	227					
25	8. 木材加工及木竹藤棕草制品业	569		22		35	247	80	39	146					
26	9. 家具制造业	490	26	36		46	97	24	19	70	168	1		3	
27	10. 造纸及纸制品业	641	6	14		71	17	73	5	455					
28	11. 印刷和记录媒介复制业	1052	499	1		13	116	4	16	56	347				
29	12. 文教、工美、体育和娱乐用品制造业	611		103			98	15	10	385					
30	13. 石油加工、炼焦及核燃料加工业														
31	其中:成品油														
32	14. 化学原料及化学制品制造业	1211	4	59		15	88	122	28	836	51			8	
33	15. 医药制造业	3352	1	166		62	202	1099	29	1789				4	
34	16. 化学纤维制造业	284						29		255					
35	17. 橡胶和塑料制品业	1166		3		152	358	156	63	368			7	59	
36	18. 非金属矿物制品业	29891	119	2584		2830	1218	2977	271	2478	4	4	2056	226	15124
37	19. 黑色金属冶炼及压延加工业	114		6		23	41	8	7	29					
38	20. 有色金属冶炼及压延加工业	5927		683		170	184	326	47	641				71	3805
39	21. 金属制品业	1259	6	242		107	227	192	122	348				15	
40	22. 通用设备制造业	5754	369	954		157	319	291	36	675	2697			256	
41	23. 专用设备制造业	658	110	-115		35	141	69	31	297				89	1
42	24. 汽车制造业	1766	101			204	423	88	55	821				74	
43	25. 铁路、船舶、航空航天和其他运输设备制造业	174	88	31		10	15	3	5	15				7	
44	其中:铁路运输设备制造	20				10	6	1	1	2					

续表

序号	项目	合计	营业税	企业所得税		个人所得税	城市维护建设税	房产税	印花税	城镇土地使用税	土地增值税	车船税	耕地占用税	契税	其他各税
				内资企业	外资企业										
45	船舶及相关装置制造	1					1								
46	航空、航天及设备制造	2					1		1						
47	摩托车制造	141	88	31			6	2	1	13					
48	26. 电气机械及器材制造业	2860	71	35		342	586	135	92	267	1132	1	145	54	
49	27. 计算机、通信和其他电子设备制造业	6899	22	251		981	1918	863	410	1740		1		713	
50	28. 仪表仪器制造业	422	1	154		25	63	31	6	103				39	
51	29. 其他制造业	2297	470	-161		153	152	101	30	382	390			136	644
52	(三)电力、热力、燃气及水的生产和供应业	41384	1217	24608		5419	4389	2849	401	1328	638			535	
53	1. 电力、热力的生产和供应业	40407	1078	24604		5210	4283	2761	387	1182	638			264	
54	①电力生产	32540	203	24470		1703	2462	1858	248	712	638			246	
55	②电力供应	7837	875	134		3506	1821	899	139	460				3	
56	③热力生产和供应业	30				1		4		10				15	
57	2. 燃气生产和供应业	223	105	1		36	11	3	6	27				34	
58	3. 水的生产和供应业	754	34	3		173	95	85	8	119				237	
59	(四)建筑业	171987	87084	55677	18	13119	5232	446	1754	1757	1408	4	1352	1758	2378
60	1. 房屋建筑业	36018	19463	10348		2899	1346	102	288	451	476			5	640
61	2. 土木工程建筑业	22404	11077	5454	1	1697	717	54	366	87		1	996	1524	430
62	3. 建筑安装业	60445	20686	32343	11	3424	1417	275	791	303	477	1		118	599
63	4. 建筑装饰和其他建筑业	53120	35858	7532	6	5099	1752	15	309	916	455	2	356	111	709
64	三、第三产业	633737	149799	53830	14	60024	17192	12622	5437	26044	90032	9652	122768	69977	16346
65	(一)批发和零售业	63312	4095	15950	2	11546	6435	2358	1644	7725	3604	982	634	2393	5944
66	1. 批发业	25905	1007	12009	2	1928	4051	234	646	439	581			552	4456
67	其中:烟草制品批发	14500	1	8889		1253	3070	23	285	49					930

续表

序号	项目	合计	营业税	企业所得税		个人所得税	城市维护建设税	房产税	印花税	城镇土地使用税	土地增值税	车船税	耕地占用税	契税	其他各税
				内资企业	外资企业										
68	煤炭及制品批发	40				2	21		16	1					
69	石油及其制品批发	62				3	12	9		38					
70	汽车及零配件批发	126	14			9	38	7	34	12				12	
71	2. 零售业	37407	3088	3941		9618	2384	2124	998	7286	3023	982	634	1841	1488
72	(二)交通运输、仓储及邮政业	7394	1923	2105		898	371	393	87	1437	18	23		109	30
73	1. 交通运输业	5715	1880	2101		407	351	179	80	605		23		59	30
74	2. 仓储业	806	7			6	2	3	5	721	12			50	
75	3. 邮政业	873	36	4		485	18	211	2	111	6				
76	(三)住宿和餐饮业	7655	4740	203	1	614	309	1207	8	490				83	
77	1. 住宿业	3093	1720	131		175	106	666	6	206				83	
78	2. 餐饮业	4562	3020	72	1	439	203	541	2	284					
79	(四)信息传输、软件和信息技术服务业	3277	201	107		816	567	786	73	328	50	1	39	309	
80	1. 电信、广播电视和卫星传输服务业	2250	95	7		719	419	709	43	250	1	1		6	
81	其中:电信	2196	82	6		683	417	709	42	250	1			6	
82	2. 互联网和相关服务	231	7	1		56	77	61	1	28					
83	3. 软件和信息技术服务业	796	99	99		41	71	16	29	50	49		39	303	
84	(五)金融业	63622	32568	1486		22300	2067	1273	369	210	141	2915	17	276	
85	1. 货币金融服务	33195	22642	106		7217	1420	1165	216	156	5			268	
86	其中:银行	33026	22589			7214	1418	1165	214	153	5			268	
87	金融租赁														
88	2. 资本市场服务	14973	3083	1		11622	217	33	3	14					
89	3. 保险业	12440	5447			3380	360	72	110	17	136	2915		3	
90	4. 其他金融	3014	1396	1379		81	70	3	40	23			17	5	
91	(六)房地产业	229679	83574	28094	11	7537	5775	3158	1292	7256	76870	2	12242	3859	9

续表

序号	项　目	合　计	营业税	企业所得税		个人所得税	城市维护建设税	房产税	印花税	城镇土地使用税	土地增值税	车船税	耕地占用税	契税	其他各税
				内资企业	外资企业										
92	1. 房地产开发经营业	202411	76006	26071		2916	4905	1304	1064	6630	67186	2	12144	4180	3
93	2. 物业管理	1064	697	94	9	72	71	76	3	42					
94	3. 房地产中介服务	507	197	75		50	21	56	2	1	80			25	
95	4. 自有房地产经营活动	4844	1165	224		1375	75	544	13	5	1377		62	4	
96	5. 其他房地产业	20853	5509	1630	2	3124	703	1178	210	578	8227		36	-350	6
97	（七）租赁和商务服务业	26403	3545	1044		1124	602	2263	244	759	2477	1	7452	6888	4
98	1. 租赁业	144	95	16		21	7	2	1	2					
99	2. 商务服务业	26259	3450	1028		1103	595	2261	243	757	2477	1	7452	6888	4
100	（八）科学研究和技术服务业	39514	856	714		225	159	31	24	82	2	1	37409	9	2
101	（九）居民服务、修理和其他服务业	20059	3385	1554		1657	240	543	1241	3426	3625	362	3792	232	2
102	其中：居民服务业	1236	610	66		228	42	17	55	17	200			1	
103	机动车、电子产品和日用产品修理业	492	10	11		10	12	73	2	371				3	
104	（十）教育	2531	234	89		2102	17	52	8	9	14	2		4	
105	（十一）卫生和社会工作	6406	33	254		3388	21	7	64	6	20	1		2612	
106	其中：卫生	6400	29	254		3388	20	7	64	5	20	1		2612	
107	（十二）文化、体育和娱乐业	2637	304	113		936	67	48	22	33				1114	
108	其中：新闻和出版业	57	10	31		4	10	1		1					
109	广播、电视、电影和影视录音制作业	212	40	69		33	39	23	1	7					
110	体育	97	63	1		5	3	8		17					
111	娱乐业	991	130	7		838	8	3		5					
112	（十三）公共管理、社会保障和社会组织	149052	5570	1058		6355	421	443	332	4094	3211	5362	61183	51715	9308
113	（十四）其他行业	12196	8771	1059		526	141	60	29	189				374	1047

2015 年惠州市地方税务局税收收入分行业分税种统计年报表

编报机关:惠州市地方税务局　　　　单位:万元

序号	项　目	合　计	营业税	企业所得税		个人所得税	城市维护建设税	房产税	印花税	城镇土地使用税	土地增值税	车船税	耕地占用税	契税	其他各税
				内资企业	外资企业										
1	税收收入合计	2370992	908589	94667	820	290305	246434	96872	42380	129901	263466	25498	37223	227790	7047
2	一、第一产业	2396	296	55		773	51	227	133	682	115			64	
3	二、第二产业	757204	286207	46306	643	113426	182532	35101	27193	42115	7458	20	2139	7968	6096
4	(一)采矿业	1754		7		107	178	27	36	716	2				681
5	1. 煤炭开采和洗选业														
6	2. 石油和天然气开采业	629					2	3		624					
7	其中:原油	623					1			622					
8	3. 黑色金属矿采选业	53				6	5		3						39
9	4. 有色金属矿采选业	12					5		3	1					3
10	5. 非金属矿采选业	589		7		66	124	4	24	28	2				334
11	6. 其他采矿业	471				35	42	20	6	63					305
12	(二)制造业	348866	9433	8291	533	66848	156816	30305	23658	36353	3856	17	927	6469	5360
13	1. 农副食品加工业	1534	16	346		165	75	300	111	332	116			73	
14	2. 食品制造业	1862	127	493		208	685	58	93	137				43	18
15	3. 酒、饮料和精制茶制造业	1171	43	4		167	481	157	82	231					6
16	①酒的制造	563	41	2		78	349	20	39	34					
17	其中:酒精														
18	②饮料制造	608	2	2		89	132	137	43	197					6
19	③精制茶制造														
20	4. 烟草制品业														
21	其中:卷烟制造														
22	5. 纺织业	1579	63	28		142	465	241	98	509	33				

续表

序号	项目	合计	营业税	企业所得税		个人所得税	城市维护建设税	房产税	印花税	城镇土地使用税	土地增值税	车船税	耕地占用税	契税	其他各税
				内资企业	外资企业										
23	6. 纺织服装、服饰业	9209	388	72		922	2933	1944	454	1924	127		133	312	
24	7. 皮革、毛皮、羽毛及其制品和制鞋业	7099	305	223		919	2480	1028	341	1491	38		18	256	
25	8. 木材加工及木竹藤棕草制品业	1088	7	20		51	386	143	56	409	8			8	
26	9. 家具制造业	7332	80	1		1005	3072	1113	396	1453	13	3		196	
27	10. 造纸及纸制品业	2796	62	13		422	552	440	108	1025	22			152	
28	11. 印刷和记录媒介复制业	2645	138	183		386	818	523	117	451	28	1			
29	12. 文教、工美、体育和娱乐用品制造业	9461	333	2007		1152	2396	1433	303	1689	73			75	
30	13. 石油加工、炼焦及核燃料加工业	81261	806	24		6435	67705	627	2651	2608				405	
31	其中:成品油	81260	806	24		6435	67705	627	2650	2608				405	
32	14. 化学原料及化学制品制造业	9002	134	224		2369	2647	1243	739	1562				84	
33	15. 医药制造业	2715	59	332	533	557	682	139	50	212	140			11	
34	16. 化学纤维制造业	231				16	15	46	6	42	44			62	
35	17. 橡胶和塑料制品业	12687	82	201		2004	3986	2389	632	3059	208	1		125	
36	18. 非金属矿物制品业	29622	67	2986		5077	6799	1810	1096	5011	366	1		1093	5316
37	19. 黑色金属冶炼及压延加工业	294				44	100	44	26	80					
38	20. 有色金属冶炼及压延加工业	650	32	4		78	125	180	29	202					
39	21. 金属制品业	11732	326	110		2616	3222	2037	832	2135	102	1	39	312	
40	22. 通用设备制造业	2642	84	21		260	618	281	92	1092	33		95	66	
41	23. 专用设备制造业	11844	193	458		3636	3788	1474	738	1293		1	64	199	
42	24. 汽车制造业	4635	214	66		1740	1677	311	208	285				134	
43	25. 铁路、船舶、航空航天和其他运输设备制造业	298	47			20	72	32	10	117					
44	其中:铁路运输设备制造	60	47			5	7		1						

续表

序号	项　　目	合　计	营业税	企业所得税		个人所得税	城市维护建设税	房产税	印花税	城镇土地使用税	土地增值税	车船税	耕地占用税	契税	其他各税
				内资企业	外资企业										
45	船舶及相关装置制造	14				2	7			5					
46	航空、航天及设备制造														
47	摩托车制造														
48	26. 电气机械及器材制造业	27983	674	108		8351	10376	2824	1608	2583	863	2		594	
49	27. 计算机、通信和其他电子设备制造业	92067	3637	359		25007	37627	7878	11826	4502	176	1		1054	
50	28. 仪表仪器制造业	976	31	1		166	178	245	28	216	65			46	
51	29. 其他制造业	14451	1485	7		2933	2856	1365	928	1703	1401	6	578	1169	20
52	（三）电力、热力、燃气及水的生产和供应业	35969	6548	4202		11079	7624	2951	530	2006	1	1	849	178	
53	1. 电力、热力的生产和供应业	30495	5286	2753		10390	7084	2537	439	1300			694	12	
54	①电力生产	17711	5047	2349		3410	3592	1369	375	875			694		
55	②电力供应	5763	184	173		3050	1667	429	25	235					
56	③热力生产和供应业	7021	55	231		3930	1825	739	39	190				12	
57	2. 燃气生产和供应业	3585	1001	1340		420	283	103	68	250			13	107	
58	3. 水的生产和供应业	1889	261	109		269	257	311	23	456	1	1	142	59	
59	（四）建筑业	370615	270226	33806	110	35392	17914	1818	2969	3040	3599	2	363	1321	55
60	1. 房屋建筑业	97277	72552	8316	1	9715	4659	330	829	362	473			26	14
61	2. 土木工程建筑业	28386	21670	2368		2146	1376	98	206	133	20		315	36	18
62	3. 建筑安装业	110928	80743	8114	47	10991	5556	991	969	1020	2068	1	17	392	19
63	4. 建筑装饰和其他建筑业	134024	95261	15008	62	12540	6323	399	965	1525	1038	1	31	867	4
64	三、第三产业	1611392	622086	48306	177	176106	63851	61544	15054	87104	255893	25478	35084	219758	951
65	（一）批发和零售业	80376	9401	3821	1	13963	17481	8260	4000	17279	3087	8	46	2194	835
66	1. 批发业	25204	2882	1030	1	5451	6491	2277	1307	4010	1280	1	46	231	197
67	其中：烟草制品批发	900	4			370	446	18	53	9					

续表

序号	项目	合计	营业税	企业所得税		个人所得税	城市维护建设税	房产税	印花税	城镇土地使用税	土地增值税	车船税	耕地占用税	契税	其他各税
				内资企业	外资企业										
68	煤炭及制品批发	1					1								
69	石油及其制品批发	406	7	218		39	42	20	17	63					
70	汽车及零配件批发	16	3				4	2	4	3					
71	2. 零售业	55172	6519	2791		8512	10990	5983	2693	13269	1807	7		1963	638
72	(二)交通运输、仓储及邮政业	24223	3537	2981		3209	1407	1275	541	2691	190	7577	72	743	
73	1. 交通运输业	20643	3342	2974		2612	1275	768	285	1234	190	7577	72	314	
74	2. 仓储业	2265	102	7		422	111	130	241	823				429	
75	3. 邮政业	1315	93			175	21	377	15	634					
76	(三)住宿和餐饮业	39485	26577	415	13	3288	1739	4158	87	2067	982			134	25
77	1. 住宿业	15358	9041	97	13	911	569	2995	42	870	763			36	21
78	2. 餐饮业	24127	17536	318		2377	1170	1163	45	1197	219			98	4
79	(四)信息传输、软件和信息技术服务业	10279	1606	796	77	3373	2150	993	204	603	5			472	
80	1. 电信、广播电视和卫星传输服务业	7352	1061	417		2740	1562	863	111	498				100	
81	其中:电信	7103	933	416		2682	1546	859	110	494				63	
82	2. 互联网和相关服务	254	18	1		12	77	22	10	7	2			105	
83	3. 软件和信息技术服务业	2673	527	378	77	621	511	108	83	98	3			267	
84	(五)金融业	175420	111188	1492	54	41110	7371	2396	1343	291	770	8775		630	
85	1. 货币金融服务	112297	83850	783	32	18541	5625	2139	791	234	168			134	
86	其中:银行	108957	81981	2	32	18164	5498	2137	736	234	39			134	
87	金融租赁	878	103	463		175	7		1		129				
88	2. 资本市场服务	16311	8683			6615	521	47	182	13	245			5	
89	3. 保险业	36879	14510	4		12169	955	141	313	10		8775		2	
90	4. 其他金融	9933	4145	705	22	3785	270	69	57	34	357			489	
91	(六)房地产业	837465	409428	30447	3	20410	26970	34582	6375	44966	240670	10	877	22708	19

续表

序号	项目	合计	营业税	企业所得税		个人所得税	城市维护建设税	房产税	印花税	城镇土地使用税	土地增值税	车船税	耕地占用税	契税	其他各税
				内资企业	外资企业										
92	1. 房地产开发经营业	747716	368151	27693		16736	24240	16371	5772	39442	227308	8	632	21344	19
93	2. 物业管理	22323	13183	773		872	843	1449	128	2667	1305	1		1102	
94	3. 房地产中介服务	2891	1896	48		313	135	109	20	136	180		30	24	
95	4. 自有房地产经营活动	6812	1921	71	1	350	119	3441	39	390	150		180	150	
96	5. 其他房地产业	57723	24277	1862	2	2139	1633	13212	416	2331	11727	1	35	88	
97	(七)租赁和商务服务业	36398	11079	2260	4	7409	2125	2631	586	6254	1598	575	19	1857	1
98	1. 租赁业	809	261	98		105	77	20	16	54	177			1	
99	2. 商务服务业	35589	10818	2162	4	7304	2048	2611	570	6200	1421	575	19	1856	1
100	(八)科学研究和技术服务业	7827	1720	1152	25	1135	358	247	54	256		1	2857	22	
101	(九)居民服务、修理和其他服务业	100399	24732	2329		49649	2903	3318	833	4453	3943	2084	5178	967	10
102	其中:居民服务业	6654	3124	560		654	272	317	54	463	58	1	636	505	10
103	机动车、电子产品和日用产品修理业	338	134	13		39	63	17	16	52				4	
104	(十)教育	3217	393	96		2494	33	50	20	5		1	59	66	
105	(十一)卫生和社会工作	6884	120	1099		5574	8	73	9			1			
106	其中:卫生	6829	107	1098		5547	6	62	8			1			
107	(十二)文化、体育和娱乐业	4391	1644	-10		406	121	202	11	1988	2			27	
108	其中:新闻和出版业	7	1			4	1	1							
109	广播、电视、电影和影视录音制作业	483	155	1		241	20	43	6	11	2			4	
110	体育	247	141	1		18	7	50	1	29					
111	娱乐业	3465	1248	-33		112	81	107	3	1945				2	
112	(十三)公共管理、社会保障和社会组织	268991	12158	405		23583	958	2323	960	1983	4560	6445	25976	189585	55
113	(十四)其他行业	16037	8503	1023		503	227	1036	31	4268	86	1		353	6

2015年汕尾市地方税务局税收收入分行业分税种统计年报表

编报机关:汕尾市地方税务局　　　　单位:万元

序号	项　目	合　计	营业税	企业所得税		个人所得税	城市维护建设税	房产税	印花税	城镇土地使用税	土地增值税	车船税	耕地占用税	契税	其他各税
				内资企业	外资企业										
1	税收收入合计	265173	110625	32392	68	27992	15026	8564	3733	17934	27693	3006	-1062	18631	571
2	一、第一产业	801	269	113		47	29	104	12	196	30			1	
3	二、第二产业	96083	45985	15357	20	15250	7389	3791	2571	3991	825	5	-693	1048	544
4	(一)采矿业	146	4	9		34	53	16	10	11					9
5	1. 煤炭开采和洗选业														
6	2. 石油和天然气开采业	111	3			30	45	15	8	10					
7	其中:原油	108	2			29	45	15	7	10					
8	3. 黑色金属矿采选业														
9	4. 有色金属矿采选业														
10	5. 非金属矿采选业	34	1	9		4	8	1	2						9
11	6. 其他采矿业	1								1					
12	(二)制造业	13833	444	561		3819	2571	1810	1408	2276	424	2		515	3
13	1. 农副食品加工业	691	50	4		39	92	162	10	177	75			82	
14	2. 食品制造业	150	39	1		7	29	8	3	34	29				
15	3. 酒、饮料和精制茶制造业	150	1	68		1	22	9	4	44		1			
16	①酒的制造	122	1	68		1	20	5	4	22		1			
17	其中:酒精														
18	②饮料制造	28					2	4		22					
19	③精制茶制造														
20	4. 烟草制品业														
21	其中:卷烟制造														
22	5. 纺织业	1411	7	4		231	320	362	124	363					

续表

序号	项　　目	合　计	营业税	企业所得税		个人所得税	城市维护建设税	房产税	印花税	城镇土地使用税	土地增值税	车船税	耕地占用税	契税	其他各税
				内资企业	外资企业										
23	6. 纺织服装、服饰业	989	91	224		52	210	99	28	149	133			3	
24	7. 皮革、毛皮、羽毛及其制品和制鞋业	85	1			2	18	24	2	38					
25	8. 木材加工及木竹藤棕草制品业	64				2	23	6	2	31					
26	9. 家具制造业	24				1	6	2		10				5	
27	10. 造纸及纸制品业	84		2		5	25	8	9	35					
28	11. 印刷和记录媒介复制业	37		1		4	18	6	3	5					
29	12. 文教、工美、体育和娱乐用品制造业	808		21		61	145	252	51	251				27	
30	13. 石油加工、炼焦及核燃料加工业														
31	其中:成品油														
32	14. 化学原料及化学制品制造业	222		83		24	39	3	4	69					
33	15. 医药制造业														
34	16. 化学纤维制造业														
35	17. 橡胶和塑料制品业	533	21	19		12	146	48	12	252	22			1	
36	18. 非金属矿物制品业	3126				1663	614	197	545	105		1			1
37	19. 黑色金属冶炼及压延加工业														
38	20. 有色金属冶炼及压延加工业	15						2	1	12					
39	21. 金属制品业	319	16	121		10	24	18	15	51				63	1
40	22. 通用设备制造业	235	23	4		14	52	4	124	14					
41	23. 专用设备制造业	318	1	1		78	102	58	17	61					
42	24. 汽车制造业	49							1	2				46	
43	25. 铁路、船舶、航空航天和其他运输设备制造业	88	21	1		6	10	1	1	48					
44	其中:铁路运输设备制造	25	19	1		4	1								

续表

序号	项　目	合　计	营业税	企业所得税		个人所得税	城市维护建设税	房产税	印花税	城镇土地使用税	土地增值税	车船税	耕地占用税	契税	其他各税
				内资企业	外资企业										
45	船舶及相关装置制造	63	2			2	9	1	1	48					
46	航空、航天及设备制造														
47	摩托车制造														
48	26. 电气机械及器材制造业	149	3			2	30	13	2	99					
49	27. 计算机、通信和其他电子设备制造业	3159	81	6		1354	502	360	427	227	43			159	
50	28. 仪表仪器制造业	694	25			151	132	127	22	107				130	
51	29. 其他制造业	433	64	1		100	12	41	1	92	122			-1	1
52	（三）电力、热力、燃气及水的生产和供应业	13419	1385	1616		4293	2246	1832	704	1530		3	-693	503	
53	1. 电力、热力的生产和供应业	12851	1301	1347		4263	2192	1809	702	1436		3	-693	491	
54	①电力生产	9681	1290	98		3310	1609	1553	669	1354		3	-693	488	
55	②电力供应	3170	11	1249		953	583	256	33	82				3	
56	③热力生产和供应业														
57	2. 燃气生产和供应业	132	28	11		21	10	11	2	49					
58	3. 水的生产和供应业	436	56	258		9	44	12		45				12	
59	（四）建筑业	68685	44152	13171	20	7104	2519	133	449	174	401			30	532
60	1. 房屋建筑业	9053	5381	2223		961	335	3	63	1				2	84
61	2. 土木工程建筑业	5791	4524	409		537	246		20					11	44
62	3. 建筑安装业	22758	13938	5382	14	1815	772	127	202	158	96			14	240
63	4. 建筑装饰和其他建筑业	31083	20309	5157	6	3791	1166	3	164	15	305			3	164
64	三、第三产业	168289	64371	16922	48	12695	7608	4669	1150	13747	26838	3001	-369	17582	27
65	（一）批发和零售业	18966	1571	8685		1289	3097	1240	267	1368	1055	1		393	
66	1. 批发业	15078	468	8380		1082	2662	558	220	1039	445			224	
67	其中：烟草制品批发	11960		8267		1009	2499	13	155	17					

续表

序号	项　目	合　计	营业税	企业所得税		个人所得税	城市维护建设税	房产税	印花税	城镇土地使用税	土地增值税	车船税	耕地占用税	契税	其他各税
				内资企业	外资企业										
68	煤炭及制品批发														
69	石油及其制品批发	157		3			16	31		107					
70	汽车及零配件批发	161	12			19	24	50	27	29					
71	2. 零售业	3888	1103	305		207	435	682	47	329	610	1		169	
72	(二)交通运输、仓储及邮政业	1041	20	361		257	89	166	7	111	16	14			
73	1. 交通运输业	738	5	361		127	86	71	5	53	16	14			
74	2. 仓储业	33				8		3		22					
75	3. 邮政业	270	15			122	3	92	2	36					
76	(三)住宿和餐饮业	5841	4241	91	3	394	255	327	9	282	239				
77	1. 住宿业	2074	1235	24	3	80	78	195	8	213	238				
78	2. 餐饮业	3767	3006	67		314	177	132	1	69	1				
79	(四)信息传输、软件和信息技术服务业	2356	126	42	1	860	377	689	34	210		2		15	
80	1. 电信、广播电视和卫星传输服务业	2056	30	9		840	366	581	33	181		1		15	
81	其中:电信	2030	30	9		820	364	578	32	181		1		15	
82	2. 互联网和相关服务	185	16	29		3	1	107		29					
83	3. 软件和信息技术服务业	115	80	4	1	17	10	1	1			1			
84	(五)金融业	29816	13041	196		3298	829	443	110	8556	23	2891	129	300	
85	1. 货币金融服务	21285	9738	45		1453	624	374	68	8544	7	3	129	300	
86	其中:银行	21257	9732	44		1446	624	366	68	8538	7	3	129	300	
87	金融租赁														
88	2. 资本市场服务	1331	720			498	45	48		4	16				
89	3. 保险业	6838	2429	1		1301	150	21	40	8		2888			
90	4. 其他金融	362	154	150		46	10		2						
91	(六)房地产业	69887	34179	6170	43	2237	2145	1246	547	2676	20990	1	-1393	1037	9

续表

序号	项　目	合　计	营业税	企业所得税		个人所得税	城市维护建设税	房产税	印花税	城镇土地使用税	土地增值税	车船税	耕地占用税	契税	其他各税
				内资企业	外资企业										
92	1. 房地产开发经营业	61697	31902	5747		1122	1924	155	510	1962	19611	1	-2122	876	9
93	2. 物业管理	1669	958	113	41	93	78	316	5	16			44	5	
94	3. 房地产中介服务	12	7	1		1	1	1		1					
95	4. 自有房地产经营活动	835	127	106	1	190	8	191	3	31	177			1	
96	5. 其他房地产业	5674	1185	203	1	831	134	583	29	666	1202		685	155	
97	（七）租赁和商务服务业	4072	2111	431	1	192	143	177	59	71	739			148	
98	1. 租赁业	12	2		1	1	1	2	1	4					
99	2. 商务服务业	4060	2109	431		191	142	175	58	67	739			148	
100	（八）科学研究和技术服务业	572	199	214		52	53	11	8	27	5			1	2
101	（九）居民服务、修理和其他服务业	7473	4828	499		435	350	250	20	297	19	4		764	7
102	其中：居民服务业	201	153	7		24	10	3	1	3					
103	机动车、电子产品和日用产品修理业	43	7			5	3	2		8	18				
104	（十）教育	105	17	10		58	1	5	1	12		1			
105	（十一）卫生和社会工作	707	89	5		382	5	15	4	1	189			17	
106	其中：卫生	701	85	5		380	5	15	4	1	189			17	
107	（十二）文化、体育和娱乐业	288	162	7		21	25	16		57					
108	其中：新闻和出版业	7				2	4			1					
109	广播、电视、电影和影视录音制作业	18	2			3	12	1							
110	体育	70	17			3	1	5		44					
111	娱乐业	185	138	5		12	8	10		12					
112	（十三）公共管理、社会保障和社会组织	26678	3601	15		3201	214	81	71	40	3563	87	895	14907	3
113	（十四）其他行业	487	186	196		19	25	3	13	39					6

2015 年东莞市地方税务局税收收入分行业分税种统计年报表

编报机关:东莞市地方税务局　　　　单位:万元

序号	项　　目	合　计	营业税	企业所得税		个人所得税	城市维护建设税	房产税	印花税	城镇土地使用税	土地增值税	车船税	耕地占用税	契税	其他各税
				内资企业	外资企业										
1	税收收入合计	4578463	1456346	328486	428290	724133	398901	184115	106870	137741	298635	83661	76475	354276	534
2	一、第一产业	982	323	129	4	199	39	119	185	256		1	-273		
3	二、第二产业	1574873	295612	108398	342240	352424	268500	73455	65187	51705	5706	152	352	10608	534
4	(一)采矿业	1269	66	16		158	180	119	25	171					534
5	1. 煤炭开采和洗选业	1							1						
6	2. 石油和天然气开采业	501	38	1		138	100	101	20	103					
7	其中:原油	55						39		16					
8	3. 黑色金属矿采选业														
9	4. 有色金属矿采选业	4					2	1		1					
10	5. 非金属矿采选业	683	28	1		19	51	13	2	35					534
11	6. 其他采矿业	80		14		1	27	4	2	32					
12	(二)制造业	1148366	20462	60380	338087	303153	237693	66412	61372	47704	3333	130	-164	9804	
13	1. 农副食品加工业	8075	701	471	1020	1678	388	841	2085	728	58	1		104	
14	2. 食品制造业	44607	1775	1286	27939	4694	4539	1920	765	896	33	1		759	
15	3. 酒、饮料和精制茶制造业	21704	424	52	13819	3229	2799	614	393	358		16			
16	①酒的制造	2419	3			870	1044	197	97	192		16			
17	其中:酒精	1826	3			844	768	108	48	44		11			
18	②饮料制造	19285	421	52	13819	2359	1755	417	296	166					
19	③精制茶制造														
20	4. 烟草制品业														
21	其中:卷烟制造														
22	5. 纺织业	18463	390	402	3046	4445	5450	1726	1092	1382	362	4	83	81	

续表

序号	项目	合计	营业税	企业所得税		个人所得税	城市维护建设税	房产税	印花税	城镇土地使用税	土地增值税	车船税	耕地占用税	契税	其他各税
				内资企业	外资企业										
23	6. 纺织服装、服饰业	39167	976	1690	8683	7810	11433	3360	2178	2448	198	5		386	
24	7. 皮革、毛皮、羽毛及其制品和制鞋业	34860	1099	1410	8517	8055	9148	2664	1401	1901	595	4		66	
25	8. 木材加工及木竹藤棕草制品业	3677	69	59	37	1110	1069	617	183	368		1		164	
26	9. 家具制造业	22838	565	1259	1899	4248	6120	3089	1215	3411	107	3		922	
27	10. 造纸及纸制品业	38856	346	1621	10889	7553	8402	4502	1982	3132	17	15		397	
28	11. 印刷和记录媒介复制业	19157	291	596	5466	5839	3925	1177	835	994	8	3	2	21	
29	12. 文教、工美、体育和娱乐用品制造业	25784	504	1418	5597	5569	6724	2421	1087	2306	48	3		107	
30	13. 石油加工、炼焦及核燃料加工业	1214		16	671	171	211	43	53	49					
31	其中:成品油	1208		16	671	171	210	42	52	46					
32	14. 化学原料及化学制品制造业	23356	231	1378	11224	4088	3272	1297	755	1029	4	2		76	
33	15. 医药制造业	9557	53	5086	33	2590	1201	209	250	135					
34	16. 化学纤维制造业	683	4	3	5	208	201	128	56	44				34	
35	17. 橡胶和塑料制品业	74863	1536	5048	13711	20577	17865	5911	4337	4941	263	9	8	657	
36	18. 非金属矿物制品业	14184	217	1378	2724	3083	3315	1551	651	1261		4			
37	19. 黑色金属冶炼及压延加工业	1592	15	44	156	876	269	83	78	71					
38	20. 有色金属冶炼及压延加工业	2855	14	96	104	1642	498	186	189	120				6	
39	21. 金属制品业	64406	1830	5251	10646	18502	15270	4489	3601	4305	53	12		447	
40	22. 通用设备制造业	22999	501	1284	5594	5968	4819	1723	1225	1586		6	17	276	
41	23. 专用设备制造业	32424	344	2137	2543	14233	7892	1672	2233	1286		4		80	
42	24. 汽车制造业	9523	157	38	1591	3445	2681	457	608	211		1		334	
43	25. 铁路、船舶、航空航天和其他运输设备制造业	6423	226	23	3367	1108	595	390	290	256		1		167	
44	其中:铁路运输设备制造	42			14	5	8	10	3	2					

续表

序号	项目	合计	营业税	企业所得税		个人所得税	城市维护建设税	房产税	印花税	城镇土地使用税	土地增值税	车船税	耕地占用税	契税	其他各税
				内资企业	外资企业										
45	船舶及相关装置制造	2083	224		292	832	142	264	171	157		1			
46	航空、航天及设备制造	2906			2643	94	141	1	27						
47	摩托车制造	95		22		13	35	12	6	7					
48	26. 电气机械及器材制造业	93741	1362	8436	31198	20931	18811	4961	4362	3162	110	8		400	
49	27. 计算机、通信和其他电子设备制造业	412320	4325	14246	142651	125085	78215	14316	23310	6883	1441	16		1832	
50	28. 仪表仪器制造业	12684	275	363	2158	5428	2626	975	483	342				34	
51	29. 其他制造业	88354	2232	5289	22799	20988	19955	5090	5675	4099	36	11	-274	2454	
52	(三)电力、热力、燃气及水的生产和供应业	49743	1626	7906	3763	13814	14604	4351	832	2174	68	14	516	75	
53	1. 电力、热力的生产和供应业	41249	770	4981	3763	12411	13269	3675	679	1056	47	13	516	69	
54	①电力生产	19871	429	2561	3738	5605	3685	2357	551	902		13	6	24	
55	②电力供应	18350	292			6750	9260	1277	107	154			510		
56	③热力生产和供应业	3028	49	2420	25	56	324	41	21		47			45	
57	2. 燃气生产和供应业	3759	550	1269		667	761	158	132	197	20			5	
58	3. 水的生产和供应业	4735	306	1656		736	574	518	21	921	1	1		1	
59	(四)建筑业	375495	273458	40096	390	35299	16023	2573	2958	1656	2305	8		729	
60	1. 房屋建筑业	62157	40417	11116	166	5435	2223	543	677	294	1231	2		53	
61	2. 土木工程建筑业	8210	5667	1116		825	335	73	74	78	34			8	
62	3. 建筑安装业	168407	124251	16553	98	15810	7261	1255	1133	812	1040	3		191	
63	4. 建筑装饰和其他建筑业	136721	103123	11311	126	13229	6204	702	1074	472		3		477	
64	三、第三产业	3002608	1160411	219959	86046	371510	130362	110541	41498	85780	292929	83508	76396	343668	
65	(一)批发和零售业	193803	29047	21884	2524	45480	46655	14411	15204	12035	2866	77	3	3617	
66	1. 批发业	76138	7758	7348	1924	24029	18537	4362	6321	3025	1629	23	3	1179	
67	其中:烟草制品批发														

续表

序号	项目	合计	营业税	企业所得税		个人所得税	城市维护建设税	房产税	印花税	城镇土地使用税	土地增值税	车船税	耕地占用税	契税	其他各税
				内资企业	外资企业										
68	煤炭及制品批发	89		2		9	40		30	8					
69	石油及其制品批发	3640	60	66	1788	272	923	70	136	324		1			
70	汽车及零配件批发	804	132	136		168	146	56	129	36		1			
71	2. 零售业	117665	21289	14536	600	21451	28118	10049	8883	9010	1237	54		2438	
72	(二)交通运输、仓储及邮政业	56639	9705	20771	1056	8516	2822	2319	823	2333	5	6453	15	1821	
73	1. 交通运输业	47902	9015	20139	576	5638	2487	897	631	1478		6453	15	573	
74	2. 仓储业	5098	587	588	49	511	263	1110	152	585	5			1248	
75	3. 邮政业	3639	103	44	431	2367	72	312	40	270					
76	(三)住宿和餐饮业	75210	54967	1082	617	6488	3210	4643	138	2030	378	4	1647	6	
77	1. 住宿业	18767	13033	215		894	753	2598	48	845	378	3			
78	2. 餐饮业	56443	41934	867	617	5594	2457	2045	90	1185		1	1647	6	
79	(四)信息传输、软件和信息技术服务业	28283	5129	728	1140	9417	6577	3023	893	902	3	1		470	
80	1. 电信、广播电视和卫星传输服务业	13742	786	6	1	5672	4332	2082	206	647				10	
81	其中:电信	13042	608	2		5237	4312	2057	200	616				10	
82	2. 互联网和相关服务	2620	261	10	69	852	492	155	487	98				196	
83	3. 软件和信息技术服务业	11921	4082	712	1070	2893	1753	786	200	157	3	1		264	
84	(五)金融业	575352	370828	4269	1507	140378	23364	5216	4509	847	17	22608		1809	
85	1. 货币金融服务	354468	265268	1449	6	63068	16117	4459	3033	600	11	2		455	
86	其中:银行	351775	264364		6	62836	16055	4453	2995	599	11	2		454	
87	金融租赁	43	10			32	1								
88	2. 资本市场服务	61187	25919	455	4	31977	1807	417	128	120	6	1		353	
89	3. 保险业	116269	46536	25	1	41610	3090	307	1067	119		22604		910	
90	4. 其他金融	43428	33105	2340	1496	3723	2350	33	281	8		1		91	
91	(六)房地产业	1088580	514433	118354	23782	28517	29019	40231	7313	35365	265996	11	2399	23160	

续表

序号	项目	合计	营业税	企业所得税		个人所得税	城市维护建设税	房产税	印花税	城镇土地使用税	土地增值税	车船税	耕地占用税	契税	其他各税
				内资企业	外资企业										
92	1. 房地产开发经营业	861982	402794	107634	22259	14270	22475	13820	5815	21096	233399	8	147	18265	
93	2. 物业管理	40473	25309	2953	126	2208	1583	3013	169	2363	2415	2	-192	524	
94	3. 房地产中介服务	14013	6312	1298	342	2234	422	714	68	1349	1098			176	
95	4. 自有房地产经营活动	37932	18854	286	114	4130	1104	9045	349	2551	1217			282	
96	5. 其他房地产业	134180	61164	6183	941	5675	3435	13639	912	8006	27867	1	2444	3913	
97	(七)租赁和商务服务业	264972	84906	26486	19459	31957	8153	26616	5919	18314	13887	8584	13170	7521	
98	1. 租赁业	969	379	68	4	220	115	62	50	36		6		29	
99	2. 商务服务业	264003	84527	26418	19455	31737	8038	26554	5869	18278	13887	8578	13170	7492	
100	(八)科学研究和技术服务业	34482	6893	3208	1760	10577	3716	1953	1545	1083	38	3184		525	
101	(九)居民服务、修理和其他服务业	159003	44660	5544	32775	47443	4245	5755	666	2422	969	11597	1971	956	
102	其中:居民服务业	6451	3984	384	437	613	340	357	59	335	6	1	2	-67	
103	机动车、电子产品和日用产品修理业	1815	572	86		483	316	132	105	114		2		5	
104	(十)教育	8308	1675	1396	18	4927	115	45	80	17		12	23		
105	(十一)卫生和社会工作	9501	554	994	104	7094	46	359	95	159		3	5	88	
106	其中:卫生	9327	426	982	104	7071	37	359	94	159		2	5	88	
107	(十二)文化、体育和娱乐业	16642	6745	607	1292	1552	536	878	24	4975				33	
108	其中:新闻和出版业	638	9	374		227	26	1	1						
109	广播、电视、电影和影视录音制作业	416	95	43	2	126	83	34	5	28					
110	体育	3692	975	35	359	684	69	197	4	1360				9	
111	娱乐业	11401	5513	112	907	339	314	627	9	3580					
112	(十三)公共管理、社会保障和社会组织	467571	22242	3617	12	27073	1251	4907	3484	4424	8768	30973	57163	303657	
113	(十四)其他行业	24262	8627	11019		2091	653	185	805	874	2	1		5	

2015年中山市地方税务局税收收入分行业分税种统计年报表

编报机关：中山市地方税务局　　　　单位：万元

序号	项　目	合　计	营业税	企业所得税		个人所得税	城市维护建设税	房产税	印花税	城镇土地使用税	土地增值税	车船税	耕地占用税	契税	其他各税
				内资企业	外资企业										
1	税收收入合计	2255675	819629	203953	2441	311935	172271	128229	35812	68817	247974	35804	43244	185556	10
2	一、第一产业	628	134	163		199	20	56	42	13		1			
3	二、第二产业	605484	188548	93015	961	128837	114862	34326	20583	18400	2929	40	568	2407	8
4	（一）采矿业	675	5			19	350	117	12	166					6
5	1. 煤炭开采和洗选业														
6	2. 石油和天然气开采业	666	5			19	347	117	12	166					
7	其中：原油														
8	3. 黑色金属矿采选业														
9	4. 有色金属矿采选业														
10	5. 非金属矿采选业	6													6
11	6. 其他采矿业	3					3								
12	（二）制造业	332360	4884	50646	931	110701	97063	31481	17186	14965	1848	31	568	2054	2
13	1. 农副食品加工业	4564	67	2421		891	416	501	121	147					
14	2. 食品制造业	5334	223	384		1739	1693	704	254	234	103				
15	3. 酒、饮料和精制茶制造业	5384	253	198		2190	2057	185	382	119					
16	①酒的制造	247		8		8	80	67	14	70					
17	其中：酒精														
18	②饮料制造	5137	253	190		2182	1977	118	368	49					
19	③精制茶制造														
20	4. 烟草制品业														
21	其中：卷烟制造														
22	5. 纺织业	11705	77	4897	44	1747	2094	1469	457	875		1		44	

续表

序号	项目	合计	营业税	企业所得税		个人所得税	城市维护建设税	房产税	印花税	城镇土地使用税	土地增值税	车船税	耕地占用税	契税	其他各税
				内资企业	外资企业										
23	6. 纺织服装、服饰业	17711	47	1443	45	7012	5837	1771	734	813		2		7	
24	7. 皮革、毛皮、羽毛及其制品和制鞋业	6288	30	609		1397	2200	1229	368	450				5	
25	8. 木材加工及木竹藤棕草制品业	2096	29	506		589	585	216	71	100					
26	9. 家具制造业	6685	17	476		2513	2148	733	246	500		1		51	
27	10. 造纸及纸制品业	5735	7	993		2152	1385	548	244	405		1			
28	11. 印刷和记录媒介复制业	6377	15	1068	277	2621	1530	460	177	210		1		18	
29	12. 文教、工美、体育和娱乐用品制造业	4890	14	663		1158	1809	683	214	347	2				
30	13. 石油加工、炼焦及核燃料加工业	65				3	35	15	1	11					
31	其中:成品油	65				3	35	15	1	11					
32	14. 化学原料及化学制品制造业	28506	1046	3078		9957	11412	1387	697	780		1		148	
33	15. 医药制造业	6558	22	949		1546	2435	420	609	130			268	179	
34	16. 化学纤维制造业	487		1		96	50	230	21	89					
35	17. 橡胶和塑料制品业	21706	38	1992		7434	6850	2813	1084	1267		4		224	
36	18. 非金属矿物制品业	6187	68	1079		2203	1543	585	230	414		3		60	2
37	19. 黑色金属冶炼及压延加工业	1973	72	169		423	447	543	144	175					
38	20. 有色金属冶炼及压延加工业	1735				863	551	153	75	93					
39	21. 金属制品业	27881	348	2718		10756	8495	2288	1358	1431	14	5	220	248	
40	22. 通用设备制造业	8214	67	424		3582	2716	578	565	223				59	
41	23. 专用设备制造业	13334	38	902		4825	4616	1321	955	626		1		50	
42	24. 汽车制造业	4732	9	35		1155	2223	644	485	181					
43	25. 铁路、船舶、航空航天和其他运输设备制造业	3199	71	4		1077	762	783	169	333					
44	其中:铁路运输设备制造														

续表

序号	项　目	合　计	营业税	企业所得税		个人所得税	城市维护建设税	房产税	印花税	城镇土地使用税	土地增值税	车船税	耕地占用税	契税	其他各税
				内资企业	外资企业										
45	船舶及相关装置制造	1792	28	3		430	168	756	90	317					
46	航空、航天及设备制造														
47	摩托车制造	10		1		1	1	4	1	2					
48	26. 电气机械及器材制造业	76147	1120	17871	348	24581	17593	6979	3551	3341	263	7		493	
49	27. 计算机、通信和其他电子设备制造业	34316	778	6612	213	11036	7515	3015	2866	999	1104	2		176	
50	28. 仪表仪器制造业	4110	2	384		2477	883	173	111	80					
51	29. 其他制造业	16441	426	770	4	4678	7183	1055	997	592	362	2	80	292	
52	（三）电力、热力、燃气及水的生产和供应业	31259	1165	10270		8810	6545	1852	1560	1056		1			
53	1. 电力、热力的生产和供应业	11517	45	44		4482	4284	1514	558	589		1			
54	①电力生产	384				125	58	148	4	49					
55	②电力供应	8732	44	44		3980	3171	1021	137	334		1			
56	③热力生产和供应业	2401	1			377	1055	345	417	206					
57	2. 燃气生产和供应业	4507	74	767		536	1947	112	972	99					
58	3. 水的生产和供应业	15235	1046	9459		3792	314	226	30	368					
59	（四）建筑业	241190	182494	32099	30	9307	10904	876	1825	2213	1081	8		353	
60	1. 房屋建筑业	50019	37754	7603	7	1106	2120	297	347	112	669	1		3	
61	2. 土木工程建筑业	5404	3340	652		591	177	35	148	135				326	
62	3. 建筑安装业	37341	20817	10241	3	3709	1381	456	478	239		1		16	
63	4. 建筑装饰和其他建筑业	148426	120583	13603	20	3901	7226	88	852	1727	412	6		8	
64	三、第三产业	1649563	630947	110775	1480	182899	57389	93847	15187	50404	245045	35763	42676	183149	2
65	（一）批发和零售业	61606	7511	10281	1168	14812	13471	4041	3858	3094	1124	12		2232	2
66	1. 批发业	32306	2279	6485	1159	7761	7650	1873	2049	1329	958	4		758	1
67	其中：烟草制品批发	3907	1			621	3040	43	166	36					

续表

序号	项　　目	合　计	营业税	企业所得税		个人所得税	城市维护建设税	房产税	印花税	城镇土地使用税	土地增值税	车船税	耕地占用税	契税	其他各税
				内资企业	外资企业										
68	煤炭及制品批发	8				2	5		1						
69	石油及其制品批发	437	1	25		241	85	22	28	35					
70	汽车及零配件批发	141	27	1		38	30	12	26	7					
71	2. 零售业	29300	5232	3796	9	7051	5821	2168	1809	1765	166	8		1474	1
72	(二)交通运输、仓储及邮政业	16494	5025	3096	146	4296	1195	1507	284	894	1	39		11	
73	1. 交通运输业	14049	4866	3013	146	3596	1092	642	253	391	1	38		11	
74	2. 仓储业	1363	110	14		109	66	621	27	416					
75	3. 邮政业	1082	49	69		591	37	244	4	87		1			
76	(三)住宿和餐饮业	36051	26076	889	2	4534	1616	2431	52	433	18				
77	1. 住宿业	11562	8378	273	1	702	522	1342	16	310	18				
78	2. 餐饮业	24489	17698	616	1	3832	1094	1089	36	123					
79	(四)信息传输、软件和信息技术服务业	9010	876	551	3	3713	2033	1180	190	278		1		185	
80	1. 电信、广播电视和卫星传输服务业	4251	19	20		1668	1378	812	74	192				88	
81	其中:电信	4200	10	2		1658	1376	802	73	191				88	
82	2. 互联网和相关服务	1215	148	118		449	400	65	16	15				4	
83	3. 软件和信息技术服务业	3544	709	413	3	1596	255	303	100	71		1		93	
84	(五)金融业	211671	134257	8015		48122	9319	2690	1798	389	4	6177		900	
85	1. 货币金融服务	143361	104003	2920		24786	7266	2562	1271	342		1		210	
86	其中:银行	138785	103121			24075	7214	2559	1264	341		1		210	
87	金融租赁														
88	2. 资本市场服务	12253	5962	6		5179	383	13	69	7				634	
89	3. 保险业	41408	17868	7		15609	1257	82	396	13		6176			
90	4. 其他金融	14649	6424	5082		2548	413	33	62	27	4			56	
91	(六)房地产业	746731	367014	58583	58	22082	22003	23496	6013	24373	216524	5	295	6285	

续表

序号	项　目	合　计	营业税	企业所得税		个人所得税	城市维护建设税	房产税	印花税	城镇土地使用税	土地增值税	车船税	耕地占用税	契税	其他各税
				内资企业	外资企业										
92	1. 房地产开发经营业	622422	306589	52824	12	13869	18101	7929	4493	20475	192409	4	-306	6023	
93	2. 物业管理	25199	14582	2399	13	790	905	1912	154	1385	1853			1206	
94	3. 房地产中介服务	13399	8193	683		431	578	128	32	162	3268			-76	
95	4. 自有房地产经营活动	5697	1848	55	5	508	113	1491	30	237	1242		37	131	
96	5. 其他房地产业	80014	35802	2622	28	6484	2306	12036	1304	2114	17752	1	564	-999	
97	(七)租赁和商务服务业	123329	33581	16604	37	18294	2900	26488	1091	11611	6391	8	107	6217	
98	1. 租赁业	1846	301	144		383	66	396	15	120	99	2	202	118	
99	2. 商务服务业	121483	33280	16460	37	17911	2834	26092	1076	11491	6292	6	-95	6099	
100	(八)科学研究和技术服务业	8160	1722	1076	1	3783	724	246	108	160	127	2		211	
101	(九)居民服务、修理和其他服务业	68696	15556	3223	62	28476	1801	12661	503	1738	1874	39	2507	256	
102	其中:居民服务业	16507	3835	695	54	2116	253	5590	46	582	1227	-16	2427	-302	
103	机动车、电子产品和日用产品修理业	2948	292	878		848	523	222	114	71					
104	(十)教育	7530	910	1153	1	5285	64	86	9	18		2		2	
105	(十一)卫生和社会工作	6988	135	244		6532	10	39	6	8		3		11	
106	其中:卫生	6981	133	244		6527	10	39	6	8		3		11	
107	(十二)文化、体育和娱乐业	11457	4021	688		3853	334	676	39	1790		1		55	
108	其中:新闻和出版业	422	9	48		316	28	15	2	4					
109	广播、电视、电影和影视录音制作业	1353	47	223		926	62	61	23	10				1	
110	体育	2137	646	16		158	44	260	5	1008					
111	娱乐业	6692	2997	229		2246	168	284	6	762					
112	(十三)公共管理、社会保障和社会组织	339010	32965	5682	2	18816	1808	18206	1199	5484	19007	29473	39573	166795	
113	(十四)其他行业	2830	1298	690		301	111	100	37	134	-25	1	194	-11	

2015 年江门市地方税务局税收收入分行业分税种统计年报表

编报机关:江门市地方税务局 单位:万元

序号	项目	合计	营业税	企业所得税		个人所得税	城市维护建设税	房产税	印花税	城镇土地使用税	土地增值税	车船税	耕地占用税	契税	其他各税
				内资企业	外资企业										
1	税收收入合计	1655436	517181	186652	1315	206564	132036	87027	25615	123214	161406	23548	18911	165521	6446
2	一、第一产业	1857	164	65	1	820	37	157	113	275	94	1	86	44	
3	二、第二产业	544638	169258	72626	260	96540	89273	38452	14892	47863	5503	35	330	4024	5582
4	(一)采矿业	4773				179	109	13	24	99				3	4346
5	1. 煤炭开采和洗选业														
6	2. 石油和天然气开采业	21				4	4	5	1	7					
7	其中:原油														
8	3. 黑色金属矿采选业														
9	4. 有色金属矿采选业	22					8	2	1	11					
10	5. 非金属矿采选业	3664				133	71	4	16	74				3	3363
11	6. 其他采矿业	1066				42	26	2	6	7					983
12	(二)制造业	262738	9334	22900	239	60986	72212	33620	11606	42286	4345	31	166	3779	1234
13	1. 农副食品加工业	6522	197	729		1743	1415	1078	342	918	11	1		88	
14	2. 食品制造业	39588	2073	1261		17471	16161	1078	430	860	94	1		159	
15	3. 酒、饮料和精制茶制造业	2280		56		559	997	172	89	191				216	
16	①酒的制造	1569		1		415	693	66	63	115				216	
17	其中:酒精	1541				415	681	62	63	104				216	
18	②饮料制造	711		55		144	304	106	26	76					
19	③精制茶制造														
20	4. 烟草制品业	896		1		330	410	72	24	59					
21	其中:卷烟制造	285				86	194			5					
22	5. 纺织业	10632	370	553	12	1477	2628	1922	531	2824	258	1		56	

续表

序号	项　目	合　计	营业税	企业所得税		个人所得税	城市维护建设税	房产税	印花税	城镇土地使用税	土地增值税	车船税	耕地占用税	契税	其他各税
				内资企业	外资企业										
23	6. 纺织服装、服饰业	7812	525	388		854	2425	1224	328	1508	425	1		134	
24	7. 皮革、毛皮、羽毛及其制品和制鞋业	6582	741	494		1108	1599	714	313	1052	481	1		79	
25	8. 木材加工及木竹藤棕草制品业	2288	24	33	9	318	618	315	88	871		1		11	
26	9. 家具制造业	4435	25	190		594	1030	1135	189	1231				41	
27	10. 造纸及纸制品业	8658	688	597		1562	1296	1933	523	2019		1		39	
28	11. 印刷和记录媒介复制业	5562	70	479	2	1365	1570	1061	257	718	5			35	
29	12. 文教、工美、体育和娱乐用品制造业	1635	1	243		203	482	240	65	398				3	
30	13. 石油加工、炼焦及核燃料加工业	277		4		195	62	1	11	4					
31	其中:成品油	276		4		194	62	1	11	4					
32	14. 化学原料及化学制品制造业	16028	214	3203	211	4231	3587	1424	807	1882	34	1	136	293	5
33	15. 医药制造业	5621	5	2310		2091	768	195	88	163		1			
34	16. 化学纤维制造业	1284	25			316	322	355	89	177					
35	17. 橡胶和塑料制品业	10762	104	825		1568	3019	1688	601	2727	131	2		97	
36	18. 非金属矿物制品业	12412	101	436		1709	2404	2193	498	3806	80	1		49	1135
37	19. 黑色金属冶炼及压延加工业	1252	8	224		123	341	159	107	276	9			5	
38	20. 有色金属冶炼及压延加工业	1757		426		176	401	185	124	246		1		198	
39	21. 金属制品业	40122	1905	4238	1	6746	10150	5037	2095	7202	1722	9		933	84
40	22. 通用设备制造业	4159	193	264		900	965	649	188	913	4		30	53	
41	23. 专用设备制造业	4304	69	213		1225	1169	477	282	761	45	1		62	
42	24. 汽车制造业	8338	158	286		1287	1470	2077	201	2707	65	1		86	
43	25. 铁路、船舶、航空航天和其他运输设备制造业	13564	462	262		3819	4101	1720	765	2136				299	
44	其中:铁路运输设备制造	1031				255	1	387	26	362					

续表

序号	项目	合计	营业税	企业所得税		个人所得税	城市维护建设税	房产税	印花税	城镇土地使用税	土地增值税	车船税	耕地占用税	契税	其他各税
				内资企业	外资企业										
45	船舶及相关装置制造	3149		23		857	539	549	191	990					
46	航空、航天及设备制造														
47	摩托车制造	9320	459	234		2706	3540	778	543	761				299	
48	26. 电气机械及器材制造业	24993	169	4047	2	4797	6343	4257	1564	3471	16	2		325	
49	27. 计算机、通信和其他电子设备制造业	10719	470	691	2	2178	4225	1117	566	1180	193	2		95	
50	28. 仪表仪器制造业	1060	8	32		216	457	96	71	99	46			35	
51	29. 其他制造业	9196	729	415		1825	1797	1046	370	1887	726	3		388	10
52	(三)电力、热力、燃气及水的生产和供应业	30642	2538	2349		10652	6685	4256	1012	2857	23	1	113	155	1
53	1. 电力、热力的生产和供应业	24594	1299	164		9835	6254	3956	948	1960			86	92	
54	①电力生产	14635	1257	10		4729	3831	2367	910	1531					
55	②电力供应	9952	42	154		5105	2418	1589	37	429			86	92	
56	③热力生产和供应业	7				1	5		1						
57	2. 燃气生产和供应业	1446	221	493		226	157	47	47	194	23			38	
58	3. 水的生产和供应业	4602	1018	1692		591	274	253	17	703		1	27	25	1
59	(四)建筑业	246485	157386	47377	21	24723	10267	563	2250	2621	1135	3	51	87	1
60	1. 房屋建筑业	61129	33928	19532	1	3902	2279	102	587	263	480			55	
61	2. 土木工程建筑业	26448	20108	1850	1	2458	1272	65	516	177					1
62	3. 建筑安装业	62813	31357	20346	4	7346	2059	272	686	617	116	2		8	
63	4. 建筑装饰和其他建筑业	96095	71993	5649	15	11017	4657	124	461	1564	539	1	51	24	
64	三、第三产业	1108941	347759	113961	1054	109204	42726	48418	10610	75076	155809	23512	18495	161453	864
65	(一)批发和零售业	63343	7192	8447	19	8412	15511	5338	4216	8840	2224	1067	190	1101	786
66	1. 批发业	28131	1736	3374	7	4615	9931	1621	2082	1807	916	1061	190	583	208
67	其中:烟草制品批发	5830	1	16		1122	4466	16	161	48					

续表

序号	项目	合计	营业税	企业所得税		个人所得税	城市维护建设税	房产税	印花税	城镇土地使用税	土地增值税	车船税	耕地占用税	契税	其他各税
				内资企业	外资企业										
68	煤炭及制品批发	92		17		16	26	1	18	14					
69	石油及其制品批发	692	1			54	269	124	59	177				8	
70	汽车及零配件批发	457	89			87	117	39	66	11				48	
71	2. 零售业	35212	5456	5073	12	3797	5580	3717	2134	7033	1308	6		518	578
72	(二)交通运输、仓储及邮政业	31852	1889	22466	604	2940	804	1212	232	1098	122	25	110	350	
73	1. 交通运输业	29436	1792	22381	604	1827	734	858	195	779	119	25	110	12	
74	2. 仓储业	726	5	9		76	20	44	31	203				338	
75	3. 邮政业	1690	92	76		1037	50	310	6	116	3				
76	(三)住宿和餐饮业	28014	19565	536	4	3210	1314	1725	44	1396	51			169	
77	1. 住宿业	9954	6564	404		510	434	1073	20	838	48			63	
78	2. 餐饮业	18060	13001	132	4	2700	880	652	24	558	3			106	
79	(四)信息传输、软件和信息技术服务业	6459	362	174		1883	1363	1637	204	704		1		131	
80	1. 电信、广播电视和卫星传输服务业	5497	136	75		1694	1266	1615	162	529		1		19	
81	其中:电信	5347	126	43		1670	1263	1609	109	526		1			
82	2. 互联网和相关服务	75	27	13		14	5	10	2	3				1	
83	3. 软件和信息技术服务业	887	199	86		175	92	12	40	172				111	
84	(五)金融业	160126	94591	3591		33668	6455	3479	1459	8837	405	5580	64	1997	
85	1. 货币金融服务	89676	54098	1198		16522	3788	2376	984	8605	405			1700	
86	其中:银行	87433	53370			16282	3737	2376	959	8604	405			1700	
87	金融租赁														
88	2. 资本市场服务	9857	5356	1		3787	375	168	4	85			64	17	
89	3. 保险业	32752	15347	1		10202	1023	232	275	86		5580		6	
90	4. 其他金融	27841	19790	2391		3157	1269	703	196	61				274	
91	(六)房地产业	454970	178945	68317	181	5804	12474	16248	2764	24504	132800	4	2717	10212	

续表

序号	项目	合计	营业税	企业所得税		个人所得税	城市维护建设税	房产税	印花税	城镇土地使用税	土地增值税	车船税	耕地占用税	契税	其他各税
				内资企业	外资企业										
92	1. 房地产开发经营业	405185	158587	66126	133	3835	10935	6843	2424	20184	125070	3	2597	8448	
93	2. 物业管理	14886	7368	992	31	589	529	2551	106	1018	611		6	1085	
94	3. 房地产中介服务	2078	1253	86		110	92	106	7	108	270			46	
95	4. 自有房地产经营活动	5563	2082	139	6	134	251	1885	38	393	209	1		425	
96	5. 其他房地产业	27258	9655	974	11	1136	667	4863	189	2801	6640		114	208	
97	(七)租赁和商务服务业	32474	8228	2934	8	4986	933	3537	456	4253	4815	2	190	2055	77
98	1. 租赁业	1656	480	177		66	50	647	14	208		1		13	
99	2. 商务服务业	30818	7748	2757	8	4920	883	2890	442	4045	4815	1	190	2042	77
100	(八)科学研究和技术服务业	12383	1472	2776	131	1690	605	314	92	616	26	4334	270	57	
101	(九)居民服务、修理和其他服务业	52349	11854	2192	70	19119	1504	2338	169	6313	1751	5958	936	145	
102	其中:居民服务业	6641	1927	248	1	419	155	819	18	2459	542	77	1	-25	
103	机动车、电子产品和日用产品修理业	766	267	103		119	97	70	12	63				35	
104	(十)教育	3640	617	332	30	2341	47	131	7	132		2		1	
105	(十一)卫生和社会工作	6722	164	199		6120	12	73	9	14		1	129	1	
106	其中:卫生	6526	113	196		6110	9	73	9	14		1		1	
107	(十二)文化、体育和娱乐业	7079	1858	658	5	855	206	400	13	3072	5	1		6	
108	其中:新闻和出版业	169	2	6		116	11	29	1	4					
109	广播、电视、电影和影视录音制作业	1004	66	100	5	488	57	265	5	13	5				
110	体育	461	136	18		29	9	16	1	246				6	
111	娱乐业	4680	1542	40		162	104	66	2	2764					
112	(十三)公共管理、社会保障和社会组织	243511	18978	1074	2	16954	1323	11746	861	13863	13596	6536	13407	145170	1
113	(十四)其他行业	6019	2044	265		1222	175	240	84	1434	14	1	482	58	

2015年阳江市地方税务局税收收入分行业分税种统计年报表

编报机关:阳江市地方税务局　　　　单位:万元

序号	项　目	合　计	营业税	企业所得税		个人所得税	城市维护建设税	房产税	印花税	城镇土地使用税	土地增值税	车船税	耕地占用税	契税	其他各税
				内资企业	外资企业										
1	税收收入合计	507105	176115	54218	126	51038	26023	13439	6617	32074	53382	8494	41320	39026	5233
2	一、第一产业	3183	369	123		206	48	69	50	994	1298			26	
3	二、第二产业	149371	58478	23132	126	20793	14192	6290	4056	12886	2630	29	70	2066	4623
4	(一)采矿业	2680	32	31		39	70	19	16	1656	5				812
5	1. 煤炭开采和洗选业	2					2								
6	2. 石油和天然气开采业	37	12			5	1		2	17					
7	其中:原油	18				3			2	13					
8	3. 黑色金属矿采选业														
9	4. 有色金属矿采选业	8					1		5	1					1
10	5. 非金属矿采选业	989	20	31		31	64	19	8	16	5				795
11	6. 其他采矿业	1644				3	2		1	1622					16
12	(二)制造业	43410	2742	5050	30	6991	8004	4602	2374	8007	2027	8	70	1416	2089
13	1. 农副食品加工业	2640	91	64		334	184	285	262	1419				1	
14	2. 食品制造业	1310	73	305		114	169	210	54	153	214			18	
15	3. 酒、饮料和精制茶制造业	971	12	14		93	590	124	61	77					
16	①酒的制造	73		14		1	24	17	8	9					
17	其中:酒精														
18	②饮料制造	898	12			92	566	107	53	68					
19	③精制茶制造														
20	4. 烟草制品业	11		1			7	2		1					
21	其中:卷烟制造														
22	5. 纺织业	214				17	105	33	9	50					

续表

序号	项　　目	合　计	营业税	企业所得税		个人所得税	城市维护建设税	房产税	印花税	城镇土地使用税	土地增值税	车船税	耕地占用税	契税	其他各税
				内资企业	外资企业										
23	6. 纺织服装、服饰业	543	6	93		23	239	44	24	77	37				
24	7. 皮革、毛皮、羽毛及其制品和制鞋业	413		15		31	97	216	11	42		1			
25	8. 木材加工及木竹藤棕草制品业	901	2	11		252	299	72	40	195				30	
26	9. 家具制造业	131	2	16		12	27	33	3	38					
27	10. 造纸及纸制品业	536		81		57	81	48	20	67				182	
28	11. 印刷和记录媒介复制业	425		149		65	97	28	11	61				14	
29	12. 文教、工美、体育和娱乐用品制造业	111	5	4		5	30	46	6	15					
30	13. 石油加工、炼焦及核燃料加工业	1								1					
31	其中:成品油														
32	14. 化学原料及化学制品制造业	255		24		60	50	25	9	68				19	
33	15. 医药制造业	181		15		2	35	26	5	28			70		
34	16. 化学纤维制造业														
35	17. 橡胶和塑料制品业	1287		199		143	420	103	50	294		1		77	
36	18. 非金属矿物制品业	6117	38	19		359	365	352	167	2685		2		74	2056
37	19. 黑色金属冶炼及压延加工业	1934	13	31		517	33	529	220	533				58	
38	20. 有色金属冶炼及压延加工业	2857	1027	4		370	776	309	176	154				41	
39	21. 金属制品业	16391	1281	1662		2742	3760	1579	1135	1645	1719	4		831	33
40	22. 通用设备制造业	4357	1	2218		1560	389	48	43	59	18			21	
41	23. 专用设备制造业	318	1	104		19	60	26	8	100					
42	24. 汽车制造业	19				2	3	1	2	11					
43	25. 铁路、船舶、航空航天和其他运输设备制造业	77	26	2	13	3	6			2	25				
44	其中:铁路运输设备制造	65	26		13		1				25				

续表

序号	项目	合计	营业税	企业所得税		个人所得税	城市维护建设税	房产税	印花税	城镇土地使用税	土地增值税	车船税	耕地占用税	契税	其他各税
				内资企业	外资企业										
45	船舶及相关装置制造	7		2		2	1			2					
46	航空、航天及设备制造														
47	摩托车制造														
48	26. 电气机械及器材制造业	484	14			31	62	273	27	77					
49	27. 计算机、通信和其他电子设备制造业	88	5	1		20	30	10	11	11					
50	28. 仪表仪器制造业	59		6			3	21		29					
51	29. 其他制造业	779	145	12	17	160	87	159	20	115	14			50	
52	(三)电力、热力、燃气及水的生产和供应业	13523	1003	464		5720	2979	1577	908	593	45	19		215	
53	1. 电力、热力的生产和供应业	12762	781	348		5575	2907	1499	885	503	45	19		200	
54	①电力生产	9413	194	258		4467	1843	1206	825	402	45	2		171	
55	②电力供应	3340	587	90		1108	1064	293	51	101		17		29	
56	③热力生产和供应业	9							9						
57	2. 燃气生产和供应业	403	91	75		124	39	24	13	23				14	
58	3. 水的生产和供应业	358	131	41		21	33	54	10	67				1	
59	(四)建筑业	89758	54701	17587	96	8043	3139	92	758	2630	553	2		435	1722
60	1. 房屋建筑业	19425	11026	5298		1780	670	6	147	31	34				433
61	2. 土木工程建筑业	15212	7969	3108	2	856	438	9	201	2102	7			242	278
62	3. 建筑安装业	30721	17456	7883	29	2746	964	65	233	308	402	1		170	464
63	4. 建筑装饰和其他建筑业	24400	18250	1298	65	2661	1067	12	177	189	110	1		23	547
64	三、第三产业	354551	117268	30963		30039	11783	7080	2511	18194	49454	8465	41250	36934	610
65	(一)批发和零售业	18165	1760	6490		2111	3422	949	639	1484	533	39		279	459
66	1. 批发业	9884	881	3496		1203	2216	500	402	311	372	37		50	416
67	其中:烟草制品批发	4470		2597		304	1498	11	52	8					

续表

序号	项　目	合　计	营业税	企业所得税		个人所得税	城市维护建设税	房产税	印花税	城镇土地使用税	土地增值税	车船税	耕地占用税	契税	其他各税
				内资企业	外资企业										
68	煤炭及制品批发	2		-1			2		1						
69	石油及其制品批发	374	12	1		65	142	42	52	59		1			
70	汽车及零配件批发	69	12			15	13	7	12	10					
71	2. 零售业	8281	879	2994		908	1206	449	237	1173	161	2		229	43
72	（二）交通运输、仓储及邮政业	7812	218	4613		1314	381	357	96	579		42		211	1
73	1. 交通运输业	6184	163	4428		646	354	140	80	163		42		167	1
74	2. 仓储业	737	8	183		83	14	59	15	375					
75	3. 邮政业	891	47	2		585	13	158	1	41				44	
76	（三）住宿和餐饮业	9554	6581	641		1304	398	355	6	261				5	3
77	1. 住宿业	2056	1307	120		207	72	191	1	150				5	3
78	2. 餐饮业	7498	5274	521		1097	326	164	5	111					
79	（四）信息传输、软件和信息技术服务业	1843	146	50		669	310	459	31	157				21	
80	1. 电信、广播电视和卫星传输服务业	1623	33	1		650	289	457	29	155				9	
81	其中：电信	1623	33	1		650	289	457	29	155				9	
82	2. 互联网和相关服务	18		1		1	2	1		1				12	
83	3. 软件和信息技术服务业	202	113	48		18	19	1	2	1					
84	（五）金融业	49844	27860	190		10672	1854	582	245	233	13	8097		98	
85	1. 货币金融服务	31248	22015	31		6740	1473	526	148	224	13	1		77	
86	其中：银行	31200	22001			6739	1472	526	147	224	13	1		77	
87	金融租赁														
88	2. 资本市场服务	2002	952			985	62	2	1						
89	3. 保险业	15506	4366			2600	288	54	93	9		8096			
90	4. 其他金融	1088	527	159		347	31		3					21	
91	（六）房地产业	149352	62115	16007		2041	3935	2873	1096	11631	46283	2	192	3171	6

续表

序号	项目	合计	营业税	企业所得税		个人所得税	城市维护建设税	房产税	印花税	城镇土地使用税	土地增值税	车船税	耕地占用税	契税	其他各税
				内资企业	外资企业										
92	1. 房地产开发经营业	141300	58882	15131		1359	3715	1405	1031	10958	45550	2	164	3097	6
93	2. 物业管理	1764	1304	67		147	87	21	33	34				71	
94	3. 房地产中介服务	141	80	34		16	9	1	1						
95	4. 自有房地产经营活动	538	165	17		102	9	244	4	18	-1			-20	
96	5. 其他房地产业	5609	1684	758		417	115	1202	27	621	734		28	23	
97	(七)租赁和商务服务业	11605	4558	570		1686	458	587	127	654	885	1		2077	2
98	1. 租赁业	136	58	8		37	18	9	4	1		1			
99	2. 商务服务业	11469	4500	562		1649	440	578	123	653	885			2077	2
100	(八)科学研究和技术服务业	18287	4941	873		1706	360	46	97	52	33	110	9959		110
101	(九)居民服务、修理和其他服务业	23404	4337	808		882	300	130	17	108	36	1	16752	20	13
102	其中:居民服务业	904	618	60		173	36	9	1	5				2	
103	机动车、电子产品和日用产品修理业	109	26	4		28	18	5	1	27					
104	(十)教育	990	500	54		355	29	32	1	3	16				
105	(十一)卫生和社会工作	1892	31	130		1687	4	21	4	15					
106	其中:卫生	1872	20	129		1680	3	21	4	15					
107	(十二)文化、体育和娱乐业	1805	536	179		1016	54	14	1	5					
108	其中:新闻和出版业	33		1		26	6								
109	广播、电视、电影和影视录音制作业	220		128		74	17			1					
110	体育	53	33	6		1	2	10		1					
111	娱乐业	1474	494	42		903	28	4		3					
112	(十三)公共管理、社会保障和社会组织	59267	3507	224		4407	243	659	148	2841	1655	173	14347	31052	11
113	(十四)其他行业	731	178	134		189	35	16	3	171					5

2015 年湛江市地方税务局税收收入分行业分税种统计年报表

编报机关:湛江市地方税务局　　　　单位:万元

序号	项目	合计	营业税	企业所得税		个人所得税	城市维护建设税	房产税	印花税	城镇土地使用税	土地增值税	车船税	耕地占用税	契税	其他各税
				内资企业	外资企业										
1	税收收入合计	919279	350069	86104	12250	111944	100172	29407	13307	32657	74576	12568	26644	68645	936
2	一、第一产业	5972	899	74		680	213	1694	654	1235	326			197	
3	二、第二产业	323610	136334	39341	14	44054	72998	5997	5925	11655	3221	2	531	3003	535
4	(一)采矿业	914	234	112		56	101	10	19	52				8	322
5	1. 煤炭开采和洗选业	1				1									
6	2. 石油和天然气开采业	119	1	46		3	20	2		2					45
7	其中:原油	114		46			19	2		2					45
8	3. 黑色金属矿采选业	4								4					
9	4. 有色金属矿采选业	4					1		1	2					
10	5. 非金属矿采选业	623	233	23		51	55	17	13	25					206
11	6. 其他采矿业	163		43		1	25	-9	5	19				8	71
12	(二)制造业	95964	1068	5464	1	11037	60074	4000	2547	7309	1786	1		2508	169
13	1. 农副食品加工业	8668	125	917		3791	990	1014	370	1116	20			325	
14	2. 食品制造业	380	24	14		9	75	51	4	140	7			56	
15	3. 酒、饮料和精制茶制造业	1663		60		261	648	322	128	244					
16	①酒的制造	942		60		115	399	158	50	160					
17	其中:酒精	319		59		109	8	23	32	88					
18	②饮料制造	719				146	248	164	78	83					
19	③精制茶制造	2					1			1					
20	4. 烟草制品业	8349	2			1396	6720	189	3	39					
21	其中:卷烟制造														
22	5. 纺织业	145	8	16		15	26	21	5	48	6				

续表

序号	项　目	合　计	营业税	企业所得税		个人所得税	城市维护建设税	房产税	印花税	城镇土地使用税	土地增值税	车船税	耕地占用税	契税	其他各税
				内资企业	外资企业										
23	6. 纺织服装、服饰业	753	33	1		483	114	49	12	4	40			17	
24	7. 皮革、毛皮、羽毛及其制品和制鞋业	1569		106		782	373	94	41	86				87	
25	8. 木材加工及木竹藤棕草制品业	1446	14	2		33	695	37	53	515	95			2	
26	9. 家具制造业	1078	5	6		22	755	56	94	126				14	
27	10. 造纸及纸制品业	5214		2841		810	479	526	152	401				5	
28	11. 印刷和记录媒介复制业	469	42	52		61	126	48	8	132					
29	12. 文教、工美、体育和娱乐用品制造业	89	5	2		2	58	8	3	11					
30	13. 石油加工、炼焦及核燃料加工业	49899	13			692	46097	139	741	2163				54	
31	其中:成品油	49899	13			692	46097	139	741	2163				54	
32	14. 化学原料及化学制品制造业	268	4	41		88	48	16	11	56	3			1	
33	15. 医药制造业	2699	6	167		1194	468	330	75	302				157	
34	16. 化学纤维制造业	10					4	6							
35	17. 橡胶和塑料制品业	1810	158	81		148	345	190	29	233	576			45	5
36	18. 非金属矿物制品业	3255	331	2		329	616	248	105	484	887			101	152
37	19. 黑色金属冶炼及压延加工业	2296		23		267	16	2	506					1482	
38	20. 有色金属冶炼及压延加工业	36	4			1	6	4	13	6					2
39	21. 金属制品业	919	35	119		12	218	130	31	314	26			34	
40	22. 通用设备制造业	210	18	1	1	26	46	16	9	57				36	
41	23. 专用设备制造业	373	27	22		57	87	67	44	68	1				
42	24. 汽车制造业	858		27		212	342	132	21	73				51	
43	25. 铁路、船舶、航空航天和其他运输设备制造业	192	18	19		51	58	2	3	28				13	
44	其中:铁路运输设备制造														

续表

序号	项　目	合　计	营业税	企业所得税		个人所得税	城市维护建设税	房产税	印花税	城镇土地使用税	土地增值税	车船税	耕地占用税	契税	其他各税
				内资企业	外资企业										
45	船舶及相关装置制造	185	18	19		51	51	2	3	28				13	
46	航空、航天及设备制造														
47	摩托车制造	7					7								
48	26. 电气机械及器材制造业	1588	69	352		99	497	143	62	329	27	1		9	
49	27. 计算机、通信和其他电子设备制造业	443	98	2		62	74	62	9	31	96			9	
50	28. 仪表仪器制造业	14					8	3	3						
51	29. 其他制造业	1271	29	591		134	85	95	12	303	2			10	10
52	(三)电力、热力、燃气及水的生产和供应业	13742	830	1476		4043	3937	1709	406	1321	1			19	
53	1. 电力、热力的生产和供应业	11119	471	238		3895	3690	1566	390	857	1			11	
54	①电力生产	876	9	43		264	126	133	197	93				11	
55	②电力供应	9917	318	195		3582	3496	1409	190	726	1				
56	③热力生产和供应业	326	144			49	68	24	3	38					
57	2. 燃气生产和供应业	285	23	6		29	120	32	6	63				6	
58	3. 水的生产和供应业	2338	336	1232		119	127	111	10	401				2	
59	(四)建筑业	212990	134202	32289	13	28918	8886	278	2953	2973	1434	1	531	468	44
60	1. 房屋建筑业	55275	32772	14682	1	4459	2170	89	859	57	177				9
61	2. 土木工程建筑业	20870	14287	2069		1732	878	50	290	188	576		391	408	1
62	3. 建筑安装业	74316	42096	12382	9	15054	2796	94	1243	243	238	1	140		20
63	4. 建筑装饰和其他建筑业	62529	45047	3156	3	7673	3042	45	561	2485	443			60	14
64	三、第三产业	589697	212836	46689	12236	67210	26961	21716	6728	19767	71029	12566	26113	65445	401
65	(一)批发和零售业	55983	5473	11571	5273	6405	9974	3015	2465	5961	4399	1		1132	314
66	1. 批发业	31781	2043	4866	5273	3059	5738	1348	1132	3874	3729	1		642	76
67	其中:烟草制品批发	2218	34			535	1628	14		7					

续表

序号	项目	合计	营业税	企业所得税		个人所得税	城市维护建设税	房产税	印花税	城镇土地使用税	土地增值税	车船税	耕地占用税	契税	其他各税
				内资企业	外资企业										
68	煤炭及制品批发	819	376				20		4	6	413				
69	石油及其制品批发	1176	68	5		124	289	112	77	495				6	
70	汽车及零配件批发	18	4			1	7	3	2	1					
71	2. 零售业	24202	3430	6705		3346	4236	1667	1333	2087	670			490	238
72	（二）交通运输、仓储及邮政业	18904	1067	1491	6915	3274	787	885	255	1176	270	49	754	1981	
73	1. 交通运输业	17316	949	1477	6915	2525	732	589	247	1010	270	49	597	1956	
74	2. 仓储业	478	47	12		65	38	66	7	61			157	25	
75	3. 邮政业	1110	71	2		684	17	230	1	105					
76	（三）住宿和餐饮业	16575	11392	1011	3	1960	777	900	31	418	54			29	
77	1. 住宿业	5234	3404	357	1	392	232	513	10	272	52			1	
78	2. 餐饮业	11341	7988	654	2	1568	545	387	21	146	2			28	
79	（四）信息传输、软件和信息技术服务业	2808	396	121		767	588	720	37	169				10	
80	1. 电信、广播电视和卫星传输服务业	1856	81	5		562	428	614	21	145					
81	其中：电信	1782	49	4		532	426	606	20	145					
82	2. 互联网和相关服务	402	39	11		116	93	103	6	24				10	
83	3. 软件和信息技术服务业	550	276	105		89	67	3	10						
84	（五）金融业	114251	76811	420	14	17183	4962	1680	768	386	29	11887		111	
85	1. 货币金融服务	82463	66006	7	7	9608	4231	1564	593	351	29			67	
86	其中：银行	82355	65926		7	9598	4225	1561	593	349	29			67	
87	金融租赁														
88	2. 资本市场服务	4612	2891			1483	200		2					36	
89	3. 保险业	24479	6108	10		5879	409	94	148	27		11804			
90	4. 其他金融	2697	1806	403	7	213	122	22	25	8		83		8	
91	（六）房地产业	199795	92101	20609	12	3429	6252	11055	1692	8673	53101	1	69	2801	

续表

序号	项 目	合 计	营业税	企业所得税		个人所得税	城市维护建设税	房产税	印花税	城镇土地使用税	土地增值税	车船税	耕地占用税	契税	其他各税
				内资企业	外资企业										
92	1. 房地产开发经营业	150682	70887	14811	1	1966	4778	6026	1435	7164	41325		16	2273	
93	2. 物业管理	3315	2296	67		94	162	523	25	115		1		32	
94	3. 房地产中介服务	249	89	4		10	6	5	3	25				107	
95	4. 自有房地产经营活动	3561	1154	13	6	252	77	1630	16	280	93			40	
96	5. 其他房地产业	41988	17675	5714	5	1107	1229	2871	213	1089	11683		53	349	
97	(七)租赁和商务服务业	28619	8162	2014		3610	1028	1305	531	1420	907	7	8890	745	
98	1. 租赁业	431	101	97		70	23	120	3	17					
99	2. 商务服务业	28188	8061	1917		3540	1005	1185	528	1403	907	7	8890	745	
100	(八)科学研究和技术服务业	8072	1515	928		2981	1000	570	122	466	446			44	
101	(九)居民服务、修理和其他服务业	19641	7375	2220	18	3918	900	536	207	442	1552	148	2078	201	46
102	其中:居民服务业	1131	670	39		249	64	63	4	20	19			3	
103	机动车、电子产品和日用产品修理业	102	16	26		15	28	3	3	11					
104	(十)教育	5764	474	87		4821	39	271	14	11				47	
105	(十一)卫生和社会工作	8385	73	701		7510	6	64	17	8	4			2	
106	其中:卫生	8379	73	701		7509	6	61	16	8	4			1	
107	(十二)文化、体育和娱乐业	2162	1088	219		378	144	242	7	84					
108	其中:新闻和出版业	330	15	58		155	46	26	3	27					
109	广播、电视、电影和影视录音制作业	250	27	45		110	26	35	1	6					
110	体育	326	119			56	9	117	1	24					
111	娱乐业	1183	895	111		50	61	40	1	25					
112	(十三)公共管理、社会保障和社会组织	106416	5288	5204		10719	383	380	564	433	10267	473	14322	58342	41
113	(十四)其他行业	2322	1621	93	1	255	121	93	18	120					

2015年茂名市地方税务局税收收入分行业分税种统计年报表

编报机关:茂名市地方税务局　　　　单位:万元

序号	项　　目	合　计	营业税	企业所得税		个人所得税	城市维护建设税	房产税	印花税	城镇土地使用税	土地增值税	车船税	耕地占用税	契税	其他各税
				内资企业	外资企业										
1	税收收入合计	1012197	226350	167846	225	71913	153572	21939	9009	39920	196501	12979	44659	61902	5382
2	一、第一产业	698	47	63		157	109	64	56	55	20		90	37	
3	二、第二产业	401674	82976	117311	2	20495	129793	5010	4059	14064	20261	9	1400	2277	4017
4	（一）采矿业	4853	1034	71		461	273	90	22	329	9			1	2563
5	1. 煤炭开采和洗选业	7					3								4
6	2. 石油和天然气开采业	1090	1013				74	1		2					
7	其中:原油	1087	1013				73			1					
8	3. 黑色金属矿采选业	203				2		67		134					
9	4. 有色金属矿采选业	58				38		2		14					4
10	5. 非金属矿采选业	3156	5	58		367	165	15	19	149				1	2377
11	6. 其他采矿业	339	16	13		54	31	5	3	30	9				178
12	（二）制造业	147989	924	3483		6331	121762	3142	849	9928	264	9	234	303	760
13	1. 农副食品加工业	1733	109	86		776	215	287	64	170				26	
14	2. 食品制造业	373	6	44		128	51	33	1	110					
15	3. 酒、饮料和精制茶制造业	45	3	3			5	5	1	13	2			13	
16	①酒的制造	17	3	3			1	2		6	2				
17	其中:酒精														
18	②饮料制造	28					4	3	1	7				13	
19	③精制茶制造														
20	4. 烟草制品业	16					9	4		3					
21	其中:卷烟制造														
22	5. 纺织业	63	2			1	21	12	1	22					4

续表

序号	项　　目	合　计	营业税	企业所得税		个人所得税	城市维护建设税	房产税	印花税	城镇土地使用税	土地增值税	车船税	耕地占用税	契税	其他各税
				内资企业	外资企业										
23	6. 纺织服装、服饰业	174				48	53	10	4	59					
24	7. 皮革、毛皮、羽毛及其制品和制鞋业	237	1	1		2	122	32	30	49					
25	8. 木材加工及木竹藤棕草制品业	399				45	217	29	19	83					6
26	9. 家具制造业	40				3	16	8	2	11					
27	10. 造纸及纸制品业	259		40		1	165	13	13	24					3
28	11. 印刷和记录媒介复制业	236	10	30		72	80	20	1	23					
29	12. 文教、工美、体育和娱乐用品制造业	877		222		61	257	21	14	25					277
30	13. 石油加工、炼焦及核燃料加工业	133893	625	64		4064	118362	2132	478	8164				4	
31	其中:成品油	133883	625	61		4064	118361	2132	478	8162					
32	14. 化学原料及化学制品制造业	924	70	142		30	155	69	38	264	84			57	15
33	15. 医药制造业	837		293		25	258	62	23	45		1		130	
34	16. 化学纤维制造业	2					1			1					
35	17. 橡胶和塑料制品业	595	7	8		65	235	72	27	173	7				1
36	18. 非金属矿物制品业	3876	2	2087		393	425	79	40	417	2	8	1		422
37	19. 黑色金属冶炼及压延加工业	3				1	1			1					
38	20. 有色金属冶炼及压延加工业	274		60		15	12	3	1	4			179		
39	21. 金属制品业	285	33	20		21	57	25	7	89	31			2	
40	22. 通用设备制造业	130	21			20	36	12	3	14	24				
41	23. 专用设备制造业	1923	6	335		449	818	103	64	88				39	21
42	24. 汽车制造业														
43	25. 铁路、船舶、航空航天和其他运输设备制造业	7		1			4	1		1					
44	其中:铁路运输设备制造														

续表

序号	项　　目	合　计	营业税	企业所得税		个人所得税	城市维护建设税	房产税	印花税	城镇土地使用税	土地增值税	车船税	耕地占用税	契税	其他各税
				内资企业	外资企业										
45	船舶及相关装置制造	4					3			1					
46	航空、航天及设备制造														
47	摩托车制造														
48	26. 电气机械及器材制造业	63		2		3	46	2	4	6					
49	27. 计算机、通信和其他电子设备制造业	124	1	17		1	58	14	2	25				6	
50	28. 仪表仪器制造业	9					6	1		2					
51	29. 其他制造业	592	28	28		107	77	93	12	42	114		54	26	11
52	(三)电力、热力、燃气及水的生产和供应业	30890	1962	370		3233	2251	1452	258	2908	18240		177	39	
53	1. 电力、热力的生产和供应业	7662	42	313		3145	2026	964	194	793	8		177		
54	①电力生产	4989	3	127		1665	1565	615	147	713	2		152		
55	②电力供应	2277	9	186		1160	458	346	8	79	6		25		
56	③热力生产和供应业	396	30			320	3	3	39	1					
57	2. 燃气生产和供应业	302	118	1		22	26	19	21	78				17	
58	3. 水的生产和供应业	22926	1802	56		66	199	469	43	2037	18232			22	
59	(四)建筑业	217942	79056	113387	2	10470	5507	326	2930	899	1748		989	1934	694
60	1. 房屋建筑业	77709	15398	55300		2898	1313	119	1094	177	1356			54	
61	2. 土木工程建筑业	34045	11370	18888		1083	707	23	684	297			926		67
62	3. 建筑安装业	32527	6260	20936		1913	436	123	765	198	169		63	1656	8
63	4. 建筑装饰和其他建筑业	73661	46028	18263	2	4576	3051	61	387	227	223			224	619
64	三、第三产业	609825	143327	50472	223	51261	23670	16865	4894	25801	176220	12970	43169	59588	1365
65	(一)批发和零售业	37702	2609	11113		5584	9289	2620	1245	3544	913	6		597	182
66	1. 批发业	21255	938	6814		3260	6115	816	623	1768	581	3		326	11
67	其中:烟草制品批发	8322	20	4948		780	2307	46	181	40					

续表

序号	项目	合计	营业税	企业所得税		个人所得税	城市维护建设税	房产税	印花税	城镇土地使用税	土地增值税	车船税	耕地占用税	契税	其他各税
				内资企业	外资企业										
68	煤炭及制品批发														
69	石油及其制品批发	1801	18			32	1552	20	26	113	1			39	
70	汽车及零配件批发	97	6	22		19	27	9	12	2					
71	2. 零售业	16447	1671	4299		2324	3174	1804	622	1776	332	3		271	171
72	(二)交通运输、仓储及邮政业	20819	267	1579		1528	1179	674	204	1292	13315	21	760		
73	1. 交通运输业	18500	210	950		669	1103	304	195	980	13308	21	760		
74	2. 仓储业	978	11	616		33	26	47	3	235	7				
75	3. 邮政业	1341	46	13		826	50	323	6	77					
76	(三)住宿和餐饮业	7518	5079	143	2	1188	356	483	6	236				25	
77	1. 住宿业	1667	1003	99		170	72	157	3	138				25	
78	2. 餐饮业	5851	4076	44	2	1018	284	326	3	98					
79	(四)信息传输、软件和信息技术服务业	4076	194	65		984	869	574	51	299		1	1015	24	
80	1. 电信、广播电视和卫星传输服务业	2527	52	1		898	824	543	43	165		1			
81	其中:电信	2463	44			863	808	541	42	165					
82	2. 互联网和相关服务	26	8	5		2	6	4	1						
83	3. 软件和信息技术服务业	1523	134	59		84	39	27	7	134			1015	24	
84	(五)金融业	77713	36041	1067		14417	2366	2783	513	301	5907	12575		1743	
85	1. 货币金融服务	46119	27840	304		6930	1805	2685	320	276	5906	23		30	
86	其中:银行	45584	27637			6922	1792	2684	315	276	5906	22		30	
87	金融租赁	105	28	62		6	6		3						
88	2. 资本市场服务	6271	2688			2108	188		36	1				1250	
89	3. 保险业	22543	4253	1		5318	298	83	139	22		12429			
90	4. 其他金融	2780	1260	762		61	75	15	18	2	1	123		463	
91	(六)房地产业	248380	68539	26992	210	2647	4911	5629	1805	11751	109656	2	4019	12215	4

续表

序号	项目	合计	营业税	企业所得税		个人所得税	城市维护建设税	房产税	印花税	城镇土地使用税	土地增值税	车船税	耕地占用税	契税	其他各税
				内资企业	外资企业										
92	1. 房地产开发经营业	228393	61189	24998	161	1378	4391	3647	1686	11194	103802	2	4007	11936	2
93	2. 物业管理	1328	960	77	49	43	70	58	5	29				37	
94	3. 房地产中介服务	108	29	20		18	8	13		11				7	2
95	4. 自有房地产经营活动	1155	233	40		207	15	234	11	84	327		2	2	
96	5. 其他房地产业	17396	6128	1857		1001	427	1677	103	433	5527		10	233	
97	（七）租赁和商务服务业	11375	3268	2874		992	372	849	95	293	146	12	105	2214	155
98	1. 租赁业	291	57	120		78	9	11	5	2	8	1			
99	2. 商务服务业	11084	3211	2754		914	363	838	90	291	138	11	105	2214	155
100	（八）科学研究和技术服务业	447	59	42		59	25	32	42	142				45	1
101	（九）居民服务、修理和其他服务业	46645	6516	5769	2	11072	2605	1531	356	6032	232	74	11355	612	489
102	其中:居民服务业	14884	2084	1309	1	863	491	542	92	3078	59	3	6025	4	333
103	机动车、电子产品和日用产品修理业	211	9	101		21	18	42		17	3				
104	（十）教育	14048	2314	206		1941	163	140	23	197	9057			7	
105	（十一）卫生和社会工作	5208	156	80		3823	16	40	5	2	1085	1			
106	其中:卫生	5135	128	39		3822	14	40	5	1	1085	1			
107	（十二）文化、体育和娱乐业	1180	498	140		363	65	97	10	7					
108	其中:新闻和出版业	44		43			1								
109	广播、电视、电影和影视录音制作业	273	32	89		80	28	39		5					
110	体育	221	16	1		202	1	1							
111	娱乐业	475	366	4		55	26	23		1					
112	（十三）公共管理、社会保障和社会组织	131862	15269	244		6651	1390	1390	533	1643	35909	278	25915	42106	534
113	（十四）其他行业	2852	2518	158	9	12	64	23	6	62					

2015年肇庆市地方税务局税收收入分行业分税种统计年报表

编报机关:肇庆市地方税务局　　单位:万元

序号	项　目	合　计	营业税	企业所得税		个人所得税	城市维护建设税	房产税	印花税	城镇土地使用税	土地增值税	车船税	耕地占用税	契税	其他各税
				内资企业	外资企业										
1	税收收入合计	961766	303583	98400	489	90325	51035	35828	12328	92601	112439	13051	65892	72866	12929
2	一、第一产业	6612	562	300		316	166	242	86	491	2924			1525	
3	二、第二产业	278131	104552	46272	9	33580	28790	15272	4999	19930	11379	511	895	2863	9079
4	(一)采矿业	7930	102	744		719	482	114	57	395	380		3	18	4916
5	1. 煤炭开采和洗选业														
6	2. 石油和天然气开采业	233	1			3	79	45	10	95					
7	其中:原油	11								11					
8	3. 黑色金属矿采选业	844				16	192	3	18	8					607
9	4. 有色金属矿采选业	943	15	612		131	5	10	1	18					151
10	5. 非金属矿采选业	5504	83	132		554	182	55	25	270	380			18	3805
11	6. 其他采矿业	406	3			15	24	1	3	4			3		353
12	(二)制造业	88874	3787	11088		12838	19166	12702	3581	16628	1994	510	68	2352	4160
13	1. 农副食品加工业	1015	25	132		328	125	131	144	99	2	1		28	
14	2. 食品制造业	3239	5	626		410	932	526	133	342	199			66	
15	3. 酒、饮料和精制茶制造业	899		47		55	563	106	25	89				14	
16	①酒的制造	847		47		51	551	93	26	65				14	
17	其中:酒精	12						6	1	5					
18	②饮料制造	47				3	9	12	-1	24					
19	③精制茶制造	5				1	3	1							
20	4. 烟草制品业														
21	其中:卷烟制造														
22	5. 纺织业	1604	-35	51		134	503	315	82	508	27			19	

续表

序号	项　目	合　计	营业税	企业所得税		个人所得税	城市维护建设税	房产税	印花税	城镇土地使用税	土地增值税	车船税	耕地占用税	契税	其他各税
				内资企业	外资企业										
23	6. 纺织服装、服饰业	1018	17	42		127	245	266	38	239		1		43	
24	7. 皮革、毛皮、羽毛及其制品和制鞋业	1597	4	47		151	682	273	74	294	68	1		3	
25	8. 木材加工及木竹藤棕草制品业	971	3	1		243	313	145	34	223		1		8	
26	9. 家具制造业	1794	5	12		430	267	523	101	328		1		127	
27	10. 造纸及纸制品业	1273	46	8		107	272	345	100	395					
28	11. 印刷和记录媒介复制业	298	21	19		21	92	32	12	58	42	1			
29	12. 文教、工美、体育和娱乐用品制造业	717	30	12		40	183	144	22	285		1			
30	13. 石油加工、炼焦及核燃料加工业	101				27	24	18	9	23					
31	其中:成品油	69				21	14	14	3	17					
32	14. 化学原料及化学制品制造业	6285	1016	173		976	1446	861	301	712	597	4		199	
33	15. 医药制造业	3867	57	1510		881	419	553	71	315				61	
34	16. 化学纤维制造业	56		1		2	28	8	3	14					
35	17. 橡胶和塑料制品业	3156	8	47		258	1068	526	218	668	53	1		309	
36	18. 非金属矿物制品业	17783	126	1150		1573	3973	2429	526	3301	106		26	420	4153
37	19. 黑色金属冶炼及压延加工业	1196	399			186	390	90	43	40				48	
38	20. 有色金属冶炼及压延加工业	7811	136	2699		1872	1211	894	259	701	38	1			
39	21. 金属制品业	7704	284	477		1349	2024	1221	444	1604	39	1	32	226	3
40	22. 通用设备制造业	3880	46	1619		640	685	395	108	305	20			62	
41	23. 专用设备制造业	5733	-254	54		582	535	229	69	4328	7			183	
42	24. 汽车制造业	3739	1351			335	417	185	69	123	631	496		132	
43	25. 铁路、船舶、航空航天和其他运输设备制造业	524		160		32	126	79	88	39					
44	其中:铁路运输设备制造	13				13									

续表

序号	项　目	合　计	营业税	企业所得税		个人所得税	城市维护建设税	房产税	印花税	城镇土地使用税	土地增值税	车船税	耕地占用税	契税	其他各税
				内资企业	外资企业										
45	船舶及相关装置制造	453		160		19	124	41	88	21					
46	航空、航天及设备制造														
47	摩托车制造	58					2	38		18					
48	26. 电气机械及器材制造业	3205	76	411		810	988	341	154	437			10	-22	
49	27. 计算机、通信和其他电子设备制造业	4985	273	1006		843	816	1349	173	348	145			32	
50	28. 仪表仪器制造业	876	9	583		81	72	55	21	18	1			36	
51	29. 其他制造业	3548	139	201		345	767	663	260	792	19			358	4
52	(三)电力、热力、燃气及水的生产和供应业	26217	385	13309		6202	2686	2062	387	1006	1		39	140	
53	1. 电力、热力的生产和供应业	14616	158	3053		5982	2531	1848	295	712				37	
54	①电力生产	4778	53	2346		895	671	245	232	308				28	
55	②电力供应	9819	105	707		5078	1860	1603	55	404				7	
56	③热力生产和供应业	19				9			8					2	
57	2. 燃气生产和供应业	583	165	49		51	68	60	39	107			39	5	
58	3. 水的生产和供应业	11018	62	10207		169	87	154	53	187	1			98	
59	(四)建筑业	155110	100278	21131	9	13821	6456	394	974	1901	9004	1	785	353	3
60	1. 房屋建筑业	27147	17254	5776		2689	1104	39	168	94	2	1		20	
61	2. 土木工程建筑业	19043	15331	1027		1196	958	41	174	32	23		261		
62	3. 建筑安装业	61073	33829	10979	3	4936	2164	149	316	278	8334			85	
63	4. 建筑装饰和其他建筑业	47847	33864	3349	6	5000	2230	165	316	1497	645		524	248	3
64	三、第三产业	677023	198469	51828	480	56429	22079	20314	7243	72180	98136	12540	64997	68478	3850
65	(一)批发和零售业	41197	2876	9522	6	3356	6788	3036	1316	6381	1620	3	1845	732	3716
66	1. 批发业	19549	796	7532	6	1364	1770	1074	493	4036	411	1	1396	264	406
67	其中:烟草制品批发	5858		5062		331	465								

续表

序号	项　　目	合　计	营业税	企业所得税		个人所得税	城市维护建设税	房产税	印花税	城镇土地使用税	土地增值税	车船税	耕地占用税	契税	其他各税
				内资企业	外资企业										
68	煤炭及制品批发	5				1	2		1	1					
69	石油及其制品批发	190	13			31	54	49	10	32		1			
70	汽车及零配件批发	62	4			24	6	9	7	12					
71	2. 零售业	21648	2080	1990		1992	5018	1962	823	2345	1209	2	449	468	3310
72	(二)交通运输、仓储及邮政业	13103	1070	5844		2742	531	1137	353	1241	53	24	3	104	1
73	1. 交通运输业	11329	928	5809		2326	505	370	335	974	52	24	3	2	1
74	2. 仓储业	767	7	6		54	8	377	18	194	1			102	
75	3. 邮政业	1007	135	29		362	18	390		73					
76	(三)住宿和餐饮业	13699	9516	703		1365	635	936	18	521		1		4	
77	1. 住宿业	4560	2729	466		147	186	653	7	370				2	
78	2. 餐饮业	9139	6787	237		1218	449	283	11	151		1		2	
79	(四)信息传输、软件和信息技术服务业	6033	307	269	2	1376	1214	1256	350	768	482			9	
80	1. 电信、广播电视和卫星传输服务业	2928	154	47	2	807	676	568	58	130	482			4	
81	其中:电信	2178	41			711	669	566	57	130				4	
82	2. 互联网和相关服务	108	1	1		38	6	48	1	13					
83	3. 软件和信息技术服务业	2997	152	221		531	532	640	291	625				5	
84	(五)金融业	79353	49113	2120	1	16466	3259	1687	701	1564	227	3482	69	613	51
85	1. 货币金融服务	54365	37915	906		9718	2530	1476	529	456	199	2	69	565	
86	其中:银行	53147	37693	33		9650	2511	1469	519	446	198	2	69	557	
87	金融租赁	186	42	124		17	2		1						
88	2. 资本市场服务	4173	2527			1409	175	6	4	1					51
89	3. 保险业	16910	8146	4		4433	543	142	139	19	18	3466			
90	4. 其他金融	3905	525	1210	1	906	11	63	29	1088	10	14		48	
91	(六)房地产业	261137	103264	24085	38	3718	6870	8275	1840	28195	67211	55	10411	7156	19

续表

序号	项　目	合　计	营业税	企业所得税		个人所得税	城市维护建设税	房产税	印花税	城镇土地使用税	土地增值税	车船税	耕地占用税	契税	其他各税
				内资企业	外资企业										
92	1. 房地产开发经营业	230737	95383	23279		2482	6316	3791	1625	20067	65778	4	6045	5967	
93	2. 物业管理	8720	3512	327	37	333	239	992	48	1491	15	51	1116	559	
94	3. 房地产中介服务	1752	587	316		52	47	95	13	29	560			53	
95	4. 自有房地产经营活动	1374	360	30		162	23	721	24	61	-5			-2	
96	5. 其他房地产业	18554	3422	133	1	689	245	2676	130	6547	863		3250	579	19
97	（七）租赁和商务服务业	53717	8320	5722	251	2241	673	907	1390	11446	9652	13	10097	2951	54
98	1. 租赁业	248	172	4		66	15	-38	2	26		1			
99	2. 商务服务业	53469	8148	5718	251	2175	658	945	1388	11420	9652	12	10097	2951	54
100	（八）科学研究和技术服务业	4272	916	319	71	660	212	179	87	237	-423	1928		86	
101	（九）居民服务、修理和其他服务业	46738	8629	1678	111	8877	888	1083	226	1551	6643	3872	10315	2861	4
102	其中：居民服务业	5118	2199	152		1863	163	341	46	319	13			22	
103	机动车、电子产品和日用产品修理业	509	72	1		117	95	111	19	76				18	
104	（十）教育	3033	326	144		2399	22	64	7	20	41	2		8	
105	（十一）卫生和社会工作	3105	80	15		2857	8	62	59	18		1		5	
106	其中：卫生	3060	72	13		2852	5	41	59	12		1		5	
107	（十二）文化、体育和娱乐业	10823	1291	91		463	121	374	20	8385	24			54	
108	其中：新闻和出版业	30	5	1		15	8		1						
109	广播、电视、电影和影视录音制作业	8661	136	45		213	35	127	16	8012	24			53	
110	体育	570	214	13		26	13	97		207					
111	娱乐业	1473	902	20		192	59	134	2	164					
112	（十三）公共管理、社会保障和社会组织	134480	10276	885		9493	662	1177	830	9761	12310	3158	32066	53857	5
113	（十四）其他行业	6333	2485	431		416	196	141	46	2092	296	1	191	38	

2015年清远市地方税务局税收收入分行业分税种统计年报表

编报机关:清远市地方税务局

单位:万元

序号	项　目	合　计	营业税	企业所得税		个人所得税	城市维护建设税	房产税	印花税	城镇土地使用税	土地增值税	车船税	耕地占用税	契税	其他各税
				内资企业	外资企业										
1	税收收入合计	941198	348874	90770	452	94404	49781	30161	10625	49024	102282	12051	48659	86861	17254
2	一、第一产业	2063	373	127		647	84	195	75	290	6	1		192	73
3	二、第二产业	266303	122316	28812	244	33116	26693	12006	4795	17532	2848	71	287	2151	15432
4	(一)采矿业	4663	4	118		601	486	167	111	307		1		30	2838
5	1. 煤炭开采和洗选业														
6	2. 石油和天然气开采业	61				12	31	3	2	12		1			
7	其中:原油	60				11	31	3	2	12		1			
8	3. 黑色金属矿采选业	700				6	104	5		17					568
9	4. 有色金属矿采选业	850		117		356	113	108	78	53					25
10	5. 非金属矿采选业	1557	1			90	164	22	20	135					1125
11	6. 其他采矿业	1495	3	1		137	74	29	11	90				30	1120
12	(二)制造业	71617	857	2312		8312	15839	10259	3366	14393	1767	36		2045	12431
13	1. 农副食品加工业	1203	12	62		137	394	209	87	253		1		48	
14	2. 食品制造业	1135		406		130	297	139	76	79				8	
15	3. 酒、饮料和精制茶制造业	2436	24	253		427	713	642	99	276				2	
16	①酒的制造	695		252		265	113	25	2	36				2	
17	其中:酒精														
18	②饮料制造	1724	24			162	596	614	97	231					
19	③精制茶制造	17		1			4	3		9					
20	4. 烟草制品业	12						4		8					
21	其中:卷烟制造														
22	5. 纺织业	1755	19	9		105	521	475	99	450	15			62	

续表

序号	项目	合计	营业税	企业所得税		个人所得税	城市维护建设税	房产税	印花税	城镇土地使用税	土地增值税	车船税	耕地占用税	契税	其他各税
				内资企业	外资企业										
23	6. 纺织服装、服饰业	997	74	31		42	328	189	37	186	110				
24	7. 皮革、毛皮、羽毛及其制品和制鞋业	5402	37	2		886	2436	846	302	761	5			127	
25	8. 木材加工及木竹藤棕草制品业	511	2	1		48	169	57	24	175				21	14
26	9. 家具制造业	395				36	79	106	22	135				17	
27	10. 造纸及纸制品业	1112		6		112	279	333	102	234		1		45	
28	11. 印刷和记录媒介复制业	1239	13	20		99	229	265	28	447		1		137	
29	12. 文教、工美、体育和娱乐用品制造业	928				139	309	166	41	273					
30	13. 石油加工、炼焦及核燃料加工业	9					1	2		6					
31	其中:成品油	9					1	2		6					
32	14. 化学原料及化学制品制造业	2819	16	25		460	451	257	142	980	381	4		99	4
33	15. 医药制造业	1483	4	497		174	337	136	30	197				108	
34	16. 化学纤维制造业	3					2		1						
35	17. 橡胶和塑料制品业	3448	3	8		407	725	351	226	719	421	1		587	
36	18. 非金属矿物制品业	26840	126	20		1329	4288	3241	661	4645		21		113	12396
37	19. 黑色金属冶炼及压延加工业	857	3			40	145	150	92	413				14	
38	20. 有色金属冶炼及压延加工业	4080	184			569	934	614	427	1011		1		340	
39	21. 金属制品业	2716	6	72		162	470	288	227	630	831	1		29	
40	22. 通用设备制造业	1914	196	19		562	637	173	115	207		1		4	
41	23. 专用设备制造业	641	6			53	111	139	21	290				7	14
42	24. 汽车制造业	763				279	86	147	45	205		1			
43	25. 铁路、船舶、航空航天和其他运输设备制造业	144		7		24	38	29	6	40					
44	其中:铁路运输设备制造	13				4	7	1	1						

续表

序号	项目	合计	营业税	企业所得税		个人所得税	城市维护建设税	房产税	印花税	城镇土地使用税	土地增值税	车船税	耕地占用税	契税	其他各税
				内资企业	外资企业										
45	船舶及相关装置制造	60		7		17	28	2		6					
46	航空、航天及设备制造														
47	摩托车制造	68				2	3	26	3	34					
48	26. 电气机械及器材制造业	3556	8	845		1344	367	379	113	384				116	
49	27. 计算机、通信和其他电子设备制造业	2218	2	26		461	716	308	72	576				57	
50	28. 仪表仪器制造业	63				6	21	19	2	8				7	
51	29. 其他制造业	2938	122	3		281	756	595	269	805	4	3		97	3
52	(三)电力、热力、燃气及水的生产和供应业	22056	1280	7982		4948	2877	1364	210	2587	372	26	287	25	98
53	1. 电力、热力的生产和供应业	17606	701	4987		4710	2688	1213	172	2331	372	26	287	21	98
54	①电力生产	11809	489	4940		1762	1096	620	86	2044	372	6	287	9	98
55	②电力供应	5787	212	47		2946	1584	593	86	287		20		12	
56	③热力生产和供应业	10				2	8								
57	2. 燃气生产和供应业	2796	392	2099		82	82	41	13	83				4	
58	3. 水的生产和供应业	1654	187	896		156	107	110	25	173					
59	(四)建筑业	167967	120175	18400	244	19255	7491	216	1108	245	709	8		51	65
60	1. 房屋建筑业	24697	17030	2901	18	2579	1048	23	313	91	675			3	16
61	2. 土木工程建筑业	13129	9054	1997	9	1348	502	39	145	31				1	3
62	3. 建筑安装业	33074	17643	10103	6	3501	1309	84	308	79	3	4		9	25
63	4. 建筑装饰和其他建筑业	97067	76448	3399	211	11827	4632	70	342	44	31	4		38	21
64	三、第三产业	672832	226185	61831	208	60641	23004	17960	5755	31202	99428	11979	48372	84518	1749
65	(一)批发和零售业	24779	996	9794		2313	5595	1606	881	1874	85	29		177	1429
66	1. 批发业	15619	232	7996		1354	3494	519	369	630	37	15		-4	977
67	其中:烟草制品批发	11676		7325		988	2751	88	124	22					378

续表

序号	项　目	合　计	营业税	企业所得税		个人所得税	城市维护建设税	房产税	印花税	城镇土地使用税	土地增值税	车船税	耕地占用税	契税	其他各税
				内资企业	外资企业										
68	煤炭及制品批发	11				3	6		1						1
69	石油及其制品批发	203				77	33	31	6	23				33	
70	汽车及零配件批发	158	26			38	35	8	21	7	19			4	
71	2. 零售业	9160	764	1798		959	2101	1087	512	1244	48	14		181	452
72	(二)交通运输、仓储及邮政业	9165	3884	2666		762	701	540	103	252	66	63		41	87
73	1. 交通运输业	8626	3806	2654		602	686	346	100	182	59	63		41	87
74	2. 仓储业	50	13	6		6	1	16	1		7				
75	3. 邮政业	489	65	6		154	14	178	2	70					
76	(三)住宿和餐饮业	16002	10554	701		1345	660	1931	37	389	384	1			
77	1. 住宿业	6791	4113	429		402	249	1054	30	205	309				
78	2. 餐饮业	9211	6441	272		943	411	877	7	184	75	1			
79	(四)信息传输、软件和信息技术服务业	3343	265	42		1118	671	908	106	186		1		46	
80	1. 电信、广播电视和卫星传输服务业	2955	116	25		1036	631	908	50	177		1		11	
81	其中:电信	2715	52	25		898	625	889	48	173		1		4	
82	2. 互联网和相关服务	92	3			30	8		51						
83	3. 软件和信息技术服务业	296	146	17		52	32		5	9				35	
84	(五)金融业	76236	41424	244	4	15963	2814	1354	594	166	3090	9769		814	
85	1. 货币金融服务	49479	31919	101		9661	2159	1259	454	142	3090	4		690	
86	其中:银行	49297	31858			9656	2154	1259	454	140	3087	4		685	
87	金融租赁														
88	2. 资本市场服务	3593	1776	2		1585	125	7	2	7				89	
89	3. 保险业	20977	6566			3965	459	80	130	11		9765		1	
90	4. 其他金融	2187	1163	141	4	752	71	8	8	6				34	
91	(六)房地产业	296019	136400	38446	92	4463	8681	4630	2611	12144	80578	17		7956	1

续表

序号	项　目	合　计	营业税	企业所得税		个人所得税	城市维护建设税	房产税	印花税	城镇土地使用税	土地增值税	车船税	耕地占用税	契税	其他各税
				内资企业	外资企业										
92	1. 房地产开发经营业	278979	127489	37361		3845	8107	2409	2487	11133	78445	16		7687	
93	2. 物业管理	4359	3305	78	92	137	208	178	13	50	106			191	1
94	3. 房地产中介服务	526	315	55		45	26	7	4	26	48				
95	4. 自有房地产经营活动	1537	411	7		106	57	392	8	469	89			-2	
96	5. 其他房地产业	10618	4880	945		330	283	1644	99	466	1890	1		80	
97	(七)租赁和商务服务业	45949	9427	4478		6784	1548	1937	356	11349	6891	8		3147	24
98	1. 租赁业	271	30	213		13	8	1	4			2			
99	2. 商务服务业	45678	9397	4265		6771	1540	1936	352	11349	6891	6		3147	24
100	(八)科学研究和技术服务业	8348	602	3156		507	246	126	54	210	3	512	2415	517	
101	(九)居民服务、修理和其他服务业	31664	8942	895	112	13754	862	1083	174	842	3271	130	670	849	80
102	其中:居民服务业	1707	950	124		144	67	219	3	176	10			14	
103	机动车、电子产品和日用产品修理业	203	34	19		48	66	8	15	13					
104	(十)教育	2399	298	138		1788	17	30	7	117		3		1	
105	(十一)卫生和社会工作	4608	17	2		4573	3	4	2	7					
106	其中:卫生	3459	10	2		3431	3	4	2	7					
107	(十二)文化、体育和娱乐业	4000	1163	31		219	110	28	40	553	153			1703	
108	其中:新闻和出版业	5	4				1								
109	广播、电视、电影和影视录音制作业	154	50	1		70	33								
110	体育	406	182	10		18	9	6		181					
111	娱乐业	1512	860	18		117	58	22	5	279	153				
112	(十三)公共管理、社会保障和社会组织	147034	11374	1015		6910	692	3628	712	2521	4185	1446	45156	69267	128
113	(十四)其他行业	3286	839	223		142	404	155	78	592	722		131		

2015 年潮州市地方税务局税收收入分行业分税种统计年报表

编报机关:潮州市地方税务局　　　　单位:万元

序号	项　目	合　计	营业税	企业所得税		个人所得税	城市维护建设税	房产税	印花税	城镇土地使用税	土地增值税	车船税	耕地占用税	契税	其他各税
				内资企业	外资企业										
1	税收收入合计	367930	88730	72942	21	52597	29302	18908	6361	21349	18562	7890	20826	19846	10596
2	一、第一产业	247	31	6		22	46	46	32	64					
3	二、第二产业	177723	35040	45671	12	28134	21172	12705	4146	16058	2059	5	1002	1214	10505
4	(一)采矿业	656		2		164	52	58	21	155					204
5	1. 煤炭开采和洗选业														
6	2. 石油和天然气开采业	24				8	1	2	8	5					
7	其中:原油														
8	3. 黑色金属矿采选业	2				1		1							
9	4. 有色金属矿采选业														
10	5. 非金属矿采选业	630		2		155	51	55	13	150					204
11	6. 其他采矿业														
12	(二)制造业	103808	1202	29725	10	18589	15245	11094	3271	14344	1600	1	143	1169	7415
13	1. 农副食品加工业	596		27		90	166	119	40	154					
14	2. 食品制造业	8264	26	2955		1407	1717	775	366	960	32			20	6
15	3. 酒、饮料和精制茶制造业	827	135	12		34	27	24	5	29	560				1
16	①酒的制造	4		1		1		1		1					
17	其中:酒精														
18	②饮料制造	782	135	9		19	19	18	3	18	560				1
19	③精制茶制造	41		2		14	8	5	2	10					
20	4. 烟草制品业														
21	其中:卷烟制造														
22	5. 纺织业	331	2	29		100	48	49	7	94	2				

续表

序号	项目	合计	营业税	企业所得税		个人所得税	城市维护建设税	房产税	印花税	城镇土地使用税	土地增值税	车船税	耕地占用税	契税	其他各税
				内资企业	外资企业										
23	6. 纺织服装、服饰业	3467	219	348		650	898	600	132	474	145			1	
24	7. 皮革、毛皮、羽毛及其制品和制鞋业	3977		687		1005	900	626	155	603		1			
25	8. 木材加工及木竹藤棕草制品业	168	16	8		18	10	24	2	50	20			2	18
26	9. 家具制造业	576	79	90		72	94	63	11	120	47				
27	10. 造纸及纸制品业	2511		380		883	337	283	78	545					5
28	11. 印刷和记录媒介复制业	5526		1801		1493	803	634	158	637					
29	12. 文教、工美、体育和娱乐用品制造业	781	20	59		102	203	100	34	260					3
30	13. 石油加工、炼焦及核燃料加工业														
31	其中:成品油														
32	14. 化学原料及化学制品制造业	1529		311		387	226	150	62	244					149
33	15. 医药制造业	841	1	60		251	256	98	44	127				4	
34	16. 化学纤维制造业	63		1					1					61	
35	17. 橡胶和塑料制品业	3534	32	358		816	385	679	84	767	37			292	84
36	18. 非金属矿物制品业	35683	132	4973	10	5605	5489	4516	756	6792	47			269	7094
37	19. 黑色金属冶炼及压延加工业	41				13	7	11	3	7					
38	20. 有色金属冶炼及压延加工业	1620	6	749		150	265	53	193	103	8			90	3
39	21. 金属制品业	9063	480	992		1737	973	1542	783	1470	703		143	224	16
40	22. 通用设备制造业	258		3		103	17	14	5	116					
41	23. 专用设备制造业	431	3	61		76	65	93	13	114	4				2
42	24. 汽车制造业	55		26		13	9	2	1	4					
43	25. 铁路、船舶、航空航天和其他运输设备制造业	8		2		2	1	1	1	1					
44	其中:铁路运输设备制造														

续表

序号	项目	合计	营业税	企业所得税		个人所得税	城市维护建设税	房产税	印花税	城镇土地使用税	土地增值税	车船税	耕地占用税	契税	其他各税
				内资企业	外资企业										
45	船舶及相关装置制造	8		2		2	1	1	1	1					
46	航空、航天及设备制造														
47	摩托车制造														
48	26. 电气机械及器材制造业	2369		726		278	413	268	132	346				206	
49	27. 计算机、通信和其他电子设备制造业	20487	53	15028		3177	1628	241	162	197					1
50	28. 仪表仪器制造业	94				2	51	15	4	22					
51	29. 其他制造业	708	-2	39		125	257	114	39	108	-5				33
52	(三)电力、热力、燃气及水的生产和供应业	16123	778	4467		3660	3723	1457	392	1411		3	190	41	1
53	1. 电力、热力的生产和供应业	14241	666	3818		3443	3612	1315	339	833		3	171	41	
54	①电力生产	4807	156	40		626	2082	765	286	640			171	41	
55	②电力供应	9434	510	3778		2817	1530	550	53	193		3			
56	③热力生产和供应业														
57	2. 燃气生产和供应业	789	80	44		122	67	69	50	356					1
58	3. 水的生产和供应业	1093	32	605		95	44	73	3	222			19		
59	(四)建筑业	57136	33060	11477	2	5721	2152	96	462	148	459	1	669	4	2885
60	1. 房屋建筑业	21118	8150	8648	1	1960	542	54	166	94	356			4	1143
61	2. 土木工程建筑业	4958	2793	754		380	218	6	59	14			557		177
62	3. 建筑安装业	12423	9061	1292		925	538	14	99	22	103				369
63	4. 建筑装饰和其他建筑业	18637	13056	783	1	2456	854	22	138	18		1	112		1196
64	三、第三产业	189960	53659	27265	9	24441	8084	6157	2183	5227	16503	7885	19824	18632	91
65	(一)批发和零售业	13777	994	904	1	3191	3502	1727	794	1354	49	1		1205	55
66	1. 批发业	7278	126	520		1376	2836	371	416	547	26	1		1025	34
67	其中:烟草制品批发	3413				747	2470	39	140	17					

续表

序号	项目	合计	营业税	企业所得税		个人所得税	城市维护建设税	房产税	印花税	城镇土地使用税	土地增值税	车船税	耕地占用税	契税	其他各税
				内资企业	外资企业										
68	煤炭及制品批发														
69	石油及其制品批发	641	13	81		193	98	74	41	141					
70	汽车及零配件批发	137	10	1		27	23	34	28	14					
71	2. 零售业	6499	868	384	1	1815	666	1356	378	807	23			180	21
72	(二)交通运输、仓储及邮政业	5110	735	711		635	204	368	244	390		3	1659	161	
73	1. 交通运输业	4307	709	679		388	181	210	149	246		2	1659	84	
74	2. 仓储业	332				91	13	9	93	49				77	
75	3. 邮政业	471	26	32		156	10	149	2	95		1			
76	(三)住宿和餐饮业	3578	2153	289		368	151	413	7	197					
77	1. 住宿业	1470	895	130		87	62	183	6	107					
78	2. 餐饮业	2108	1258	159		281	89	230	1	90					
79	(四)信息传输、软件和信息技术服务业	6099	743	2057		1003	524	834	81	247				609	1
80	1. 电信、广播电视和卫星传输服务业	2656	151	1		944	477	808	37	229				9	
81	其中:电信	2602	145			907	473	805	35	228				9	
82	2. 互联网和相关服务	32		3		8	2	13	1	5					
83	3. 软件和信息技术服务业	3411	592	2053		51	45	13	43	13				600	1
84	(五)金融业	40724	18560	1791	2	10004	1261	815	354	243		7564		130	
85	1. 货币金融服务	15751	11425	823		1561	777	755	176	127				107	
86	其中:银行	14390	11132			1381	756	749	155	126				91	
87	金融租赁	1				1									
88	2. 资本市场服务	7680	1737			5695	118	15	2	93				20	
89	3. 保险业	14289	3874			2401	260	33	151	6		7564			
90	4. 其他金融	3004	1524	968	2	347	106	12	25	17				3	
91	(六)房地产业	73372	26156	20074	1	3079	1831	1361	444	1924	15957			2538	7

续表

序号	项目	合计	营业税	企业所得税		个人所得税	城市维护建设税	房产税	印花税	城镇土地使用税	土地增值税	车船税	耕地占用税	契税	其他各税
				内资企业	外资企业										
92	1. 房地产开发经营业	68225	24207	19886		2168	1695	231	414	1736	15341			2540	7
93	2. 物业管理	1264	904	70		94	66	98	2	30					
94	3. 房地产中介服务	27	15	6		3	1	2							
95	4. 自有房地产经营活动	1194	279	32	1	354	18	430	10	64	6				
96	5. 其他房地产业	2662	751	80		460	51	600	18	94	610			-2	
97	（七）租赁和商务服务业	7754	627	521		1134	104	174	102	217	12	53	1539	3269	2
98	1. 租赁业	48	2	15		11	6	3	3	8					
99	2. 商务服务业	7706	625	506		1123	98	171	99	209	12	53	1539	3269	2
100	（八）科学研究和技术服务业	1041	190	401		134	62	44	21	82		1		103	3
101	（九）居民服务、修理和其他服务业	9504	1182	210	5	820	138	195	35	255	2		6657	5	
102	其中：居民服务业	396	175	62		46	11	80	5	18				-1	
103	机动车、电子产品和日用产品修理业	214	34	18		64	13	42	6	37					
104	（十）教育	1812	509	209		920	37	43	2	51				41	
105	（十一）卫生和社会工作	256	9	6		223	1	1	15					1	
106	其中：卫生	252	6	6		223	1		15					1	
107	（十二）文化、体育和娱乐业	658	269	39		148	58	62	7	75					
108	其中：新闻和出版业	37				26	10		1						
109	广播、电视、电影和影视录音制作业	133	11	13		68	28	6	3	4					
110	体育	86	34			9	2	8		33					
111	娱乐业	369	219	16		42	16	45	2	29					
112	（十三）公共管理、社会保障和社会组织	25320	1376	12		2697	100	78	44	104	483	263	9599	10544	20
113	（十四）其他行业	955	156	41		85	111	42	33	88			370	26	3

2015年揭阳市地方税务局税收收入分行业分税种统计年报表

编报机关:揭阳市地方税务局　　　　单位:万元

序号	项目	合计	营业税	企业所得税		个人所得税	城市维护建设税	房产税	印花税	城镇土地使用税	土地增值税	车船税	耕地占用税	契税	其他各税
				内资企业	外资企业										
1	税收收入合计	597780	173719	108459	121	83409	54929	20392	11378	34459	33905	12495	29858	30422	4234
2	一、第一产业	799	309	26		73	51	39	60	52	189				
3	二、第二产业	268699	68923	81617		37239	35834	8967	6085	19502	1341	26	195	4852	4118
4	(一)采矿业	5950				592	29	1	89	2025				2865	349
5	1. 煤炭开采和洗选业														
6	2. 石油和天然气开采业	5272				385			84	1938				2865	
7	其中:原油	5272				385			84	1938				2865	
8	3. 黑色金属矿采选业														
9	4. 有色金属矿采选业														
10	5. 非金属矿采选业	612				202	22	1	3	78					306
11	6. 其他采矿业	66				5	7		2	9					43
12	(二)制造业	133994	833	55532		20382	27356	6843	4747	15831	892	18		1375	185
13	1. 农副食品加工业	1544	6	247		286	234	230	113	427		1			
14	2. 食品制造业	5240	179	1549		1548	721	354	113	420	338	1		17	
15	3. 酒、饮料和精制茶制造业	827				61	428	159	27	152					
16	①酒的制造	627				22	349	122	14	120					
17	其中:酒精														
18	②饮料制造	200				39	79	37	13	32					
19	③精制茶制造														
20	4. 烟草制品业														
21	其中:卷烟制造														
22	5. 纺织业	3952	165	403		618	1373	386	242	630	125			10	

续表

序号	项　　目	合　计	营业税	企业所得税		个人所得税	城市维护建设税	房产税	印花税	城镇土地使用税	土地增值税	车船税	耕地占用税	契税	其他各税
				内资企业	外资企业										
23	6. 纺织服装、服饰业	9497	123	1064		1439	3723	1266	541	1122	150	4		65	
24	7. 皮革、毛皮、羽毛及其制品和制鞋业	5397	18	68		769	3110	308	500	578	10			36	
25	8. 木材加工及木竹藤棕草制品业	599		31		29	310	22	53	154					
26	9. 家具制造业	576		7		47	304	31	55	132					
27	10. 造纸及纸制品业	804	98	204		42	117	75	31	216				21	
28	11. 印刷和记录媒介复制业	870	2	197		108	167	133	31	232					
29	12. 文教、工美、体育和娱乐用品制造业	2694		271		401	1274	115	206	410				17	
30	13. 石油加工、炼焦及核燃料加工业	30					1	10	1	18					
31	其中:成品油	30					1	10	1	18					
32	14. 化学原料及化学制品制造业	2539	14	556		159	576	169	291	707	67				
33	15. 医药制造业	63458	22	46055		10499	5134	650	330	634	69	4		61	
34	16. 化学纤维制造业	495				101	149	91	46	108					
35	17. 橡胶和塑料制品业	6926	32	494		807	2965	558	575	1391	22			82	
36	18. 非金属矿物制品业	3041		169		376	562	169	96	1462		6		21	180
37	19. 黑色金属冶炼及压延加工业	2709		491		40	340	182	196	1460					
38	20. 有色金属冶炼及压延加工业	2646	5	216		135	218	200	114	1153				605	
39	21. 金属制品业	6735	55	378		742	2218	679	505	2126	31	1			
40	22. 通用设备制造业	566	1	10		56	113	132	37	205				12	
41	23. 专用设备制造业	6397	92	2562		1408	1067	365	159	671	66			6	1
42	24. 汽车制造业	280		12		1	6	4	5	21				231	
43	25. 铁路、船舶、航空航天和其他运输设备制造业	20		3		2	3	2		10					
44	其中:铁路运输设备制造														

续表

序号	项目	合计	营业税	企业所得税		个人所得税	城市维护建设税	房产税	印花税	城镇土地使用税	土地增值税	车船税	耕地占用税	契税	其他各税
				内资企业	外资企业										
45	船舶及相关装置制造	10					1	1		8					
46	航空、航天及设备制造														
47	摩托车制造	2		1			1								
48	26. 电气机械及器材制造业	3521	13	417		418	1247	322	259	784	25	1		35	
49	27. 计算机、通信和其他电子设备制造业	798	6	54		97	225	91	39	261				25	
50	28. 仪表仪器制造业	253		44		5	118	27	20	38					1
51	29. 其他制造业	1580	2	30		188	653	113	162	309	-11			131	3
52	(三)电力、热力、燃气及水的生产和供应业	18766	147	3692		6286	4190	2017	403	1429	1	6	195	397	3
53	1. 电力、热力的生产和供应业	16689	28	3370		5803	4065	1901	337	975	1	5	195	9	
54	①电力生产	5363	2	183		1473	1758	1009	262	664	1	2		9	
55	②电力供应	11318	26	3185		4328	2306	892	75	308		3	195		
56	③热力生产和供应业	8		2		2	1			3					
57	2. 燃气生产和供应业	1128	3	11		440	23	26	56	193		1		375	
58	3. 水的生产和供应业	949	116	311		43	102	90	10	261				13	3
59	(四)建筑业	109989	67943	22393		9979	4259	106	846	217	448	2		215	3581
60	1. 房屋建筑业	21364	12962	3966		2502	824	13	181	15	41			3	857
61	2. 土木工程建筑业	12586	9266	1117		833	556	5	221	48					540
62	3. 建筑安装业	33935	15270	13688		2559	949	70	283	75	183	1			857
63	4. 建筑装饰和其他建筑业	42104	30445	3622		4085	1930	18	161	79	224	1		212	1327
64	三、第三产业	328282	104487	26816	121	46097	19044	11386	5233	14905	32375	12469	29663	25570	116
65	(一)批发和零售业	34433	2354	5405	59	5831	10227	1633	2971	2969	2313	7		591	73
66	1. 批发业	24190	1134	4479	3	4113	8464	845	2356	1610	693	3		420	70
67	其中:烟草制品批发	7702				1291	5915	101	329	66					

续表

序号	项目	合计	营业税	企业所得税		个人所得税	城市维护建设税	房产税	印花税	城镇土地使用税	土地增值税	车船税	耕地占用税	契税	其他各税
				内资企业	外资企业										
68	煤炭及制品批发	62				10	20	1	29	1		1			
69	石油及其制品批发	240		1		4	54	73	17	91					
70	汽车及零配件批发	191	34			30	43	13	48	23					
71	2. 零售业	10243	1220	926	56	1718	1763	788	615	1359	1620	4		171	3
72	(二)交通运输、仓储及邮政业	6740	1444	530		1374	365	1403	51	1419		20		124	10
73	1. 交通运输业	5546	1348	518		1031	307	1094	35	1060		19		124	10
74	2. 仓储业	315		1		53	26	31	13	191					
75	3. 邮政业	879	96	11		290	32	278	3	168		1			
76	(三)住宿和餐饮业	9407	4963	734		1317	331	651	6	1404				1	
77	1. 住宿业	4484	1998	413		228	130	475	3	1237					
78	2. 餐饮业	4923	2965	321		1089	201	176	3	167				1	
79	(四)信息传输、软件和信息技术服务业	3839	97	90		1078	1308	794	89	372		1		10	
80	1. 电信、广播电视和卫星传输服务业	3081	5			1042	845	782	46	353		1		7	
81	其中:电信	3080	5			1042	845	782	46	352		1		7	
82	2. 互联网和相关服务	55	4	16		15	4	4	4	5				3	
83	3. 软件和信息技术服务业	703	88	74		21	459	8	39	14					
84	(五)金融业	81148	46517	753		17241	3124	1301	697	363	4	10306		842	
85	1. 货币金融服务	49234	34518	274		9999	2304	1235	526	251	4	3		120	
86	其中:银行	48727	34324	1		9983	2291	1234	518	250	3	3		120	
87	金融租赁	61	32	22			2		5						
88	2. 资本市场服务	7596	3458	1		3073	237	1	27	81				718	
89	3. 保险业	23025	7851			4122	535	62	133	15		10303		4	
90	4. 其他金融	1293	690	478		47	48	3	11	16					
91	(六)房地产业	91264	33651	15009		2321	2158	3600	721	4220	24230	5		5349	

续表

序号	项目	合计	营业税	企业所得税		个人所得税	城市维护建设税	房产税	印花税	城镇土地使用税	土地增值税	车船税	耕地占用税	契税	其他各税
				内资企业	外资企业										
92	1. 房地产开发经营业	78114	29450	14631		382	1862	1297	516	3653	23684	5		2634	
93	2. 物业管理	1799	1318	255		63	88	40	7	28					
94	3. 房地产中介服务	34	12	2		3	2	2	2	11					
95	4. 自有房地产经营活动	1276	341	20		342	22	379	6	165	1				
96	5. 其他房地产业	10041	2530	101		1531	184	1882	190	363	545			2715	
97	（七）租赁和商务服务业	20130	6287	3361	62	1156	503	985	207	1125	3275	1	2542	610	16
98	1. 租赁业	43	25	2		3	4	5	1	3					
99	2. 商务服务业	20087	6262	3359	62	1153	499	980	206	1122	3275	1	2542	610	16
100	（八）科学研究和技术服务业	1619	154	311		589	112	50	29	353		1		20	
101	（九）居民服务、修理和其他服务业	12355	2746	303		2349	437	133	122	913	31	176	4886	259	
102	其中:居民服务业	1795	342	75		1036	24	47	7	113	1		87	63	
103	机动车、电子产品和日用产品修理业	169	57	2		16	23	8	1	62					
104	（十）教育	970	422	89		374	27	6	16	26		10			
105	（十一）卫生和社会工作	4616	77	2		4483	6	5	32	8		1		2	
106	其中:卫生	4152	10	2		4099	1	3	31	3		1		2	
107	（十二）文化、体育和娱乐业	2359	769	93		313	103	54	8	1019					
108	其中:新闻和出版业	23	13			5	5								
109	广播、电视、电影和影视录音制作业	137	4	3		74	42	2	4	8					
110	体育	654	32			12	2	21		587					
111	娱乐业	1440	717	79		182	51	25		386					
112	（十三）公共管理、社会保障和社会组织	58897	4764	119		7544	322	754	259	663	2522	1940	22235	17762	13
113	（十四）其他行业	505	242	17		127	21	17	25	51		1			4

2015年云浮市地方税务局税收收入分行业分税种统计年报表

编报机关：云浮市地方税务局　　　　单位：万元

序号	项目	合计	营业税	企业所得税		个人所得税	城市维护建设税	房产税	印花税	城镇土地使用税	土地增值税	车船税	耕地占用税	契税	其他各税
				内资企业	外资企业										
1	税收收入合计	453713	133155	43051	35	66894	23189	13660	4439	18796	65512	5916	34048	37151	7867
2	一、第一产业	19488	122	239		17469	60	347	414	594	135			108	
3	二、第二产业	123885	48198	16575	6	18272	12873	5299	1860	7383	2070	29	3854	837	6629
4	（一）采矿业	6256	174	1547		597	825	197	96	402					2418
5	1. 煤炭开采和洗选业														
6	2. 石油和天然气开采业														
7	其中：原油														
8	3. 黑色金属矿采选业	59				8	3	1							47
9	4. 有色金属矿采选业	525				96	101	44	5	21					258
10	5. 非金属矿采选业	5626	149	1547		481	718	152	90	380					2109
11	6. 其他采矿业	46	25			12	3		1	1					4
12	（二）制造业	33425	550	2371		6527	7005	3551	1160	5688	1517	6	142	718	4190
13	1. 农副食品加工业	1242	10	33		731	193	100	34	141					
14	2. 食品制造业	179		30		28	50	25	5	41					
15	3. 酒、饮料和精制茶制造业	33				3	5	9		11				5	
16	①酒的制造	25				3	3	7		7				5	
17	其中：酒精														
18	②饮料制造	8					2	2		4					
19	③精制茶制造														
20	4. 烟草制品业	2						1		1					
21	其中：卷烟制造	2						1		1					
22	5. 纺织业	162				29	90	6	15	22					

续表

序号	项　目	合　计	营业税	企业所得税		个人所得税	城市维护建设税	房产税	印花税	城镇土地使用税	土地增值税	车船税	耕地占用税	契税	其他各税
				内资企业	外资企业										
23	6. 纺织服装、服饰业	949		69		118	468	120	39	132				3	
24	7. 皮革、毛皮、羽毛及其制品和制鞋业	21				1	6	7	2	5					
25	8. 木材加工及木竹藤棕草制品业	283	3			5	52	16	13	74				120	
26	9. 家具制造业	34				1	5	6	2	20					
27	10. 造纸及纸制品业	1120	48	189		22	54	176	41	68	522				
28	11. 印刷和记录媒介复制业	124		75		1	13	20	3	12					
29	12. 文教、工美、体育和娱乐用品制造业	133	1			12	88	5	12	8	7				
30	13. 石油加工、炼焦及核燃料加工业	19								19					
31	其中:成品油	19								19					
32	14. 化学原料及化学制品制造业	1851	4	406		240	399	261	58	351	2		83	44	3
33	15. 医药制造业	3168	91	283		1836	278	281	34	137	125			103	
34	16. 化学纤维制造业														
35	17. 橡胶和塑料制品业	379		18		34	106	41	20	80				80	
36	18. 非金属矿物制品业	14579	338	142		1390	2560	1240	398	3522	732	2	59	213	3983
37	19. 黑色金属冶炼及压延加工业	4					4								
38	20. 有色金属冶炼及压延加工业	133		9		7	11	55	12	39					
39	21. 金属制品业	3287	12	121		838	950	545	203	579	1	1		37	
40	22. 通用设备制造业	311	1	27		80	83	49	5	56		1		9	
41	23. 专用设备制造业	336		1		117	69	72	17	60					
42	24. 汽车制造业	606	7			338	7	199	38	17					
43	25. 铁路、船舶、航空航天和其他运输设备制造业	10	1	1			3	2		3					
44	其中:铁路运输设备制造														

续表

序号	项目	合计	营业税	企业所得税		个人所得税	城市维护建设税	房产税	印花税	城镇土地使用税	土地增值税	车船税	耕地占用税	契税	其他各税
				内资企业	外资企业										
45	船舶及相关装置制造	9	1	1			2	2		3					
46	航空、航天及设备制造														
47	摩托车制造														
48	26. 电气机械及器材制造业	2506	21	218		413	1287	79	184	131	113	2		58	
49	27. 计算机、通信和其他电子设备制造业	199	10			25	72	49	8	29				6	
50	28. 仪表仪器制造业	1						1							
51	29. 其他制造业	1754	3	749		258	152	186	17	130	15			40	204
52	（三）电力、热力、燃气及水的生产和供应业	9302	298	1852		2483	2112	1361	275	873	17	21		10	
53	1. 电力、热力的生产和供应业	8083	123	1205		2414	2035	1306	268	695	17	20			
54	①电力生产	5925	29	1912		1258	1120	903	205	481	17				
55	②电力供应	2158	94	-707		1156	915	403	63	214		20			
56	③热力生产和供应业														
57	2. 燃气生产和供应业	896	97	628		40	35	12	5	68		1		10	
58	3. 水的生产和供应业	323	78	19		29	42	43	2	110					
59	（四）建筑业	74902	47176	10805	6	8665	2931	190	329	420	536	2	3712	109	21
60	1. 房屋建筑业	15068	7221	4357		2251	442	129	72	93	449	1		35	18
61	2. 土木工程建筑业	7200	5530	659		482	336	35	58	91		1		5	3
62	3. 建筑安装业	23168	12424	3998	6	2225	722	10	89	6	18		3670		
63	4. 建筑装饰和其他建筑业	29466	22001	1791		3707	1431	16	110	230	69		42	69	
64	三、第三产业	310340	84835	26237	29	31153	10256	8014	2165	10819	63307	5887	30194	36206	1238
65	（一）批发和零售业	23452	1814	6642		1938	3234	792	587	1203	1661	3	3622	1043	913
66	1. 批发业	15154	1273	6416		1342	2591	283	328	493	1595	2	4	630	197
67	其中：烟草制品批发	7935	216	4702		497	1800	9	96	28	458			129	

续表

序号	项目	合计	营业税	企业所得税		个人所得税	城市维护建设税	房产税	印花税	城镇土地使用税	土地增值税	车船税	耕地占用税	契税	其他各税
				内资企业	外资企业										
68	煤炭及制品批发	34					33		1						
69	石油及其制品批发	655		412		21	137	34	14	37					
70	汽车及零配件批发	7					4	1	1	1					
71	2. 零售业	8298	541	226		596	643	509	259	710	66	1	3618	413	716
72	(二)交通运输、仓储及邮政业	4757	147	1814		1582	233	291	24	231	299	18		112	6
73	1. 交通运输业	3899	35	1810		1414	220	162	21	113		18		100	6
74	2. 仓储业	612	96	3		38	7	55	2	100	299			12	
75	3. 邮政业	246	16	1		130	6	74	1	18					
76	(三)住宿和餐饮业	6693	4077	102		589	251	449	19	243	856			107	
77	1. 住宿业	2617	1082	32		121	63	278	9	154	856			22	
78	2. 餐饮业	4076	2995	70		468	188	171	10	89				85	
79	(四)信息传输、软件和信息技术服务业	2200	34	58		728	356	701	36	210	28	1		48	
80	1. 电信、广播电视和卫星传输服务业	2120	23	45		715	347	700	33	210	28	1		18	
81	其中:电信	2026	21	2		685	341	695	32	209	28	1		12	
82	2. 互联网和相关服务	2	2												
83	3. 软件和信息技术服务业	78	9	13		13	9	1	3					30	
84	(五)金融业	49279	24042	952	4	12268	1553	670	229	311	176	5451	4	3619	
85	1. 货币金融服务	29029	17346	78		6580	1135	526	146	125	160	3	4	2926	
86	其中:银行	28748	17141	20		6578	1120	526	146	125	160	3	3	2926	
87	金融租赁	1	1												
88	2. 资本市场服务	4774	1217	272		2794	79		5	87				320	
89	3. 保险业	11557	3836			1864	250	75	61	20	4	5447			
90	4. 其他金融	3919	1643	602	4	1030	89	69	17	79	12	1		373	
91	(六)房地产业	95163	38976	14980	25	1996	2475	2263	636	3928	24705	4	1252	3923	

续表

序号	项目	合计	营业税	企业所得税		个人所得税	城市维护建设税	房产税	印花税	城镇土地使用税	土地增值税	车船税	耕地占用税	契税	其他各税
				内资企业	外资企业										
92	1. 房地产开发经营业	82386	33728	13743		1371	2116	411	563	3536	22940	4	27	3947	
93	2. 物业管理	2067	1339	4	25	60	95	184	6	186	168				
94	3. 房地产中介服务	104	34	52		9	6	2						1	
95	4. 自有房地产经营活动	1847	827	77		194	55	372	10	78	233			1	
96	5. 其他房地产业	8759	3048	1104		362	203	1294	57	128	1364		1225	-26	
97	(七)租赁和商务服务业	10620	3505	634		1561	367	561	196	811	570	5		2384	26
98	1. 租赁业	60	28	6		12	3	5	2	4					
99	2. 商务服务业	10560	3477	628		1549	364	556	194	807	570	5		2384	26
100	(八)科学研究和技术服务业	1026	165	461		180	78	18	15	24	50	1		34	
101	(九)居民服务、修理和其他服务业	14389	2748	259		2105	1142	562	61	2514	2495	82		2128	293
102	其中:居民服务业	1442	564	19		147	34	352	7	255	29	10		25	
103	机动车、电子产品和日用产品修理业	90	7	5		33	11	16	4	14					
104	(十)教育	3383	567	231		1561	37	30	2	4	949	2			
105	(十一)卫生和社会工作	1374	4	15		1325	3	6	11	3	7				
106	其中:卫生	1364	3	15		1323	3	6	11	3					
107	(十二)文化、体育和娱乐业	5268	610	39		57	44	19	6	8	4482			3	
108	其中:新闻和出版业	68	1	33		25	8		1						
109	广播、电视、电影和影视录音制作业	32	6			9	3	3		1	7			3	
110	体育	4951	438	1		4	22	6	4	1	4475				
111	娱乐业	198	157	3		12	10	9	1	6					
112	(十三)公共管理、社会保障和社会组织	71769	6376	46		5231	388	1602	325	1071	10541	320	23064	22805	
113	(十四)其他行业	20967	1770	4		32	95	50	18	258	16488		2252		

2015年横琴新区地方税务局税收收入分行业分税种统计年报表

编报机关:横琴新区地方税务局　　　　单位:万元

序号	项　目	合　计	营业税	企业所得税		个人所得税	城市维护建设税	房产税	印花税	城镇土地使用税	土地增值税	车船税	耕地占用税	契税	其他各税
				内资企业	外资企业										
1	税收收入合计	602825	175585	116121	3812	143882	18620	2475	7272	2766	58848	92	40044	33308	
2	一、第一产业	3	1					2							
3	二、第二产业	52325	36037	10243	253	2085	2739	156	625	5		1		181	
4	(一)采矿业	2				2									
5	1. 煤炭开采和洗选业	2				2									
6	2. 石油和天然气开采业														
7	其中:原油														
8	3. 黑色金属矿采选业														
9	4. 有色金属矿采选业														
10	5. 非金属矿采选业														
11	6. 其他采矿业														
12	(二)制造业	107	39			50	12	5	1						
13	1. 农副食品加工业														
14	2. 食品制造业														
15	3. 酒、饮料和精制茶制造业														
16	①酒的制造														
17	其中:酒精														
18	②饮料制造														
19	③精制茶制造														
20	4. 烟草制品业														
21	其中:卷烟制造														
22	5. 纺织业														

续表

序号	项目	合计	营业税	企业所得税		个人所得税	城市维护建设税	房产税	印花税	城镇土地使用税	土地增值税	车船税	耕地占用税	契税	其他各税
				内资企业	外资企业										
23	6. 纺织服装、服饰业														
24	7. 皮革、毛皮、羽毛及其制品和制鞋业														
25	8. 木材加工及木竹藤棕草制品业	1				1									
26	9. 家具制造业														
27	10. 造纸及纸制品业														
28	11. 印刷和记录媒介复制业														
29	12. 文教、工美、体育和娱乐用品制造业														
30	13. 石油加工、炼焦及核燃料加工业	1					1								
31	其中:成品油	1					1								
32	14. 化学原料及化学制品制造业														
33	15. 医药制造业	46	33			10	2		1						
34	16. 化学纤维制造业														
35	17. 橡胶和塑料制品业														
36	18. 非金属矿物制品业														
37	19. 黑色金属冶炼及压延加工业														
38	20. 有色金属冶炼及压延加工业														
39	21. 金属制品业														
40	22. 通用设备制造业	7				3	4								
41	23. 专用设备制造业	1					1								
42	24. 汽车制造业														
43	25. 铁路、船舶、航空航天和其他运输设备制造业														
44	其中:铁路运输设备制造														

续表

序号	项　　目	合　计	营业税	企业所得税		个人所得税	城市维护建设税	房产税	印花税	城镇土地使用税	土地增值税	车船税	耕地占用税	契税	其他各税
				内资企业	外资企业										
45	船舶及相关装置制造														
46	航空、航天及设备制造														
47	摩托车制造														
48	26. 电气机械及器材制造业	30	2			27	1								
49	27. 计算机、通信和其他电子设备制造业	5				3	2								
50	28. 仪表仪器制造业														
51	29. 其他制造业	16	4			6	1	5							
52	（三）电力、热力、燃气及水的生产和供应业	229				68	146	6	4	5					
53	1. 电力、热力的生产和供应业	68				41	15	6	1	5					
54	①电力生产	62				39	15	3	1	4					
55	②电力供应	4						3		1					
56	③热力生产和供应业	2				2									
57	2. 燃气生产和供应业	161				27	131		3						
58	3. 水的生产和供应业														
59	（四）建筑业	51987	35998	10243	253	1965	2581	145	620			1		181	
60	1. 房屋建筑业	7002	6195	264	64	7	438		34						
61	2. 土木工程建筑业	2832	1941	93		399	137	1	261						
62	3. 建筑安装业	14926	10559	2787	39	714	767	5	53					2	
63	4. 建筑装饰和其他建筑业	27227	17303	7099	150	845	1239	139	272			1		179	
64	三、第三产业	550497	139547	105878	3559	141797	15881	2317	6647	2761	58848	91	40044	33127	
65	（一）批发和零售业	35384	459	744		27892	4402	265	1455	95		3		69	
66	1. 批发业	4275	238	300		933	1674	245	771	68				46	
67	其中：烟草制品批发														

续表

序号	项目	合计	营业税	企业所得税		个人所得税	城市维护建设税	房产税	印花税	城镇土地使用税	土地增值税	车船税	耕地占用税	契税	其他各税
				内资企业	外资企业										
68	煤炭及制品批发	7							7						
69	石油及其制品批发	302				8	30	176	20	68					
70	汽车及零配件批发														
71	2. 零售业	31109	221	444		26959	2728	20	684	27		3		23	
72	(二)交通运输、仓储及邮政业	134	12	6		69	28	1	16			2			
73	1. 交通运输业	120	12	6		62	21	1	16			2			
74	2. 仓储业	14				7	7								
75	3. 邮政业														
76	(三)住宿和餐饮业	6962	6223	2		263	436	29	9						
77	1. 住宿业	6801	6109			226	428	29	9						
78	2. 餐饮业	161	114	2		37	8								
79	(四)信息传输、软件和信息技术服务业	657	139	8		369	88		53						
80	1. 电信、广播电视和卫星传输服务业	2							2						
81	其中:电信	1							1						
82	2. 互联网和相关服务	33				24	5		4						
83	3. 软件和信息技术服务业	622	139	8		345	83		47						
84	(五)金融业	132167	40309	27515	1492	59081	2882		725	80		83			
85	1. 货币金融服务	1262	484		237	279	52		134	76					
86	其中:银行	1076	450		237	267	32		14	76					
87	金融租赁	171	33			12	20		106						
88	2. 资本市场服务	105381	33393	16672		52607	2469		239			1			
89	3. 保险业	799	636	1		23	45		12			82			
90	4. 其他金融	24725	5796	10842	1255	6172	316		340	4					
91	(六)房地产业	158439	47223	22056	458	4723	3326	200	1624	569	57799			20461	

续表

序号	项目	合计	营业税	企业所得税		个人所得税	城市维护建设税	房产税	印花税	城镇土地使用税	土地增值税	车船税	耕地占用税	契税	其他各税
				内资企业	外资企业										
92	1. 房地产开发经营业	155220	46745	21997		4506	3292	34	1571	532	57799			18744	
93	2. 物业管理	262	224	18		3	17								
94	3. 房地产中介服务	134	102	21		4	7								
95	4. 自有房地产经营活动	1411	16	1		37	1	47	29					1280	
96	5. 其他房地产业	1412	136	19	458	173	9	119	24	37				437	
97	(七)租赁和商务服务业	143477	42641	54891	1609	24416	3927	1711	2574	1158	941	2	533	9074	
98	1. 租赁业	124	8			30	6		27					53	
99	2. 商务服务业	143353	42633	54891	1609	24386	3921	1711	2547	1158	941	2	533	9021	
100	(八)科学研究和技术服务业	4061	246	8		3151	529	64	60	3					
101	(九)居民服务、修理和其他服务业	23057	1022	238		20732	121	26	16	89		1	23	789	
102	其中:居民服务业	79	67	2		4	5	1							
103	机动车、电子产品和日用产品修理业	2				1	1								
104	(十)教育	44	8			35	1								
105	(十一)卫生和社会工作														
106	其中:卫生														
107	(十二)文化、体育和娱乐业	4018	923	109		338	116	16	69	699				1748	
108	其中:新闻和出版业	2	1				1								
109	广播、电视、电影和影视录音制作业	59				21	29		9						
110	体育	2684	141	1		21	11	8	56	698				1748	
111	娱乐业														
112	(十三)公共管理、社会保障和社会组织	41269	32			611	2	2	39	1	108		39488	986	
113	(十四)其他行业	828	310	301		117	23	3	7	67					

2015 年顺德区地方税务局税收收入分行业分税种统计年报表

编报机关:顺德区地方税务局　　单位:万元

序号	项　目	合　计	营业税	企业所得税		个人所得税	城市维护建设税	房产税	印花税	城镇土地使用税	土地增值税	车船税	耕地占用税	契税	其他各税
				内资企业	外资企业										
1	税收收入合计	1686754	502202	178249	95525	278045	137563	97841	21398	44344	144366	26585	24504	136081	51
2	一、第一产业	617	114	172		163	24	98	32	14					
3	二、第二产业	545943	119944	67701	80048	111697	96606	36958	10700	17962	2409	28		1854	36
4	(一)采矿业	1													1
5	1. 煤炭开采和洗选业														
6	2. 石油和天然气开采业														
7	其中:原油														
8	3. 黑色金属矿采选业														
9	4. 有色金属矿采选业														
10	5. 非金属矿采选业	1													1
11	6. 其他采矿业														
12	(二)制造业	302827	6919	51253	25	92858	85420	35577	9751	16910	2306	24		1782	2
13	1. 农副食品加工业	3264	7	1587		530	352	430	148	209				1	
14	2. 食品制造业	3356	158	487		1132	889	437	58	191				4	
15	3. 酒、饮料和精制茶制造业	2367	14	46		203	1618	343	16	127					
16	①酒的制造	2228	10	39		194	1608	258	14	105					
17	其中:酒精														
18	②饮料制造	81	4			2	3	62	1	9					
19	③精制茶制造	58		7		7	7	23	1	13					
20	4. 烟草制品业														
21	其中:卷烟制造														
22	5. 纺织业	3959	181	229		808	1288	789	128	431	105				

续表

序号	项目	合计	营业税	企业所得税		个人所得税	城市维护建设税	房产税	印花税	城镇土地使用税	土地增值税	车船税	耕地占用税	契税	其他各税
				内资企业	外资企业										
23	6. 纺织服装、服饰业	8516	453	674		1454	3213	1573	265	562	321	1			
24	7. 皮革、毛皮、羽毛及其制品和制鞋业	1592	33	70		353	591	326	47	172					
25	8. 木材加工及木竹藤棕草制品业	1038	42	3		270	319	192	39	164				9	
26	9. 家具制造业	8719	117	1408		2110	2868	1101	250	579	76	1		209	
27	10. 造纸及纸制品业	2574	8	659		584	721	317	58	208				19	
28	11. 印刷和记录媒介复制业	5326	52	1362		1625	1105	751	91	339		1			
29	12. 文教、工美、体育和娱乐用品制造业	3434	34	77		884	1375	671	155	238					
30	13. 石油加工、炼焦及核燃料加工业	12303		12270		6	17	5	1	4					
31	其中:成品油	12303		12270		6	17	5	1	4					
32	14. 化学原料及化学制品制造业	15129	195	4994		4238	3056	1415	309	752	15	1		154	
33	15. 医药制造业	2388	1	764		484	548	406	71	114					
34	16. 化学纤维制造业	78		1		31	20	10	2	14					
35	17. 橡胶和塑料制品业	22481	958	2072		6308	7371	2773	932	1602	291	5		169	
36	18. 非金属矿物制品业	7786	142	2684		2076	1759	553	152	306	82	1		29	2
37	19. 黑色金属冶炼及压延加工业	1833	73	156		686	355	364	71	121				7	
38	20. 有色金属冶炼及压延加工业	2913	65	329		950	613	596	135	224		1			
39	21. 金属制品业	20162	691	1657		5274	6567	3067	886	1607	397	3		13	
40	22. 通用设备制造业	12374	193	1010	3	3712	3479	1916	435	1535	74	1		16	
41	23. 专用设备制造业	17539	217	1987		9036	3342	1729	342	783	15	1		87	
42	24. 汽车制造业	7095	143	23		2281	2312	1404	280	534	59			59	
43	25. 铁路、船舶、航空航天和其他运输设备制造业	1531	60	84		312	355	383	46	291					
44	其中:铁路运输设备制造														

续表

序号	项　目	合　计	营业税	企业所得税		个人所得税	城市维护建设税	房产税	印花税	城镇土地使用税	土地增值税	车船税	耕地占用税	契税	其他各税
				内资企业	外资企业										
45	船舶及相关装置制造	258	1	7		54	77	82	5	32					
46	航空、航天及设备制造														
47	摩托车制造	448	25	62		128	85	85	19	44					
48	26. 电气机械及器材制造业	121502	2742	15035	1	43522	37851	11388	4408	4943	821	7		784	
49	27. 计算机、通信和其他电子设备制造业	10770	229	1385	18	3311	2587	2040	318	660		1		221	
50	28. 仪表仪器制造业	1005	15	98		155	281	345	21	89				1	
51	29. 其他制造业	1793	96	102	3	523	568	253	87	111	50				
52	（三）电力、热力、燃气及水的生产和供应业	9864	515	3245		1001	3207	930	77	878				11	
53	1. 电力、热力的生产和供应业	4561	91			479	2784	609	41	557					
54	①电力生产	104				21	64	2	5	12					
55	②电力供应	4221	91			323	2700	571	33	503					
56	③热力生产和供应业	236				135	20	36	3	42					
57	2. 燃气生产和供应业	905	225			367	215	39	27	21				11	
58	3. 水的生产和供应业	4398	199	3245		155	208	282	9	300					
59	（四）建筑业	233251	112510	13203	80023	17838	7979	451	872	174	103	4		61	33
60	1. 房屋建筑业	25622	18842	2660		2351	1329	172	151	98	1	1		17	
61	2. 土木工程建筑业	8928	5219	2505		568	369	147	84	27		3		4	2
62	3. 建筑安装业	106903	15766	3553	80015	5677	1176	84	485	28	86			30	3
63	4. 建筑装饰和其他建筑业	91798	72683	4485	8	9242	5105	48	152	21	16			10	28
64	三、第三产业	1140194	382144	110376	15477	166185	40933	60785	10666	26368	141957	26557	24504	134227	15
65	（一）批发和零售业	55622	11851	8414		10448	11217	5930	2756	2552	756	13		1670	15
66	1. 批发业	38710	8338	5120		7516	7474	4005	2004	1982	724	10		1534	3
67	其中：烟草制品批发	16						11		4		1			

续表

序号	项目	合计	营业税	企业所得税		个人所得税	城市维护建设税	房产税	印花税	城镇土地使用税	土地增值税	车船税	耕地占用税	契税	其他各税
				内资企业	外资企业										
68	煤炭及制品批发	7					4			3					
69	石油及其制品批发	995	23	474		202	105	74	18	99					
70	汽车及零配件批发	56		13		12	25	3	3						
71	2. 零售业	16912	3513	3294		2932	3743	1925	752	570	32	3		136	12
72	(二)交通运输、仓储及邮政业	14578	3184	3499		3012	1073	1611	193	781	137	28		1060	
73	1. 交通运输业	10722	2785	3060		2440	930	740	130	462	137	28		10	
74	2. 仓储业	3441	370	430		367	117	749	62	296				1050	
75	3. 邮政业	415	29	9		205	26	122	1	23					
76	(三)住宿和餐饮业	22353	15382	1097	32	2403	1099	2122	8	202		1		7	
77	1. 住宿业	5099	3558	154		372	253	688	5	67				2	
78	2. 餐饮业	17254	11824	943	32	2031	846	1434	3	135		1		5	
79	(四)信息传输、软件和信息技术服务业	3819	205	534		1814	1142	88	12	10				14	
80	1. 电信、广播电视和卫星传输服务业	2162	38	10		991	1018	81		10				14	
81	其中:电信	2118	30	6		984	1016	63		5				14	
82	2. 互联网和相关服务	44	27	6		5	5		1						
83	3. 软件和信息技术服务业	1613	140	518		818	119	7	11						
84	(五)金融业	194418	111109	11094	7909	42591	7802	3326	1719	751	613	5964		1540	
85	1. 货币金融服务	132796	82671	9755		29079	5789	2931	1282	178	492			619	
86	其中:银行	118604	78861			28778	5522	2931	1223	178	492			619	
87	金融租赁	33	31				2								
88	2. 资本市场服务	15502	7171	4		6833	504	176	62	69				683	
89	3. 保险业	31340	17462	9		6270	1230	27	290	3		5964		85	
90	4. 其他金融	14780	3805	1326	7909	409	279	192	85	501	121			153	
91	(六)房地产业	486420	189529	57453	6781	19939	13298	38983	2950	16960	128370	4	1584	10569	

续表

序号	项　　目	合　计	营业税	企业所得税		个人所得税	城市维护建设税	房产税	印花税	城镇土地使用税	土地增值税	车船税	耕地占用税	契税	其他各税
				内资企业	外资企业										
92	1. 房地产开发经营业	391145	162633	53867	29	13714	11390	6288	2636	8398	124071	3	343	7773	
93	2. 物业管理	31547	11469	1709	6752	1878	801	3648	118	2165	845	1		2161	
94	3. 房地产中介服务	1414	515	76		581	45	175	2	16				4	
95	4. 自有房地产经营活动	2347	619	3		221	44	1162	2	204				92	
96	5. 其他房地产业	59967	14293	1798		3545	1018	27710	192	6177	3454		1241	539	
97	（七）租赁和商务服务业	87621	15637	17241	701	36336	1699	3764	1933	1806	5264	507		2733	
98	1. 租赁业	380	163	80		84	43	2	5	1		1		1	
99	2. 商务服务业	87241	15474	17161	701	36252	1656	3762	1928	1805	5264	506		2732	
100	（八）科学研究和技术服务业	29253	1610	6315	2	8809	742	111	174	115	264	10854		257	
101	（九）居民服务、修理和其他服务业	28871	6272	1353	15	10265	584	131	30	127	1743	8127		224	
102	其中：居民服务业	7360	3663	918		480	260	46	20	74	1743	－10		166	
103	机动车、电子产品和日用产品修理业	7956	267	156		356	134	72	3	35		6933			
104	（十）教育	7051	1088	639		5174	82	45	7	12		1		3	
105	（十一）卫生和社会工作	2338	219	217		1813	16	62	2	10		－3		2	
106	其中：卫生	2153	74	214		1787	6	62	2	10		－3		1	
107	（十二）文化、体育和娱乐业	4763	1712	386		1829	241	91	28	473				3	
108	其中：新闻和出版业	817	1	1		749	1	45	20						
109	广播、电视、电影和影视录音制作业	605	41	189		244	120	3	6					2	
110	体育	1030	439	6		86	32	4		463					
111	娱乐业	2166	1152	181		718	82	26	1	6					
112	（十三）公共管理、社会保障和社会组织	197011	21297	1550	37	20143	1554	4473	815	2443	4810	1061	22683	116145	
113	（十四）其他行业	6076	3049	584		1609	384	48	39	126			237		

2015年广东省地方税务局直属分局税收收入分行业分税种统计年报总表

编报机关:广东省地方税务局直属分局　　　　单位:万元

序号	项　　目	合　计	营业税	企业所得税		个人所得税	城市维护建设税	房产税	印花税	城镇土地使用税	土地增值税	车船税	耕地占用税	契税	其他各税
				内资企业	外资企业										
1	税收收入合计	1917389	1443952	470746	2448		243								
2	一、第一产业	135	119	16											
3	二、第二产业	325055	13330	311725											
4	(一)采矿业														
5	1. 煤炭开采和洗选业														
6	2. 石油和天然气开采业														
7	其中:原油														
8	3. 黑色金属矿采选业														
9	4. 有色金属矿采选业														
10	5. 非金属矿采选业														
11	6. 其他采矿业														
12	(二)制造业	20868	8436	12432											
13	1. 农副食品加工业	209	209												
14	2. 食品制造业	501	501												
15	3. 酒、饮料和精制茶制造业	422	422												
16	①酒的制造	63	63												
17	其中:酒精														
18	②饮料制造	359	359												
19	③精制茶制造														
20	4. 烟草制品业														
21	其中:卷烟制造														
22	5. 纺织业	200	200												

续表

序号	项目	合计	营业税	企业所得税		个人所得税	城市维护建设税	房产税	印花税	城镇土地使用税	土地增值税	车船税	耕地占用税	契税	其他各税
				内资企业	外资企业										
23	6. 纺织服装、服饰业	47	36	11											
24	7. 皮革、毛皮、羽毛及其制品和制鞋业	28	28												
25	8. 木材加工及木竹藤棕草制品业														
26	9. 家具制造业	30	30												
27	10. 造纸及纸制品业	155	155												
28	11. 印刷和记录媒介复制业	31	2	29											
29	12. 文教、工美、体育和娱乐用品制造业	32	32												
30	13. 石油加工、炼焦及核燃料加工业														
31	其中:成品油														
32	14. 化学原料及化学制品制造业	2055	2055												
33	15. 医药制造业	90	90												
34	16. 化学纤维制造业	2	2												
35	17. 橡胶和塑料制品业	1709	266	1443											
36	18. 非金属矿物制品业	366	270	96											
37	19. 黑色金属冶炼及压延加工业	167	167												
38	20. 有色金属冶炼及压延加工业	3	3												
39	21. 金属制品业	200	200												
40	22. 通用设备制造业	8768	283	8485											
41	23. 专用设备制造业	2472	234	2238											
42	24. 汽车制造业	1095	1095												
43	25. 铁路、船舶、航空航天和其他运输设备制造业	237	217	20											
44	其中:铁路运输设备制造														

续表

序号	项　目	合　计	营业税	企业所得税		个人所得税	城市维护建设税	房产税	印花税	城镇土地使用税	土地增值税	车船税	耕地占用税	契税	其他各税
				内资企业	外资企业										
45	船舶及相关装置制造	232	212	20											
46	航空、航天及设备制造														
47	摩托车制造	4	4												
48	26. 电气机械及器材制造业	278	275	3											
49	27. 计算机、通信和其他电子设备制造业	1179	1101	78											
50	28. 仪表仪器制造业	6	6												
51	29. 其他制造业	586	557	29											
52	(三)电力、热力、燃气及水的生产和供应业	264986	2450	262536											
53	1. 电力、热力的生产和供应业	264886	2350	262536											
54	①电力生产	1249	516	733											
55	②电力供应	263615	1812	261803											
56	③热力生产和供应业	22	22												
57	2. 燃气生产和供应业	27	27												
58	3. 水的生产和供应业	73	73												
59	(四)建筑业	39201	2444	36757											
60	1. 房屋建筑业	6343	346	5997											
61	2. 土木工程建筑业	22314	523	21791											
62	3. 建筑安装业	5916	455	5461											
63	4. 建筑装饰和其他建筑业	4628	1120	3508											
64	三、第三产业	1592199	1430503	159005	2448		243								
65	(一)批发和零售业	53587	16369	35986	1232										
66	1. 批发业	37323	12086	24005	1232										
67	其中:烟草制品批发	1124	1124												

续表

序号	项目	合计	营业税	企业所得税		个人所得税	城市维护建设税	房产税	印花税	城镇土地使用税	土地增值税	车船税	耕地占用税	契税	其他各税
				内资企业	外资企业										
68	煤炭及制品批发	7593	165	7428											
69	石油及其制品批发	470	470												
70	汽车及零配件批发	187	37	150											
71	2. 零售业	16264	4283	11981											
72	(二)交通运输、仓储及邮政业	41267	4105	36505	414		243								
73	1. 交通运输业	39573	3762	35568			243								
74	2. 仓储业	1690	339	937	414										
75	3. 邮政业	4	4												
76	(三)住宿和餐饮业	1959	459	1490	10										
77	1. 住宿业	1721	302	1409	10										
78	2. 餐饮业	238	157	81											
79	(四)信息传输、软件和信息技术服务业	1482	420	1062											
80	1. 电信、广播电视和卫星传输服务业	123	48	75											
81	其中:电信	122	47	75											
82	2. 互联网和相关服务	4		4											
83	3. 软件和信息技术服务业	1355	372	983											
84	(五)金融业	1353917	1340539	13375	3										
85	1. 货币金融服务	1021988	1021180	805	3										
86	其中:银行	897146	897143		3										
87	金融租赁	5069	5069												
88	2. 资本市场服务	156654	156651	3											
89	3. 保险业	107242	107242												
90	4. 其他金融	68033	55466	12567											
91	(六)房地产业	20728	16272	4456											

续表

序号	项　　目	合　计	营业税	企业所得税		个人所得税	城市维护建设税	房产税	印花税	城镇土地使用税	土地增值税	车船税	耕地占用税	契税	其他各税
				内资企业	外资企业										
92	1. 房地产开发经营业	15077	14182	895											
93	2. 物业管理	2248	1359	889											
94	3. 房地产中介服务	40	27	13											
95	4. 自有房地产经营活动	2382	313	2069											
96	5. 其他房地产业	981	391	590											
97	（七）租赁和商务服务业	84599	48432	35566	601										
98	1. 租赁业	1402	1398	4											
99	2. 商务服务业	83197	47034	35562	601										
100	（八）科学研究和技术服务业	24763	1706	23057											
101	（九）居民服务、修理和其他服务业	4420	1609	2811											
102	其中：居民服务业	164	144	20											
103	机动车、电子产品和日用产品修理业	14	14												
104	（十）教育	343	42	288	13										
105	（十一）卫生和社会工作	423	17	406											
106	其中：卫生	406	17	389											
107	（十二）文化、体育和娱乐业	3137	204	2760	173										
108	其中：新闻和出版业	253	127	108	18										
109	广播、电视、电影和影视录音制作业	2500	33	2314	153										
110	体育	31	5	26											
111	娱乐业	199	36	163											
112	（十三）公共管理、社会保障和社会组织	1368	245	1121	2										
113	（十四）其他行业	206	84	122											

2015年广东省地方税务局税收收入分企业类型统计年报表

编报机关:广东省地方税务局

单位:万元

序号	项目	合计	内资企业								港澳台投资企业	外商投资企业	个体经营
			小计	国有企业	集体企业	股份合作企业	联营企业	股份公司	私营企业	其他企业			
1	税收收入合计	66155659	50023169	2163802	907115	301345	184147	35327653	6460115	4678992	6392217	5360703	4379570
2	1. 营业税	20482458	17696800	803900	330189	124278	75424	13409639	2335466	617904	1278654	851862	655142
3	2. 企业所得税	11307801	8704183	502712	241255	28214	42126	6604155	1102150	183571	1364883	1238735	
4	3. 个人所得税	12694150	9083211	324735	48892	46724	32422	6254253	1180132	1196053	1259568	1456233	895138
5	4. 资源税	165494	138605	7366	6186	203	60	89943	20674	14173	20478	1709	4702
6	5. 固定资产投资方向调节税												
7	6. 城市维护建设税	4904804	3360139	136527	26450	11298	7892	2504498	624091	49383	710783	764964	68918
8	7. 房产税	2408346	1651428	77662	62862	31412	4994	915753	219047	339698	362775	259745	134398
9	8. 印花税	1047757	731198	22438	7232	2181	1334	506075	151978	39960	132447	162914	21198
10	9. 城镇土地使用税	1436260	1072633	92391	62058	26544	3558	659439	133340	95303	196640	103690	63297
11	10. 土地增值税	5766851	4297832	148722	57641	21925	10733	3280601	564317	213893	880619	479943	108457
12	11. 车船税	699642	591972	13145	49398	2501	5578	373186	19095	129069	1619	7122	98929
13	12. 车辆购置税												
14	13. 烟叶税	16217	16217					16217					
15	14. 耕地占用税	953319	948819	19527	11411	484		97156	-711	820952	1996	315	2189
16	15. 契税	4272560	1730132	14677	3541	5581	26	616738	110536	979033	181755	33471	2327202
17	16. 屠宰税												

2015年广州市地方税务局税收收入分企业类型统计年报表

编报机关:广州市地方税务局　　　　单位:万元

序号	项目	合计	内资企业								港澳台投资企业	外商投资企业	个体经营
			小计	国有企业	集体企业	股份合作企业	联营企业	股份公司	私营企业	其他企业			
1	税收收入合计	12777570	8687479	418439	184288	29009	21521	5468330	1682508	883384	1413978	1608766	1067347
2	1. 营业税	3140524	2304968	121564	68401	8428	12464	1392198	568172	133741	368395	293559	173602
3	2. 企业所得税	1499864	1376989	67528	58411	7617	2430	859846	334212	46945	34208	88667	
4	3. 个人所得税	3332494	2308563	137123	8142	6302	3441	1364778	354157	434620	289764	521103	213064
5	4. 资源税	2889	1126					576	550		1014	749	
6	5. 固定资产投资方向调节税												
7	6. 城市维护建设税	1248510	800029	20680	5975	2709	1118	585918	170484	13145	117755	314936	15790
8	7. 房产税	759479	534083	30396	23341	2014	874	275355	67011	135092	113495	108043	3858
9	8. 印花税	287847	201681	10905	1437	450	94	125542	46979	16274	25889	54427	5850
10	9. 城镇土地使用税	174023	127242	10089	6987	531	1090	66800	25929	15816	19297	25294	2190
11	10. 土地增值税	1220640	636121	8239	6746	658	4	536527	80522	3425	371313	190837	22369
12	11. 车船税	130116	91870	1663	838	167	6	48929	10614	29653	994	1369	35883
13	12. 车辆购置税												
14	13. 烟叶税												
15	14. 耕地占用税	56283	56065	559	2980	33		1310	50	51133			218
16	15. 契税	924901	248742	9693	1030	100		210551	23828	3540	71854	9782	594523
17	16. 屠宰税												

2015 年深圳市地方税务局税收收入分企业类型统计年报表

编报机关:深圳市地方税务局　　　　单位:万元

序号	项　目	合计	内资企业								港澳台投资企业	外商投资企业	个体经营
			小计	国有企业	集体企业	股份合作企业	联营企业	股份公司	私营企业	其他企业			
1	税收收入合计	22761804	17810077	827144	49132	118395	111036	12719312	2039100	1945958	2727678	1991936	232113
2	1. 营业税	6817568	6022890	320478	18320	53230	39689	4578134	749317	263722	474499	259275	60904
3	2. 企业所得税	4980035	3302069	284897	18266	16786	28571	2553787	349095	50667	984802	693164	
4	3. 个人所得税	5561844	4284063	86453	6418	6878	25230	3236811	436409	485864	591613	573292	112876
5	4. 资源税												
6	5. 固定资产投资方向调节税												
7	6. 城市维护建设税	1359055	974905	68391	2125	3771	4435	669204	207382	19597	219832	158652	5666
8	7. 房产税	499775	369885	11299	2431	21810	3475	182506	51133	97231	73959	50214	5717
9	8. 印花税	310449	221326	5113	233	417	866	159885	42385	12427	45251	42842	1030
10	9. 城镇土地使用税	105661	66990	3608	929	6071	1227	42040	11006	2109	22388	14504	1779
11	10. 土地增值税	1915388	1406256	39470	401	9187	7511	1120333	179684	49670	311797	189508	7827
12	11. 车船税	165356	151958	7338	9	1	10	143008	966	626	224	3154	10020
13	12. 车辆购置税												
14	13. 烟叶税												
15	14. 耕地占用税												
16	15. 契税	1046673	1009735	97		244	22	33604	11723	964045	3313	7331	26294
17	16. 屠宰税												

2015年珠海市地方税务局税收收入分企业类型统计年报表

编报机关：珠海市地方税务局　　单位：万元

序号	项　目	合计	内资企业								港澳台投资企业	外商投资企业	个体经营
			小计	国有企业	集体企业	股份合作企业	联营企业	股份公司	私营企业	其他企业			
1	税收收入合计	2662349	1897105	55995	12976	8248	958	1587257	152316	79355	223315	321719	220210
2	1. 营业税	630913	528464	22284	6363	2388	824	433027	55567	8011	36636	31365	34448
3	2. 企业所得税	886890	651980	11006	2089	727	38	603153	27932	7035	65151	169759	
4	3. 个人所得税	370018	225667	6624	298	16	1	184277	12172	22279	41111	46230	57010
5	4. 资源税	20	20						20				
6	5. 固定资产投资方向调节税												
7	6. 城市维护建设税	188908	136940	2755	574	186	63	120928	11527	907	22517	26615	2836
8	7. 房产税	86484	53632	2768	1409	1684	20	38694	5887	3170	16672	11281	4899
9	8. 印花税	34420	21414	670	79	19	7	18812	1665	162	4466	7950	590
10	9. 城镇土地使用税	30454	19539	721	1049	203	2	13896	2761	907	5189	5349	377
11	10. 土地增值税	201675	161093	1763	980	160	3	111230	31013	15944	14477	21742	4363
12	11. 车船税	17646	16661	3		2329		14293	21	15	26	458	501
13	12. 车辆购置税												
14	13. 烟叶税												
15	14. 耕地占用税	38148	38030	6604	80	319		2686	123	28218	97	21	
16	15. 契税	176773	43665	797	55	217		46261	3628	-7293	16973	949	115186
17	16. 屠宰税												

2015年汕头市地方税务局税收收入分企业类型统计年报表

编报机关：汕头市地方税务局　　　　单位：万元

序号	项目	合计	内资企业								港澳台投资企业	外商投资企业	个体经营
			小计	国有企业	集体企业	股份合作企业	联营企业	股份公司	私营企业	其他企业			
1	税收收入合计	1117189	915771	103793	32599	8642	949	589598	112944	67246	57408	39583	104427
2	1. 营业税	297821	266998	29465	12233	4790	280	184256	28764	7210	13188	4870	12765
3	2. 企业所得税	270041	255613	42833	15357	985	251	156352	37241	2594	8405	6023	
4	3. 个人所得税	152257	113059	12789	1078	1482	104	69659	7486	20461	7319	8909	22970
5	4. 资源税	4637	4321	1012	580		10	2307	390	22	7	1	308
6	5. 固定资产投资方向调节税												
7	6. 城市维护建设税	79086	60588	4368	989	530	162	44920	8983	636	8129	8697	1672
8	7. 房产税	50121	34873	3465	579	344	72	23600	5817	996	5571	3724	5953
9	8. 印花税	17907	15060	896	373	100	21	11433	2001	236	1280	1158	409
10	9. 城镇土地使用税	49619	39113	5883	510	311	49	22533	7006	2821	4678	2758	3070
11	10. 土地增值税	79489	68677	2662	503	46		49164	12418	3884	7094	2818	900
12	11. 车船税	20186	18816	11	5	1		5402	16	13381	9	43	1318
13	12. 车辆购置税												
14	13. 烟叶税												
15	14. 耕地占用税	18506	18191	273	381			2868	278	14391	160	72	83
16	15. 契税	77519	20462	136	11	53		17104	2544	614	1568	510	54979
17	16. 屠宰税												

2015年佛山市地方税务局税收收入分企业类型统计年报表

编报机关:佛山市地方税务局　　　　单位:万元

序号	项目	合计	内资企业								港澳台投资企业	外商投资企业	个体经营
			小计	国有企业	集体企业	股份合作企业	联营企业	股份公司	私营企业	其他企业			
1	税收收入合计	3557339	2763591	40743	85680	2071	5269	2139292	365435	125101	213553	159814	420381
2	1. 营业税	1216693	1072742	25302	31214	477	3639	871059	118924	22127	76381	25198	42372
3	2. 企业所得税	555164	550479	2235	12511	755	699	462556	59923	11800	1803	2882	
4	3. 个人所得税	464783	305933	3932	5423	266	462	206843	64037	24970	24783	40810	93257
5	4. 资源税	365	347				19	322	6				18
6	5. 固定资产投资方向调节税												
7	6. 城市维护建设税	264112	179185	2248	2679	190	317	132526	39459	1766	30179	49446	5302
8	7. 房产税	154077	104687	2990	2559	193	74	62736	19153	16982	14450	12073	22867
9	8. 印花税	57051	43063	351	255	41	30	27876	12981	1529	5231	6357	2400
10	9. 城镇土地使用税	122164	95131	2557	14902	144	26	55967	10055	11480	13840	5613	7580
11	10. 土地增值税	315227	261475	168	2552	5		226136	30626	1988	33970	12627	7155
12	11. 车船税	58462	33481	1	9571			17807	2191	3911	19	781	24181
13	12. 车辆购置税												
14	13. 烟叶税												
15	14. 耕地占用税	31412	31412	555	3975			203		26679			
16	15. 契税	317829	85656	404	39		3	75261	8080	1869	12897	4027	215249
17	16. 屠宰税												

2015 年韶关市地方税务局税收收入分企业类型统计年报表

编报机关:韶关市地方税务局　　　　单位:万元

序号	项　目	合计	内资企业								港澳台投资企业	外商投资企业	个体经营
			小计	国有企业	集体企业	股份合作企业	联营企业	股份公司	私营企业	其他企业			
1	税收收入合计	629547	528079	34538	19687	9237	597	366796	26255	70969	12342	27824	61302
2	1. 营业税	207592	180611	14075	9527	3863	316	134805	12701	5324	1854	14096	11031
3	2. 企业所得税	48821	48721	5986	6064	19	127	33190	1791	1544	51	49	
4	3. 个人所得税	74859	60511	4514	1170	3408	91	39797	2926	8605	919	2352	11077
5	4. 资源税	11245	10727	217	647	25		9119	688	31	1	68	449
6	5. 固定资产投资方向调节税												
7	6. 城市维护建设税	60692	54418	2555	747	255	43	48132	1980	706	2270	2798	1206
8	7. 房产税	26983	21899	1729	609	229	8	15086	1211	3027	2243	1212	1629
9	8. 印花税	8152	7176	225	110	76	1	6030	344	390	269	434	273
10	9. 城镇土地使用税	35691	30283	2117	251	1271	11	23031	1896	1706	2483	2521	404
11	10. 土地增值税	40011	32826	600	487	8		28275	2084	1372	1854	4138	1193
12	11. 车船税	8302	7599	105				7476	7	11	2	137	564
13	12. 车辆购置税												
14	13. 烟叶税	10905	10905					10905					
15	14. 耕地占用税	54777	54651	1898				4801	4	47948			126
16	15. 契税	41517	7752	517	75	83		6149	623	305	396	19	33350
17	16. 屠宰税												

2015年河源市地方税务局税收收入分企业类型统计年报表

编报机关:河源市地方税务局　　　　单位:万元

序号	项目	合计	内资企业								港澳台投资企业	外商投资企业	个体经营
			小计	国有企业	集体企业	股份合作企业	联营企业	股份公司	私营企业	其他企业			
1	税收收入合计	572542	423006	22913	11640	4612	402	302085	13269	68085	40906	5259	103371
2	1. 营业税	193602	163641	10085	5876	3072	309	129255	7436	7608	10046	746	19169
3	2. 企业所得税	43328	43145	1924	3992	1	21	34647	1087	1473	182	1	
4	3. 个人所得税	44899	28931	3845	599	969	39	15637	1564	6278	4603	707	10658
5	4. 资源税	15096	14713	368	408	1	8	12864	1004	60	57		326
6	5. 固定资产投资方向调节税												
7	6. 城市维护建设税	30399	19792	1751	404	174	23	16126	831	483	7581	1701	1325
8	7. 房产税	17204	10464	744	65	137		6810	272	2436	4085	801	1854
9	8. 印花税	5581	3767	185	65	57	2	3022	102	334	1088	354	372
10	9. 城镇土地使用税	28664	19847	770	54	26		17618	610	769	7520	826	471
11	10. 土地增值税	36112	28320	914	163			22471	117	4655	3648	1	4143
12	11. 车船税	6268	6018	2136	3			3277	64	538	32		218
13	12. 车辆购置税												
14	13. 烟叶税												
15	14. 耕地占用税	76509	76416					33423	115	42878	26		67
16	15. 契税	74880	7952	191	11	175		6935	67	573	2038	122	64768
17	16. 屠宰税												

2015 年梅州市地方税务局税收收入分企业类型统计年报表

编报机关:梅州市地方税务局

单位:万元

序号	项目	合计	内资企业								港澳台投资企业	外商投资企业	个体经营
			小计	国有企业	集体企业	股份合作企业	联营企业	股份公司	私营企业	其他企业			
1	税收收入合计	983644	868865	40895	27021	5820	499	598343	29834	166453	15639	10617	88523
2	1. 营业税	243041	222879	8456	9944	2302	399	183443	10177	8158	3088	3996	13078
3	2. 企业所得税	142164	142131	4340	5573	138	12	126439	2219	3410	22	11	
4	3. 个人所得税	87616	69685	4907	2179	2489	52	49781	1573	8704	1652	1720	14559
5	4. 资源税	52532	49628	3705	2069	124	13	23870	7089	12758	2524	251	129
6	5. 固定资产投资方向调节税												
7	6. 城市维护建设税	64945	60071	2319	674	204	22	54871	1488	493	2165	1718	991
8	7. 房产税	25366	22104	3875	2330	335		13810	756	998	1037	449	1776
9	8. 印花税	9206	8390	251	125	44	1	7293	464	212	308	168	340
10	9. 城镇土地使用税	44387	39886	9228	2530	125		20831	1073	6099	2326	1017	1158
11	10. 土地增值税	98762	90719	3596	1580	16		79211	3148	3168	1725	1129	5189
12	11. 车船税	9668	9178	162	2			2772	7	6235		18	472
13	12. 车辆购置税												
14	13. 烟叶税	4932	4932					4932					
15	14. 耕地占用税	126439	126255					12940	130	113185			184
16	15. 契税	74586	23007	56	15	43		18150	1710	3033	792	140	50647
17	16. 屠宰税												

2015年惠州市地方税务局税收收入分企业类型统计年报表

编报机关:惠州市地方税务局

单位:万元

序号	项目	合计	内资企业								港澳台投资企业	外商投资企业	个体经营
			小计	国有企业	集体企业	股份合作企业	联营企业	股份公司	私营企业	其他企业			
1	税收收入合计	2370992	1754084	80421	35436	297	4052	1316853	236163	80862	176500	137801	302607
2	1. 营业税	908589	826027	35470	19439	137	1623	645865	114402	9091	34222	16545	31795
3	2. 企业所得税	95487	94667	5802	5018	9	176	58030	21733	3899	668	152	
4	3. 个人所得税	290305	168294	12575	2366	22	1006	114550	19065	18710	25276	36279	60456
5	4. 资源税	7047	6162	15	3		6	5446	692		605	18	262
6	5. 固定资产投资方向调节税												
7	6. 城市维护建设税	246434	163855	5707	1297	8	622	138029	17491	701	33402	45811	3366
8	7. 房产税	96872	57328	3022	4713	32	280	33012	11427	4842	18490	11314	9740
9	8. 印花税	42380	21995	692	268	20	32	16149	4392	442	5809	13537	1039
10	9. 城镇土地使用税	129901	94921	15610	1922	31	305	59553	12971	4529	22277	9380	3323
11	10. 土地增值税	263466	238809	484	296		2	207393	27610	3024	16339	3001	5317
12	11. 车船税	25498	10796	350	4			8504	13	1925	12	230	14460
13	12. 车辆购置税												
14	13. 烟叶税												
15	14. 耕地占用税	37223	36413	248	35			2595	197	33338	810		
16	15. 契税	227790	34817	446	75	38		27727	6170	361	18590	1534	172849
17	16. 屠宰税												

2015 年汕尾市地方税务局税收收入分企业类型统计年报表

编报机关:汕尾市地方税务局　　　　单位:万元

序号	项　目	合计	内资企业								港澳台投资企业	外商投资企业	个体经营
			小计	国有企业	集体企业	股份合作企业	联营企业	股份公司	私营企业	其他企业			
1	税收收入合计	265173	210159	9263	9238	10550	23	122568	48889	9628	21371	3179	30464
2	1. 营业税	110625	96133	3247	4633	1049	17	57560	27846	1781	5468	1722	7302
3	2. 企业所得税	32460	32392	1990	3342	47	2	20483	6177	351	27	41	
4	3. 个人所得税	27992	17949	1001	644	354	3	11716	2239	1992	4534	455	5054
5	4. 资源税	571	553	57	77			285	127	7		7	11
6	5. 固定资产投资方向调节税												
7	6. 城市维护建设税	15026	11664	579	290	71	1	8520	2063	140	2593	247	522
8	7. 房产税	8564	5279	581	44	87		3110	717	740	2445	226	614
9	8. 印花税	3733	2105	74	45	13		1558	396	19	1497	35	96
10	9. 城镇土地使用税	17934	15448	1140	49	8500		4229	923	607	2058	148	280
11	10. 土地增值税	27693	22862	436	110			8641	10614	3061	2463	238	2130
12	11. 车船税	3006	2921	1				2904	12	4	1		84
13	12. 车辆购置税												
14	13. 烟叶税												
15	14. 耕地占用税	-1062	-1065			129		12	-2098	892			3
16	15. 契税	18631	3918	157	4	300		3550	-127	34	285	60	14368
17	16. 屠宰税												

2015 年东莞市地方税务局税收收入分企业类型统计年报表

编报机关:东莞市地方税务局　　　　单位:万元

序号	项　目	合计	内资企业								港澳台投资企业	外商投资企业	个体经营
			小计	国有企业	集体企业	股份合作企业	联营企业	股份公司	私营企业	其他企业			
1	税收收入合计	4578463	2983395	38920	181511	528	2278	1984814	604404	170940	657985	464714	472369
2	1. 营业税	1456346	1295281	25638	54380	81	1700	970461	219406	23615	60997	42199	57869
3	2. 企业所得税	756776	328486	2117	41647	26	211	204437	73907	6141	247015	181275	
4	3. 个人所得税	724133	393551	6027	6633	299	244	268789	85053	26506	149889	106328	74365
5	4. 资源税	534	534	514				17	3				
6	5. 固定资产投资方向调节税												
7	6. 城市维护建设税	398901	235351	1742	3622	7	114	153848	74610	1408	85425	68911	9214
8	7. 房产税	184115	106270	1331	14995	45	2	62038	20647	7212	38490	22327	17028
9	8. 印花税	106870	62500	142	2507	46	5	37104	20701	1995	21634	19315	3421
10	9. 城镇土地使用税	137741	84095	1068	14183	20	2	50779	16141	1902	30568	13197	9881
11	10. 土地增值税	298635	278895	122	12458	4		181469	77518	7324	9904	8068	1768
12	11. 车船税	83661	78236		29875			22687	61	25613	116	153	5156
13	12. 车辆购置税												
14	13. 烟叶税												
15	14. 耕地占用税	76475	76404		868			6462	51	69023	-187	6	252
16	15. 契税	354276	43792	219	343			26723	16306	201	14134	2935	293415
17	16. 屠宰税												

2015 年中山市地方税务局税收收入分企业类型统计年报表

编报机关：中山市地方税务局　　　　单位：万元

序号	项目	合计	内资企业								港澳台投资企业	外商投资企业	个体经营
			小计	国有企业	集体企业	股份合作企业	联营企业	股份公司	私营企业	其他企业			
1	税收收入合计	2255675	1699208	20243	39627	525	1550	1135306	229343	272614	227980	127346	201141
2	1. 营业税	819629	713868	13032	12404	196	924	537959	85685	63668	71614	17688	16459
3	2. 企业所得税	206394	203953	1219	9772	13	461	147268	35374	9846	2071	370	
4	3. 个人所得税	311935	219291	4505	665		17	120959	48973	44172	29094	38487	25063
5	4. 资源税	10	9					7	2				1
6	5. 固定资产投资方向调节税												
7	6. 城市维护建设税	172271	103597	826	967	12	71	75859	22155	3707	28944	37034	2696
8	7. 房产税	128229	97744	449	5084	230	26	40444	5649	45862	17262	11365	1858
9	8. 印花税	35812	22993	52	230	2	14	16402	4199	2094	4735	7365	719
10	9. 城镇土地使用税	68817	50844	154	3703	72	20	33724	5986	7185	11267	4093	2613
11	10. 土地增值税	247974	188230	2	5122		17	141968	16337	24784	46506	10139	3099
12	11. 车船税	35804	34810		1			6221	25	28563	19	78	897
13	12. 车辆购置税												
14	13. 烟叶税												
15	14. 耕地占用税	43244	42734		137			270	196	42131	510		
16	15. 契税	185556	21135	4	1542			14225	4762	602	15958	727	147736
17	16. 屠宰税												

2015 年江门市地方税务局税收收入分企业类型统计年报表

编报机关:江门市地方税务局

单位:万元

序号	项目	合计	内资企业								港澳台投资企业	外商投资企业	个体经营
			小计	国有企业	集体企业	股份合作企业	联营企业	股份公司	私营企业	其他企业			
1	税收收入合计	1655436	1158693	31754	51479	19622	5948	819383	166614	63893	169626	82503	244614
2	1. 营业税	517181	438693	17645	18666	6471	4562	320998	62421	7930	24044	18451	35993
3	2. 企业所得税	187967	186652	1627	9745	17	96	145715	25104	4348	475	840	
4	3. 个人所得税	206564	114831	3415	822	3157	673	77140	15327	14297	35913	26695	29125
5	4. 资源税	6446	6080					4218	1862		53	4	309
6	5. 固定资产投资方向调节税												
7	6. 城市维护建设税	132036	74094	2696	1487	450	337	52015	16431	678	41788	12076	4078
8	7. 房产税	87027	46578	2260	2295	425	28	30343	7310	3917	18991	8143	13315
9	8. 印花税	25615	17319	93	258	183	49	11993	4254	489	4794	2389	1113
10	9. 城镇土地使用税	123214	81830	2435	5608	8037	57	48807	10742	6144	21809	6934	12641
11	10. 土地增值税	161406	132633	1286	8534	357	146	102196	19156	958	14091	5441	9241
12	11. 车船税	23548	22410	162	3786			8874	17	9571	20	67	1051
13	12. 车辆购置税												
14	13. 烟叶税												
15	14. 耕地占用税	18911	18577	86	127			3153		15211	136	190	8
16	15. 契税	165521	18996	49	151	525		13931	3990	350	7512	1273	137740
17	16. 屠宰税												

2015 年阳江市地方税务局税收收入分企业类型统计年报表

编报机关:阳江市地方税务局　　　　单位:万元

序号	项目	合计	内资企业								港澳台投资企业	外商投资企业	个体经营
			小计	国有企业	集体企业	股份合作企业	联营企业	股份公司	私营企业	其他企业			
1	税收收入合计	507105	435518	26816	10567	2231	329	256413	86023	53139	11733	8743	51111
2	1. 营业税	176115	161894	7546	4523	1132	267	110280	33941	4205	3290	3242	7689
3	2. 企业所得税	54344	54218	1067	4021	7	2	34030	14321	770	104	22	
4	3. 个人所得税	51038	41547	3074	660	909	37	28253	4518	4096	1005	1309	7177
5	4. 资源税	5233	4682	157	162		3	3580	763	17	461		90
6	5. 固定资产投资方向调节税												
7	6. 城市维护建设税	26023	22047	1529	316	65	14	14400	5393	330	2025	1307	644
8	7. 房产税	13439	9602	829	45	25	1	6677	1588	437	1068	996	1773
9	8. 印花税	6617	5704	177	74	5		4160	1146	142	329	418	166
10	9. 城镇土地使用税	32074	29552	10707	42	88	5	11137	5208	2365	1087	617	818
11	10. 土地增值税	53382	49649	1549	723			31549	15697	131	1365	753	1615
12	11. 车船税	8494	8323	129	1			8140	46	7	1	1	169
13	12. 车辆购置税												
14	13. 烟叶税												
15	14. 耕地占用税	41320	40772					16	148	40608	70		478
16	15. 契税	39026	7528	52				4191	3254	31	928	78	30492
17	16. 屠宰税												

2015 年湛江市地方税务局税收收入分企业类型统计年报表

编报机关:湛江市地方税务局

单位:万元

序号	项目	合计	内资企业								港澳台投资企业	外商投资企业	个体经营
			小计	国有企业	集体企业	股份合作企业	联营企业	股份公司	私营企业	其他企业			
1	税收收入合计	919279	742807	68111	27318	9032	166	478032	86346	73802	74172	7165	95135
2	1. 营业税	350069	327776	29738	13048	5116	28	228504	43865	7477	3907	1777	16609
3	2. 企业所得税	98354	86104	15632	5968	1	19	50435	7184	6865	12236	14	
4	3. 个人所得税	111944	93321	10300	4900	3043	72	43619	11124	20263	3959	1369	13295
5	4. 资源税	934	788	52	31			402	303		9		137
6	5. 固定资产投资方向调节税												
7	6. 城市维护建设税	100172	50874	3304	941	332	14	39454	6200	629	46161	1514	1623
8	7. 房产税	29407	24287	2033	273	332	17	17034	2731	1867	1491	1111	2518
9	8. 印花税	13307	11376	1099	336	62	11	7782	1740	346	1095	380	456
10	9. 城镇土地使用税	32657	29530	2416	180	99	4	23454	2837	540	2018	629	480
11	10. 土地增值税	74576	69855	3441	1598	16		47124	10145	7531	1206	31	3484
12	11. 车船税	12568	12254	1	7			11788	10	448		242	72
13	12. 车辆购置税												
14	13. 烟叶税	2	2					2					
15	14. 耕地占用税	26644	26631					546		26085			13
16	15. 契税	68645	10009	95	36	31	1	7888	207	1751	2090	98	56448
17	16. 屠宰税												

2015 年茂名市地方税务局税收收入分企业类型统计年报表

编报机关:茂名市地方税务局　　　　单位:万元

序号	项目	合计	内资企业								港澳台投资企业	外商投资企业	个体经营
			小计	国有企业	集体企业	股份合作企业	联营企业	股份公司	私营企业	其他企业			
1	税收收入合计	1012197	927374	129846	39448	20175	13006	611593	11194	102112	3972	5358	75493
2	1. 营业税	226350	206024	24236	7382	7304	2243	148481	6077	10301	564	3293	16469
3	2. 企业所得税	168071	167846	11044	16767	343	6423	130713	418	2138	165	60	
4	3. 个人所得税	71913	59551	7752	568	3478	186	35245	1426	10896	805	613	10944
5	4. 资源税	5382	4932	189	69			2841	843	990	15		435
6	5. 固定资产投资方向调节税												
7	6. 城市维护建设税	153572	150637	3944	625	677	163	143334	703	1191	851	720	1364
8	7. 房产税	21939	19839	3337	193	2147	88	9672	153	4249	292	99	1709
9	8. 印花税	9009	8517	651	227	173	144	6622	92	608	122	125	245
10	9. 城镇土地使用税	39920	38746	10585	215	165	730	22162	278	4611	289	259	626
11	10. 土地增值税	196501	192307	67318	13396	5887	3029	70606	349	31722	58	105	4031
12	11. 车船税	12979	12736	389				12204		143	4	81	158
13	12. 车辆购置税												
14	13. 烟叶税												
15	14. 耕地占用税	44659	44316	8	2			9427		34879			343
16	15. 契税	61902	21923	393	4	1		20286	855	384	807	3	39169
17	16. 屠宰税												

2015 年肇庆市地方税务局税收收入分企业类型统计年报表

编报机关:肇庆市地方税务局

单位:万元

序号	项目	合计	内资企业								港澳台投资企业	外商投资企业	个体经营
			小计	国有企业	集体企业	股份合作企业	联营企业	股份公司	私营企业	其他企业			
1	税收收入合计	961766	792164	63206	23604	9468	325	482319	96918	116324	34765	33638	101199
2	1. 营业税	303583	266888	16619	6997	5046	104	188317	42276	7529	8072	9836	18787
3	2. 企业所得税	98889	98400	8783	2116	9	147	71010	12864	3471	303	186	
4	3. 个人所得税	90325	64089	2372	1341	3071	37	41552	6395	9321	3258	4288	18690
5	4. 资源税	12929	8818		224			6824	1770		3991	44	76
6	5. 固定资产投资方向调节税												
7	6. 城市维护建设税	51035	38461	1675	555	286	17	29863	5473	592	6114	4818	1642
8	7. 房产税	35828	24320	1710	588	334	9	16994	2912	1773	4151	4371	2986
9	8. 印花税	12328	9829	202	58	72	1	7420	1238	838	1048	971	480
10	9. 城镇土地使用税	92601	84347	7968	7742	322	10	44621	4167	19517	4158	2980	1116
11	10. 土地增值税	112439	96440	14405	215	15		47496	16434	17875	2202	5145	8652
12	11. 车船税	13051	12299	37	1937	1		4429	21	5874	5	192	555
13	12. 车辆购置税												
14	13. 烟叶税												
15	14. 耕地占用税	65892	65779	8935	1769			12344	71	42660		26	87
16	15. 契税	72866	22494	500	62	312		11449	3297	6874	1463	781	48128
17	16. 屠宰税												

2015 年清远市地方税务局税收收入分企业类型统计年报表

编报机关:清远市地方税务局　　　　单位:万元

序号	项目	合计	内资企业								港澳台投资企业	外商投资企业	个体经营
			小计	国有企业	集体企业	股份合作企业	联营企业	股份公司	私营企业	其他企业			
1	税收收入合计	941198	748030	23543	7357	14046	6356	578521	36347	81860	53980	17266	121922
2	1. 营业税	348874	308584	11279	3911	4158	3469	257299	20208	8260	12783	6136	21371
3	2. 企业所得税	91222	90770	1520	1350	12	2045	77863	3484	4496	242	210	
4	3. 个人所得税	94404	62349	4621	1190	3432	519	39968	3469	9150	4441	2569	25045
5	4. 资源税	16876	7190	59	50	2		6069	775	235	8988	32	666
6	5. 固定资产投资方向调节税												
7	6. 城市维护建设税	49781	36607	3099	387	262	236	29743	2110	770	8259	3134	1781
8	7. 房产税	30161	22230	1500	168	179	15	14729	525	5114	5537	1935	459
9	8. 印花税	10625	8361	175	116	173	34	7082	388	393	1302	480	482
10	9. 城镇土地使用税	49024	40285	893	117	25	17	35565	1224	2444	6183	1684	872
11	10. 土地增值税	102282	94365	-1	50	5544	21	83632	3231	1888	4054	508	3355
12	11. 车船税	12051	10702	215		1		10250	10	226	14	115	1220
13	12. 车辆购置税												
14	13. 烟叶税	378	378					378					
15	14. 耕地占用税	48659	48364	125						48239	287		8
16	15. 契税	86861	17845	58	18	258		15943	923	645	1890	463	66663
17	16. 屠宰税												

2015年潮州市地方税务局税收收入分企业类型统计年报表

编报机关：潮州市地方税务局　　　　单位：万元

序号	项　目	合计	内资企业								港澳台投资企业	外商投资企业	个体经营
			小计	国有企业	集体企业	股份合作企业	联营企业	股份公司	私营企业	其他企业			
1	税收收入合计	367930	324700	16888	14355	4020	119	233431	27474	28413	9953	3880	29397
2	1. 营业税	88730	83212	6934	5589	1715	19	61122	5040	2793	858	693	3967
3	2. 企业所得税	72963	72942	4649	5955	603	72	59458	1547	658	19	2	
4	3. 个人所得税	52597	44423	1802	1064	627	5	30994	7155	2776	1134	745	6295
5	4. 资源税	10596	8479	259	888	51		4761	2473	47	708	262	1147
6	5. 固定资产投资方向调节税												
7	6. 城市维护建设税	29302	25422	1504	449	325	8	20405	2401	330	2200	828	852
8	7. 房产税	18908	13949	784	105	331	3	9937	2445	344	1270	554	3135
9	8. 印花税	6361	5183	60	153	70	10	4012	701	177	436	186	556
10	9. 城镇土地使用税	21349	16488	537	107	295	2	11619	3594	334	1895	542	2424
11	10. 土地增值税	18562	16784	16	41			14611	2070	46	1262	4	512
12	11. 车船税	7890	7873	1				7823		49		1	16
13	12. 车辆购置税												
14	13. 烟叶税												
15	14. 耕地占用税	20826	20826	232				673		19921			
16	15. 契税	19846	9119	110	4	3		8016	48	938	171	63	10493
17	16. 屠宰税												

2015年揭阳市地方税务局税收收入分企业类型统计年报表

编报机关:揭阳市地方税务局　　　　单位:万元

序号	项　目	合计	内资企业								港澳台投资企业	外商投资企业	个体经营
			小计	国有企业	集体企业	股份合作企业	联营企业	股份公司	私营企业	其他企业			
1	税收收入合计	597780	526961	24639	23914	8813	72	399730	30782	39011	13379	5570	51870
2	1. 营业税	173719	160486	8801	10259	4969	21	125289	9520	1627	1930	2100	9203
3	2. 企业所得税	108580	108459	7077	9072		42	87699	4185	384	65	56	
4	3. 个人所得税	83409	67909	3812	1772	3051	3	49782	2661	6828	924	1201	13375
5	4. 资源税	4234	3928	427	613		1	2424	457	6	2	10	294
6	5. 固定资产投资方向调节税												
7	6. 城市维护建设税	54929	48774	2110	716	325	4	42368	3087	164	3625	989	1541
8	7. 房产税	20392	16245	960	353	275		12213	1645	799	1433	380	2334
9	8. 印花税	11378	10335	254	146	124	1	8576	1015	219	611	147	285
10	9. 城镇土地使用税	34459	26379	756	309	45		22224	2689	356	3596	670	3814
11	10. 土地增值税	33905	30404	12	648			27330	2312	102	1055	4	2442
12	11. 车船税	12495	11682	430		1		9881	2	1368	3	1	809
13	12. 车辆购置税												
14	13. 烟叶税												
15	14. 耕地占用税	29858	29858					2736		27122			
16	15. 契税	30422	12502		26	23		9208	3209	36	135	12	17773
17	16. 屠宰税												

2015 年云浮市地方税务局税收收入分企业类型统计年报表

编报机关:云浮市地方税务局　　　　单位:万元

序号	项目	合计	内资企业								港澳台投资企业	外商投资企业	个体经营
			小计	国有企业	集体企业	股份合作企业	联营企业	股份公司	私营企业	其他企业			
1	税收收入合计	453713	374165	18938	6216	11815	401	232461	28102	76232	16083	5331	58134
2	1. 营业税	133155	116910	6938	2846	4362	328	82475	14323	5638	2575	1435	12235
3	2. 企业所得税	43086	43051	265	2090	99	2	36638	2514	1443		35	
4	3. 个人所得税	66894	53200	2318	318	3465	44	40478	2079	4498	1892	1187	10615
5	4. 资源税	7867	5534	335	365			4001	833		2043	263	27
6	5. 固定资产投资方向调节税												
7	6. 城市维护建设税	23189	17356	2036	271	283	23	12806	1536	401	3627	1114	1092
8	7. 房产税	13660	8187	1003	123	210	1	5681	453	716	1566	644	3263
9	8. 印花税	4439	3345	101	31	34	3	2749	245	182	576	158	360
10	9. 城镇土地使用税	18796	14213	2990	105	163		9262	1063	630	2009	461	2113
11	10. 土地增值税	65512	58710	2240	61	22		22711	4760	28916	1158		5644
12	11. 车船税	5916	5595	10				5572	8	5	5		316
13	12. 车辆购置税												
14	13. 烟叶税												
15	14. 耕地占用税	34048	33849	4	3	3		90	24	33725	83		116
16	15. 契税	37151	14215	698	3	3174		9998	264	78	549	34	22353
17	16. 屠宰税												

2015 年横琴新区地方税务局税收收入分企业类型统计年报表

编报机关:横琴新区地方税务局　　　　单位:万元

序号	项　目	合计	内资企业								港澳台投资企业	外商投资企业	个体经营
			小计	国有企业	集体企业	股份合作企业	联营企业	股份公司	私营企业	其他企业			
1	税收收入合计	602825	556555	3132	128	24	44	383751	129368	40108	19144	5097	22029
2	1. 营业税	175585	166325	2715	117	9	41	130626	32767	50	8591	100	569
3	2. 企业所得税	119933	116121	194	1			92088	23833	5	1940	1872	
4	3. 个人所得税	143882	118617	5				78619	39437	556	3820	748	20697
5	4. 资源税												
6	5. 固定资产投资方向调节税												
7	6. 城市维护建设税	18620	16819	190	8	1	3	13251	3362	4	679	1077	45
8	7. 房产税	2475	2291	7	2	14		2252	13	3	79	20	85
9	8. 印花税	7272	6402	20				3993	2387	2	385	456	29
10	9. 城镇土地使用税	2766	1823					1636	187		745	196	2
11	10. 土地增值税	58848	58740					45150	13590		11		97
12	11. 车船税	92	91	1				88	2		1		
13	12. 车辆购置税												
14	13. 烟叶税												
15	14. 耕地占用税	40044	40044					556		39488			
16	15. 契税	33308	29282					15492	13790		2893	628	505
17	16. 屠宰税												

2015年顺德区地方税务局税收收入分企业类型统计年报表

编报机关:顺德区地方税务局　　　　单位:万元

序号	项目	合计	内资企业								港澳台投资企业	外商投资企业	个体经营
			小计	国有企业	集体企业	股份合作企业	联营企业	股份公司	私营企业	其他企业			
1	税收收入合计	1686754	1063064	9305	13704	2654	7000	784545	192301	53555	171992	227357	224341
2	1. 营业税	502202	404176	6839	3941	2472	1166	329242	52764	7752	33286	33354	31386
3	2. 企业所得税	273774	178249	174	2114		24	130625	41686	3626	2532	92993	
4	3. 个人所得税	278045	167877	969	642	6	156	105006	50887	10211	31860	38837	39471
5	4. 资源税	51	34					10	24				17
6	5. 固定资产投资方向调节税												
7	6. 城市维护建设税	137563	78410	519	352	175	82	57735	18942	605	34662	20821	3670
8	7. 房产税	97841	45652	590	558		1	33020	9592	1891	18698	8463	25028
9	8. 印花税	21398	13357	50	106		8	10580	2163	450	4292	3262	487
10	9. 城镇土地使用税	44344	26101	159	564		1	17951	4994	2432	8960	4018	5265
11	10. 土地增值税	144366	83662		977			75378	4882	2425	33067	23706	3931
12	11. 车船税	26585	25663		3359		5562	10857	4982	903	112	1	809
13	12. 车辆购置税												
14	13. 烟叶税												
15	14. 耕地占用税	24504	24297		1054			45		23198	4		203
16	15. 契税	136081	15586	5	37	1		14096	1385	62	4519	1902	114074
17	16. 屠宰税												

2015 年广东省地方税务局直属分局税收收入分企业类型统计年报表

编报机关：广东省地方税务局直属分局　　　　单位：万元

序号	项　目	合计	内资企业								港澳台投资企业	外商投资企业	个体经营
			小计	国有企业	集体企业	股份合作企业	联营企业	股份公司	私营企业	其他企业			
1	税收收入合计	1917389	1832319	54317	190	1511	1247	1736920	28186	9948	24763	60237	70
2	1. 营业税	1443952	1361330	35514	176	1511	992	1308984	13867	286	22366	60186	70
3	2. 企业所得税	473194	470746	18803	14		255	427693	14319	9662	2397	51	
4	3. 个人所得税												
5	4. 资源税												
6	5. 固定资产投资方向调节税												
7	6. 城市维护建设税	243	243					243					
8	7. 房产税												
9	8. 印花税												
10	9. 城镇土地使用税												
11	10. 土地增值税												
12	11. 车船税												
13	12. 车辆购置税												
14	13. 烟叶税												
15	14. 耕地占用税												
16	15. 契税												
17	16. 屠宰税												

2015年广东省地方税务局营业税分税目分企业类型统计年报表

编报机关:广东省地方税务局　　　　单位:万元

序号	项目	合计	内资企业										港澳台投资企业	国有控股	外商投资企业	国有控股	个体经营	附列:应税营业收入
			小计	国有企业	集体企业	股份合作企业	联营企业	国有控股	股份公司	国有控股	私营企业	其他企业						
1	合计	20482458	17696800	803900	330189	124278	75424	16139	13409639	2944841	2335466	617904	1278654	141823	851862	136556	655142	475531497
2	一、建筑业	3906436	3702461	374832	187717	7211	44403	2261	2315053	99593	727170	46075	27038	2355	44360	3186	132577	128058574
3	其中:建筑	2055569	1994802	239116	121561	3055	25147	1504	1266040	61690	309887	29996	7682	415	20159	1713	32926	67362850
4	安装	421802	381208	19859	8815	522	2630	175	213213	16062	133757	2412	8407	796	10624	942	21563	14038785
5	二、交通运输业	4944	1916	4					1903	282	5	4	111	104	2912	355	5	147452
6	1. 陆路运输	4742	1901						1897	281	2	2	111	104	2729	355	1	140689
7	2. 水路运输																	4
8	3. 航空运输	173													173			5757
9	4. 管道运输																	
10	5. 装卸搬运	29	15	4					6	1	3	2			10		4	1002
11	三、邮电通信业	160	65	2					2	11	36	25	5	3	46	46	44	5966
12	1. 邮政	8	8	2					1		5							327
13	2. 电信	152	57						1	11	31	25	5	3	46	46	44	5639
14	四、金融保险业	5915757	5639472	218101	8622	54478	10502	9324	5284553	1971182	62169	1047	119302	11114	154953	16907	2030	131032956
15	1. 金融	5362907	5106534	206767	8622	54478	10502	9324	4766792	1772130	58326	1047	119009	11247	135334	12237	2030	102313545
16	2. 保险	552850	532938	11334					517761	199052	3843		293	-133	19619	4670		28719411
17	五、娱乐业	55119	36904	336	340	242	46		16515	3008	19409	16	8717	1502	4262	268	5236	583823

续表

序号	项目	合计	内资企业										港澳台投资企业		外商投资企业		个体经营	附列：应税营业收入
			小计	国有企业	集体企业	股份合作企业	联营企业	国有控股	股份公司	国有控股	私营企业	其他企业		国有控股		国有控股		
18	1. 按5%税率征收	42269	28977	188	332	230	1		13906	2427	14304	16	7375	1498	1073	268	4844	426164
19	2. 按10%税率征收	5439	1300	145					1089	581	66		1246		2893			108198
20	3. 按15%税率征收																	
21	4. 按20%税率征收																	550
22	六、服务业	3741322	2814996	167409	75807	53761	17915	4497	1556522	289435	712602	230980	422073	39114	284649	46250	219604	77436429
23	1. 代理业	149278	124306	1517	1026	113	293	236	95286	18660	24666	1405	12154	361	7298	1439	5520	3234375
24	2. 旅店业	189050	144087	7457	1425	351	657	209	88645	13104	40929	4623	21458	1914	15171	519	8334	3758499
25	3. 饮食业	549788	284358	6082	1795	3197	639	135	134705	20740	135734	2206	69556	3562	74952	12927	120922	10959333
26	4. 旅游业	20966	20297	944	77	9	59	25	13954	2231	4929	325	378	259	263	42	28	423810
27	5. 仓储业	336	316	23	130				153	19	7	3	12				8	8051
28	6. 租赁业	1039929	822288	32020	48925	41376	4611	1232	386085	77266	173874	135397	120866	9805	57608	5370	39167	21443730
29	其中:房屋租赁	442027	325532	14828	24917	1883	412	70	136937	34112	55407	91148	59802	4626	27658	2203	29035	9470734
30	7. 广告业	8	88						2		85	1			−80	−80		398
31	8. 其他服务业	1791967	1419256	119366	22429	8715	11656	2660	837692	157415	332378	87020	197649	23213	129437	26033	45625	37617084
32	七、转让无形资产	94436	74551	10317	3941	969	304	22	22340	7461	3101	33579	3440	63	3175	184	13270	1946351
33	其中:转让土地使用权	89792	70253	10136	3911	969	303	21	19769	7302	2730	32435	3405	53	3111	180	13023	1872924
34	八、销售不动产	6617284	5296561	27441	50021	6993	2161	32	4158315	559462	785080	266550	689576	87099	352453	69143	278694	132344818
35	九、文化体育业	95116	84675	1034	1337	382	31		26225	5765	19232	36434	4503	145	4266	88	1672	3182932
36	十、税款滞纳金罚款收入	51884	45199	4424	2404	242	62	3	28211	8642	6662	3194	3889	324	786	129	2010	792193

2015年广州市地方税务局营业税分税目分企业类型统计年报表

编报机关:广州市地方税务局　　　　单位:万元

序号	项目	合计	内资企业										港澳台投资企业	国有控股	外商投资企业	国有控股	个体经营	附列:应税营业收入
			小计	国有企业	集体企业	股份合作企业	联营企业	国有控股	股份公司	国有控股	私营企业	其他企业						
1	合计	3140524	2304968	121564	68401	8428	12464	1052	1392198	234066	568172	133741	368395	14579	293559	74873	173602	72199897
2	一、建筑业	681368	654705	58639	32251	1984	11093	160	392000	27706	152361	6377	6028	619	11523	153	9112	22310364
3	其中:建筑	255576	251605	21883	12501	1215	2866	9	158988	16870	50494	3658	497	2	2683	5	791	8412168
4	安装	72775	65651	4175	1022	216	167		27681	5490	32171	219	1780	30	3930	144	1414	2404341
5	二、交通运输业	3058	149						147	43	1	1	7		2902	355		85124
6	1. 陆路运输	2885	149						147	43	1	1	7		2729	355		79340
7	2. 水路运输																	
8	3. 航空运输	173													173			5757
9	4. 管道运输																	
10	5. 装卸搬运																	27
11	三、邮电通信业	78	32						3	-1	15	14			46	46		2346
12	1. 邮政	1	1						1									46
13	2. 电信	77	31						2	-1	15	14			46	46		2300
14	四、金融保险业	165	165						100		65							3334
15	1. 金融	165	165						100		65							3312
16	2. 保险																	22
17	五、娱乐业	9106	7257	64	35	182			1625	56	5342	9	1307	39	209	10	333	88445

续表

序号	项　　目	合计	内资企业										港澳台投资企业	国有控股	外商投资企业	国有控股	个体经营	附列：应税营业收入
			小计	国有企业	集体企业	股份合作企业	联营企业	国有控股	股份公司	国有控股	私营企业	其他企业						
18	1. 按5%税率征收	9106	7257	64	35	182			1625	56	5342	9	1307	39	209	10	333	88445
19	2. 按10%税率征收																	
20	3. 按15%税率征收																	
21	4. 按20%税率征收																	
22	六、服务业	1138423	846272	49982	27480	5969	1361	892	385425	109404	270749	105306	142116	6127	109024	22013	41011	23117613
23	1. 代理业	42656	31918	595	871	57	28	1	19231	4863	10735	401	8314	155	2004	918	420	842302
24	2. 旅店业	59330	47019	5164	587	91	19	19	22052	4699	16158	2948	5394		6019	86	898	1167148
25	3. 饮食业	166605	90703	3846	613	2719			33028	8530	49171	1326	20881	198	26666	9277	28355	3273186
26	4. 旅游业	9610	9557	750					6968	1224	1649	190	36		17			191524
27	5. 仓储业	183	180	21	130				21	1	5	3	3					4922
28	6. 租赁业	362846	288376	17979	17024	1975	810	470	112128	32824	72525	65935	48239	2415	24769	1718	1462	7378494
29	其中：房屋租赁	221190	163144	10194	8691	736	305	49	61485	17968	33648	48085	38008	1954	19332	1332	706	4572608
30	7. 广告业	-2	78								77	1			-80	-80		124
31	8. 其他服务业	497195	378441	21627	8255	1127	504	402	191997	57263	120429	34502	59249	3359	49629	10094	9876	10259913
32	七、转让无形资产	7163	4128	1638	653				1062	15	663	112	73	6	2558	176	404	139730
33	其中：转让土地使用权	7069	4051	1631	643				1020	15	645	112	54		2562	176	402	137783
34	八、销售不动产	1251031	748516	10671	7733	17	5		602871	94385	124704	2515	216167	7463	164322	52001	122026	25086626
35	九、文化体育业	40837	36373	323	179	264	5		4965	1113	12380	18257	1153	48	2801	3	510	1315793
36	十、税款滞纳金罚款收入	9295	7371	247	70	12			4000	1345	1892	1150	1544	277	174	116	206	50522

2015 年深圳市地方税务局营业税分税目分企业类型统计年报表

编报机关:深圳市地方税务局

单位:万元

序号	项目	合计	内资企业										港澳台投资企业	国有控股	外商投资企业	国有控股	个体经营	附列:应税营业收入
			小计	国有企业	集体企业	股份合作企业	联营企业	国有控股	股份公司	国有控股	私营企业	其他企业						
1	合计	6817568	6022890	320478	18320	53230	39689	12848	4578134	798249	749317	263722	474499	57917	259275	14697	60904	150653036
2	一、建筑业	713334	686992	79639	10376	1619	12273	524	365627	19034	216431	1027	6196	946	5553	2307	14593	23816209
3	其中:建筑	458685	452469	69001	8297	1421	10552	379	253595	13464	109197	406	1246	273	1907	1514	3063	15310151
4	安装	99973	91241	3747	504	27	660	49	44825	1288	41413	65	3027	475	2239	539	3466	3339352
5	二、交通运输业	16	16						12		4							525
6	1. 陆路运输	13	13						12		1							413
7	2. 水路运输																	
8	3. 航空运输																	
9	4. 管道运输																	
10	5. 装卸搬运	3	3								3							112
11	三、邮电通信业	49	5						-13		18						44	2325
12	1. 邮政	3	3								3							98
13	2. 电信	46	2						-13		15						44	2227
14	四、金融保险业	2743532	2609043	142944	8	43	9499	8950	2427357	674689	28863	329	64416	1009	69450	5285	623	58516445
15	1. 金融	2495732	2366670	137775	8	43	9499	8950	2190188	620165	28828	329	64410	1009	64029	5282	623	49971143
16	2. 保险	247800	242373	5169					237169	54524	35		6		5421	3		8545302
17	五、娱乐业	13658	8550	150	8	12	45		2727	582	5606	2	1349	4	3194		565	173276

续表

序号	项目	合计	内资企业										港澳台投资企业	国有控股	外商投资企业	国有控股	个体经营	附列：应税营业收入
			小计	国有企业	集体企业	股份合作企业	联营企业	国有控股	股份公司	国有控股	私营企业	其他企业						
18	1. 按5%税率征收	808	623	2					118	1	501	2	7		5		173	16167
19	2. 按10%税率征收	5439	1300	145					1089	581	66		1246		2893			108198
20	3. 按15%税率征收																	
21	4. 按20%税率征收																	
22	六、服务业	1374315	1063678	94472	6782	44859	15776	3367	587682	52203	273564	40543	173727	6182	97248	7078	39662	28485289
23	1. 代理业	43369	36684	104	1	1	265	235	29417	9433	6895	1	2495	11	3551	209	639	1109318
24	2. 旅店业	55381	39595	1258	173	240	565	149	26217	826	10763	379	8920	605	5919	19	947	1108141
25	3. 饮食业	163864	91037	1199	239	270	636	135	38806	478	49576	311	30689	443	22400	2	19738	3279850
26	4. 旅游业	5171	5133	2	1	9	54	23	2357	351	2708	2	30		8			106562
27	5. 仓储业	90	90						90									1798
28	6. 租赁业	361603	294588	5341	3241	37901	3421	670	152732	17331	68255	23697	43871	3024	20839	1905	2305	7667715
29	其中：房屋租赁	22708	19129	172	19	16	37	5	1366	37	1547	15972	1810	11	499	42	1270	874886
30	7. 广告业	3	3								3							52
31	8. 其他服务业	744834	596548	86568	3127	6438	10835	2155	338063	23784	135364	16153	87722	2099	44531	4943	16033	15211853
32	七、转让无形资产	1735	1498	6	19	47	3		1217	10	205	1	106		110		21	39871
33	其中：转让土地使用权	1228	1024	6		47	3		842	10	126		97		86		21	29692
34	八、销售不动产	1930911	1618991	2847	1066	6321	2053	7	1178296	49381	217318	211090	225215	49773	82442		4263	38627436
35	九、文化体育业	28852	24728	328	3	114	26		9249	1447	4625	10383	2747	1	1017	24	360	991660
36	十、税款滞纳金罚款收入	11166	9389	92	58	215	14		5980	903	2683	347	743	2	261	3	773	

2015 年珠海市地方税务局营业税分税目分企业类型统计年报表

编报机关:珠海市地方税务局　　　　单位:万元

序号	项　目	合计	内资企业										港澳台投资企业	国有控股	外商投资企业	国有控股	个体经营	附列:应税营业收入
			小计	国有企业	集体企业	股份合作企业	联营企业	国有控股	股份公司	国有控股	私营企业	其他企业						
1	合　计	630913	528464	22284	6363	2388	824	1	433027	43585	55567	8011	36636	1035	31365	2328	34448	15020869
2	一、建筑业	167296	161553	14763	3018	135	816		123300	1218	19225	296	996	31	1377		3370	5508901
3	其中:建筑	66733	66180	5231	1060	86	390		52678	590	6643	92	193		160		200	2194687
4	安装	7920	6913	163	198	27	7		4654	205	1833	31	211	16	195		601	263383
5	二、交通运输业																	
6	1. 陆路运输																	
7	2. 水路运输																	
8	3. 航空运输																	
9	4. 管道运输																	
10	5. 装卸搬运																	
11	三、邮电通信业																	12
12	1. 邮政																	12
13	2. 电信																	
14	四、金融保险业	126765	117749	3811	12	90			113677	23791	137	22	3811	7	5191	68	14	2770659
15	1. 金融	119607	110192	3811	12	90			106120	22538	137	22	3811	7	5590	63	14	2213863
16	2. 保险	7158	7557						7557	1253					-399	5		556796
17	五、娱乐业	1322	735	13					625	34	96	1	279	97	124	30	184	17192

续表

序号	项　目	合计	内资企业										港澳台投资企业	国有控股	外商投资企业	国有控股	个体经营	附列：应税营业收入
			小计	国有企业	集体企业	股份合作企业	联营企业	国有控股	股份公司	国有控股	私营企业	其他企业						
18	1. 按5%税率征收	1322	735	13					625	34	96	1	279	97	124	30	184	17192
19	2. 按10%税率征收																	
20	3. 按15%税率征收																	
21	4. 按20%税率征收																	
22	六、服务业	94896	67010	2690	1277	2075	5	1	47336	5001	10855	2772	14337	443	6087	342	7462	1935537
23	1. 代理业	6009	5256	561	14	1			3853	556	786	41	356	14	180		217	129906
24	2. 旅店业	8638	5760	298	50				4057	339	927	428	2073		423	10	382	172771
25	3. 饮食业	17459	6462	134	43				4548	324	1567	170	3677	87	2312	3	5008	351843
26	4. 旅游业	704	702	19	6				527	10	150		1				1	14112
27	5. 仓储业																	
28	6. 租赁业	22159	15626	695	543	1061	5	1	10470	1506	2023	829	3731	190	1772	60	1030	444856
29	其中:房屋租赁	17181	11717	616	451	891	5	1	7486	940	1521	747	3160	166	1386	48	918	345416
30	7. 广告业																	
31	8. 其他服务业	39927	33204	983	621	1013			23881	2266	5402	1304	4499	152	1400	269	824	822049
32	七、转让无形资产	3777	3743		306				101			3336			2		32	75535
33	其中:转让土地使用权	3640	3608		306				101			3201					32	72793
34	八、销售不动产	233686	174875	934	1719	84	3		146854	13347	24804	477	16992	444	18526	1888	23293	4622042
35	九、文化体育业	2509	2225	48	7				742	186	390	1038	152	11	54		78	83048
36	十、税款滞纳金罚款收入	662	574	25	24	4			392	8	60	69	69	2	4		15	7943

2015年汕头市地方税务局营业税分税目分企业类型统计年报表

编报机关:汕头市地方税务局　　　　单位:万元

序号	项目	合计	内资企业										港澳台投资企业		外商投资企业		个体经营	附列:应税营业收入
			小计	国有企业	集体企业	股份合作企业	联营企业	国有控股	股份公司	国有控股	私营企业	其他企业		国有控股		国有控股		
1	合计	297821	266998	29465	12233	4790	280	161	184256	65733	28764	7210	13188	3880	4870	2087	12765	7343253
2	一、建筑业	93797	87138	17747	10244	20	233	115	50009	5979	8100	785	184	28	208	74	6267	3132500
3	其中:建筑	74135	70047	15350	9617	5	174	109	39043	4491	5321	537	126	20	4		3958	2482520
4	安装	6362	5680	429	165	3	16	6	4172	740	844	51	34	1	83	17	565	211332
5	二、交通运输业	106	2									2	104	104				3541
6	1. 陆路运输	104											104	104				3471
7	2. 水路运输																	
8	3. 航空运输																	
9	4. 管道运输																	
10	5. 装卸搬运	2	2									2						70
11	三、邮电通信业	6	6									6						370
12	1. 邮政																	
13	2. 电信	6	6									6						370
14	四、金融保险业	65153	63224	4027	922	4682			53539	36309	33	21	1268	660	636	419	25	1464798
15	1. 金融	55705	53898	4022	922	4682			44218	31687	33	21	1266	659	516	384	25	1046132
16	2. 保险	9448	9326	5					9321	4622			2	1	120	35		418666
17	五、娱乐业	1852	1615	13	50		1		1260	470	291		202	62	5	3	30	14448

续表

序号	项　目	合计	内资企业										港澳台投资企业	国有控股	外商投资企业	国有控股	个体经营	附列：应税营业收入
			小计	国有企业	集体企业	股份合作企业	联营企业	国有控股	股份公司	国有控股	私营企业	其他企业						
18	1. 按5%税率征收	1852	1615	13	50		1		1260	470	291		202	62	5	3	30	14448
19	2. 按10%税率征收																	
20	3. 按15%税率征收																	
21	4. 按20%税率征收																	
22	六、服务业	33397	22570	1862	487	44	46	46	15662	5644	2628	1841	3269	1826	3347	1057	4211	693184
23	1. 代理业	578	499	27	2	2			331	157	122	15	23	5	11	1	45	11554
24	2. 旅店业	3145	2400	24	27	1	41	41	1775	498	438	94	431	249	270	98	44	62949
25	3. 饮食业	6522	3306		47	14			2373	745	834	38	486	250	1329	402	1401	131827
26	4. 旅游业	194	194	11					126	46	9	48						3877
27	5. 仓储业	13	13						12	10	1							264
28	6. 租赁业	7501	4260	833	208	12	5	5	2392	953	370	440	646	210	433	62	2162	152013
29	其中：房屋租赁	4575	2612	567	89	3			1676	676	110	167	476	126	382	35	1105	93511
30	7. 广告业																	
31	8. 其他服务业	15444	11898	967	203	15			8653	3235	854	1206	1683	1112	1304	494	559	330700
32	七、转让无形资产	1622	917	153	-29				337	13	10	446	613		27		65	35599
33	其中：转让土地使用权	1384	706	153	-29				127	13	9	446	613				65	30863
34	八、销售不动产	100843	90629	5642	488	44			62907	17077	17621	3927	7499	1197	560	496	2155	1974705
35	九、文化体育业	585	486	7	19				218	71	64	178	5		87	38	7	19532
36	十、税款滞纳金罚款收入	460	411	14	52				324	170	17	4	44	3			5	4576

2015 年佛山市地方税务局营业税分税目分企业类型统计年报表

编报机关:佛山市地方税务局　　　　单位:万元

序号	项　目	合计	内资企业										港澳台投资企业		外商投资企业		个体经营	附列:应税营业收入
			小计	国有企业	集体企业	股份合作企业	联营企业	国有控股	股份公司	国有控股	私营企业	其他企业		国有控股		国有控股		
1	合　计	1216693	1072742	25302	31214	477	3639	101	871059	115447	118924	22127	76381	10493	25198	2759	42372	29008478
2	一、建筑业	286784	274581	20036	22781	113	3294		176084	1635	49892	2381	1430	28	1203		9570	9378579
3	其中:建筑	139799	137730	13317	14449	14	1345		88243	454	19395	967	257		101		1711	4551576
4	安装	49042	44955	1280	1814	71	426		28515	1045	12610	239	796	28	562		2729	1608382
5	二、交通运输业	1	1									1						41
6	1. 陆路运输	1	1									1						37
7	2. 水路运输																	4
8	3. 航空运输																	
9	4. 管道运输																	
10	5. 装卸搬运																	
11	三、邮电通信业																	
12	1. 邮政																	
13	2. 电信																	
14	四、金融保险业	226469	217584	1382	2714				211322	68640	2166		3071	284	5451	489	363	5279049
15	1. 金融	190253	185402	1382	2714				179140	66460	2166		3071	284	1417	423	363	3967727
16	2. 保险	36216	32182						32182	2180					4034	66		1311322
17	五、娱乐业	3680	2834	63	70	46			1044	116	1611		504	5	29		313	32008

续表

序号	项　目	合计	内资企业										港澳台投资企业	国有控股	外商投资企业	国有控股	个体经营	附列：应税营业收入
			小计	国有企业	集体企业	股份合作企业	联营企业	国有控股	股份公司	国有控股	私营企业	其他企业						
18	1. 按5%税率征收	3680	2834	63	70	46			1044	116	1611		504	5	29		313	32008
19	2. 按10%税率征收																	
20	3. 按15%税率征收																	
21	4. 按20%税率征收																	
22	六、服务业	169237	133566	3494	3579	312	345	101	76303	9186	34932	14601	11635	707	9949	1217	14087	3492163
23	1. 代理业	8421	6801	3	3				4421	146	1903	471	173		129	2	1318	168111
24	2. 旅店业	6215	5375	86	43		24		2996	350	2205	21	459	2	177		204	124665
25	3. 饮食业	27836	15583	126	160	136	3		6596	415	8526	36	2012	109	3798	46	6443	560038
26	4. 旅游业	908	908						742	12	142	24						18148
27	5. 仓储业	8															8	172
28	6. 租赁业	52095	43113	1013	2544	137	267	54	22772	3039	6877	9503	2969	190	1656	185	4357	1041669
29	其中：房屋租赁	30527	23499	479	868	77	15	2	14480	1764	4630	2950	2339	154	1178	59	3511	611424
30	7. 广告业	3	3								3							99
31	8. 其他服务业	73751	61783	2266	829	39	51	47	38776	5224	15276	4546	6022	406	4189	984	1757	1579260
32	七、转让无形资产	1809	762	40	37				253		2	430	255		27		765	37173
33	其中：转让土地使用权	1630	585	34	37				82		2	430	255		27		763	33601
34	八、销售不动产	523633	438841	154	1948	1			403886	35337	30028	2824	59313	9468	8423	1051	17056	10643195
35	九、文化体育业	3599	3211	77	51	4			1107	461	166	1806	164	1	91		133	123250
36	十、税款滞纳金罚款收入	1481	1362	56	34	1			1060	72	127	84	9		25	2	85	23020

2015年韶关市地方税务局营业税分税目分企业类型统计年报表

编报机关:韶关市地方税务局　　　　单位:万元

序号	项目	合计	内资企业										港澳台投资企业	国有控股	外商投资企业	国有控股	个体经营	附列:应税营业收入
			小计	国有企业	集体企业	股份合作企业	联营企业	国有控股	股份公司	国有控股	私营企业	其他企业						
1	合计	207592	180611	14075	9527	3863	316	13	134805	31948	12701	5324	1854	76	14096	90	11031	5418817
2	一、建筑业	75146	67564	10064	8198	41	240	13	41355	2865	6308	1358	122		3578	9	3882	2505870
3	其中:建筑	43086	39253	6245	6251	21	162		24007	2569	1695	872	14		2920		899	1446490
4	安装	5586	4819	328	232		10		2907	60	1272	70	56		43	8	668	187961
5	二、交通运输业																	19
6	1. 陆路运输																	10
7	2. 水路运输																	
8	3. 航空运输																	
9	4. 管道运输																	
10	5. 装卸搬运																	9
11	三、邮电通信业																	-47
12	1. 邮政																	-48
13	2. 电信																	1
14	四、金融保险业	30594	30289	1175		3739			25353	20988	21	1	173		129	17	3	781115
15	1. 金融	26136	25957	1125		3739			21071	17422	21	1	173		3		3	562939
16	2. 保险	4458	4332	50					4282	3566					126	17		218176
17	五、娱乐业	595	297			2			193	7	102		29		3		266	4554

续表

序号	项　目	合计	内资企业										港澳台投资企业	国有控股	外商投资企业	国有控股	个体经营	附列：应税营业收入
			小计	国有企业	集体企业	股份合作企业	联营企业	国有控股	股份公司	国有控股	私营企业	其他企业						
18	1. 按5%税率征收	595	297			2			193	7	102		29		3		266	4554
19	2. 按10%税率征收																	
20	3. 按15%税率征收																	
21	4. 按20%税率征收																	
22	六、服务业	28898	24199	1306	442	77	76		17110	5153	2450	2738	581	76	1608	64	2510	646629
23	1. 代理业	473	350	8		1			242	36	99		18	18			105	9470
24	2. 旅店业	2137	1728	74	33	12			1157	68	447	5	36		223		150	42709
25	3. 饮食业	3720	1956	117	21	48			1230	64	536	4	35		500	1	1229	75269
26	4. 旅游业	432	373	6					359	167	8		59	58				8624
27	5. 仓储业																	12
28	6. 租赁业	5570	4923	377	269	5			3047	560	267	958	303		60	1	284	113380
29	其中:房屋租赁	2637	2258	250	196	5			1034	220	172	601	204		14		161	54987
30	7. 广告业																	
31	8. 其他服务业	16566	14869	724	119	11	76		11075	4258	1093	1771	130		825	62	742	397165
32	七、转让无形资产	582	360	41	16				122		152	29	2		1		219	11660
33	其中:转让土地使用权	286	210	41	16				122		7	24	2				74	5760
34	八、销售不动产	69470	55809	1403	853	4			49256	2721	3503	790	823		8754		4084	1431481
35	九、文化体育业	619	576	31	1				269	205	134	141			23		20	20699
36	十、税款滞纳金罚款收入	1688	1517	55	17				1147	9	31	267	124				47	16837

2015年河源市地方税务局营业税分税目分企业类型统计年报表

编报机关:河源市地方税务局　　　　单位:万元

序号	项目	合计	内资企业										港澳台投资企业		外商投资企业		个体经营	附列:应税营业收入
			小计	国有企业	集体企业	股份合作企业	联营企业	国有控股	股份公司	国有控股	私营企业	其他企业		国有控股		国有控股		
1	合计	193602	163641	10085	5876	3072	309	2	129255	22839	7436	7608	10046	431	746	18	19169	4965401
2	一、建筑业	73451	67645	4071	4974	17	296		50220	2078	6428	1639	616	243	51		5139	2388727
3	其中:建筑	32672	31330	1879	2075	3	2		24171	1216	2391	809	106	60	8		1228	1047548
4	安装	3573	3102	99	246				2307	42	431	19	40	2	21		410	118461
5	二、交通运输业																	2
6	1. 陆路运输																	
7	2. 水路运输																	
8	3. 航空运输																	
9	4. 管道运输																	
10	5. 装卸搬运																	2
11	三、邮电通信业	1	-1								-1		2	2				65
12	1. 邮政																	2
13	2. 电信	1	-1								-1		2	2				63
14	四、金融保险业	29482	29159	4345		3052			21762	11675			160	19	163			697343
15	1. 金融	25816	25512	2669		3052			19791	10647			149	19	155			578217
16	2. 保险	3666	3647	1676					1971	1028			11		8			119126
17	五、娱乐业	642	494						424	15	70		6	1			142	4935

续表

序号	项　目	合计	内资企业										港澳台投资企业		外商投资企业		个体经营	附列：应税营业收入
			小计	国有企业	集体企业	股份合作企业	联营企业	国有控股	股份公司	国有控股	私营企业	其他企业		国有控股		国有控股		
18	1. 按5%税率征收	642	494						424	15	70		6	1			142	4935
19	2. 按10%税率征收																	
20	3. 按15%税率征收																	
21	4. 按20%税率征收																	
22	六、服务业	20975	16672	745	629	3	13	2	13147	1654	654	1481	675	95	496	14	3132	465066
23	1. 代理业	190	190	38					152	36								3833
24	2. 旅店业	1846	1530	31					1270	230	226	3	115	35	8	1	193	38273
25	3. 饮食业	4520	1705	84	5				1305	162	309	2	112	17	323	12	2380	92442
26	4. 旅游业	99	99	22			5	2	71	4	1							1948
27	5. 仓储业																	
28	6. 租赁业	2680	2327	81	17	1			1727	277	36	465	214	12	10		129	53619
29	其中:房屋租赁	1186	926	63	10				588	84	4	261	178	8	5		77	23890
30	7. 广告业																	2
31	8. 其他服务业	11640	10821	489	607	2	8		8622	945	82	1011	234	31	155	1	430	274949
32	七、转让无形资产	5323	3719	48	8				527	173	12	3124	12		28	4	1564	106306
33	其中:转让土地使用权	5230	3626	48	8				435	170	11	3124	12		28	4	1564	104457
34	八、销售不动产	62781	45176	875	198				42555	7165	257	1291	8572	70	7		9026	1272952
35	九、文化体育业	566	415		65				267	65	12	71			1		150	18889
36	十、税款滞纳金罚款收入	381	362	1	2				353	14	4	2	3	1			16	11116

2015年梅州市地方税务局营业税分税目分企业类型统计年报表

编报机关:梅州市地方税务局

单位:万元

序号	项目	合计	内资企业										港澳台投资企业		外商投资企业		个体经营	附列:应税营业收入
			小计	国有企业	集体企业	股份合作企业	联营企业	国有控股	股份公司	国有控股	私营企业	其他企业		国有控股		国有控股		
1	合　计	243041	222879	8456	9944	2302	399		183443	49664	10177	8158	3088	1204	3996	871	13078	5911337
2	一、建筑业	90407	84877	5350	6409	24	399		61682	4408	6843	4170	178	29	1838	64	3514	2864743
3	其中:建筑	58058	55608	3159	4945	5	236		40823	2915	3316	3124	23	5	988	31	1439	1753991
4	安装	6206	5656	635	156	10	8		3729	551	1088	30	99	10	76		375	294419
5	二、交通运输业	603	603						603	141								20061
6	1. 陆路运输	603	603						603	141								20061
7	2. 水路运输																	
8	3. 航空运输																	
9	4. 管道运输																	
10	5. 装卸搬运																	
11	三、邮电通信业	5	5									5						48
12	1. 邮政																	
13	2. 电信	5	5									5						48
14	四、金融保险业	32370	32172	1962	2037	2251			25868	20149	54		76	18	112	109	10	749006
15	1. 金融	27176	27001	1696	2037	2251			20963	16737	54		76	18	89	89	10	552074
16	2. 保险	5194	5171	266					4905	3412					23	20		196932
17	五、娱乐业	240	160						117	34	43		10	7	16	7	54	1237

续表

序号	项目	合计	内资企业										港澳台投资企业	国有控股	外商投资企业	国有控股	个体经营	附列：应税营业收入
			小计	国有企业	集体企业	股份合作企业	联营企业	国有控股	股份公司	国有控股	私营企业	其他企业						
18	1. 按5%税率征收	240	160						117	34	43		10	7	16	7	54	1237
19	2. 按10%税率征收																	
20	3. 按15%税率征收																	
21	4. 按20%税率征收																	
22	六、服务业	16196	12508	518	290	4			8962	3346	684	2050	387	152	560	171	2741	297570
23	1. 代理业	322	229	-16					214	78	13	18			3	1	90	4022
24	2. 旅店业	1764	1493	23	4				1200	402	132	134	16	5	13	4	242	26341
25	3. 饮食业	3215	1165	31	10				998	356	125	1	141	54	309	108	1600	55361
26	4. 旅游业	176	172	3					133	53	12	24	4	3				3359
27	5. 仓储业																	5
28	6. 租赁业	2738	2039	205	43	2			919	256	94	776	99	27	23	9	577	45394
29	其中:房屋租赁	977	613	131	16				336	130	45	85	64	19	3	1	297	11395
30	7. 广告业																	1
31	8. 其他服务业	7981	7410	272	233	2			5498	2201	308	1097	127	63	212	49	232	171939
32	七、转让无形资产	2735	2416	297	180				579	4	194	1166	4		5		310	45179
33	其中:转让土地使用权	1793	1476	297	180				566	2	194	239	4		5		308	45530
34	八、销售不动产	98959	88743	324	998	22			84552	21499	2245	602	2424	992	1457	520	6335	1920776
35	九、文化体育业	399	289	3	10				55	16	73	148	6	5			104	7958
36	十、税款滞纳金罚款收入	1127	1106	2	20	1			1025	67	41	17	3	1	8		10	4759

2015年惠州市地方税务局营业税分税目分企业类型统计年报表

编报机关:惠州市地方税务局　　　　单位:万元

序号	项目	合计	内资企业										港澳台投资企业		外商投资企业		个体经营	附列:应税营业收入
			小计	国有企业	集体企业	股份合作企业	联营企业	国有控股	股份公司	国有控股	私营企业	其他企业		国有控股		国有控股		
1	合　计	908589	826027	35470	19439	137	1623	170	645865	180026	114402	9091	34222	13126	16545	5945	31795	21514361
2	一、建筑业	264964	254380	30822	15831	125	1416	96	157629	4256	47400	1157	1853	320	1547	243	7184	8572697
3	其中:建筑	140459	136662	21072	9846	63	1007	57	83819	1896	20314	541	591	38	940	123	2266	4549862
4	安装	19913	18137	1234	573	18	90	39	9343	805	6777	102	696	188	330	48	750	654171
5	二、交通运输业	3	3						3	2								104
6	1. 陆路运输	3	3						3	2								103
7	2. 水路运输																	
8	3. 航空运输																	
9	4. 管道运输																	
10	5. 装卸搬运																	1
11	三、邮电通信业	2	2								2							76
12	1. 邮政																	3
13	2. 电信	2	2								2							73
14	四、金融保险业	114345	108214	1571					106415	75159	228		2048	647	4034	2168	49	2609496
15	1. 金融	100738	95267	689					94350	68523	228		2048	647	3374	1508	49	1943227
16	2. 保险	13607	12947	882					12065	6636					660	660		666269
17	五、娱乐业	2343	1062	2	3				567	196	490		603	212	81	40	597	23268

续表

序号	项目	合计	内资企业										港澳台投资企业	国有控股	外商投资企业	国有控股	个体经营	附列：应税营业收入
			小计	国有企业	集体企业	股份合作企业	联营企业	国有控股	股份公司	国有控股	私营企业	其他企业						
18	1. 按5%税率征收	2343	1062	2	3				567	196	490		603	212	81	40	597	22718
19	2. 按10%税率征收																	
20	3. 按15%税率征收																	
21	4. 按20%税率征收																	550
22	六、服务业	100054	74228	1971	2319	12	198	72	49213	16870	15870	4645	7821	3203	6249	2119	11756	2147515
23	1. 代理业	3063	2860	16					2374	736	470		53	29	75	27	75	61050
24	2. 旅店业	7750	5924	5	68				4346	1436	1500	5	1060	458	78	18	688	155177
25	3. 饮食业	17493	6312	2	16				3867	1310	2423	4	1795	837	2014	687	7372	352755
26	4. 旅游业	454	324	12	20				267	84	25		78	32	52	28		9144
27	5. 仓储业	11	2						2	2			9					267
28	6. 租赁业	19526	13649	618	1653	12	51	22	6187	1919	3401	1727	2391	949	1133	420	2353	395319
29	其中：房屋租赁	11722	7887	448	1002	9	32	10	3456	1119	1619	1321	1272	335	678	260	1885	237258
30	7. 广告业	3	3						1		2							95
31	8. 其他服务业	51754	45154	1318	562		147	50	32169	11383	8049	2909	2435	898	2897	939	1268	1173708
32	七、转让无形资产	8516	6804	695	178				2951	148	399	2581	272	1	101		1339	181589
33	其中：转让土地使用权	8274	6602	695	178				2771	7	388	2570	272	1	101		1299	176734
34	八、销售不动产	415001	378167	269	39		1	1	328163	83225	49653	42	21533	8740	4524	1371	10777	7913926
35	九、文化体育业	1164	1144	87	483				158	72	112	304	6		1		13	38743
36	十、税款滞纳金罚款收入	2197	2023	53	586		8	1	766	98	248	362	86	3	8	4	80	26947

2015年汕尾市地方税务局营业税分税目分企业类型统计年报表

编报机关：汕尾市地方税务局　　　　单位：万元

序号	项目	合计	内资企业										港澳台投资企业	国有控股	外商投资企业	国有控股	个体经营	附列：应税营业收入
			小计	国有企业	集体企业	股份合作企业	联营企业	国有控股	股份公司	国有控股	私营企业	其他企业						
1	合计	110625	96133	3247	4633	1049	17		57560	14974	27846	1781	5468	915	1722	487	7302	2871431
2	一、建筑业	45577	43356	2723	4381	54	17		28092	681	7860	229	212	7	201	21	1808	1519110
3	其中：建筑	24409	23648	1304	2699	8			16725	227	2851	61	122	2	155	18	484	814289
4	安装	4751	4490	174	324	35	2		2689	113	1213	53	75	2	26	1	160	156583
5	二、交通运输业																	1
6	1. 陆路运输																	
7	2. 水路运输																	
8	3. 航空运输																	
9	4. 管道运输																	
10	5. 装卸搬运																	1
11	三、邮电通信业	12	12						12	12								412
12	1. 邮政																	
13	2. 电信	12	12						12	12								412
14	四、金融保险业	13747	13041	166		975			11895	10068	4	1	705	136	1			297193
15	1. 金融	11447	10742	167		975			9595	8295	4	1	705	136				236222
16	2. 保险	2300	2299	-1					2300	1773					1			60971
17	五、娱乐业	326	170						37	29	133		71	24			85	2858

续表

序号	项目	合计	内资企业										港澳台投资企业		外商投资企业		个体经营	附列：应税营业收入
			小计	国有企业	集体企业	股份合作企业	联营企业	国有控股	股份公司	国有控股	私营企业	其他企业		国有控股		国有控股		
18	1. 按5%税率征收	326	170						37	29	133		71	24			85	2858
19	2. 按10%税率征收																	
20	3. 按15%税率征收																	
21	4. 按20%税率征收																	
22	六、服务业	10596	6841	230	98	19			4021	1390	1644	829	825	228	1275	460	1655	246505
23	1. 代理业	202	156	21		2			129	92	4						46	4278
24	2. 旅店业	1007	511	22	6	7			299	85	165	12	266	58	21		209	20453
25	3. 饮食业	2801	888	5		9			335	88	528	11	361	111	506	224	1046	56361
26	4. 旅游业	46	46	3	40				1	1	2							941
27	5. 仓储业																	
28	6. 租赁业	812	527	87	2	1			127	44	183	127	108	37	9	1	168	17650
29	其中：房屋租赁	361	181	29		1			47	21	70	34	77	33	5	1	98	8747
30	7. 广告业																	3
31	8. 其他服务业	5728	4713	92	50				3130	1080	762	679	90	22	739	235	186	146819
32	七、转让无形资产	1847	1089	64	51				474	474	55	445	109				649	37903
33	其中：转让土地使用权	1845	1087	64	51				474	474	55	443	109				649	37853
34	八、销售不动产	37812	30939	61	95				12403	2172	18128	252	3542	520	245	6	3086	750942
35	九、文化体育业	33	31		3				1	1	6	21	1				1	1437
36	十、税款滞纳金罚款收入	675	654	3	5	1			625	147	16	4	3				18	15070

2015年东莞市地方税务局营业税分税目分企业类型统计年报表

编报机关：东莞市地方税务局　　　　单位：万元

序号	项　目	合计	内资企业										港澳台投资企业		外商投资企业		个体经营	附列：应税营业收入
			小计	国有企业	集体企业	股份合作企业	联营企业	国有控股	股份公司	国有控股	私营企业	其他企业		国有控股		国有控股		
1	合　计	1456346	1295281	25638	54380	81	1700	3	970461	426231	219406	23615	60997	23008	42199	13569	57869	32130765
2	一、建筑业	279777	263895	23526	11608	56	1656		179292	7358	44718	3039	1582	17	3567	99	10733	9192607
3	其中：建筑	174078	167699	18013	9578	16	930		116147	3879	21222	1793	764		2590	21	3025	5700174
4	安装	45688	42334	2651	923	19	450		27774	1863	10162	355	426	9	787	75	2141	1508386
5	二、交通运输业	5	2						2	1							3	162
6	1. 陆路运输																	4
7	2. 水路运输																	
8	3. 航空运输																	
9	4. 管道运输																	
10	5. 装卸搬运	5	2						2	1							3	158
11	三、邮电通信业																	
12	1. 邮政																	
13	2. 电信																	
14	四、金融保险业	379681	373097	1032	96				362680	259814	9181	108	5935	1847	591	3862	58	6988082
15	1. 金融	335995	325204	1032	96				314787	217883	9181	108	5896	1836	4837	1320	58	5129640
16	2. 保险	43686	47893						47893	41931			39	11	-4246	2542		1858442
17	五、娱乐业	7137	3792		38				2437	822	1317		2719	849	539	173	87	93888

续表

序号	项目	合计	内资企业										港澳台投资企业		外商投资企业		个体经营	附列：应税营业收入
			小计	国有企业	集体企业	股份合作企业	联营企业	国有控股	股份公司	国有控股	私营企业	其他企业		国有控股		国有控股		
18	1. 按5%税率征收	7137	3792		38				2437	822	1317		2719	849	539	173	87	93888
19	2. 按10%税率征收																	
20	3. 按15%税率征收																	
21	4. 按20%税率征收																	
22	六、服务业	278720	191420	888	23844	24	6	3	120595	35212	34265	11798	30757	14657	22204	6800	34339	5799764
23	1. 代理业	6837	5809	6	4				4610	1220	1185	4	271	95	472	262	285	136594
24	2. 旅店业	10807	9249	7	150				6190	1506	2891	11	633	198	381	118	544	216253
25	3. 饮食业	42601	19386	1	270	1			13939	3917	5166	9	3562	1082	5402	1267	14251	855822
26	4. 旅游业	733	733	4	2				701	70	26							14998
27	5. 仓储业																	
28	6. 租赁业	97812	72366	524	18900	22	5	2	34500	9286	11337	7078	8140	1803	3674	773	13632	1989835
29	其中：房屋租赁	60683	40690	200	10396	11			18578	4388	6978	4527	5797	1109	2056	354	12140	1246514
30	7. 广告业																	6
31	8. 其他服务业	119930	83877	346	4518	1	1	1	60655	19213	13660	4696	18151	11479	12275	4380	5627	2586256
32	七、转让无形资产	9477	8888	2	77				2093	1113	234	6482	377	37	79		133	192888
33	其中：转让土地使用权	9282	8693	2	76				1913	1113	220	6482	377	37	79		133	188979
34	八、销售不动产	491892	445268	120	18548	1			296938	117344	128819	842	19255	5519	15157	2628	12212	9712092
35	九、文化体育业	2904	2685	14	17				1149	391	208	1297	126	58	14	6	79	126784
36	十、税款滞纳金罚款收入	6753	6234	56	152		38		5275	4176	664	49	246	24	48	1	225	24498

2015年中山市地方税务局营业税分税目分企业类型统计年报表

编报机关:中山市地方税务局 单位:万元

序号	项目	合计	内资企业										港澳台投资企业		外商投资企业		个体经营	附列:应税营业收入
			小计	国有企业	集体企业	股份合作企业	联营企业	国有控股	股份公司	国有控股	私营企业	其他企业		国有控股		国有控股		
1	合计	819629	713868	13032	12404	196	924		537959	103285	85685	63668	71614	2884	17688	380	16459	21203529
2	一、建筑业	188165	178060	12170	5336	97	858		120468	1085	30022	9109	622		877		8606	6125089
3	其中:建筑	87386	86718	6157	3087	60	435		59925	5	8874	8180	97		15		556	2834116
4	安装	23604	20657	821	515	1	55		13909	424	5265	91	218		640		2089	773345
5	二、交通运输业																	207
6	1. 陆路运输																	207
7	2. 水路运输																	
8	3. 航空运输																	
9	4. 管道运输																	
10	5. 装卸搬运																	
11	三、邮电通信业																	1
12	1. 邮政																	
13	2. 电信																	1
14	四、金融保险业	136749	131927	513	111				130581	71521	606	116	1905	1	2509	155	408	5071196
15	1. 金融	120199	115819	513	111				114473	61831	606	116	1905	1	2067	79	408	2289604
16	2. 保险	16550	16108						16108	9690					442	76		2781592
17	五、娱乐业	3891	3307		64				1559	150	1683	1	513		22		49	35938

续表

序号	项目	合计	内资企业										港澳台投资企业	国有控股	外商投资企业	国有控股	个体经营	附列：应税营业收入
			小计	国有企业	集体企业	股份合作企业	联营企业	国有控股	股份公司	国有控股	私营企业	其他企业						
18	1. 按5%税率征收	3891	3307		64				1559	150	1683	1	513		22		49	35938
19	2. 按10%税率征收																	
20	3. 按15%税率征收																	
21	4. 按20%税率征收																	
22	六、服务业	109065	83613	345	3730	99	32		48219	9313	16464	14724	12398	2883	6347	225	6707	2254434
23	1. 代理业	6862	5186	19	70				3310	104	1364	423	141		724	4	811	147679
24	2. 旅店业	4678	3904	13	36				2711	182	1133	11	440	21	241	53	93	93611
25	3. 饮食业	22231	14126		187				7410	664	6505	24	1982	10	2071	87	4052	447865
26	4. 旅游业	355	353	19	2				283	12	49						2	7086
27	5. 仓储业																	
28	6. 租赁业	33424	29451	134	2662	80	20		12167	3306	1803	12585	2587	331	669	33	717	665515
29	其中：房屋租赁	28235	25498	130	2193	74	8		10381	2837	1490	11222	1777	292	559	31	401	560457
30	7. 广告业																	
31	8. 其他服务业	41515	30593	160	773	19	12		22338	5045	5610	1681	7248	2521	2642	48	1032	892678
32	七、转让无形资产	8457	8022		1004				724	203	3	6291	9		5		421	169853
33	其中：转让土地使用权	8450	8022		1004				724	203	3	6291	7				421	169707
34	八、销售不动产	370330	306267	4	1734		34		235336	20993	36405	32754	56115		7770		178	7485943
35	九、文化体育业	1621	1504						463	15	372	669	33		19		65	54277
36	十、税款滞纳金罚款收入	1351	1168		425				609	5	130	4	19		139		25	6591

2015 年江门市地方税务局营业税分税目分企业类型统计年报表

编报机关:江门市地方税务局　　单位:万元

序号	项　目	合计	内资企业										港澳台投资企业		外商投资企业		个体经营	附列:应税营业收入
			小计	国有企业	集体企业	股份合作企业	联营企业	国有控股	股份公司	国有控股	私营企业	其他企业		国有控股		国有控股		
1	合　计	517181	438693	17645	18666	6471	4562	52	320998	68523	62421	7930	24044	2432	18451	1440	35993	12887463
2	一、建筑业	158941	145006	13837	4953	186	4492		91574	5273	27243	2721	667	25	2970	20	10298	5246516
3	其中:建筑	79538	76198	8630	3607		2561		48220	3147	11065	2115	160		2039		1141	2621827
4	安装	14113	12331	519	197	59	134		6367	1928	5005	50	258	25	177	20	1347	470099
5	二、交通运输业	751	750						750								1	25016
6	1. 陆路运输	747	746						746								1	24880
7	2. 水路运输																	
8	3. 航空运输																	
9	4. 管道运输																	
10	5. 装卸搬运	4	4						4									136
11	三、邮电通信业																	21
12	1. 邮政																	
13	2. 电信																	21
14	四、金融保险业	95325	89971	1375	4	5935	11	1	82542	39542	100	4	1309	345	4028	731	17	2270300
15	1. 金融	81303	77588	1109	4	5935	11	1	70425	34951	100	4	1307	345	2391	117	17	1685359
16	2. 保险	14022	12383	266					12117	4591			2		1637	614		584941
17	五、娱乐业	1940	1335	19					751	253	565		168	31	31	5	406	17774

续表

序号	项目	合计	内资企业										港澳台投资企业		外商投资企业		个体经营	附列：应税营业收入
			小计	国有企业	集体企业	股份合作企业	联营企业	国有控股	股份公司	国有控股	私营企业	其他企业		国有控股		国有控股		
18	1. 按5%税率征收	1940	1335	19					751	253	565		168	31	31	5	406	17774
19	2. 按10%税率征收																	
20	3. 按15%税率征收																	
21	4. 按20%税率征收																	
22	六、服务业	66328	42002	795	1894	19	13	5	26577	5222	8316	4388	7939	941	4802	612	11585	1405741
23	1. 代理业	1034	781	20	15				516	97	215	15	124	34	32	8	97	20691
24	2. 旅店业	4018	2461	19	7				1887	278	513	35	243	4	611	20	703	80509
25	3. 饮食业	14199	4924	11	8				3146	636	1759		1411	128	1680	224	6184	287348
26	4. 旅游业	431	412	14	3				315	57	67	13	4				15	8616
27	5. 仓储业																	3
28	6. 租赁业	16028	10275	548	925	12	4	4	4907	1032	1466	2413	2312	201	481	73	2960	324692
29	其中：房屋租赁	8005	4505	216	457	4			2124	389	611	1093	1461	137	211	5	1828	164371
30	7. 广告业																	
31	8. 其他服务业	30618	23149	183	936	7	9	1	15806	3122	4296	1912	3845	574	1998	287	1626	683882
32	七、转让无形资产	2742	-69	10	-963	71	22	22	567	12	79	145	966	10	107		1738	82882
33	其中：转让土地使用权	2465	-344	10	-963	71	21	21	309	12	74	134	966	10	106		1737	77334
34	八、销售不动产	188206	157042	757	12320	260	24	24	117511	18046	25817	353	12870	1075	6484	72	11810	3796127
35	九、文化体育业	934	868	10	2				455	168	167	234	4		25		37	31168
36	十、税款滞纳金罚款收入	2014	1788	842	456				271	7	134	85	121	5	4		101	11918

2015年阳江市地方税务局营业税分税目分企业类型统计年报表

编报机关:阳江市地方税务局　　　　单位:万元

序号	项目	合计	内资企业										港澳台投资企业	国有控股	外商投资企业	国有控股	个体经营	附列:应税营业收入
			小计	国有企业	集体企业	股份合作企业	联营企业	国有控股	股份公司	国有控股	私营企业	其他企业						
1	合计	176115	161894	7546	4523	1132	267		110280	25331	33941	4205	3290	512	3242	65	7689	4570404
2	一、建筑业	59657	57389	4865	3978	5	267		37171	1356	9977	1126	277		66	1	1925	1945505
3	其中:建筑	37948	37196	2892	3148	1	200		25532	1031	4836	587	64		26		662	1241057
4	安装	3931	3524	287	147	1	2		1943	211	1120	24	170		30	1	207	131178
5	二、交通运输业	104	104						104	95								3184
6	1. 陆路运输	104	104						104	95								3184
7	2. 水路运输																	
8	3. 航空运输																	
9	4. 管道运输																	
10	5. 装卸搬运																	
11	三、邮电通信业	2	2								2							57
12	1. 邮政	2	2								2							57
13	2. 电信																	
14	四、金融保险业	28373	28098	1995		1127			24953	14340	20	3	123	11	78	1	74	693432
15	1. 金融	23762	23488	1917		1127			20421	11846	20	3	123	11	77		74	511790
16	2. 保险	4611	4610	78					4532	2494					1	1		181642
17	五、娱乐业	438	220						63	15	157		120	15			98	4607

续表

序号	项　　目	合计	内　资　企　业										港澳台投资企业	国有控股	外商投资企业	国有控股	个体经营	附列：应税营业收入
			小计	国有企业	集体企业	股份合作企业	联营企业	国有控股	股份公司	国有控股	私营企业	其他企业						
18	1. 按5%税率征收	438	220						63	15	157		120	15			98	4607
19	2. 按10%税率征收																	
20	3. 按15%税率征收																	
21	4. 按20%税率征收																	
22	六、服务业	19371	14692	346	150				7631	1982	4006	2559	736	62	961	62	2982	458234
23	1. 代理业	209	208	2					191	110	15						1	4173
24	2. 旅店业	2092	1603	9	17				1019	142	300	258	44	8	97	9	348	42206
25	3. 饮食业	5455	2909	18	24				1056	213	1700	111	210	14	465	16	1871	109192
26	4. 旅游业	52	52						22	3	30							1053
27	5. 仓储业	1	1								1							22
28	6. 租赁业	1808	1256	109	8				522	210	314	303	162	37	57	12	333	65538
29	其中：房屋租赁	858	564	63	2				274	149	97	128	71	36	6		217	19122
30	7. 广告业																	
31	8. 其他服务业	9754	8663	208	101				4821	1304	1646	1887	320	3	342	25	429	236050
32	七、转让无形资产	930	704	192	343				108	45	54	7	2				224	18413
33	其中：转让土地使用权	929	703	192	343				107	45	54	7	2				224	18411
34	八、销售不动产	65838	59342	109	20				39537	7407	19562	114	2002	419	2125		2369	1415983
35	九、文化体育业	632	618	11	24				210	20	10	363			8	1	6	21061
36	十、税款滞纳金罚款收入	770	725	28	8				503	71	153	33	30	5	4		11	9928

2015年湛江市地方税务局营业税分税目分企业类型统计年报表

编报机关:湛江市地方税务局　　　　单位:万元

序号	项目	合计	内资企业										港澳台投资企业		外商投资企业		个体经营	附列:应税营业收入
			小计	国有企业	集体企业	股份合作企业	联营企业	国有控股	股份公司	国有控股	私营企业	其他企业		国有控股		国有控股		
1	合计	350069	327776	29738	13048	5116	28	1	228504	66181	43865	7477	3907	483	1777	79	16609	8852700
2	一、建筑业	131006	123840	25115	10846	47	23		65000	1248	20122	2687	404	39	441	52	6321	4241919
3	其中:建筑	84649	82401	17162	7194	4	1		45033	603	11131	1876	134	15	161		1953	2768037
4	安装	7652	6896	1056	560	23			3281	103	1781	195	68	2	240	51	448	252442
5	二、交通运输业	296	286	4					282						10			9387
6	1. 陆路运输	282	282						282									8954
7	2. 水路运输																	
8	3. 航空运输																	
9	4. 管道运输																	
10	5. 装卸搬运	14	4	4											10			433
11	三、邮电通信业	5	5	5														160
12	1. 邮政	5	5	5														153
13	2. 电信																	7
14	四、金融保险业	77423	76831	2619	905	5042			67873	45917	318	74	636	-9	-56	-194	12	1776110
15	1. 金融	71540	70720	2479	905	5042			61902	42659	318	74	768	136	40	8	12	1471257
16	2. 保险	5883	6111	140					5971	3258			-132	-145	-96	-202		304853
17	五、娱乐业	982	493		2				76	13	415		311	75			178	7126

续表

序号	项目	合计	内资企业										港澳台投资企业	国有控股	外商投资企业	国有控股	个体经营	附列：应税营业收入
			小计	国有企业	集体企业	股份合作企业	联营企业	国有控股	股份公司	国有控股	私营企业	其他企业						
18	1. 按5%税率征收	982	493		2				76	13	415		311	75			178	7126
19	2. 按10%税率征收																	
20	3. 按15%税率征收																	
21	4. 按20%税率征收																	
22	六、服务业	39744	31262	1216	584	22	5	1	18974	8628	6928	3533	1159	343	1312	221	6011	831780
23	1. 代理业	204	196	6					138	40	51	1			3		5	4091
24	2. 旅店业	2986	2109	70	17				1010	322	987	25	219	50			658	59971
25	3. 饮食业	8978	4266	58	27				1987	797	2169	25	415	68	798	134	3499	180827
26	4. 旅游业	106	106	3					78	19	6	19						2120
27	5. 仓储业	25	25	2					23	4								504
28	6. 租赁业	7962	6441	524	165	8	4		3095	1014	1115	1530	243	64	323	43	955	165468
29	其中：房屋租赁	3908	3251	201	91	2	4		1653	511	580	720	86	21	78	3	493	84631
30	7. 广告业																	
31	8. 其他服务业	19483	18119	553	375	14	1	1	12643	6432	2600	1933	282	161	188	44	894	418799
32	七、转让无形资产	4204	2753	461	366				1231	22	428	267	12	4	51		1388	78140
33	其中：转让土地使用权	3351	1921	461	366				448	22	407	239	8		51		1371	61113
34	八、销售不动产	93283	89302	203	297	3			72616	8868	15595	588	1384	31	19		2578	1874074
35	九、文化体育业	431	414	17	8				45	31	35	309					17	14365
36	十、税款滞纳金罚款收入	2695	2590	98	40	2			2407	1454	24	19	1				104	19639

2015年茂名市地方税务局营业税分税目分企业类型统计年报表

编报机关:茂名市地方税务局

单位:万元

序号	项目	合计	内资企业										港澳台投资企业		外商投资企业		个体经营	附列:应税营业收入
			小计	国有企业	集体企业	股份合作企业	联营企业	国有控股	股份公司	国有控股	私营企业	其他企业		国有控股		国有控股		
1	合计	226350	206024	24236	7382	7304	2243	1033	148481	29762	6077	10301	564	105	3293	245	16469	5807628
2	一、建筑业	80390	73939	9898	5327	59	1952	1032	49569	2091	5177	1957	123	2	2489		3839	2620549
3	其中:建筑	39969	36904	4795	3204	55	1420	705	23557	638	2352	1521	5		2076		984	1299913
4	安装	2817	2413	199	172	1	20	6	1373	33	638	10	93	2	33		278	90016
5	二、交通运输业																	3
6	1. 陆路运输																	
7	2. 水路运输																	
8	3. 航空运输																	
9	4. 管道运输																	
10	5. 装卸搬运																	3
11	三、邮电通信业																	12
12	1. 邮政																	
13	2. 电信																	12
14	四、金融保险业	35707	35251	6046	248	6429			22461	11083	65	2	188	70	268	134		917230
15	1. 金融	31662	31362	5642	248	6429			18976	8869	65	2	188	70	112	105		653816
16	2. 保险	4045	3889	404					3485	2214					156	29		263414
17	五、娱乐业	595	307						261	19	43	3					288	4676

续表

序号	项目	合计	内资企业										港澳台投资企业	国有控股	外商投资企业	国有控股	个体经营	附列：应税营业收入
			小计	国有企业	集体企业	股份合作企业	联营企业	国有控股	股份公司	国有控股	私营企业	其他企业						
18	1. 按5%税率征收	595	307						261	19	43	3					288	4676
19	2. 按10%税率征收																	
20	3. 按15%税率征收																	
21	4. 按20%税率征收																	
22	六、服务业	21662	16932	2455	231	34	12	1	11462	2272	315	2423	46	17	463	74	4221	456526
23	1. 代理业	481	368	14	32	1			300	55	12	9					113	9553
24	2. 旅店业	1506	958	59	28		8		807	85	51	5					548	30180
25	3. 饮食业	4320	1295	86					1046	130	163				333	57	2692	86730
26	4. 旅游业	190	182	10					172	15							8	3808
27	5. 仓储业																	
28	6. 租赁业	5663	5291	1636	43	20	4	1	2441	284	41	1106	35	16	16	10	321	115569
29	其中:房屋租赁	1887	1703	395	15	17	3		748	166	2	523	2		1	1	181	40152
30	7. 广告业																	
31	8. 其他服务业	9502	8838	650	128	13			6696	1703	48	1303	11	1	114	7	539	210686
32	七、转让无形资产	16823	15601	5033	1427	559	279		5207	2864	39	3057	24	3	8	4	1190	374269
33	其中:转让土地使用权	16573	15394	4895	1427	559	279		5138	2864	39	3057	24	3			1155	369264
34	八、销售不动产	68701	61629	168	149	223			58228	11401	429	2432	130		65	33	6877	1355851
35	九、文化体育业	898	828	13					684	91		131	53	13			17	29935
36	十、税款滞纳金罚款收入	1574	1537	623					609	-59	9	296					37	48577

2015年肇庆市地方税务局营业税分税目分企业类型统计年报表

编报机关:肇庆市地方税务局　　　　单位:万元

序号	项目	合计	内资企业										港澳台投资企业	国有控股	外商投资企业	国有控股	个体经营	附列:应税营业收入
			小计	国有企业	集体企业	股份合作企业	联营企业	国有控股	股份公司	国有控股	私营企业	其他企业						
1	合计	303583	266888	16619	6997	5046	104	4	188317	40621	42276	7529	8072	799	9836	39	18787	7736150
2	一、建筑业	101581	94316	7805	5966	4	93		66361	3894	13438	649	287		1733	1	5245	3294131
3	其中:建筑	61269	58336	4710	3479	1	72		42031	3362	7804	239	201		961	1	1771	1987818
4	安装	6671	5395	206	192				3514	286	1467	16	26		553		697	220427
5	二、交通运输业																	
6	1. 陆路运输																	
7	2. 水路运输																	
8	3. 航空运输																	
9	4. 管道运输																	
10	5. 装卸搬运																	
11	三、邮电通信业	-3	-3	-3														
12	1. 邮政	-3	-3	-3														
13	2. 电信																	
14	四、金融保险业	50984	49583	3280		4940			41211	22556	145	7	778		609	11	14	1256390
15	1. 金融	43242	42384	3180		4940			34112	18862	145	7	665		179	1	14	961564
16	2. 保险	7742	7199	100					7099	3694			113		430	10		294826
17	五、娱乐业	1119	374		1				129		244		96				649	8865

续表

序号	项　目	合计	内资企业										港澳台投资企业	国有控股	外商投资企业	国有控股	个体经营	附列：应税营业收入
			小计	国有企业	集体企业	股份合作企业	联营企业	国有控股	股份公司	国有控股	私营企业	其他企业						
18	1. 按5%税率征收	1119	374		1				129		244		96				649	8865
19	2. 按10%税率征收																	
20	3. 按15%税率征收																	
21	4. 按20%税率征收																	
22	六、服务业	36364	25124	1613	478	99	9	2	13720	1823	5979	3226	3758	93	1701	27	5781	794276
23	1. 代理业	1042	850	17	12	47			617	190	155	2	33		23		136	20360
24	2. 旅店业	2253	1668	151	6				759	55	742	10	72		164		349	45134
25	3. 饮食业	7651	2862	230	3				1641	241	962	26	296		683	12	3810	153397
26	4. 旅游业	226	224	60	2				144	10	15	3					2	4528
27	5. 仓储业																	
28	6. 租赁业	9373	6634	667	152	48	2	2	2407	474	1507	1851	1628	93	368	7	743	189892
29	其中：房屋租赁	3816	2959	340	55	5	2	2	1343	197	598	616	231	92	260	5	366	78796
30	7. 广告业																	
31	8. 其他服务业	15819	12886	488	303	4	7		8152	853	2598	1334	1729		463	8	741	380965
32	七、转让无形资产	5392	3735	1364	122	1			1075	275	247	926	286		66		1305	108122
33	其中：转让土地使用权	5330	3674	1335	122	1			1075	275	238	903	285		66		1305	106924
34	八、销售不动产	105696	92123	2294	334				65119	11993	22049	2327	2173	706	5682		5718	2199072
35	九、文化体育业	783	767	13	16				310	44	85	343	2				14	26124
36	十、税款滞纳金罚款收入	1667	869	253	80	2	2	2	392	36	89	51	692		45		61	49167

2015年清远市地方税务局营业税分税目分企业类型统计年报表

编报机关:清远市地方税务局　　　　单位:万元

序号	项目	合计	内资企业										港澳台投资企业	国有控股	外商投资企业	国有控股	个体经营	附列:应税营业收入
			小计	国有企业	集体企业	股份合作企业	联营企业	国有控股	股份公司	国有控股	私营企业	其他企业						
1	合　计	348874	308584	11279	3911	4158	3469	324	257299	44942	20208	8260	12783	720	6136	2228	21371	8804377
2	一、建筑业	119873	108103	9014	2275	124	3411	321	79246	1688	12267	1766	3755	18	911		7104	3847391
3	其中:建筑	55596	50463	4233	1250	35	1968	245	38749	1081	3887	341	2837		444		1852	1769085
4	安装	10512	9531	272	378		538	75	5860	305	1984	499	52	4	51		878	343265
5	二、交通运输业																	
6	1. 陆路运输																	
7	2. 水路运输																	
8	3. 航空运输																	
9	4. 管道运输																	
10	5. 装卸搬运																	
11	三、邮电通信业																	4
12	1. 邮政																	4
13	2. 电信																	
14	四、金融保险业	41278	40286	702	1378	3741			34456	26045	7	2	445	55	363	60	184	1039808
15	1. 金融	35106	34313	702	1378	3741			28483	20391	7	2	445	55	164	11	184	777592
16	2. 保险	6172	5973						5973	5654					199	49		262216
17	五、娱乐业	1358	955						759	76	196		15	9	8		380	13443

续表

序号	项目	合计	内资企业										港澳台投资企业		外商投资企业		个体经营	附列：应税营业收入
			小计	国有企业	集体企业	股份合作企业	联营企业	国有控股	股份公司	国有控股	私营企业	其他企业		国有控股		国有控股		
18	1. 按5%税率征收	1358	955						759	76	196		15	9	8		380	13443
19	2. 按10%税率征收																	
20	3. 按15%税率征收																	
21	4. 按20%税率征收																	
22	六、服务业	36698	26848	1496	172	6	17	3	19966	2846	1169	4022	1556	529	3721	2156	4573	856889
23	1. 代理业	921	644	24		1			614	227	4	1			18	2	259	18430
24	2. 旅店业	3577	2515	17	10				1943	332	333	212	476	182	198	15	388	73333
25	3. 饮食业	6267	2571	41	17				2145	264	281	87	266	70	710	146	2720	126449
26	4. 旅游业	378	93						82	1	9	2	166	166	119	1		9320
27	5. 仓储业																	1
28	6. 租赁业	4426	3784	216	33	5	12		2281	241	105	1132	273	36	132	27	237	90589
29	其中：房屋租赁	2712	2351	63	12	3			1226	140	33	1014	209	20	69	20	83	56624
30	7. 广告业	1	1						1									10
31	8. 其他服务业	21128	17240	1198	112		5	3	12900	1781	437	2588	375	75	2544	1965	969	538757
32	七、转让无形资产	1545	1335			285			360	35	231	459	2				208	25709
33	其中：转让土地使用权	1525	1318			285			352	35	223	458	2				205	25242
34	八、销售不动产	146751	129777	61	82	1	41		121483	14174	6266	1843	6977	105	1112		8885	2997937
35	九、文化体育业	460	402		1				222	37	40	139	25	4	19	12	14	15360
36	十、税款滞纳金罚款收入	911	878	6	3	1			807	41	32	29	8		2		23	7836

2015年潮州市地方税务局营业税分税目分企业类型统计年报表

编报机关：潮州市地方税务局　　　　单位：万元

序号	项目	合计	内资企业										港澳台投资企业	国有控股	外商投资企业	国有控股	个体经营	附列：应税营业收入
			小计	国有企业	集体企业	股份合作企业	联营企业	国有控股	股份公司	国有控股	私营企业	其他企业						
1	合计	88730	83212	6934	5589	1715	19		61122	15248	5040	2793	858	150	693	60	3967	2308650
2	一、建筑业	33437	31769	6221	5444	18	19		17211	1065	1073	1783	47		43		1578	1091205
3	其中：建筑	23360	22170	4863	4942	7			10426	746	523	1409	46		3		1141	762959
4	安装	2335	2175	379	121	3	17		1384	84	170	101	1		26		133	77622
5	二、交通运输业	1															1	68
6	1. 陆路运输																	18
7	2. 水路运输																	
8	3. 航空运输																	
9	4. 管道运输																	
10	5. 装卸搬运	1															1	50
11	三、邮电通信业	1											1	1				27
12	1. 邮政																	
13	2. 电信	1											1	1				27
14	四、金融保险业	18856	18797	194		1643			16960	12394			59	20				469900
15	1. 金融	15137	15078	194		1643			13241	9614			59	20				298571
16	2. 保险	3719	3719						3719	2780								171329
17	五、娱乐业	424	380	8	3				235	29	134		17	5			27	3350

续表

序号	项目	合计	内资企业										港澳台投资企业	国有控股	外商投资企业	国有控股	个体经营	附列：应税营业收入
			小计	国有企业	集体企业	股份合作企业	联营企业	国有控股	股份公司	国有控股	私营企业	其他企业						
18	1. 按5%税率征收	424	380	8	3				235	29	134		17	5			27	3350
19	2. 按10%税率征收																	
20	3. 按15%税率征收																	
21	4. 按20%税率征收																	
22	六、服务业	8313	6437	310	78	54			4595	638	494	906	218	122	639	60	1019	179282
23	1. 代理业	525	497	2					484	87	11						28	10128
24	2. 旅店业	616	513	85	13				354	28	48	13			73	17	30	12332
25	3. 饮食业	1379	739	66	23				363	39	275	12			329	27	311	27832
26	4. 旅游业	119	52	3	1				48	4					67	13		2374
27	5. 仓储业	1	1						1									11
28	6. 租赁业	1337	744	83	13	49			381	45	97	121	111	51	46		436	29569
29	其中：房屋租赁	503	317	48	5	19			154	17	30	61	8		1		177	12894
30	7. 广告业																	
31	8. 其他服务业	4336	3891	71	28	5			2964	435	63	760	107	71	124	3	214	97036
32	七、转让无形资产	1059	706	129					561	480		16	270	2			83	11710
33	其中：转让土地使用权	1057	704	128					560	480		16	270	2			83	11707
34	八、销售不动产	26161	24658	27	57				21229	641	3329	16	246		5		1252	547238
35	九、文化体育业	110	107	35					8	1	2	62					3	3799
36	十、税款滞纳金罚款收入	368	358	10	7				323		8	10			6		4	2071

2015年揭阳市地方税务局营业税分税目分企业类型统计年报表

编报机关:揭阳市地方税务局　　　　单位:万元

序号	项目	合计	内资企业										港澳台投资企业	国有控股	外商投资企业	国有控股	个体经营	附列:应税营业收入
			小计	国有企业	集体企业	股份合作企业	联营企业	国有控股	股份公司	国有控股	私营企业	其他企业						
1	合　计	173719	160486	8801	10259	4969	21		125289	27082	9520	1627	1930	383	2100	1385	9203	4480051
2	一、建筑业	67792	65495	6933	9043	3	21		45214	2210	4110	171	34		148	104	2115	2182998
3	其中:建筑	49022	47521	5558	7443		8		32664	1671	1793	55			20		1481	1571228
4	安装	3504	3274	217	137		6		2340	120	508	66	33		24		173	115508
5	二、交通运输业																	
6	1. 陆路运输																	
7	2. 水路运输																	
8	3. 航空运输																	
9	4. 管道运输																	
10	5. 装卸搬运																	
11	三、邮电通信业																	7
12	1. 邮政																	
13	2. 电信																	7
14	四、金融保险业	46257	45941	1519		4959			39198	19766	264	1	265	38	51	3		1090816
15	1. 金融	38858	38590	1176		4959			32190	15532	264	1	265	38	3	2		810795
16	2. 保险	7399	7351	343					7008	4234					48	1		280021
17	五、娱乐业	1248	839	4	44				501	75	290		71	14			338	9136

续表

序号	项　目	合计	内资企业										港澳台投资企业	国有控股	外商投资企业	国有控股	个体经营	附列：应税营业收入
			小计	国有企业	集体企业	股份合作企业	联营企业	国有控股	股份公司	国有控股	私营企业	其他企业						
18	1. 按5%税率征收	1248	839	4	44				501	75	290		71	14			338	9136
19	2. 按10%税率征收																	
20	3. 按15%税率征收																	
21	4. 按20%税率征收																	
22	六、服务业	15444	10383	287	577	6			7383	1862	1339	791	303	55	1896	1278	2862	347286
23	1. 代理业	935	644	34					583	270	26	1			32	5	259	18706
24	2. 旅店业	1683	1291	10	113				859	151	308	1	153	39			239	33760
25	3. 饮食业	3034	1252	26	73				823	95	330		73	10	489	95	1220	60809
26	4. 旅游业	67	67	3					59	5	5							1361
27	5. 仓储业																	
28	6. 租赁业	2667	1795	124	84	5			942	155	338	302	23	3	60	8	789	57287
29	其中:房屋租赁	1194	811	40	70	2			338	59	243	118	15	1			368	27770
30	7. 广告业																	
31	8. 其他服务业	7058	5334	90	307	1			4117	1186	332	487	54	3	1315	1170	355	175363
32	七、转让无形资产	877	668		116				541	3		11	22				187	17545
33	其中:转让土地使用权	875	666		116				539	3		11	22				187	17522
34	八、销售不动产	40779	35900	14	393	1			31760	3104	3364	368	1218	275	5		3656	797634
35	九、文化体育业	489	486		10				361	57	72	43					3	16196
36	十、税款滞纳金罚款收入	833	774	44	76				331	5	81	242	17	1			42	18433

2015年云浮市地方税务局营业税分税目分企业类型统计年报表

编报机关：云浮市地方税务局　　　　单位：万元

序号	项目	合计	内资企业										港澳台投资企业	国有控股	外商投资企业	国有控股	个体经营	附列：应税营业收入
			小计	国有企业	集体企业	股份合作企业	联营企业	国有控股	股份公司	国有控股	私营企业	其他企业						
1	合计	133155	116910	6938	2846	4362	328	1	82475	16968	14323	5638	2575	456	1435	195	12235	3820912
2	一、建筑业	45933	40814	2694	2503	8	327		28445	886	5462	1375	75	2	992	38	4052	1507808
3	其中：建筑	18799	17122	804	1697		58		11806	764	1988	769	4		400		1273	617690
4	安装	2897	2330	95	49	3	2		1570	30	540	71	47	2	86	38	434	95772
5	二、交通运输业																	
6	1. 陆路运输																	
7	2. 水路运输																	
8	3. 航空运输																	
9	4. 管道运输																	
10	5. 装卸搬运																	
11	三、邮电通信业	2											2					70
12	1. 邮政																	
13	2. 电信	2											2					70
14	四、金融保险业	24038	23698	3332		4319			16038	11822	9		282	149	39	6	19	592694
15	1. 金融	20370	20031	3204		4319			12499	10202	9		282	149	38	5	19	466321
16	2. 保险	3668	3667	128					3539	1620					1	1		126373
17	五、娱乐业	282	154						95	4	59						128	2194

续表

序号	项目	合计	内资企业										港澳台投资企业		外商投资企业		个体经营	附列：应税营业收入
			小计	国有企业	集体企业	股份合作企业	联营企业	国有控股	股份公司	国有控股	私营企业	其他企业		国有控股		国有控股		
18	1. 按5%税率征收	282	154						95	4	59						128	2194
19	2. 按10%税率征收																	
20	3. 按15%税率征收																	
21	4. 按20%税率征收																	
22	六、服务业	13363	9735	256	224	15	1	1	6861	898	1312	1066	450	15	400	147	2778	301942
23	1. 代理业	215	174	16					130	34	26	2	31				10	4402
24	2. 旅店业	1181	783	31	18				575	139	159		5		92	47	301	23561
25	3. 饮食业	2989	948	1	9				560	125	377	1	188	5	130	59	1723	59973
26	4. 旅游业	22	22						22	7								453
27	5. 仓储业	4	4						4	2								70
28	6. 租赁业	2449	1860	126	92	14	1	1	1031	277	93	503	169	9	21	17	399	49016
29	其中：房屋租赁	1246	917	93	69	7	1	1	527	166	48	172	109	7	3	3	217	25240
30	7. 广告业																	5
31	8. 其他服务业	6503	5944	82	105	1			4539	314	657	560	57	1	157	24	345	164462
32	七、转让无形资产	5465	4439	144	24	6			2134	1572	77	2054	23				1003	109165
33	其中：转让土地使用权	5233	4207	144	24	6			1951	1559	28	2054	23				1003	104784
34	八、销售不动产	43170	37300	504	46	11			28349	1773	7316	1074	1703	290			4167	880182
35	九、文化体育业	179	168	7	25				59	3	44	33			4	4	7	6104
36	十、税款滞纳金罚款收入	723	602	1	24	3			494	10	44	36	40				81	420753

2015年横琴新区地方税务局营业税分税目分企业类型统计年报表

编报机关：横琴新区地方税务局　　　　单位：万元

序号	项目	合计	内资企业										港澳台投资企业	国有控股	外商投资企业	国有控股	个体经营	附列：应税营业收入
			小计	国有企业	集体企业	股份合作企业	联营企业	国有控股	股份公司	国有控股	私营企业	其他企业						
1	合　计	175585	166325	2715	117	9	41		130626	33086	32767	50	8591	5036	100	8	569	4059252
2	一、建筑业	36259	35029	2693	117		41		25235	1179	6904	39	755		74		401	1202959
3	其中：建筑	3689	3678	324	25				2617	14	712		9				2	123046
4	安装	1071	1021	2	1				868	265	149	1	29		3		18	36263
5	二、交通运输业																	7
6	1. 陆路运输																	7
7	2. 水路运输																	
8	3. 航空运输																	
9	4. 管道运输																	
10	5. 装卸搬运																	
11	三、邮电通信业																	
12	1. 邮政																	
13	2. 电信																	
14	四、金融保险业	44760	37576						36815	9787	761		7171	4955	1		12	897003
15	1. 金融	44144	36960						36199	9205	761		7171	4955	1		12	777866
16	2. 保险	616	616						616	582								119137
17	五、娱乐业	119											119	53				2376

续表

序号	项目	合计	内资企业										港澳台投资企业	国有控股	外商投资企业	国有控股	个体经营	附列：应税营业收入
			小计	国有企业	集体企业	股份合作企业	联营企业	国有控股	股份公司	国有控股	私营企业	其他企业						
18	1. 按5%税率征收	119											119	53				2376
19	2. 按10%税率征收																	
20	3. 按15%税率征收																	
21	4. 按20%税率征收																	
22	六、服务业	42069	41390	22		9			35206	4926	6146	7	538	25	25	8	116	841714
23	1. 代理业	21083	21064						21062	36	2		19					421644
24	2. 旅店业	3850	3839						3839	846					11	4		77020
25	3. 饮食业	3621	3534						3491	887	43		4	2			83	72573
26	4. 旅游业	236	236						235	68	1							4724
27	5. 仓储业																	
28	6. 租赁业	480	422	2		6			399	137	8	7	23	8	13	3	22	9717
29	其中:房屋租赁	356	330			1			326	93	2	1	17	7	1	1	8	7239
30	7. 广告业																	
31	8. 其他服务业	12799	12295	20		3			6180	2952	6092		492	15	1	1	11	256036
32	七、转让无形资产	1											1					21
33	其中:转让土地使用权	1											1					21
34	八、销售不动产	47333	47294						28343	15948	18947	4					39	946658
35	九、文化体育业	5036	5028						5021	1245	7		7	3			1	167916
36	十、税款滞纳金罚款收入	8	8						6	1	2							598

2015年顺德区地方税务局营业税分税目分企业类型统计年报表

编报机关:顺德区地方税务局　　　　单位:万元

序号	项目	合计	内资企业										港澳台投资企业	国有控股	外商投资企业	国有控股	个体经营	附列:应税营业收入
			小计	国有企业	集体企业	股份合作企业	联营企业	国有控股	股份公司	国有控股	私营企业	其他企业						
1	合计	502202	404176	6839	3941	2472	1166		329242	23108	52764	7752	33286	352	33354	9150	31386	11725183
2	一、建筑业	111501	102015	6207	1858	2472	1166		64269	400	25809	234	595	1	2970		5921	3562197
3	其中:建筑	46654	43864	2534	1167	35	760		27241	57	12083	44	186		1558		1046	1502618
4	安装	20906	18683	891	189	5	20		12208	71	5316	54	172		469		1582	686077
5	二、交通运输业																	
6	1. 陆路运输																	
7	2. 水路运输																	
8	3. 航空运输																	
9	4. 管道运输																	
10	5. 装卸搬运																	
11	三、邮电通信业																	
12	1. 邮政																	
13	2. 电信																	
14	四、金融保险业	112149	108809	512	11				102805	17230	5411	70	2140	5	1125	25	75	2564768
15	1. 金融	95732	93241	512	11				91045	13438	1603	70	1979	5	437	25	75	2073809
16	2. 保险	16417	15568						11760	3792	3808		161		688			490959
17	五、娱乐业	1822	1574		22				1030	13	522		208		1		39	18229

续表

序号	项　　目	合计	内资企业										港澳台投资企业	国有控股	外商投资企业	国有控股	个体经营	附列：应税营业收入
			小计	国有企业	集体企业	股份合作企业	联营企业	国有控股	股份公司	国有控股	私营企业	其他企业						
18	1. 按5%税率征收	1822	1574		22				1030	13	522		208		1		39	18229
19	2. 按10%税率征收																	
20	3. 按15%税率征收																	
21	4. 按20%税率征收																	
22	六、服务业	67194	47614	110	462				30472	3962	11839	4731	6842	333	4335	45	8403	1381490
23	1. 代理业	3647	2942		2				2367	57	573		103		41		561	74080
24	2. 旅店业	2590	1859	1	19				1323	105	503	13	403		152		176	52002
25	3. 饮食业	13028	6429						4012	260	2409	8	960	67	1705	41	3934	261584
26	4. 旅游业	257	257						242	8	15							5130
27	5. 仓储业																	
28	6. 租赁业	18970	12541	98	304				8511	2096	1619	2009	2589	99	1044	3	2796	380934
29	其中：房屋租赁	15560	9670	90	210				7311	2041	1329	730	2431	98	931	2	2528	312802
30	7. 广告业																	1
31	8. 其他服务业	28702	23586	11	137				14017	1436	6720	2701	2787	167	1393	1	936	607759
32	七、转让无形资产	2355	2333		6				116		17	2194					22	47089
33	其中：转让土地使用权	2342	2320		6				113		7	2194					22	46850
34	八、销售不动产	205017	139973		904				130123	1461	8921	25	23423	12	24769	9077	16852	4091946
35	九、文化体育业	1476	1322	10	413				207	25	228	464	19	1	102		33	48834
36	十、税款滞纳金罚款收入	688	536		265				220	17	17	34	59		52	3	41	10630

2015年广东省地方税务局直属分局营业税分税目分企业类型统计年报表

编报机关：广东省地方税务局直属分局　　　　单位：万元

序号	项目	合计	内资企业										港澳台投资企业	国有控股	外商投资企业	国有控股	个体经营	附列：应税营业收入
			小计	国有企业	集体企业	股份合作企业	联营企业	国有控股	股份公司	国有控股	私营企业	其他企业						
1	合计	1443952	1361330	35514	176	1511	992	373	1308984	467942	13867	286	22366	847	60186	3558	70	32237553
2	一、建筑业																	
3	其中：建筑																	
4	安装																	
5	二、交通运输业																	
6	1. 陆路运输																	
7	2. 水路运输																	
8	3. 航空运输																	
9	4. 管道运输																	
10	5. 装卸搬运																	
11	三、邮电通信业																	
12	1. 邮政																	
13	2. 电信																	
14	四、金融保险业	1441555	1358967	33599	176	1511	992	373	1308692	467897	13711	286	22338	847	60180	3558	70	32236789
15	1. 金融	1353082	1280950	31771	176	1511	992	373	1232503	434373	13711	286	22247	847	49815	2815	70	23330705
16	2. 保险	88473	78017	1828					76189	33524			91		10365	743		8906084
17	五、娱乐业																	

续表

序号	项目	合计	内资企业										港澳台投资企业		外商投资企业		个体经营	附列：应税营业收入
			小计	国有企业	集体企业	股份合作企业	联营企业	国有控股	股份公司	国有控股	私营企业	其他企业		国有控股		国有控股		
18	1. 按5%税率征收																	
19	2. 按10%税率征收																	
20	3. 按15%税率征收																	
21	4. 按20%税率征收																	
22	六、服务业																	
23	1. 代理业																	
24	2. 旅店业																	
25	3. 饮食业																	
26	4. 旅游业																	
27	5. 仓储业																	
28	6. 租赁业																	
29	其中：房屋租赁																	
30	7. 广告业																	
31	8. 其他服务业																	
32	七、转让无形资产																	
33	其中：转让土地使用权																	
34	八、销售不动产																	
35	九、文化体育业																	
36	十、税款滞纳金罚款收入	2397	2363	1915					292	45	156		28		6			764

2015 年广东省地方税务局企业所得税分行业分企业类型统计年报表

编报机关:广东省地方税务局　　　　单位:万元

序号	项目	合计	内资企业								港澳台投资企业	外商投资企业
			小计	国有企业	集体企业	股份合作企业	联营企业	股份公司	私营企业	其他企业		
1	合计	11307801	8704183	502712	241255	28214	42126	6604155	1102150	183571	1364883	1238735
2	(一)采矿业	8923	8492	292	129	2		7888	136	45	431	
3	1. 煤炭开采和洗选业	43	43	2				23		18		
4	2. 石油和天然气开采业	74	74		1			73				
5	其中:原油	46	46					46				
6	3. 黑色金属矿采选业	698	698		30			668				
7	4. 有色金属矿采选业	4217	4209	285	5			3919			8	
8	5. 非金属矿采选业	2161	2161	3	91	2		1942	104	19		
9	6. 其他采矿业	1730	1307	2	2			1263	32	8	423	
10	(二)制造业	2776732	1613162	26778	19348	4970	1651	1352971	201238	6206	567112	596458
11	1. 农副食品加工业	25089	16894	1265	53	3	1	10565	5007		2559	5636
12	2. 食品制造业	89737	44180	665	115	104		41866	1430		28158	17399
13	3. 酒、饮料和精制茶制造业	38108	4000	375	5			3281	339		10508	23600
14	①酒的制造	7174	3531	375	5			3115	36			3643
15	其中:酒精	59	59					59				
16	②饮料制造	30924	459					163	296		10508	19957
17	③精制茶制造	10	10					3	7			
18	4. 烟草制品业	22426	22426	20557				1869				
19	卷烟制造	658	658					658				
20	烟叶复烤	21094	21094	20557				537				
21	其他烟草制品加工	674	674					674				
22	5. 纺织业	30507	25280	29	210	135		21711	3184	11	4949	278
23	6. 纺织服装、服饰业	67208	32141	488	844	313	8	20349	10136	3	22992	12075

续表

序号	项目	合计	内资企业								港澳台投资企业	外商投资企业
			小计	国有企业	集体企业	股份合作企业	联营企业	股份公司	私营企业	其他企业		
24	其中:纺织服装	55609	26316	487	732	313	8	16236	8540		22748	6545
25	7. 皮革、毛皮、羽毛及其制品和制鞋业	19479	9437	3	1818	8		2724	4884		7661	2381
26	其中:皮革、毛皮	9521	3356	2	1027	8		1246	1073		4674	1491
27	8. 木材加工和木竹藤棕草制品业	2219	1507	69	6	2		851	571	8	60	652
28	9. 家具制造业	10679	6491	15	33	63		3990	2388	2	3378	810
29	10. 造纸和纸制品业	28206	14207	24	482	163	1	10898	2637	2	12035	1964
30	①纸浆制造	10273	2709		183	3		2435	88		7539	25
31	②造纸	7760	3362		77	58		2883	344		2824	1574
32	其中:机制纸及纸板制造	5028	822		29			537	256		2633	1573
33	③纸制品制造	10173	8136	24	222	102	1	5580	2205	2	1672	365
34	11. 印刷和记录媒介复制业	45211	19211	722	277	350	1	14443	3391	27	15416	10584
35	12. 文教、工美、体育和娱乐用品制造业	27374	17549	192	1663	22	3	10653	5016		4175	5650
36	13. 石油加工、炼焦和核燃料加工业	50117	15477		3			3014	12460		793	33847
37	其中:成品油	50113	15474					3014	12460		792	33847
38	14. 化学原料和化学制品制造业	66719	43563	156	242	1938	141	26401	14683	2	16017	7139
39	①肥料制造	1020	539	98	1		2	412	26			481
40	②农药制造	1098	1077			12		130	935			21
41	③专用化学产品制造	18000	10406		60	192	96	7384	2674		3472	4122
42	④日用化学产品制造	19546	13490	34	26	333	1	3939	9157		4338	1718
43	其中:化妆品制造	3043	2268			322		1478	468		461	314
44	⑤其他	27055	18051	24	155	1401	42	14536	1891	2	8207	797
45	15. 医药制造业	154699	109559	11	7	59	65	103445	5879	93	21355	23785
46	16. 化学纤维制造业	9842	19		3	1		5	10		9823	
47	17. 橡胶和塑料制品业	68126	33377	32	2703	408	958	22897	6379		26554	8195

续表

序号	项　目	合计	内资企业								港澳台投资企业	外商投资企业
			小计	国有企业	集体企业	股份合作企业	联营企业	股份公司	私营企业	其他企业		
48	其中:轮胎制造	2867	244					238	6		2607	16
49	18. 非金属矿物制品业	61148	49656	8	534	492	15	40312	8285	10	8444	3048
50	①水泥、石灰和石膏制造	9866	8918	5	70	2		7923	917	1	948	
51	其中:水泥制造	9628	8681	3	70	2		7775	830	1	947	
52	②水泥及石膏制品制造	5313	3541		278	1	2	2205	1055		61	1711
53	③玻璃及玻璃制品制造	12228	6090		57	4		4879	1150		5568	570
54	④其他	33741	31107	3	129	485	13	25305	5163	9	1867	767
55	19. 黑色金属冶炼和压延加工业	2323	2089	3	20		1	1520	545		17	217
56	其中:钢压延加工	1176	946	3	14			504	425		13	217
57	20. 有色金属冶炼和压延加工业	17884	17424	22	87	6		12857	4452		377	83
58	21. 金属制品业	88280	47295	48	1588	198	232	25599	19582	48	29846	11139
59	22. 通用设备制造业	107912	43374	52	833	25	1	39476	2974	13	7940	56598
60	23. 专用设备制造业	112114	49677	255	919	23		43067	5413		39362	23075
61	24. 汽车制造业	15660	9756	660	37			6516	2543		2856	3048
62	25. 铁路、船舶、航空航天和其他运输设备制造业	23106	8200	3	46	2		5277	2872		4780	10126
63	其中:铁路运输设备制造	38	11					2	9		27	
64	船舶及相关装置制造	5091	2833	2	12			2029	790		1957	301
65	航空、航天及设备制造	9055	1					1				9054
66	摩托车制造	4051	4051		31	2		2947	1071			
67	26. 电气机械及器材制造业	593380	498530	176	1736	111		484389	12045	73	29651	65199
68	①电机制造	11336	7343	2	1	1		6324	1015		3879	114
69	②电线电缆光缆及电工器材制造	17297	10076	127	89	68		7476	2316		2477	4744
70	③家用电力器具制造	458721	425039	3	66	16		421967	2987		4715	28967

续表

序号	项目	合计	内资企业								港澳台投资企业	外商投资企业
			小计	国有企业	集体企业	股份合作企业	联营企业	股份公司	私营企业	其他企业		
71	④其他	106026	56072	44	1580	26		48622	5727	73	18580	31374
72	27. 计算机、通信和其他电子设备制造业	810405	409341	429	3563	202	188	344573	54614	5772	188212	212852
73	①计算机制造	101642	9251		28			3790	2786	2647	41137	51254
74	②通信设备制造	293658	257068	3	111	10		245482	11462		11364	25226
75	③广播电视设备制造	5187	2651		2			2569	80		477	2059
76	④视听设备制造	39713	975	1	191	7		415	361		37444	1294
77	⑤其他	370205	139396	425	3231	185	188	92317	39925	3125	97790	133019
78	28. 仪表仪器制造业	52328	12402	1	211	12	6	10629	1543		13746	26180
79	29. 其他制造业	136446	50100	518	1310	330	30	39794	7976	142	55448	30898
80	(三)电力、燃气及水的生产和供应业	661139	497230	24651	8843	116	405	459527	3300	388	52919	110990
81	1. 电力、热力的生产和供应业	543486	430132	19851	1168	116	394	408126	456	21	47220	66134
82	①电力生产	154728	75273	1234	965	9	343	72496	205	21	44556	34899
83	其中:火力发电	70570	31818	2	28			31786	2		3853	34899
84	水力发电	19810	19810	1230	935	7	323	17165	129	21		
85	核力发电	64252	23584					23584			40668	
86	风力发电											
87	太阳能发电											
88	②电力供应	383887	351949	18388	200	107	51	332952	251		987	30951
89	③热力生产和供应业	4871	2910	229	3			2678			1677	284
90	2. 燃气生产和供应业	19742	18027	553	128		2	17185	159		926	789
91	3. 水的生产和供应业	97911	49071	4247	7547		9	34216	2685	367	4773	44067
92	(四)建筑业	1282278	1192783	114909	95354	1478	16312	784995	173149	6586	5037	84458
93	1. 房屋建筑业	361905	358329	56195	58185	370	5764	202412	34567	836	739	2837
94	2. 土木工程建筑业	136156	136138	12123	3592	7	5037	94105	20836	438	11	7

续表

序号	项目	合计	内资企业								港澳台投资企业	外商投资企业
			小计	国有企业	集体企业	股份合作企业	联营企业	股份公司	私营企业	其他企业		
95	3. 建筑安装业	440238	356921	37352	25018	156	3654	230559	58255	1927	2562	80755
96	4. 建筑装饰和其他建筑业	343979	341395	9239	8559	945	1857	257919	59491	3385	1725	859
97	(五)批发和零售业	894367	776674	96383	15115	4774	12276	536976	110642	508	50331	67362
98	1. 批发业	678199	606687	92478	5174	3467	9857	408043	87476	192	39270	32242
99	其中:烟草制品批发	142104	142104	64605	265		2177	75057				
100	煤炭及制品批发	15202	10652	176	7			9991	478			4550
101	石油及其制品批发	13495	9283	143	828	196	913	5355	1848		1647	2565
102	汽车及零配件批发	2746	2681	181	89	4	536	1114	757		65	
103	2. 零售业	216168	169987	3905	9941	1307	2419	128933	23166	316	11061	35120
104	(六)交通运输、仓储及邮政业	373998	278443	18893	2700	260	2021	227079	14313	13177	55039	40516
105	1. 交通运输业	335271	244038	4802	1731	174	1819	210642	11815	13055	52390	38843
106	2. 仓储业	36297	32406	14091	969	86	202	15641	1295	122	2649	1242
107	3. 邮政业	2430	1999					796	1203			431
108	(七)住宿和餐饮业	42879	35136	2188	751	958	547	19205	11436	51	5197	2546
109	1. 住宿业	17935	14059	1833	459	69	517	9009	2138	34	3365	511
110	2. 餐饮业	24944	21077	355	292	889	30	10196	9298	17	1832	2035
111	(八)信息传输、软件和信息技术服务业	448492	131199	286	518	48	2877	67359	59779	332	178440	138853
112	1. 电信、广播电视和卫星传输服务业	52659	17199	6	5		2824	13089	1162	113	6	35454
113	其中:电信	49511	14058	6	1		38	12864	1123	26		35453
114	2. 互联网和相关服务	784	715	2				466	241	6		69
115	3. 软件和信息技术服务业	395049	113285	278	513	48	53	53804	58376	213	178434	103330
116	(九)金融业	408098	374638	134016	62	2		222829	17677	52	18150	15310
117	1. 货币金融服务	72579	71122	1	7			59654	11460		955	502
118	其中:银行	1382	1006					1006			374	2

续表

序号	项目	合计	内资企业								港澳台投资企业	外商投资企业
			小计	国有企业	集体企业	股份合作企业	联营企业	股份公司	私营企业	其他企业		
119	金融租赁	1655	930					868	62		229	496
120	2. 资本市场服务	191148	183637	134010				48617	1010		7221	290
121	3. 保险业	745	718					638	80			27
122	4. 其他金融业	143626	119161	5	55	2		113920	5127	52	9974	14491
123	(十)房地产业	2474638	2136694	19305	63346	7827	1950	1780042	236146	28078	221264	116680
124	(十一)租赁和商务服务业	1137581	1053824	34612	22786	5266	1658	793448	186748	9306	53100	30657
125	1. 租赁业	29346	28452	231	474	1835	75	18990	6738	109	827	67
126	2. 商务服务业	1108235	1025372	34381	22312	3431	1583	774458	180010	9197	52273	30590
127	(十二)科学研究和技术服务业	250619	231667	14658	3058	429	261	132257	49687	31317	8764	10188
128	(十三)居民服务、修理和其他服务业	330856	177316	9611	7092	1685	950	111535	23641	22802	129725	23815
129	其中:居民服务业	27412	26525	486	2985	667	602	9624	1396	10765	682	205
130	机动车、电子产品和日用产品修理业	3652	2797	52	155	198	11	1896	484	1	803	52
131	(十四)教育	24051	23886	297	563	221		3622	1174	18009	101	64
132	(十五)卫生和社会工作	16872	16395	44	302	54	3	11115	1986	2891	308	169
133	其中:卫生	16383	15908	44	281	40	3	11091	1977	2472	306	169
134	(十六)文化、体育和娱乐业	34890	22759	800	158	72	953	11567	4119	5090	11574	557
135	其中:新闻和出版业	5099	5052	257	7		6	4062	375	345	24	23
136	广播、电视、电影和影视录音制作业	7750	7457	185	83			3306	896	2987	155	138
137	体育	3503	2928	17	9	12	907	1175	131	677	562	13
138	娱乐业	14686	3572	213	50	61	1	1307	1915	25	10753	361
139	(十七)公共管理、社会保障和社会组织	39157	39100	135	708	25	2	3404	18	34808	6	51
140	(十八)其他行业	102231	94785	4854	422	27	260	78336	6961	3925	7385	61

2015年广州市地方税务局企业所得税分行业分企业类型统计年报表

编报机关:广州市地方税务局　　　　单位:万元

序号	项　目	合计	内资企业								港澳台投资企业	外商投资企业
			小计	国有企业	集体企业	股份合作企业	联营企业	股份公司	私营企业	其他企业		
1	合　计	1499864	1376989	67528	58411	7617	2430	859846	334212	46945	34208	88667
2	(一)采矿业	281	281		2			176	103			
3	1. 煤炭开采和洗选业											
4	2. 石油和天然气开采业											
5	其中:原油											
6	3. 黑色金属矿采选业											
7	4. 有色金属矿采选业	2	2		2							
8	5. 非金属矿采选业	275	275					176	99			
9	6. 其他采矿业	4	4						4			
10	(二)制造业	130183	123122	3595	1798	2859	103	72478	42156	133	339	6722
11	1. 农副食品加工业	6124	5877	691	13	1		1481	3691			247
12	2. 食品制造业	7664	7664	653	24	1		6474	512			
13	3. 酒、饮料和精制茶制造业	455	455	373				35	47			
14	①酒的制造	443	443	373				35	35			
15	其中:酒精											
16	②饮料制造	12	12						12			
17	③精制茶制造											
18	4. 烟草制品业											
19	卷烟制造											
20	烟叶复烤											
21	其他烟草制品加工											
22	5. 纺织业	4049	4049	2	50	2		3736	259			
23	6. 纺织服装、服饰业	1570	1570	16	127	41		423	963			

续表

序号	项　目	合计	内资企业							港澳台投资企业	外商投资企业
			小计	国有企业	集体企业	股份合作企业	联营企业	股份公司	私营企业	其他企业		
24	其中:纺织服装	1132	1132	16	127	41		50	898			
25	7. 皮革、毛皮、羽毛及其制品和制鞋业	1061	1061		28	1		95	937			
26	其中:皮革、毛皮	825	825		15	1		95	714			
27	8. 木材加工和木竹藤棕草制品业	374	374			1		1	372			
28	9. 家具制造业	502	502	13	1	61		45	382			
29	10. 造纸和纸制品业	310	310		3	45		22	240			
30	①纸浆制造	45	45		1			1	43			
31	②造纸	123	123			2		4	117			
32	其中:机制纸及纸板制造	120	120					4	116			
33	③纸制品制造	142	142		2	43		17	80			
34	11. 印刷和记录媒介复制业	1246	1246	396	25	70		416	339			
35	12. 文教、工美、体育和娱乐用品制造业	1749	1749	-76	148	18	3	1154	502			
36	13. 石油加工、炼焦和核燃料加工业	17	17					1	16			
37	其中:成品油	17	17					1	16			
38	14. 化学原料和化学制品制造业	17662	17620		55	1887	1	5334	10343			42
39	①肥料制造	1	1						1			
40	②农药制造	34	13			12			1			21
41	③专用化学产品制造	1954	1954		1	191		4	1758			
42	④日用化学产品制造	9664	9643		1	330	1	1286	8025			21
43	其中:化妆品制造	690	690			320		26	344			
44	⑤其他	6009	6009		53	1354		4044	558			
45	15. 医药制造业	15620	10014	11	2	20		9262	719			5606
46	16. 化学纤维制造业	2	2						2			
47	17. 橡胶和塑料制品业	6066	5816	32	106	16	84	4037	1541		242	8

续表

序号	项目	合计	内资企业								港澳台投资企业	外商投资企业
			小计	国有企业	集体企业	股份合作企业	联营企业	股份公司	私营企业	其他企业		
48	其中:轮胎制造	177	177					177				
49	18. 非金属矿物制品业	3497	3497	1	88	433	3	1781	1191			
50	①水泥、石灰和石膏制造	128	128	1	69				58			
51	其中:水泥制造	128	128	1	69				58			
52	②水泥及石膏制品制造	670	670					146	524			
53	③玻璃及玻璃制品制造	564	564		2	4		43	515			
54	④其他	2135	2135		17	429	3	1592	94			
55	19. 黑色金属冶炼和压延加工业	604	604	3	3			226	372			
56	其中:钢压延加工	321	321	3					318			
57	20. 有色金属冶炼和压延加工业	100	100					41	59			
58	21. 金属制品业	14142	14142	45	77	74	5	5825	8116			
59	22. 通用设备制造业	16153	16153	11	15	6		15112	1009			
60	23. 专用设备制造业	3178	3082	249	3	7		2163	660		95	1
61	24. 汽车制造业	3729	3729	594				1788	1347			
62	25. 铁路、船舶、航空航天和其他运输设备制造业	5513	5513		2	2		3964	1545			
63	其中:铁路运输设备制造	9	9						9			
64	船舶及相关装置制造	2568	2568					1798	770			
65	航空、航天及设备制造											
66	摩托车制造	2934	2934			2		2166	766			
67	26. 电气机械及器材制造业	7507	7346	127	72	67		5292	1788		2	159
68	①电机制造	44	44			1		24	19			
69	②电线电缆光缆及电工器材制造	1689	1689	127	1	55		463	1043			
70	③家用电力器具制造	334	334		1			18	315			

续表

序号	项目	合计	内资企业								港澳台投资企业	外商投资企业
			小计	国有企业	集体企业	股份合作企业	联营企业	股份公司	私营企业	其他企业		
71	④其他	5440	5279		70	11		4787	411		2	159
72	27. 计算机、通信和其他电子设备制造业	4578	4571		586	26	5	1151	2803			7
73	①计算机制造	80	80		22				58			
74	②通信设备制造	759	759		13	10		325	411			
75	③广播电视设备制造	64	64						64			
76	④视听设备制造	339	339		191			20	128			
77	⑤其他	3336	3329		360	16	5	806	2142			7
78	28. 仪表仪器制造业	292	292		27	2		183	80			
79	29. 其他制造业	6419	5767	454	343	78	2	2436	2321	133		652
80	(三)电力、燃气及水的生产和供应业	15398	15398	776	1459		9	12356	466	332		
81	1. 电力、热力的生产和供应业	2981	2981		92			2885	4			
82	①电力生产	2657	2657		75			2578	4			
83	其中:火力发电	2600	2600		24			2575	1			
84	水力发电	57	57		51			3	3			
85	核力发电											
86	风力发电											
87	太阳能发电											
88	②电力供应	67	67		17			50				
89	③热力生产和供应业	257	257					257				
90	2. 燃气生产和供应业	8450	8450		31			8405	14			
91	3. 水的生产和供应业	3967	3967	776	1336		9	1066	448	332		
92	(四)建筑业	148375	147669	6332	4330	499	25	88790	47054	639	390	316
93	1. 房屋建筑业	50059	49726	1528	3163	344	5	36706	7882	98	259	74
94	2. 土木工程建筑业	12495	12492	847	73			4991	6576	5	1	2

续表

序号	项目	合计	内资企业								港澳台投资企业	外商投资企业
			小计	国有企业	集体企业	股份合作企业	联营企业	股份公司	私营企业	其他企业		
95	3. 建筑安装业	34483	34436	2682	227	23	3	14537	16845	119	10	37
96	4. 建筑装饰和其他建筑业	51338	51015	1275	867	132	17	32556	15751	417	120	203
97	(五)批发和零售业	165224	159265	6906	7352	1414	578	109354	33592	69	682	5277
98	1. 批发业	111468	106376	5776	1644	534	39	72781	25591	11	538	4554
99	其中:烟草制品批发	1	1					1				
100	煤炭及制品批发	6181	1631		7			1178	446			4550
101	石油及其制品批发	3192	2827	127	69	196		1109	1326		365	
102	汽车及零配件批发	1209	1209	15	84	4		461	645			
103	2. 零售业	53756	52889	1130	5708	880	539	36573	8001	58	144	723
104	(六)交通运输、仓储及邮政业	39968	39039	13260	1407	255	31	14871	7240	1975	10	919
105	1. 交通运输业	24500	23571	2447	451	169	2	12643	5909	1950	10	919
106	2. 仓储业	14280	14280	10813	956	86	29	2074	297	25		
107	3. 邮政业	1188	1188					154	1034			
108	(七)住宿和餐饮业	11319	11270	852	352	870	2	3712	5458	24	7	42
109	1. 住宿业	4018	4018	719	240	30	2	2225	780	22		
110	2. 餐饮业	7301	7252	133	112	840		1487	4678	2	7	42
111	(八)信息传输、软件和信息技术服务业	34100	33886		133	1	5	24082	9485	180	165	49
112	1. 电信、广播电视和卫星传输服务业	3753	3750					2695	1054	1	3	
113	其中:电信	3734	3734					2691	1043			
114	2. 互联网和相关服务	375	375					238	137			
115	3. 软件和信息技术服务业	29972	29761		133	1	5	21149	8294	179	162	49
116	(九)金融业	62427	57183	1				45860	11307	15	2514	2730
117	1. 货币金融服务	25631	25542					16142	9400		89	
118	其中:银行	669	580					580			89	

续表

序号	项目	合计	内资企业								港澳台投资企业	外商投资企业
			小计	国有企业	集体企业	股份合作企业	联营企业	股份公司	私营企业	其他企业		
119	金融租赁											
120	2. 资本市场服务	10222	10222					10097	125			
121	3. 保险业	386	386					329	57			
122	4. 其他金融业	26188	21033	1				19292	1725	15	2425	2730
123	(十)房地产业	518327	424450	11529	31673	416	2	308562	67672	4596	22616	71261
124	(十一)租赁和商务服务业	220535	212472	16768	5000	211	580	128759	58871	2283	6963	1100
125	1. 租赁业	2454	2452		180	2		1862	448	-40	2	
126	2. 商务服务业	218081	210020	16768	4820	209	580	126897	58423	2323	6961	1100
127	(十二)科学研究和技术服务业	72767	72661	3822	995	319	181	31390	29704	6250	2	104
128	(十三)居民服务、修理和其他服务业	37224	36758	1001	3430	433	1	5418	17091	9384	367	99
129	其中:居民服务业	13313	13291	1	2571	337	1	1439	581	8361	13	9
130	机动车、电子产品和日用产品修理业	507	507	3	22	68		119	295			
131	(十四)教育	10580	10547	8	183	220		1099	534	8503	33	
132	(十五)卫生和社会工作	3326	3238	25	1	53		1805	165	1189	88	
133	其中:卫生	2940	2854	25		39		1792	156	842	86	
134	(十六)文化、体育和娱乐业	8329	8249	161	34	65	913	3592	2405	1079	32	48
135	其中:新闻和出版业	447	423	93	6		6	252	1	65	23	1
136	广播、电视、电影和影视录音制作业	3090	3085	7				2275	524	279	5	
137	体育	2011	2009	10	3	11	907	460	115	503		2
138	娱乐业	1573	1549	33	20	54		99	1324	19		24
139	(十七)公共管理、社会保障和社会组织	9675	9675	1	228			3		9443		
140	(十八)其他行业	11826	11826	2491	34	2		7539	909	851		

2015 年深圳市地方税务局企业所得税分行业分企业类型统计年报表

编报机关:深圳市地方税务局　　　　单位:万元

序号	项　目	合计	内资企业								港澳台投资企业	外商投资企业
			小计	国有企业	集体企业	股份合作企业	联营企业	股份公司	私营企业	其他企业		
1	合　计	4980035	3302069	284897	18266	16786	28571	2553787	349095	50667	984802	693164
2	(一)采矿业	2723	2292					2292			431	
3	1. 煤炭开采和洗选业											
4	2. 石油和天然气开采业											
5	其中:原油											
6	3. 黑色金属矿采选业											
7	4. 有色金属矿采选业	2300	2292					2292			8	
8	5. 非金属矿采选业											
9	6. 其他采矿业	423									423	
10	(二)制造业	1235150	564574	21264	3206	225	1328	472380	60284	5887	354033	316543
11	1. 农副食品加工业	6555	534		3	3		261	267		2246	3775
12	2. 食品制造业	18362	4494					4267	227		5256	8612
13	3. 酒、饮料和精制茶制造业	20305	16						16		10215	10074
14	①酒的制造	3643										3643
15	其中:酒精											
16	②饮料制造	16662	16						16		10215	6431
17	③精制茶制造											
18	4. 烟草制品业	20557	20557	20557								
19	卷烟制造											
20	烟叶复烤	20557	20557	20557								
21	其他烟草制品加工											
22	5. 纺织业	11341	9280	12	1			9253	14		2019	42
23	6. 纺织服装、服饰业	36833	10781		88			9243	1450		20259	5793

续表

序号	项　目	合计	内资企业							港澳台投资企业	外商投资企业
			小计	国有企业	集体企业	股份合作企业	联营企业	股份公司	私营企业	其他企业		
24	其中:纺织服装	32258	6260		88			5830	342		20205	5793
25	7. 皮革、毛皮、羽毛及其制品和制鞋业	4900	3485		7	2		29	3447		1193	222
26	其中:皮革、毛皮	390	28		7	3		13	5		280	82
27	8. 木材加工和木竹藤棕草制品业	790	126					76	50		15	649
28	9. 家具制造业	2103	352		3	1		173	175		1465	286
29	10. 造纸和纸制品业	4910	3403		16			2183	1204		1263	244
30	①纸浆制造	1	1		1							
31	②造纸	246	58						58		188	
32	其中:机制纸及纸板制造	41	41						41			
33	③纸制品制造	4663	3344		15			2183	1146		1075	244
34	11. 印刷和记录媒介复制业	21121	9020	292	27		1	7166	1532	2	8477	3624
35	12. 文教、工美、体育和娱乐用品制造业	7516	3471	15	39			2009	1408		1984	2061
36	13. 石油加工、炼焦和核燃料加工业	34084	115					4	111		122	33847
37	其中:成品油	34083	115					4	111		121	33847
38	14. 化学原料和化学制品制造业	14590	6141				35	5424	682		6184	2265
39	①肥料制造	215	215					214	1			
40	②农药制造											
41	③专用化学产品制造	536	529					284	245		7	
42	④日用化学产品制造	4068	804					703	101		1570	1694
43	其中:化妆品制造	1055	312					303	9		429	314
44	⑤其他	9771	4593				35	4223	335		4607	571
45	15. 医药制造业	56870	30061					26049	3919	93	10031	16778
46	16. 化学纤维制造业	226	7						7		219	
47	17. 橡胶和塑料制品业	25923	5830		835	38	874	3509	574		17423	2670

续表

序号	项目	合计	内资企业								港澳台投资企业	外商投资企业
			小计	国有企业	集体企业	股份合作企业	联营企业	股份公司	私营企业	其他企业		
48	其中:轮胎制造	2628	5						5		2607	16
49	18. 非金属矿物制品业	13606	4911					4230	681		6004	2691
50	①水泥、石灰和石膏制造	653	639					123	516		14	
51	其中:水泥制造	605	592					76	516		13	
52	②水泥及石膏制品制造	2158	461					387	74			1697
53	③玻璃及玻璃制品制造	5916	-85					-121	36		5539	462
54	④其他	4879	3896					3841	55		451	532
55	19. 黑色金属冶炼和压延加工业											
56	其中:钢压延加工											
57	20. 有色金属冶炼和压延加工业	2339	2025	13				1962	50		314	
58	21. 金属制品业	37151	8316		690	14	227	5645	1719	21	20600	8235
59	22. 通用设备制造业	67311	8594	38	51			7374	1131		5559	53158
60	23. 专用设备制造业	76431	25707		58			24683	966		36191	14533
61	24. 汽车制造业	3909	1624					1623	1		1012	1273
62	25. 铁路、船舶、航空航天和其他运输设备制造业	6557	1690					693	997		4504	363
63	其中:铁路运输设备制造											
64	船舶及相关装置制造	1717	3					3			1708	6
65	航空、航天及设备制造	5	1					1				4
66	摩托车制造	442	442					442				
67	26. 电气机械及器材制造业	42224	14028	27	536			11530	1935		11710	16486
68	①电机制造	480	230					197	33		230	20
69	②电线电缆光缆及电工器材制造	6431	1756		9			1176	571		984	3691
70	③家用电力器具制造	2250	164					75	89		975	1111

续表

序号	项目	合计	内资企业								港澳台投资企业	外商投资企业
			小计	国有企业	集体企业	股份合作企业	联营企业	股份公司	私营企业	其他企业		
71	④其他	33063	11878	27	527			10082	1242		9521	11664
72	27. 计算机、通信和其他电子设备制造业	571100	355857	350	509	163	183	316035	32846	5771	127792	87451
73	①计算机制造	71370	9071					3715	2709	2647	39397	22902
74	②通信设备制造	265423	244609	3	55			242977	1574		6693	14121
75	③广播电视设备制造	5083	2547					2543	4		477	2059
76	④视听设备制造	36285	249					40	209		34828	1208
77	⑤其他	192939	99381	347	454	163	183	66760	28350	3124	46397	47161
78	28. 仪表仪器制造业	42221	9209		16		6	8226	961		12419	20593
79	29. 其他制造业	85315	24940	-40	327	4	2	20733	3914		39557	20818
80	(三)电力、燃气及水的生产和供应业	225752	99479		173			98122	1184		47307	78966
81	1. 电力、热力的生产和供应业	171192	94604					94590	14		41689	34899
82	①电力生产	101578	25977					25977			40702	34899
83	其中:火力发电	37460	2561					2561				34899
84	水力发电											
85	核力发电	64197	23529					23529			40668	
86	风力发电											
87	太阳能发电											
88	②电力供应	69614	68627					68613	14		987	
89	③热力生产和供应业											
90	2. 燃气生产和供应业	1006	80					80			926	
91	3. 水的生产和供应业	53554	4795		173			3452	1170		4692	44067
92	(四)建筑业	298260	292586	32486	3044	806	7136	198056	51002	56	1857	3817
93	1. 房屋建筑业	20778	17962	1994	239	21	1	12914	2793		154	2662
94	2. 土木工程建筑业	42408	42406	7494	181		5027	20471	9187	46		2

续表

序号	项目	合计	内资企业								港澳台投资企业	外商投资企业
			小计	国有企业	集体企业	股份合作企业	联营企业	股份公司	私营企业	其他企业		
95	3. 建筑安装业	92035	90640	21591	2126	63	1751	48616	16483	10	805	590
96	4. 建筑装饰和其他建筑业	143039	141578	1407	498	722	357	116055	22539		898	563
97	(五)批发和零售业	431960	334575	73986	1970	2945	10925	195021	49727	1	37853	59532
98	1. 批发业	358885	302678	72866	994	2672	9671	173942	42533		29513	26694
99	其中:烟草制品批发	68098	68098	64542	265		2177	1114				
100	煤炭及制品批发	1511	1511					1508	3			
101	石油及其制品批发	6547	4488		43		904	3469	72		33	2026
102	汽车及零配件批发	955	892	166			536	163	27		63	
103	2. 零售业	73075	31897	1120	976	273	1254	21079	7194	1	8340	32838
104	(六)交通运输、仓储及邮政业	179899	104190	2992	3	3	1976	85513	3420	10283	45892	29817
105	1. 交通运输业	164654	91307	1122	3	3	1803	75208	2885	10283	43780	29567
106	2. 仓储业	15025	12663	1870			173	10148	472		2112	250
107	3. 邮政业	220	220					157	63			
108	(七)住宿和餐饮业	14028	8016	302	3	32	542	5593	1612	-68	4097	1915
109	1. 住宿业	6072	3063	298	3	32	512	2158	128	-68	2500	509
110	2. 餐饮业	7956	4953	4			30	3435	1484		1597	1406
111	(八)信息传输、软件和信息技术服务业	401470	86361	7		44	2872	34283	49152	3	177789	137320
112	1. 电信、广播电视和卫星传输服务业	48065	12611	3			2824	9779	5			35454
113	其中:电信	45116	9663	3			38	9622				35453
114	2. 互联网和相关服务	6	6					-3	9			
115	3. 软件和信息技术服务业	353399	73744	4		44	48	24507	49138	3	177789	101866
116	(九)金融业	223451	221201	134010				85406	1785		1669	581
117	1. 货币金融服务	21214	20133					19755	378		581	500
118	其中:银行											

续表

序号	项目	合计	内资企业								港澳台投资企业	外商投资企业
			小计	国有企业	集体企业	股份合作企业	联营企业	股份公司	私营企业	其他企业		
119	金融租赁	725									229	496
120	2. 资本市场服务	155308	155301	134010				21082	209			7
121	3. 保险业	112	86					84	2			26
122	4. 其他金融业	46817	45681					44485	1196		1088	48
123	(十)房地产业	927037	739126	748	1986	6833	1902	679834	33867	13956	169254	18657
124	(十一)租赁和商务服务业	651587	603769	11828	7103	5028	1071	500764	75879	2096	26395	21423
125	1. 租赁业	25505	24619	229	124	1826	75	16325	6039	1	820	66
126	2. 商务服务业	626082	579150	11599	6979	3202	996	484439	69840	2095	25575	21357
127	(十二)科学研究和技术服务业	117536	101975	3208	44	105	39	74626	14788	9165	7701	7860
128	(十三)居民服务、修理和其他服务业	176434	66893	2971	645	753	481	54329	3451	4263	93060	16481
129	其中:居民服务业	2344	2114	9		4	253	1448	359	41	161	69
130	机动车、电子产品和日用产品修理业	1364	561	42				477	42		803	
131	(十四)教育	4887	4822	228	1			1751	80	2762	52	13
132	(十五)卫生和社会工作	4970	4748	5	88		3	2755	1658	239	220	2
133	其中:卫生	4963	4741	5	88		3	2754	1658	233	220	2
134	(十六)文化、体育和娱乐业	17086	7015	272			40	5795	452	456	9876	195
135	其中:新闻和出版业	3715	3710	20				3690			1	4
136	广播、电视、电影和影视录音制作业	1148	1020	144				614	225	37		128
137	体育	682	642					618	1	23	29	11
138	娱乐业	10207	309	1			1	261	43	3	9846	52
139	(十七)公共管理、社会保障和社会组织	1207	1205					2		1203	2	
140	(十八)其他行业	66598	59242	590		12	256	57265	754	365	7314	42

2015年珠海市地方税务局企业所得税分行业分企业类型统计年报表

编报机关:珠海市地方税务局　　　　单位:万元

序号	项目	合计	内资企业								港澳台投资企业	外商投资企业
			小计	国有企业	集体企业	股份合作企业	联营企业	股份公司	私营企业	其他企业		
1	合　计	886890	651980	11006	2089	727	38	603153	27932	7035	65151	169759
2	(一)采矿业	28	28					28				
3	1. 煤炭开采和洗选业											
4	2. 石油和天然气开采业	27	27					27				
5	其中:原油											
6	3. 黑色金属矿采选业											
7	4. 有色金属矿采选业											
8	5. 非金属矿采选业	1	1					1				
9	6. 其他采矿业											
10	(二)制造业	571838	435291	22	213			433245	1795	16	40518	96029
11	1. 农副食品加工业	938	31	8				23			268	639
12	2. 食品制造业	4402	655					654	1		3688	59
13	3. 酒、饮料和精制茶制造业	158	158					158				
14	①酒的制造	150	150					150				
15	其中:酒精											
16	②饮料制造	8	8					8				
17	③精制茶制造											
18	4. 烟草制品业											
19	卷烟制造											
20	烟叶复烤											
21	其他烟草制品加工											
22	5. 纺织业	159	95		1				85	9	7	57
23	6. 纺织服装、服饰业	647	383					354	26	3	263	1

续表

序号	项目	合计	内资企业								港澳台投资企业	外商投资企业
			小计	国有企业	集体企业	股份合作企业	联营企业	股份公司	私营企业	其他企业		
24	其中:纺织服装	643	380					354	26		263	
25	7. 皮革、毛皮、羽毛及其制品和制鞋业	291	181		181						32	78
26	其中:皮革、毛皮	78										78
27	8. 木材加工和木竹藤棕草制品业	3	1					1				2
28	9. 家具制造业	581	43	2				39		2	153	385
29	10. 造纸和纸制品业	1653	50					28	22		1	1602
30	①纸浆制造	5										5
31	②造纸	1601	27					27				1574
32	其中:机制纸及纸板制造	1600	27					27				1573
33	③纸制品制造	47	23					1	22		1	23
34	11. 印刷和记录媒介复制业	952	244	2				222	20		708	
35	12. 文教、工美、体育和娱乐用品制造业	84	3						3		81	
36	13. 石油加工、炼焦和核燃料加工业											
37	其中:成品油											
38	14. 化学原料和化学制品制造业	4183	160					42	116	2	937	3086
39	①肥料制造											
40	②农药制造											
41	③专用化学产品制造	3348	18					18			267	3063
42	④日用化学产品制造	105	75					3	72		30	
43	其中:化妆品制造	29									29	
44	⑤其他	730	67					21	44	2	640	23
45	15. 医药制造业	15776	3617					3586	31		10767	1392
46	16. 化学纤维制造业	9600	1					1			9599	
47	17. 橡胶和塑料制品业	975	280		2			266	12		318	377

续表

序号	项　　目	合计	内资企业								港澳台投资企业	外商投资企业
			小计	国有企业	集体企业	股份合作企业	联营企业	股份公司	私营企业	其他企业		
48	其中:轮胎制造											
49	18. 非金属矿物制品业	756	701					417	284		47	8
50	①水泥、石灰和石膏制造											
51	其中:水泥制造											
52	②水泥及石膏制品制造	76	32						32		44	
53	③玻璃及玻璃制品制造	13	3					3			2	8
54	④其他	667	666					414	252		1	
55	19. 黑色金属冶炼和压延加工业	88	10		1			9				78
56	其中:钢压延加工	79	1		1							78
57	20. 有色金属冶炼和压延加工业	42									42	
58	21. 金属制品业	1636	296		17			157	122		251	1089
59	22. 通用设备制造业	331	108	3				77	28		39	184
60	23. 专用设备制造业	12754	3680	6				3458	216		1271	7803
61	24. 汽车制造业	2267	278					278			460	1529
62	25. 铁路、船舶、航空航天和其他运输设备制造业	6665	6					6			249	6410
63	其中:铁路运输设备制造											
64	船舶及相关装置制造	258	6					6			249	3
65	航空、航天及设备制造	6407										6407
66	摩托车制造											
67	26. 电气机械及器材制造业	450826	418398	1				418343	54		45	32383
68	①电机制造	31	13					13				18
69	②电线电缆光缆及电工器材制造	2373	2350					2350			16	7
70	③家用电力器具制造	433781	406971					406971			3	26807

续表

序号	项目	合计	内资企业								港澳台投资企业	外商投资企业
			小计	国有企业	集体企业	股份合作企业	联营企业	股份公司	私营企业	其他企业		
71	④其他	14641	9064	1				9009	54		26	5551
72	27. 计算机、通信和其他电子设备制造业	47000	4075		3			3462	610		9502	33423
73	①计算机制造	1698	3		2			1			1419	276
74	②通信设备制造	5177	1742					1742			2411	1024
75	③广播电视设备制造	3	3					3				
76	④视听设备制造	108	64					64			44	
77	⑤其他	40014	2263		1			1652	610		5628	32123
78	28. 仪表仪器制造业	5465	709					692	17		508	4248
79	29. 其他制造业	3606	1128		8			972	148		1282	1196
80	(三)电力、燃气及水的生产和供应业	38784	5027					4939	88		1758	31999
81	1. 电力、热力的生产和供应业	33092	205					205			1677	31210
82	①电力生产	205	205					205				
83	其中:火力发电	205	205					205				
84	水力发电											
85	核力发电											
86	风力发电											
87	太阳能发电											
88	②电力供应	30951										30951
89	③热力生产和供应业	1936									1677	259
90	2. 燃气生产和供应业	789										789
91	3. 水的生产和供应业	4903	4822					4734	88		81	
92	(四)建筑业	51348	49539	3173	449	15	23	38026	7820	33	1678	131
93	1. 房屋建筑业	19126	18958	1181	195		4	12419	5158	1	103	65
94	2. 土木工程建筑业	3049	3049	759	39			2025	225	1		

续表

序号	项　　目	合计	内资企业								港澳台投资企业	外商投资企业
			小计	国有企业	集体企业	股份合作企业	联营企业	股份公司	私营企业	其他企业		
95	3. 建筑安装业	14676	13116	618	165			11117	1215	1	1520	40
96	4. 建筑装饰和其他建筑业	14497	14416	615	50	15	19	12465	1222	30	55	26
97	（五）批发和零售业	46868	43060	2409	508	62	9	36587	3483	2	2843	965
98	1. 批发业	36962	36445	2154	386			30728	3177		124	393
99	其中：烟草制品批发	20432	20432					20432				
100	煤炭及制品批发											
101	石油及其制品批发	471	471	15				164	292			
102	汽车及零配件批发	2	2						2			
103	2. 零售业	9906	6615	255	122	62	9	5859	306	2	2719	572
104	（六）交通运输、仓储及邮政业	20164	10389	1359	3			8982	40	5	1524	8251
105	1. 交通运输业	16797	8087	60	3			7984	35	5	1450	7260
106	2. 仓储业	3365	2300	1299				997	4		74	991
107	3. 邮政业	2	2					1	1			
108	（七）住宿和餐饮业	2364	1377	145	38			1120	74		981	6
109	1. 住宿业	1836	998	145	33			806	14		838	
110	2. 餐饮业	528	379		5			314	60		143	6
111	（八）信息传输、软件和信息技术服务业	3803	3062		1			2775	280	6	202	539
112	1. 电信、广播电视和卫星传输服务业											
113	其中：电信											
114	2. 互联网和相关服务	1	1						1			
115	3. 软件和信息技术服务业	3802	3061		1			2775	279	6	202	539
116	（九）金融业	7963	963	1	1	2		957	2		2252	4748
117	1. 货币金融服务	291	290					290				1
118	其中：银行	1										1

续表

序号	项　　目	合计	内资企业								港澳台投资企业	外商投资企业
			小计	国有企业	集体企业	股份合作企业	联营企业	股份公司	私营企业	其他企业		
119	金融租赁											
120	2. 资本市场服务	280	1					1				279
121	3. 保险业	2	2						2			
122	4. 其他金融业	7390	670	1	1	2		666			2252	4468
123	(十)房地产业	77838	53673	447	478	497	2	38476	12272	1501	6803	17362
124	(十一)租赁和商务服务业	12764	8655	19	138	7		8150	325	16	774	3335
125	1. 租赁业	207	206		109	7		87	1	2		1
126	2. 商务服务业	12557	8449	19	29			8063	324	14	774	3334
127	(十二)科学研究和技术服务业	5856	4576	206	54			1569	62	2685	44	1236
128	(十三)居民服务、修理和其他服务业	43409	33053	3207	180	144		27433	303	1786	5551	4805
129	其中:居民服务业	4438	4296	263	41	1		3925	65	1	20	122
130	机动车、电子产品和日用产品修理业	188	136		1	126		7	2			52
131	(十四)教育	263	263					17	5	241		
132	(十五)卫生和社会工作	243	180	9	1			49	52	69		63
133	其中:卫生	243	180	9	1			49	52	69		63
134	(十六)文化、体育和娱乐业	684	176					48	3	125	223	285
135	其中:新闻和出版业	145	145					26		119		
136	广播、电视、电影和影视录音制作业											
137	体育	175	1					1			174	
138	娱乐业	294	9					7	2			285
139	(十七)公共管理、社会保障和社会组织	530	530		1					529		
140	(十八)其他行业	2143	2138	9	24		4	752	1328	21		5

2015年汕头市地方税务局企业所得税分行业分企业类型统计年报表

编报机关:汕头市地方税务局 单位:万元

序号	项目	合计	内资企业								港澳台投资企业	外商投资企业
			小计	国有企业	集体企业	股份合作企业	联营企业	股份公司	私营企业	其他企业		
1	合　计	270041	255613	42833	15357	985	251	156352	37241	2594	8405	6023
2	(一)采矿业	8	8					8				
3	1. 煤炭开采和洗选业											
4	2. 石油和天然气开采业											
5	其中:原油											
6	3. 黑色金属矿采选业											
7	4. 有色金属矿采选业											
8	5. 非金属矿采选业	8	8					8				
9	6. 其他采矿业											
10	(二)制造业	55719	48760	74	240	759	15	34591	13080	1	1005	5954
11	1. 农副食品加工业	673	673	22	4	-2		537	112			
12	2. 食品制造业	1268	1265	3				1261	1			3
13	3. 酒、饮料和精制茶制造业	11	11					10	1			
14	①酒的制造	9	9					8	1			
15	其中:酒精											
16	②饮料制造	2	2					2				
17	③精制茶制造											
18	4. 烟草制品业	267	267					267				
19	卷烟制造											
20	烟叶复烤	185	185					185				
21	其他烟草制品加工	82	82					82				
22	5. 纺织业	2545	2545		6	84		449	2006			
23	6. 纺织服装、服饰业	12732	12709		2	258		6466	5983		23	

续表

序号	项目	合计	内资企业							港澳台投资企业	外商投资企业
			小计	国有企业	集体企业	股份合作企业	联营企业	股份公司	私营企业	其他企业		
24	其中:纺织服装	12444	12421		2	258		6398	5763		23	
25	7. 皮革、毛皮、羽毛及其制品和制鞋业	214	214	1	1	1		92	119			
26	其中:皮革、毛皮	202	202			1		87	114			
27	8. 木材加工和木竹藤棕草制品业	5	5					3	2			
28	9. 家具制造业	42	42		1			41				
29	10. 造纸和纸制品业	2158	2158		140	11		1581	426			
30	①纸浆制造	1512	1512		140	3		1367	2			
31	②造纸	121	121					121				
32	其中:机制纸及纸板制造	8	8					8				
33	③纸制品制造	525	525			8		93	424			
34	11. 印刷和记录媒介复制业	9034	1588		1	91		1323	173		819	6627
35	12. 文教、工美、体育和娱乐用品制造业	6422	6320		34	3		5749	534			102
36	13. 石油加工、炼焦和核燃料加工业	7	7					7				
37	其中:成品油	7	7					7				
38	14. 化学原料和化学制品制造业	556	1357		1	42		506	808			-801
39	①肥料制造	1	1						1			
40	②农药制造											
41	③专用化学产品制造	105	105					94	11			
42	④日用化学产品制造	1019	1019		1	3		258	757			
43	其中:化妆品制造	177	177			2		64	111			
44	⑤其他	-569	232			39		154	39			-801
45	15. 医药制造业	2584	2584			39	15	1942	588			
46	16. 化学纤维制造业											
47	17. 橡胶和塑料制品业	5058	5058		15	40		3694	1309			

续表

序号	项　目	合计	内资企业							港澳台投资企业	外商投资企业
			小计	国有企业	集体企业	股份合作企业	联营企业	股份公司	私营企业	其他企业		
48	其中:轮胎制造	18	18					18				
49	18. 非金属矿物制品业	277	277		1			216	60			
50	①水泥、石灰和石膏制造	21	21					21				
51	其中:水泥制造	2	2					2				
52	②水泥及石膏制品制造											
53	③玻璃及玻璃制品制造	108	108					55	53			
54	④其他	148	148		1			140	7			
55	19. 黑色金属冶炼和压延加工业	51	51						51			
56	其中:钢压延加工	1	1						1			
57	20. 有色金属冶炼和压延加工业	6	6			6						
58	21. 金属制品业	289	126		4	2		110	10		163	
59	22. 通用设备制造业	312	312		5	6		279	22			
60	23. 专用设备制造业	388	388		4	12		236	136			
61	24. 汽车制造业	112	89					89				23
62	25. 铁路、船舶、航空航天和其他运输设备制造业	28	28	1				27				
63	其中:铁路运输设备制造	1	1					1				
64	船舶及相关装置制造	7	7					7				
65	航空、航天及设备制造											
66	摩托车制造	19	19					19				
67	26. 电气机械及器材制造业	2760	2760	16		1		2488	255			
68	①电机制造	3	3					3				
69	②电线电缆光缆及电工器材制造	172	172					171	1			
70	③家用电力器具制造	35	35					4	31			

续表

序号	项　目	合计	内资企业								港澳台投资企业	外商投资企业
			小计	国有企业	集体企业	股份合作企业	联营企业	股份公司	私营企业	其他企业		
71	④其他	2550	2550	16		1		2310	223			
72	27. 计算机、通信和其他电子设备制造业	571	571					243	328			
73	①计算机制造	15	15						15			
74	②通信设备制造	53	53					31	22			
75	③广播电视设备制造											
76	④视听设备制造											
77	⑤其他	503	503					212	291			
78	28. 仪表仪器制造业	15	15		3			12				
79	29. 其他制造业	7334	7334	31	18	165		6963	156	1		
80	（三）电力、燃气及水的生产和供应业	9702	9702	9620	15	2	19	43	2	1		
81	1. 电力、热力的生产和供应业	9486	9486	9460		2	19	5				
82	①电力生产	22	22	1		2	19					
83	其中：火力发电											
84	水力发电	1	1	1								
85	核力发电											
86	风力发电											
87	太阳能发电											
88	②电力供应	9464	9464	9459				5				
89	③热力生产和供应业											
90	2. 燃气生产和供应业	5	5					3	2			
91	3. 水的生产和供应业	211	211	160	15			35		1		
92	（四）建筑业	77452	77443	30900	14211	12	102	29428	2668	122	3	6
93	1. 房屋建筑业	68101	68101	29657	13538		74	23251	1563	18		
94	2. 土木工程建筑业	2409	2409	81	81	1	2	2154	85	5		

续表

序号	项目	合计	内资企业							港澳台投资企业	外商投资企业
			小计	国有企业	集体企业	股份合作企业	联营企业	股份公司	私营企业	其他企业		
95	3. 建筑安装业	3828	3824	610	513	4		2117	564	16	3	1
96	4. 建筑装饰和其他建筑业	3114	3109	552	79	7	26	1906	456	83		5
97	(五)批发和零售业	35139	34945	926	242	166	11	31408	2185	7	150	44
98	1. 批发业	32440	32396	876	179	113	10	29243	1968	7		44
99	其中:烟草制品批发	11056	11056					11056				
100	煤炭及制品批发											
101	石油及其制品批发	36	36					36				
102	汽车及零配件批发	1	1						1			
103	2. 零售业	2699	2549	50	63	53	1	2165	217		150	
104	(六)交通运输、仓储及邮政业	1837	1837	114	115	1		1378	47	182		
105	1. 交通运输业	1559	1559	114	110	1		1106	46	182		
106	2. 仓储业	12	12		5			7				
107	3. 邮政业	266	266					265	1			
108	(七)住宿和餐饮业	1022	1022	3	18	6		849	143	3		
109	1. 住宿业	246	246	3	10			178	53	2		
110	2. 餐饮业	776	776		8	6		671	90	1		
111	(八)信息传输、软件和信息技术服务业	390	390			2		310	48	30		
112	1. 电信、广播电视和卫星传输服务业	29	29					1		28		
113	其中:电信	27	27					1		26		
114	2. 互联网和相关服务	79	79					48	31			
115	3. 软件和信息技术服务业	282	282			2		261	17	2		
116	(九)金融业	10553	3329		2			3325	2		7217	7
117	1. 货币金融服务	234	233					233				1
118	其中:银行	178	177					177				1

续表

序号	项目	合计	内资企业								港澳台投资企业	外商投资企业
			小计	国有企业	集体企业	股份合作企业	联营企业	股份公司	私营企业	其他企业		
119	金融租赁	10	10					10				
120	2. 资本市场服务	7280	59					59			7217	4
121	3. 保险业	1	1					1				
122	4. 其他金融业	3038	3036		2			3032	2			2
123	(十)房地产业	40514	40505	495	392	1	1	34368	5041	207	9	
124	(十一)租赁和商务服务业	31154	31132	102	3	14		17089	13755	169	20	2
125	1. 租赁业	5	5	1				3	1			
126	2. 商务服务业	31149	31127	101	3	14		17086	13754	169	20	2
127	(十二)科学研究和技术服务业	443	438	19	5	1		254	76	83		5
128	(十三)居民服务、修理和其他服务业	4197	4196	317	92	21	103	2124	119	1420	1	
129	其中:居民服务业	399	399	17	4	8		104	6	260		
130	机动车、电子产品和日用产品修理业	47	47	1	6			37	3			
131	(十四)教育	71	66							66		5
132	(十五)卫生和社会工作	35	35					3		32		
133	其中:卫生	34	34					3		31		
134	(十六)文化、体育和娱乐业	472	472	3	9			414	29	17		
135	其中:新闻和出版业											
136	广播、电视、电影和影视录音制作业	10	10		4			2	1	3		
137	体育	15	15					4		11		
138	娱乐业	415	415	2	5	1		379	27	1		
139	(十七)公共管理、社会保障和社会组织	178	178	1	7					170		
140	(十八)其他行业	1155	1155	259	6			760	46	84		

2015 年佛山市地方税务局企业所得税分行业分企业类型统计年报表

编报机关:佛山市地方税务局

单位:万元

序号	项　　目	合计	内　资　企　业								港澳台投资企业	外商投资企业
			小计	国有企业	集体企业	股份合作企业	联营企业	股份公司	私营企业	其他企业		
1	合　　计	555164	550479	2235	12511	755	699	462556	59923	11800	1803	2882
2	(一)采矿业											
3	1. 煤炭开采和洗选业											
4	2. 石油和天然气开采业											
5	其中:原油											
6	3. 黑色金属矿采选业											
7	4. 有色金属矿采选业											
8	5. 非金属矿采选业											
9	6. 其他采矿业											
10	(二)制造业	109692	107121	422	672	499	167	82139	23217	5	14	2557
11	1. 农副食品加工业	2597	2597	139	6			2413	39			
12	2. 食品制造业	20237	20237			2		20224	11			
13	3. 酒、饮料和精制茶制造业	1607	1607					1494	113			
14	①酒的制造	1494	1494					1494				
15	其中:酒精											
16	②饮料制造	113	113						113			
17	③精制茶制造											
18	4. 烟草制品业											
19	卷烟制造											
20	烟叶复烤											
21	其他烟草制品加工											
22	5. 纺织业	2680	2680		20	45		2228	387			
23	6. 纺织服装、服饰业	543	543		12	4	8	367	152			

续表

序号	项　目	合计	内资企业							港澳台投资企业	外商投资企业
			小计	国有企业	集体企业	股份合作企业	联营企业	股份公司	私营企业	其他企业		
24	其中:纺织服装	369	369		12	4	8	237	108			
25	7. 皮革、毛皮、羽毛及其制品和制鞋业	764	764		52	4		437	271			
26	其中:皮革、毛皮	404	404		25	3		171	205			
27	8. 木材加工和木竹藤棕草制品业	288	288	52		1		169	66			
28	9. 家具制造业	2051	2051		6	1		1246	798			
29	10. 造纸和纸制品业	636	636		31	6		513	85	1		
30	①纸浆制造											
31	②造纸	60	60		28			32				
32	其中:机制纸及纸板制造	60	60		28			32				
33	③纸制品制造	576	576		3	6		481	85	1		
34	11. 印刷和记录媒介复制业	1044	1044		5	42		559	438			
35	12. 文教、工美、体育和娱乐用品制造业	862	862	230	57	1		390	184			
36	13. 石油加工、炼焦和核燃料加工业	2960	2960					2900	60			
37	其中:成品油	2960	2960					2900	60			
38	14. 化学原料和化学制品制造业	3471	3463		109	1	96	3005	252		8	
39	①肥料制造	23	23						23			
40	②农药制造	20	20					19	1			
41	③专用化学产品制造	956	956		34	1	96	754	71			
42	④日用化学产品制造	154	154					137	17			
43	其中:化妆品制造	108	108					108				
44	⑤其他	2318	2310		75			2095	140		8	
45	15. 医药制造业	4776	4776				50	4701	25			
46	16. 化学纤维制造业	2	2					2				
47	17. 橡胶和塑料制品业	3549	3549		20	298		2019	1212			

续表

序号	项目	合计	内资企业								港澳台投资企业	外商投资企业
			小计	国有企业	集体企业	股份合作企业	联营企业	股份公司	私营企业	其他企业		
48	其中:轮胎制造	1	1						1			
49	18. 非金属矿物制品业	20121	20113	1	84		12	16051	3964	1		8
50	①水泥、石灰和石膏制造	692	692					382	309	1		
51	其中:水泥制造	604	604					381	222	1		
52	②水泥及石膏制品制造	784	784				2	561	221			
53	③玻璃及玻璃制品制造	4861	4861		3			4494	364			
54	④其他	13784	13776	1	81		10	10614	3070			8
55	19. 黑色金属冶炼和压延加工业	177	177				1	90	86			
56	其中:钢压延加工	173	173					88	85			
57	20. 有色金属冶炼和压延加工业	8597	8597		68			4620	3909			
58	21. 金属制品业	6086	6086		130	37		4367	1552			
59	22. 通用设备制造业	1683	1683	-3	7	9		1297	370	3		
60	23. 专用设备制造业	5652	5652		41	4		3293	2314			
61	24. 汽车制造业	3485	3469		1			2301	1167			16
62	25. 铁路、船舶、航空航天和其他运输设备制造业	343	343					211	132			
63	其中:铁路运输设备制造											
64	船舶及相关装置制造	5	5					5				
65	航空、航天及设备制造											
66	摩托车制造	305	305					174	131			
67	26. 电气机械及器材制造业	9553	7037	2	13	22		4552	2448			2516
68	①电机制造	102	102	2				98	2			
69	②电线电缆光缆及电工器材制造	746	746		1	5		673	67			
70	③家用电力器具制造	1506	1506		11	6		1060	429			

续表

序号	项目	合计	内资企业								港澳台投资企业	外商投资企业
			小计	国有企业	集体企业	股份合作企业	联营企业	股份公司	私营企业	其他企业		
71	④其他	7199	4683		1	11		2721	1950			2516
72	27. 计算机、通信和其他电子设备制造业	4502	4497	1		12		1936	2548			5
73	①计算机制造											
74	②通信设备制造	324	324					278	46			
75	③广播电视设备制造	12	12						12			
76	④视听设备制造	140	140	1		7		109	23			
77	⑤其他	4026	4021			5		1549	2467			5
78	28. 仪表仪器制造业	512	512			10		119	383			
79	29. 其他制造业	914	896		10			635	251		6	12
80	(三)电力、燃气及水的生产和供应业	7601	7601		856			6742	3			
81	1. 电力、热力的生产和供应业											
82	①电力生产											
83	其中:火力发电											
84	水力发电											
85	核力发电											
86	风力发电											
87	太阳能发电											
88	②电力供应											
89	③热力生产和供应业											
90	2. 燃气生产和供应业	2316	2316					2313	3			
91	3. 水的生产和供应业	5285	5285		856			4429				
92	(四)建筑业	57997	57948	453	4768	14	106	40031	12046	530	16	33
93	1. 房屋建筑业	19360	19360	30	3284		1	12143	3752	150		
94	2. 土木工程建筑业	6246	6246	92	684			4096	1362	12		

续表

序号	项目	合计	内资企业								港澳台投资企业	外商投资企业
			小计	国有企业	集体企业	股份合作企业	联营企业	股份公司	私营企业	其他企业		
95	3. 建筑安装业	19315	19289	102	747	8	6	13805	4594	27	4	22
96	4. 建筑装饰和其他建筑业	13076	13053	229	53	6	99	9987	2338	341	12	11
97	(五)批发和零售业	24542	24480	290	1185	118	64	14619	8176	28	62	
98	1. 批发业	16653	16608	222	272	108	13	8262	7731		45	
99	其中:烟草制品批发	82	82	46				36				
100	煤炭及制品批发	64	64					35	29			
101	石油及其制品批发	175	175		27		9	66	73			
102	汽车及零配件批发	257	255		5			169	81		2	
103	2. 零售业	7889	7872	68	913	10	51	6357	445	28	17	
104	(六)交通运输、仓储及邮政业	9121	9114	191	9			8123	727	64	6	1
105	1. 交通运输业	8880	8874	94	5			8048	665	62	6	
106	2. 仓储业	217	216	97	4			71	42	2		1
107	3. 邮政业	24	24					4	20			
108	(七)住宿和餐饮业	2603	2600	25	93	49		1271	1139	23		3
109	1. 住宿业	744	743	1	25	6		416	274	21		1
110	2. 餐饮业	1859	1857	24	68	43		855	865	2		2
111	(八)信息传输、软件和信息技术服务业	641	636	3		1		378	253	1		5
112	1. 电信、广播电视和卫星传输服务业	46	46	3				5	38			
113	其中:电信	25	25	3				5	17			
114	2. 互联网和相关服务	29	29					12	17			
115	3. 软件和信息技术服务业	566	561			1		361	198	1		5
116	(九)金融业	12297	11590					10213	1377		616	91
117	1. 货币金融服务	4657	4657					3375	1282			
118	其中:银行											

续表

序号	项目	合计	内资企业								港澳台投资企业	外商投资企业
			小计	国有企业	集体企业	股份合作企业	联营企业	股份公司	私营企业	其他企业		
119	金融租赁	174	174					174				
120	2. 资本市场服务	626	626					625	1			
121	3. 保险业	180	180					178	2			
122	4. 其他金融业	6834	6127					6035	92		616	91
123	(十)房地产业	290003	289816	247	4132	31	5	276472	7499	1430	12	175
124	(十一)租赁和商务服务业	18335	17323	18	159	1		14300	2710	135	1003	9
125	1. 租赁业	96	96		2			51	15	28		
126	2. 商务服务业	18239	17227	18	157	1		14249	2695	107	1003	9
127	(十二)科学研究和技术服务业	6239	6234	304	29	2	15	2172	1726	1986	3	2
128	(十三)居民服务、修理和其他服务业	2341	2335	16	222	7	340	1050	346	354		6
129	其中:居民服务业	821	821		160	3	339	162	41	116		
130	机动车、电子产品和日用产品修理业	114	114		12	4		56	42			
131	(十四)教育	2844	2844		37	1		388	5	2413		
132	(十五)卫生和社会工作	3806	3806		2			3574	3	227		
133	其中:卫生	3792	3792		2			3574	3	213		
134	(十六)文化、体育和娱乐业	572	570	1	17	7		178	206	161	2	
135	其中:新闻和出版业	39	39					39				
136	广播、电视、电影和影视录音制作业	34	34		4			13	17			
137	体育	117	117	1		1		41	9	65		
138	娱乐业	257	257		11	6		73	167			
139	(十七)公共管理、社会保障和社会组织	4704	4704		321	25	2	173		4183		
140	(十八)其他行业	1826	1757	265	9			733	490	260	69	

2015 年韶关市地方税务局企业所得税分行业分企业类型统计年报表

编报机关:韶关市地方税务局　　　　单位:万元

序号	项　目	合计	内资企业								港澳台投资企业	外商投资企业
			小计	国有企业	集体企业	股份合作企业	联营企业	股份公司	私营企业	其他企业		
1	合　计	48821	48721	5986	6064	19	127	33190	1791	1544	51	49
2	(一)采矿业	1227	1227		42			1184	1			
3	1. 煤炭开采和洗选业											
4	2. 石油和天然气开采业											
5	其中:原油											
6	3. 黑色金属矿采选业	315	315		30			285				
7	4. 有色金属矿采选业	898	898					898				
8	5. 非金属矿采选业	14	14		12			1	1			
9	6. 其他采矿业											
10	(二)制造业	4531	4531	26	3	4	1	4480	16	1		
11	1. 农副食品加工业	37	37	1				36				
12	2. 食品制造业											
13	3. 酒、饮料和精制茶制造业	20	20					20				
14	①酒的制造	20	20					20				
15	其中:酒精											
16	②饮料制造											
17	③精制茶制造											
18	4. 烟草制品业											
19	卷烟制造											
20	烟叶复烤											
21	其他烟草制品加工											
22	5. 纺织业											
23	6. 纺织服装、服饰业	1	1						1			

续表

序号	项　目	合计	内资企业								港澳台投资企业	外商投资企业
			小计	国有企业	集体企业	股份合作企业	联营企业	股份公司	私营企业	其他企业		
24	其中:纺织服装	1	1						1			
25	7. 皮革、毛皮、羽毛及其制品和制鞋业											
26	其中:皮革、毛皮											
27	8. 木材加工和木竹藤棕草制品业	16	16	16								
28	9. 家具制造业											
29	10. 造纸和纸制品业	2	2					2				
30	①纸浆制造											
31	②造纸											
32	其中:机制纸及纸板制造											
33	③纸制品制造	2	2					2				
34	11. 印刷和记录媒介复制业	4	4		2			1	1			
35	12. 文教、工美、体育和娱乐用品制造业	10	10					10				
36	13. 石油加工、炼焦和核燃料加工业											
37	其中:成品油											
38	14. 化学原料和化学制品制造业	125	125					122	3			
39	①肥料制造	6	6					6				
40	②农药制造											
41	③专用化学产品制造											
42	④日用化学产品制造											
43	其中:化妆品制造											
44	⑤其他	119	119					116	3			
45	15. 医药制造业											
46	16. 化学纤维制造业											
47	17. 橡胶和塑料制品业	28	28					28				

续表

序号	项　目	合计	内资企业								港澳台投资企业	外商投资企业
			小计	国有企业	集体企业	股份合作企业	联营企业	股份公司	私营企业	其他企业		
48	其中:轮胎制造											
49	18. 非金属矿物制品业	66	66		1	2		63				
50	①水泥、石灰和石膏制造	65	65			2		63				
51	其中:水泥制造	64	64			2		62				
52	②水泥及石膏制品制造											
53	③玻璃及玻璃制品制造											
54	④其他	1	1		1							
55	19. 黑色金属冶炼和压延加工业	53	53					53				
56	其中:钢压延加工	53	53					53				
57	20. 有色金属冶炼和压延加工业	1386	1386	9				1377				
58	21. 金属制品业	26	26					26				
59	22. 通用设备制造业	150	150			2	1	139	8			
60	23. 专用设备制造业	207	207					204	3			
61	24. 汽车制造业	54	54					54				
62	25. 铁路、船舶、航空航天和其他运输设备制造业											
63	其中:铁路运输设备制造											
64	船舶及相关装置制造											
65	航空、航天及设备制造											
66	摩托车制造											
67	26. 电气机械及器材制造业	417	417					417				
68	①电机制造	339	339					339				
69	②电线电缆光缆及电工器材制造											
70	③家用电力器具制造											

续表

序号	项　目	合计	内资企业								港澳台投资企业	外商投资企业
			小计	国有企业	集体企业	股份合作企业	联营企业	股份公司	私营企业	其他企业		
71	④其他	78	78					78				
72	27. 计算机、通信和其他电子设备制造业											
73	①计算机制造											
74	②通信设备制造											
75	③广播电视设备制造											
76	④视听设备制造											
77	⑤其他											
78	28. 仪表仪器制造业											
79	29. 其他制造业	1929	1929					1928		1		
80	(三)电力、燃气及水的生产和供应业	5263	5263	560	307	14	99	4224	59			
81	1. 电力、热力的生产和供应业	5210	5210	559	307	14	99	4172	59			
82	①电力生产	4865	4865	260	298	6	99	4143	59			
83	其中:火力发电	5	5		4				1			
84	水力发电	4840	4840	260	294	6	99	4123	58			
85	核力发电											
86	风力发电											
87	太阳能发电											
88	②电力供应	345	345	299	9	8		29				
89	③热力生产和供应业											
90	2. 燃气生产和供应业											
91	3. 水的生产和供应业	53	53	1				52				
92	(四)建筑业	21705	21703	3455	5442		14	11908	561	323	1	1
93	1. 房屋建筑业	10601	10601	3149	2371			4970	36	75		
94	2. 土木工程建筑业	1442	1442	72	313		8	876	164	9		

续表

序号	项　目	合计	内资企业								港澳台投资企业	外商投资企业
			小计	国有企业	集体企业	股份合作企业	联营企业	股份公司	私营企业	其他企业		
95	3. 建筑安装业	6269	6268	116	2502		1	3494	79	76		1
96	4. 建筑装饰和其他建筑业	3393	3392	118	256		5	2568	282	163	1	
97	(五)批发和零售业	1245	1245	259	94			829	30	33		
98	1. 批发业	762	762	212	48			487	15			
99	其中:烟草制品批发	192	192	1				191				
100	煤炭及制品批发											
101	石油及其制品批发											
102	汽车及零配件批发	-1	-1					-1				
103	2. 零售业	483	483	47	46			342	15	33		
104	(六)交通运输、仓储及邮政业	1943	1943	36	20			1771	32	84		
105	1. 交通运输业	1819	1819	36	18			1733	32			
106	2. 仓储业	123	123		2			37		84		
107	3. 邮政业	1	1					1				
108	(七)住宿和餐饮业	427	427	45	5			192	185			
109	1. 住宿业	88	88	45	4			35	4			
110	2. 餐饮业	339	339		1			157	181			
111	(八)信息传输、软件和信息技术服务业	10	10					8	2			
112	1. 电信、广播电视和卫星传输服务业	1	1					1				
113	其中:电信	1	1					1				
114	2. 互联网和相关服务	-5	-5					-5				
115	3. 软件和信息技术服务业	14	14					12	2			
116	(九)金融业	484	439					436	3		45	
117	1. 货币金融服务	204	204					202	2			
118	其中:银行											

续表

序号	项　目	合计	内资企业							港澳台投资企业	外商投资企业
			小计	国有企业	集体企业	股份合作企业	联营企业	股份公司	私营企业	其他企业		
119	金融租赁	69	69					69				
120	2. 资本市场服务											
121	3. 保险业											
122	4. 其他金融业	280	235					234	1		45	
123	(十)房地产业	7562	7514	118	71		10	6530	741	44		48
124	(十一)租赁和商务服务业	2256	2256	1352	4			748	125	27		
125	1. 租赁业	18	18					16	1	1		
126	2. 商务服务业	2238	2238	1352	4			732	124	26		
127	(十二)科学研究和技术服务业	424	419	52	4	1	3	187	5	167	5	
128	(十三)居民服务、修理和其他服务业	1094	1094	74	68			607	18	327		
129	其中:居民服务业	133	133	3	6			115	4	5		
130	机动车、电子产品和日用产品修理业	8	8		1			6		1		
131	(十四)教育	149	149	1				1		147		
132	(十五)卫生和社会工作	11	11							11		
133	其中:卫生	11	11							11		
134	(十六)文化、体育和娱乐业	55	55	1				32	12	10		
135	其中:新闻和出版业											
136	广播、电视、电影和影视录音制作业	13	13	1					12			
137	体育	9	9							9		
138	娱乐业	31	31					30	1			
139	(十七)公共管理、社会保障和社会组织	328	328	5	2			2		319		
140	(十八)其他行业	107	107	2	2			51	1	51		

2015年河源市地方税务局企业所得税分行业分企业类型统计年报表

编报机关：河源市地方税务局　　　　单位：万元

序号	项目	合计	内资企业								港澳台投资企业	外商投资企业
			小计	国有企业	集体企业	股份合作企业	联营企业	股份公司	私营企业	其他企业		
1	合计	43328	43145	1924	3992	1	21	34647	1087	1473	182	1
2	（一）采矿业	1691	1691		47			1644				
3	1. 煤炭开采和洗选业											
4	2. 石油和天然气开采业											
5	其中：原油											
6	3. 黑色金属矿采选业	412	412					412				
7	4. 有色金属矿采选业											
8	5. 非金属矿采选业	47	47		47							
9	6. 其他采矿业	1232	1232					1232				
10	（二）制造业	642	642		271	1		364	4	2		
11	1. 农副食品加工业	1	1						1			
12	2. 食品制造业	1	1						1			
13	3. 酒、饮料和精制茶制造业											
14	①酒的制造											
15	其中：酒精											
16	②饮料制造											
17	③精制茶制造											
18	4. 烟草制品业											
19	卷烟制造											
20	烟叶复烤											
21	其他烟草制品加工											
22	5. 纺织业	10	10					10				
23	6. 纺织服装、服饰业											

续表

序号	项目	合计	内资企业								港澳台投资企业	外商投资企业
			小计	国有企业	集体企业	股份合作企业	联营企业	股份公司	私营企业	其他企业		
24	其中:纺织服装											
25	7. 皮革、毛皮、羽毛及其制品和制鞋业											
26	其中:皮革、毛皮											
27	8. 木材加工和木竹藤棕草制品业											
28	9. 家具制造业											
29	10. 造纸和纸制品业											
30	①纸浆制造											
31	②造纸											
32	其中:机制纸及纸板制造											
33	③纸制品制造											
34	11. 印刷和记录媒介复制业	3	3		2			1				
35	12. 文教、工美、体育和娱乐用品制造业	32	32					32				
36	13. 石油加工、炼焦和核燃料加工业											
37	其中:成品油											
38	14. 化学原料和化学制品制造业											
39	①肥料制造											
40	②农药制造											
41	③专用化学产品制造											
42	④日用化学产品制造											
43	其中:化妆品制造											
44	⑤其他											
45	15. 医药制造业	20	20					20				
46	16. 化学纤维制造业											
47	17. 橡胶和塑料制品业											

续表

序号	项目	合计	内资企业								港澳台投资企业	外商投资企业
			小计	国有企业	集体企业	股份合作企业	联营企业	股份公司	私营企业	其他企业		
48	其中:轮胎制造											
49	18. 非金属矿物制品业	286	286		269			17				
50	①水泥、石灰和石膏制造	5	5					5				
51	其中:水泥制造	5	5					5				
52	②水泥及石膏制品制造	269	269		269							
53	③玻璃及玻璃制品制造											
54	④其他	12	12					12				
55	19. 黑色金属冶炼和压延加工业	50	50					48	2			
56	其中:钢压延加工	2	2					2				
57	20. 有色金属冶炼和压延加工业	35	35					35				
58	21. 金属制品业	125	125					123		2		
59	22. 通用设备制造业	31	31					31				
60	23. 专用设备制造业	1	1					1				
61	24. 汽车制造业											
62	25. 铁路、船舶、航空航天和其他运输设备制造业											
63	其中:铁路运输设备制造											
64	船舶及相关装置制造											
65	航空、航天及设备制造											
66	摩托车制造											
67	26. 电气机械及器材制造业	38	38					38				
68	①电机制造											
69	②电线电缆光缆及电工器材制造											
70	③家用电力器具制造											

续表

序号	项　目	合计	内资企业								港澳台投资企业	外商投资企业
			小计	国有企业	集体企业	股份合作企业	联营企业	股份公司	私营企业	其他企业		
71	④其他	38	38					38				
72	27. 计算机、通信和其他电子设备制造业	8	8					8				
73	①计算机制造											
74	②通信设备制造	5	5					5				
75	③广播电视设备制造											
76	④视听设备制造											
77	⑤其他	3	3					3				
78	28. 仪表仪器制造业											
79	29. 其他制造业	1	1			1						
80	(三)电力、燃气及水的生产和供应业	4532	4416	564	67			3783		2	116	
81	1. 电力、热力的生产和供应业	4001	3885	563	65			3255		2	116	
82	①电力生产	1593	1477	76	63			1336		2	116	
83	其中:火力发电	115									115	
84	水力发电	1472	1472	75	63			1332		2		
85	核力发电											
86	风力发电											
87	太阳能发电											
88	②电力供应	2408	2408	487	2			1919				
89	③热力生产和供应业											
90	2. 燃气生产和供应业	382	382					382				
91	3. 水的生产和供应业	149	149	1	2			146				
92	(四)建筑业	16006	15997	692	3452		15	10558	1062	218	8	1
93	1. 房屋建筑业	4634	4634	28	2307			1938	355	6		
94	2. 土木工程建筑业	2237	2237	365	180			1650	37	5		

续表

序号	项　目	合计	内资企业								港澳台投资企业	外商投资企业
			小计	国有企业	集体企业	股份合作企业	联营企业	股份公司	私营企业	其他企业		
95	3. 建筑安装业	3307	3307	39	234		3	2699	290	42		
96	4. 建筑装饰和其他建筑业	5828	5819	260	731		12	4271	380	165	8	1
97	(五)批发和零售业	3451	3451	33	12			3398	8			
98	1. 批发业	1252	1252		5			1241	6			
99	其中:烟草制品批发	437	437					437				
100	煤炭及制品批发											
101	石油及其制品批发											
102	汽车及零配件批发											
103	2. 零售业	2199	2199	33	7			2157	2			
104	(六)交通运输、仓储及邮政业	893	893	1	7		6	877	1	1		
105	1. 交通运输业	893	893	1	7		6	877	1	1		
106	2. 仓储业											
107	3. 邮政业											
108	(七)住宿和餐饮业	300	295	16				279			5	
109	1. 住宿业	150	150	1				149				
110	2. 餐饮业	150	145	15				130			5	
111	(八)信息传输、软件和信息技术服务业	101	100					99	1		1	
112	1. 电信、广播电视和卫星传输服务业	18	18					17	1			
113	其中:电信	17	17					17				
114	2. 互联网和相关服务	11	11					11				
115	3. 软件和信息技术服务业	72	71					71			1	
116	(九)金融业	1363	1363	1				1362				
117	1. 货币金融服务	478	478					478				
118	其中:银行	149	149					149				

续表

序号	项目	合计	内资企业								港澳台投资企业	外商投资企业
			小计	国有企业	集体企业	股份合作企业	联营企业	股份公司	私营企业	其他企业		
119	金融租赁	6	6					6				
120	2. 资本市场服务	11	11					11				
121	3. 保险业											
122	4. 其他金融业	874	874	1				873				
123	(十)房地产业	11530	11478	432	81			10934	7	24	52	
124	(十一)租赁和商务服务业	586	586	16	14			547	2	7		
125	1. 租赁业	4	4					2	2			
126	2. 商务服务业	582	582	16	14			545		7		
127	(十二)科学研究和技术服务业	353	353	108	7			169	1	68		
128	(十三)居民服务、修理和其他服务业	1102	1102	24	3			199	1	875		
129	其中:居民服务业	731	731	23	1			20		687		
130	机动车、电子产品和日用产品修理业	1	1					1				
131	(十四)教育	34	34							34		
132	(十五)卫生和社会工作	8	8							8		
133	其中:卫生	7	7							7		
134	(十六)文化、体育和娱乐业	73	73					40		33		
135	其中:新闻和出版业	31	31							31		
136	广播、电视、电影和影视录音制作业	32	32					31		1		
137	体育											
138	娱乐业	5	5					5				
139	(十七)公共管理、社会保障和社会组织	209	209		1			19		189		
140	(十八)其他行业	454	454	37	30			375		12		

2015年梅州市地方税务局企业所得税分行业分企业类型统计年报表

编报机关：梅州市地方税务局　　　　单位：万元

序号	项目	合计	内资企业								港澳台投资企业	外商投资企业
			小计	国有企业	集体企业	股份合作企业	联营企业	股份公司	私营企业	其他企业		
1	合　计	142164	142131	4340	5573	138	12	126439	2219	3410	22	11
2	(一)采矿业	308	308	287	4			-1		18		
3	1. 煤炭开采和洗选业	43	43	2				23		18		
4	2. 石油和天然气开采业											
5	其中:原油											
6	3. 黑色金属矿采选业	-29	-29					-29				
7	4. 有色金属矿采选业	288	288	285	3							
8	5. 非金属矿采选业	6	6		1			5				
9	6. 其他采矿业											
10	(二)制造业	7633	7633	17	41	82		7388	99	6		
11	1. 农副食品加工业	18	18	16				1	1			
12	2. 食品制造业	23	23					23				
13	3. 酒、饮料和精制茶制造业	920	920		1			919				
14	①酒的制造	920	920		1			919				
15	其中:酒精											
16	②饮料制造											
17	③精制茶制造											
18	4. 烟草制品业	1600	1600					1600				
19	卷烟制造	658	658					658				
20	烟叶复烤	352	352					352				
21	其他烟草制品加工	590	590					590				
22	5. 纺织业											
23	6. 纺织服装、服饰业	4	4	1				3				

续表

序号	项　　目	合计	内　资　企　业								港澳台投资企业	外商投资企业
			小计	国有企业	集体企业	股份合作企业	联营企业	股份公司	私营企业	其他企业		
24	其中:纺织服装	3	3					3				
25	7. 皮革、毛皮、羽毛及其制品和制鞋业											
26	其中:皮革、毛皮											
27	8. 木材加工和木竹藤棕草制品业	22	22					22				
28	9. 家具制造业	36	36					36				
29	10. 造纸和纸制品业	14	14					14				
30	①纸浆制造											
31	②造纸											
32	其中:机制纸及纸板制造											
33	③纸制品制造	14	14					14				
34	11. 印刷和记录媒介复制业	1	1		1							
35	12. 文教、工美、体育和娱乐用品制造业	103	103		7			1	95			
36	13. 石油加工、炼焦和核燃料加工业											
37	其中:成品油											
38	14. 化学原料和化学制品制造业	59	59					59				
39	①肥料制造											
40	②农药制造											
41	③专用化学产品制造											
42	④日用化学产品制造											
43	其中:化妆品制造											
44	⑤其他	59	59					59				
45	15. 医药制造业	166	166					166				
46	16. 化学纤维制造业											
47	17. 橡胶和塑料制品业	3	3					2	1			

续表

序号	项目	合计	内资企业								港澳台投资企业	外商投资企业
			小计	国有企业	集体企业	股份合作企业	联营企业	股份公司	私营企业	其他企业		
48	其中:轮胎制造											
49	18. 非金属矿物制品业	2584	2584					2582	2			
50	①水泥、石灰和石膏制造	2526	2526					2526				
51	其中:水泥制造	2526	2526					2526				
52	②水泥及石膏制品制造	5	5					5				
53	③玻璃及玻璃制品制造											
54	④其他	53	53					51	2			
55	19. 黑色金属冶炼和压延加工业	6	6		1			5				
56	其中:钢压延加工	6	6		1			5				
57	20. 有色金属冶炼和压延加工业	683	683					683				
58	21. 金属制品业	242	242					242				
59	22. 通用设备制造业	954	954					954				
60	23. 专用设备制造业	-115	-115					-115				
61	24. 汽车制造业											
62	25. 铁路、船舶、航空航天和其他运输设备制造业	31	31		31							
63	其中:铁路运输设备制造											
64	船舶及相关装置制造											
65	航空、航天及设备制造											
66	摩托车制造	31	31		31							
67	26. 电气机械及器材制造业	35	35					35				
68	①电机制造											
69	②电线电缆光缆及电工器材制造	7	7					7				
70	③家用电力器具制造											

续表

序号	项目	合计	内资企业							港澳台投资企业	外商投资企业
			小计	国有企业	集体企业	股份合作企业	联营企业	股份公司	私营企业	其他企业		
71	④其他	28	28					28				
72	27. 计算机、通信和其他电子设备制造业	251	251					251				
73	①计算机制造											
74	②通信设备制造											
75	③广播电视设备制造	13	13					13				
76	④视听设备制造											
77	⑤其他	238	238					238				
78	28. 仪表仪器制造业	154	154					154				
79	29. 其他制造业	-161	-161			82		-249		6		
80	(三)电力、燃气及水的生产和供应业	24608	24608	133	9			24466				
81	1. 电力、热力的生产和供应业	24604	24604	133	9			24462				
82	①电力生产	24470	24470		8			24462				
83	其中:火力发电	22310	22310					22310				
84	水力发电	2160	2160		8			2152				
85	核力发电											
86	风力发电											
87	太阳能发电											
88	②电力供应	134	134	133	1							
89	③热力生产和供应业											
90	2. 燃气生产和供应业	1	1					1				
91	3. 水的生产和供应业	3	3					3				
92	(四)建筑业	55695	55677	2409	4395	13	12	47268	1171	409	17	1
93	1. 房屋建筑业	10348	10348	35	2209	1		7629	457	17		
94	2. 土木工程建筑业	5455	5454	63	73			5160	100	58		1

续表

序号	项目	合计	内资企业								港澳台投资企业	外商投资企业
			小计	国有企业	集体企业	股份合作企业	联营企业	股份公司	私营企业	其他企业		
95	3. 建筑安装业	32354	32343	2086	1316			28819	91	31	11	
96	4. 建筑装饰和其他建筑业	7538	7532	225	797	12	12	5660	523	303	6	
97	(五)批发和零售业	15952	15950	346	9	32		15483	69	11	2	
98	1. 批发业	12011	12009	310	1	32		11627	39		2	
99	其中:烟草制品批发	8889	8889					8889				
100	煤炭及制品批发											
101	石油及其制品批发											
102	汽车及零配件批发											
103	2. 零售业	3941	3941	36	8			3856	30	11		
104	(六)交通运输、仓储及邮政业	2105	2105	186	2			1387	48	482		
105	1. 交通运输业	2101	2101	186	2			1385	46	482		
106	2. 仓储业											
107	3. 邮政业	4	4					2	2			
108	(七)住宿和餐饮业	204	203	24	1			154	24			1
109	1. 住宿业	131	131					122	9			
110	2. 餐饮业	73	72	24	1			32	15			1
111	(八)信息传输、软件和信息技术服务业	107	107					75	32			
112	1. 电信、广播电视和卫星传输服务业	7	7					2	5			
113	其中:电信	6	6					1	5			
114	2. 互联网和相关服务	1	1						1			
115	3. 软件和信息技术服务业	99	99					73	26			
116	(九)金融业	1486	1486					1485	1			
117	1. 货币金融服务	106	106					106				
118	其中:银行											

续表

序号	项　　目	合计	内　资　企　业								港澳台投资企业	外商投资企业
			小计	国有企业	集体企业	股份合作企业	联营企业	股份公司	私营企业	其他企业		
119	金融租赁											
120	2. 资本市场服务	1	1					1				
121	3. 保险业											
122	4. 其他金融业	1379	1379					1378	1			
123	(十)房地产业	28105	28094	180	899	10		26186	626	193	2	9
124	(十一)租赁和商务服务业	1044	1044	7	51			920	48	18		
125	1. 租赁业	16	16					9	5	2		
126	2. 商务服务业	1028	1028	7	51			911	43	16		
127	(十二)科学研究和技术服务业	714	714	166	48			321	15	164		
128	(十三)居民服务、修理和其他服务业	1554	1554	582	5			842	67	58		
129	其中:居民服务业	66	66	1	1			54	6	4		
130	机动车、电子产品和日用产品修理业	11	11					2	9			
131	(十四)教育	89	89		1			16		72		
132	(十五)卫生和社会工作	254	254					253		1		
133	其中:卫生	254	254					253		1		
134	(十六)文化、体育和娱乐业	113	113	1	66			6	4	36		
135	其中:新闻和出版业	31	31	1						30		
136	广播、电视、电影和影视录音制作业	69	69		66					3		
137	体育	1	1					1				
138	娱乐业	7	7					4	3			
139	(十七)公共管理、社会保障和社会组织	1058	1058		10			3		1045		
140	(十八)其他行业	1135	1134	2	32	1		187	15	897	1	

2015 年惠州市地方税务局企业所得税分行业分企业类型统计年报表

编报机关:惠州市地方税务局　　　　单位:万元

序号	项　目	合计	内资企业								港澳台投资企业	外商投资企业
			小计	国有企业	集体企业	股份合作企业	联营企业	股份公司	私营企业	其他企业		
1	合　计	95487	94667	5802	5018	9	176	58030	21733	3899	668	152
2	(一)采矿业	7	7		1			5	1			
3	1. 煤炭开采和洗选业											
4	2. 石油和天然气开采业											
5	其中:原油											
6	3. 黑色金属矿采选业											
7	4. 有色金属矿采选业											
8	5. 非金属矿采选业	7	7		1			5	1			
9	6. 其他采矿业											
10	(二)制造业	8824	8291	167	502		7	5138	2545	-68	533	
11	1. 农副食品加工业	346	346	2	6			338				
12	2. 食品制造业	493	493					489	4			
13	3. 酒、饮料和精制茶制造业	4	4		2				2			
14	①酒的制造	2	2		2							
15	其中:酒精											
16	②饮料制造	2	2						2			
17	③精制茶制造											
18	4. 烟草制品业											
19	卷烟制造											
20	烟叶复烤											
21	其他烟草制品加工											
22	5. 纺织业	28	28		4			3	21			
23	6. 纺织服装、服饰业	72	72		47			5	20			

续表

序号	项目	合计	内资企业								港澳台投资企业	外商投资企业
			小计	国有企业	集体企业	股份合作企业	联营企业	股份公司	私营企业	其他企业		
24	其中:纺织服装	71	71		47			5	19			
25	7. 皮革、毛皮、羽毛及其制品和制鞋业	223	223					194	29			
26	其中:皮革、毛皮	18	18					18				
27	8. 木材加工和木竹藤棕草制品业	20	20	1				19				
28	9. 家具制造业	1	1		1							
29	10. 造纸和纸制品业	13	13		3			7	3			
30	①纸浆制造	4	4					4				
31	②造纸	2	2		1			1				
32	其中:机制纸及纸板制造											
33	③纸制品制造	7	7		2			2	3			
34	11. 印刷和记录媒介复制业	183	183		1			164	18			
35	12. 文教、工美、体育和娱乐用品制造业	2007	2007		98			59	1850			
36	13. 石油加工、炼焦和核燃料加工业	24	24					24				
37	其中:成品油	24	24					24				
38	14. 化学原料和化学制品制造业	224	224	98			7	61	58			
39	①肥料制造	98	98	98								
40	②农药制造											
41	③专用化学产品制造	9	9					9				
42	④日用化学产品制造	32	32					32				
43	其中:化妆品制造	32	32					32				
44	⑤其他	85	85				7	20	58			
45	15. 医药制造业	865	332					322	10		533	
46	16. 化学纤维制造业											
47	17. 橡胶和塑料制品业	201	201		116			28	57			

续表

序号	项目	合计	内资企业								港澳台投资企业	外商投资企业
			小计	国有企业	集体企业	股份合作企业	联营企业	股份公司	私营企业	其他企业		
48	其中:轮胎制造											
49	18. 非金属矿物制品业	2986	2986		1			2985				
50	①水泥、石灰和石膏制造	2923	2923					2923				
51	其中:水泥制造	2923	2923					2923				
52	②水泥及石膏制品制造	41	41					41				
53	③玻璃及玻璃制品制造	1	1					1				
54	④其他	21	21		1			20				
55	19. 黑色金属冶炼和压延加工业											
56	其中:钢压延加工											
57	20. 有色金属冶炼和压延加工业	4	4					3	1			
58	21. 金属制品业	110	110		88			3	19			
59	22. 通用设备制造业	21	21		4			17				
60	23. 专用设备制造业	458	458		44			1	413			
61	24. 汽车制造业	66	66	66								
62	25. 铁路、船舶、航空航天和其他运输设备制造业											
63	其中:铁路运输设备制造											
64	船舶及相关装置制造											
65	航空、航天及设备制造											
66	摩托车制造											
67	26. 电气机械及器材制造业	108	108		23			81	4			
68	①电机制造											
69	②电线电缆光缆及电工器材制造	14	14		10			1	3			
70	③家用电力器具制造	7	7		7							

续表

序号	项　目	合计	内资企业								港澳台投资企业	外商投资企业
			小计	国有企业	集体企业	股份合作企业	联营企业	股份公司	私营企业	其他企业		
71	④其他	87	87		6			80	1			
72	27. 计算机、通信和其他电子设备制造业	359	359		25			320	14			
73	①计算机制造	1	1						1			
74	②通信设备制造	1	1						1			
75	③广播电视设备制造											
76	④视听设备制造											
77	⑤其他	357	357		25			320	12			
78	28. 仪表仪器制造业	1	1		1							
79	29. 其他制造业	7	7		38			15	22	-68		
80	(三)电力、燃气及水的生产和供应业	4202	4202	427	35			3717	23			
81	1. 电力、热力的生产和供应业	2753	2753	424	30			2296	3			
82	①电力生产	2349	2349	22	29			2295	3			
83	其中:火力发电											
84	水力发电	2349	2349	22	29			2295	3			
85	核力发电											
86	风力发电											
87	太阳能发电											
88	②电力供应	173	173	173								
89	③热力生产和供应业	231	231	229	1			1				
90	2. 燃气生产和供应业	1340	1340	3				1337				
91	3. 水的生产和供应业	109	109		5			84	20			
92	(四)建筑业	33916	33806	4060	3182	9	110	20693	4686	1066	86	24
93	1. 房屋建筑业	8317	8316	1337	1823		1	3695	1412	48	1	
94	2. 土木工程建筑业	2368	2368	988	225			979	172	4		

续表

序号	项目	合计	内资企业							港澳台投资企业	外商投资企业
			小计	国有企业	集体企业	股份合作企业	联营企业	股份公司	私营企业	其他企业		
95	3. 建筑安装业	8161	8114	829	646	3	74	4515	1138	909	42	5
96	4. 建筑装饰和其他建筑业	15070	15008	906	488	6	35	11504	1964	105	43	19
97	（五）批发和零售业	3822	3821	76	149		29	1520	2047		1	
98	1. 批发业	1031	1030	27	27		28	778	170		1	
99	其中：烟草制品批发											
100	煤炭及制品批发											
101	石油及其制品批发	218	218					218				
102	汽车及零配件批发											
103	2. 零售业	2791	2791	49	122		1	742	1877			
104	（六）交通运输、仓储及邮政业	2981	2981	139	1		8	2590	221	22		
105	1. 交通运输业	2974	2974	139	1		8	2590	214	22		
106	2. 仓储业	7	7						7			
107	3. 邮政业											
108	（七）住宿和餐饮业	428	415	17	11		3	263	120	1	13	
109	1. 住宿业	110	97		10		3	68	15	1	13	
110	2. 餐饮业	318	318	17	1			195	105			
111	（八）信息传输、软件和信息技术服务业	873	796		322			459	14	1		77
112	1. 电信、广播电视和卫星传输服务业	417	417					416		1		
113	其中：电信	416	416					416				
114	2. 互联网和相关服务	1	1					1				
115	3. 软件和信息技术服务业	455	378		322			42	14			77
116	（九）金融业	1546	1492		52			1027	412	1	32	22
117	1. 货币金融服务	815	783					728	55		32	
118	其中：银行	34	2					2			32	

续表

序号	项目	合计	内资企业							港澳台投资企业	外商投资企业
			小计	国有企业	集体企业	股份合作企业	联营企业	股份公司	私营企业	其他企业		
119	金融租赁	463	463					463				
120	2. 资本市场服务											
121	3. 保险业	4	4					3	1			
122	4. 其他金融业	727	705		52			296	356	1		22
123	(十)房地产业	30450	30447	470	111			18034	10173	1659	3	
124	(十一)租赁和商务服务业	2264	2260	58	59		7	1259	771	106		4
125	1. 租赁业	98	98					4	4	90		
126	2. 商务服务业	2166	2162	58	59		7	1255	767	16		4
127	(十二)科学研究和技术服务业	1177	1152	271	47		1	178	250	405		25
128	(十三)居民服务、修理和其他服务业	2329	2329	58	510		11	1738	307	-295		
129	其中:居民服务业	560	560		12		9	795	39	-295		
130	机动车、电子产品和日用产品修理业	13	13	2				1	10			
131	(十四)教育	96	96					1		95		
132	(十五)卫生和社会工作	1099	1099					1070		29		
133	其中:卫生	1098	1098					1070		28		
134	(十六)文化、体育和娱乐业	-10	-10		1			33	-46	2		
135	其中:新闻和出版业											
136	广播、电视、电影和影视录音制作业	1	1							1		
137	体育	1	1							1		
138	娱乐业	-33	-33		1			15	-49			
139	(十七)公共管理、社会保障和社会组织	405	405	3	7					395		
140	(十八)其他行业	1078	1078	56	28			305	209	480		

2015年汕尾市地方税务局企业所得税分行业分企业类型统计年报表

编报机关：汕尾市地方税务局　　　　单位：万元

序号	项目	合计	内资企业								港澳台投资企业	外商投资企业
			小计	国有企业	集体企业	股份合作企业	联营企业	股份公司	私营企业	其他企业		
1	合计	32460	32392	1990	3342	47	2	20483	6177	351	27	41
2	（一）采矿业	9	9					9				
3	1. 煤炭开采和洗选业											
4	2. 石油和天然气开采业											
5	其中：原油											
6	3. 黑色金属矿采选业											
7	4. 有色金属矿采选业											
8	5. 非金属矿采选业	9	9					9				
9	6. 其他采矿业											
10	（二）制造业	561	561	4	5			322	230			
11	1. 农副食品加工业	4	4	4								
12	2. 食品制造业	1	1						1			
13	3. 酒、饮料和精制茶制造业	68	68					68				
14	①酒的制造	68	68					68				
15	其中：酒精											
16	②饮料制造											
17	③精制茶制造											
18	4. 烟草制品业											
19	卷烟制造											
20	烟叶复烤											
21	其他烟草制品加工											
22	5. 纺织业	4	4						4			
23	6. 纺织服装、服饰业	224	224					33	191			

续表

序号	项　　目	合计	内　资　企　业								港澳台投资企业	外商投资企业
			小计	国有企业	集体企业	股份合作企业	联营企业	股份公司	私营企业	其他企业		
24	其中:纺织服装	224	224					33	191			
25	7. 皮革、毛皮、羽毛及其制品和制鞋业											
26	其中:皮革、毛皮											
27	8. 木材加工和木竹藤棕草制品业											
28	9. 家具制造业											
29	10. 造纸和纸制品业	2	2						2			
30	①纸浆制造											
31	②造纸	1	1						1			
32	其中:机制纸及纸板制造											
33	③纸制品制造	1	1						1			
34	11. 印刷和记录媒介复制业	1	1		1							
35	12. 文教、工美、体育和娱乐用品制造业	21	21		4			16	1			
36	13. 石油加工、炼焦和核燃料加工业											
37	其中:成品油											
38	14. 化学原料和化学制品制造业	83	83					81	2			
39	①肥料制造											
40	②农药制造											
41	③专用化学产品制造	80	80					80				
42	④日用化学产品制造											
43	其中:化妆品制造											
44	⑤其他	3	3					1	2			
45	15. 医药制造业											
46	16. 化学纤维制造业											
47	17. 橡胶和塑料制品业	19	19					19				

续表

序号	项目	合计	内资企业								港澳台投资企业	外商投资企业
			小计	国有企业	集体企业	股份合作企业	联营企业	股份公司	私营企业	其他企业		
48	其中:轮胎制造											
49	18. 非金属矿物制品业											
50	①水泥、石灰和石膏制造											
51	其中:水泥制造											
52	②水泥及石膏制品制造											
53	③玻璃及玻璃制品制造											
54	④其他											
55	19. 黑色金属冶炼和压延加工业											
56	其中:钢压延加工											
57	20. 有色金属冶炼和压延加工业											
58	21. 金属制品业	121	121					104	17			
59	22. 通用设备制造业	4	4						4			
60	23. 专用设备制造业	1	1						1			
61	24. 汽车制造业											
62	25. 铁路、船舶、航空航天和其他运输设备制造业	1	1					1				
63	其中:铁路运输设备制造	1	1					1				
64	船舶及相关装置制造											
65	航空、航天及设备制造											
66	摩托车制造											
67	26. 电气机械及器材制造业											
68	①电机制造											
69	②电线电缆光缆及电工器材制造											
70	③家用电力器具制造											

续表

序号	项　目	合计	内资企业								港澳台投资企业	外商投资企业
			小计	国有企业	集体企业	股份合作企业	联营企业	股份公司	私营企业	其他企业		
71	④其他											
72	27. 计算机、通信和其他电子设备制造业	6	6						6			
73	①计算机制造											
74	②通信设备制造											
75	③广播电视设备制造											
76	④视听设备制造											
77	⑤其他	6	6						6			
78	28. 仪表仪器制造业											
79	29. 其他制造业	1	1						1			
80	(三)电力、燃气及水的生产和供应业	1616	1616	1439	46			124	7			
81	1. 电力、热力的生产和供应业	1347	1347	1221	4			122				
82	①电力生产	98	98		4			94				
83	其中:火力发电											
84	水力发电	43	43		4			39				
85	核力发电	55	55					55				
86	风力发电											
87	太阳能发电											
88	②电力供应	1249	1249	1221				28				
89	③热力生产和供应业											
90	2. 燃气生产和供应业	11	11		2			2	7			
91	3. 水的生产和供应业	258	258	218	40							
92	(四)建筑业	13191	13171	441	2949	46	2	6534	3139	60	20	
93	1. 房屋建筑业	2223	2223	59	1215			650	298	1		
94	2. 土木工程建筑业	409	409	5	56			333	14	1		

续表

序号	项目	合计	内资企业								港澳台投资企业	外商投资企业
			小计	国有企业	集体企业	股份合作企业	联营企业	股份公司	私营企业	其他企业		
95	3. 建筑安装业	5396	5382	317	987	36		2921	1110	11	14	
96	4. 建筑装饰和其他建筑业	5163	5157	60	691	10	2	2630	1717	47	6	
97	(五)批发和零售业	8685	8685	67	16			8399	203			
98	1. 批发业	8380	8380	64	7			8305	4			
99	其中:烟草制品批发	8267	8267					8267				
100	煤炭及制品批发											
101	石油及其制品批发	3	3					3				
102	汽车及零配件批发											
103	2. 零售业	305	305	3	9			94	199			
104	(六)交通运输、仓储及邮政业	361	361					326	35			
105	1. 交通运输业	361	361					326	35			
106	2. 仓储业											
107	3. 邮政业											
108	(七)住宿和餐饮业	94	91			1		49	41		3	
109	1. 住宿业	27	24			1		21	2		3	
110	2. 餐饮业	67	67					28	39			
111	(八)信息传输、软件和信息技术服务业	43	42					29	13		1	
112	1. 电信、广播电视和卫星传输服务业	9	9						9			
113	其中:电信	9	9						9			
114	2. 互联网和相关服务	29	29					29				
115	3. 软件和信息技术服务业	5	4						4		1	
116	(九)金融业	196	196					196				
117	1. 货币金融服务	45	45					45				
118	其中:银行	44	44					44				

续表

序号	项目	合计	内资企业								港澳台投资企业	外商投资企业
			小计	国有企业	集体企业	股份合作企业	联营企业	股份公司	私营企业	其他企业		
119	金融租赁											
120	2. 资本市场服务											
121	3. 保险业	1	1					1				
122	4. 其他金融业	150	150					150				
123	(十)房地产业	6213	6170	54	93			3711	2209	103	2	41
124	(十一)租赁和商务服务业	432	431	2	1			411	12	5	1	
125	1. 租赁业	1									1	
126	2. 商务服务业	431	431	2	1			411	12	5		
127	(十二)科学研究和技术服务业	214	214	-25	18			162	33	26		
128	(十三)居民服务、修理和其他服务业	499	499	8	19			188	160	124		
129	其中:居民服务业	7	7					6		1		
130	机动车、电子产品和日用产品修理业											
131	(十四)教育	10	10							10		
132	(十五)卫生和社会工作	5	5							5		
133	其中:卫生	5	5							5		
134	(十六)文化、体育和娱乐业	7	7						5	2		
135	其中:新闻和出版业											
136	广播、电视、电影和影视录音制作业											
137	体育											
138	娱乐业	5	5						5			
139	(十七)公共管理、社会保障和社会组织	15	15							15		
140	(十八)其他行业	309	309		195			23	90	1		

2015 年东莞市地方税务局企业所得税分行业分企业类型统计年报表

编报机关:东莞市地方税务局　　　　单位:万元

序号	项目	合计	内资企业								港澳台投资企业	外商投资企业
			小计	国有企业	集体企业	股份合作企业	联营企业	股份公司	私营企业	其他企业		
1	合　计	756776	328486	2117	41647	26	211	204437	73907	6141	247015	181275
2	(一)采矿业	16	16		1				15			
3	1. 煤炭开采和洗选业											
4	2. 石油和天然气开采业	1	1		1							
5	其中:原油											
6	3. 黑色金属矿采选业											
7	4. 有色金属矿采选业											
8	5. 非金属矿采选业	1	1						1			
9	6. 其他采矿业	14	14						14			
10	(二)制造业	398467	60380	526	10582	10		30497	18641	124	169740	168347
11	1. 农副食品加工业	1491	471	32	10			424	5		45	975
12	2. 食品制造业	29225	1286		24			1223	39		19214	8725
13	3. 酒、饮料和精制茶制造业	13871	52					49	3		293	13526
14	①酒的制造											
15	其中:酒精											
16	②饮料制造	13871	52					49	3		293	13526
17	③精制茶制造											
18	4. 烟草制品业											
19	卷烟制造											
20	烟叶复烤											
21	其他烟草制品加工											
22	5. 纺织业	3448	402		100			220	82		2867	179
23	6. 纺织服装、服饰业	10373	1690	471	333			790	96		2402	6281

续表

序号	项目	合计	内资企业							港澳台投资企业	外商投资企业
			小计	国有企业	集体企业	股份合作企业	联营企业	股份公司	私营企业	其他企业		
24	其中:纺织服装	4677	1668	471	329			772	96		2257	752
25	7. 皮革、毛皮、羽毛及其制品和制鞋业	9927	1410		993			387	30		6436	2081
26	其中:皮革、毛皮	6537	812		477			307	28		4394	1331
27	8. 木材加工和木竹藤棕草制品业	96	59		3			28	28		36	1
28	9. 家具制造业	3158	1259		15			1038	206		1760	139
29	10. 造纸和纸制品业	12510	1621		233			1015	372	1	10771	118
30	①纸浆制造	7964	405		41			323	41		7539	20
31	②造纸	3047	411		48			278	85		2636	
32	其中:机制纸及纸板制造	2989	356		1			270	85		2633	
33	③纸制品制造	1499	805		144			414	246	1	596	98
34	11. 印刷和记录媒介复制业	6062	596		28			532	36		5410	56
35	12. 文教、工美、体育和娱乐用品制造业	7015	1418	23	1218			127	50		2110	3487
36	13. 石油加工、炼焦和核燃料加工业	687	16					5	11		671	
37	其中:成品油	687	16					5	11		671	
38	14. 化学原料和化学制品制造业	12602	1378		12			299	1067		8677	2547
39	①肥料制造	482	1					1				481
40	②农药制造	818	818					34	784			
41	③专用化学产品制造	4448	191		3			69	119		3198	1059
42	④日用化学产品制造	2560	30					29	1		2527	3
43	其中:化妆品制造	3									3	
44	⑤其他	4294	338		9			166	163		2952	1004
45	15. 医药制造业	5119	5086		3			5075	8		24	9
46	16. 化学纤维制造业	8	3		3						5	
47	17. 橡胶和塑料制品业	18759	5048		1434	10		3200	404		8571	5140

续表

序号	项目	合计	内资企业							港澳台投资企业	外商投资企业
			小计	国有企业	集体企业	股份合作企业	联营企业	股份公司	私营企业	其他企业		
48	其中:轮胎制造	43	43					43				
49	18. 非金属矿物制品业	4102	1378		57			1292	29		2383	341
50	①水泥、石灰和石膏制造	1051	117		1			116			934	
51	其中:水泥制造	1051	117		1			116			934	
52	②水泥及石膏制品制造	42	11		3			8			17	14
53	③玻璃及玻璃制品制造	343	216		52			164			27	100
54	④其他	2666	1034		1			1004	29		1405	227
55	19. 黑色金属冶炼和压延加工业	200	44		14			17	13		17	139
56	其中:钢压延加工	193	41		11			17	13		13	139
57	20. 有色金属冶炼和压延加工业	200	96					88	8		21	83
58	21. 金属制品业	15897	5251		520			853	3877	1	8832	1814
59	22. 通用设备制造业	6878	1284		665			575	34	10	2342	3252
60	23. 专用设备制造业	4680	2137		759			1358	20		1805	738
61	24. 汽车制造业	1629	38		35			3			1384	207
62	25. 铁路、船舶、航空航天和其他运输设备制造业	3390	23					23			14	3353
63	其中:铁路运输设备制造	14									14	
64	船舶及相关装置制造	292										292
65	航空、航天及设备制造	2643										2643
66	摩托车制造	22	22					22				
67	26. 电气机械及器材制造业	39634	8436		1032			5877	1455	72	17544	13654
68	①电机制造	4373	648					210	438		3649	76
69	②电线电缆光缆及电工器材制造	3172	650		56			425	169		1477	1045
70	③家用电力器具制造	4922	136		46			89	1		3737	1049

续表

序号	项　目	合计	内资企业								港澳台投资企业	外商投资企业
			小计	国有企业	集体企业	股份合作企业	联营企业	股份公司	私营企业	其他企业		
71	④其他	27167	7002		930			5153	847	72	8681	11484
72	27. 计算机、通信和其他电子设备制造业	156897	14246		2434			1907	9905		50685	91966
73	①计算机制造	28438	59		4			54	1		303	28076
74	②通信设备制造	21870	9529		43			81	9405		2260	10081
75	③广播电视设备制造											
76	④视听设备制造	2691	33					33			2572	86
77	⑤其他	103898	4625		2387			1739	499		45550	53723
78	28. 仪表仪器制造业	2521	363		164			199			819	1339
79	29. 其他制造业	28088	5289		493			3893	863	40	14602	8197
80	(三)电力、燃气及水的生产和供应业	11669	7906		1432			6418	56		3738	25
81	1. 电力、热力的生产和供应业	8744	4981					4981			3738	25
82	①电力生产	6299	2561					2561			3738	
83	其中:火力发电	6299	2561					2561			3738	
84	水力发电											
85	核力发电											
86	风力发电											
87	太阳能发电											
88	②电力供应											
89	③热力生产和供应业	2445	2420					2420				25
90	2. 燃气生产和供应业	1269	1269		3			1210	56			
91	3. 水的生产和供应业	1656	1656		1429			227				
92	(四)建筑业	40486	40096	860	4123	12	199	26960	7463	479	323	67
93	1. 房屋建筑业	11282	11116	114	2215		29	7922	787	49	132	34
94	2. 土木工程建筑业	1116	1116	80	14			837	180	5		

续表

序号	项目	合计	内资企业								港澳台投资企业	外商投资企业
			小计	国有企业	集体企业	股份合作企业	联营企业	股份公司	私营企业	其他企业		
95	3. 建筑安装业	16651	16553	273	266	5	73	11819	3943	174	72	26
96	4. 建筑装饰和其他建筑业	11437	11311	393	1628	7	97	6382	2553	251	119	7
97	（五）批发和零售业	24408	21884	89	997		1	17479	3214	104	1062	1462
98	1. 批发业	9272	7348	64	277			5094	1913		1381	543
99	其中：烟草制品批发											
100	煤炭及制品批发	2	2					2				
101	石油及其制品批发	1854	66		35			31			1249	539
102	汽车及零配件批发	136	136					136				
103	2. 零售业	15136	14536	25	720		1	12385	1301	104	-319	919
104	（六）交通运输、仓储及邮政业	21827	20771	12	26			19602	1114	17	132	924
105	1. 交通运输业	20715	20139	12	26			19423	661	17	83	493
106	2. 仓储业	637	588					140	448		49	
107	3. 邮政业	475	44					39	5			431
108	（七）住宿和餐饮业	1699	1082		54			810	216	2	48	569
109	1. 住宿业	215	215		32			143	38	2		
110	2. 餐饮业	1484	867		22			667	178		48	569
111	（八）信息传输、软件和信息技术服务业	1868	728		32			629	48	19	280	860
112	1. 电信、广播电视和卫星传输服务业	7	6					2		4	1	
113	其中：电信	2	2					2				
114	2. 互联网和相关服务	79	10					7	3			69
115	3. 软件和信息技术服务业	1782	712		32			620	45	15	279	791
116	（九）金融业	5776	4269		7			3821	441		911	596
117	1. 货币金融服务	1455	1449		7			1441	1		6	
118	其中：银行	6									6	

续表

序号	项目	合计	内资企业								港澳台投资企业	外商投资企业
			小计	国有企业	集体企业	股份合作企业	联营企业	股份公司	私营企业	其他企业		
119	金融租赁											
120	2. 资本市场服务	459	455					262	193		4	
121	3. 保险业	26	25					24	1			1
122	4. 其他金融业	3836	2340					2094	246		901	595
123	(十)房地产业	142136	118354	17	15784			66681	35102	770	21868	1914
124	(十一)租赁和商务服务业	45945	26486	17	6899	3		14424	3303	1840	16261	3198
125	1. 租赁业	72	68					59	9		4	
126	2. 商务服务业	45873	26418	17	6899	3		14365	3294	1840	16257	3198
127	(十二)科学研究和技术服务业	4968	3208	61	464		11	1546	498	628	856	904
128	(十三)居民服务、修理和其他服务业	38319	5544	29	1055			3621	597	242	30489	2286
129	其中:居民服务业	821	384		8			334	22	20	432	5
130	机动车、电子产品和日用产品修理业	86	86		3			75	8			
131	(十四)教育	1414	1396		10			6	2	1378	16	2
132	(十五)卫生和社会工作	1098	994		85	1		691	92	125		104
133	其中:卫生	1086	982		85	1		691	92	113		104
134	(十六)文化、体育和娱乐业	1899	607	7	7			131	423	39	1291	1
135	其中:新闻和出版业	374	374						374			
136	广播、电视、电影和影视录音制作业	45	43	7	1			22		13	1	1
137	体育	394	35					20	3	12	359	
138	娱乐业	1019	112		6			72	34		907	
139	(十七)公共管理、社会保障和社会组织	3629	3617		88			3171		358		12
140	(十八)其他行业	11152	11148	499	1			7950	2682	16		4

2015年中山市地方税务局企业所得税分行业分企业类型统计年报表

编报机关:中山市地方税务局 单位:万元

序号	项目	合计	内资企业								港澳台投资企业	外商投资企业
			小计	国有企业	集体企业	股份合作企业	联营企业	股份公司	私营企业	其他企业		
1	合计	206394	203953	1219	9772	13	461	147268	35374	9846	2071	370
2	(一)采矿业											
3	1. 煤炭开采和洗选业											
4	2. 石油和天然气开采业											
5	其中:原油											
6	3. 黑色金属矿采选业											
7	4. 有色金属矿采选业											
8	5. 非金属矿采选业											
9	6. 其他采矿业											
10	(二)制造业	51577	50646		1171		2	40618	8855		651	280
11	1. 农副食品加工业	2421	2421		2		1	2389	29			
12	2. 食品制造业	384	384		64			250	70			
13	3. 酒、饮料和精制茶制造业	198	198					48	150			
14	①酒的制造	8	8					8				
15	其中:酒精											
16	②饮料制造	190	190					40	150			
17	③精制茶制造											
18	4. 烟草制品业											
19	卷烟制造											
20	烟叶复烤											
21	其他烟草制品加工											
22	5. 纺织业	4941	4897		7			4864	26		44	
23	6. 纺织服装、服饰业	1488	1443		169			996	278		45	

续表

序号	项　　目	合计	内资企业							港澳台投资企业	外商投资企业
			小计	国有企业	集体企业	股份合作企业	联营企业	股份公司	私营企业	其他企业		
24	其中:纺织服装	1326	1326		61			987	278			
25	7. 皮革、毛皮、羽毛及其制品和制鞋业	609	609		535			72	2			
26	其中:皮革、毛皮	505	505		484			20	1			
27	8. 木材加工和木竹藤棕草制品业	506	506					506				
28	9. 家具制造业	476	476		1			395	80			
29	10. 造纸和纸制品业	993	993		52		1	937	3			
30	①纸浆制造	6	6					6				
31	②造纸	10	10					10				
32	其中:机制纸及纸板制造											
33	③纸制品制造	977	977		52		1	921	3			
34	11. 印刷和记录媒介复制业	1345	1068		44			829	195			277
35	12. 文教、工美、体育和娱乐用品制造业	663	663		28			590	45			
36	13. 石油加工、炼焦和核燃料加工业											
37	其中:成品油											
38	14. 化学原料和化学制品制造业	3078	3078		3			2491	584			
39	①肥料制造											
40	②农药制造	149	149						149			
41	③专用化学产品制造	458	458		1			410	47			
42	④日用化学产品制造	1187	1187					1145	42			
43	其中:化妆品制造	936	936					936				
44	⑤其他	1284	1284		2			936	346			
45	15. 医药制造业	949	949					755	194			
46	16. 化学纤维制造业	1	1					1				
47	17. 橡胶和塑料制品业	1992	1992		165			1620	207			

续表

序号	项　　目	合计	内资企业							港澳台投资企业	外商投资企业
			小计	国有企业	集体企业	股份合作企业	联营企业	股份公司	私营企业	其他企业		
48	其中:轮胎制造											
49	18. 非金属矿物制品业	1079	1079		1			941	137			
50	①水泥、石灰和石膏制造	5	5					5				
51	其中:水泥制造	5	5					5				
52	②水泥及石膏制品制造	601	601					471	130			
53	③玻璃及玻璃制品制造	27	27					20	7			
54	④其他	446	446		1			445				
55	19. 黑色金属冶炼和压延加工业	169	169					163	6			
56	其中:钢压延加工											
57	20. 有色金属冶炼和压延加工业											
58	21. 金属制品业	2718	2718		27			2144	547			
59	22. 通用设备制造业	424	424		62			298	64			
60	23. 专用设备制造业	902	902		5			668	229			
61	24. 汽车制造业	35	35					34	1			
62	25. 铁路、船舶、航空航天和其他运输设备制造业	4	4					4				
63	其中:铁路运输设备制造											
64	船舶及相关装置制造	3	3					3				
65	航空、航天及设备制造											
66	摩托车制造	1	1					1				
67	26. 电气机械及器材制造业	18219	17871		3			16649	1219		348	
68	①电机制造	4580	4580		1			4573	6			
69	②电线电缆光缆及电工器材制造	279	279					150	129			
70	③家用电力器具制造	2818	2818					2264	554			

续表

序号	项　目	合计	内资企业							港澳台投资企业	外商投资企业
			小计	国有企业	集体企业	股份合作企业	联营企业	股份公司	私营企业	其他企业		
71	④其他	10542	10194		2			9662	530		348	
72	27. 计算机、通信和其他电子设备制造业	6825	6612		3			1911	4698		213	
73	①计算机制造											
74	②通信设备制造											
75	③广播电视设备制造	9	9		2			7				
76	④视听设备制造	28	28					27	1			
77	⑤其他	6788	6575		1			1877	4697		213	
78	28. 仪表仪器制造业	384	384					381	3			
79	29. 其他制造业	774	770					682	88		1	3
80	(三)电力、燃气及水的生产和供应业	10270	10270		3452			5922	896			
81	1. 电力、热力的生产和供应业	44	44		44							
82	①电力生产											
83	其中:火力发电											
84	水力发电											
85	核力发电											
86	风力发电											
87	太阳能发电											
88	②电力供应	44	44		44							
89	③热力生产和供应业											
90	2. 燃气生产和供应业	767	767		1			766				
91	3. 水的生产和供应业	9459	9459		3407			5156	896			
92	(四)建筑业	32129	32099	671	349	7	76	24115	6609	272	21	9
93	1. 房屋建筑业	7610	7603	108	124		13	5666	1530	162	7	
94	2. 土木工程建筑业	652	652	16				532	103	1		

续表

序号	项目	合计	内资企业							港澳台投资企业	外商投资企业
			小计	国有企业	集体企业	股份合作企业	联营企业	股份公司	私营企业	其他企业		
95	3. 建筑安装业	10244	10241	65	58		1	8559	1548	10	1	2
96	4. 建筑装饰和其他建筑业	13623	13603	482	167	7	62	9358	3428	99	13	7
97	（五）批发和零售业	11449	10281	18	621		374	7700	1568		1168	
98	1. 批发业	7644	6485	17	136		24	5226	1082		1159	
99	其中：烟草制品批发											
100	煤炭及制品批发											
101	石油及其制品批发	25	25		19			6				
102	汽车及零配件批发	1	1					1				
103	2. 零售业	3805	3796	1	485		350	2474	486		9	
104	（六）交通运输、仓储及邮政业	3242	3096		302			2552	234	8	146	
105	1. 交通运输业	3159	3013		302			2523	180	8	146	
106	2. 仓储业	14	14					12	2			
107	3. 邮政业	69	69					17	52			
108	（七）住宿和餐饮业	891	889		53			525	311			2
109	1. 住宿业	274	273		9			193	71			1
110	2. 餐饮业	617	616		44			332	240			1
111	（八）信息传输、软件和信息技术服务业	554	551	2				417	128	4		3
112	1. 电信、广播电视和卫星传输服务业	20	20					16		4		
113	其中：电信	2	2					2				
114	2. 互联网和相关服务	118	118	2				95	21			
115	3. 软件和信息技术服务业	416	413					306	107			3
116	（九）金融业	8015	8015					7492	523			
117	1. 货币金融服务	2920	2920					2919	1			
118	其中：银行											

续表

序号	项　目	合计	内资企业								港澳台投资企业	外商投资企业
			小计	国有企业	集体企业	股份合作企业	联营企业	股份公司	私营企业	其他企业		
119	金融租赁											
120	2. 资本市场服务	6	6					2	4			
121	3. 保险业	7	7					1	6			
122	4. 其他金融业	5082	5082					4570	512			
123	(十)房地产业	58641	58583	81	830		9	43104	12883	1676	13	45
124	(十一)租赁和商务服务业	16641	16604	435	2824			11100	2115	130	15	22
125	1. 租赁业	144	144					94	50			
126	2. 商务服务业	16497	16460	435	2824			11006	2065	130	15	22
127	(十二)科学研究和技术服务业	1077	1076	2	25			458	246	345		1
128	(十三)居民服务、修理和其他服务业	3285	3223	9	92			2717	309	96	55	7
129	其中:居民服务业	749	695		70			465	111	49	54	
130	机动车、电子产品和日用产品修理业	878	878		1			875	2			
131	(十四)教育	1154	1153	1	6			34	514	598		1
132	(十五)卫生和社会工作	244	244		2			2	4	236		
133	其中:卫生	244	244		2			2	4	236		
134	(十六)文化、体育和娱乐业	688	688		7			159	127	395		
135	其中:新闻和出版业	48	48					12		36		
136	广播、电视、电影和影视录音制作业	223	223					15	2	206		
137	体育	16	16					2		14		
138	娱乐业	229	229		6			128	95			
139	(十七)公共管理、社会保障和社会组织	5684	5682		17					5665	2	
140	(十八)其他行业	853	853		21	6		353	52	421		

2015 年江门市地方税务局企业所得税分行业分企业类型统计年报表

编报机关:江门市地方税务局　　　　单位:万元

序号	项目	合计	内资企业								港澳台投资企业	外商投资企业
			小计	国有企业	集体企业	股份合作企业	联营企业	股份公司	私营企业	其他企业		
1	合　计	187967	186652	1627	9745	17	96	145715	25104	4348	475	840
2	(一)采矿业											
3	1. 煤炭开采和洗选业											
4	2. 石油和天然气开采业											
5	其中:原油											
6	3. 黑色金属矿采选业											
7	4. 有色金属矿采选业											
8	5. 非金属矿采选业											
9	6. 其他采矿业											
10	(二)制造业	23139	22900	22	251			18008	4591	28	238	1
11	1. 农副食品加工业	729	729	16	3			698	12			
12	2. 食品制造业	1261	1261					1225	36			
13	3. 酒、饮料和精制茶制造业	56	56		1			55				
14	①酒的制造	1	1		1							
15	其中:酒精											
16	②饮料制造	55	55					55				
17	③精制茶制造											
18	4. 烟草制品业	1	1					1				
19	卷烟制造											
20	烟叶复烤											
21	其他烟草制品加工	1	1					1				
22	5. 纺织业	565	553		2			485	66		12	
23	6. 纺织服装、服饰业	388	388		15			195	178			

续表

序号	项目	合计	内资企业								港澳台投资企业	外商投资企业
			小计	国有企业	集体企业	股份合作企业	联营企业	股份公司	私营企业	其他企业		
24	其中:纺织服装	300	300		15			175	110			
25	7. 皮革、毛皮、羽毛及其制品和制鞋业	494	494	2	4			476	12			
26	其中:皮革、毛皮	406	406	2	4			395	5			
27	8. 木材加工和木竹藤棕草制品业	42	33					19	14		9	
28	9. 家具制造业	190	190		3			85	102			
29	10. 造纸和纸制品业	597	597		1			487	109			
30	①纸浆制造	20	20					18	2			
31	②造纸	68	68						68			
32	其中:机制纸及纸板制造											
33	③纸制品制造	509	509		1			469	39			
34	11. 印刷和记录媒介复制业	481	479		89			265	125		2	
35	12. 文教、工美、体育和娱乐用品制造业	243	243		1			135	107			
36	13. 石油加工、炼焦和核燃料加工业	4	4					4				
37	其中:成品油	4	4					4				
38	14. 化学原料和化学制品制造业	3414	3203		33			2895	275		211	
39	①肥料制造	15	15					15				
40	②农药制造											
41	③专用化学产品制造	1502	1502		18			1285	199			
42	④日用化学产品制造	500	289					155	134		211	
43	其中:化妆品制造	4	4					1	3			
44	⑤其他	1397	1397		15			1440	-58			
45	15. 医药制造业	2310	2310		2			2307	1			
46	16. 化学纤维制造业											
47	17. 橡胶和塑料制品业	825	825		5			644	176			

续表

序号	项目	合计	内资企业							港澳台投资企业	外商投资企业
			小计	国有企业	集体企业	股份合作企业	联营企业	股份公司	私营企业	其他企业		
48	其中:轮胎制造											
49	18. 非金属矿物制品业	436	436		2			198	236			
50	①水泥、石灰和石膏制造	79	79					45	34			
51	其中:水泥制造	79	79					45	34			
52	②水泥及石膏制品制造	129	129					56	73			
53	③玻璃及玻璃制品制造	134	134					9	125			
54	④其他	94	94		2			88	4			
55	19. 黑色金属冶炼和压延加工业	224	224		1			218	5			
56	其中:钢压延加工	185	185		1			179	5			
57	20. 有色金属冶炼和压延加工业	426	426					332	94			
58	21. 金属制品业	4239	4238		30			2535	1673			1
59	22. 通用设备制造业	264	264	3	10			171	80			
60	23. 专用设备制造业	213	213					98	115			
61	24. 汽车制造业	286	286		1			285				
62	25. 铁路、船舶、航空航天和其他运输设备制造业	262	262		2			85	175			
63	其中:铁路运输设备制造											
64	船舶及相关装置制造	23	23		2			20	1			
65	航空、航天及设备制造											
66	摩托车制造	234	234					60	174			
67	26. 电气机械及器材制造业	4049	4047		43			3278	726		2	
68	①电机制造	518	518					160	358			
69	②电线电缆光缆及电工器材制造	59	59					59				
70	③家用电力器具制造	301	301					28	273			

续表

序号	项　目	合计	内资企业								港澳台投资企业	外商投资企业
			小计	国有企业	集体企业	股份合作企业	联营企业	股份公司	私营企业	其他企业		
71	④其他	3171	3169		43			3031	95		2	
72	27. 计算机、通信和其他电子设备制造业	693	691					516	175		2	
73	①计算机制造	8	8					7	1			
74	②通信设备制造	38	38					38				
75	③广播电视设备制造											
76	④视听设备制造	51	51					51				
77	⑤其他	596	594					420	174		2	
78	28. 仪表仪器制造业	32	32	1				17	14			
79	29. 其他制造业	415	415		3			299	85	28		
80	(三)电力、燃气及水的生产和供应业	2349	2349	1	95		51	2113	89			
81	1. 电力、热力的生产和供应业	164	164	1	7		51	103	2			
82	①电力生产	10	10	1	6			1	2			
83	其中:火力发电	1	1	1								
84	水力发电	9	9		6			1	2			
85	核力发电											
86	风力发电											
87	太阳能发电											
88	②电力供应	154	154		1		51	102				
89	③热力生产和供应业											
90	2. 燃气生产和供应业	493	493					467	26			
91	3. 水的生产和供应业	1692	1692		88			1543	61			
92	(四)建筑业	47398	47377	353	2913	13	27	33476	9869	726	15	6
93	1. 房屋建筑业	19533	19532	82	2347			12582	4500	21	1	
94	2. 土木工程建筑业	1851	1850	21	16	1		1330	479	3	1	

续表

序号	项目	合计	内资企业							港澳台投资企业	外商投资企业
			小计	国有企业	集体企业	股份合作企业	联营企业	股份公司	私营企业	其他企业		
95	3. 建筑安装业	20350	20346	60	284	3		16107	3735	157	3	1
96	4. 建筑装饰和其他建筑业	5664	5649	190	266	9	27	3457	1155	545	10	5
97	(五)批发和零售业	8466	8447	367	437	1	16	5857	1692	77	7	12
98	1. 批发业	3381	3374	88	78			2505	684	19	7	
99	其中:烟草制品批发	16	16	16								
100	煤炭及制品批发	17	17					17				
101	石油及其制品批发											
102	汽车及零配件批发											
103	2. 零售业	5085	5073	279	359	1	16	3352	1008	58		12
104	(六)交通运输、仓储及邮政业	23070	22466	57	153			21946	293	17		604
105	1. 交通运输业	22985	22381	54	153			21884	273	17		604
106	2. 仓储业	9	9	3				1	5			
107	3. 邮政业	76	76					61	15			
108	(七)住宿和餐饮业	540	536	4	1			383	148		1	3
109	1. 住宿业	404	404	2	1			338	63			
110	2. 餐饮业	136	132	2				45	85		1	3
111	(八)信息传输、软件和信息技术服务业	174	174					40	102	32		
112	1. 电信、广播电视和卫星传输服务业	75	75					1	43	31		
113	其中:电信	43	43					1	42			
114	2. 互联网和相关服务	13	13					3	9	1		
115	3. 软件和信息技术服务业	86	86					36	50			
116	(九)金融业	3591	3591					3590		1		
117	1. 货币金融服务	1198	1198					1198				
118	其中:银行											

续表

序号	项　　目	合计	内资企业							港澳台投资企业	外商投资企业
			小计	国有企业	集体企业	股份合作企业	联营企业	股份公司	私营企业	其他企业		
119	金融租赁											
120	2. 资本市场服务	1	1					1				
121	3. 保险业	1	1					1				
122	4. 其他金融业	2391	2391					2390		1		
123	(十)房地产业	68498	68317	498	5120	1		55835	6743	120		181
124	(十一)租赁和商务服务业	2942	2934	53	253	2		1827	676	123	5	3
125	1. 租赁业	177	177		59			93	12	13		
126	2. 商务服务业	2765	2757	53	194	2		1734	664	110	5	3
127	(十二)科学研究和技术服务业	2907	2776	94	130			993	464	1095	131	
128	(十三)居民服务、修理和其他服务业	2262	2192	172	254		2	1022	191	551	70	
129	其中:居民服务业	249	248	48	40			89	24	47	1	
130	机动车、电子产品和日用产品修理业	103	103		7			84	12			
131	(十四)教育	362	332					70	16	246		30
132	(十五)卫生和社会工作	199	199		99			19		81		
133	其中:卫生	196	196		99			19		78		
134	(十六)文化、体育和娱乐业	663	658	3	7			392	141	115	5	
135	其中:新闻和出版业	6	6					3		3		
136	广播、电视、电影和影视录音制作业	105	100		2				10	88	5	
137	体育	18	18		5			2	1	10		
138	娱乐业	40	40	2				9	29			
139	(十七)公共管理、社会保障和社会组织	1076	1074		2				11	1061	2	
140	(十八)其他行业	331	330	3	30			144	78	75	1	

2015年阳江市地方税务局企业所得税分行业分企业类型统计年报表

编报机关:阳江市地方税务局　　　　单位:万元

序号	项目	合计	内资企业								港澳台投资企业	外商投资企业
			小计	国有企业	集体企业	股份合作企业	联营企业	股份公司	私营企业	其他企业		
1	合计	54344	54218	1067	4021	7	2	34030	14321	770	104	22
2	(一)采矿业	31	31					31				
3	1. 煤炭开采和洗选业											
4	2. 石油和天然气开采业											
5	其中:原油											
6	3. 黑色金属矿采选业											
7	4. 有色金属矿采选业											
8	5. 非金属矿采选业	31	31					31				
9	6. 其他采矿业											
10	(二)制造业	5080	5050	20	48			3358	1624		13	17
11	1. 农副食品加工业	64	64	1	2			37	24			
12	2. 食品制造业	305	305					262	43			
13	3. 酒、饮料和精制茶制造业	14	14					14				
14	①酒的制造	14	14					14				
15	其中:酒精											
16	②饮料制造											
17	③精制茶制造											
18	4. 烟草制品业	1	1					1				
19	卷烟制造											
20	烟叶复烤											
21	其他烟草制品加工	1	1					1				
22	5. 纺织业											
23	6. 纺织服装、服饰业	93	93					13	80			

续表

序号	项目	合计	内资企业								港澳台投资企业	外商投资企业
			小计	国有企业	集体企业	股份合作企业	联营企业	股份公司	私营企业	其他企业		
24	其中:纺织服装	93	93					13	80			
25	7. 皮革、毛皮、羽毛及其制品和制鞋业	15	15					12	3			
26	其中:皮革、毛皮	13	13					12	1			
27	8. 木材加工和木竹藤棕草制品业	11	11						11			
28	9. 家具制造业	16	16						16			
29	10. 造纸和纸制品业	81	81					66	15			
30	①纸浆制造	15	15					15				
31	②造纸											
32	其中:机制纸及纸板制造											
33	③纸制品制造	66	66					51	15			
34	11. 印刷和记录媒介复制业	149	149	17	15			76	41			
35	12. 文教、工美、体育和娱乐用品制造业	4	4		3				1			
36	13. 石油加工、炼焦和核燃料加工业											
37	其中:成品油											
38	14. 化学原料和化学制品制造业	24	24		23				1			
39	①肥料制造											
40	②农药制造											
41	③专用化学产品制造											
42	④日用化学产品制造	24	24		23				1			
43	其中:化妆品制造											
44	⑤其他											
45	15. 医药制造业	15	15					15				
46	16. 化学纤维制造业											
47	17. 橡胶和塑料制品业	199	199					20	179			

续表

序号	项　　目	合计	内资企业								港澳台投资企业	外商投资企业
			小计	国有企业	集体企业	股份合作企业	联营企业	股份公司	私营企业	其他企业		
48	其中:轮胎制造											
49	18. 非金属矿物制品业	19	19						19			
50	①水泥、石灰和石膏制造											
51	其中:水泥制造											
52	②水泥及石膏制品制造											
53	③玻璃及玻璃制品制造	19	19						19			
54	④其他											
55	19. 黑色金属冶炼和压延加工业	31	31					31				
56	其中:钢压延加工	31	31					31				
57	20. 有色金属冶炼和压延加工业	4	4					4				
58	21. 金属制品业	1662	1662	2	2			600	1058			
59	22. 通用设备制造业	2218	2218		1			2200	17			
60	23. 专用设备制造业	104	104					7	97			
61	24. 汽车制造业											
62	25. 铁路、船舶、航空航天和其他运输设备制造业	15	2		2						13	
63	其中:铁路运输设备制造	13									13	
64	船舶及相关装置制造	2	2		2							
65	航空、航天及设备制造											
66	摩托车制造											
67	26. 电气机械及器材制造业											
68	①电机制造											
69	②电线电缆光缆及电工器材制造											
70	③家用电力器具制造											

续表

序号	项　　目	合计	内资企业							港澳台投资企业	外商投资企业
			小计	国有企业	集体企业	股份合作企业	联营企业	股份公司	私营企业	其他企业		
71	④其他											
72	27. 计算机、通信和其他电子设备制造业	1	1						1			
73	①计算机制造											
74	②通信设备制造	1	1						1			
75	③广播电视设备制造											
76	④视听设备制造											
77	⑤其他											
78	28. 仪表仪器制造业	6	6						6			
79	29. 其他制造业	29	12						12			17
80	(三)电力、燃气及水的生产和供应业	464	464	28	19			327	90			
81	1. 电力、热力的生产和供应业	348	348	1	6			283	58			
82	①电力生产	258	258	1	5			194	58			
83	其中:火力发电											
84	水力发电	230	230	1	5			166	58			
85	核力发电											
86	风力发电											
87	太阳能发电											
88	②电力供应	90	90		1			89				
89	③热力生产和供应业											
90	2. 燃气生产和供应业	75	75					44	31			
91	3. 水的生产和供应业	41	41	27	13				1			
92	(四)建筑业	17683	17587	641	3653	7	2	9090	4162	32	91	5
93	1. 房屋建筑业	5298	5298	24	1980			2019	1275			
94	2. 土木工程建筑业	3110	3108	20	780			1072	1229	7		2

续表

序号	项目	合计	内资企业							港澳台投资企业	外商投资企业
			小计	国有企业	集体企业	股份合作企业	联营企业	股份公司	私营企业	其他企业		
95	3. 建筑安装业	7912	7883	552	808	3	1	5501	1003	15	27	2
96	4. 建筑装饰和其他建筑业	1363	1298	45	85	4	1	498	655	10	64	1
97	(五)批发和零售业	6490	6490	21	45			5950	470	4		
98	1. 批发业	3496	3496	18	1			3164	309	4		
99	其中:烟草制品批发	2597	2597					2597				
100	煤炭及制品批发	-1	-1					-1				
101	石油及其制品批发	1	1	1								
102	汽车及零配件批发											
103	2. 零售业	2994	2994	3	44			2786	161			
104	(六)交通运输、仓储及邮政业	4613	4613	1	133			4375	104			
105	1. 交通运输业	4428	4428		133			4193	102			
106	2. 仓储业	183	183	1				182				
107	3. 邮政业	2	2						2			
108	(七)住宿和餐饮业	641	641	12	4			180	445			
109	1. 住宿业	120	120	12				50	58			
110	2. 餐饮业	521	521		4			130	387			
111	(八)信息传输、软件和信息技术服务业	50	50					9	41			
112	1. 电信、广播电视和卫星传输服务业	1	1						1			
113	其中:电信	1	1						1			
114	2. 互联网和相关服务	1	1					1				
115	3. 软件和信息技术服务业	48	48					8	40			
116	(九)金融业	190	190					142	47	1		
117	1. 货币金融服务	31	31					4	27			
118	其中:银行											

续表

序号	项　　目	合计	内资企业							港澳台投资企业	外商投资企业
			小计	国有企业	集体企业	股份合作企业	联营企业	股份公司	私营企业	其他企业		
119	金融租赁											
120	2. 资本市场服务											
121	3. 保险业											
122	4. 其他金融业	159	159					138	20	1		
123	(十)房地产业	16007	16007	115	60			9143	6662	27		
124	(十一)租赁和商务服务业	570	570	3	8			215	281	63		
125	1. 租赁业	8	8						8			
126	2. 商务服务业	562	562	3	8			215	273	63		
127	(十二)科学研究和技术服务业	873	873		35			455	160	223		
128	(十三)居民服务、修理和其他服务业	808	808	6	11			647	66	78		
129	其中:居民服务业	60	60	2				15	14	29		
130	机动车、电子产品和日用产品修理业	4	4					3	1			
131	(十四)教育	54	54		1			10	4	39		
132	(十五)卫生和社会工作	130	130	4	3				12	111		
133	其中:卫生	129	129	4	3				12	110		
134	(十六)文化、体育和娱乐业	179	179	1				55	116	7		
135	其中:新闻和出版业	1	1							1		
136	广播、电视、电影和影视录音制作业	128	128					21	107			
137	体育	6	6							6		
138	娱乐业	42	42					34	8			
139	(十七)公共管理、社会保障和社会组织	224	224	121				14		89		
140	(十八)其他行业	257	257	94	1			29	37	96		

2015年湛江市地方税务局企业所得税分行业分企业类型统计年报表

编报机关:湛江市地方税务局　　　　单位:万元

序号	项目	合计	内资企业								港澳台投资企业	外商投资企业
			小计	国有企业	集体企业	股份合作企业	联营企业	股份公司	私营企业	其他企业		
1	合计	98354	86104	15632	5968	1	19	50435	7184	6865	12236	14
2	(一)采矿业	112	112	1				98	13			
3	1. 煤炭开采和洗选业											
4	2. 石油和天然气开采业	46	46					46				
5	其中:原油	46	46					46				
6	3. 黑色金属矿采选业											
7	4. 有色金属矿采选业											
8	5. 非金属矿采选业	23	23	1				22				
9	6. 其他采矿业	43	43					30	13			
10	(二)制造业	5465	5464	357	15			4598	491	3		1
11	1. 农副食品加工业	917	917	242				340	335			
12	2. 食品制造业	14	14		1			9	4			
13	3. 酒、饮料和精制茶制造业	60	60					60				
14	①酒的制造	60	60					60				
15	其中:酒精	59	59					59				
16	②饮料制造											
17	③精制茶制造											
18	4. 烟草制品业											
19	卷烟制造											
20	烟叶复烤											
21	其他烟草制品加工											
22	5. 纺织业	16	16	15	1							
23	6. 纺织服装、服饰业	1	1		1							

续表

序号	项目	合计	内资企业								港澳台投资企业	外商投资企业
			小计	国有企业	集体企业	股份合作企业	联营企业	股份公司	私营企业	其他企业		
24	其中:纺织服装	1	1		1							
25	7. 皮革、毛皮、羽毛及其制品和制鞋业	106	106					106				
26	其中:皮革、毛皮											
27	8. 木材加工和木竹藤棕草制品业	2	2					2				
28	9. 家具制造业	6	6		1			5				
29	10. 造纸和纸制品业	2841	2841					2838	3			
30	①纸浆制造	701	701					701				
31	②造纸	2137	2137					2137				
32	其中:机制纸及纸板制造											
33	③纸制品制造	3	3						3			
34	11. 印刷和记录媒介复制业	52	52	4	3			21	24			
35	12. 文教、工美、体育和娱乐用品制造业	2	2		1			1				
36	13. 石油加工、炼焦和核燃料加工业											
37	其中:成品油											
38	14. 化学原料和化学制品制造业	41	41	34	1			6				
39	①肥料制造											
40	②农药制造	3	3					3				
41	③专用化学产品制造	3	3					3				
42	④日用化学产品制造	35	35	34	1							
43	其中:化妆品制造											
44	⑤其他											
45	15. 医药制造业	167	167					167				
46	16. 化学纤维制造业											
47	17. 橡胶和塑料制品业	81	81					75	6			

续表

序号	项目	合计	内资企业								港澳台投资企业	外商投资企业
			小计	国有企业	集体企业	股份合作企业	联营企业	股份公司	私营企业	其他企业		
48	其中:轮胎制造											
49	18. 非金属矿物制品业	2	2					2				
50	①水泥、石灰和石膏制造	2	2					2				
51	其中:水泥制造	2	2					2				
52	②水泥及石膏制品制造											
53	③玻璃及玻璃制品制造											
54	④其他											
55	19. 黑色金属冶炼和压延加工业	23	23					23				
56	其中:钢压延加工											
57	20. 有色金属冶炼和压延加工业											
58	21. 金属制品业	119	119	1	1			79	36	2		
59	22. 通用设备制造业	2	1		1							1
60	23. 专用设备制造业	22	22		4			16	2			
61	24. 汽车制造业	27	27						27			
62	25. 铁路、船舶、航空航天和其他运输设备制造业	19	19						19			
63	其中:铁路运输设备制造											
64	船舶及相关装置制造	19	19						19			
65	航空、航天及设备制造											
66	摩托车制造											
67	26. 电气机械及器材制造业	352	352					332	20			
68	①电机制造											
69	②电线电缆光缆及电工器材制造	260	260					260				
70	③家用电力器具制造	83	83					70	13			

续表

序号	项　　目	合计	内资企业								港澳台投资企业	外商投资企业
			小计	国有企业	集体企业	股份合作企业	联营企业	股份公司	私营企业	其他企业		
71	④其他	9	9					2	7			
72	27. 计算机、通信和其他电子设备制造业	2	2						1	1		
73	①计算机制造											
74	②通信设备制造	1	1						1			
75	③广播电视设备制造											
76	④视听设备制造											
77	⑤其他	1	1							1		
78	28. 仪表仪器制造业											
79	29. 其他制造业	591	591	61				516	14			
80	(三)电力、燃气及水的生产和供应业	1476	1476	1349	18		2	65	42			
81	1. 电力、热力的生产和供应业	238	238	195				1	42			
82	①电力生产	43	43					1	42			
83	其中:火力发电											
84	水力发电	1	1					1				
85	核力发电											
86	风力发电											
87	太阳能发电											
88	②电力供应	195	195	195								
89	③热力生产和供应业											
90	2. 燃气生产和供应业	6	6				2	4				
91	3. 水的生产和供应业	1232	1232	1154	18			60				
92	(四)建筑业	32302	32289	11476	4693	1	1	14331	1441	346	5	8
93	1. 房屋建筑业	14683	14682	9693	786			4132	45	26		1
94	2. 土木工程建筑业	2069	2069	469	354			1037	148	61		

续表

序号	项目	合计	内资企业								港澳台投资企业	外商投资企业
			小计	国有企业	集体企业	股份合作企业	联营企业	股份公司	私营企业	其他企业		
95	3. 建筑安装业	12391	12382	1037	3256			7371	669	49	4	5
96	4. 建筑装饰和其他建筑业	3159	3156	277	297	1	1	1791	579	210	1	2
97	(五)批发和零售业	16844	11571	2076	377		15	8174	924	5	5273	
98	1. 批发业	10139	4866	2070	350			2108	337	1	5273	
99	其中:烟草制品批发											
100	煤炭及制品批发											
101	石油及其制品批发	5	5					3	2			
102	汽车及零配件批发											
103	2. 零售业	6705	6705	6	27		15	6066	587	4		
104	(六)交通运输、仓储及邮政业	8406	1491	13	295			964	219		6915	
105	1. 交通运输业	8392	1477	13	295			960	209		6915	
106	2. 仓储业	12	12					4	8			
107	3. 邮政业	2	2						2			
108	(七)住宿和餐饮业	1014	1011	97	9			472	432	1	2	1
109	1. 住宿业	358	357	88	2			135	132		1	
110	2. 餐饮业	656	654	9	7			337	300	1	1	1
111	(八)信息传输、软件和信息技术服务业	121	121					25	94	2		
112	1. 电信、广播电视和卫星传输服务业	5	5					1	3	1		
113	其中:电信	4	4					1	3			
114	2. 互联网和相关服务	11	11					4	7			
115	3. 软件和信息技术服务业	105	105					20	84	1		
116	(九)金融业	434	420	1				414	4	1	14	
117	1. 货币金融服务	14	7	1				6			7	
118	其中:银行	7									7	

续表

序号	项目	合计	内资企业								港澳台投资企业	外商投资企业
			小计	国有企业	集体企业	股份合作企业	联营企业	股份公司	私营企业	其他企业		
119	金融租赁											
120	2. 资本市场服务											
121	3. 保险业	10	10					10				
122	4. 其他金融业	410	403					398	4	1	7	
123	（十）房地产业	20621	20609	34	433			17554	2547	41	9	3
124	（十一）租赁和商务服务业	2014	2014	38	1			1470	457	48		
125	1. 租赁业	97	97						97			
126	2. 商务服务业	1917	1917	38	1			1470	360	48		
127	（十二）科学研究和技术服务业	928	928	110	50			332	174	262		
128	（十三）居民服务、修理和其他服务业	2238	2220	15	76		1	1114	183	831	18	
129	其中：居民服务业	39	39	1	3			18	12	5		
130	机动车、电子产品和日用产品修理业	26	26	1				5	20			
131	（十四）教育	87	87					1	3	83		
132	（十五）卫生和社会工作	701	701					677		24		
133	其中：卫生	701	701					677		24		
134	（十六）文化、体育和娱乐业	219	219	58				49	110	2		
135	其中：新闻和出版业	58	58	58								
136	广播、电视、电影和影视录音制作业	45	45					44		1		
137	体育											
138	娱乐业	111	111					5	106			
139	（十七）公共管理、社会保障和社会组织	5204	5204						6	5198		
140	（十八）其他行业	168	167	7	1			97	44	18		1

2015年茂名市地方税务局企业所得税分行业分企业类型统计年报表

编报机关:茂名市地方税务局　　　　单位:万元

序号	项目	合计	内资企业								港澳台投资企业	外商投资企业
			小计	国有企业	集体企业	股份合作企业	联营企业	股份公司	私营企业	其他企业		
1	合计	168071	167846	11044	16767	343	6423	130713	418	2138	165	60
2	(一)采矿业	71	71	2	17			24	1	27		
3	1. 煤炭开采和洗选业											
4	2. 石油和天然气开采业											
5	其中:原油											
6	3. 黑色金属矿采选业											
7	4. 有色金属矿采选业											
8	5. 非金属矿采选业	58	58		15			23	1	19		
9	6. 其他采矿业	13	13	2	2			1		8		
10	(二)制造业	3483	3483	94	42	1		3336		10		
11	1. 农副食品加工业	86	86	78				8				
12	2. 食品制造业	44	44	8				36				
13	3. 酒、饮料和精制茶制造业	3	3	2				1				
14	①酒的制造	3	3	2				1				
15	其中:酒精											
16	②饮料制造											
17	③精制茶制造											
18	4. 烟草制品业											
19	卷烟制造											
20	烟叶复烤											
21	其他烟草制品加工											
22	5. 纺织业											
23	6. 纺织服装、服饰业											

续表

序号	项　目	合计	内资企业								港澳台投资企业	外商投资企业
			小计	国有企业	集体企业	股份合作企业	联营企业	股份公司	私营企业	其他企业		
24	其中:纺织服装											
25	7. 皮革、毛皮、羽毛及其制品和制鞋业	1	1					1				
26	其中:皮革、毛皮	1	1					1				
27	8. 木材加工和木竹藤棕草制品业											
28	9. 家具制造业											
29	10. 造纸和纸制品业	40	40		1			39				
30	①纸浆制造											
31	②造纸											
32	其中:机制纸及纸板制造											
33	③纸制品制造	40	40		1			39				
34	11. 印刷和记录媒介复制业	30	30		3			27				
35	12. 文教、工美、体育和娱乐用品制造业	222	222		14			208				
36	13. 石油加工、炼焦和核燃料加工业	64	64		3			61				
37	其中:成品油	61	61					61				
38	14. 化学原料和化学制品制造业	142	142		1			141				
39	①肥料制造	33	33		1			32				
40	②农药制造	74	74					74				
41	③专用化学产品制造	19	19					19				
42	④日用化学产品制造	13	13					13				
43	其中:化妆品制造											
44	⑤其他	3	3					3				
45	15. 医药制造业	293	293					293				
46	16. 化学纤维制造业											
47	17. 橡胶和塑料制品业	8	8		1			7				

续表

序号	项目	合计	内资企业							港澳台投资企业	外商投资企业
			小计	国有企业	集体企业	股份合作企业	联营企业	股份公司	私营企业	其他企业		
48	其中:轮胎制造											
49	18. 非金属矿物制品业	2087	2087		17	1		2060		9		
50	①水泥、石灰和石膏制造	1306	1306					1306				
51	其中:水泥制造	1305	1305					1305				
52	②水泥及石膏制品制造	321	321			1		320				
53	③玻璃及玻璃制品制造											
54	④其他	460	460		17			434		9		
55	19. 黑色金属冶炼和压延加工业											
56	其中:钢压延加工											
57	20. 有色金属冶炼和压延加工业	60	60					60				
58	21. 金属制品业	20	20					20				
59	22. 通用设备制造业											
60	23. 专用设备制造业	335	335					335				
61	24. 汽车制造业											
62	25. 铁路、船舶、航空航天和其他运输设备制造业	1	1		1							
63	其中:铁路运输设备制造											
64	船舶及相关装置制造											
65	航空、航天及设备制造											
66	摩托车制造											
67	26. 电气机械及器材制造业	2	2					1		1		
68	①电机制造											
69	②电线电缆光缆及电工器材制造											
70	③家用电力器具制造											

续表

序号	项目	合计	内资企业								港澳台投资企业	外商投资企业
			小计	国有企业	集体企业	股份合作企业	联营企业	股份公司	私营企业	其他企业		
71	④其他	2	2					1		1		
72	27. 计算机、通信和其他电子设备制造业	17	17					17				
73	①计算机制造											
74	②通信设备制造											
75	③广播电视设备制造											
76	④视听设备制造											
77	⑤其他	17	17					17				
78	28. 仪表仪器制造业											
79	29. 其他制造业	28	28	6	1			21				
80	(三)电力、燃气及水的生产和供应业	370	370	2	26	1		333	1	7		
81	1. 电力、热力的生产和供应业	313	313	2	26	1		276	1	7		
82	①电力生产	127	127	1	22	1		95	1	7		
83	其中:火力发电	1	1	1								
84	水力发电	126	126		22	1		95	1	7		
85	核力发电											
86	风力发电											
87	太阳能发电											
88	②电力供应	186	186	1	4			181				
89	③热力生产和供应业											
90	2. 燃气生产和供应业	1	1					1				
91	3. 水的生产和供应业	56	56					56				
92	(四)建筑业	113389	113387	10316	16092	7	6421	79925	263	363	2	
93	1. 房屋建筑业	55300	55300	4421	11523		5629	33620	15	92		
94	2. 土木工程建筑业	18888	18888	384	69			18285	113	37		

续表

序号	项目	合计	内资企业								港澳台投资企业	外商投资企业
			小计	国有企业	集体企业	股份合作企业	联营企业	股份公司	私营企业	其他企业		
95	3. 建筑安装业	20936	20936	4359	3509	6		12942	11	109		
96	4. 建筑装饰和其他建筑业	18265	18263	1152	991	1	792	15078	124	125	2	
97	(五)批发和零售业	11113	11113	136	21		2	10927	16	11		
98	1. 批发业	6814	6814	124	9			6667	14			
99	其中:烟草制品批发	4948	4948					4948				
100	煤炭及制品批发											
101	石油及其制品批发											
102	汽车及零配件批发	22	22					22				
103	2. 零售业	4299	4299	12	12		2	4260	2	11		
104	(六)交通运输、仓储及邮政业	1579	1579	176	69			1330		4		
105	1. 交通运输业	950	950	176	69			705				
106	2. 仓储业	616	616					612		4		
107	3. 邮政业	13	13					13				
108	(七)住宿和餐饮业	145	143	7	10			126				2
109	1. 住宿业	99	99	2	10			87				
110	2. 餐饮业	46	44	5				39				2
111	(八)信息传输、软件和信息技术服务业	65	65					62		3		
112	1. 电信、广播电视和卫星传输服务业	1	1					1				
113	其中:电信											
114	2. 互联网和相关服务	5	5					5				
115	3. 软件和信息技术服务业	59	59					56		3		
116	(九)金融业	1067	1067					1004	62	1		
117	1. 货币金融服务	304	304					242	62			
118	其中:银行											

续表

序号	项目	合计	内资企业							港澳台投资企业	外商投资企业
			小计	国有企业	集体企业	股份合作企业	联营企业	股份公司	私营企业	其他企业		
119	金融租赁	62	62						62			
120	2. 资本市场服务											
121	3. 保险业	1	1					1				
122	4. 其他金融业	762	762					761		1		
123	(十)房地产业	27202	26992	147	13	8		26631	47	146	161	49
124	(十一)租赁和商务服务业	2874	2874	5	129			2721	1	18		
125	1. 租赁业	120	120	1				111		8		
126	2. 商务服务业	2754	2754	4	129			2610	1	10		
127	(十二)科学研究和技术服务业	42	42		12			27		3		
128	(十三)居民服务、修理和其他服务业	5771	5769	98	316	320		3796	26	1213	2	
129	其中:居民服务业	1310	1309	39	21	314		326	24	585	1	
130	机动车、电子产品和日用产品修理业	101	101	2	89			10				
131	(十四)教育	206	206					132		74		
132	(十五)卫生和社会工作	80	80		20			43		17		
133	其中:卫生	39	39					33		6		
134	(十六)文化、体育和娱乐业	140	140	60				77		3		
135	其中:新闻和出版业	43	43	43								
136	广播、电视、电影和影视录音制作业	89	89	17				72				
137	体育	1	1					1				
138	娱乐业	4	4					4				
139	(十七)公共管理、社会保障和社会组织	244	244					8	1	235		
140	(十八)其他行业	230	221	1		6		211		3		9

2015 年肇庆市地方税务局企业所得税分行业分企业类型统计年报表

编报机关:肇庆市地方税务局　　　　单位:万元

序号	项　目	合计	内资企业								港澳台投资企业	外商投资企业
			小计	国有企业	集体企业	股份合作企业	联营企业	股份公司	私营企业	其他企业		
1	合　计	98889	98400	8783	2116	9	147	71010	12864	3471	303	186
2	(一)采矿业	744	744	2	16			725	1			
3	1. 煤炭开采和洗选业											
4	2. 石油和天然气开采业											
5	其中:原油											
6	3. 黑色金属矿采选业											
7	4. 有色金属矿采选业	612	612					612				
8	5. 非金属矿采选业	132	132	2	16			113	1			
9	6. 其他采矿业											
10	(二)制造业	11088	11088	11	101		2	10273	698	3		
11	1. 农副食品加工业	132	132	4				127	1			
12	2. 食品制造业	626	626					626				
13	3. 酒、饮料和精制茶制造业	47	47					47				
14	①酒的制造	47	47					47				
15	其中:酒精											
16	②饮料制造											
17	③精制茶制造											
18	4. 烟草制品业											
19	卷烟制造											
20	烟叶复烤											
21	其他烟草制品加工											
22	5. 纺织业	51	51					49		2		
23	6. 纺织服装、服饰业	42	42		22			9	11			

续表

序号	项目	合计	内资企业							港澳台投资企业	外商投资企业
			小计	国有企业	集体企业	股份合作企业	联营企业	股份公司	私营企业	其他企业		
24	其中:纺织服装	42	42		22			9	11			
25	7. 皮革、毛皮、羽毛及其制品和制鞋业	47	47					47				
26	其中:皮革、毛皮	19	19					19				
27	8. 木材加工和木竹藤棕草制品业	1	1		1							
28	9. 家具制造业	12	12		1			11				
29	10. 造纸和纸制品业	8	8		1			7				
30	①纸浆制造											
31	②造纸	3	3					3				
32	其中:机制纸及纸板制造	1	1					1				
33	③纸制品制造	5	5		1			4				
34	11. 印刷和记录媒介复制业	19	19	1	6			10	2			
35	12. 文教、工美、体育和娱乐用品制造业	12	12					12				
36	13. 石油加工、炼焦和核燃料加工业											
37	其中:成品油											
38	14. 化学原料和化学制品制造业	173	173	1			2	167	3			
39	①肥料制造	3	3				2	1				
40	②农药制造											
41	③专用化学产品制造	97	97					94	3			
42	④日用化学产品制造	5	5					5				
43	其中:化妆品制造	4	4					4				
44	⑤其他	68	68	1				67				
45	15. 医药制造业	1510	1510					1164	346			
46	16. 化学纤维制造业	1	1					1				
47	17. 橡胶和塑料制品业	47	47					39	8			

续表

序号	项　　目	合计	内资企业								港澳台投资企业	外商投资企业
			小计	国有企业	集体企业	股份合作企业	联营企业	股份公司	私营企业	其他企业		
48	其中:轮胎制造											
49	18. 非金属矿物制品业	1150	1150		6			1129	15			
50	①水泥、石灰和石膏制造	355	355					355				
51	其中:水泥制造	276	276					276				
52	②水泥及石膏制品制造	6	6		6							
53	③玻璃及玻璃制品制造											
54	④其他	789	789					774	15			
55	19. 黑色金属冶炼和压延加工业											
56	其中:钢压延加工											
57	20. 有色金属冶炼和压延加工业	2699	2699					2699				
58	21. 金属制品业	477	477					379	98			
59	22. 通用设备制造业	1619	1619					1467	152			
60	23. 专用设备制造业	54	54					11	43			
61	24. 汽车制造业											
62	25. 铁路、船舶、航空航天和其他运输设备制造业	160	160					160				
63	其中:铁路运输设备制造											
64	船舶及相关装置制造	160	160					160				
65	航空、航天及设备制造											
66	摩托车制造											
67	26. 电气机械及器材制造业	411	411					398	13			
68	①电机制造	2	2					1	1			
69	②电线电缆光缆及电工器材制造											
70	③家用电力器具制造	5	5					5				

续表

序号	项　目	合计	内资企业							港澳台投资企业	外商投资企业
			小计	国有企业	集体企业	股份合作企业	联营企业	股份公司	私营企业	其他企业		
71	④其他	404	404					392	12			
72	27. 计算机、通信和其他电子设备制造业	1006	1006					1005	1			
73	①计算机制造											
74	②通信设备制造	1	1					1				
75	③广播电视设备制造											
76	④视听设备制造											
77	⑤其他	1005	1005					1004	1			
78	28. 仪表仪器制造业	583	583					583				
79	29. 其他制造业	201	201	5	64			126	5	1		
80	(三)电力、燃气及水的生产和供应业	13309	13309	1799	99		2	11140	269			
81	1. 电力、热力的生产和供应业	3053	3053	642	44		2	2096	269			
82	①电力生产	2346	2346	195	43		2	2074	32			
83	其中:火力发电											
84	水力发电	2313	2313	195	42		2	2074				
85	核力发电											
86	风力发电											
87	太阳能发电											
88	②电力供应	707	707	447	1			22	237			
89	③热力生产和供应业											
90	2. 燃气生产和供应业	49	49	45	1			3				
91	3. 水的生产和供应业	10207	10207	1112	54			9041				
92	(四)建筑业	21140	21131	1021	1682		2	15188	2925	313	5	4
93	1. 房屋建筑业	5776	5776	529	1141			3783	305	18		
94	2. 土木工程建筑业	1027	1027	17	233			511	158	108		

续表

序号	项目	合计	内资企业								港澳台投资企业	外商投资企业
			小计	国有企业	集体企业	股份合作企业	联营企业	股份公司	私营企业	其他企业		
95	3. 建筑安装业	10982	10979	410	78		2	8675	1787	27	3	
96	4. 建筑装饰和其他建筑业	3355	3349	65	230			2219	675	160	2	4
97	(五)批发和零售业	9528	9522	272	41		131	8858	220			6
98	1. 批发业	7538	7532	118	13			7385	16			6
99	其中:烟草制品批发	5062	5062					5062				
100	煤炭及制品批发											
101	石油及其制品批发											
102	汽车及零配件批发											
103	2. 零售业	1990	1990	154	28		131	1473	204			
104	(六)交通运输、仓储及邮政业	5844	5844	10				5637	176	21		
105	1. 交通运输业	5809	5809	5				5607	176	21		
106	2. 仓储业	6	6	5				1				
107	3. 邮政业	29	29					29				
108	(七)住宿和餐饮业	703	703	55				230	412	6		
109	1. 住宿业	466	466	55				98	313			
110	2. 餐饮业	237	237					132	99	6		
111	(八)信息传输、软件和信息技术服务业	271	269					224	3	42	2	
112	1. 电信、广播电视和卫星传输服务业	49	47					6	-1	42	2	
113	其中:电信							1	-1			
114	2. 互联网和相关服务	1	1						1			
115	3. 软件和信息技术服务业	221	221					218	3			
116	(九)金融业	2121	2120	2				1867	251			1
117	1. 货币金融服务	906	906					655	251			
118	其中:银行	33	33					33				

续表

序号	项目	合计	内资企业								港澳台投资企业	外商投资企业
			小计	国有企业	集体企业	股份合作企业	联营企业	股份公司	私营企业	其他企业		
119	金融租赁	124	124					124				
120	2. 资本市场服务											
121	3. 保险业	4	4					4				
122	4. 其他金融业	1211	1210	2				1208				1
123	(十)房地产业	24123	24085	2582	60	2		13909	7309	223	1	37
124	(十一)租赁和商务服务业	5973	5722	2340	42			1293	642	1405	168	83
125	1. 租赁业	4	4					4				
126	2. 商务服务业	5969	5718	2340	42			1289	642	1405	168	83
127	(十二)科学研究和技术服务业	390	319	91	18		10	137	-132	195	22	49
128	(十三)居民服务、修理和其他服务业	1789	1678	207	45	7		1209	82	128	105	6
129	其中:居民服务业	152	152	75	16			44	15	2		
130	机动车、电子产品和日用产品修理业	1	1						1			
131	(十四)教育	144	144					15	1	128		
132	(十五)卫生和社会工作	15	15	1						14		
133	其中:卫生	13	13	1						12		
134	(十六)文化、体育和娱乐业	91	91	21	6			22	4	38		
135	其中:新闻和出版业	1	1							1		
136	广播、电视、电影和影视录音制作业	45	45	9	6			3		27		
137	体育	13	13					13				
138	娱乐业	20	20	12				3	5			
139	(十七)公共管理、社会保障和社会组织	885	885	2	5			1		877		
140	(十八)其他行业	731	731	367	1			282	3	78		

2015年清远市地方税务局企业所得税分行业分企业类型统计年报表

编报机关:清远市地方税务局　　　　单位:万元

序号	项目	合计	内资企业								港澳台投资企业	外商投资企业
			小计	国有企业	集体企业	股份合作企业	联营企业	股份公司	私营企业	其他企业		
1	合计	91222	90770	1520	1350	12	2045	77863	3484	4496	242	210
2	(一)采矿业	118	118					117	1			
3	1. 煤炭开采和洗选业											
4	2. 石油和天然气开采业											
5	其中:原油											
6	3. 黑色金属矿采选业											
7	4. 有色金属矿采选业	117	117					117				
8	5. 非金属矿采选业											
9	6. 其他采矿业	1	1						1			
10	(二)制造业	2312	2312	24	43			2240	5			
11	1. 农副食品加工业	62	62					58	4			
12	2. 食品制造业	406	406					406				
13	3. 酒、饮料和精制茶制造业	253	253					253				
14	①酒的制造	252	252					252				
15	其中:酒精											
16	②饮料制造											
17	③精制茶制造	1	1					1				
18	4. 烟草制品业											
19	卷烟制造											
20	烟叶复烤											
21	其他烟草制品加工											
22	5. 纺织业	9	9					9				
23	6. 纺织服装、服饰业	31	31		14			16	1			

续表

序号	项　目	合计	内资企业							港澳台投资企业	外商投资企业
			小计	国有企业	集体企业	股份合作企业	联营企业	股份公司	私营企业	其他企业		
24	其中:纺织服装	15	15		14				1			
25	7. 皮革、毛皮、羽毛及其制品和制鞋业	2	2		2							
26	其中:皮革、毛皮	1	1		1							
27	8. 木材加工和木竹藤棕草制品业	1	1					1				
28	9. 家具制造业											
29	10. 造纸和纸制品业	6	6					6				
30	①纸浆制造											
31	②造纸	6	6					6				
32	其中:机制纸及纸板制造											
33	③纸制品制造											
34	11. 印刷和记录媒介复制业	20	20		18			2				
35	12. 文教、工美、体育和娱乐用品制造业											
36	13. 石油加工、炼焦和核燃料加工业											
37	其中:成品油											
38	14. 化学原料和化学制品制造业	25	25	19				6				
39	①肥料制造											
40	②农药制造											
41	③专用化学产品制造	6	6					6				
42	④日用化学产品制造											
43	其中:化妆品制造											
44	⑤其他	19	19	19								
45	15. 医药制造业	497	497					497				
46	16. 化学纤维制造业											
47	17. 橡胶和塑料制品业	8	8					8				

续表

序号	项目	合计	内资企业								港澳台投资企业	外商投资企业
			小计	国有企业	集体企业	股份合作企业	联营企业	股份公司	私营企业	其他企业		
48	其中:轮胎制造											
49	18. 非金属矿物制品业	20	20	4				16				
50	①水泥、石灰和石膏制造	4	4	4								
51	其中:水泥制造	2	2	2								
52	②水泥及石膏制品制造											
53	③玻璃及玻璃制品制造											
54	④其他	16	16					16				
55	19. 黑色金属冶炼和压延加工业											
56	其中:钢压延加工											
57	20. 有色金属冶炼和压延加工业											
58	21. 金属制品业	72	72					72				
59	22. 通用设备制造业	19	19					19				
60	23. 专用设备制造业											
61	24. 汽车制造业											
62	25. 铁路、船舶、航空航天和其他运输设备制造业	7	7		7							
63	其中:铁路运输设备制造											
64	船舶及相关装置制造	7	7		7							
65	航空、航天及设备制造											
66	摩托车制造											
67	26. 电气机械及器材制造业	845	845					845				
68	①电机制造											
69	②电线电缆光缆及电工器材制造	814	814					814				
70	③家用电力器具制造											

续表

序号	项　目	合计	内资企业							港澳台投资企业	外商投资企业
			小计	国有企业	集体企业	股份合作企业	联营企业	股份公司	私营企业	其他企业		
71	④其他	31	31					31				
72	27. 计算机、通信和其他电子设备制造业	26	26					26				
73	①计算机制造											
74	②通信设备制造											
75	③广播电视设备制造											
76	④视听设备制造											
77	⑤其他	26	26					26				
78	28. 仪表仪器制造业											
79	29. 其他制造业	3	3	1	2							
80	（三）电力、燃气及水的生产和供应业	7982	7982	537	366		223	6809	4	43		
81	1. 电力、热力的生产和供应业	4987	4987	537	362		223	3852	4	9		
82	①电力生产	4940	4940	537	362		223	3805	4	9		
83	其中：火力发电											
84	水力发电	4938	4938	536	362		222	3805	4	9		
85	核力发电											
86	风力发电											
87	太阳能发电											
88	②电力供应	47	47					47				
89	③热力生产和供应业											
90	2. 燃气生产和供应业	2099	2099		2			2097				
91	3. 水的生产和供应业	896	896		2			860		34		
92	（四）建筑业	18644	18400	659	635	9	1754	13952	1167	224	241	3
93	1. 房屋建筑业	2919	2901	61	442	4	7	2175	197	15	18	
94	2. 土木工程建筑业	2006	1997	69	4			1888	18	18	9	

续表

序号	项目	合计	内资企业								港澳台投资企业	外商投资企业
			小计	国有企业	集体企业	股份合作企业	联营企业	股份公司	私营企业	其他企业		
95	3. 建筑安装业	10109	10103	312	175		1739	7175	660	42	6	
96	4. 建筑装饰和其他建筑业	3610	3399	217	14	5	8	2714	292	149	208	3
97	（五）批发和零售业	9794	9794	11	30	3	49	9690	9	2		
98	1. 批发业	7996	7996	1	16			7975	4			
99	其中：烟草制品批发	7325	7325					7325				
100	煤炭及制品批发											
101	石油及其制品批发											
102	汽车及零配件批发											
103	2. 零售业	1798	1798	10	14	3	49	1715	5	2		
104	（六）交通运输、仓储及邮政业	2666	2666		11			2655				
105	1. 交通运输业	2654	2654		11			2643				
106	2. 仓储业	6	6					6				
107	3. 邮政业	6	6					6				
108	（七）住宿和餐饮业	701	701	20	7			673		1		
109	1. 住宿业	429	429	20	7			401		1		
110	2. 餐饮业	272	272					272				
111	（八）信息传输、软件和信息技术服务业	42	42					39		3		
112	1. 电信、广播电视和卫星传输服务业	25	25					25				
113	其中：电信	25	25					25				
114	2. 互联网和相关服务											
115	3. 软件和信息技术服务业	17	17					14		3		
116	（九）金融业	248	244					242	1	1		4
117	1. 货币金融服务	101	101					100	1			
118	其中：银行											

续表

序号	项　　目	合计	内　资　企　业								港澳台投资企业	外商投资企业
			小计	国有企业	集体企业	股份合作企业	联营企业	股份公司	私营企业	其他企业		
119	金融租赁											
120	2. 资本市场服务	2	2					2				
121	3. 保险业											
122	4. 其他金融业	145	141					140		1		4
123	(十)房地产业	38538	38446	37	41		19	35496	2249	604		92
124	(十一)租赁和商务服务业	4478	4478	36	38			4253	7	144		
125	1. 租赁业	213	213					210		3		
126	2. 商务服务业	4265	4265	36	38			4043	7	141		
127	(十二)科学研究和技术服务业	3156	3156	137	169			984	20	1846		
128	(十三)居民服务、修理和其他服务业	1007	895	58	10			495	5	327	1	111
129	其中:居民服务业	124	124	1				119		4		
130	机动车、电子产品和日用产品修理业	19	19					19				
131	(十四)教育	138	138					12		126		
132	(十五)卫生和社会工作	2	2							2		
133	其中:卫生	2	2							2		
134	(十六)文化、体育和娱乐业	31	31					14	15	2		
135	其中:新闻和出版业											
136	广播、电视、电影和影视录音制作业	1	1					1				
137	体育	10	10					10				
138	娱乐业	18	18					2	15	1		
139	(十七)公共管理、社会保障和社会组织	1015	1015							1015		
140	(十八)其他行业	350	350	1				192	1	156		

2015 年潮州市地方税务局企业所得税分行业分企业类型统计年报表

编报机关:潮州市地方税务局　　　　单位:万元

序号	项　目	合计	内资企业								港澳台投资企业	外商投资企业
			小计	国有企业	集体企业	股份合作企业	联营企业	股份公司	私营企业	其他企业		
1	合　计	72963	72942	4649	5955	603	72	59458	1547	658	19	2
2	(一)采矿业	2	2			2						
3	1. 煤炭开采和洗选业											
4	2. 石油和天然气开采业											
5	其中:原油											
6	3. 黑色金属矿采选业											
7	4. 有色金属矿采选业											
8	5. 非金属矿采选业	2	2			2						
9	6. 其他采矿业											
10	(二)制造业	29735	29725	11	24	530		28996	156	8	10	
11	1. 农副食品加工业	27	27		1	1		25				
12	2. 食品制造业	2955	2955	1		101		2853				
13	3. 酒、饮料和精制茶制造业	12	12		1			11				
14	①酒的制造	1	1		1							
15	其中:酒精											
16	②饮料制造	9	9					9				
17	③精制茶制造	2	2					2				
18	4. 烟草制品业											
19	卷烟制造											
20	烟叶复烤											
21	其他烟草制品加工											
22	5. 纺织业	29	29			4		25				
23	6. 纺织服装、服饰业	348	348		13	10		325				

续表

序号	项　　目	合计	内资企业								港澳台投资企业	外商投资企业
			小计	国有企业	集体企业	股份合作企业	联营企业	股份公司	私营企业	其他企业		
24	其中:纺织服装	325	325		13	10		302				
25	7. 皮革、毛皮、羽毛及其制品和制鞋业	687	687					668	19			
26	其中:皮革、毛皮	104	104					104				
27	8. 木材加工和木竹藤棕草制品业	8	8							8		
28	9. 家具制造业	90	90					90				
29	10. 造纸和纸制品业	380	380			101		279				
30	①纸浆制造											
31	②造纸	177	177			56		121				
32	其中:机制纸及纸板制造	53	53					53				
33	③纸制品制造	203	203			45		158				
34	11. 印刷和记录媒介复制业	1801	1801	6	1	147		1641	6			
35	12. 文教、工美、体育和娱乐用品制造业	59	59					45	14			
36	13. 石油加工、炼焦和核燃料加工业											
37	其中:成品油											
38	14. 化学原料和化学制品制造业	311	311		1	8		301	1			
39	①肥料制造											
40	②农药制造											
41	③专用化学产品制造	1	1					1				
42	④日用化学产品制造	160	160					160				
43	其中:化妆品制造	3	3					3				
44	⑤其他	150	150		1	8		140	1			
45	15. 医药制造业	60	60					60				
46	16. 化学纤维制造业	1	1			1						
47	17. 橡胶和塑料制品业	358	358			6		352				

续表

序号	项目	合计	内资企业								港澳台投资企业	外商投资企业
			小计	国有企业	集体企业	股份合作企业	联营企业	股份公司	私营企业	其他企业		
48	其中:轮胎制造											
49	18. 非金属矿物制品业	4983	4973	2	7	56		4908			10	
50	①水泥、石灰和石膏制造	51	51					51				
51	其中:水泥制造	51	51					51				
52	②水泥及石膏制品制造											
53	③玻璃及玻璃制品制造	85	85					85				
54	④其他	4847	4837	2	7	56		4772			10	
55	19. 黑色金属冶炼和压延加工业											
56	其中:钢压延加工											
57	20. 有色金属冶炼和压延加工业	749	749					749				
58	21. 金属制品业	992	992			71		805	116			
59	22. 通用设备制造业	3	3			2		1				
60	23. 专用设备制造业	61	61					61				
61	24. 汽车制造业	26	26					26				
62	25. 铁路、船舶、航空航天和其他运输设备制造业	2	2	2								
63	其中:铁路运输设备制造											
64	船舶及相关装置制造	2	2	2								
65	航空、航天及设备制造											
66	摩托车制造											
67	26. 电气机械及器材制造业	726	726			21		705				
68	①电机制造	46	46					46				
69	②电线电缆光缆及电工器材制造	56	56			8		48				
70	③家用电力器具制造	538	538			10		528				

续表

序号	项目	合计	内资企业								港澳台投资企业	外商投资企业
			小计	国有企业	集体企业	股份合作企业	联营企业	股份公司	私营企业	其他企业		
71	④其他	86	86			3		83				
72	27. 计算机、通信和其他电子设备制造业	15028	15028			1		15027				
73	①计算机制造											
74	②通信设备制造											
75	③广播电视设备制造	3	3					3				
76	④视听设备制造											
77	⑤其他	15025	15025			1		15024				
78	28. 仪表仪器制造业											
79	29. 其他制造业	39	39					39				
80	(三)电力、燃气及水的生产和供应业	4467	4467	4254	149			64				
81	1. 电力、热力的生产和供应业	3818	3818	3656	142			20				
82	①电力生产	40	40		23			17				
83	其中:火力发电											
84	水力发电	40	40		23			17				
85	核力发电											
86	风力发电											
87	太阳能发电											
88	②电力供应	3778	3778	3656	119			3				
89	③热力生产和供应业											
90	2. 燃气生产和供应业	44	44					44				
91	3. 水的生产和供应业	605	605	598	7							
92	(四)建筑业	11479	11477	122	5660	8		4617	914	156		2
93	1. 房屋建筑业	8649	8648	103	5414			2245	857	29		1
94	2. 土木工程建筑业	754	754	7	183	5		555	2	2		

续表

序号	项目	合计	内资企业							港澳台投资企业	外商投资企业
			小计	国有企业	集体企业	股份合作企业	联营企业	股份公司	私营企业	其他企业		
95	3. 建筑安装业	1292	1292	9	41	2		1179	12	49		
96	4. 建筑装饰和其他建筑业	784	783	3	22	1		638	43	76		1
97	(五)批发和零售业	905	904	13	48	33	72	724	9	5	1	
98	1. 批发业	520	520	2	32	8	72	400	1	5		
99	其中:烟草制品批发											
100	煤炭及制品批发											
101	石油及其制品批发	81	81		5			76				
102	汽车及零配件批发	1	1					1				
103	2. 零售业	385	384	11	16	25		324	8		1	
104	(六)交通运输、仓储及邮政业	711	711	2	9	1		699				
105	1. 交通运输业	679	679	2	9	1		667				
106	2. 仓储业											
107	3. 邮政业	32	32					32				
108	(七)住宿和餐饮业	289	289	46	16			210	17			
109	1. 住宿业	130	130	6				124				
110	2. 餐饮业	159	159	40	16			86	17			
111	(八)信息传输、软件和信息技术服务业	2057	2057					2056		1		
112	1. 电信、广播电视和卫星传输服务业	1	1							1		
113	其中:电信											
114	2. 互联网和相关服务	3	3					3				
115	3. 软件和信息技术服务业	2053	2053					2053				
116	(九)金融业	1793	1791					1791			2	
117	1. 货币金融服务	823	823					823				
118	其中:银行											

续表

序号	项目	合计	内资企业								港澳台投资企业	外商投资企业
			小计	国有企业	集体企业	股份合作企业	联营企业	股份公司	私营企业	其他企业		
119	金融租赁											
120	2. 资本市场服务											
121	3. 保险业											
122	4. 其他金融业	970	968					968			2	
123	(十)房地产业	20075	20074	21	34	28		19489	441	61	1	
124	(十一)租赁和商务服务业	521	521	1	3			501	7	9		
125	1. 租赁业	15	15					15				
126	2. 商务服务业	506	506	1	3			486	7	9		
127	(十二)科学研究和技术服务业	401	401	139	2	1		74		185		
128	(十三)居民服务、修理和其他服务业	215	210	4	5			175	3	23	5	
129	其中:居民服务业	62	62	3				57		2		
130	机动车、电子产品和日用产品修理业	18	18	1				15	2			
131	(十四)教育	209	209	34						175		
132	(十五)卫生和社会工作	6	6					5		1		
133	其中:卫生	6	6					5		1		
134	(十六)文化、体育和娱乐业	39	39					26		13		
135	其中:新闻和出版业											
136	广播、电视、电影和影视录音制作业	13	13					1		12		
137	体育											
138	娱乐业	16	16					16				
139	(十七)公共管理、社会保障和社会组织	12	12	2						10		
140	(十八)其他行业	47	47		5			31		11		

2015年揭阳市地方税务局企业所得税分行业分企业类型统计年报表

编报机关:揭阳市地方税务局　　　　单位:万元

序号	项目	合计	内资企业								港澳台投资企业	外商投资企业
			小计	国有企业	集体企业	股份合作企业	联营企业	股份公司	私营企业	其他企业		
1	合计	108580	108459	7077	9072		42	87699	4185	384	65	56
2	(一)采矿业											
3	1. 煤炭开采和洗选业											
4	2. 石油和天然气开采业											
5	其中:原油											
6	3. 黑色金属矿采选业											
7	4. 有色金属矿采选业											
8	5. 非金属矿采选业											
9	6. 其他采矿业											
10	(二)制造业	55532	55532	13	74			54181	1264			
11	1. 农副食品加工业	247	247	9	1			190	47			
12	2. 食品制造业	1549	1549		2			1506	41			
13	3. 酒、饮料和精制茶制造业											
14	①酒的制造											
15	其中:酒精											
16	②饮料制造											
17	③精制茶制造											
18	4. 烟草制品业											
19	卷烟制造											
20	烟叶复烤											
21	其他烟草制品加工											
22	5. 纺织业	403	403		18			248	137			
23	6. 纺织服装、服饰业	1064	1064		1			795	268			

续表

序号	项目	合计	内资企业							港澳台投资企业	外商投资企业
			小计	国有企业	集体企业	股份合作企业	联营企业	股份公司	私营企业	其他企业		
24	其中:纺织服装	1053	1053		1			795	257			
25	7. 皮革、毛皮、羽毛及其制品和制鞋业	68	68		15			53				
26	其中:皮革、毛皮	14	14		14							
27	8. 木材加工和木竹藤棕草制品业	31	31		2			2	27			
28	9. 家具制造业	7	7						7			
29	10. 造纸和纸制品业	204	204					195	9			
30	①纸浆制造											
31	②造纸	4	4						4			
32	其中:机制纸及纸板制造	3	3						3			
33	③纸制品制造	200	200					195	5			
34	11. 印刷和记录媒介复制业	197	197		2			109	86			
35	12. 文教、工美、体育和娱乐用品制造业	271	271		11			39	221			
36	13. 石油加工、炼焦和核燃料加工业											
37	其中:成品油											
38	14. 化学原料和化学制品制造业	556	556	4				536	16			
39	①肥料制造	1	1					1				
40	②农药制造											
41	③专用化学产品制造	268	268					268				
42	④日用化学产品制造	7	7					1	6			
43	其中:化妆品制造	2	2					1	1			
44	⑤其他	280	280	4				266	10			
45	15. 医药制造业	46055	46055					46051	4			
46	16. 化学纤维制造业											
47	17. 橡胶和塑料制品业	494	494		4			401	89			

续表

序号	项目	合计	内资企业								港澳台投资企业	外商投资企业
			小计	国有企业	集体企业	股份合作企业	联营企业	股份公司	私营企业	其他企业		
48	其中:轮胎制造											
49	18. 非金属矿物制品业	169	169					168	1			
50	①水泥、石灰和石膏制造											
51	其中:水泥制造											
52	②水泥及石膏制品制造	1	1						1			
53	③玻璃及玻璃制品制造	69	69					69				
54	④其他	99	99					99				
55	19. 黑色金属冶炼和压延加工业	491	491					491				
56	其中:钢压延加工	81	81					81				
57	20. 有色金属冶炼和压延加工业	216	216					128	88			
58	21. 金属制品业	378	378		2			268	108			
59	22. 通用设备制造业	10	10		1			9				
60	23. 专用设备制造业	2562	2562		1			2550	11			
61	24. 汽车制造业	12	12					12				
62	25. 铁路、船舶、航空航天和其他运输设备制造业	3	3					1	2			
63	其中:铁路运输设备制造											
64	船舶及相关装置制造											
65	航空、航天及设备制造											
66	摩托车制造	1	1					1				
67	26. 电气机械及器材制造业	417	417		13			333	71			
68	①电机制造	29	29					29				
69	②电线电缆光缆及电工器材制造	197	197		12			114	71			
70	③家用电力器具制造	189	189					189				

续表

序号	项　目	合计	内资企业								港澳台投资企业	外商投资企业
			小计	国有企业	集体企业	股份合作企业	联营企业	股份公司	私营企业	其他企业		
71	④其他	2	2		1			1				
72	27. 计算机、通信和其他电子设备制造业	54	54					23	31			
73	①计算机制造	3	3					3				
74	②通信设备制造											
75	③广播电视设备制造											
76	④视听设备制造	19	19					19				
77	⑤其他	32	32					1	31			
78	28. 仪表仪器制造业	44	44					44				
79	29. 其他制造业	30	30		1			29				
80	(三)电力、燃气及水的生产和供应业	3692	3692	3453	120			115	1	3		
81	1. 电力、热力的生产和供应业	3370	3370	3263	20			84		3		
82	①电力生产	183	183	140	17			23		3		
83	其中:火力发电											
84	水力发电	160	160	140	16			1		3		
85	核力发电											
86	风力发电											
87	太阳能发电											
88	②电力供应	3185	3185	3123	1			61				
89	③热力生产和供应业	2	2		2							
90	2. 燃气生产和供应业	11	11					10	1			
91	3. 水的生产和供应业	311	311	190	100			21				
92	(四)建筑业	22393	22393	3214	8043		42	10489	566	39		
93	1. 房屋建筑业	3966	3966	1918	1304			683	52	9		
94	2. 土木工程建筑业	1117	1117	118	32			857	106	4		

续表

序号	项　目	合计	内资企业								港澳台投资企业	外商投资企业
			小计	国有企业	集体企业	股份合作企业	联营企业	股份公司	私营企业	其他企业		
95	3. 建筑安装业	13688	13688	981	6431			6110	155	11		
96	4. 建筑装饰和其他建筑业	3622	3622	197	276		42	2839	253	15		
97	(五)批发和零售业	5464	5405	343	180			4755	121	6	3	56
98	1. 批发业	4482	4479	298	20			4090	66	5	3	
99	其中:烟草制品批发											
100	煤炭及制品批发											
101	石油及其制品批发	1	1		1							
102	汽车及零配件批发											
103	2. 零售业	982	926	45	160			665	55	1		56
104	(六)交通运输、仓储及邮政业	530	530	36	116			373	4	1		
105	1. 交通运输业	518	518	36	116			361	4	1		
106	2. 仓储业	1	1					1				
107	3. 邮政业	11	11					11				
108	(七)住宿和餐饮业	734	734	2	75			587	70			
109	1. 住宿业	413	413		72			276	65			
110	2. 餐饮业	321	321	2	3			311	5			
111	(八)信息传输、软件和信息技术服务业	90	90					89	1			
112	1. 电信、广播电视和卫星传输服务业											
113	其中:电信											
114	2. 互联网和相关服务	16	16					15	1			
115	3. 软件和信息技术服务业	74	74					74				
116	(九)金融业	753	753					753				
117	1. 货币金融服务	274	274					274				
118	其中:银行	1	1					1				

续表

序号	项　目	合计	内资企业								港澳台投资企业	外商投资企业
			小计	国有企业	集体企业	股份合作企业	联营企业	股份公司	私营企业	其他企业		
119	金融租赁	22	22					22				
120	2. 资本市场服务	1	1					1				
121	3. 保险业											
122	4. 其他金融业	478	478					478				
123	(十)房地产业	15009	15009	2	299			12561	2092	55		
124	(十一)租赁和商务服务业	3423	3361	5	52			3270	29	5	62	
125	1. 租赁业	2	2					2				
126	2. 商务服务业	3421	3359	5	52			3268	29	5	62	
127	(十二)科学研究和技术服务业	311	311		63			132	11	105		
128	(十三)居民服务、修理和其他服务业	303	303	9	36			229	6	23		
129	其中:居民服务业	75	75		31			40	4			
130	机动车、电子产品和日用产品修理业	2	2		1			1				
131	(十四)教育	89	89		10			45	6	28		
132	(十五)卫生和社会工作	2	2							2		
133	其中:卫生	2	2							2		
134	(十六)文化、体育和娱乐业	93	93		1			76	14	2		
135	其中:新闻和出版业											
136	广播、电视、电影和影视录音制作业	3	3						1	2		
137	体育											
138	娱乐业	79	79					76	3			
139	(十七)公共管理、社会保障和社会组织	119	119		3			5		111		
140	(十八)其他行业	43	43					39		4		

2015 年云浮市地方税务局企业所得税分行业分企业类型统计年报表

编报机关:云浮市地方税务局　　　　单位:万元

序号	项　目	合计	内资企业								港澳台投资企业	外商投资企业
			小计	国有企业	集体企业	股份合作企业	联营企业	股份公司	私营企业	其他企业		
1	合　计	43086	43051	265	2090	99	2	36638	2514	1443		35
2	(一)采矿业	1547	1547		-1			1548				
3	1. 煤炭开采和洗选业											
4	2. 石油和天然气开采业											
5	其中:原油											
6	3. 黑色金属矿采选业											
7	4. 有色金属矿采选业											
8	5. 非金属矿采选业	1547	1547		-1			1548				
9	6. 其他采矿业											
10	(二)制造业	2371	2371	24	7			2026	292	22		
11	1. 农副食品加工业	33	33					33				
12	2. 食品制造业	30	30					30				
13	3. 酒、饮料和精制茶制造业											
14	①酒的制造											
15	其中:酒精											
16	②饮料制造											
17	③精制茶制造											
18	4. 烟草制品业											
19	卷烟制造											
20	烟叶复烤											
21	其他烟草制品加工											
22	5. 纺织业											
23	6. 纺织服装、服饰业	69	69					69				

续表

序号	项　目	合计	内资企业								港澳台投资企业	外商投资企业
			小计	国有企业	集体企业	股份合作企业	联营企业	股份公司	私营企业	其他企业		
24	其中:纺织服装	69	69					69				
25	7. 皮革、毛皮、羽毛及其制品和制鞋业											
26	其中:皮革、毛皮											
27	8. 木材加工和木竹藤棕草制品业											
28	9. 家具制造业											
29	10. 造纸和纸制品业	189	189	24				154	11			
30	①纸浆制造											
31	②造纸	153	153					142	11			
32	其中:机制纸及纸板制造	153	153					142	11			
33	③纸制品制造	36	36	24				12				
34	11. 印刷和记录媒介复制业	75	75		3			72				
35	12. 文教、工美、体育和娱乐用品制造业											
36	13. 石油加工、炼焦和核燃料加工业											
37	其中:成品油											
38	14. 化学原料和化学制品制造业	406	406		3			188	215			
39	①肥料制造	142	142					142				
40	②农药制造											
41	③专用化学产品制造	219	219		3			5	211			
42	④日用化学产品制造											
43	其中:化妆品制造											
44	⑤其他	45	45					41	4			
45	15. 医药制造业	283	283					249	34			
46	16. 化学纤维制造业											
47	17. 橡胶和塑料制品业	18	18					17	1			

续表

序号	项目	合计	内资企业								港澳台投资企业	外商投资企业
			小计	国有企业	集体企业	股份合作企业	联营企业	股份公司	私营企业	其他企业		
48	其中:轮胎制造											
49	18. 非金属矿物制品业	142	142					142				
50	①水泥、石灰和石膏制造											
51	其中:水泥制造											
52	②水泥及石膏制品制造											
53	③玻璃及玻璃制品制造	1	1					1				
54	④其他	141	141					141				
55	19. 黑色金属冶炼和压延加工业											
56	其中:钢压延加工											
57	20. 有色金属冶炼和压延加工业	9	9					2	7			
58	21. 金属制品业	121	121					99		22		
59	22. 通用设备制造业	27	27					27				
60	23. 专用设备制造业	1	1					1				
61	24. 汽车制造业											
62	25. 铁路、船舶、航空航天和其他运输设备制造业	1	1		1							
63	其中:铁路运输设备制造											
64	船舶及相关装置制造	1	1		1							
65	航空、航天及设备制造											
66	摩托车制造											
67	26. 电气机械及器材制造业	218	218					195	23			
68	①电机制造											
69	②电线电缆光缆及电工器材制造											
70	③家用电力器具制造											

续表

序号	项目	合计	内资企业								港澳台投资企业	外商投资企业
			小计	国有企业	集体企业	股份合作企业	联营企业	股份公司	私营企业	其他企业		
71	④其他	218	218					195	23			
72	27. 计算机、通信和其他电子设备制造业											
73	①计算机制造											
74	②通信设备制造											
75	③广播电视设备制造											
76	④视听设备制造											
77	⑤其他											
78	28. 仪表仪器制造业											
79	29. 其他制造业	749	749					748	1			
80	(三)电力、燃气及水的生产和供应业	1852	1852	-291	99	99		1926	19			
81	1. 电力、热力的生产和供应业	1205	1205	-806	10	99		1902				
82	①电力生产	1912	1912		10			1902				
83	其中:火力发电	1574	1574					1574				
84	水力发电	338	338		10			328				
85	核力发电											
86	风力发电											
87	太阳能发电											
88	②电力供应	-707	-707	-806		99						
89	③热力生产和供应业											
90	2. 燃气生产和供应业	628	628	505	88			16	19			
91	3. 水的生产和供应业	19	19	10	1			8				
92	(四)建筑业	10811	10805	278	1279		2	7279	1813	154		6
93	1. 房屋建筑业	4357	4357		565			3316	475	1		
94	2. 土木工程建筑业	659	659	149	2			421	41	46		

续表

序号	项目	合计	内资企业								港澳台投资企业	外商投资企业
			小计	国有企业	集体企业	股份合作企业	联营企业	股份公司	私营企业	其他企业		
95	3. 建筑安装业	4004	3998	26	649			2220	1075	28		6
96	4. 建筑装饰和其他建筑业	1791	1791	103	63		2	1322	222	79		
97	(五)批发和零售业	6642	6642	188	440			5987	26	1		
98	1. 批发业	6416	6416	179	426			5789	22			
99	其中:烟草制品批发	4702	4702					4702				
100	煤炭及制品批发											
101	石油及其制品批发	412	412		411			1				
102	汽车及零配件批发											
103	2. 零售业	226	226	9	14			198	4	1		
104	(六)交通运输、仓储及邮政业	1814	1814	3	3			1711	94	3		
105	1. 交通运输业	1810	1810		3			1710	94	3		
106	2. 仓储业	3	3	3								
107	3. 邮政业	1	1					1				
108	(七)住宿和餐饮业	102	102	7				94		1		
109	1. 住宿业	32	32	7				24		1		
110	2. 餐饮业	70	70					70				
111	(八)信息传输、软件和信息技术服务业	58	58					57	1			
112	1. 电信、广播电视和卫星传输服务业	45	45					45				
113	其中:电信	2	2					2				
114	2. 互联网和相关服务											
115	3. 软件和信息技术服务业	13	13					12	1			
116	(九)金融业	956	952					921		31		4
117	1. 货币金融服务	78	78					78				
118	其中:银行	20	20					20				

续表

序号	项　　目	合计	内资企业							港澳台投资企业	外商投资企业
			小计	国有企业	集体企业	股份合作企业	联营企业	股份公司	私营企业	其他企业		
119	金融租赁											
120	2. 资本市场服务	272	272					272				
121	3. 保险业											
122	4. 其他金融业	606	602					571		31		4
123	（十）房地产业	15005	14980	9	32			14288	254	397		25
124	（十一）租赁和商务服务业	634	634					255	11	368		
125	1. 租赁业	6	6					5		1		
126	2. 商务服务业	628	628					250	11	367		
127	（十二）科学研究和技术服务业	461	461	35	69			173	4	180		
128	（十三）居民服务、修理和其他服务业	259	259	7	2			100	2	148		
129	其中:居民服务业	19	19					12	1	6		
130	机动车、电子产品和日用产品修理业	5	5					5				
131	（十四）教育	231	231	2	159			17	1	52		
132	（十五）卫生和社会工作	15	15					14		1		
133	其中:卫生	15	15					14		1		
134	（十六）文化、体育和娱乐业	39	39					6	-3	36		
135	其中:新闻和出版业	33	33							33		
136	广播、电视、电影和影视录音制作业							4	-4			
137	体育	1	1					1				
138	娱乐业	3	3					3				
139	（十七）公共管理、社会保障和社会组织	46	46							46		
140	（十八）其他行业	243	243	3	1			236		3		

2015年横琴新区地方税务局企业所得税分行业分企业类型统计年报表

编报机关:横琴新区地方税务局　　　　单位:万元

序号	项目	合计	内资企业							港澳台投资企业	外商投资企业
			小计	国有企业	集体企业	股份合作企业	联营企业	股份公司	私营企业	其他企业		
1	合计	119933	116121	194	1			92088	23833	5	1940	1872
2	(一)采矿业											
3	1. 煤炭开采和洗选业											
4	2. 石油和天然气开采业											
5	其中:原油											
6	3. 黑色金属矿采选业											
7	4. 有色金属矿采选业											
8	5. 非金属矿采选业											
9	6. 其他采矿业											
10	(二)制造业											
11	1. 农副食品加工业											
12	2. 食品制造业											
13	3. 酒、饮料和精制茶制造业											
14	①酒的制造											
15	其中:酒精											
16	②饮料制造											
17	③精制茶制造											
18	4. 烟草制品业											
19	卷烟制造											
20	烟叶复烤											
21	其他烟草制品加工											
22	5. 纺织业											
23	6. 纺织服装、服饰业											

续表

序号	项　目	合计	内资企业								港澳台投资企业	外商投资企业
			小计	国有企业	集体企业	股份合作企业	联营企业	股份公司	私营企业	其他企业		
24	其中:纺织服装											
25	7. 皮革、毛皮、羽毛及其制品和制鞋业											
26	其中:皮革、毛皮											
27	8. 木材加工和木竹藤棕草制品业											
28	9. 家具制造业											
29	10. 造纸和纸制品业											
30	①纸浆制造											
31	②造纸											
32	其中:机制纸及纸板制造											
33	③纸制品制造											
34	11. 印刷和记录媒介复制业											
35	12. 文教、工美、体育和娱乐用品制造业											
36	13. 石油加工、炼焦和核燃料加工业											
37	其中:成品油											
38	14. 化学原料和化学制品制造业											
39	①肥料制造											
40	②农药制造											
41	③专用化学产品制造											
42	④日用化学产品制造											
43	其中:化妆品制造											
44	⑤其他											
45	15. 医药制造业											
46	16. 化学纤维制造业											
47	17. 橡胶和塑料制品业											

续表

序号	项　　目	合计	内资企业							港澳台投资企业	外商投资企业
			小计	国有企业	集体企业	股份合作企业	联营企业	股份公司	私营企业	其他企业		
48	其中:轮胎制造											
49	18. 非金属矿物制品业											
50	①水泥、石灰和石膏制造											
51	其中:水泥制造											
52	②水泥及石膏制品制造											
53	③玻璃及玻璃制品制造											
54	④其他											
55	19. 黑色金属冶炼和压延加工业											
56	其中:钢压延加工											
57	20. 有色金属冶炼和压延加工业											
58	21. 金属制品业											
59	22. 通用设备制造业											
60	23. 专用设备制造业											
61	24. 汽车制造业											
62	25. 铁路、船舶、航空航天和其他运输设备制造业											
63	其中:铁路运输设备制造											
64	船舶及相关装置制造											
65	航空、航天及设备制造											
66	摩托车制造											
67	26. 电气机械及器材制造业											
68	①电机制造											
69	②电线电缆光缆及电工器材制造											
70	③家用电力器具制造											

续表

序号	项　　目	合计	内　资　企　业								港澳台投资企业	外商投资企业
			小计	国有企业	集体企业	股份合作企业	联营企业	股份公司	私营企业	其他企业		
71	④其他											
72	27. 计算机、通信和其他电子设备制造业											
73	①计算机制造											
74	②通信设备制造											
75	③广播电视设备制造											
76	④视听设备制造											
77	⑤其他											
78	28. 仪表仪器制造业											
79	29. 其他制造业											
80	(三)电力、燃气及水的生产和供应业											
81	1. 电力、热力的生产和供应业											
82	①电力生产											
83	其中:火力发电											
84	水力发电											
85	核力发电											
86	风力发电											
87	太阳能发电											
88	②电力供应											
89	③热力生产和供应业											
90	2. 燃气生产和供应业											
91	3. 水的生产和供应业											
92	(四)建筑业	10496	10243	171	1			9374	695	2	250	3
93	1. 房屋建筑业	328	264	19				205	40		64	
94	2. 土木工程建筑业	93	93	7				34	52			

续表

序号	项目	合计	内资企业								港澳台投资企业	外商投资企业
			小计	国有企业	集体企业	股份合作企业	联营企业	股份公司	私营企业	其他企业		
95	3. 建筑安装业	2826	2787	46				2575	165	1	37	2
96	4. 建筑装饰和其他建筑业	7249	7099	99	1			6560	438	1	149	1
97	(五)批发和零售业	744	744	2				627	115			
98	1. 批发业	300	300	2				188	110			
99	其中:烟草制品批发											
100	煤炭及制品批发											
101	石油及其制品批发											
102	汽车及零配件批发											
103	2. 零售业	444	444					439	5			
104	(六)交通运输、仓储及邮政业	6	6					6				
105	1. 交通运输业	6	6					6				
106	2. 仓储业											
107	3. 邮政业											
108	(七)住宿和餐饮业	2	2						2			
109	1. 住宿业											
110	2. 餐饮业	2	2						2			
111	(八)信息传输、软件和信息技术服务业	8	8						8			
112	1. 电信、广播电视和卫星传输服务业											
113	其中:电信											
114	2. 互联网和相关服务											
115	3. 软件和信息技术服务业	8	8						8			
116	(九)金融业	29007	27515					26895	620		1082	410
117	1. 货币金融服务	237									237	
118	其中:银行	237									237	

续表

序号	项目	合计	内资企业								港澳台投资企业	外商投资企业
			小计	国有企业	集体企业	股份合作企业	联营企业	股份公司	私营企业	其他企业		
119	金融租赁											
120	2. 资本市场服务	16672	16672					16196	476			
121	3. 保险业	1	1					1				
122	4. 其他金融业	12097	10842					10698	144		845	410
123	(十)房地产业	22514	22056					3848	18206	2	458	
124	(十一)租赁和商务服务业	56500	54891					50814	4077		150	1459
125	1. 租赁业											
126	2. 商务服务业	56500	54891					50814	4077		150	1459
127	(十二)科学研究和技术服务业	8	8					8				
128	(十三)居民服务、修理和其他服务业	238	238	21				106	110	1		
129	其中:居民服务业	2	2					1	1			
130	机动车、电子产品和日用产品修理业											
131	(十四)教育											
132	(十五)卫生和社会工作											
133	其中:卫生											
134	(十六)文化、体育和娱乐业	109	109					109				
135	其中:新闻和出版业											
136	广播、电视、电影和影视录音制作业											
137	体育	1	1					1				
138	娱乐业											
139	(十七)公共管理、社会保障和社会组织											
140	(十八)其他行业	301	301					301				

2015年顺德区地方税务局企业所得税分行业分企业类型统计年报表

编报机关:顺德区地方税务局　　　　单位:万元

序号	项　目	合计	内资企业								港澳台投资企业	外商投资企业
			小计	国有企业	集体企业	股份合作企业	联营企业	股份公司	私营企业	其他企业		
1	合　计	273774	178249	174	2114		24	130625	41686	3626	2532	92993
2	(一)采矿业											
3	1. 煤炭开采和洗选业											
4	2. 石油和天然气开采业											
5	其中:原油											
6	3. 黑色金属矿采选业											
7	4. 有色金属矿采选业											
8	5. 非金属矿采选业											
9	6. 其他采矿业											
10	(二)制造业	51278	51253		39			30022	21192		18	7
11	1. 农副食品加工业	1587	1587		2			1146	439			
12	2. 食品制造业	487	487					48	439			
13	3. 酒、饮料和精制茶制造业	46	46					39	7			
14	①酒的制造	39	39					39				
15	其中:酒精											
16	②饮料制造											
17	③精制茶制造	7	7						7			
18	4. 烟草制品业											
19	卷烟制造											
20	烟叶复烤											
21	其他烟草制品加工											
22	5. 纺织业	229	229					132	97			
23	6. 纺织服装、服饰业	674	674					236	438			

续表

序号	项　目	合计	内资企业								港澳台投资企业	外商投资企业
			小计	国有企业	集体企业	股份合作企业	联营企业	股份公司	私营企业	其他企业		
24	其中:纺织服装	552	552					193	359			
25	7. 皮革、毛皮、羽毛及其制品和制鞋业	70	70					55	15			
26	其中:皮革、毛皮	4	4					4				
27	8. 木材加工和木竹藤棕草制品业	3	3					2	1			
28	9. 家具制造业	1408	1408					786	622			
29	10. 造纸和纸制品业	659	659		1			525	133			
30	①纸浆制造											
31	②造纸	1	1					1				
32	其中:机制纸及纸板制造											
33	③纸制品制造	658	658		1			524	133			
34	11. 印刷和记录媒介复制业	1362	1362					1007	355			
35	12. 文教、工美、体育和娱乐用品制造业	77	77					76	1			
36	13. 石油加工、炼焦和核燃料加工业	12270	12270					8	12262			
37	其中:成品油	12270	12270					8	12262			
38	14. 化学原料和化学制品制造业	4994	4994					4737	257			
39	①肥料制造											
40	②农药制造											
41	③专用化学产品制造	3991	3991					3981	10			
42	④日用化学产品制造	13	13					12	1			
43	其中:化妆品制造											
44	⑤其他	990	990					744	246			
45	15. 医药制造业	764	764					764				
46	16. 化学纤维制造业	1	1						1			
47	17. 橡胶和塑料制品业	2072	2072					1469	603			

续表

序号	项　目	合计	内资企业								港澳台投资企业	外商投资企业
			小计	国有企业	集体企业	股份合作企业	联营企业	股份公司	私营企业	其他企业		
48	其中:轮胎制造											
49	18. 非金属矿物制品业	2684	2684					1018	1666			
50	①水泥、石灰和石膏制造											
51	其中:水泥制造											
52	②水泥及石膏制品制造	114	114					114				
53	③玻璃及玻璃制品制造	87	87					56	31			
54	④其他	2483	2483					848	1635			
55	19. 黑色金属冶炼和压延加工业	156	156					146	10			
56	其中:钢压延加工	51	51					48	3			
57	20. 有色金属冶炼和压延加工业	329	329		19			74	236			
58	21. 金属制品业	1657	1657					1143	514			
59	22. 通用设备制造业	1013	1010		11			944	55			3
60	23. 专用设备制造业	1987	1987					1800	187			
61	24. 汽车制造业	23	23					23				
62	25. 铁路、船舶、航空航天和其他运输设备制造业	84	84					82	2			
63	其中:铁路运输设备制造											
64	船舶及相关装置制造	7	7					7				
65	航空、航天及设备制造											
66	摩托车制造	62	62					62				
67	26. 电气机械及器材制造业	15036	15035		1			13000	2034			1
68	①电机制造	789	789					631	158			
69	②电线电缆光缆及电工器材制造	1028	1027					765	262			1
70	③家用电力器具制造	11949	11949		1			10666	1282			

续表

序号	项目	合计	内资企业								港澳台投资企业	外商投资企业
			小计	国有企业	集体企业	股份合作企业	联营企业	股份公司	私营企业	其他企业		
71	④其他	1270	1270					938	332			
72	27. 计算机、通信和其他电子设备制造业	1403	1385		3			735	647		18	
73	①计算机制造	29	11					10	1		18	
74	②通信设备制造	5	5					4	1			
75	③广播电视设备制造											
76	④视听设备制造	52	52					52				
77	⑤其他	1317	1317		3			669	645			
78	28. 仪表仪器制造业	98	98					19	79			
79	29. 其他制造业	105	102		2			8	92			3
80	(三)电力、燃气及水的生产和供应业	3245	3245		1			3243	1			
81	1. 电力、热力的生产和供应业											
82	①电力生产											
83	其中:火力发电											
84	水力发电											
85	核力发电											
86	风力发电											
87	太阳能发电											
88	②电力供应											
89	③热力生产和供应业											
90	2. 燃气生产和供应业											
91	3. 水的生产和供应业	3245	3245		1			3243	1			
92	(四)建筑业	93226	13203	4	9		13	9210	3943	24	8	80015
93	1. 房屋建筑业	2660	2660					1897	763			
94	2. 土木工程建筑业	2505	2505					2220	285			

续表

序号	项目	合计	内资企业								港澳台投资企业	外商投资企业
			小计	国有企业	集体企业	股份合作企业	联营企业	股份公司	私营企业	其他企业		
95	3. 建筑安装业	83568	3553	3				2539	998	13		80015
96	4. 建筑装饰和其他建筑业	4493	4485	1	9		13	2554	1897	11	8	
97	(五)批发和零售业	8414	8414	72	337			5410	2595			
98	1. 批发业	5120	5120	72	253			3217	1578			
99	其中:烟草制品批发											
100	煤炭及制品批发											
101	石油及其制品批发	474	474		218			173	83			
102	汽车及零配件批发	13	13					12	1			
103	2. 零售业	3294	3294		84			2193	1017			
104	(六)交通运输、仓储及邮政业	3499	3499		16			3218	264	1		
105	1. 交通运输业	3060	3060		14			2797	248	1		
106	2. 仓储业	430	430		2			418	10			
107	3. 邮政业	9	9					3	6			
108	(七)住宿和餐饮业	1129	1097		1			504	587	5	30	2
109	1. 住宿业	154	154		1			34	119			
110	2. 餐饮业	975	943					470	468	5	30	2
111	(八)信息传输、软件和信息技术服务业	534	534		30			437	66	1		
112	1. 电信、广播电视和卫星传输服务业	10	10		5			1	4			
113	其中:电信	6	6		1			1	4			
114	2. 互联网和相关服务	6	6					2	3	1		
115	3. 软件和信息技术服务业	518	518		25			434	59			
116	(九)金融业	19003	11094					10255	839		1793	6116
117	1. 货币金融服务	9755	9755					9755				
118	其中:银行											

续表

序号	项　目	合计	内资企业								港澳台投资企业	外商投资企业
			小计	国有企业	集体企业	股份合作企业	联营企业	股份公司	私营企业	其他企业		
119	金融租赁											
120	2. 资本市场服务	4	4					2	2			
121	3. 保险业	9	9						9			
122	4. 其他金融业	9235	1326					498	828		1793	6116
123	(十)房地产业	64234	57453	1	724			55119	1371	238		6781
124	(十一)租赁和商务服务业	17942	17241	15	5			7251	9937	33	682	19
125	1. 租赁业	80	80					34	46			
126	2. 商务服务业	17862	17161	15	5			7217	9891	33	682	19
127	(十二)科学研究和技术服务业	6317	6315	34	761			4763	366	391		2
128	(十三)居民服务、修理和其他服务业	1368	1353		16		11	283	198	845	1	14
129	其中:居民服务业	918	918					16	67	835		
130	机动车、电子产品和日用产品修理业	156	156		12		11	98	35			
131	(十四)教育	639	639		155			1	3	480		
132	(十五)卫生和社会工作	217	217		1			155		61		
133	其中:卫生	214	214		1			155		58		
134	(十六)文化、体育和娱乐业	386	386		3			273	102	8		
135	其中:新闻和出版业	1	1		1							
136	广播、电视、电影和影视录音制作业	189	189					188	1			
137	体育	6	6		1				2	3		
138	娱乐业	181	181		1			82	97	1		
139	(十七)公共管理、社会保障和社会组织	1587	1550		16					1534		37
140	(十八)其他行业	756	756	48				481	222	5		

2015年广东省地方税务局直属分局企业所得税分行业分企业类型统计年报表

编报机关:广东省地方税务局直属分局

单位:万元

序号	项目	合计	内资企业								港澳台投资企业	外商投资企业
			小计	国有企业	集体企业	股份合作企业	联营企业	股份公司	私营企业	其他企业		
1	合计	473194	470746	18803	14		255	427693	14319	9662	2397	51
2	(一)采矿业											
3	1. 煤炭开采和洗选业											
4	2. 石油和天然气开采业											
5	其中:原油											
6	3. 黑色金属矿采选业											
7	4. 有色金属矿采选业											
8	5. 非金属矿采选业											
9	6. 其他采矿业											
10	(二)制造业	12432	12432	85			26	12293	3	25		
11	1. 农副食品加工业											
12	2. 食品制造业											
13	3. 酒、饮料和精制茶制造业											
14	①酒的制造											
15	其中:酒精											
16	②饮料制造											
17	③精制茶制造											
18	4. 烟草制品业											
19	卷烟制造											
20	烟叶复烤											
21	其他烟草制品加工											
22	5. 纺织业											
23	6. 纺织服装、服饰业	11	11					11				

续表

序号	项　　目	合计	内　资　企　业								港澳台投资企业	外商投资企业
			小计	国有企业	集体企业	股份合作企业	联营企业	股份公司	私营企业	其他企业		
24	其中:纺织服装	11	11					11				
25	7. 皮革、毛皮、羽毛及其制品和制鞋业											
26	其中:皮革、毛皮											
27	8. 木材加工和木竹藤棕草制品业											
28	9. 家具制造业											
29	10. 造纸和纸制品业											
30	①纸浆制造											
31	②造纸											
32	其中:机制纸及纸板制造											
33	③纸制品制造											
34	11. 印刷和记录媒介复制业	29	29	4						25		
35	12. 文教、工美、体育和娱乐用品制造业											
36	13. 石油加工、炼焦和核燃料加工业											
37	其中:成品油											
38	14. 化学原料和化学制品制造业											
39	①肥料制造											
40	②农药制造											
41	③专用化学产品制造											
42	④日用化学产品制造											
43	其中:化妆品制造											
44	⑤其他											
45	15. 医药制造业											
46	16. 化学纤维制造业											
47	17. 橡胶和塑料制品业	1443	1443					1443				

续表

序号	项目	合计	内资企业							港澳台投资企业	外商投资企业
			小计	国有企业	集体企业	股份合作企业	联营企业	股份公司	私营企业	其他企业		
48	其中:轮胎制造											
49	18. 非金属矿物制品业	96	96					96				
50	①水泥、石灰和石膏制造											
51	其中:水泥制造											
52	②水泥及石膏制品制造	96	96					96				
53	③玻璃及玻璃制品制造											
54	④其他											
55	19. 黑色金属冶炼和压延加工业											
56	其中:钢压延加工											
57	20. 有色金属冶炼和压延加工业											
58	21. 金属制品业											
59	22. 通用设备制造业	8485	8485					8485				
60	23. 专用设备制造业	2238	2238					2238				
61	24. 汽车制造业											
62	25. 铁路、船舶、航空航天和其他运输设备制造业	20	20					20				
63	其中:铁路运输设备制造											
64	船舶及相关装置制造	20	20					20				
65	航空、航天及设备制造											
66	摩托车制造											
67	26. 电气机械及器材制造业	3	3	3								
68	①电机制造											
69	②电线电缆光缆及电工器材制造											
70	③家用电力器具制造	3	3	3								

续表

序号	项目	合计	内资企业								港澳台投资企业	外商投资企业
			小计	国有企业	集体企业	股份合作企业	联营企业	股份公司	私营企业	其他企业		
71	④其他											
72	27. 计算机、通信和其他电子设备制造业	78	78	78								
73	①计算机制造											
74	②通信设备制造											
75	③广播电视设备制造											
76	④视听设备制造											
77	⑤其他	78	78	78								
78	28. 仪表仪器制造业											
79	29. 其他制造业	29	29				26		3			
80	(三)电力、燃气及水的生产和供应业	262536	262536					262536				
81	1. 电力、热力的生产和供应业	262536	262536					262536				
82	①电力生产	733	733					733				
83	其中:火力发电											
84	水力发电	733	733					733				
85	核力发电											
86	风力发电											
87	太阳能发电											
88	②电力供应	261803	261803					261803				
89	③热力生产和供应业											
90	2. 燃气生产和供应业											
91	3. 水的生产和供应业											
92	(四)建筑业	36757	36757	722			228	35697	110			
93	1. 房屋建筑业	5997	5997	125				5852	20			
94	2. 土木工程建筑业	21791	21791					21791				

续表

序号	项目	合计	内资企业							港澳台投资企业	外商投资企业
			小计	国有企业	集体企业	股份合作企业	联营企业	股份公司	私营企业	其他企业		
95	3. 建筑安装业	5461	5461	229				5147	85			
96	4. 建筑装饰和其他建筑业	3508	3508	368			228	2907	5			
97	（五）批发和零售业	37218	35986	7477	4			28220	143	142	1224	8
98	1. 批发业	25237	24005	6918				16841	106	140	1224	8
99	其中：烟草制品批发											
100	煤炭及制品批发	7428	7428	176				7252				
101	石油及其制品批发											
102	汽车及零配件批发	150	150					150				
103	2. 零售业	11981	11981	559	4			11379	37	2		
104	（六）交通运输、仓储及邮政业	36919	36505	305				36193		7	414	
105	1. 交通运输业	35568	35568	305				35263				
106	2. 仓储业	1351	937					930		7	414	
107	3. 邮政业											
108	（七）住宿和餐饮业	1500	1490	509				929		52	10	
109	1. 住宿业	1419	1409	429				928		52	10	
110	2. 餐饮业	81	81	80				1				
111	（八）信息传输、软件和信息技术服务业	1062	1062	274				777	7	4		
112	1. 电信、广播电视和卫星传输服务业	75	75					75				
113	其中：电信	75	75					75				
114	2. 互联网和相关服务	4	4							4		
115	3. 软件和信息技术服务业	983	983	274				702	7			
116	（九）金融业	13378	13375					13375			3	
117	1. 货币金融服务	808	805					805			3	
118	其中：银行	3									3	

续表

序号	项　　目	合计	内　资　企　业								港澳台投资企业	外商投资企业
			小计	国有企业	集体企业	股份合作企业	联营企业	股份公司	私营企业	其他企业		
119	金融租赁											
120	2. 资本市场服务	3	3					3				
121	3. 保险业											
122	4. 其他金融业	12567	12567					12567				
123	(十)房地产业	4456	4456	1041				3277	133	5		
124	(十一)租赁和商务服务业	36167	35566	1494				21107	12707	258	601	
125	1. 租赁业	4	4					4				
126	2. 商务服务业	36163	35562	1494				21103	12707	258	601	
127	(十二)科学研究和技术服务业	23057	23057	5824	9		1	11147	1216	4860		
128	(十三)居民服务、修理和其他服务业	2811	2811	718				2093				
129	其中:居民服务业	20	20					20				
130	机动车、电子产品和日用产品修理业											
131	(十四)教育	301	288	23				6		259		13
132	(十五)卫生和社会工作	406	406							406		
133	其中:卫生	389	389							389		
134	(十六)文化、体育和娱乐业	2933	2760	211				40		2509	145	28
135	其中:新闻和出版业	126	108	42				40		26		18
136	广播、电视、电影和影视录音制作业	2467	2314							2314	144	9
137	体育	26	26	6						20		
138	娱乐业	163	163	163								
139	(十七)公共管理、社会保障和社会组织	1123	1121					3		1118		2
140	(十八)其他行业	138	138	120	1					17		

2015 年广东省地方税务局个人所得税分项目统计年报表

编报机关:广东省地方税务局 单位:万元

序号	项　目	合　计	大　陆	港澳台	外　国
1	合　计	12694150	10885216	813333	995601
2	1. 工资、薪金所得	8994529	7335730	720526	938273
3	按 3% 税率征收	544070	471612	37143	35315
4	按 10% 税率征收	934060	768683	84418	80959
5	按 20% 税率征收	1215634	1022093	90532	103009
6	按 25% 税率征收	3147290	2630242	224108	292940
7	按 30% 税率征收	1066507	890058	74014	102435
8	按 35% 税率征收	657566	499236	60141	98189
9	按 45% 税率征收	1429402	1053806	150170	225426
10	2. 个体工商户生产、经营所得	425337	420902	2855	1580
11	按 5% 税率征收	88644	85356	1824	1464
12	按 10% 税率征收	4776	4753	21	2
13	按 20% 税率征收	14255	14201	50	4
14	按 30% 税率征收	20808	20757	42	9
15	按 35% 税率征收	268871	268278	558	35
16	核定征收	27983	27557	360	66
17	3. 企事业单位承包、承租经营所得	36644	36641	3	
18	按 5% 税率征收	35869	35866	3	
19	按 10% 税率征收	2	2		

续表

序号	项　　目	合　计	大　陆	港澳台	外　国
20	按20%税率征收	17	17		
21	按30%税率征收	25	25		
22	按35%税率征收	163	163		
23	核定征收	568	568		
24	4. 劳务报酬所得	365646	316445	21125	28076
25	按20%税率征收	247636	208913	17950	20773
26	按30%税率征收	48463	44163	909	3391
27	按40%税率征收	69547	63369	2266	3912
28	5. 稿酬所得	2083	2038	42	3
29	6. 特许权使用费所得	2311	2139	97	75
30	7. 利息、股息、红利所得	1424223	1388285	25688	10250
31	8. 财产租赁所得	95386	93721	1567	98
32	9. 财产转让所得	1060431	1011924	37341	11166
33	其中:限售股转让所得	47531	39852	8241	-562
34	股权转让所得				
35	房屋转让所得	433966	414120	16966	2880
36	10. 偶然所得	80792	78297	1401	1094
37	11. 其他所得	190109	186964	1379	1766
38	12. 税款滞纳金、罚款收入	16659	12130	1309	3220

2015 年广州市地方税务局个人所得税分项目统计年报表

编报机关:广州市地方税务局　　　　单位:万元

序号	项　　目	合　计	大　陆	港澳台	外　国
1	合　　计	3332494	2531305	286911	514278
2	1. 工资、薪金所得	2557255	1803116	265753	488386
3	按 3% 税率征收	133990	115503	7315	11172
4	按 10% 税率征收	284949	224600	22999	37350
5	按 20% 税率征收	397706	312125	30757	54824
6	按 25% 税率征收	977872	716029	88925	172918
7	按 30% 税率征收	234112	151798	26123	56191
8	按 35% 税率征收	153991	82720	24325	46946
9	按 45% 税率征收	374635	200341	65309	108985
10	2. 个体工商户生产、经营所得	77696	77328	365	3
11	按 5% 税率征收	8694	8590	103	1
12	按 10% 税率征收	1246	1232	13	1
13	按 20% 税率征收	2901	2874	26	1
14	按 30% 税率征收	3677	3668	9	
15	按 35% 税率征收	61113	60899	214	
16	核定征收	65	65		
17	3. 企事业单位承包、承租经营所得	670	670		
18	按 5% 税率征收	242	242		
19	按 10% 税率征收				

续表

序号	项　　目	合　计	大　陆	港澳台	外　国
20	按 20% 税率征收	2	2		
21	按 30% 税率征收	2	2		
22	按 35% 税率征收	23	23		
23	核定征收	401	401		
24	4. 劳务报酬所得	94209	77867	2623	13719
25	按 20% 税率征收	63698	52470	1645	9583
26	按 30% 税率征收	10883	8948	270	1665
27	按 40% 税率征收	19628	16449	708	2471
28	5. 稿酬所得	1366	1335	31	
29	6. 特许权使用费所得	573	448	74	51
30	7. 利息、股息、红利所得	199730	187469	7049	5212
31	8. 财产租赁所得	49890	49881	8	1
32	9. 财产转让所得	263992	250011	9330	4651
33	其中:限售股转让所得	18119	18117		2
34	股权转让所得				
35	房屋转让所得	87889	82081	4334	1474
36	10. 偶然所得	23693	22603	572	518
37	11. 其他所得	60200	57869	838	1493
38	12. 税款滞纳金、罚款收入	3220	2708	268	244

2015年深圳市地方税务局个人所得税分项目统计年报表

编报机关:深圳市地方税务局　　单位:万元

序号	项目	合计	大陆	港澳台	外国
1	合计	5561844	5293616	148615	119613
2	1. 工资、薪金所得	4141791	3885446	139231	117114
3	按3%税率征收	82584	82153	408	23
4	按10%税率征收	274920	271884	2637	399
5	按20%税率征收	453337	444659	6753	1925
6	按25%税率征收	1461186	1409251	31520	20415
7	按30%税率征收	678240	639518	22016	16706
8	按35%税率征收	392498	352341	18470	21687
9	按45%税率征收	799026	685640	57427	55959
10	2. 个体工商户生产、经营所得	63281	62938	271	72
11	按5%税率征收	2063	2057		6
12	按10%税率征收	265	264	1	
13	按20%税率征收	459	458	1	
14	按30%税率征收	1036	1036		
15	按35%税率征收	33476	33476		
16	核定征收	25982	25647	269	66
17	3. 企事业单位承包、承租经营所得	228	228		
18	按5%税率征收	54	54		
19	按10%税率征收	1	1		

续表

序号	项 目	合 计	大 陆	港澳台	外 国
20	按20%税率征收				
21	按30%税率征收				
22	按35%税率征收				
23	核定征收	173	173		
24	4. 劳务报酬所得	117276	114752	1872	652
25	按20%税率征收	61377	60667	473	237
26	按30%税率征收	21139	20639	355	145
27	按40%税率征收	34760	33446	1044	270
28	5. 稿酬所得	550	539	9	2
29	6. 特许权使用费所得	1230	1210	15	5
30	7. 利息、股息、红利所得	731516	727820	2818	878
31	8. 财产租赁所得	8128	8124	3	1
32	9. 财产转让所得	354036	350340	3358	338
33	其中:限售股转让所得	-294	272		-566
34	股权转让所得				
35	房屋转让所得	120095	120095		
36	10. 偶然所得	17497	16956	499	42
37	11. 其他所得	122020	122001	12	7
38	12. 税款滞纳金、罚款收入	4291	3262	527	502

2015 年珠海市地方税务局个人所得税分项目统计年报表

编报机关:珠海市地方税务局　　　　单位:万元

序号	项　目	合　计	大　陆	港澳台	外　国
1	合　计	370018	282680	41108	46230
2	1. 工资、薪金所得	219488	140754	33806	44928
3	按 3% 税率征收	11453	7722	1677	2054
4	按 10% 税率征收	34686	24754	4802	5130
5	按 20% 税率征收	38805	27130	5399	6276
6	按 25% 税率征收	82383	55381	12950	14052
7	按 30% 税率征收	19060	11433	3145	4482
8	按 35% 税率征收	12286	5689	2126	4471
9	按 45% 税率征收	20815	8645	3707	8463
10	2. 个体工商户生产、经营所得	6041	5899	113	29
11	按 5% 税率征收	2028	1934	87	7
12	按 10% 税率征收	82	82		
13	按 20% 税率征收	274	273		1
14	按 30% 税率征收	366	365		1
15	按 35% 税率征收	3279	3233	26	20
16	核定征收	12	12		
17	3. 企事业单位承包、承租经营所得	1	1		
18	按 5% 税率征收	1	1		
19	按 10% 税率征收				

续表

序号	项目	合计	大陆	港澳台	外国
20	按20%税率征收				
21	按30%税率征收				
22	按35%税率征收				
23	核定征收				
24	4. 劳务报酬所得	8476	7890	109	477
25	按20%税率征收	5592	5260	63	269
26	按30%税率征收	997	887	11	99
27	按40%税率征收	1887	1743	35	109
28	5. 稿酬所得	16	16		
29	6. 特许权使用费所得	41	39		2
30	7. 利息、股息、红利所得	68753	67133	1567	53
31	8. 财产租赁所得	1434	1250	167	17
32	9. 财产转让所得	61300	55555	5159	586
33	其中:限售股转让所得	239	239		
34	股权转让所得				
35	房屋转让所得	44141	38657	5082	402
36	10. 偶然所得	2068	1921	41	106
37	11. 其他所得	2139	2076	47	16
38	12. 税款滞纳金、罚款收入	261	146	99	16

2015年汕头市地方税务局个人所得税分项目统计年报表

编报机关:汕头市地方税务局

单位:万元

序号	项　目	合　计	大　陆	港澳台	外　国
1	合　计	152257	136048	7316	8893
2	1. 工资、薪金所得	67361	57766	5277	4318
3	按3%税率征收	6233	5512	389	332
4	按10%税率征收	12848	11319	849	680
5	按20%税率征收	12919	11297	953	669
6	按25%税率征收	24613	21300	1898	1415
7	按30%税率征收	4057	3279	442	336
8	按35%税率征收	2630	1878	378	374
9	按45%税率征收	4061	3181	368	512
10	2. 个体工商户生产、经营所得	11802	11287	515	
11	按5%税率征收	4278	3773	505	
12	按10%税率征收	523	523		
13	按20%税率征收	1475	1475		
14	按30%税率征收	898	898		
15	按35%税率征收	4315	4305	10	
16	核定征收	313	313		
17	3. 企事业单位承包、承租经营所得	6609	6609		
18	按5%税率征收	6602	6602		
19	按10%税率征收				

续表

序号	项　　目	合　计	大　陆	港澳台	外　国
20	按20%税率征收	1	1		
21	按30%税率征收	1	1		
22	按35%税率征收	5	5		
23	核定征收				
24	4. 劳务报酬所得	6150	5906	41	203
25	按20%税率征收	4623	4417	19	187
26	按30%税率征收	768	743	10	15
27	按40%税率征收	759	746	12	1
28	5. 稿酬所得	8	8		
29	6. 特许权使用费所得				
30	7. 利息、股息、红利所得	19903	19129	296	478
31	8. 财产租赁所得	2287	2002	280	5
32	9. 财产转让所得	34499	29806	808	3885
33	其中：限售股转让所得	7911	7911		
34	股权转让所得				
35	房屋转让所得	13934	13760	174	
36	10. 偶然所得	2662	2656	1	5
37	11. 其他所得	836	746	80	10
38	12. 税款滞纳金、罚款收入	140	133	18	-11

2015 年佛山市地方税务局个人所得税分项目统计年报表

编报机关:佛山市地方税务局

单位:万元

序号	项　　目	合　计	大　陆	港澳台	外　国
1	合　　计	464783	399192	24781	40810
2	1. 工资、薪金所得	253898	198232	20680	34986
3	按 3% 税率征收	40716	36829	1699	2188
4	按 10% 税率征收	41308	32862	3208	5238
5	按 20% 税率征收	39868	31446	3179	5243
6	按 25% 税率征收	84149	66366	7303	10480
7	按 30% 税率征收	17177	12106	1791	3280
8	按 35% 税率征收	11751	7096	1342	3313
9	按 45% 税率征收	18929	11527	2158	5244
10	2. 个体工商户生产、经营所得	47797	47754	42	1
11	按 5% 税率征收	8736	8718	17	1
12	按 10% 税率征收	301	300	1	
13	按 20% 税率征收	1117	1115	2	
14	按 30% 税率征收	2247	2246	1	
15	按 35% 税率征收	35377	35356	21	
16	核定征收	19	19		
17	3. 企事业单位承包、承租经营所得	2	2		
18	按 5% 税率征收				
19	按 10% 税率征收				

续表

序号	项　　目	合　计	大　陆	港澳台	外　国
20	按20%税率征收				
21	按30%税率征收	2	2		
22	按35%税率征收				
23	核定征收				
24	4. 劳务报酬所得	17989	13808	250	3931
25	按20%税率征收	12656	9565	72	3019
26	按30%税率征收	2449	1941	5	503
27	按40%税率征收	2884	2302	173	409
28	5. 稿酬所得	11	11		
29	6. 特许权使用费所得	24	24		
30	7. 利息、股息、红利所得	63801	61422	820	1559
31	8. 财产租赁所得	4045	4002	39	4
32	9. 财产转让所得	73732	70603	2883	246
33	其中:限售股转让所得	777	766	9	2
34	股权转让所得				
35	房屋转让所得	46251	43827	2180	244
36	10. 偶然所得	2376	2276	31	69
37	11. 其他所得	252	250	2	
38	12. 税款滞纳金、罚款收入	856	808	34	14

2015年韶关市地方税务局个人所得税分项目统计年报表

编报机关:韶关市地方税务局　　　　单位:万元

序号	项　目	合　计	大　陆	港澳台	外　国
1	合　计	74859	71585	919	2355
2	1. 工资、薪金所得	46536	43507	829	2200
3	按3%税率征收	10192	9672	118	402
4	按10%税率征收	8584	8159	216	209
5	按20%税率征收	7829	7423	182	224
6	按25%税率征收	14691	13804	228	659
7	按30%税率征收	1839	1596	47	196
8	按35%税率征收	1031	880	33	118
9	按45%税率征收	2370	1973	5	392
10	2. 个体工商户生产、经营所得	6085	6054	3	28
11	按5%税率征收	2532	2504	1	27
12	按10%税率征收	64	64		
13	按20%税率征收	210	210		
14	按30%税率征收	345	345		
15	按35%税率征收	2931	2928	2	1
16	核定征收	3	3		
17	3. 企事业单位承包、承租经营所得	331	331		
18	按5%税率征收	334	334		
19	按10%税率征收				

续表

序号	项　目	合　计	大　陆	港澳台	外　国
20	按20%税率征收	1	1		
21	按30%税率征收				
22	按35%税率征收	1	1		
23	核定征收	-5	-5		
24	4. 劳务报酬所得	2911	2791		120
25	按20%税率征收	2644	2531		113
26	按30%税率征收	183	176		7
27	按40%税率征收	84	84		
28	5. 稿酬所得	1	1		
29	6. 特许权使用费所得				
30	7. 利息、股息、红利所得	7637	7637		
31	8. 财产租赁所得	268	256	12	
32	9. 财产转让所得	9418	9340	73	5
33	其中:限售股转让所得	138	138		
34	股权转让所得				
35	房屋转让所得	4357	4280	72	5
36	10. 偶然所得	1151	1147	2	2
37	11. 其他所得	258	258		
38	12. 税款滞纳金、罚款收入	263	263		

2015 年河源市地方税务局个人所得税分项目统计年报表

编报机关:河源市地方税务局　　　　单位:万元

序号	项　目	合　计	大　陆	港澳台	外　国
1	合　计	44899	39587	4605	707
2	1. 工资、薪金所得	27121	22008	4424	689
3	按 3% 税率征收	6627	6084	443	100
4	按 10% 税率征收	5623	4496	914	213
5	按 20% 税率征收	4935	4043	812	80
6	按 25% 税率征收	6908	4980	1769	159
7	按 30% 税率征收	1025	600	319	106
8	按 35% 税率征收	522	393	98	31
9	按 45% 税率征收	1481	1412	69	
10	2. 个体工商户生产、经营所得	3919	3902	17	
11	按 5% 税率征收	2244	2241	3	
12	按 10% 税率征收	32	32		
13	按 20% 税率征收	116	116		
14	按 30% 税率征收	147	147		
15	按 35% 税率征收	1369	1355	14	
16	核定征收	11	11		
17	3. 企事业单位承包、承租经营所得	623	623		
18	按 5% 税率征收	623	623		
19	按 10% 税率征收				

续表

序号	项　　目	合　计	大　陆	港澳台	外　国
20	按20%税率征收				
21	按30%税率征收				
22	按35%税率征收				
23	核定征收				
24	4. 劳务报酬所得	2165	2152	5	8
25	按20%税率征收	1988	1977	3	8
26	按30%税率征收	141	141		
27	按40%税率征收	36	34	2	
28	5. 稿酬所得	2	2		
29	6. 特许权使用费所得				
30	7. 利息、股息、红利所得	1741	1730	11	
31	8. 财产租赁所得	2584	2557	20	7
32	9. 财产转让所得	5815	5783	30	2
33	其中:限售股转让所得	1	1		
34	股权转让所得				
35	房屋转让所得	2995	2966	27	2
36	10. 偶然所得	642	575	67	
37	11. 其他所得	212	182	30	
38	12. 税款滞纳金、罚款收入	75	73	1	1

2015年梅州市地方税务局个人所得税分项目统计年报表

编报机关:梅州市地方税务局　　　　单位:万元

序号	项目	合计	大陆	港澳台	外国
1	合计	87616	84243	1653	1720
2	1. 工资、薪金所得	45807	43247	948	1612
3	按3%税率征收	12155	11754	72	329
4	按10%税率征收	8119	7657	189	273
5	按20%税率征收	7002	6458	242	302
6	按25%税率征收	12712	11831	372	509
7	按30%税率征收	1964	1844	53	67
8	按35%税率征收	1297	1232	19	46
9	按45%税率征收	2558	2471	1	86
10	2. 个体工商户生产、经营所得	5993	5979	12	2
11	按5%税率征收	333	333		
12	按10%税率征收	55	55		
13	按20%税率征收	186	186		
14	按30%税率征收	255	255		
15	按35%税率征收	5006	4992	12	2
16	核定征收	158	158		
17	3. 企事业单位承包、承租经营所得	13	13		
18	按5%税率征收	13	13		
19	按10%税率征收				

续表

序号	项　　目	合　计	大　陆	港澳台	外　国
20	按20%税率征收				
21	按30%税率征收				
22	按35%税率征收				
23	核定征收				
24	4. 劳务报酬所得	2909	2854	6	49
25	按20%税率征收	2444	2400		44
26	按30%税率征收	315	307	6	2
27	按40%税率征收	150	147		3
28	5. 稿酬所得				
29	6. 特许权使用费所得				
30	7. 利息、股息、红利所得	12943	12926	17	
31	8. 财产租赁所得	1560	1542	16	2
32	9. 财产转让所得	16845	16187	645	13
33	其中:限售股转让所得	7752	7752		
34	股权转让所得				
35	房屋转让所得	5799	5718	69	12
36	10. 偶然所得	1165	1137	9	19
37	11. 其他所得	266	249		17
38	12. 税款滞纳金、罚款收入	115	109		6

2015年惠州市地方税务局个人所得税分项目统计年报表

编报机关:惠州市地方税务局　　　　单位:万元

序号	项目	合计	大陆	港澳台	外国
1	合计	290305	228748	25278	36279
2	1. 工资、薪金所得	197259	138138	23718	35403
3	按3%税率征收	42355	36309	3665	2381
4	按10%税率征收	33276	21587	6663	5026
5	按20%税率征收	30727	21102	4184	5441
6	按25%税率征收	55204	38093	5975	11136
7	按30%税率征收	10409	6443	1192	2774
8	按35%税率征收	8205	4401	739	3065
9	按45%税率征收	17083	10203	1300	5580
10	2. 个体工商户生产、经营所得	8908	8639	73	196
11	按5%税率征收	4542	4275	71	196
12	按10%税率征收	135	134	1	
13	按20%税率征收	377	376	1	
14	按30%税率征收	594	594		
15	按35%税率征收	3239	3238	1	
16	核定征收	21	22	-1	
17	3. 企事业单位承包、承租经营所得	9	9		
18	按5%税率征收	9	9		
19	按10%税率征收				

续表

序号	项目	合计	大陆	港澳台	外国
20	按20%税率征收				
21	按30%税率征收				
22	按35%税率征收				
23	核定征收				
24	4. 劳务报酬所得	9591	8993	93	505
25	按20%税率征收	7846	7429	35	382
26	按30%税率征收	1102	974	46	82
27	按40%税率征收	643	590	12	41
28	5. 稿酬所得	41	41		
29	6. 特许权使用费所得				
30	7. 利息、股息、红利所得	18564	17987	574	3
31	8. 财产租赁所得	1742	1606	135	1
32	9. 财产转让所得	50565	49881	643	41
33	其中:限售股转让所得	181	181		
34	股权转让所得				
35	房屋转让所得	13250	12655	567	28
36	10. 偶然所得	3214	3100	13	101
37	11. 其他所得	236	196	17	23
38	12. 税款滞纳金、罚款收入	176	158	12	6

2015 年汕尾市地方税务局个人所得税分项目统计年报表

编报机关:汕尾市地方税务局　　　　单位:万元

序号	项　目	合　计	大　陆	港澳台	外　国
1	合　计	27992	22990	4542	460
2	1. 工资、薪金所得	19896	15078	4368	450
3	按 3% 税率征收	6713	6231	436	46
4	按 10% 税率征收	2949	2188	701	60
5	按 20% 税率征收	2736	1884	763	89
6	按 25% 税率征收	5659	3536	1886	237
7	按 30% 税率征收	917	564	339	14
8	按 35% 税率征收	458	328	127	3
9	按 45% 税率征收	464	347	116	1
10	2. 个体工商户生产、经营所得	1793	1775	16	2
11	按 5% 税率征收	890	874	14	2
12	按 10% 税率征收	37	37		
13	按 20% 税率征收	76	76		
14	按 30% 税率征收	75	75		
15	按 35% 税率征收	644	642	2	
16	核定征收	71	71		
17	3. 企事业单位承包、承租经营所得	4	4		
18	按 5% 税率征收				
19	按 10% 税率征收				

续表

序号	项　　目	合　计	大　陆	港澳台	外　国
20	按20%税率征收				
21	按30%税率征收				
22	按35%税率征收				
23	核定征收	4	4		
24	4. 劳务报酬所得	1154	1144	4	6
25	按20%税率征收	1023	1014	3	6
26	按30%税率征收	103	102	1	
27	按40%税率征收	28	28		
28	5. 稿酬所得	4	2	2	
29	6. 特许权使用费所得				
30	7. 利息、股息、红利所得	797	797		
31	8. 财产租赁所得	753	721	30	2
32	9. 财产转让所得	2552	2430	122	
33	其中:限售股转让所得				
34	股权转让所得				
35	房屋转让所得	2043	1943	100	
36	10. 偶然所得	1017	1017		
37	11. 其他所得	20	20		
38	12. 税款滞纳金、罚款收入	2	2		

2015 年东莞市地方税务局个人所得税分项目统计年报表

编报机关:东莞市地方税务局　　　　单位:万元

序号	项　　目	合　计	大　陆	港澳台	外　国
1	合　　计	724133	467916	149889	106328
2	1. 工资、薪金所得	520822	292308	127716	100798
3	按 3% 税率征收	64020	43117	12282	8621
4	按 10% 税率征收	84073	45820	23277	14976
5	按 20% 税率征收	83024	47140	20668	15216
6	按 25% 税率征收	172366	98458	41070	32838
7	按 30% 税率征收	41552	19776	12067	9709
8	按 35% 税率征收	26516	11397	7481	7638
9	按 45% 税率征收	49271	26600	10871	11800
10	2. 个体工商户生产、经营所得	50604	48771	619	1214
11	按 5% 税率征收	8645	7020	412	1213
12	按 10% 税率征收	470	467	3	
13	按 20% 税率征收	1729	1720	9	
14	按 30% 税率征收	3129	3110	18	1
15	按 35% 税率征收	36628	36451	177	
16	核定征收	3	3		
17	3. 企事业单位承包、承租经营所得	4	4		
18	按 5% 税率征收				
19	按 10% 税率征收				

续表

序号	项　　目	合　计	大　陆	港澳台	外　国
20	按20%税率征收				
21	按30%税率征收	1	1		
22	按35%税率征收	3	3		
23	核定征收				
24	4. 劳务报酬所得	32750	30780	311	1659
25	按20%税率征收	24526	23364	100	1062
26	按30%税率征收	4382	4063	66	253
27	按40%税率征收	3842	3353	145	344
28	5. 稿酬所得	33	33		
29	6. 特许权使用费所得	79	78		1
30	7. 利息、股息、红利所得	66763	55554	9810	1399
31	8. 财产租赁所得	5380	4824	542	14
32	9. 财产转让所得	39182	28098	10490	594
33	其中:限售股转让所得	2886	-5260	8146	
34	股权转让所得				
35	房屋转让所得	20483	18026	2296	161
36	10. 偶然所得	5896	5762	97	37
37	11. 其他所得	509	222	113	174
38	12. 税款滞纳金、罚款收入	2111	1482	191	438

2015年中山市地方税务局个人所得税分项目统计年报表

编报机关:中山市地方税务局　　　　单位:万元

序号	项　　目	合　计	大　陆	港澳台	外　国
1	合　　计	311935	244355	29094	38486
2	1. 工资、薪金所得	166717	105917	27693	33107
3	按3%税率征收	12742	8067	2592	2083
4	按10%税率征收	34417	24080	5705	4632
5	按20%税率征收	31517	21723	4764	5030
6	按25%税率征收	53993	35536	9121	9336
7	按30%税率征收	11537	6742	1949	2846
8	按35%税率征收	9550	4258	1406	3886
9	按45%税率征收	12961	5511	2156	5294
10	2. 个体工商户生产、经营所得	42510	42334	165	11
11	按5%税率征收	9329	9207	121	1
12	按10%税率征收	338	337	1	
13	按20%税率征收	1254	1251	3	
14	按30%税率征收	2326	2318	5	3
15	按35%税率征收	29261	29219	35	7
16	核定征收	2	2		
17	3. 企事业单位承包、承租经营所得				
18	按5%税率征收				
19	按10%税率征收				

续表

序号	项　　目	合　计	大　陆	港澳台	外　国
20	按20%税率征收				
21	按30%税率征收				
22	按35%税率征收				
23	核定征收				
24	4. 劳务报酬所得	14966	9924	103	4939
25	按20%税率征收	11976	7553	55	4368
26	按30%税率征收	1774	1335	21	418
27	按40%税率征收	1216	1036	27	153
28	5. 稿酬所得	8	8		
29	6. 特许权使用费所得	315	291	8	16
30	7. 利息、股息、红利所得	47626	46822	579	225
31	8. 财产租赁所得	6251	6177	73	1
32	9. 财产转让所得	29865	29527	225	113
33	其中:限售股转让所得	329	329		
34	股权转让所得				
35	房屋转让所得	15491	15483	2	6
36	10. 偶然所得	2095	2084	5	6
37	11. 其他所得	811	580	228	3
38	12. 税款滞纳金、罚款收入	771	691	15	65

2015年江门市地方税务局个人所得税分项目统计年报表

编报机关：江门市地方税务局　　　　单位：万元

序号	项　目	合　计	大　陆	港澳台	外　国
1	合　计	206564	143956	35912	26696
2	1. 工资、薪金所得	124455	83436	17728	23291
3	按3%税率征收	24832	20181	1548	3103
4	按10%税率征收	20727	15034	3735	1958
5	按20%税率征收	19424	14145	3469	1810
6	按25%税率征收	35885	24817	6403	4665
7	按30%税率征收	7030	4245	1036	1749
8	按35%税率征收	5352	2240	498	2614
9	按45%税率征收	11205	2774	1039	7392
10	2. 个体工商户生产、经营所得	19012	18614	386	12
11	按5%税率征收	4394	4036	352	6
12	按10%税率征收	377	376	1	
13	按20%税率征收	1007	1000	6	1
14	按30%税率征收	1560	1557	1	2
15	按35%税率征收	11666	11637	26	3
16	核定征收	8	8		
17	3. 企事业单位承包、承租经营所得	41	41		
18	按5%税率征收	41	41		
19	按10%税率征收				

续表

序号	项 目	合 计	大 陆	港澳台	外 国
20	按20%税率征收				
21	按30%税率征收				
22	按35%税率征收				
23	核定征收				
24	4. 劳务报酬所得	22726	6544	15470	712
25	按20%税率征收	21243	5303	15390	550
26	按30%税率征收	968	824	51	93
27	按40%税率征收	515	417	29	69
28	5. 稿酬所得	3	3		
29	6. 特许权使用费所得	3	3		
30	7. 利息、股息、红利所得	19045	18724	142	179
31	8. 财产租赁所得	1156	1010	115	31
32	9. 财产转让所得	16060	13537	1967	556
33	其中:限售股转让所得	86		86	
34	股权转让所得				
35	房屋转让所得	10194	8895	836	463
36	10. 偶然所得	1622	1594	8	20
37	11. 其他所得	156	145	2	9
38	12. 税款滞纳金、罚款收入	2285	305	94	1886

2015年阳江市地方税务局个人所得税分项目统计年报表

编报机关:阳江市地方税务局　　　　单位:万元

序号	项　目	合　计	大　陆	港澳台	外　国
1	合　计	51038	48725	1003	1310
2	1. 工资、薪金所得	32233	30031	948	1254
3	按3%税率征收	7977	7801	108	68
4	按10%税率征收	5516	5126	174	216
5	按20%税率征收	5748	5249	214	285
6	按25%税率征收	10381	9626	271	484
7	按30%税率征收	1724	1572	63	89
8	按35%税率征收	639	510	81	48
9	按45%税率征收	248	147	37	64
10	2. 个体工商户生产、经营所得	4477	4474	3	
11	按5%税率征收	2179	2176	3	
12	按10%税率征收	48	48		
13	按20%税率征收	153	153		
14	按30%税率征收	297	297		
15	按35%税率征收	1799	1799		
16	核定征收	1	1		
17	3. 企事业单位承包、承租经营所得				
18	按5%税率征收				
19	按10%税率征收				

续表

序号	项　目	合　计	大　陆	港澳台	外　国
20	按20%税率征收				
21	按30%税率征收				
22	按35%税率征收				
23	核定征收				
24	4. 劳务报酬所得	2461	2457	1	3
25	按20%税率征收	2191	2187	1	3
26	按30%税率征收	197	197		
27	按40%税率征收	73	73		
28	5. 稿酬所得	14	14		
29	6. 特许权使用费所得				
30	7. 利息、股息、红利所得	6448	6448		
31	8. 财产租赁所得	549	542	7	
32	9. 财产转让所得	3456	3414	39	3
33	其中:限售股转让所得	124	124		
34	股权转让所得				
35	房屋转让所得	2614	2575	36	3
36	10. 偶然所得	1112	1101	5	6
37	11. 其他所得	27	27		
38	12. 税款滞纳金、罚款收入	261	217		44

2015 年湛江市地方税务局个人所得税分项目统计年报表

编报机关:湛江市地方税务局　　　　单位:万元

序号	项　　目	合　计	大　陆	港澳台	外　国
1	合　　计	111944	106617	3956	1371
2	1. 工资、薪金所得	63377	58446	3709	1222
3	按 3% 税率征收	10074	9572	382	120
4	按 10% 税率征收	14236	13122	883	231
5	按 20% 税率征收	13888	13000	701	187
6	按 25% 税率征收	19261	17806	1047	408
7	按 30% 税率征收	2355	2061	203	91
8	按 35% 税率征收	1355	1103	157	95
9	按 45% 税率征收	2208	1782	336	90
10	2. 个体工商户生产、经营所得	8900	8797	102	1
11	按 5% 税率征收	4505	4502	2	1
12	按 10% 税率征收	68	68		
13	按 20% 税率征收	178	178		
14	按 30% 税率征收	270	270		
15	按 35% 税率征收	2880	2872	8	
16	核定征收	999	907	92	
17	3. 企事业单位承包、承租经营所得	19954	19954		
18	按 5% 税率征收	19950	19950		
19	按 10% 税率征收				

续表

序号	项目	合计	大陆	港澳台	外国
20	按20%税率征收	1	1		
21	按30%税率征收	3	3		
22	按35%税率征收				
23	核定征收				
24	4. 劳务报酬所得	4470	4293	58	119
25	按20%税率征收	3879	3735	29	115
26	按30%税率征收	394	372	18	4
27	按40%税率征收	197	186	11	
28	5. 稿酬所得	1	1		
29	6. 特许权使用费所得	8	8		
30	7. 利息、股息、红利所得	5443	5397	46	
31	8. 财产租赁所得	264	262	1	1
32	9. 财产转让所得	7141	7096	32	13
33	其中:限售股转让所得				
34	股权转让所得				
35	房屋转让所得	4293	4252	28	13
36	10. 偶然所得	1411	1404	7	
37	11. 其他所得	822	810		12
38	12. 税款滞纳金、罚款收入	153	149	1	3

2015年茂名市地方税务局个人所得税分项目统计年报表

编报机关:茂名市地方税务局　　　　单位:万元

序号	项　目	合　计	大　陆	港澳台	外　国
1	合　计	71913	70496	806	611
2	1. 工资、薪金所得	42501	41278	752	471
3	按3%税率征收	7863	7741	44	78
4	按10%税率征收	9255	9049	154	52
5	按20%税率征收	8769	8486	175	108
6	按25%税率征收	12659	12159	333	167
7	按30%税率征收	1426	1337	31	58
8	按35%税率征收	828	805	15	8
9	按45%税率征收	1701	1701		
10	2. 个体工商户生产、经营所得	6349	6347		2
11	按5%税率征收	3831	3829		2
12	按10%税率征收	46	46		
13	按20%税率征收	167	167		
14	按30%税率征收	242	242		
15	按35%税率征收	2045	2045		
16	核定征收	18	18		
17	3. 企事业单位承包、承租经营所得	36	36		
18	按5%税率征收	27	27		
19	按10%税率征收				

续表

序号	项　　目	合　计	大　陆	港澳台	外　国
20	按20%税率征收				
21	按30%税率征收				
22	按35%税率征收	9	9		
23	核定征收				
24	4. 劳务报酬所得	4309	4171	1	137
25	按20%税率征收	3078	2951	1	126
26	按30%税率征收	326	319		7
27	按40%税率征收	905	901		4
28	5. 稿酬所得	1	1		
29	6. 特许权使用费所得				
30	7. 利息、股息、红利所得	10117	10117		
31	8. 财产租赁所得	1034	1032	2	
32	9. 财产转让所得	4778	4727	50	1
33	其中:限售股转让所得	128	128		
34	股权转让所得				
35	房屋转让所得	3821	3776	44	1
36	10. 偶然所得	2060	2060		
37	11. 其他所得	374	373	1	
38	12. 税款滞纳金、罚款收入	354	354		

2015 年肇庆市地方税务局个人所得税分项目统计年报表

编报机关:肇庆市地方税务局　　　　单位:万元

序号	项　目	合　计	大　陆	港澳台	外　国
1	合　计	90325	82786	3256	4283
2	1. 工资、薪金所得	55130	48176	3005	3949
3	按 3% 税率征收	11620	10633	479	508
4	按 10% 税率征收	11102	9654	760	688
5	按 20% 税率征收	9685	8495	578	612
6	按 25% 税率征收	17463	15499	937	1027
7	按 30% 税率征收	2027	1618	102	307
8	按 35% 税率征收	1150	950	34	166
9	按 45% 税率征收	2083	1327	115	641
10	2. 个体工商户生产、经营所得	7643	7634	9	
11	按 5% 税率征收	2737	2730	7	
12	按 10% 税率征收	86	86		
13	按 20% 税率征收	255	255		
14	按 30% 税率征收	422	420	2	
15	按 35% 税率征收	4146	4146		
16	核定征收	-3	-3		
17	3. 企事业单位承包、承租经营所得	2201	2201		
18	按 5% 税率征收	2148	2148		
19	按 10% 税率征收				

续表

序号	项　目	合　计	大　陆	港澳台	外　国
20	按20%税率征收				
21	按30%税率征收				
22	按35%税率征收	58	58		
23	核定征收	-5	-5		
24	4. 劳务报酬所得	3636	3352	7	277
25	按20%税率征收	3203	2976	7	220
26	按30%税率征收	312	261		51
27	按40%税率征收	121	115		6
28	5. 稿酬所得				
29	6. 特许权使用费所得	4	4		
30	7. 利息、股息、红利所得	7861	7824	37	
31	8. 财产租赁所得	570	548	19	3
32	9. 财产转让所得	10900	10708	170	22
33	其中:限售股转让所得	68	68		
34	股权转让所得				
35	房屋转让所得	5693	5523	148	22
36	10. 偶然所得	1594	1563		31
37	11. 其他所得	498	496	2	
38	12. 税款滞纳金、罚款收入	288	280	7	1

2015年清远市地方税务局个人所得税分项目统计年报表

编报机关:清远市地方税务局　　　　单位:万元

序号	项　目	合　计	大　陆	港澳台	外　国
1	合　计	94404	87396	4439	2569
2	1. 工资、薪金所得	51090	44807	4178	2105
3	按3%税率征收	17968	16692	975	301
4	按10%税率征收	8895	7476	1025	394
5	按20%税率征收	8209	6898	906	405
6	按25%税率征收	12245	10444	1014	787
7	按30%税率征收	1562	1319	126	117
8	按35%税率征收	644	511	64	69
9	按45%税率征收	1567	1467	68	32
10	2. 个体工商户生产、经营所得	7355	7344	10	1
11	按5%税率征收	4008	3998	10	
12	按10%税率征收	87	87		
13	按20%税率征收	286	285		1
14	按30%税率征收	367	367		
15	按35%税率征收	2602	2602		
16	核定征收	5	5		
17	3. 企事业单位承包、承租经营所得	4	4		
18	按5%税率征收				
19	按10%税率征收				

续表

序号	项　　目	合　计	大　陆	港澳台	外　国
20	按20%税率征收				
21	按30%税率征收				
22	按35%税率征收	4	4		
23	核定征收				
24	4. 劳务报酬所得	3265	3087	5	173
25	按20%税率征收	2629	2481		148
26	按30%税率征收	282	264		18
27	按40%税率征收	354	342	5	7
28	5. 稿酬所得	2	2		
29	6. 特许权使用费所得				
30	7. 利息、股息、红利所得	13350	13153	2	195
31	8. 财产租赁所得	1036	1024	12	
32	9. 财产转让所得	16801	16560	231	10
33	其中:限售股转让所得	3337	3337		
34	股权转让所得				
35	房屋转让所得	4411	4311	92	8
36	10. 偶然所得	1235	1149	1	85
37	11. 其他所得	66	66		
38	12. 税款滞纳金、罚款收入	200	200		

2015 年潮州市地方税务局个人所得税分项目统计年报表

编报机关:潮州市地方税务局　　单位:万元

序号	项　目	合　计	大　陆	港澳台	外　国
1	合　计	52597	51213	755	629
2	1. 工资、薪金所得	15095	14077	476	542
3	按 3% 税率征收	1745	1678	45	22
4	按 10% 税率征收	3096	2938	100	58
5	按 20% 税率征收	2954	2760	111	83
6	按 25% 税率征收	5176	4673	170	333
7	按 30% 税率征收	1089	1044	13	32
8	按 35% 税率征收	438	408	16	14
9	按 45% 税率征收	597	576	21	
10	2. 个体工商户生产、经营所得	10350	10267	83	
11	按 5% 税率征收	3806	3723	83	
12	按 10% 税率征收	100	100		
13	按 20% 税率征收	685	685		
14	按 30% 税率征收	801	801		
15	按 35% 税率征收	4917	4917		
16	核定征收	41	41		
17	3. 企事业单位承包、承租经营所得	3878	3878		
18	按 5% 税率征收	3837	3837		
19	按 10% 税率征收	1	1		

续表

序号	项目	合计	大陆	港澳台	外国
20	按20%税率征收	6	6		
21	按30%税率征收	6	6		
22	按35%税率征收	28	28		
23	核定征收				
24	4. 劳务报酬所得	1760	1732	18	10
25	按20%税率征收	1469	1458	1	10
26	按30%税率征收	170	170		
27	按40%税率征收	121	104	17	
28	5. 稿酬所得	1	1		
29	6. 特许权使用费所得				
30	7. 利息、股息、红利所得	12633	12415	153	65
31	8. 财产租赁所得	748	746		2
32	9. 财产转让所得	6704	6684	15	5
33	其中:限售股转让所得	4208	4208		
34	股权转让所得				
35	房屋转让所得	1349	1335	9	5
36	10. 偶然所得	1080	1079		1
37	11. 其他所得	50	50		
38	12. 税款滞纳金、罚款收入	298	284	10	4

2015年揭阳市地方税务局个人所得税分项目统计年报表

编报机关:揭阳市地方税务局　　单位:万元

序号	项　目	合　计	大　陆	港澳台	外　国
1	合　计	83409	81284	925	1200
2	1. 工资、薪金所得	36908	35188	641	1079
3	按3%税率征收	7877	7756	62	59
4	按10%税率征收	7235	6916	170	149
5	按20%税率征收	6972	6681	155	136
6	按25%税率征收	10160	9650	193	317
7	按30%税率征收	1436	1319	34	83
8	按35%税率征收	882	792	3	87
9	按45%税率征收	2346	2074	24	248
10	2. 个体工商户生产、经营所得	6226	6224	2	
11	按5%税率征收	2199	2199		
12	按10%税率征收	225	225		
13	按20%税率征收	639	637	2	
14	按30%税率征收	494	494		
15	按35%税率征收	2650	2650		
16	核定征收	19	19		
17	3. 企事业单位承包、承租经营所得	2031	2028	3	
18	按5%税率征收	1985	1982	3	
19	按10%税率征收				

续表

序号	项 目	合 计	大 陆	港澳台	外 国
20	按 20% 税率征收	6	6		
21	按 30% 税率征收	8	8		
22	按 35% 税率征收	32	32		
23	核定征收				
24	4. 劳务报酬所得	3505	3380	17	108
25	按 20% 税率征收	2797	2694		103
26	按 30% 税率征收	447	442		5
27	按 40% 税率征收	261	244	17	
28	5. 稿酬所得	2	2		
29	6. 特许权使用费所得				
30	7. 利息、股息、红利所得	24859	24678	179	2
31	8. 财产租赁所得	1720	1709	10	1
32	9. 财产转让所得	7311	7232	69	10
33	其中:限售股转让所得				
34	股权转让所得				
35	房屋转让所得	5018	4956	56	6
36	10. 偶然所得	483	483		
37	11. 其他所得	176	176		
38	12. 税款滞纳金、罚款收入	188	184	4	

2015 年云浮市地方税务局个人所得税分项目统计年报表

编报机关:云浮市地方税务局　　　　单位:万元

序号	项　目	合　计	大　陆	港澳台	外　国
1	合　计	66894	63814	1892	1188
2	1. 工资、薪金所得	27133	24229	1719	1185
3	按 3% 税率征收	7089	6710	200	179
4	按 10% 税率征收	6074	5525	439	110
5	按 20% 税率征收	4315	3688	482	145
6	按 25% 税率征收	6902	6168	444	290
7	按 30% 税率征收	1290	1054	76	160
8	按 35% 税率征收	691	422	73	196
9	按 45% 税率征收	772	662	5	105
10	2. 个体工商户生产、经营所得	4513	4492	21	
11	按 5% 税率征收	2091	2070	21	
12	按 10% 税率征收	50	50		
13	按 20% 税率征收	183	183		
14	按 30% 税率征收	235	235		
15	按 35% 税率征收	1715	1715		
16	核定征收	239	239		
17	3. 企事业单位承包、承租经营所得	5	5		
18	按 5% 税率征收	3	3		
19	按 10% 税率征收				

续表

序号	项　　目	合　计	大　陆	港澳台	外　国
20	按20%税率征收				
21	按30%税率征收	2	2		
22	按35%税率征收				
23	核定征收				
24	4. 劳务报酬所得	1894	1887	6	1
25	按20%税率征收	1528	1527		1
26	按30%税率征收	218	212	6	
27	按40%税率征收	148	148		
28	5. 稿酬所得				
29	6. 特许权使用费所得				
30	7. 利息、股息、红利所得	24270	24232	38	
31	8. 财产租赁所得	697	669	26	2
32	9. 财产转让所得	7723	7667	56	
33	其中:限售股转让所得	1286	1286		
34	股权转让所得				
35	房屋转让所得	2445	2398	47	
36	10. 偶然所得	482	477	5	
37	11. 其他所得	56	56		
38	12. 税款滞纳金、罚款收入	121	100	21	

2015 年横琴新区地方税务局个人所得税分项目统计年报表

编报机关:横琴新区地方税务局　　　　单位:万元

序号	项　目	合　计	大　陆	港澳台	外　国
1	合　计	143882	139314	3820	748
2	1. 工资、薪金所得	112294	107842	3741	711
3	按3%税率征收	365	351	6	8
4	按10%税率征收	1944	1884	23	37
5	按20%税率征收	3614	3491	73	50
6	按25%税率征收	16582	15277	868	437
7	按30%税率征收	9469	8653	777	39
8	按35%税率征收	10165	9595	519	51
9	按45%税率征收	70155	68591	1475	89
10	2. 个体工商户生产、经营所得	627	621	3	3
11	按5%税率征收	74	70	3	1
12	按10%税率征收	2	2		
13	按20%税率征收	3	3		
14	按30%税率征收	6	6		
15	按35%税率征收	542	540		2
16	核定征收				
17	3. 企事业单位承包、承租经营所得				
18	按5%税率征收				
19	按10%税率征收				

续表

序号	项　　目	合　计	大　陆	港澳台	外　国
20	按20%税率征收				
21	按30%税率征收				
22	按35%税率征收				
23	核定征收				
24	4. 劳务报酬所得	510	480	25	5
25	按20%税率征收	231	222	4	5
26	按30%税率征收	107	86	21	
27	按40%税率征收	172	172		
28	5. 稿酬所得	10	10		
29	6. 特许权使用费所得	29	29		
30	7. 利息、股息、红利所得	15693	15693		
31	8. 财产租赁所得	57	47	10	
32	9. 财产转让所得	9698	9659	39	
33	其中:限售股转让所得				
34	股权转让所得				
35	房屋转让所得	103	84	19	
36	10. 偶然所得	4895	4868		27
37	11. 其他所得	62	59	1	2
38	12. 税款滞纳金、罚款收入	7	6	1	

2015 年顺德区地方税务局个人所得税分项目统计年报表

编报机关:顺德区地方税务局　　　　单位:万元

序号	项　目	合　计	大　陆	港澳台	外　国
1	合　计	278045	207350	31858	38837
2	1. 工资、薪金所得	170362	102703	29186	38473
3	按 3% 税率征收	16880	13544	2198	1138
4	按 10% 税率征收	20228	12553	4795	2880
5	按 20% 税率征收	21651	12770	5012	3869
6	按 25% 税率征收	48840	29558	9411	9871
7	按 30% 税率征收	15210	10137	2070	3003
8	按 35% 税率征收	14687	9287	2137	3263
9	按 45% 税率征收	32866	14854	3563	14449
10	2. 个体工商户生产、经营所得	23456	23428	25	3
11	按 5% 税率征收	4506	4497	9	
12	按 10% 税率征收	139	138		1
13	按 20% 税率征收	525	525		
14	按 30% 税率征收	1019	1011	6	2
15	按 35% 税率征收	17271	17261	10	
16	核定征收	-4	-4		
17	3. 企事业单位承包、承租经营所得				
18	按 5% 税率征收				
19	按 10% 税率征收				

续表

序号	项目	合计	大陆	港澳台	外国
20	按20%税率征收				
21	按30%税率征收				
22	按35%税率征收				
23	核定征收				
24	4. 劳务报酬所得	6564	6201	100	263
25	按20%税率征收	4995	4732	49	214
26	按30%税率征收	806	760	22	24
27	按40%税率征收	763	709	29	25
28	5. 稿酬所得	9	8		1
29	6. 特许权使用费所得	5	5		
30	7. 利息、股息、红利所得	44730	43178	1550	2
31	8. 财产租赁所得	3233	3190	40	3
32	9. 财产转让所得	28058	27079	907	72
33	其中:限售股转让所得	255	255		
34	股权转让所得				
35	房屋转让所得	17297	16524	748	25
36	10. 偶然所得	1342	1285	38	19
37	11. 其他所得	63	57	6	
38	12. 税款滞纳金、罚款收入	223	216	6	1

2015年广东省地方税务局涉外税收分行业分税种统计年报表

编报机关:广东省地方税务局　　　　单位:万元

序号	项　目	合计	营业税	企业所得税	个人所得税	城市维护建设税	房产税	城镇土地使用税	车船税	其他各税
1	一、涉外税收收入	11752920	2130516	2603618	2715801	1475747	622520	300330	8741	1895647
2	(一)中外合资经营企业	3407540	607898	624847	753808	523306	190660	91944	5945	609132
3	1. 采矿业	1506	15		256	252	251	93		639
4	2. 制造业	1369030	34132	254751	432030	416144	94061	46290	285	91337
5	3. 电力、热力、燃气和水的生产和供应业	153142	3977	87489	19603	22078	9778	6904	28	3285
6	4. 建筑业	48882	27430	7593	8554	2348	1237	733	26	961
7	5. 批发和零售业	198612	37091	63941	37938	27980	6032	4959	50	20621
8	6. 交通运输、仓储和邮政业	170527	14111	66999	60639	5966	10205	6919	164	5524
9	7. 住宿和餐饮业	54269	37579	2285	4463	2751	3899	857	5	2430
10	8. 信息传输、软件和信息技术服务业	26832	2042	1594	14937	3702	2201	455	6	1895
11	9. 金融业	166471	76748	729	75596	6310	69	100	5222	1697
12	10. 房地产业	947075	297547	89501	27427	20969	36334	14775	59	460463
13	11. 租赁和商务服务业	114987	25680	26049	34689	5489	16914	1458	81	4627
14	12. 科学研究和技术服务业	60771	14641	6293	21250	4640	2988	1529	12	9418
15	13. 文化、体育和娱乐业	26755	6818	9125	2572	700	1713	5603	3	221
16	14. 其他行业	68681	30087	8498	13854	3977	4978	1269	4	6014
17	(二)中外合作经营企业	855418	235637	158862	53246	83726	33266	29775	219	260687
18	1. 采矿业	777			185	162	53	39		338

续表

序号	项目	合计	营业税	企业所得税	个人所得税	城市维护建设税	房产税	城镇土地使用税	车船税	其他各税
19	2. 制造业	106694	3362	8284	19269	60236	5753	4905	54	4831
20	3. 电力、热力、燃气和水的生产和供应业	78599	359	65663	3031	5262	2316	1174	7	787
21	4. 建筑业	6133	3939	519	666	274	401	215	1	118
22	5. 批发和零售业	9660	1167	3558	2635	1211	539	240	9	301
23	6. 交通运输、仓储和邮政业	23659	17851	1054	2133	1282	586	523	56	174
24	7. 住宿和餐饮业	17552	9702	1340	1126	833	3205	1316	7	23
25	8. 信息传输、软件和信息技术服务业	1831	99	49	1376	141	130	7	2	27
26	9. 金融业	396	354		7	26				9
27	10. 房地产业	486733	150631	36483	13022	10452	15807	6684	56	253598
28	11. 租赁和商务服务业	21499	8615	4176	4152	1032	2011	1237	9	267
29	12. 科学研究和技术服务业	1473	256	421	573	154		1	1	67
30	13. 文化、体育和娱乐业	22758	6624	1111	739	411	1238	12618	5	12
31	14. 其他行业	77654	32678	36204	4332	2250	1227	816	12	135
32	（三）外资企业	6552207	1173414	1291956	1777387	852818	370376	172504	2320	911432
33	1. 采矿业	950	143	423	98	49	119	99		19
34	2. 制造业	2698021	71628	744670	753687	621597	208389	118400	640	179010
35	3. 电力、热力、燃气和水的生产和供应业	15907	2401	729	6034	2528	1038	969	6	2202
36	4. 建筑业	133440	35795	80962	9881	2851	347	343	5	3256

续表

序号	项目	合计	营业税	企业所得税	个人所得税	城市维护建设税	房产税	城镇土地使用税	车船税	其他各税
37	5. 批发和零售业	429044	48875	43907	203403	86645	13030	4318	168	28698
38	6. 交通运输、仓储和邮政业	54275	4174	11513	22289	2751	6757	3492	108	3191
39	7. 住宿和餐饮业	153338	119014	2874	12393	8518	6248	1547	20	2724
40	8. 信息传输、软件和信息技术服务业	542530	6537	177974	294171	43666	8749	1151	24	10258
41	9. 金融业	177256	107080		56897	8622	940	32	964	2721
42	10. 房地产业	1750059	672715	187450	99747	47204	102571	32563	136	607673
43	11. 租赁和商务服务业	340142	67835	27077	194754	12798	9711	2327	198	25442
44	12. 科学研究和技术服务业	125335	7811	4463	86677	9587	5652	1137	41	9967
45	13. 文化、体育和娱乐业	9005	3110	826	604	347	604	3072		442
46	14. 其他行业	122905	26296	9088	36752	5655	6221	3054	10	35829
47	（四）外国企业（非居民企业）	687670	82871	527952	30400	13732	20101	2004	10	10600
48	1. 外国企业常驻代表机构	54240	25964	1803	23580	2225	483	87	9	89
49	2. 提供劳务、承包工程作业	5328	1366	167	781	223	2719	32		40
50	3. 金融和保险	277	246	1	12	15				3
51	4. 国际运输收入									
52	5. 支付单位扣缴	546565	26112	511827		7572	75	48		931
53	6. 其他	81260	29183	14154	6027	3697	16824	1837	1	9537
54	（五）外籍个人	250085	30696	1	100960	2165	8117	4103	247	103796

2015年广东省地方税务局资源税分企业类型统计年报表

编报机关：广东省地方税务局　　　　单位：万元

序号	项目	合计	内资企业								港澳台投资企业	外商投资企业	个体经营
			小计	国有企业	集体企业	股份合作企业	联营企业	股份公司	私营企业	其他企业			
1	合计	165494	138605	7366	6186	203	60	89943	20674	14173	20478	1709	4702
2	一、原油	241	241					241					
3	二、天然气	26	26					26					
4	三、煤炭												
5	四、其他非金属矿原矿	143019	117436	5718	4200	198	41	75710	17419	14150	19688	1435	4460
6	1. 玉石、焦宝石、莹石等	165	165					132	33				
7	2. 磷矿石												
8	3. 膨润土、沸石、珍珠岩												
9	4. 宝石、宝石级金刚石												
10	5. 耐火粘土	93	68	8	1	1		51	7		4		21
11	6. 工业用金刚石												
12	7. 石棉												
13	8. 石灰石	53082	35462	2229	1245	101		28587	2481	819	16181	767	672
14	9. 矿泉水、地下水	35	28					27	1		7		
15	10. 其他	89644	81713	3481	2954	96	41	46913	14897	13331	3496	668	3767
16	五、黑色金属矿原矿	6079	6077		1826			2103	2148				2
17	1. 铁矿石	6065	6063		1826			2089	2148				2
18	2. 锰矿石	14	14					14					
19	3. 铬矿石												
20	六、有色金属矿原矿	9074	8808	160	15			8548	85			258	8
21	1. 稀土矿	3806	3806					3805	1				

续表

序号	项　目	合计	内资企业								港澳台投资企业	外商投资企业	个体经营
			小计	国有企业	集体企业	股份合作企业	联营企业	股份公司	私营企业	其他企业			
22	其中:轻稀土矿												
23	中重稀土矿	3806	3806					3805	1				
24	2. 铜矿石	20	20	20									
25	3. 铅锌矿石	3599	3334	139				3127	68			258	7
26	4. 铝土矿												
27	5. 钨矿石	493	493					493					
28	6. 锡矿石	16	16		15			1					
29	7. 锑矿石	2	2						2				
30	8. 钼矿石	2	2					2					
31	9. 镍矿石												
32	10. 黄金矿	137	137					137					
33	其中:岩金矿石	137	137					137					
34	砂金矿												
35	11. 钒矿石												
36	12. 其他	999	998	1				983	14				1
37	七、盐	482	482	48	4		19	402	9				
38	1. 北方海盐												
39	2. 南方海盐、井矿盐、湖盐	422	422	48	4			361	9				
40	3. 液体盐	60	60				19	41					
41	八、其他	4410	3566	204	132	3		2402	802	23	628	14	202
42	九、税款滞纳金、罚款收入	2163	1969	1236	9	2		511	211		162	2	30

2015年广东省地方税务局应收、实收社会保险基金明细年报表

编报机关：广东省地方税务局　　　　单位：万元

序号	项目	本年基数征缴累计				往年欠费追缴累计			
		合计	省级	市级	县(区)级	合计	省级	市级	县(区)级
1	一、应收合计	24741207	1856499	15410456	7474252	435015	6243	271001	157771
2	1. 养老保险	16220094	1839967	9518071	4862056	290422	6018	158039	126365
3	单位	10011120	1169101	5917625	2924394	181475	4356	95057	82062
4	个人	6208974	670866	3600446	1937662	108947	1662	62982	44303
5	2. 医疗保险	6727647		4622269	2105378	122499		100212	22287
6	单位	5357863		3702784	1655079	110764		92508	18256
7	个人	1369784		919485	450299	11735		7704	4031
8	3. 失业保险	887594		675672	211922	12023		6463	5560
9	单位	615876		477974	137902	8859		4958	3901
10	个人	271718		197698	74020	3164		1505	1659
11	4. 工伤保险	484198	16510	320402	147286	7114	148	4732	2234
12	5. 生育保险	421674	22	274042	147610	2957	77	1555	1325
13	二、入库合计	24551765	2102779	15194220	7254766	60047	1129	32125	26793
14	1. 养老保险	16110546	2082884	9368100	4659562	43640	1111	20772	21757
15	单位	9915371	1166529	5871796	2877046	26300	781	12134	13385
16	个人	6159149	670597	3575629	1912923	17152	328	8461	8363
17	滞纳金	31145	483	18761	11901	188	2	177	9
18	利息	4881	39	713	4129				
19	地市级上划调剂金		95499	-95499					
20	县级上划调剂金		149737	-3300	-146437				

续表

序号	项目	本年基数征缴累计				往年欠费追缴累计			
		合计	省级	市级	县(区)级	合计	省级	市级	县(区)级
21	2. 医疗保险	6657044		4565349	2091695	12980		9286	3694
22	单位	5291820		3648666	1643154	10628		7743	2885
23	个人	1357499		910163	447336	2314		1506	808
24	滞纳金	7199		6317	882	38		37	1
25	利息	526		203	323				
26	3. 失业保险	883149	2009	670603	210537	1790		979	811
27	单位	610868		474405	136463	1253		675	578
28	个人	270545		196850	73695	529		297	232
29	滞纳金	1623		1334	289	8		7	1
30	利息	113		23	90				
31	地市级上划调剂金		2009	-2009					
32	县级上划调剂金								
33	4. 工伤保险	481667	17864	317524	146279	1058	11	711	336
34	单位	481133	16490	318505	146138	1049	11	702	336
35	滞纳金	488	10	371	107	9		9	
36	利息	46		12	34				
37	地市级上划调剂金		1364	-1364					
38	县级上划调剂金								
39	5. 生育保险	419359	22	272644	146693	579	7	377	195
40	单位	418671	18	272046	146607	578	7	376	195
41	滞纳金	673	4	591	78	1		1	
42	利息	15		7	8				

2015 年广州市地方税务局应收、实收社会保险基金明细年报表

编报机关:广州市地方税务局　　　　单位:万元

序号	项目	本年基数征缴累计				往年欠费追缴累计			
		合计	省级	市级	县(区)级	合计	省级	市级	县(区)级
1	一、应收合计	7573003		7572962	41	196550		195869	681
2	1. 养老保险	3927501		3927464	37	102879		102537	342
3	单位	2478685		2478658	27	60467		60270	197
4	个人	1448816		1448806	10	42412		42267	145
5	2. 医疗保险	3006030		3006030		87023		86870	153
6	单位	2451986		2451986		82643		82505	138
7	个人	554044		554044		4380		4365	15
8	3. 失业保险	328544		328541	3	3162		3145	17
9	单位	222975		222973	2	2471		2455	16
10	个人	105569		105568	1	691		690	1
11	4. 工伤保险	98519		98519		2456		2295	161
12	5. 生育保险	212409		212408	1	1030		1022	8
13	二、入库合计	7508293		7508271	22	15196		15135	61
14	1. 养老保险	3913982		3913968	14	8736		8699	37
15	单位	2462867		2462864	3	4901		4880	21
16	个人	1438673		1438671	2	3797		3783	14
17	滞纳金	12442		12433	9	38		36	2
18	利息								
19	地市级上划调剂金								
20	县级上划调剂金								

续表

序号	项目	本年基数征缴累计				往年欠费追缴累计			
		合计	省级	市级	县(区)级	合计	省级	市级	县(区)级
21	2. 医疗保险	2957037		2957032	5	5695		5677	18
22	单位	2404796		2404796		4990		4976	14
23	个人	546376		546376		695		692	3
24	滞纳金	5865		5860	5	10		9	1
25	利息								
26	3. 失业保险	327574		327571	3	368		365	3
27	单位	221179		221178	1	266		263	3
28	个人	105271		105270	1	99		99	
29	滞纳金	1124		1123	1	3		3	
30	利息								
31	地市级上划调剂金								
32	县级上划调剂金								
33	4. 工伤保险	98177		98177		128		127	1
34	单位	97902		97902		127		126	1
35	滞纳金	275		275		1		1	
36	利息								
37	地市级上划调剂金								
38	县级上划调剂金								
39	5. 生育保险	211523		211523		269		267	2
40	单位	210997		210997		268		266	2
41	滞纳金	526		526		1		1	
42	利息								

2015年深圳市地方税务局应收、实收社会保险基金明细年报表

编报机关:深圳市地方税务局　　　　单位:万元

序号	项目	本年基数征缴累计				往年欠费追缴累计			
		合计	省级	市级	县(区)级	合计	省级	市级	县(区)级
1	一、应收合计	92954	92954						
2	1. 养老保险	92954	92954						
3	单位	60622	60622						
4	个人	32332	32332						
5	2. 医疗保险								
6	单位								
7	个人								
8	3. 失业保险								
9	单位								
10	个人								
11	4. 工伤保险								
12	5. 生育保险								
13	二、入库合计	92954	92954						
14	1. 养老保险	92954	92954						
15	单位	60622	60622						
16	个人	32332	32332						
17	滞纳金								
18	利息								
19	地市级上划调剂金								
20	县级上划调剂金								

续表

序号	项　　目	本年基数征缴累计				往年欠费追缴累计			
		合计	省级	市级	县(区)级	合计	省级	市级	县(区)级
21	2. 医疗保险								
22	单位								
23	个人								
24	滞纳金								
25	利息								
26	3. 失业保险								
27	单位								
28	个人								
29	滞纳金								
30	利息								
31	地市级上划调剂金								
32	县级上划调剂金								
33	4. 工伤保险								
34	单位								
35	滞纳金								
36	利息								
37	地市级上划调剂金								
38	县级上划调剂金								
39	5. 生育保险								
40	单位								
41	滞纳金								
42	利息								

2015年珠海市地方税务局应收、实收社会保险基金明细年报表

编报机关:珠海市地方税务局　　　　单位:万元

序号	项目	本年基数征缴累计				往年欠费追缴累计			
		合计	省级	市级	县(区)级	合计	省级	市级	县(区)级
1	一、应收合计	1232103	21013	1211090		22648	8	22640	
2	1. 养老保险	862987	21013	841974		15269	8	15261	
3	单位	541322	13704	527618		9605	5	9600	
4	个人	321665	7309	314356		5664	3	5661	
5	2. 医疗保险	288348		288348		6216		6216	
6	单位	226795		226795		4263		4263	
7	个人	61553		61553		1953		1953	
8	3. 失业保险	41919		41919		748		748	
9	单位	32538		32538		666		666	
10	个人	9381		9381		82		82	
11	4. 工伤保险	17452		17452		242		242	
12	5. 生育保险	21397		21397		173		173	
13	二、入库合计	1223220	65828	1157392		5239	7	5232	
14	1. 养老保险	856833	63358	793475		3336	7	3329	
15	单位	535811	13704	522107		1851	5	1846	
16	个人	319253	7309	311944		1479	2	1477	
17	滞纳金	1582		1582		6		6	
18	利息	187	4	183					
19	地市级上划调剂金		42341	-42341					
20	县级上划调剂金								

续表

序号	项目	本年基数征缴累计				往年欠费追缴累计			
		合计	省级	市级	县(区)级	合计	省级	市级	县(区)级
21	2. 医疗保险	285947		285947		1572		1572	
22	单位	224745		224745		1194		1194	
23	个人	60967		60967		377		377	
24	滞纳金	156		156		1		1	
25	利息	79		79					
26	3. 失业保险	41745	1507	40238		195		195	
27	单位	32362		32362		147		147	
28	个人	9342		9342		48		48	
29	滞纳金	32		32					
30	利息	9		9					
31	地市级上划调剂金		1507	-1507					
32	县级上划调剂金								
33	4. 工伤保险	17383	963	16420		65		65	
34	单位	17370		17370		65		65	
35	滞纳金	10		10					
36	利息	3		3					
37	地市级上划调剂金		963	-963					
38	县级上划调剂金								
39	5. 生育保险	21312		21312		71		71	
40	单位	21295		21295		71		71	
41	滞纳金	12		12					
42	利息	5		5					

2015年汕头市地方税务局应收、实收社会保险基金明细年报表

编报机关：汕头市地方税务局　　　　单位：万元

序号	项目	本年基数征缴累计				往年欠费追缴累计			
		合计	省级	市级	县(区)级	合计	省级	市级	县(区)级
1	一、应收合计	575348	20229	451857	103262	12209		8022	4187
2	1. 养老保险	399546	20229	306162	73155	10187		6506	3681
3	单位	252602	13270	195217	44115	6606		4173	2433
4	个人	146944	6959	110945	29040	3581		2333	1248
5	2. 医疗保险	121248		101397	19851	398		379	19
6	单位	99188		83250	15938	330		315	15
7	个人	22060		18147	3913	68		64	4
8	3. 失业保险	31541		25688	5853	1072		770	302
9	单位	23573		19219	4354	687		489	198
10	个人	7968		6469	1499	385		281	104
11	4. 工伤保险	7709		6246	1463	231		162	69
12	5. 生育保险	15304		12364	2940	321		205	116
13	二、入库合计	567812	40709	429091	98012	676		313	363
14	1. 养老保险	393038	40709	284249	68080	564		260	304
15	单位	245558	13049	190237	42272	358		166	192
16	个人	145374	6959	109699	28716	206		94	112
17	滞纳金	1166		1166					
18	利息	940		25	915				
19	地市级上划调剂金		16657	-16657					
20	县级上划调剂金		4044	-221	-3823				

续表

序号	项目	本年基数征缴累计				往年欠费追缴累计			
		合计	省级	市级	县(区)级	合计	省级	市级	县(区)级
21	2. 医疗保险	120869		101018	19851	21		10	11
22	单位	98819		82882	15937	17		8	9
23	个人	22046		18132	3914	4		2	2
24	滞纳金	4		4					
25	利息								
26	3. 失业保险	31166		25416	5750	53		26	27
27	单位	23163		18919	4244	39		19	20
28	个人	7869		6401	1468	14		7	7
29	滞纳金	94		94					
30	利息	40		2	38				
31	地市级上划调剂金								
32	县级上划调剂金								
33	4. 工伤保险	7616		6178	1438	13		6	7
34	单位	7585		6154	1431	13		6	7
35	滞纳金	23		23					
36	利息	8		1	7				
37	地市级上划调剂金								
38	县级上划调剂金								
39	5. 生育保险	15123		12230	2893	25		11	14
40	单位	15073		12184	2889	25		11	14
41	滞纳金	46		46					
42	利息	4			4				

2015 年佛山市地方税务局应收、实收社会保险基金明细年报表

编报机关:佛山市地方税务局　　　　单位:万元

序号	项　目	本年基数征缴累计				往年欠费追缴累计			
		合计	省级	市级	县(区)级	合计	省级	市级	县(区)级
1	一、应收合计	1683901	40347		1643554	14892			14892
2	1. 养老保险	1064871	40345		1024526	9812			9812
3	单位	658873	26313		632560	5800			5800
4	个人	405998	14032		391966	4012			4012
5	2. 医疗保险	484494			484494	4242			4242
6	单位	359357			359357	3191			3191
7	个人	125137			125137	1051			1051
8	3. 失业保险	40173			40173	293			293
9	单位	20230			20230	170			170
10	个人	19943			19943	123			123
11	4. 工伤保险	39824	2		39822	260			260
12	5. 生育保险	54539			54539	285			285
13	二、入库合计	1674947	40347		1634600	2961			2961
14	1. 养老保险	1059429	40345		1019084	1875			1875
15	单位	654622	26313		628309	1110			1110
16	个人	403967	14032		389935	764			764
17	滞纳金	840			840	1			1
18	利息								
19	地市级上划调剂金								
20	县级上划调剂金								

续表

序号	项　　目	本年基数征缴累计				往年欠费追缴累计			
		合计	省级	市级	县(区)级	合计	省级	市级	县(区)级
21	2. 医疗保险	481665			481665	912			912
22	单位	356927			356927	676			676
23	个人	124381			124381	236			236
24	滞纳金	357			357				
25	利息								
26	3. 失业保险	39994			39994	53			53
27	单位	20068			20068	27			27
28	个人	19857			19857	26			26
29	滞纳金	69			69				
30	利息								
31	地市级上划调剂金								
32	县级上划调剂金								
33	4. 工伤保险	39607	2		39605	48			48
34	单位	39575	2		39573	48			48
35	滞纳金	32			32				
36	利息								
37	地市级上划调剂金								
38	县级上划调剂金								
39	5. 生育保险	54252			54252	73			73
40	单位	54217			54217	73			73
41	滞纳金	35			35				
42	利息								

2015年韶关市地方税务局应收、实收社会保险基金明细年报表

编报机关:韶关市地方税务局　　　　单位:万元

序号	项　目	本年基数征缴累计				往年欠费追缴累计			
		合计	省级	市级	县(区)级	合计	省级	市级	县(区)级
1	一、应收合计	462648	23437	230967	208244	1660		360	1300
2	1. 养老保险	265923	23436	112641	129846	1467		248	1219
3	单位	160738	15427	69112	76199	915		173	742
4	个人	105185	8009	43529	53647	552		75	477
5	2. 医疗保险	167001		100166	66835	168		88	80
6	单位	145657		88332	57325	155		75	80
7	个人	21344		11834	9510	13		13	
8	3. 失业保险	16360		10575	5785	15		14	1
9	单位	12325		7949	4376	11		10	1
10	个人	4035		2626	1409	4		4	
11	4. 工伤保险	8977	1	5008	3968	6		6	
12	5. 生育保险	4387		2577	1810	4		4	
13	二、入库合计	456601	35737	224153	196711	343		206	137
14	1. 养老保险	260977	35736	105858	119383	270		141	129
15	单位	157128	14881	68491	73756	174		96	78
16	个人	103541	8006	43408	52127	96		45	51
17	滞纳金	249	10	114	125				
18	利息	59	4	14	41				
19	地市级上划调剂金		6169	-6169					
20	县级上划调剂金		6666		-6666				

续表

序号	项目	本年基数征缴累计				往年欠费追缴累计			
		合计	省级	市级	县(区)级	合计	省级	市级	县(区)级
21	2. 医疗保险	165950		100160	65790	59		51	8
22	单位	144544		88291	56253	50		42	8
23	个人	21321		11824	9497	9		9	
24	滞纳金	54		33	21				
25	利息	31		12	19				
26	3. 失业保险	16332		10560	5772	8		8	
27	单位	12282		7926	4356	6		6	
28	个人	4027		2622	1405	2		2	
29	滞纳金	20		10	10				
30	利息	3		2	1				
31	地市级上划调剂金								
32	县级上划调剂金								
33	4. 工伤保险	8961	1	5002	3958	4		4	
34	单位	8952	1	4997	3954	4		4	
35	滞纳金	8		5	3				
36	利息	1			1				
37	地市级上划调剂金								
38	县级上划调剂金								
39	5. 生育保险	4381		2573	1808	2		2	
40	单位	4378		2571	1807	2		2	
41	滞纳金	3		2	1				
42	利息								

2015年河源市地方税务局应收、实收社会保险基金明细年报表

编报机关:河源市地方税务局　　单位:万元

序号	项目	本年基数征缴累计				往年欠费追缴累计			
		合计	省级	市级	县(区)级	合计	省级	市级	县(区)级
1	一、应收合计	270520	6501	84466	179553				
2	1. 养老保险	173284	6501	54878	111905				
3	单位	98239	5217	33678	59344				
4	个人	75045	1284	21200	52561				
5	2. 医疗保险	76388		21393	54995				
6	单位	63541		17251	46290				
7	个人	12847		4142	8705				
8	3. 失业保险	9573		4063	5510				
9	单位	7139		3070	4069				
10	个人	2434		993	1441				
11	4. 工伤保险	4452		1817	2635				
12	5. 生育保险	6823		2315	4508				
13	二、入库合计	270671	14333	81419	174919				
14	1. 养老保险	173284	14333	51830	107121				
15	单位	97861	4752	33671	59438				
16	个人	75015	1284	21199	52532				
17	滞纳金	28			28				
18	利息	380	1	8	371				
19	地市级上划调剂金		3048	-3048					
20	县级上划调剂金		5248		-5248				

续表

序号	项目	本年基数征缴累计				往年欠费追缴累计			
		合计	省级	市级	县(区)级	合计	省级	市级	县(区)级
21	2. 医疗保险	76388		21393	54995				
22	单位	63535		17248	46287				
23	个人	12848		4143	8705				
24	滞纳金								
25	利息	5		2	3				
26	3. 失业保险	9639		4062	5577				
27	单位	7179		3069	4110				
28	个人	2451		993	1458				
29	滞纳金								
30	利息	9			9				
31	地市级上划调剂金								
32	县级上划调剂金								
33	4. 工伤保险	4486		1818	2668				
34	单位	4480		1817	2663				
35	滞纳金								
36	利息	6		1	5				
37	地市级上划调剂金								
38	县级上划调剂金								
39	5. 生育保险	6874		2316	4558				
40	单位	6873		2315	4558				
41	滞纳金								
42	利息	1		1					

2015年梅州市地方税务局应收、实收社会保险基金明细年报表

编报机关:梅州市地方税务局　　　　单位:万元

序号	项目	本年基数征缴累计				往年欠费追缴累计			
		合计	省级	市级	县(区)级	合计	省级	市级	县(区)级
1	一、应收合计	365492	11608	95684	258200	2851			2851
2	1. 养老保险	247882	11608	60600	175674	1903			1903
3	单位	143718	7574	37539	98605	905			905
4	个人	104164	4034	23061	77069	998			998
5	2. 医疗保险	94642		26961	67681	233			233
6	单位	74869		21169	53700	201			201
7	个人	19773		5792	13981	32			32
8	3. 失业保险	12710		4888	7822	581			581
9	单位	9488		3666	5822	281			281
10	个人	3222		1222	2000	300			300
11	4. 工伤保险	5783		1876	3907	134			134
12	5. 生育保险	4475		1359	3116				
13	二、入库合计	365492	11608	95684	258200				
14	1. 养老保险	247882	11608	60600	175674				
15	单位	143685	7574	37539	98572				
16	个人	104164	4034	23061	77069				
17	滞纳金	17			17				
18	利息	16			16				
19	地市级上划调剂金								
20	县级上划调剂金								

续表

序号	项目	本年基数征缴累计				往年欠费追缴累计			
		合计	省级	市级	县(区)级	合计	省级	市级	县(区)级
21	2. 医疗保险	94642		26961	67681				
22	单位	74869		21169	53700				
23	个人	19773		5792	13981				
24	滞纳金								
25	利息								
26	3. 失业保险	12710		4888	7822				
27	单位	9488		3666	5822				
28	个人	3222		1222	2000				
29	滞纳金								
30	利息								
31	地市级上划调剂金								
32	县级上划调剂金								
33	4. 工伤保险	5783		1876	3907				
34	单位	5783		1876	3907				
35	滞纳金								
36	利息								
37	地市级上划调剂金								
38	县级上划调剂金								
39	5. 生育保险	4475		1359	3116				
40	单位	4475		1359	3116				
41	滞纳金								
42	利息								

2015 年惠州市地方税务局应收、实收社会保险基金明细年报表

编报机关:惠州市地方税务局　　　　单位:万元

序号	项　目	本年基数征缴累计				往年欠费追缴累计			
		合计	省级	市级	县(区)级	合计	省级	市级	县(区)级
1	一、应收合计	1228471	18523	290287	919661				
2	1. 养老保险	821530	18523	181072	621935				
3	单位	497172	12264	110926	373982				
4	个人	324358	6259	70146	247953				
5	2. 医疗保险	351906		95856	256050				
6	单位	294515		79628	214887				
7	个人	57391		16228	41163				
8	3. 失业保险	25597		6881	18716				
9	单位	12841		3446	9395				
10	个人	12756		3435	9321				
11	4. 工伤保险	29412		6476	22936				
12	5. 生育保险	26		2	24				
13	二、入库合计	1223979	60733	280313	882933				
14	1. 养老保险	818701	60733	171099	586869				
15	单位	494097	12246	110593	371258				
16	个人	322908	6258	70146	246504				
17	滞纳金	51		7	44				
18	利息	1645	19	327	1299				
19	地市级上划调剂金		9974	-9974					
20	县级上划调剂金		32236		-32236				

续表

序号	项目	本年基数征缴累计				往年欠费追缴累计			
		合计	省级	市级	县(区)级	合计	省级	市级	县(区)级
21	2. 医疗保险	350531		95857	254674				
22	单位	293049		79531	213518				
23	个人	57176		16228	40948				
24	滞纳金	8		1	7				
25	利息	298		97	201				
26	3. 失业保险	25462		6880	18582				
27	单位	12747		3438	9309				
28	个人	12683		3434	9249				
29	滞纳金	5		1	4				
30	利息	27		7	20				
31	地市级上划调剂金								
32	县级上划调剂金								
33	4. 工伤保险	29259		6475	22784				
34	单位	29240		6470	22770				
35	滞纳金	1			1				
36	利息	18		5	13				
37	地市级上划调剂金								
38	县级上划调剂金								
39	5. 生育保险	26		2	24				
40	单位	25		2	23				
41	滞纳金	1			1				
42	利息								

2015年汕尾市地方税务局应收、实收社会保险基金明细年报表

编报机关：汕尾市地方税务局　　　　单位：万元

序号	项目	本年基数征缴累计				往年欠费追缴累计			
		合计	省级	市级	县(区)级	合计	省级	市级	县(区)级
1	一、应收合计	173671	5008	52584	116079	23568		6408	17160
2	1. 养老保险	124550	5008	35919	83623	19678		4973	14705
3	单位	72866	3268	22588	47010	12789		3336	9453
4	个人	51684	1740	13331	36613	6889		1637	5252
5	2. 医疗保险	38033		11927	26106	1394		546	848
6	单位	31402		10134	21268	1135		444	691
7	个人	6631		1793	4838	259		102	157
8	3. 失业保险	6312		2642	3670	1569		518	1051
9	单位	4788		1991	2797	1108		367	741
10	个人	1524		651	873	461		151	310
11	4. 工伤保险	2991		1238	1753	628		257	371
12	5. 生育保险	1785		858	927	299		114	185
13	二、入库合计	159787	9754	45223	104810	5388	43	511	4834
14	1. 养老保险	113178	9754	29759	73665	4787	43	313	4431
15	单位	65543	3268	19732	42543	2892	30	196	2666
16	个人	47126	1740	11799	33587	1895	13	117	1765
17	滞纳金	62		4	58				
18	利息	447		18	429				
19	地市级上划调剂金		1794	-1794					
20	县级上划调剂金		2952		-2952				

续表

序号	项目	本年基数征缴累计				往年欠费追缴累计			
		合计	省级	市级	县(区)级	合计	省级	市级	县(区)级
21	2. 医疗保险	36781		11295	25486	502		149	353
22	单位	30352		9532	20820	412		116	296
23	个人	6408		1762	4646	90		33	57
24	滞纳金	21		1	20				
25	利息								
26	3. 失业保险	5610		2332	3278	60		31	29
27	单位	4258		1758	2500	45		23	22
28	个人	1348		574	774	15		8	7
29	滞纳金	4			4				
30	利息								
31	地市级上划调剂金								
32	县级上划调剂金								
33	4. 工伤保险	2628		1081	1547	26		12	14
34	单位	2626		1081	1545	26		12	14
35	滞纳金	2			2				
36	利息								
37	地市级上划调剂金								
38	县级上划调剂金								
39	5. 生育保险	1590		756	834	13		6	7
40	单位	1589		756	833	13		6	7
41	滞纳金	1			1				
42	利息								

2015 年东莞市地方税务局应收、实收社会保险基金明细年报表

编报机关:东莞市地方税务局　　单位:万元

序号	项目	本年基数征缴累计				往年欠费追缴累计			
		合计	省级	市级	县(区)级	合计	省级	市级	县(区)级
1	一、应收合计	3395592	27852	3367740		17648		17648	
2	1. 养老保险	2560514	27798	2532716		13245		13245	
3	单位	1584677	18129	1566548		8286		8286	
4	个人	975837	9669	966168		4959		4959	
5	2. 医疗保险	521024		521024		2675		2675	
6	单位	417107		417107		2091		2091	
7	个人	103917		103917		584		584	
8	3. 失业保险	181142		181142		510		510	
9	单位	120729		120729		298		298	
10	个人	60413		60413		212		212	
11	4. 工伤保险	127238	54	127184		1218		1218	
12	5. 生育保险	5674		5674					
13	二、入库合计	3382192	27855	3354337		7273		7273	
14	1. 养老保险	2550602	27801	2522801		5476		5476	
15	单位	1577034	18129	1558905		3315		3315	
16	个人	971061	9669	961392		2028		2028	
17	滞纳金	2504		2504		133		133	
18	利息	3	3						
19	地市级上划调剂金								
20	县级上划调剂金								

续表

序号	项目	本年基数征缴累计				往年欠费追缴累计			
		合计	省级	市级	县(区)级	合计	省级	市级	县(区)级
21	2. 医疗保险	519182		519182		1118		1118	
22	单位	415536		415536		847		847	
23	个人	103482		103482		246		246	
24	滞纳金	164		164		25		25	
25	利息								
26	3. 失业保险	180197		180197		248		248	
27	单位	120067		120067		128		128	
28	个人	60088		60088		116		116	
29	滞纳金	42		42		4		4	
30	利息								
31	地市级上划调剂金								
32	县级上划调剂金								
33	4. 工伤保险	126656	54	126602		431		431	
34	单位	126617	54	126563		423		423	
35	滞纳金	39		39		8		8	
36	利息								
37	地市级上划调剂金								
38	县级上划调剂金								
39	5. 生育保险	5555		5555					
40	单位	5555		5555					
41	滞纳金								
42	利息								

2015 年中山市地方税务局应收、实收社会保险基金明细年报表

编报机关:中山市地方税务局　　单位:万元

序号	项　目	本年基数征缴累计				往年欠费追缴累计			
		合计	省级	市级	县(区)级	合计	省级	市级	县(区)级
1	一、应收合计	1448622		1448622		11620		11620	
2	1. 养老保险	1084304		1084304		9108		9108	
3	单位	636949		636949		5066		5066	
4	个人	447355		447355		4042		4042	
5	2. 医疗保险	275456		275456		1583		1583	
6	单位	171148		171148		1287		1287	
7	个人	104308		104308		296		296	
8	3. 失业保险	43111		43111		464		464	
9	单位	43111		43111		464		464	
10	个人								
11	4. 工伤保险	42781		42781		464		464	
12	5. 生育保险	2970		2970		1		1	
13	二、入库合计	1440386		1440386		1208		1208	
14	1. 养老保险	1077545		1077545		981		981	
15	单位	632366		632366		574		574	
16	个人	444715		444715		407		407	
17	滞纳金	464		464					
18	利息								
19	地市级上划调剂金								
20	县级上划调剂金								

续表

序号	项　　目	本年基数征缴累计				往年欠费追缴累计			
		合计	省级	市级	县(区)级	合计	省级	市级	县(区)级
21	2. 医疗保险	274497		274497		147		147	
22	单位	170359		170359		114		114	
23	个人	104106		104106		33		33	
24	滞纳金	32		32					
25	利息								
26	3. 失业保险	42863		42863		40		40	
27	单位	42854		42854		40		40	
28	个人								
29	滞纳金	9		9					
30	利息								
31	地市级上划调剂金								
32	县级上划调剂金								
33	4. 工伤保险	42546		42546		40		40	
34	单位	42537		42537		40		40	
35	滞纳金	9		9					
36	利息								
37	地市级上划调剂金								
38	县级上划调剂金								
39	5. 生育保险	2935		2935					
40	单位	2935		2935					
41	滞纳金								
42	利息								

2015 年江门市地方税务局应收、实收社会保险基金明细年报表

编报机关:江门市地方税务局　　　　单位:万元

序号	项目	本年基数征缴累计				往年欠费追缴累计			
		合计	省级	市级	县(区)级	合计	省级	市级	县(区)级
1	一、应收合计	1003662	18562		985100	39167			39167
2	1. 养老保险	632237	18562		613675	29588			29588
3	单位	395308	12104		383204	20604			20604
4	个人	236929	6458		230471	8984			8984
5	2. 医疗保险	313445			313445	8067			8067
6	单位	253970			253970	6747			6747
7	个人	59475			59475	1320			1320
8	3. 失业保险	32888			32888	985			985
9	单位	24638			24638	828			828
10	个人	8250			8250	157			157
11	4. 工伤保险	12084			12084	376			376
12	5. 生育保险	13008			13008	151			151
13	二、入库合计	1005509	49037		956472	3012			3012
14	1. 养老保险	634003	49037		584966	2319			2319
15	单位	396306	12104		384202	1398			1398
16	个人	237393	6458		230935	918			918
17	滞纳金	218			218	3			3
18	利息	86	3		83				
19	地市级上划调剂金								
20	县级上划调剂金		30472		-30472				

续表

序号	项目	本年基数征缴累计				往年欠费追缴累计			
		合计	省级	市级	县(区)级	合计	省级	市级	县(区)级
21	2. 医疗保险	313320			313320	609			609
22	单位	253763			253763	477			477
23	个人	59443			59443	132			132
24	滞纳金	71			71				
25	利息	43			43				
26	3. 失业保险	33005			33005	54			54
27	单位	24707			24707	41			41
28	个人	8281			8281	13			13
29	滞纳金	13			13				
30	利息	4			4				
31	地市级上划调剂金								
32	县级上划调剂金								
33	4. 工伤保险	12164			12164	19			19
34	单位	12157			12157	19			19
35	滞纳金	5			5				
36	利息	2			2				
37	地市级上划调剂金								
38	县级上划调剂金								
39	5. 生育保险	13017			13017	11			11
40	单位	13012			13012	11			11
41	滞纳金	4			4				
42	利息	1			1				

2015年阳江市地方税务局应收、实收社会保险基金明细年报表

编报机关：阳江市地方税务局 单位：万元

序号	项目	本年基数征缴累计				往年欠费追缴累计			
		合计	省级	市级	县(区)级	合计	省级	市级	县(区)级
1	一、应收合计	227075	7197	57126	162752	5583		660	4923
2	1. 养老保险	151103	7197	37494	106412	4852		529	4323
3	单位	88753	4694	22520	61539	3138		321	2817
4	个人	62350	2503	14974	44873	1714		208	1506
5	2. 医疗保险	66127		17039	49088	634		120	514
6	单位	54309		13959	40350	512		96	416
7	个人	11818		3080	8738	122		24	98
8	3. 失业保险	2725		793	1932	67		8	59
9	单位	1828		529	1299	51		6	45
10	个人	897		264	633	16		2	14
11	4. 工伤保险	2771		702	2069	20		2	18
12	5. 生育保险	4349		1098	3251	10		1	9
13	二、入库合计	221006	14358	54169	152479	1249		183	1066
14	1. 养老保险	146168	14358	34831	96979	967		139	828
15	单位	86294	4693	22072	59529	589		84	505
16	个人	59574	2503	14717	42354	376		54	322
17	滞纳金	200		22	178	2		1	1
18	利息	100			100				
19	地市级上划调剂金		1980	-1980					
20	县级上划调剂金		5182		-5182				

续表

序号	项　　目	本年基数征缴累计				往年欠费追缴累计			
		合计	省级	市级	县(区)级	合计	省级	市级	县(区)级
21	2. 医疗保险	65182		16798	48384	256		41	215
22	单位	53504		13757	39747	208		32	176
23	个人	11634		3033	8601	47		8	39
24	滞纳金	43		8	35	1		1	
25	利息	1			1				
26	3. 失业保险	2652		758	1894	14		2	12
27	单位	1751		504	1247	9		1	8
28	个人	875		253	622	5		1	4
29	滞纳金	19		1	18				
30	利息	7			7				
31	地市级上划调剂金								
32	县级上划调剂金								
33	4. 工伤保险	2739		694	2045	8		1	7
34	单位	2734		693	2041	8		1	7
35	滞纳金	4		1	3				
36	利息	1			1				
37	地市级上划调剂金								
38	县级上划调剂金								
39	5. 生育保险	4265		1088	3177	4			4
40	单位	4263		1088	3175	4			4
41	滞纳金	2			2				
42	利息								

2015年湛江市地方税务局应收、实收社会保险基金明细年报表

编报机关：湛江市地方税务局　　　　单位：万元

序号	项目	本年基数征缴累计				往年欠费追缴累计			
		合计	省级	市级	县(区)级	合计	省级	市级	县(区)级
1	一、应收合计	585808	19308		566500	25098			25098
2	1. 养老保险	385360	19308		366052	21213			21213
3	单位	236401	12815		223586	14331			14331
4	个人	148959	6493		142466	6882			6882
5	2. 医疗保险	163733			163733	2483			2483
6	单位	130683			130683	2271			2271
7	个人	33050			33050	212			212
8	3. 失业保险	20317			20317	906			906
9	单位	15241			15241	649			649
10	个人	5076			5076	257			257
11	4. 工伤保险	7621			7621	242			242
12	5. 生育保险	8777			8777	254			254
13	二、入库合计	576595	38752		537843	3402			3402
14	1. 养老保险	377984	38752		339232	2871			2871
15	单位	231050	12815		218235	1876			1876
16	个人	146044	6492		139552	995			995
17	滞纳金	853			853				
18	利息	37	2		35				
19	地市级上划调剂金								
20	县级上划调剂金		19443		－19443				

续表

序号	项目	本年基数征缴累计				往年欠费追缴累计			
		合计	省级	市级	县(区)级	合计	省级	市级	县(区)级
21	2. 医疗保险	162237			162237	371			371
22	单位	129298			129298	296			296
23	个人	32828			32828	75			75
24	滞纳金	95			95				
25	利息	16			16				
26	3. 失业保险	20088			20088	132			132
27	单位	15028			15028	92			92
28	个人	5029			5029	40			40
29	滞纳金	29			29				
30	利息	2			2				
31	地市级上划调剂金								
32	县级上划调剂金								
33	4. 工伤保险	7585			7585	8			8
34	单位	7578			7578	8			8
35	滞纳金	6			6				
36	利息	1			1				
37	地市级上划调剂金								
38	县级上划调剂金								
39	5. 生育保险	8701			8701	20			20
40	单位	8693			8693	20			20
41	滞纳金	7			7				
42	利息	1			1				

2015 年茂名市地方税务局应收、实收社会保险基金明细年报表

编报机关:茂名市地方税务局

单位:万元

序号	项目	本年基数征缴累计				往年欠费追缴累计			
		合计	省级	市级	县(区)级	合计	省级	市级	县(区)级
1	一、应收合计	469963	12991	165778	291194	22819	131	4087	18601
2	1. 养老保险	313015	12991	101522	198502	19518	131	2924	16463
3	单位	180099	8894	62738	108467	12845	91	1980	10774
4	个人	132916	4097	38784	90035	6673	40	944	5689
5	2. 医疗保险	120564		48790	71774	2081		887	1194
6	单位	97339		38416	58923	1886		785	1101
7	个人	23225		10374	12851	195		102	93
8	3. 失业保险	18464		8004	10460	873		200	673
9	单位	13877		6006	7871	611		136	475
10	个人	4587		1998	2589	262		64	198
11	4. 工伤保险	10144		4195	5949	296		60	236
12	5. 生育保险	7776		3267	4509	51		16	35
13	二、入库合计	457096	27525	157677	271894	4902	131	1000	3771
14	1. 养老保险	302765	27525	94141	181099	3845	131	638	3076
15	单位	172608	8894	61194	102520	2527	91	411	2025
16	个人	128152	4097	38086	85969	1318	40	227	1051
17	滞纳金	1823		391	1432				
18	利息	182	1	9	172				
19	地市级上划调剂金		5539	-5539					
20	县级上划调剂金		8994		-8994				

续表

序号	项　目	本年基数征缴累计				往年欠费追缴累计			
		合计	省级	市级	县(区)级	合计	省级	市级	县(区)级
21	2. 医疗保险	118396		48158	70238	494		297	197
22	单位	95555		37868	57687	413		242	171
23	个人	22737		10256	12481	81		55	26
24	滞纳金	95		30	65				
25	利息	9		4	5				
26	3. 失业保险	18251		7956	10295	383		34	349
27	单位	13624		5951	7673	276		25	251
28	个人	4523		1986	2537	107		9	98
29	滞纳金	102		18	84				
30	利息	2		1	1				
31	地市级上划调剂金								
32	县级上划调剂金								
33	4. 工伤保险	10004		4164	5840	160		18	142
34	单位	9970		4157	5813	160		18	142
35	滞纳金	33		7	26				
36	利息	1			1				
37	地市级上划调剂金								
38	县级上划调剂金								
39	5. 生育保险	7680		3258	4422	20		13	7
40	单位	7675		3256	4419	20		13	7
41	滞纳金	5		2	3				
42	利息								

2015 年肇庆市地方税务局应收、实收社会保险基金明细年报表

编报机关:肇庆市地方税务局　　　　单位:万元

序号	项　目	本年基数征缴累计				往年欠费追缴累计			
		合计	省级	市级	县(区)级	合计	省级	市级	县(区)级
1	一、应收合计	459251	13388	131876	313987	4308	139	1160	3009
2	1. 养老保险	300135	13388	83611	203136	3043	139	769	2135
3	单位	182610	8717	54645	119248	1854	96	472	1286
4	个人	117525	4671	28966	83888	1189	43	297	849
5	2. 医疗保险	123242		37311	85931	1065		344	721
6	单位	96514		29124	67390	854		262	592
7	个人	26728		8187	18541	211		82	129
8	3. 失业保险	17547		5947	11600	121		33	88
9	单位	13159		4460	8699	98		25	73
10	个人	4388		1487	2901	23		8	15
11	4. 工伤保险	8821		2172	6649	54		8	46
12	5. 生育保险	9506		2835	6671	25		6	19
13	二、入库合计	452832	27635	125800	299397	1241	140	221	880
14	1. 养老保险	295667	27635	78247	189785	847	140	115	592
15	单位	179232	8718	53583	116931	513	96	73	344
16	个人	115645	4672	28289	82684	331	43	41	247
17	滞纳金	131	3	26	102	3	1	1	1
18	利息	659		120	539				
19	地市级上划调剂金		3771	-3771					
20	县级上划调剂金		10471		-10471				

续表

序号	项目	本年基数征缴累计				往年欠费追缴累计			
		合计	省级	市级	县(区)级	合计	省级	市级	县(区)级
21	2. 医疗保险	121534		36631	84903	304		79	225
22	单位	95122		28595	66527	239		59	180
23	个人	26341		8022	18319	64		19	45
24	滞纳金	41		9	32	1		1	
25	利息	30		5	25				
26	3. 失业保险	17434		5930	11504	57		20	37
27	单位	13057		4444	8613	45		15	30
28	个人	4357		1482	2875	11		5	6
29	滞纳金	13		2	11	1			1
30	利息	7		2	5				
31	地市级上划调剂金								
32	县级上划调剂金								
33	4. 工伤保险	8750		2165	6585	22		4	18
34	单位	8741		2162	6579	22		4	18
35	滞纳金	6		1	5				
36	利息	3		2	1				
37	地市级上划调剂金								
38	县级上划调剂金								
39	5. 生育保险	9447		2827	6620	11		3	8
40	单位	9442		2825	6617	11		3	8
41	滞纳金	3		1	2				
42	利息	2		1	1				

2015年清远市地方税务局应收、实收社会保险基金明细年报表

编报机关：清远市地方税务局　　　　单位：万元

序号	项目	本年基数征缴累计				往年欠费追缴累计			
		合计	省级	市级	县（区）级	合计	省级	市级	县（区）级
1	一、应收合计	442017	11253	101012	329752	7203		891	6312
2	1. 养老保险	274447	11253	57179	206015	6108		596	5512
3	单位	166056	7339	34655	124062	3652		358	3294
4	个人	108391	3914	22524	81953	2456		238	2218
5	2. 医疗保险	136765		35675	101090	1072		285	787
6	单位	101960		26620	75340	798		212	586
7	个人	34805		9055	25750	274		73	201
8	3. 失业保险	15297		4308	10989	13		5	8
9	单位	10207		2878	7329	12		5	7
10	个人	5090		1430	3660	1			1
11	4. 工伤保险	6618		1628	4990	5		3	2
12	5. 生育保险	8890		2222	6668	5		2	3
13	二、入库合计	435693	25172	97531	312990	592		180	412
14	1. 养老保险	269090	25172	53766	190152	425		111	314
15	单位	162660	7332	34472	120856	258		67	191
16	个人	106107	3912	22360	79835	167		44	123
17	滞纳金	224		22	202				
18	利息	99			99				
19	地市级上划调剂金		3088	-3088					
20	县级上划调剂金		10840		-10840				

续表

序号	项目	本年基数征缴累计				往年欠费追缴累计			
		合计	省级	市级	县(区)级	合计	省级	市级	县(区)级
21	2. 医疗保险	135887		35620	100267	148		62	86
22	单位	101310		26572	74738	109		46	63
23	个人	34552		9033	25519	39		16	23
24	滞纳金	24		15	9				
25	利息	1			1				
26	3. 失业保险	15252		4301	10951	11		4	7
27	单位	10177		2873	7304	9		3	6
28	个人	5071		1426	3645	2		1	1
29	滞纳金	3		2	1				
30	利息	1			1				
31	地市级上划调剂金								
32	县级上划调剂金								
33	4. 工伤保险	6597		1625	4972	3		1	2
34	单位	6595		1624	4971	3		1	2
35	滞纳金	1		1					
36	利息	1			1				
37	地市级上划调剂金								
38	县级上划调剂金								
39	5. 生育保险	8867		2219	6648	5		2	3
40	单位	8865		2218	6647	5		2	3
41	滞纳金	1		1					
42	利息	1			1				

2015年潮州市地方税务局应收、实收社会保险基金明细年报表

编报机关：潮州市地方税务局　　　　单位：万元

序号	项目	本年基数征缴累计				往年欠费追缴累计			
		合计	省级	市级	县(区)级	合计	省级	市级	县(区)级
1	一、应收合计	240118	6822	58984	174312	4060		153	3907
2	1. 养老保险	177246	6822	38283	132141	3238		98	3140
3	单位	114534	4429	25992	84113	2032		61	1971
4	个人	62712	2393	12291	48028	1206		37	1169
5	2. 医疗保险	46951		16054	30897	278		42	236
6	单位	39316		13333	25983	239		33	206
7	个人	7635		2721	4914	39		9	30
8	3. 失业保险	7982		2441	5541	310		8	302
9	单位	5987		1835	4152	219		5	214
10	个人	1995		606	1389	91		3	88
11	4. 工伤保险	4557		1260	3297	131		3	128
12	5. 生育保险	3382		946	2436	103		2	101
13	二、入库合计	237101	16213	54745	166143	392		6	386
14	1. 养老保险	174717	15310	34967	124440	318		3	315
15	单位	105831	4429	25949	75453	202		2	200
16	个人	61766	2393	12272	47101	116		1	115
17	滞纳金	7090		10	7080				
18	利息	30	1	7	22				
19	地市级上划调剂金		192	-192					
20	县级上划调剂金		8295	-3079	-5216				

续表

序号	项目	本年基数征缴累计				往年欠费追缴累计			
		合计	省级	市级	县(区)级	合计	省级	市级	县(区)级
21	2. 医疗保险	46785		16039	30746	26		3	23
22	单位	39158		13318	25840	23		3	20
23	个人	7610		2718	4892	3			3
24	滞纳金	8			8				
25	利息	9		3	6				
26	3. 失业保险	7810	502	1937	5371	26			26
27	单位	5850		1833	4017	19			19
28	个人	1952		606	1346	7			7
29	滞纳金	7			7				
30	利息	1			1				
31	地市级上划调剂金		502	-502					
32	县级上划调剂金								
33	4. 工伤保险	4469	401	857	3211	12			12
34	单位	4465		1258	3207	12			12
35	滞纳金	3			3				
36	利息	1			1				
37	地市级上划调剂金		401	-401					
38	县级上划调剂金								
39	5. 生育保险	3320		945	2375	10			10
40	单位	3317		945	2372	10			10
41	滞纳金	3			3				
42	利息								

2015 年揭阳市地方税务局应收、实收社会保险基金明细年报表

编报机关:揭阳市地方税务局　　　　单位:万元

序号	项目	本年基数征缴累计				往年欠费追缴累计			
		合计	省级	市级	县(区)级	合计	省级	市级	县(区)级
1	一、应收合计	200516	13144	25063	162309	4237		95	4142
2	1. 养老保险	190172	13144	22533	154495	4161		93	4068
3	单位	110696	8572	14681	87443	2542		58	2484
4	个人	79476	4572	7852	67052	1619		35	1584
5	2. 医疗保险	2423			2423				
6	单位	2206			2206				
7	个人	217			217				
8	3. 失业保险	5506		1715	3791	41		1	40
9	单位	4145		1286	2859	31		1	30
10	个人	1361		429	932	10			10
11	4. 工伤保险	2415		815	1600	35		1	34
12	5. 生育保险								
13	二、入库合计	198216	13144	24999	160073	2487		79	2408
14	1. 养老保险	187965	13144	22475	152346	2446		77	2369
15	单位	109152	8572	14638	85942	1486		49	1437
16	个人	78641	4572	7831	66238	960		28	932
17	滞纳金	172		6	166				
18	利息								
19	地市级上划调剂金								
20	县级上划调剂金								

续表

序号	项目	本年基数征缴累计				往年欠费追缴累计			
		合计	省级	市级	县(区)级	合计	省级	市级	县(区)级
21	2. 医疗保险	2423			2423				
22	单位	2206			2206				
23	个人	217			217				
24	滞纳金								
25	利息								
26	3. 失业保险	5448		1711	3737	25		1	24
27	单位	4094		1283	2811	19		1	18
28	个人	1347		428	919	6			6
29	滞纳金	7			7				
30	利息								
31	地市级上划调剂金								
32	县级上划调剂金								
33	4. 工伤保险	2380		813	1567	16		1	15
34	单位	2375		813	1562	16		1	15
35	滞纳金	5			5				
36	利息								
37	地市级上划调剂金								
38	县级上划调剂金								
39	5. 生育保险								
40	单位								
41	滞纳金								
42	利息								

2015年云浮市地方税务局应收、实收社会保险基金明细年报表

编报机关：云浮市地方税务局　　　　单位：万元

序号	项目	本年基数征缴累计				往年欠费追缴累计			
		合计	省级	市级	县(区)级	合计	省级	市级	县(区)级
1	一、应收合计	188473	8100	33195	147178	5177	71	1291	3815
2	1. 养老保险	124119	8100	19180	96839	4371	71	1092	3208
3	单位	70426	5283	11016	54127	2939	49	870	2020
4	个人	53693	2817	8164	42712	1432	22	222	1188
5	2. 医疗保险	48969		10484	38485	593		150	443
6	单位	38179		8210	29969	461		119	342
7	个人	10790		2274	8516	132		31	101
8	3. 失业保险	6519		1787	4732	130		33	97
9	单位	5024		1340	3684	109		26	83
10	个人	1495		447	1048	21		7	14
11	4. 工伤保险	3646		624	3022	55		9	46
12	5. 生育保险	5220		1120	4100	28		7	21
13	二、入库合计	186257	13941	32084	140232	2348	71	501	1776
14	1. 养老保险	122217	13941	18092	90184	1970	71	443	1456
15	单位	69325	5283	10932	53110	1242	49	349	844
16	个人	52775	2817	8100	41858	728	22	94	612
17	滞纳金	106		4	102				
18	利息	11	1	2	8				
19	地市级上划调剂金		946	-946					
20	县级上划调剂金		4894		-4894				

续表

序号	项　目	本年基数征缴累计				往年欠费追缴累计			
		合计	省级	市级	县(区)级	合计	省级	市级	县(区)级
21	2. 医疗保险	48593		10466	38127	311		58	253
22	单位	37880		8196	29684	241		47	194
23	个人	10701		2268	8433	70		11	59
24	滞纳金	8		1	7				
25	利息	4		1	3				
26	3. 失业保险	6642		1783	4859	35			35
27	单位	4975		1337	3638	29			29
28	个人	1663		446	1217	6			6
29	滞纳金	3			3				
30	利息	1			1				
31	地市级上划调剂金								
32	县级上划调剂金								
33	4. 工伤保险	3617		624	2993	23			23
34	单位	3615		624	2991	23			23
35	滞纳金	2			2				
36	利息								
37	地市级上划调剂金								
38	县级上划调剂金								
39	5. 生育保险	5188		1119	4069	9			9
40	单位	5182		1118	4064	9			9
41	滞纳金	6		1	5				
42	利息								

2015年横琴新区地方税务局应收、实收社会保险基金明细年报表

编报机关:横琴新区地方税务局　　　　单位:万元

序号	项目	本年基数征缴累计				往年欠费追缴累计			
		合计	省级	市级	县(区)级	合计	省级	市级	县(区)级
1	一、应收合计	31163		31163		97		97	
2	1. 养老保险	20539		20539		60		60	
3	单位	12545		12545		33		33	
4	个人	7994		7994		27		27	
5	2. 医疗保险	8358		8358		27		27	
6	单位	6322		6322		21		21	
7	个人	2036		2036		6		6	
8	3. 失业保险	1227		1227		6		6	
9	单位	948		948		5		5	
10	个人	279		279		1		1	
11	4. 工伤保险	409		409		2		2	
12	5. 生育保险	630		630		2		2	
13	二、入库合计	30946		30946		77		77	
14	1. 养老保险	20397		20397		47		47	
15	单位	12451		12451		26		26	
16	个人	7940		7940		21		21	
17	滞纳金	6		6					
18	利息								
19	地市级上划调剂金								
20	县级上划调剂金								

续表

序号	项　　目	本年基数征缴累计				往年欠费追缴累计			
		合计	省级	市级	县(区)级	合计	省级	市级	县(区)级
21	2. 医疗保险	8295		8295		22		22	
22	单位	6271		6271		17		17	
23	个人	2021		2021		5		5	
24	滞纳金	3		3					
25	利息								
26	3. 失业保险	1220		1220		5		5	
27	单位	943		943		4		4	
28	个人	277		277		1		1	
29	滞纳金								
30	利息								
31	地市级上划调剂金								
32	县级上划调剂金								
33	4. 工伤保险	407		407		1		1	
34	单位	407		407		1		1	
35	滞纳金								
36	利息								
37	地市级上划调剂金								
38	县级上划调剂金								
39	5. 生育保险	627		627		2		2	
40	单位	627		627		2		2	
41	滞纳金								
42	利息								

2015年顺德区地方税务局应收、实收社会保险基金明细年报表

编报机关：顺德区地方税务局　　　　单位：万元

序号	项目	本年基数征缴累计				往年欠费追缴累计			
		合计	省级	市级	县(区)级	合计	省级	市级	县(区)级
1	一、应收合计	929365	16791		912574	7726			7726
2	1. 养老保险	580879	16791		564088	5053			5053
3	单位	357714	10951		346763	2951			2951
4	个人	223165	5840		217325	2102			2102
5	2. 医疗保险	272500			272500	2267			2267
6	单位	201500			201500	1679			1679
7	个人	71000			71000	588			588
8	3. 失业保险	22140			22140	157			157
9	单位	11085			11085	90			90
10	个人	11055			11055	67			67
11	4. 工伤保险	23521			23521	111			111
12	5. 生育保险	30325			30325	138			138
13	二、入库合计	923830	16794		907036	1324			1324
14	1. 养老保险	577283	16794		560489	841			841
15	单位	355070	10953		344117	498			498
16	个人	221766	5841		215925	342			342
17	滞纳金	447			447	1			1
18	利息								
19	地市级上划调剂金								
20	县级上划调剂金								

续表

序号	项　　目	本年基数征缴累计				往年欠费追缴累计			
		合计	省级	市级	县(区)级	合计	省级	市级	县(区)级
21	2. 医疗保险	270903			270903	413			413
22	单位	200222			200222	305			305
23	个人	70531			70531	108			108
24	滞纳金	150			150				
25	利息								
26	3. 失业保险	22055			22055	23			23
27	单位	11015			11015	12			12
28	个人	11012			11012	11			11
29	滞纳金	28			28				
30	利息								
31	地市级上划调剂金								
32	县级上划调剂金								
33	4. 工伤保险	23410			23410	20			20
34	单位	23396			23396	20			20
35	滞纳金	14			14				
36	利息								
37	地市级上划调剂金								
38	县级上划调剂金								
39	5. 生育保险	30179			30179	27			27
40	单位	30165			30165	27			27
41	滞纳金	14			14				
42	利息								

2015年广东省地方税务局直属分局地方税务局应收、实收社会保险基金明细年报表

编报机关:广东省地方税务局直属分局　　　　单位:万元

序号	项目	本年基数征缴累计				往年欠费追缴累计			
		合计	省级	市级	县(区)级	合计	省级	市级	县(区)级
1	一、应收合计	1461471	1461471			5894	5894		
2	1. 养老保险	1444996	1444996			5669	5669		
3	单位	909515	909515			4115	4115		
4	个人	535481	535481			1554	1554		
5	2. 医疗保险								
6	单位								
7	个人								
8	3. 失业保险								
9	单位								
10	个人								
11	4. 工伤保险	16453	16453			148	148		
12	5. 生育保险	22	22			77	77		
13	二、入库合计	1460350	1460350			737	737		
14	1. 养老保险	1443885	1443885			719	719		
15	单位	908198	908198			510	510		
16	个人	535217	535217			208	208		
17	滞纳金	470	470			1	1		
18	利息								
19	地市级上划调剂金								
20	县级上划调剂金								

续表

序号	项目	本年基数征缴累计				往年欠费追缴累计			
		合计	省级	市级	县(区)级	合计	省级	市级	县(区)级
21	2. 医疗保险								
22	单位								
23	个人								
24	滞纳金								
25	利息								
26	3. 失业保险								
27	单位								
28	个人								
29	滞纳金								
30	利息								
31	地市级上划调剂金								
32	县级上划调剂金								
33	4. 工伤保险	16443	16443			11	11		
34	单位	16433	16433			11	11		
35	滞纳金	10	10						
36	利息								
37	地市级上划调剂金								
38	县级上划调剂金								
39	5. 生育保险	22	22			7	7		
40	单位	18	18			7	7		
41	滞纳金	4	4						
42	利息								

2015年广东省地方税务局纳税登记户数分登记类型统计年报表

编报机关:广东省地方税务局　　　　单位:户

序号	项目	合计	内资企业										港澳台投资企业		外商投资企业		个体经营	附:总机构户数	分支机构户数
			小计	国有企业	集体企业	股份合作企业	联营企业	国有控股	股份公司	国有控股	私营企业	其他企业		国有控投		国有控股			
1	营业税	407333	253778	4363	6246	2208	594	102	96181	5717	122892	21294	12428	401	8121	275	133006	11599	13958
2	企业所得税	199737	192362	3439	10089	3481	478	73	72230	2689	89009	13636	5553	144	1822	55		8184	6244
3	个人所得税	556340	316057	3297	4140	1371	146	46	117978	6225	168304	20821	19627	653	10404	392	210252	12497	1935
4	资源税	8175	5051	120	313	28	5	2	2646	95	1879	60	140	4	55	7	2929	284	23
5	固定资产投资方向调节税	302	199	13	6				7		58	115	13		6		84	1	32
6	城市维护建设税	1269729	834724	5434	9419	4217	887	136	293289	9493	502314	19164	34902	787	16268	472	383835	21943	20365
7	房产税	276631	118828	4253	7405	1913	337	74	55090	3689	42391	7439	10918	409	4218	224	142667	6358	1808
8	印花税	876337	683780	4093	7610	2660	499	99	240731	12693	416720	11467	29305	794	13370	472	149882	17364	7899
9	城镇土地使用税	273198	118255	3995	7107	1919	302	67	59713	3887	39071	6148	10780	373	4049	215	140114	7791	1330
10	土地增值税	8445	7285	227	304	33	23	5	4768	291	1486	444	578	34	185	6	397	266	81
11	车船税	82705	39465	413	546	324	19	7	9319	728	15687	13157	1647	45	907	31	40686	1538	257
12	车辆购置税	98	83	3	3				2		27	48	5		4		6		15
13	烟叶税	11	11						11	3								3	7
14	耕地占用税	1243	1151	30	79	6			381	35	53	602	29	1	9	1	54	31	1
15	契税	5043	4456	121	111	37	2		2669	319	1280	236	364	25	124	10	99	267	15
16	屠宰税																		
17	附列资料:纳税户数	1862676	1173089	8514	15723	5365	1223	192	394775	18323	704803	42686	44210	1154	20927	740	624450	64232	30378
18	登记户数	5029098	2623251	24992	47178	11626	6467	633	828320	37236	1619737	84931	85879	2367	38897	1309	2281071	17415	62149

2015年广州市地方税务局纳税登记户数分登记类型统计年报表

编报机关:广州市地方税务局 单位:户

序号	项目	合计	内资企业										港澳台投资企业	国有控投	外商投资企业	国有控股	个体经营	附:总机构户数	分支机构户数
			小计	国有企业	集体企业	股份合作企业	联营企业	国有控股	股份公司	国有控股	私营企业	其他企业							
1	营业税	68581	49194	668	1336	524	44	16	6135	941	35985	4502	1966	70	1598	64	15823	2391	171
2	企业所得税	40092	40046	387	1902	1751	45	12	4086	458	29264	2611	30	1	16	2		1589	801
3	个人所得税	132955	85182	690	959	559	56	22	11452	1738	65500	5966	4248	181	3305	145	40220	3163	107
4	资源税	5	3						1		2		1		1				
5	固定资产投资方向调节税																		
6	城市维护建设税	213273	158010	825	1722	1767	67	24	13042	1603	136755	3832	4189	136	3093	121	47981	6273	286
7	房产税	14908	11208	568	1128	197	36	14	2564	510	5195	1520	954	44	724	37	2022	969	35
8	印花税	186944	159484	580	1664	1186	56	17	12751	1762	140764	2483	3709	167	2754	119	20997	5085	268
9	城镇土地使用税	16850	12565	585	1094	200	34	13	2754	558	6759	1139	959	48	727	36	2599	914	31
10	土地增值税	603	488	18	15	3	1		248	50	190	13	86	5	28	2	1	35	
11	车船税	66940	26296	210	298	297	4	2	1935	234	11318	12234	590	12	436	10	39618	383	9
12	车辆购置税																		
13	烟叶税																		
14	耕地占用税	171	171		25	1			82		2	61						4	
15	契税	636	535	14	13	2			150	56	315	41	80	4	17	2	4	54	
16	屠宰税																		
17	附列资料:纳税户数	327601	241580	1300	2865	2354	104	37	19808	2737	206248	8901	6086	250	4461	201	75474	20709	939
18	登记户数	735284	428423	3383	8388	5564	340	108	36022	5167	358040	16686	11094	603	7755	454	288012	65	

2015年深圳市地方税务局纳税登记户数分登记类型统计年报表

编报机关：深圳市地方税务局　　　　单位：户

序号	项目	合计	内资企业										港澳台投资企业		外商投资企业		个体经营	附：总机构户数	分支机构户数
			小计	国有企业	集体企业	股份合作企业	联营企业	国有控股	股份公司	国有控股	私营企业	其他企业		国有控投		国有控股			
1	营业税	118527	73808	638	298	1293	464	66	24704	661	42062	4349	4506	89	2551	55	37662	2095	12480
2	企业所得税	50310	46519	385	371	685	302	35	13245	426	29842	1689	2824	79	967	40		1637	4071
3	个人所得税	47064	5277	3							5274						41787	42	94
4	资源税																		
5	固定资产投资方向调节税																		
6	城市维护建设税	322526	256544	784	411	1305	630	80	71036	846	177948	4430	12790	142	5315	78	47877	3419	17659
7	房产税	16576	12944	293	261	1034	124	27	5132	385	5733	367	2368	74	819	37	445	989	983
8	印花税	129492	114502	381	237	389	272	44	36314	528	76166	743	8985	93	3736	62	2269	2328	6114
9	城镇土地使用税	16798	10359	249	219	1018	112	28	4778	363	3738	245	2360	70	782	34	3297	2824	794
10	土地增值税	945	789	16	3	11	14	3	478	17	262	5	109	11	41		6	42	23
11	车船税	3902	3286	19	34	5	11	3	1145	35	2011	61	237	4	117	4	262	171	173
12	车辆购置税																		
13	烟叶税																		
14	耕地占用税																		
15	契税	184	155	1		7			89	4	50	8	15	1	1		13	16	3
16	屠宰税																		
17	附列资料：纳税户数	406466	312414	914	726	1381	778	98	85239	945	218287	5089	15502	164	6241	87	72309	5665	20769
18	登记户数	1774009	1193533	4755	4238	1920	5077	397	321475	1602	843121	12947	37269	339	15982	170	527225	9643	60355

2015年珠海市地方税务局纳税登记户数分登记类型统计年报表

编报机关:珠海市地方税务局　　　　单位:户

序号	项目	合计	内资企业										港澳台投资企业		外商投资企业		个体经营	附:总机构户数	分支机构户数
			小计	国有企业	集体企业	股份合作企业	联营企业	国有控股	股份公司	国有控股	私营企业	其他企业		国有控投		国有控股			
1	营业税	16896	10915	215	260	63	9	2	6141	266	2996	1231	642	28	387	11	4952	672	71
2	企业所得税	7332	6845	164	238	25	7		4115	118	1703	593	314	11	173	5		430	111
3	个人所得税	18201	11002	197	153	33	5	2	6492	349	2633	1489	1250	51	750	30	5199	663	111
4	资源税	2	2								2								
5	固定资产投资方向调节税																		
6	城市维护建设税	40681	23554	258	292	60	14	1	14409	469	6925	1596	1453	55	815	28	14859	926	132
7	房产税	5394	3411	201	193	51	7	2	1837	140	787	335	559	26	267	14	1157	248	17
8	印花税	10569	6990	130	125	19	4	2	4578	234	1737	397	908	38	597	30	2074	408	61
9	城镇土地使用税	3528	2712	152	133	45	7	1	1568	118	620	187	480	20	238	15	98	207	11
10	土地增值税	395	341	13	15	4	3		218	14	78	10	38	1	16	1		13	
11	车船税	533	458	10	1				307	14	115	25	42	2	23	3	10	52	5
12	车辆购置税																		
13	烟叶税																		
14	耕地占用税	42	40		2	2			16	4	1	19	1		1			2	
15	契税	272	230	7	3	4	1		148	7	56	11	30	2	9	2	3	10	
16	屠宰税																		
17	附列资料:纳税户数	53508	31842	396	469	71	18	2	18853	701	9094	2941	1899	79	1069	45	18698	3631	500
18	登记户数	133259	70123	888	1189	95	52	6	39692	2004	22108	6099	3503	180	1719	68	57914		

2015年汕头市地方税务局纳税登记户数分登记类型统计年报表

编报机关:汕头市地方税务局　　单位:户

序号	项目	合计	内资企业										港澳台投资企业	国有控投	外商投资企业	国有控股	个体经营	附:总机构户数	分支机构户数
			小计	国有企业	集体企业	股份合作企业	联营企业	国有控股	股份公司	国有控股	私营企业	其他企业							
1	营业税	8513	5517	403	341	71	7	4	3338	127	935	422	171	8	114	6	2711	299	67
2	企业所得税	9859	9827	441	1017	366	13	7	5552	127	2000	438	24	2	8	1		286	71
3	个人所得税	35612	15591	287	303	417	9	8	10094	226	3801	680	382	17	191	16	19448	472	87
4	资源税	355	311	29	47	1	3	1	178	5	50	3	2	1	1	1	41	40	7
5	固定资产投资方向调节税																		
6	城市维护建设税	28439	17776	551	809	359	13	7	11072	256	4537	435	523	22	215	17	9925	565	125
7	房产税	19168	9723	540	597	206	16	8	4386	155	3668	310	366	18	101	15	8978	269	70
8	印花税	29451	18726	485	705	284	16	9	12002	325	4938	296	504	21	183	15	10038	497	110
9	城镇土地使用税	20198	10453	502	601	227	15	8	5054	169	3747	307	403	18	108	16	9234	277	85
10	土地增值税	223	196	21	20	2			118	9	27	8	19	2	5		3	9	2
11	车船税	960	796	31	28	8	1	1	540	18	134	54	37	2	14		113	55	8
12	车辆购置税																		
13	烟叶税																		
14	耕地占用税	50	35		3				7		14	11					15		
15	契税	288	263	11	2	2			105	4	135	8	8	1	5		12	7	4
16	屠宰税																		
17	附列资料:纳税户数	49254	26821	880	1299	493	23	12	16221	442	6746	1159	687	28	279	24	21467	2830	470
18	登记户数	115336	55894	3534	8347	1034	130	26	29081	985	10661	3107	1659	57	598	33	57185	2024	408

2015年佛山市地方税务局纳税登记户数分登记类型统计年报表

编报机关:佛山市地方税务局　　　　单位:户

序号	项目	合计	内资企业										港澳台投资企业	国有控投	外商投资企业	国有控股	个体经营	附:总机构户数	分支机构户数
			小计	国有企业	集体企业	股份合作企业	联营企业	国有控股	股份公司	国有控股	私营企业	其他企业							
1	营业税	22143	14658	177	353	89	13	4	4720	276	7371	1935	509	14	395	19	6581	1005	198
2	企业所得税	13050	13035	115	517	431	19	4	4491	126	5913	1549	13		2			723	131
3	个人所得税	37014	25436	153	214	82	18	4	8836	349	14602	1531	1023	31	612	22	9943	1317	217
4	资源税	19	8						4		4						11		
5	固定资产投资方向调节税																		
6	城市维护建设税	85662	54846	197	471	379	21	4	15672	410	36579	1527	1316	41	713	29	28787	1793	391
7	房产税	19428	10653	187	337	30	22	6	4333	255	5079	665	419	20	210	12	8146	584	66
8	印花税	99344	74363	251	476	399	27	5	18404	470	53607	1199	1373	45	737	24	22871	1767	400
9	城镇土地使用税	9298	5017	167	244	24	15	3	2357	214	1583	627	258	12	157	8	3866	384	49
10	土地增值税	514	462	15	12				342	27	81	12	39	2	13	1		23	1
11	车船税	1452	1254	9	10	5	2	1	606	31	534	88	70	3	36	1	92	160	11
12	车辆购置税																		
13	烟叶税																		
14	耕地占用税	87	87	1	5				4			77						1	
15	契税	307	270	10	7		1		135	16	101	16	21	3	13		3	24	
16	屠宰税																		
17	附列资料:纳税户数	139763	87966	397	781	503	40	7	21704	640	61247	3294	1637	48	976	37	49184	4344	932
18	登记户数	280815	120163	1513	3405	1294	130	12	33789	1110	75056	4976	2774	59	1520	51	156358	3777	845

2015年韶关市地方税务局纳税登记户数分登记类型统计年报表

编报机关:韶关市地方税务局　　　　单位:户

序号	项目	合计	内资企业										港澳台投资企业	国有控投	外商投资企业	国有控股	个体经营	附:总机构户数	分支机构户数
			小计	国有企业	集体企业	股份合作企业	联营企业	国有控股	股份公司	国有控股	私营企业	其他企业							
1	营业税	7284	3138	179	152	12	5	1	1836	261	447	507	74	7	34	4	4038	110	59
2	企业所得税	2077	2062	153	274	13	9	1	1125	119	143	345	14		1			64	189
3	个人所得税	5533	2818	126	84	13	8	3	1519	185	672	396	112	8	40	3	2563	99	52
4	资源税	591	302	5	41	2	1	1	185	21	59	9	2				287	14	3
5	固定资产投资方向调节税																		
6	城市维护建设税	14224	6396	241	290	25	16	2	3895	375	1483	446	163	14	58	5	7607	154	132
7	房产税	6213	2510	189	230	15	9	1	1153	235	679	235	124	16	28	3	3551	83	48
8	印花税	8959	6542	235	304	35	16	2	4095	331	1386	471	197	10	46	4	2174	146	81
9	城镇土地使用税	6554	2757	188	215	18	9	1	1390	231	745	192	128	17	29	1	3640	81	48
10	土地增值税	277	264	6	14	2			208	22	21	13	6		3		4	2	3
11	车船税	420	369	15		2			279	39	36	37	14	2	7		30	17	4
12	车辆购置税																		
13	烟叶税	4	4						4	1									
14	耕地占用税	52	52	8					32	2	1	11						1	
15	契税	171	162	6	4	3			121	14	19	9	7	1	1		1	8	2
16	屠宰税																		
17	附列资料:纳税户数	20317	9423	345	396	47	19	3	5657	498	2000	959	269	22	67	6	10558	776	491
18	登记户数	42543	14776	570	633	125	35	4	8729	785	2833	1851	557	32	117	14	27093		

2015年河源市地方税务局纳税登记户数分登记类型统计年报表

编报机关:河源市地方税务局　　　　单位:户

序号	项目	合计	内资企业										港澳台投资企业		外商投资企业		个体经营	附:总机构户数	分支机构户数
			小计	国有企业	集体企业	股份合作企业	联营企业	国有控股	股份公司	国有控股	私营企业	其他企业		国有控投		国有控股			
1	营业税	7643	3274	158	99	8	2		2380	135	266	361	108	2	29	1	4232	99	15
2	企业所得税	2130	2121	127	166	4	2		1627	51	74	121	8		1			53	25
3	个人所得税	4185	2201	116	39	6			1405	126	329	306	213	6	41		1730	97	19
4	资源税	485	377	12	26	2			253	10	75	9	8				100	17	
5	固定资产投资方向调节税																		
6	城市维护建设税	12884	5985	208	190	8	8		4633	208	694	244	290	5	54		6555	146	30
7	房产税	6227	2328	205	203	21	9		1265	79	432	193	218	6	34	2	3647	66	2
8	印花税	5240	4369	149	186	11	4		3485	244	269	265	298	9	50	2	523	121	12
9	城镇土地使用税	6262	2407	186	191	20	9		1376	79	441	184	220	6	27	2	3608	60	2
10	土地增值税	243	234	13	6				198	8	6	11	8				1	5	
11	车船税	265	217	13	5		1		141	16	12	45	17		1		30	11	
12	车辆购置税																		
13	烟叶税																		
14	耕地占用税	133	120	6	2	2			93	14	5	12	5		2		6	7	1
15	契税	78	67	2	1	1			49	6	6	8	6	1			5		
16	屠宰税																		
17	附列资料:纳税户数	19295	9114	326	348	25	18		6712	351	938	747	404	11	74	2	9703	145	65
18	登记户数	55096	19763	545	812	76	62	1	14573	725	1737	1958	703	24	107	3	34523		

2015年梅州市地方税务局纳税登记户数分登记类型统计年报表

编报机关：梅州市地方税务局　　　　单位：户

序号	项目	合计	内资企业										港澳台投资企业	国有控投	外商投资企业	国有控股	个体经营	附：总机构户数	分支机构户数
			小计	国有企业	集体企业	股份合作企业	联营企业	国有控股	股份公司	国有控股	私营企业	其他企业							
1	营业税	6875	3644	192	135	7			2451	137	522	337	72	8	41	4	3118	213	143
2	企业所得税	2932	2915	104	169	5	2		2111	55	346	178	12		5			138	98
3	个人所得税	5016	3131	160	104	7			1853	122	545	462	87		51	2	1747	213	252
4	资源税	1385	877	29	65	2			570	14	191	20	7		3		498	47	8
5	固定资产投资方向调节税																		
6	城市维护建设税	15397	7699	235	220	11	2		5389	187	1479	363	242	3	86	7	7370	298	324
7	房产税	16534	4774	210	391	26	19		3089	118	722	317	148	2	58	10	11554	182	284
8	印花税	8745	7631	192	189	9	4		5475	224	1401	361	236	4	62	5	816	281	43
9	城镇土地使用税	20066	7667	205	405	27	16		5178	247	1524	312	225	3	67	11	12107	244	39
10	土地增值税	310	269	18	7	1			220	2	13	10	4		3		34	8	9
11	车船税	386	357	8	8	1			245	33	23	72	5		3	1	21	33	14
12	车辆购置税																		
13	烟叶税	6	6						6	2								3	6
14	耕地占用税	74	64	3					27	3	1	33	1		1		8	2	
15	契税	310	289	8	2	3			231	14	26	19	8		5		8	10	1
16	屠宰税																		
17	附列资料：纳税户数	31634	13403	356	582	31	20		8806	397	2557	1051	398	6	116	14	17717	1427	492
18	登记户数	79989	23580	960	1398	153	56		14281	790	4256	2476	959	21	174	14	55276	933	394

2015年惠州市地方税务局纳税登记户数分登记类型统计年报表

编报机关:惠州市地方税务局　　　　单位:户

序号	项目	合计	内资企业										港澳台投资企业	国有控投	外商投资企业	国有控股	个体经营	附:总机构户数	分支机构户数
			小计	国有企业	集体企业	股份合作企业	联营企业	国有控股	股份公司	国有控股	私营企业	其他企业							
1	营业税	18319	11063	308	263	7	13	2	4513	137	5352	607	474	11	274	6	6508	276	69
2	企业所得税	4433	4418	180	246	3	12	1	1627	36	2126	224	11	2	4			112	56
3	个人所得税	19460	11142	256	188	3	10	1	4815	144	4703	1167	1361	21	562	9	6395	274	74
4	资源税	240	165	5	3		1		66	5	90		6		1		68	9	
5	固定资产投资方向调节税																		
6	城市维护建设税	42714	24449	341	412	10	24	5	9080	200	14002	580	1588	24	626	14	16051	420	101
7	房产税	8329	4275	242	238	4	14	4	1875	91	1700	202	772	11	253	6	3029	133	23
8	印花税	25093	19994	257	304	7	16	2	7956	214	10977	477	1593	25	564	14	2942	324	72
9	城镇土地使用税	8792	4621	209	207	4	11	3	2399	89	1707	84	833	16	269	5	3069	113	15
10	土地增值税	709	643	16	16		1		391	7	208	11	47	4	11		8	12	
11	车船税	437	354	6	9				187	9	118	34	40		13		30	15	6
12	车辆购置税																		
13	烟叶税																		
14	耕地占用税	53	47	2					39		1	5	6					2	
15	契税	425	366	14	3				218	11	115	16	32	3	14	1	13	13	2
16	屠宰税																		
17	附列资料:纳税户数	57666	34771	536	640	14	31	6	13165	322	18650	1735	2017	33	766	19	20112	1501	390
18	登记户数	189983	78523	1474	2108	60	81	16	29738	882	41100	3962	3781	56	1163	27	106516		

2015 年汕尾市地方税务局纳税登记户数分登记类型统计年报表

编报机关:汕尾市地方税务局　　　　单位:户

序号	项目	合计	内资企业										港澳台投资企业	国有控投	外商投资企业	国有控股	个体经营	附:总机构户数	分支机构户数
			小计	国有企业	集体企业	股份合作企业	联营企业	国有控股	股份公司	国有控股	私营企业	其他企业							
1	营业税																		
2	企业所得税																		
3	个人所得税																		
4	资源税																		
5	固定资产投资方向调节税	302	199	13	6				7		58	115	13		6		84	1	10
6	城市维护建设税	131	130	10	9				3		38	70	1					2	7
7	房产税	615	292	13	9				7		98	165	22		5		296	4	12
8	印花税	48	46	4	3				3		11	25					2		
9	城镇土地使用税																		
10	土地增值税	686	346	18	13				8		105	202	29		13		298	5	23
11	车船税	1											1						
12	车辆购置税	98	83	3	3				2		27	48	5		4		6		5
13	烟叶税																		
14	耕地占用税	10	7								2	5					3	1	
15	契税																		
16	屠宰税																		
17	附列资料:纳税户数																		
18	登记户数																		

2015年东莞市地方税务局纳税登记户数分登记类型统计年报表

编报机关:东莞市地方税务局　　　　单位:户

序号	项目	合计	内资企业										港澳台投资企业	国有控投	外商投资企业	国有控股	个体经营	附:总机构户数	分支机构户数
			小计	国有企业	集体企业	股份合作企业	联营企业	国有控股	股份公司	国有控股	私营企业	其他企业							
1	营业税	38493	26765	39	1387	5	2		14986	814	9127	1219	1550	36	1174	18	9004	1367	153
2	企业所得税	24111	21259	49	2203	3	5		12506	308	5437	1056	2235	38	617	6		915	137
3	个人所得税	74842	46389	63	955	3	6		30115	1049	13899	1348	5721	117	2779	59	19953	1527	208
4	资源税	4	4	1					2	1	1								
5	固定资产投资方向调节税																		
6	城市维护建设税	163373	107414	73	1580	4	7		69957	2329	35140	653	5858	101	2836	45	47265	1969	240
7	房产税	13456	7641	64	1554	3	3		4112	215	1700	205	1912	42	724	12	3179	388	16
8	印花税	161637	121294	61	1087	9	6	2	72137	5690	47411	583	5566	149	2608	86	32169	1491	140
9	城镇土地使用税	12540	7743	63	1539	4	2		4175	241	1795	165	1878	36	698	13	2221	365	16
10	土地增值税	396	345		19				243	37	83		39	2	11		1	7	
11	车船税	2859	2102	3	92				1424	62	471	112	332	4	141	1	284	174	5
12	车辆购置税																		
13	烟叶税																		
14	耕地占用税	45	41	1	20				8	2	4	8	1		1		2	2	
15	契税	443	375	1	18				247	48	105	4	44	4	23	2	1	20	
16	屠宰税																		
17	附列资料:纳税户数	241512	160462	132	2864	11	11	2	94913	6482	59847	2684	6986	190	3420	106	70644		
18	登记户数	510362	225711	264	5836	48	32	9	131630	12175	83772	4129	9730	313	4540	183	270381		

2015年中山市地方税务局纳税登记户数分登记类型统计年报表

编报机关:中山市地方税务局　　单位:户

序号	项目	合计	内资企业										港澳台投资企业	国有控投	外商投资企业	国有控股	个体经营	附:总机构户数	分支机构户数
			小计	国有企业	集体企业	股份合作企业	联营企业	国有控股	股份公司	国有控股	私营企业	其他企业							
1	营业税	22950	14798	42	327	2	6		5530	397	7473	1418	668	35	399	12	7085	871	135
2	企业所得税	10870	10859	38	588	1	9	2	4961	192	4062	1200	8	2	3	1		563	132
3	个人所得税	68761	48421	42	325	1	6	1	13329	516	33095	1623	1791	72	797	22	17752	1469	212
4	资源税	12	7						1		6						5		
5	固定资产投资方向调节税																		
6	城市维护建设税	99985	56417	53	468	2	15	2	18760	578	36158	961	2036	71	875	22	40657	1618	250
7	房产税	10769	3415	30	226	1	4		1739	291	1062	353	391	23	170	6	6793	225	34
8	印花税	68074	51189	30	292	2	7	2	15519	478	34860	479	1657	70	704	18	14524	1346	142
9	城镇土地使用税	9523	2632	16	144		3		1296	217	866	307	228	9	91	2	6572	138	19
10	土地增值税	447	407	1	18		1		305	24	60	22	32	1	8			13	1
11	车船税	973	844		9				497	36	271	67	70	8	29	1	30	109	6
12	车辆购置税																		
13	烟叶税																		
14	耕地占用税	30	30		13				5	1	3	9						3	
15	契税	225	202	1	14				120	25	57	10	12	1	9		2	16	
16	屠宰税																		
17	附列资料:纳税户数	135136	77548	101	818	3	19	2	23588	938	50318	2701	2363	83	1038	30	54187	6371	931
18	登记户数	263958	105391	224	1271	11	26	3	33365	1523	66965	3529	3105	106	1414	44	154048		

2015年江门市地方税务局纳税登记户数分登记类型统计年报表

编报机关:江门市地方税务局　　单位:户

序号	项目	合计	内资企业										港澳台投资企业	国有控投	外商投资企业	国有控股	个体经营	附:总机构户数	分支机构户数
			小计	国有企业	集体企业	股份合作企业	联营企业	国有控股	股份公司	国有控股	私营企业	其他企业							
1	营业税	18241	7324	162	384	7	10	3	2845	220	2810	1106	508	16	205	11	10204	547	70
2	企业所得税	6763	6737	132	579	2	6	1	2877	127	2231	910	21	2	5			346	64
3	个人所得税	27626	12766	115	200	7	8	2	4599	261	6556	1281	1270	30	403	20	13187	736	103
4	资源税	186	111		2				51	6	58		6		1		68	4	
5	固定资产投资方向调节税																		1
6	城市维护建设税	63475	24969	178	622	10	12	3	8958	368	14261	928	1701	39	503	23	36302	1029	126
7	房产税	21854	7024	157	414	15	25	4	3357	208	2558	498	890	29	274	17	13666	433	40
8	印花税	51096	30454	180	640	13	23	4	10590	519	17955	1053	1774	46	491	22	18377	1013	117
9	城镇土地使用税	23735	8227	154	447	14	23	4	4089	230	3003	497	949	25	282	18	14277	447	38
10	土地增值税	596	535	14	74	1	1	1	317	23	114	14	43	3	13	1	5	20	3
11	车船税	952	763	17	25	1			386	32	212	122	72	3	27	3	90	90	
12	车辆购置税																		3
13	烟叶税																		
14	耕地占用税	156	155	1	1				9	1		144	1					1	
15	契税	452	382	9	28	4			210	32	105	26	47	1	7		16	29	1
16	屠宰税																		
17	附列资料:纳税户数	93903	36174	286	920	25	43	4	12566	639	19971	2363	2123	53	649	32	54957	2469	319
18	登记户数	215972	56737	1057	2641	226	172	6	20156	1224	28595	3890	3650	87	983	38	154602	726	98

2015年阳江市地方税务局纳税登记户数分登记类型统计年报表

编报机关:阳江市地方税务局　　　　单位:户

序号	项目	合计	内资企业										港澳台投资企业	国有控投	外商投资企业	国有控股	个体经营	附:总机构户数	分支机构户数
			小计	国有企业	集体企业	股份合作企业	联营企业	国有控股	股份公司	国有控股	私营企业	其他企业							
1	营业税	5139	2784	109	77	3			1021	90	1226	348	57	3	35	3	2263	94	21
2	企业所得税	2545	2541	108	180	3			787	47	1196	267	2		2			84	20
3	个人所得税	5612	3165	95	62	3			995	106	1647	363	94	2	40	5	2313	87	22
4	资源税	250	182	7	20				85	8	68	2	1				67	27	2
5	固定资产投资方向调节税																		
6	城市维护建设税	13344	7368	118	162	6	1		2384	129	4401	296	155	5	60	6	5761	138	38
7	房产税	6118	3302	117	137	4	3		1010	90	1893	138	88	3	37	4	2691	58	9
8	印花税	7200	6610	105	106	6	2		2239	117	3950	202	154	6	46	6	390	116	26
9	城镇土地使用税	6395	3547	120	140	4	3		1265	88	1893	122	94	3	37	4	2717	55	7
10	土地增值税	271	259	6	6				167	3	75	5	10		2			6	
11	车船税	220	206	12	2				125	23	59	8	5		6		3	15	
12	车辆购置税																		
13	烟叶税																		
14	耕地占用税	12	11	1					2		1	7	1						
15	契税	129	117	4					77	5	35	1	10	1	1		1	4	
16	屠宰税																		
17	附列资料:纳税户数	19376	10606	223	259	9	6		3484	207	5867	758	201	7	76	8	8493	695	149
18	登记户数	51513	19233	570	590	35	22		6115	388	10278	1623	413	9	123	10	31744		

2015年湛江市地方税务局纳税登记户数分登记类型统计年报表

编报机关:湛江市地方税务局　　　　单位:户

序号	项目	合计	内资企业										港澳台投资企业	国有控投	外商投资企业	国有控股	个体经营	附:总机构户数	分支机构户数
			小计	国有企业	集体企业	股份合作企业	联营企业	国有控股	股份公司	国有控股	私营企业	其他企业							
1	营业税	5109	2699	202	123	28	2		1220	135	713	411	42	2	35	4	2333	122	18
2	企业所得税	1723	1716	189	177	4	6		793	36	403	144	6	1	1			68	17
3	个人所得税	5787	2487	230	50	18	1	1	964	151	767	457	79	4	46	4	3175	105	20
4	资源税	195	109	7	10				63	4	29		1				85	5	
5	固定资产投资方向调节税																		
6	城市维护建设税	13596	6230	278	224	29	7	1	2919	238	2351	422	108	6	70	9	7188	188	29
7	房产税	3843	2053	227	129	26	3	1	938	106	567	163	64	4	34	4	1692	61	6
8	印花税	5688	4729	203	147	30	3	1	2470	210	1594	282	84	5	45	2	830	149	13
9	城镇土地使用税	3927	2273	220	105	27	2		1157	104	672	90	66	4	36	2	1552	60	4
10	土地增值税	189	184	7	4				146	5	18	9	4		1			3	
11	车船税	131	130	1	2				100	21	25	2	1					9	1
12	车辆购置税																		
13	烟叶税																		
14	耕地占用税	44	42	1					5		6	30	2						
15	契税	147	136	2	1	1			98	6	25	9	5		2		4	5	
16	屠宰税																		
17	附列资料:纳税户数	18791	9173	371	325	35	10	1	4090	349	3377	965	144	7	90	9	9384	522	58
18	登记户数	58433	19144	907	829	63	61	6	8048	558	7029	2207	284	12	154	13	38851		

2015年茂名市地方税务局纳税登记户数分登记类型统计年报表

编报机关:茂名市地方税务局　　　　单位:户

序号	项目	合计	内资企业										港澳台投资企业	国有控投	外商投资企业	国有控股	个体经营	附:总机构户数	分支机构户数
			小计	国有企业	集体企业	股份合作企业	联营企业	国有控股	股份公司	国有控股	私营企业	其他企业							
1	营业税	6095	2824	209	117	40	3		1982	99	182	291	31	3	21	4	3219	97	11
2	企业所得税	2970	2958	229	240	22	8		2125	42	84	250	11	1	1			100	14
3	个人所得税	5343	2772	242	60	35	2		1494	99	381	558	60	3	17	2	2494	57	15
4	资源税	321	218	2	12				79		120	5	1				102		
5	固定资产投资方向调节税																		2
6	城市维护建设税	15995	7735	266	328	54	14		5797	142	956	320	143	6	36	5	8081	150	17
7	房产税	18467	3753	240	211	94	11	1	2147	108	780	270	72	4	13	2	14629	74	19
8	印花税	5004	4448	172	132	45	8	1	3157	124	653	281	113	2	19	3	424	120	11
9	城镇土地使用税	12794	3306	195	215	94	11	2	1985	107	619	187	74	3	14	2	9400	61	10
10	土地增值税	263	258	18	8	4	1		200	4	5	22	3		1		1	6	6
11	车船税	189	183	4	2				164	27	5	8	3		3			3	1
12	车辆购置税																		
13	烟叶税																		
14	耕地占用税	18	18	1					10			7							
15	契税	120	115	6	1	1			94	8	4	9	2				3	1	
16	屠宰税																		
17	附列资料:纳税户数	32786	11555	422	462	108	25	2	8086	230	1457	995	197	7	45	6	20989	669	975
18	登记户数	84279	23441	912	1130	163	55	2	15818	487	2702	2661	504	17	111	8	60223		

2015年肇庆市地方税务局纳税登记户数分登记类型统计年报表

编报机关:肇庆市地方税务局　　单位:户

序号	项目	合计	内资企业										港澳台投资企业	国有控投	外商投资企业	国有控股	个体经营	附:总机构户数	分支机构户数
			小计	国有企业	集体企业	股份合作企业	联营企业	国有控股	股份公司	国有控股	私营企业	其他企业							
1	营业税	5352	2266	129	113	6	3	1	1310	100	356	349	84	3	59	4	2943	76	34
2	企业所得税	1687	1683	95	242		10	3	855	45	153	328	1		3			47	35
3	个人所得税	5746	3129	111	42	5	4	1	1648	111	528	791	229	8	124	12	2264	88	30
4	资源税	235	156	1	4				77	2	74		2		4	2	73	3	
5	固定资产投资方向调节税																		
6	城市维护建设税	14217	5666	150	267	6	11	3	3470	162	1436	326	306	11	137	11	8108	141	49
7	房产税	17563	2479	101	144	5	12	3	1469	97	605	143	228	10	109	10	14747	72	11
8	印花税	9906	6262	115	181	9	10	3	4044	239	1565	338	335	9	133	12	3176	133	39
9	城镇土地使用税	19858	3350	99	168	5	10	2	2116	124	839	113	274	8	115	10	16119	79	17
10	土地增值税	307	295	14	22	1	1	1	199	13	35	23	8	1	4			7	2
11	车船税	383	333	10	9	2			202	17	39	71	20	1	17	1	13	17	3
12	车辆购置税																		
13	烟叶税																		
14	耕地占用税	40	34	2	5				8	3	7	12			1	1	5	2	
15	契税	243	225	8	4	1			165	24	34	13	9		7	2	2	6	
16	屠宰税																		
17	附列资料:纳税户数	32538	9124	218	362	10	14	4	5281	310	2111	1128	416	15	182	15	22816	615	190
18	登记户数	58107	14497	411	624	25	37	7	8129	424	3030	2241	824	24	247	20	42539	247	49

2015年清远市地方税务局纳税登记户数分登记类型统计年报表

编报机关:清远市地方税务局　　　　单位:户

序号	项　目	合计	内资企业										港澳台投资企业	国有控投	外商投资企业	国有控股	个体经营	附:总机构户数	分支机构户数
			小计	国有企业	集体企业	股份合作企业	联营企业	国有控股	股份公司	国有控股	私营企业	其他企业							
1	营业税	6869	3601	130	77	10	4		2638	149	394	348	93	6	67	7	3108	141	41
2	企业所得税	1790	1782	81	179	4	16	4	1230	53	83	189	4		4			48	60
3	个人所得税	9443	5111	111	54	11	7	1	3293	167	851	784	264	13	102	9	3966	167	70
4	资源税	279	204	1	3				126	2	73	1	4	1	1		70	1	1
5	固定资产投资方向调节税																		
6	城市维护建设税	15291	7660	193	225	11	18	3	5501	238	1356	356	310	16	129	11	7192	201	82
7	房产税	4897	2651	127	190	7	9	1	1637	113	553	128	200	9	71	7	1975	86	21
8	印花税	9485	7250	124	198	27	16	3	5370	226	1129	386	329	14	98	7	1808	181	62
9	城镇土地使用税	6482	3271	125	190	7	9	1	2184	134	642	114	212	10	73	6	2926	79	22
10	土地增值税	394	357	2	4	2			316	11	12	21	11		2		24	7	
11	车船税	400	369	17	2	1			302	26	20	27	15	2	9	2	7	31	4
12	车辆购置税																		
13	烟叶税	1	1						1										1
14	耕地占用税	55	54									54	1					1	
15	契税	223	209	1	3	3			175	17	14	13	8		2		4	10	
16	屠宰税																		
17	附列资料:纳税户数	23498	11596	256	285	29	20	4	8097	367	1742	1167	396	18	154	14	11352	240	1333
18	登记户数	58617	20289	433	540	34	37	10	14312	627	2722	2211	731	21	210	19	37387		

2015年潮州市地方税务局纳税登记户数分登记类型统计年报表

编报机关:潮州市地方税务局　　　　单位:户

序号	项目	合计	内资企业										港澳台投资企业		外商投资企业		个体经营	附:总机构户数	分支机构户数
			小计	国有企业	集体企业	股份合作企业	联营企业	国有控股	股份公司	国有控股	私营企业	其他企业		国有控投		国有控股			
1	营业税	1789	1348	81	90	14	2		833	55	177	151	30	2	13		398	129	5
2	企业所得税	2456	2453	102	167	157	2		1837	32	23	165	2		1			171	12
3	个人所得税	9664	6343	80	118	158	3		3505	89	2351	128	189	7	68	2	3064	362	14
4	资源税	2625	1508	6	30	21			624	6	817	10	91	2	39	1	987	77	
5	固定资产投资方向调节税																		
6	城市维护建设税	10553	6755	137	162	159	3		3572	98	2531	191	222	8	87	2	3489	380	18
7	房产税	15616	7355	155	163	159	3		4010	91	2613	252	256	9	77	2	7928	360	7
8	印花税	9581	6718	112	139	159	3		3696	127	2477	132	226	8	80	2	2557	352	17
9	城镇土地使用税	15832	7440	154	168	160	3		4092	99	2611	252	256	9	77	2	8059	364	8
10	土地增值税	75	66	3	7				49	1	4	3	4				5	3	
11	车船税	36	31	1	2	1			22	2	3	2	1		3		1	3	1
12	车辆购置税																		
13	烟叶税																		
14	耕地占用税	26	21	2					16	3	2	1	2	1	1		2	1	
15	契税	14	13	2					9	1	1	1	1					1	
16	屠宰税																		
17	附列资料:纳税户数	18047	8736	205	222	180	3		4883	157	2810	433	288	9	102	2	8921	2203	82
18	登记户数	41164	15310	661	980	362	8		7925	331	4383	991	647	32	211	8	24996		

2015年揭阳市地方税务局纳税登记户数分登记类型统计年报表

编报机关:揭阳市地方税务局　　　　单位:户

序号	项目	合计	内资企业										港澳台投资企业	国有控投	外商投资企业	国有控股	个体经营	附:总机构户数	分支机构户数
			小计	国有企业	集体企业	股份合作企业	联营企业	国有控股	股份公司	国有控股	私营企业	其他企业							
1	营业税	2836	1769	116	141	6			1110	77	246	150	32		34	1	1001	178	16
2	企业所得税	2254	2253	138	312	1	1		1406	31	261	134			1			154	22
3	个人所得税	9679	4205	91	123	3	1		3096	101	710	181	166	4	62	5	5246	365	23
4	资源税	655	350	12	47				210	7	80	1	3		2	1	300	26	1
5	固定资产投资方向调节税																		
6	城市维护建设税	14836	7406	172	303	5	1		5263	195	1455	207	238	3	79	7	7113	487	31
7	房产税	23591	7244	252	345	7	4		4804	187	1523	309	207	4	46	5	16094	389	15
8	印花税	9617	8087	174	255	13	3		5772	266	1350	520	234	3	62	5	1234	458	24
9	城镇土地使用税	29453	9523	273	388	14	6		6664	264	1851	327	255	6	64	9	19611	459	29
10	土地增值税	113	107	2	6				86		12	1	5				1	6	
11	车船税	340	293	20	1	1			226	19	20	25	24		3		20	66	1
12	车辆购置税																		
13	烟叶税																		
14	耕地占用税	24	22						2	1		20					2		
15	契税	74	70		1	1			61	4	5	2	2		1		1	5	
16	屠宰税																		
17	附列资料:纳税户数	37850	12655	394	543	17	7		8517	415	2303	874	315	6	98	11	24782	2593	162
18	登记户数	74820	21568	915	1314	217	16	1	12830	813	3358	2918	575	13	150	11	52527		

2015年云浮市地方税务局纳税登记户数分登记类型统计年报表

编报机关:云浮市地方税务局　　　　单位:户

序号	项目	合计	内资企业										港澳台投资企业	国有控投	外商投资企业	国有控股	个体经营	附:总机构户数	分支机构户数
			小计	国有企业	集体企业	股份合作企业	联营企业	国有控股	股份公司	国有控股	私营企业	其他企业							
1	营业税	4095	1933	109	89	5	1	1	1079	93	364	286	57	7	27	8	2078	127	38
2	企业所得税	1410	1408	67	207	1			744	52	143	246			2			72	112
3	个人所得税	5132	2581	104	64	6			1373	113	476	558	134	17	41	12	2376	178	50
4	资源税	208	149	3	2				67	4	77		5		2	2	52	13	
5	固定资产投资方向调节税																		
6	城市维护建设税	13226	5410	119	167	5	2	1	3268	202	1579	270	175	20	56	18	7585	228	51
7	房产税	14265	3072	103	235	7	2	1	1378	109	1029	318	108	15	34	13	11051	145	23
8	印花税	14682	6066	131	219	7	3	2	3718	195	1632	356	195	23	59	22	8362	233	49
9	城镇土地使用税	14077	3215	94	232	7	1		1486	110	1089	306	110	13	33	12	10719	147	21
10	土地增值税	204	197	6	7	2			129	3	34	19	7	1				12	
11	车船税	248	217	6	3				154	21	36	18	6		9	2	16	30	3
12	车辆购置税																		2
13	烟叶税																		
14	耕地占用税	55	42	1	1	1			3		1	35	1		1		11	1	
15	契税	141	133	13	5	4			86	7	19	6	6	2	2			14	1
16	屠宰税																		
17	附列资料:纳税户数	28829	9118	192	396	10	4	2	4905	275	2616	995	225	27	75	26	19411	1200	278
18	登记户数	50195	13086	319	570	59	8	4	6818	436	3780	1532	388	31	93	29	36628		

2015 年横琴新区地方税务局纳税登记户数分登记类型统计年报表

编报机关:横琴新区地方税务局　　　　单位:户

序号	项目	合计	内资企业										港澳台投资企业	国有控投	外商投资企业	国有控股	个体经营	附:总机构户数	分支机构户数
			小计	国有企业	集体企业	股份合作企业	联营企业	国有控股	股份公司	国有控股	私营企业	其他企业							
1	营业税	767	653	1	1	1			454	52	193	3	21	2	7	2	86	35	6
2	企业所得税	490	488	1	2				335	18	149	1	2					21	3
3	个人所得税	1209	1057	1		1			766	87	272	17	72	12	38	3	42	69	9
4	资源税																		
5	固定资产投资方向调节税																		
6	城市维护建设税	1780	1582	1		1			1130	100	446	4	50	8	31	2	117	74	9
7	房产税	89	84	1	1	1			68	5	12	1	1		2		2	12	3
8	印花税	840	749	2					463	53	284		65	3	26	1		44	7
9	城镇土地使用税	71	60		1				48	6	11		5		5		1	6	2
10	土地增值税	11	11						8	1	3								
11	车船税	39	35						27	4	8		3		1	1		6	
12	车辆购置税																		
13	烟叶税																		
14	耕地占用税	23	15						13	1	2		7		1				
15	契税	2	2						1	1		1							
16	屠宰税																		
17	附列资料:纳税户数	2925	2567	2	2	1			1740	185	803	19	128	17	50	6	180	267	39
18	登记户数	14833	13475	28	17	1	1		8431	2902	4946	51	495	235	126	30	737		

2015年顺德区地方税务局纳税登记户数分登记类型统计年报表

编报机关:顺德区地方税务局　　　　单位:户

序号	项目	合计	内资企业										港澳台投资企业		外商投资企业		个体经营	附:总机构户数	分支机构户数
			小计	国有企业	集体企业	股份合作企业	联营企业	国有控股	股份公司	国有控股	私营企业	其他企业		国有控投		国有控股			
1	营业税	12398	8054	24	64				3623	123	3398	945	464	32	224	6	3656	601	137
2	企业所得税	7925	7914	23	109		1		3555	62	3367	859	6	2	5			527	63
3	个人所得税	22456	15851	24	43		2		6335	136	8712	735	882	49	335	10	5388	947	146
4	资源税	123	8		1				4		3						115	1	1
5	固定资产投资方向调节税																		19
6	城市维护建设税	54127	34723	46	85	1	1		14079	160	19804	707	1045	51	394	12	17965	1344	238
7	房产税	12711	6637	31	69		2	1	2780	101	3403	352	551	40	128	6	5395	528	64
8	印花税	19642	17277	20	21	1			6493	117	10604	138	770	44	270	11	1325	771	91
9	城镇土地使用税	10165	5110	39	61		1	1	2302	95	2316	391	513	37	120	7	4422	427	63
10	土地增值税	274	232		8				174	10	40	10	27	1	10	1	5	22	8
11	车船税	639	572	1	4				305	9	217	45	42	2	9	1	16	88	2
12	车辆购置税																		5
13	烟叶税																		
14	耕地占用税	43	43		2							41							
15	契税	159	140	1	1				80	9	53	5	11		5	1	3	14	1
16	屠宰税																		
17	附列资料:纳税户数	69086	44219	72	136	1	3	1	16924	251	25512	1571	1257	56	501	15	23109	5270	814
18	登记户数	134471	65724	139	255	34	3	1	24455	420	38376	2462	1742	64	711	19	66294		

2015 年广东省地方税务局直属分局纳税登记户数分登记类型统计年报表

编报机关:广东省地方税务局直属分局　　　　单位:户

序号	项　目	合计	内资企业										港澳台投资企业	国有控投	外商投资企业	国有控股	个体经营	附:总机构户数	分支机构户数
			小计	国有企业	集体企业	股份合作企业	联营企业	国有控股	股份公司	国有控股	私营企业	其他企业							
1	营业税	2419	1749	72	19	7	4	2	1332	372	297	18	269	17	398	25	3	54	
2	企业所得税	528	523	131	4		3	3	240	128	6	139	5	3				36	
3	个人所得税																		
4	资源税																		
5	固定资产投资方向调节税																		
6	城市维护建设税																		
7	房产税																		
8	印花税																		
9	城镇土地使用税																		
10	土地增值税																		
11	车船税																		
12	车辆购置税																		
13	烟叶税																		
14	耕地占用税																		
15	契税																		
16	屠宰税																		
17	附列资料:纳税户数	2895	2222	190	23	7	7	5	1536	485	302	157	272	18	398	25	3	90	
18	登记户数	6060	4867	530	63	27	26	14	2908	878	889	424	492	32	689	43	12		

2015年广东省地方税务局纳税登记户数分行业统计年报表(1)

编报机关:广东省地方税务局　　　　单位:户

序号	项目	营业税	企业所得税		个人所得税	城市维护建设税	房产税	印花税	城镇土地使用税	土地增值税
			内资企业	外资企业						
1	合计	407333	192385	7353	556645	1269729	276016	876908	273887	7760
2	一、第一产业	1548	709	15	2874	2704	4772	6553	4950	31
3	二、第二产业	62151	49936	5308	203723	387067	91386	345034	88154	689
4	(一)采矿业	116	107	1	594	1058	783	952	957	6
5	1. 煤炭开采和洗选业	8	3		9	18	9	14	8	3
6	2. 石油和天然气开采业	6	1		13	17	8	18	12	
7	3. 黑色金属矿采选业	7	9		29	41	52	51	57	
8	4. 有色金属矿采选业	14	10		51	62	58	83	70	
9	5. 非金属矿采选业	61	61		364	674	472	545	578	3
10	6. 其他采矿业	20	23	1	128	246	184	241	232	
11	(二)制造业	17433	20200	5208	175397	331516	78557	294454	74755	395
12	1. 农副食品加工业	370	532	25	1746	2293	2444	2478	2396	16
13	2. 食品制造业	388	532	55	2028	3768	2000	3506	2005	13
14	3. 酒、饮料和精制茶制造业	107	146	10	382	766	483	662	488	
15	4. 烟草制品业	11	11	1	19	22	22	17	23	
16	5. 纺织业	465	695	129	5412	8130	3461	8279	2951	16
17	6. 纺织服装、服饰业	968	1388	270	14925	19801	5132	21925	5248	51
18	7. 皮革、毛皮、羽毛及其制品和制鞋业	412	524	187	10095	14818	3580	14916	3691	13
19	8. 木材加工及木竹藤棕草制品业	157	137	22	2308	4214	2062	3935	2063	4

续表

序号	项目	营业税	企业所得税		个人所得税	城市维护建设税	房产税	印花税	城镇土地使用税	土地增值税
			内资企业	外资企业						
20	9. 家具制造业	514	536	122	6000	12304	2608	10760	2207	10
21	10. 造纸及纸制品业	347	728	156	5802	11211	2177	9359	2151	3
22	11. 印刷和记录媒介复制业	399	1541	165	5232	9526	2463	7194	2203	7
23	12. 文教、工美、体育和娱乐用品制造业	554	720	203	4609	6798	2903	7230	3031	13
24	13. 石油加工、炼焦和核燃料加工业	34	30	4	78	168	96	154	83	
25	14. 化学原料和化学制品制造业	569	1053	137	3696	6676	2408	6382	2373	20
26	15. 医药制造业	154	188	43	637	945	501	893	525	8
27	16. 化学纤维制造业	32	20	15	161	284	88	243	77	3
28	17. 橡胶和塑料制品业	1262	1943	754	16733	28464	7840	24719	7627	30
29	18. 非金属矿物制品业	556	840	63	7031	11141	7228	10257	6945	16
30	19. 黑色金属冶炼和压延加工业	81	98	6	934	1375	589	1035	497	3
31	20. 有色金属冶炼和压延加工业	159	193	13	1300	1801	982	1695	776	1
32	21. 金属制品业	1858	2174	525	29140	49693	13826	45746	12395	28
33	22. 通用设备制造业	715	712	137	5642	11639	2103	10127	1586	16
34	23. 专用设备制造业	832	694	171	6329	13655	1846	11505	1708	10
35	24. 汽车制造业	322	92	19	1095	1602	429	1721	459	4
36	25. 铁路、船舶、航空航天和其他运输设备制造业	172	113	28	656	1081	362	995	354	3
37	26. 电气机械和器材制造业	1493	1432	365	17285	25793	3614	23955	3367	28
38	27. 计算机、通信和其他电子设备制造业	2289	1349	848	9895	32444	2710	24185	2840	39
39	28. 仪表仪器制造业	216	197	96	1052	2353	352	1981	362	7

续表

序号	项目	营业税	企业所得税		个人所得税	城市维护建设税	房产税	印花税	城镇土地使用税	土地增值税
			内资企业	外资企业						
40	29. 其他制造业	1997	1582	639	15175	48751	4248	38600	4324	33
41	（三）电力、热力、燃气及水的生产和供应业	1076	1494	24	3608	6989	6141	5887	6232	23
42	1. 电力、热力的生产和供应业	395	1028	7	2712	5574	5188	4709	5256	18
43	2. 燃气生产和供应业	149	147	12	281	457	302	433	311	
44	3. 水的生产和供应业	532	319	5	615	958	651	745	665	5
45	（四）建筑业	43526	28135	75	24124	47504	5905	43741	6210	265
46	1. 房屋建筑业	3528	2825	10	2510	3507	923	3819	970	111
47	2. 土木工程建筑业	2609	2057	1	1462	2840	507	2984	519	16
48	3. 建筑装饰业	11810	7195	32	7304	13040	1724	11893	1842	60
49	4. 建筑装饰和其他建筑业	25579	16058	32	12848	28117	2751	25045	2879	78
50	三、第三产业	343634	141740	2030	350048	879958	179858	525321	180783	7040
51	（一）批发和零售业	48362	27266	493	166832	399315	106327	309709	106033	620
52	1. 批发业	23764	15808	228	63727	223981	18436	169238	17594	397
53	2. 零售业	24598	11458	265	103105	175334	87891	140471	88439	223
54	（二）交通运输、仓储和邮政业	4500	10378	200	11671	27411	4173	20841	3877	50
55	1. 交通运输业	3427	9038	163	10540	23912	3325	18382	3103	41
56	2. 仓储业	499	967	36	643	2159	585	1839	477	8
57	3. 邮政业	574	373	1	488	1340	263	620	297	1
58	（三）住宿和餐饮业	89332	6982	91	37893	123803	15398	15045	14636	27
59	1. 住宿业	13145	1915	29	5763	13416	2866	2385	2681	20

续表

序号	项　目	营业税	企业所得税		个人所得税	城市维护建设税	房产税	印花税	城镇土地使用税	土地增值税
			内资企业	外资企业						
60	2. 餐饮业	76187	5067	62	32130	110387	12532	12660	11955	7
61	（四）信息传输、软件和信息技术服务业	8122	4072	91	8790	22795	2011	17106	2076	16
62	1. 电信、广播电视和卫星传输服务业	789	155	7	553	1537	645	661	630	2
63	2. 互联网和相关服务	2359	505	3	945	2081	320	1408	329	
64	3. 软件和信息技术服务业	4974	3412	81	7292	19177	1046	15037	1117	14
65	（五）金融业	8695	1693	24	3988	8091	2080	6513	2187	88
66	1. 货币金融服务	2496	428	4	1160	2206	1314	2362	1289	64
67	2. 资本市场服务	1590	538	1	783	1583	210	1537	257	6
68	3. 保险业	2280	163	2	1345	2016	344	1598	389	6
69	4. 其他金融	2329	564	17	700	2286	212	1016	252	12
70	（六）房地产业	36740	16263	476	15992	33430	14334	23619	16337	5486
71	（七）租赁和商务服务业	49993	38480	371	35014	91794	10743	60014	10571	370
72	1. 租赁业	1384	1486	9	1135	4756	927	2778	680	3
73	2. 商务服务业	48609	36994	362	33879	87038	9816	57236	9891	367
74	（八）科学研究和技术服务业	10529	9159	69	16677	41219	3006	32229	3077	53
75	（九）居民服务、修理和其他服务业	56826	13215	181	28994	100764	15887	25394	16709	132
76	（十）教育	10041	5434	4	7685	7910	975	3742	779	17
77	（十一）卫生和社会工作	3744	935	4	3561	3536	731	1118	636	5
78	（十二）文化、体育和娱乐业	10406	3491	21	5358	12492	1296	4751	1206	11
79	（十三）公共管理、社会保障和社会组织	4613	3227	1	5791	4782	2143	2841	1888	150
80	（十四）其他行业	1731	1145	4	1802	2615	754	2398	771	15

2015 年广东省地方税务局纳税登记户数分行业统计年报表(2)

编报机关:广东省地方税务局　　　　单位:户

序号	项　　目	车辆购置税	车船税	契税	耕地占用税	其他各税	附列资料:纳税户数	登记户数	附:总机构户数	分支机构户数
1	合　　计		82704	4333	1953	8186	1862674	5029110	74045	31502
2	一、第一产业		205	128	19	39	12363	38073	509	260
3	二、第二产业		10639	1151	442	6994	509813	927197	25625	3313
4	(一)采矿业		26	15	3	807	1747	3940	33	5
5	1. 煤炭开采和洗选业			2		1	30	80	5	1
6	2. 石油和天然气开采业		1		1		28	56		7
7	3. 黑色金属矿采选业		1			30	89	284	8	5
8	4. 有色金属矿采选业		6	1		26	134	276	20	8
9	5. 非金属矿采选业		10	5	1	597	1027	2267	59	25
10	6. 其他采矿业		8	7	1	153	439	977	-59	-12
11	(二)制造业		8724	984	352	3960	429660	789544	17384	1385
12	1. 农副食品加工业		127	136	11		4505	9971	383	70
13	2. 食品制造业		207	18	14	3	5386	10548	619	63
14	3. 酒、饮料和精制茶制造业		46	10	3	17	1094	2016	156	8
15	4. 烟草制品业		4			2	29	64	14	16
16	5. 纺织业		237	53	10	4	11305	22459	525	11
17	6. 纺织服装、服饰业		495	103	24	9	31097	74269	1439	58
18	7. 皮革、毛皮、羽毛及其制品和制鞋业		431	19	6	1	21884	49069	719	28
19	8. 木材加工及木竹藤棕草制品业		99	11	3	7	6581	13661	140	18

续表

序号	项目	车辆购置税	车船税	契税	耕地占用税	其他各税	附列资料：纳税户数	登记户数	附：总机构户数	分支机构户数
20	9. 家具制造业		278	20	15	3	15290	24641	873	23
21	10. 造纸及纸制品业		411	12	10	6	13564	21750	236	33
22	11. 印刷和记录媒介复制业		308	8	6	4	10600	14870	389	18
23	12. 文教、工美、体育和娱乐用品制造业		242	26	6	7	10029	23070	447	79
24	13. 石油加工、炼焦和核燃料加工业		11	1			228	365	32	4
25	14. 化学原料和化学制品制造业		463	59	17	49	8274	12419	703	82
26	15. 医药制造业		94	26	6	1	1219	1951	200	22
27	16. 化学纤维制造业		9	1	1		345	608	12	2
28	17. 橡胶和塑料制品业		798	55	29	30	35325	58659	1103	60
29	18. 非金属矿物制品业		410	47	23	3627	14910	25935	1220	70
30	19. 黑色金属冶炼和压延加工业		40	7	1	4	1674	3768	84	5
31	20. 有色金属冶炼和压延加工业		77	10	4	10	2410	4627	243	18
32	21. 金属制品业		1044	83	32	33	65003	115297	1857	153
33	22. 通用设备制造业		356	32	17	15	14441	25800	646	33
34	23. 专用设备制造业		372	25	22	22	16873	29279	697	33
35	24. 汽车制造业		169	18	7	2	2107	3201	202	13
36	25. 铁路、船舶、航空航天和其他运输设备制造业		73	9	4	2	1357	2597	139	26
37	26. 电气机械和器材制造业		614	46	16	5	30893	48119	2101	58
38	27. 计算机、通信和其他电子设备制造业		597	47	28	2	37841	69630	1072	184
39	28. 仪表仪器制造业		74	8	2	8	3026	5576	186	12

续表

序号	项　　目	车辆购置税	车船税	契税	耕地占用税	其他各税	附列资料：纳税户数	登记户数	附：总机构户数	分支机构户数
40	29. 其他制造业		638	94	35	87	62370	115324	947	189
41	（三）电力、热力、燃气及水的生产和供应业		192	40	30	35	8970	12621	873	486
42	1. 电力、热力的生产和供应业		103	24	20	10	7036	9242	262	384
43	2. 燃气生产和供应业		27	9	4	3	677	1503	400	61
44	3. 水的生产和供应业		62	7	6	22	1257	1876	211	41
45	（四）建筑业		1697	112	57	2192	69436	121092	7335	1432
46	1. 房屋建筑业		215	30	8	556	5315	9872	1949	245
47	2. 土木工程建筑业		171	15	6	159	4627	9036	610	243
48	3. 建筑装饰业		595	23	19	521	18417	31604	2588	467
49	4. 建筑装饰和其他建筑业		716	44	24	956	41077	70580	2188	501
50	三、第三产业		71860	3054	1492	1153	1340498	4063840	57017	28628
51	（一）批发和零售业		11312	575	286	727	659638	2571465	19652	9164
52	1. 批发业		7762	324	116	217	310959	1021867	10350	3708
53	2. 零售业		3550	251	170	510	348679	1549597	9302	5540
54	（二）交通运输、仓储和邮政业		5988	53	35	25	40753	102171	3595	1854
55	1. 交通运输业		5285	40	18	25	35789	91640	2922	1513
56	2. 仓储业		602	7	16		3170	5828	202	116
57	3. 邮政业		101	6	1		1794	4703	471	225
58	（三）住宿和餐饮业		440	26	17	20	141503	240691	2557	3209
59	1. 住宿业		150	15	6	12	15403	20837	653	519

续表

序号	项　　目	车辆购置税	车船税	契税	耕地占用税	其他各税	附列资料：纳税户数	登记户数	附：总机构户数	分支机构户数
60	2. 餐饮业		290	11	11	8	126100	219854	1904	2702
61	（四）信息传输、软件和信息技术服务业		1159	50	33	19	33926	105552	2057	1060
62	1. 电信、广播电视和卫星传输服务业		58	19	5	3	2218	7300	645	210
63	2. 互联网和相关服务		21	1	6	2	4258	9065	147	153
64	3. 软件和信息技术服务业		1080	30	22	14	27450	89187	1265	697
65	（五）金融业		1228	109	47	4	13075	57689	4418	1039
66	1. 货币金融服务		153	65	26		4009	23881	2202	358
67	2. 资本市场服务		66	18	14	1	3086	20886	127	333
68	3. 保险业		942	7	1		2776	6128	1889	291
69	4. 其他金融		67	19	6	3	3204	6794	200	57
70	（六）房地产业		1452	960	421	68	54485	93961	7162	3281
71	（七）租赁和商务服务业		3706	338	232	83	146576	358439	7619	3828
72	1. 租赁业		504	5	2	7	6583	14457	211	167
73	2. 商务服务业		3202	333	230	76	139993	343982	7408	3661
74	（八）科学研究和技术服务业		3094	100	59	23	58905	128405	3413	735
75	（九）居民服务、修理和其他服务业		1283	132	90	119	133055	289293	4541	3388
76	（十）教育		1151	12	13	1	17384	31687	585	362
77	（十一）卫生和社会工作		359	14	4	1	7027	12693	158	90
78	（十二）文化、体育和娱乐业		217	17	5	3	18707	37874	584	640
79	（十三）公共管理、社会保障和社会组织		1107	240	234	14	11137	26154	318	132
80	（十四）其他行业		39364	428	16	46	4326	7765	358	96

第八篇

附　录

2015年广东省地方税务系统获各荣誉奖项一览表

荣誉称号		授奖部门	获奖单位(个人)
全国	文明单位	中央精神文明建设指导委员会	韶关市乳源县地税局 韶关市翁源县地税局 河源市源城区地税局 惠州市地税局(机关) 湛江市地税局(机关) 茂名市电白区地税局 清远市地税局 潮州市地税局 云浮市地税局(机关)
	模范职工之家	中华全国总工会	佛山市地税局工会委员会 惠州市龙门县地税局工会委员会 肇庆市地税局工会委员会
	模范职工小家	中华全国总工会	中山市地税局城区分局工会征收股工会小组 肇庆市怀集县地税局工会城区税务分局分会 顺德区地税局北滘分局工会小组
	三八红旗集体	中华全国妇女联合会	清远市经济开发区地税局龙塘税务分局征收组
	巾帼文明岗	中华全国妇女联合会	江门鹤山市地税局 茂名市茂南区地税局河东办税服务厅 肇庆四会市地税局城区税务分局 清远市清城区地税局凤城分局征收服务组
	巾帼建功标兵	中华全国妇女联合会	叶桂亮(云浮市新兴县地税局)
	优秀工会工作者	中华全国总工会	邓　华(广州市地税局) 彭新喜(陆丰市地税局) 杨　坚(肇庆市封开县地税局)
	社科工作先进个人	全国大中城市社科联工作会议主席团	梁燕波(江门市地税局)
广东省	广东省先进集体	广东省委 广东省政府	江门鹤山市地税局办税服务厅 揭阳市地税局规费管理科
	五四红旗团支部	共青团广东省委员会	肇庆市高新区地方税务局团支部
	模范职工之家	广东省总工会	韶关市乳源县地税局
	优秀工会工作者	广东省总工会	刘晓丽(清远市阳山县地税局)

续表

荣誉称号		授奖部门	获奖单位(个人)
广东省	工会女职工工作先进集体	广东省总工会	清远市清新区地方税务局工会女职工委员会
	优秀共青团干	共青团广东省委员会	周小琪(阳江市阳东区地税局)
	青年文明号	广东省地税局 共青团广东省委员会	一、新命名集体(14个): 广州市越秀区地税局纳税服务局 广州市南沙开发区地税局第一税务分局 珠海市香洲区地税局社保费征收服务厅 佛山市禅城区地税局祖庙分局 河源市和平县地税局城区分局办税服务厅 东莞市地税局松山湖税务分局 江门市蓬江区地税局税费综合业务管理组 湛江市坡头区地税局征收大厅 茂名市茂南区地税局河东办税服务厅 肇庆市鼎湖区地税局办税服务厅 清远英德市地税局城区税务分局 揭阳市揭东区地税局经济开发区分局 横琴新区地税局办税服务厅 顺德区地税局容桂税务分局 二、继续认定(25个) 广州市天河区地税局纳税服务局(原计划征收科) 广州市荔湾区地税局第二办税厅 广州市地税局12366咨询台 广州市开发区地税局东区分局 广州市地税局第四稽查局稽查二科 珠海市香洲区地税局前山分局 汕头市澄海区地税局东里税务分局 佛山市禅城区地税局南庄税务分局 阳江市海陵岛经济开发区地税局 阳江市阳东县地税局北惯税务分局 湛江市麻章区地税局征收大厅 湛江吴川市地税局梅菉税务分局 湛江廉江市地税局廉城税务分局 湛江市经济技术开发区地税局团支部 茂名市茂南区地税局新坡税务分局 茂名市茂南区地税局开发区税务分局 茂名高州市地税局城区税务分局征收大厅 肇庆市高新技术产业开发区地税局 清远市清城区地税局凤城税务分局 清远市清城区地税局洲心税务分局 揭阳市榕城区地税局梅云税务分局 揭阳市惠来县地税局惠城税务分局 顺德区地税局北滘税务分局 顺德区地税局大良税务分局 广东省地税局直属税务分局综合业务科(原计划征收科)
	巾帼文明岗	广东省妇联	揭阳市惠来县地税局

续表

荣誉称号		授奖部门	获奖单位(个人)
广东省地税系统	个人三等功	广东省地税局	省局:周　斌　李祖光　付海涛　陈　洋　王世荣　卓鹏程 市局:严贵杨(珠海)　钟毅民(东莞)　蒋安平(阳江)　李漫天(湛江)　吴锡昌(茂名)　陈　伟(云浮)
	个人嘉奖	广东省地税局	省局:赵　平　王绍乐　黄俊杰　朱晓菁　张浩林　龚学泉　陈　勃　杨　皓　吴旭红　孙　婷　詹立仁　朱国强　张建生　李　坚　黄桂祥　孙　杰　陈　挺　刘　伟　林川湘　邓晓炜　彭　帆　黎冠文　谢沁华　黄泽恩　黄松宜　刘曲萍　杨　蕾　伍丽红　范　欣　王力元　周秋波　林桂鹏　吴仕稀　曾思敏　曹梅松　敖圣彦　王　芳　黄世能　林蓄仁　康洁刚　向　景　钟云姗　杨卫芳　王永民 市局:陆耀炳(广州)　胡　强(广州)　罗增庆(横琴)　张振宇(汕头)　陈德元(汕头)　朱　毅(佛山)　王中高(韶关)　刘通天(河源)　练富强(河源)　李万清(梅州)　戎惠良(惠州)　曾　军(汕尾)　罗镜文(中山)　关子超(江门)　林兆华(肇庆)　徐　杰(清远)　赖竹华(潮州)　陈　泽(潮州)　郑杰鹏(揭阳)　黄少波(揭阳)　李　铸(云浮)　孙彦浩(深汕)

2015 年广东省地方税务系统获省(部)级以上荣誉奖项

获奖单位

全国文明单位

韶关市乳源瑶族自治县地方税务局内设办公室、人事教育股等 7 个职能部门,辖稽查局和 4 个税务分局。2015 年,在职干部职工 78 人。“十二五”期间,税费总收入从 2011 年的 4.71 亿元增加到 2015 年的 7.24 亿元,年均增长 9%,五年累计组织税费总收入达 31.05 亿元。乳源县地税局全面落实各项服务举措,配合上级部门落实少数民族地区企业所得税减免优惠政策,优化当地营商环境,扩大县域地区经济规模;开展“三严三实”专题教育活动,推进道德讲堂等特色活动,系统上下扬清风、讲廉洁、勇争先、甘奉献蔚然成风;开展各项创建工作,通过创建全国文明单位和开展各种公益爱心活动,自觉践行社会主义核心价值观,以一系列活动向系统内外传递地税人培育践行决心和行动。2015 年,乳源县地税局荣获“省模范职工之家”和“第四届全国文明单位”称号。(李阳才)

全国文明单位

韶关市翁源县地方税务局成立于 1994 年,下设 5 个分局、1 个稽查局、6 个股室、1 个规费中心。2015 年,有干部职工 88 人,本科学历 44 人,大专学历 36 人,中专学历 8 人。“十二五”期间,税费收入从 2011 年的 3.75 亿元增长到 2015 年的 6.8 亿元,年均增长 16.4%。翁源县地税局始终以“带好队、收好税、执好法、服好务”为根本,全力推进依法治税、税费征管、纳税服务、作风建设、队伍建设和党风廉政建设,开展“五个一”道德讲堂活动,实施“以文化人、以文兴税”战略,把文明建设贯穿于税收各项工作的全过程,形成了敬业奉献的税收职业道德风尚、文明和谐的税收征纳关系、积极向上的税收文化氛围格局。先后两次荣获“韶关市文明单位”称号,2011 年荣获“广东省文明单位”称号,2015 年被中央精神文明建设指导委员会授予“全国文明单位”荣誉称号。(李阳才)

全国文明单位

2015 年 2 月,惠州市地方税务局继续被中央精神文明建设指导委员会授予保持“全国文明单位”荣誉称号。2009 年 1 月,惠州市地方税务局荣获“全国文明单位”称号。2015 年,惠州市地方税务局结合工作实际,紧紧围绕中央、省、市文明委工作部署和要求,以获得继续保持全国文明单位荣誉称号为契机,扎实推进社会主义核心价值体系建设,引导全局干部职工投身文明创建活动,不断提升全局干部职工对思想道德修养、社会文明程度和文明创建工作的认知度,进一步增强了全体干部职工的凝聚力和战斗力。中央文明办全国文明城市测评体系调研组一行到惠州市地税局调研，考察惠州市惠城区地方税务局办税大厅窗口服务、惠州市地税系统“机关道德讲堂”总堂及精神文明建设开展情况，其工作成效得到了中央文明委及市领导的一致赞扬和肯定。（黄 广）

全国文明单位

2015年2月，茂名市电白区地方税务局被中央精神文明建设指导委员会授予“第四届全国文明单位”荣誉称号。茂名市电白区地税局于2015年1月由原广东省电白县地方税务局更名成立，2015年，工作人员239人，管辖纳税户12291户。电白区地税局狠抓组织收入，严格落实组织收入原则，推进依法治税，优化纳税服务，加强队伍管理。2012—2014年，累计组织税费收入51.1亿元，年均增长35.9%。坚持抓好精神文明建设，做好救急济难及老干部工作，完善文体设施，丰富干部业余生活，开设道德讲堂、道德文化长廊，做好敬老爱老、军民共建等活动，荣获全国青年文明号、国家税务系统先进集体、全国税务系统文明单位、全国模范职工小家等称号。（潘 强）

全国文明单位

2015年2月，清远市地方税务局被中央精神文明建设指导委员会授予“全国文明单位”荣誉称号。清远市地方税务局成立于1994年9月，内设12个科（室）和经济开发区局、稽查局2个直属行政单位，以及机关后勤服务中心、规费服务中心2个事业单位，下辖8个县（市、区）局。清远市地税局始终以组织收入为中心，税费收入持续稳定快速增长。全市地税税收收入从1994年的1.12亿元增长到2013年的81.98亿元，税收总量在全省21个地级以上市中排名第11位，稳居山区五市首位。社保费收入由2000年的2.37亿元增至2013年的35.79亿元，13年间增长了14倍，为清远市经济发展和民生改善事业提供了有力支持。近年来，清远市地税局以文明创建带队伍，以文明创建促发展，不断创新方式方法，努力建设具有鲜明时代特征和清远地税特色的先进文化，开创出清远地税事业发展的崭新局面，文明建设硕果累累，获得多个国家级荣誉和省级荣誉。

（陈 雷）

全国文明单位

2015年2日，潮州市地方税务局被中央精神文明建设指导委员会授予“全国文明单位”荣誉称号。潮州市地方税务局成立于1994年10月，2015年，有班子成员5名，市局机关内设11个职能科（室）、1个事业单位，管辖3个直属行政单位和3个县、区局，负责潮州市地方税费征管工作，全系统正式干部职工726人。2015年，潮州市地税局在省地税局和市委、市政府的正确领导下，深入学习贯彻落实党的十八大和十八届四中、五中全会精神，坚持学思结合、学用结合，从全市地税事业发展的实际出发，主动适应经济和税收发展新常态，敢于担当，务实进取，深入推进税费征管、纳税服务、队伍管理、党风廉政四项建设，努力实现全市地税事业的持续健康发展，全年共组织地方税费收入63.31亿元，同比增收3.05亿元，剔除“营改增”因素，可比增长5.58%，为服务全省地税事业的科学发展和潮州经济社会建设做出了积极贡献。（丁 轶）

全国文明单位

云浮市地方税务局自2009年荣获“全国文明单位”荣誉称号以来，全体干部职工全面落实“聚财为国、执法为民”的工作宗旨，坚持组织收入与精神文明建设“两手抓，两手都要硬”的方针，以提高队伍素质、树立良好社会形象为根本，实现了税收中心工作与文明单位创建活动的相互促进。在2012—2014三年间，市局机关获得省级以上荣誉两项，机关干部个人获得省级以上荣誉两项、市级以上荣誉两项。2013年底，省地税局委托第三方机构开展了“办税服务及税法宣传满意度调查”，在此次调查中，云浮市办税服务厅综合得分为97.60分，排名全省第3。云浮地税精神文明之花屡结硕果。2015年2月，经云浮市文明办复查合格，中央文明办审核并报中央文明委批准，云浮市地方税务局（机关）继续保留“全国文明单位”荣誉称号。

（陈　虹）

全国三八红旗集体

2015年，清远市经济开发区地方税务局龙塘税务分局征收组被中华全国妇女联合会授予“全国三八红旗集体”荣誉称号。这是清远地税系统获得的为数不多的国家级荣誉之一，也是清远市经济开发区地税局第二次获得的国家级荣誉。近年来，清远市经济开发区地方税务局龙塘税务分局征收组在出色地完成本职工作的同时，坚持做好妇女工作，将争创“全国三八红旗集体”荣誉贯穿于日常工作中，做到目标明确、计划详细、环境优美、服务优质、专人负责，为纳税人提供优质的纳税服务，尽显税务人员风采。（陈　雷）

全国模范职工之家

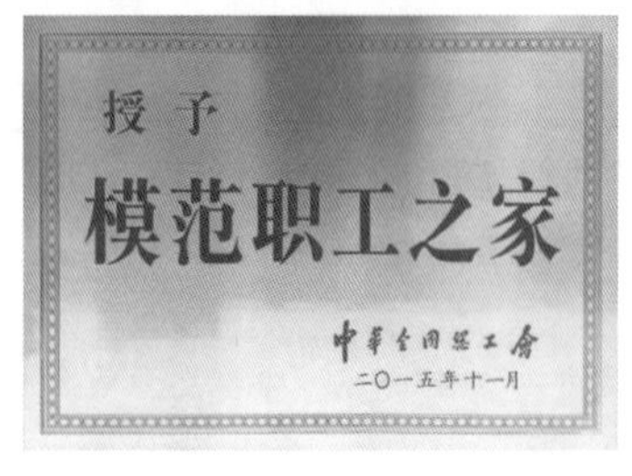

2015年，惠州市龙门县地方税务局被全国总工会授予“全国模范职工之家”称号。近年来，龙门县地税局大力倡导“健康生活，快乐工作”的文化理念，以创建规范、和谐、温暖、文明的模范职工之家为奋斗目标，内强素质，外树形象，真正为干部职工办实事、做好事、解难题，把工会建成了职工之家。对内，龙门县局为干部职工配备工会活动场地，升级改造了“职工书屋”和活动室，组织全员健康体检，与县人民医院开展共建保健室活动；开展了“五四”青年拓展活动；组建了多个运动兴趣小组，升级改造篮球场、羽毛球场，并举办了龙门地税运动会；成立了特困职工救助基金，近三年来，为特困干部职工及其家庭发放补助50多人次，让困难会员感受到工会的温暖。对外，龙门县局积极参加扶贫助困、“送温暖”及各类公益志愿者活动，获得良好社会反响。（黄　广）

全国模范职工之家

肇庆市地方税务局总工会成立于1994年10月，2015年，有会员128人，工会小组数5个，专职工会干部数3人，兼职工会干部数7人。肇庆地税局工会坚持“以人为本”的理念，始终把队伍建设、职工职业道德建设摆在全局工作的首位，围绕税收中心工作，全心全意依靠干部职工，始终坚持以正确的舆论引导人，以高昂的精神塑造人，以优良的作风感召人，以先进的文化凝聚人，打造了一支高素质的干部队伍，有效地促进了肇庆地税事业协调健康发展，在物质文明、政治文明、精神文

明建设中取得突出成绩。2011 年被中华全国总工会授予“全国五一巾帼标兵岗”称号;2011 年被中华全国总工会授予全国“职工书屋”称号;2015 年被中华全国总工会授予“全国模范职工之家”称号。(冯玲玲)

全国模范职工小家

2015 年,肇庆市怀集县地方税务局工会城区税务分局分会被中华全国总工会授予“全国模范职工小家”荣誉称号。近年来,怀集县地方税务局工会城区税务分局分会积极完善有关工会制度,加强内外控管,探索开展“以人为本、学习为先”的文化、业务培训活动,不断提高职工的政治业务素质、职业道德观念和廉政意识,自觉做到依法办事,为纳税人提供舒适的办税环境和全方位优质服务。积极开展健康有益的文体活动,让职工在紧张的工作之余得到调节放松,增加沟通了解,提升职工团结协作意识和集体荣誉感,让分局呈现出蓬勃向上、积极进取的良好精神面貌。在工作和生活中提倡互相帮助,营造“小家有大爱”的氛围,积极做好职工的婚、产、病、丧的慰问工作,增加双向沟通渠道,积极鼓励职工参与各种形式的争先创优评比活动,提高职工对组织和集体强烈的归属感和对工作的高度投入。(冯玲玲)

全国模范职工小家

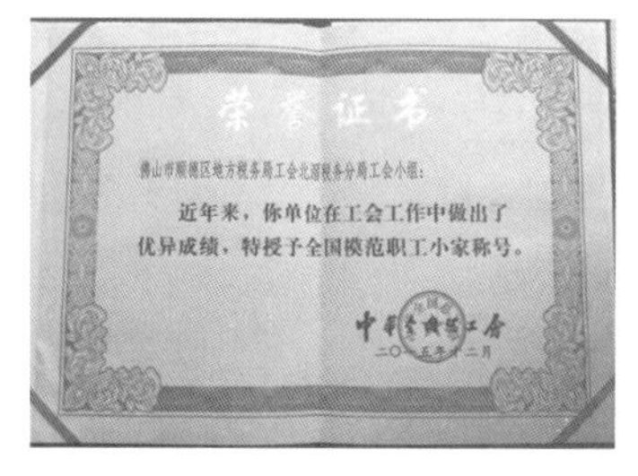

2015 年 12 月,顺德区地方税务局北滘分局工会小组被全国总工会授予“全国模范职工小家”荣誉称号。北滘分局工会小组是一支素质优良、充满活力的税务队伍。长期以来,北滘分局工会小组立足部门职能和工作实际,在服务大局、关怀员工、奉献社会等方面发挥重要作用。一是打造高标准卓越组织。围绕组织收入工作,坚持“依法治税、文明执法”,服务发展大局,为地方建设和民生福祉提供强大保障。二是建设高关怀幸福之家。坚持倡导“以人为本、人文关怀”的管理思路,突出顺德地税文化引领作用,全力构建和谐融洽地税之家。三是铸造高效能满意团队。实施“绩效 + 练兵 + 激励”服务能力升级计划,坚持为民清廉服务宗旨,积极参与社会公益活动,树立地税部门良好形象。(林　俊)

全国巾帼文明岗

2015 年 3 月,江门鹤山市地方税务局办税服务厅被授予“全国巾帼文明岗”荣誉称号。鹤山市地税局办税服务厅以“为国聚财、为民收税”为宗旨,主要负责沙坪城区的税务登记业务、纳税申报、发票代开、发票领购、社保费申报征收、车船税和存量房交易税费征收,以及全市的税收票证的管理工作,承担了全市 70% 的税费征收入库任务。办税服务厅坚持服务高质量、人员高素质、工作高成效的“三高”标准,出色地完成各项纳税服务工作,为鹤山地税事业做出了积极贡献。自创岗以来,办税服务厅共收到表扬信 4 封,12366 电话服务热线表扬 11 宗,鹤山在线网站表扬 5 次。2014 年被评为广东省地税系统“纳税人满意的办税服务厅”,2015 年被评为“广东省先进集体”。(林炜超)

全国巾帼文明岗

2015 年 3 月,茂名市茂南区地方税务局河东办税服务厅被中华全国妇女联合会授予“全国巾帼文明岗”荣誉称号。办税服务厅 2015 年有干部职工 38 人,其中女职工 24 人,占总人数的 63%。近年来,每年接待纳税人(缴费人)10 万余人次,办理业务 100 余万宗,征收地方税费占全局税费总收入的 90% 以上。办税服务厅坚持“便民、高效、廉洁、规范”的服务宗旨,紧扣“巾帼文明岗”创建主题,内强素质,外树形象,以热情、文明、高效的服务和态度,实现了办税服务零距离、办税对象零投诉、办税质量零差错,树立了“巾帼税官”的良好形象,赢得了广大纳税人的普遍赞誉。(潘　强)

全国巾帼文明岗

2015 年,肇庆四会市地方税务局城区税务分局被中华全国女联合会授予“全国巾帼文明岗”荣誉称号。2015 年,城区分局有干部 34 名,其中共产党员 16 名,共青团员 3 名,平均年龄 35 岁,女性占 50%,是一支朝气蓬勃、积极上进的年轻队伍。主要负责全市城区 6000 多户纳税户的纳税申报、销售发票、代开发票、税票开具和各种税收资料的分类、传递及税务登记的办理、换证及大量发票发售、核销缴销工作。城区税务分局自成立以来,以创建青年文明号活动为载体,锐意进取、开拓创新,先后被省、市共青团委、市文明委等部门授予“青年文明号”和“先进单位”荣誉称号,被四会市人民政府评为“巾帼文明示范岗”和“文明示范窗口”。(冯玲玲)

全国巾帼文明岗

2015 年,清远市清城区地方税务局凤城分局征收服务组被中华全国妇女联合会授予“2015 年度全国巾帼文明岗”荣誉称号。凤城分局征收服务组以 24 名女同志为主力组成,数年如一日践行“聚财为国、执法为民”的宗旨,承担凤城分局繁重的税费征收及纳税服务工作,平均每天受理业务超过 200 宗,税收收入在 2014 年突破 10 亿元大关。近年来,凤城分局以“巾帼建新功、共筑中国梦”为主题,紧扣税收中心工作,深入开展“巾帼文明岗”创建活动,出色完成了金税三期工程单轨运行、涉税事项“先办后审”等各阶段重点工作。(陈　雷)

广东省先进集体

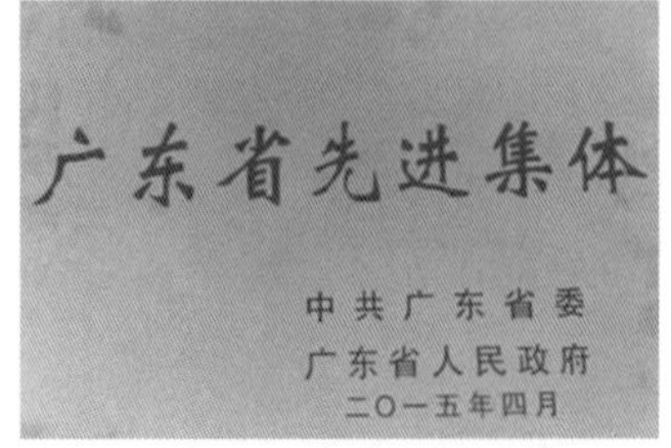

2015 年 4 月,揭阳市地方税务局规费管理科被广东省委、省政府授予“广东省先进集体”称号,成为全省地税系统获此殊荣的两个单位之一。在深入推进规费管理工作中,一是服务发展大局,助力民生建设。近年来,揭阳市地税局以组织收入为中心,按照税费同征同管原则,通过采取强化政策宣传、强化征缴扩面、强化清缴欠费等措施,全力做好各项规费(基金)的征缴工作,规费(基金)收入连年保持较快增长,保障了全市各项民生事业建设的财政投入。规费收入从 2009 年的 10.07

亿元增长到2014年的24.17亿元,年均增长19.41%,每年超额完成市委市政府下达的收入任务,为地方经济建设和民生改善做出应有的贡献。二是推动改革创新,提升征缴效率。以信息技术手段为支撑,在全省率先推行社保费ETS、TIPS系统费金直解国库,成功上线地税、社保、财政三方协同办公系统,不断深化费金征缴信息应用水平,提升征缴效率。三是强化规范征缴,确保政策落实。通过规范征缴流程、简并表证单书、完善管理制度、强化监督考核、加强业务培训等措施,确保各项政策有效落实,既保证了费金(基金)的足额征缴,又使各项优惠政策得到落实,维护了缴费人的合法权益。四是优化缴费服务,确保便民利民。大力推行网上申报缴费、同城通办、社保扣费情况短信通知服务、应用身份证阅读器实行社保缴费登记免填单等服务方式,极大方便了缴费人办理缴费事项,得到了地方党政、社会各界和缴费人广泛好评。(吴秋鸿)

获奖个人

全国优秀工会工作者

邓华,1963年11月出生,中共党员,中南大学公共管理硕士。现任广州市地税局基层工作处处长、市地税局直属机关党委副书记、市地税局系统工会主席。历任军队院校学员班长、野战部队排长、干事、连长、参谋,广州军区联勤部训练科技、司令部动员部参谋、广东省军区司令部副处长,佛山三水、顺德区武装部部长,兼任中共佛山市顺德区委员会常委。2009年12月从军队转业进入广州地税系统工作,先后任市地税局第五稽查局党组成员、副局长,市地税局思想政治工作办公室副主任等职务。担任市局系统工会主席以来,针对干部职工人数多、工作压力大的实际,主动发挥工会组织桥梁纽带作用,采取组织系统职工运动会、单项体育竞赛及开展丰富多彩的业余文体活动,加强系统组织文化建设;重视人文关怀、人本带队,及时组织慰问干部职工,做好帮困解难工作;主动适应工会工作新常态,组织制定并下发了《广州市地方税务局机关工会工作暂行规定》,对工会组织的责任、义务、活动开展、会员正常福利、人文关怀等作了具体规范,受到上级组织领导好评;指导开展基层税务干部职工压力舒缓取得明显成效。邓华被中华全国总工会授予2015年度“全国优秀工会工作者”荣誉称号。(缪晓苏)

全国优秀工会工作者

荣誉证书

授予彭新喜同志:

全国优秀工会工作者称号

中华全国总工会

二〇一五年十二月

彭新喜,男,1955年4月出生,中共党员,大专学历,税务师,现任陆丰市地方税局工会主席。1981年参加税务工作以来,先后在基层税务分局、市局稽查局、税政科等担任职务,2001年4月任陆丰市地方税务局工会主席。14年来,彭新喜同志在陆丰地税局工会主席任上克己奉公,爱岗敬业,以出色的工作成绩赢得了上级领导和职工的好评。陆丰市地方税务局工会2014年被省总工会授予“五一劳动奖状”,并先后被中华全国总工会评为“全国工会优秀职工书屋”“全国职工培训示范点”;彭新喜分别于2004年和2014年两次获得“汕尾市优秀工会工作者”称号,于2014年获得“广东省优秀工会工作者”称号;2015年12月,被中华全国总工会授予“全国优秀工会工作者”荣誉称号。(叶生懂)

全国优秀工会工作者

荣誉证书
授予杨坚同志：
全国优秀工会工作者称号

杨坚，1963年2月出生，现任肇庆市封开县地方税务局党组成员、副局长，兼任封开县地方税务局工会主席。杨坚同志自2004年12月当选工会主席以来，爱岗敬业，在上级工会组织和县局党组的领导下，积极开展工会工作，全面加强工会组织建设，认真履行工会主席职责，以每年的职代会为契机，多方征纳建议，充分发挥工会作用。一直以来，杨坚同志以“多帮忙、不添乱、顾大局、谋权益”为工作总要求，灵活转变思维方式，切实增强工作责任感，找准工作的切入点，主动把工会工作融入税收工作大局之中，为地税工作目标的全面完成发挥了工会组织的特殊作用。杨坚同志的工作得到了上级工会的肯定，多次获得上级工会的表彰。2015年，获得“全国优秀工会工作者”荣誉称号。（冯玲玲）

全国社科工作先进个人

梁燕波，男，现任江门市地方税务局办公室主任，兼任江门市地方税收研究会秘书长。多年来，梁燕波同志一直推动江门市各地成立地方税收研究会，并主张建立健全研究会的各项制度，完善财务管理办法，改革成效显著。其本人在《江门地税》杂志、市地税局《领导参阅材料》上多次刊登文章，有力推动江门地方税收研究工作，系江门市地方税收研究的先行者。在2015年10月召开的全国大中城市社科联工作会议上，授予梁燕波同志“全国社科工作先进个人”荣誉称号。

（林炜超）

全国巾帼建功标兵

叶桂亮，女，1977年4月出生，广东省新兴县人，汉族，本科学历，中共党员，云浮市新兴县地方税务局稽查局科员。叶桂亮同志是云浮市地税稽查系统有名的“学习标兵”，在各种学习和竞赛活动中都名列前茅，2008年以来，她先后两次通过了广东省地方税务局稽查局的稽查专业队员考试，成为全省地税系统50名稽查专业队员之一，也是目前云浮市地税系统唯一入选的稽查专业人员；在2012年的全省地税系统大练兵大比武业务考试中，她以优异的成绩进入了全省前100名，获得了“广东省地税系统税务稽查岗位能手标兵”称号、“云浮市地税系统稽查业务能手”称号，受到省局、市局和县局的表彰。从事税务稽查工作10年，叶桂亮积累了专业的税收业务知识和丰富的稽查经验。通过不断的刻苦学习，她逐渐锻炼成长为全市稽查队伍的“主力军”。在税收稽查岗位上全方位地展示了一个“学习标兵”“稽查能手”“省稽查专业队员”的良好形象，多次抽调到省、市局，参与省、市重大案件的税务稽查工作。在工作中，她始终严格遵守税务稽查人员的职业道德，严格执法，不以权谋私，保持了自己的一身正气，清正廉洁。在多年税务稽查工作中，主查了30多个重大税案，查处违法纳税人入库税款超过4000万元，对辖区内税收规范起到了一定的震摄作用，进一步提高了纳税人纳税遵从度，为税收事业做出了积极贡献。凭着出色的表现，2015年2月，叶桂亮被中华全国妇女联合会授予“全国巾帼建功标兵”荣誉称号。（林月平）

中国人民抗日战争胜利70周年纪念奖章

张屏，女，原深圳市税务局副局长（正局级待遇），1927年2月出生，高中学历，1944年4月成为中国共产党员，1944年4月—1950年4月在东江纵队任政治处技术书记，1950年4月—1963年12月转业为东江地委财委秘书、佛山人民银行行长，1963年12月—1979年4月任惠阳地区人民银行行长，1979年4月—1983年4月任深圳市委财办副主任，1983年4月—1986年8月任深圳市税务局副局长，1986年10月离休，享受司局级政治生活待遇。2015年9月2日，张屏同志获得中组部颁发的中国人民抗日战争胜利70周年纪念奖章。（陈东阳）

中国人民抗日战争胜利70周年纪念奖章

曾柏生，男，原宝安县坪山税务所科员，1928年9月出生，小学学历，1949年6月成为中国共产党员，1944年11月—1949年1月在东江纵队从军，1949年1月—1949年2月在粤赣湘边纵队一团从军，1950年1月—1954年4月在华南军区独立团、新会县武装部工作，1954年5月—1957年12月在广东干校速成中学、鹤山县兵役局、广东勘探公司学习和工作，1958年1月—1958年9月下放到阳春林场劳动，1958年10月—1962年9月任大宝山铁矿指导员，1962年10月—1982年9月在曲江县税务局工作，1982年9月—1989年4月在宝安县税务局坪山税务所工作，1989年4月离休。2015年9月2日，曾柏生同志获得中组部颁发的中国人民抗日战争胜利70周年纪念奖章。（陈东阳）

索　引

使用说明

1. 本索引采用内容分析索引法编制。除按“大事记”形式编排的内容外，年鉴中有实质检索意义的内容均予以标引，以供检索使用。

2. 本索引基本上按汉语拼音音序排列。具体排列规律如下：以数字开头的标目，排在前面；汉字标目则按首字的音序、音调依次排列；首字相同时，则以第二个字排序，并依此类推。

3. 索引标目后的数字，表示检索内容所在的年鉴正文页码，数字后面的英文字母 a、b，表示正文中的栏别，合在一起即指该页码及左右两个版面区域。年鉴中以表格、图形形式反映的内容，则在索引标目后用括号注明（表）、（图）字，以区别于文字标目。

4. 为反映索引款目间的逻辑关系，对于二级标目，采取在一级标目下缩二格的形式编排，之下再按数字和字母顺序、汉语拼音音序音调排列。

0～9

C

D

E

F

G

H

J

K

L

M

N

O

P

Q

R

S

T

W

X

Y

Z

（王彦祥　毋　栋　编制）